典藏

中国学术名著丛书

中国通史（上）

吕思勉

吉林出版集团股份有限公司

目录

绪　　论

第一篇　上古史

第二篇 中古史（上）

第二篇 中古史（中）

第二篇 中古史（下）

第三篇　近古史（上）

第三篇　近古史（下）

第四篇 近世史（上）

第四篇 近世史（下）

第五篇　现代史

序　例

我很想做一部《新史钞》，把中国历史上重要的事情，钞出来给大家看看。其原因如下：

中国历史是很繁的。要想博览，很不容易。专看其一部分，则知识偏而不全。前人因求简要钞出的书，亦都偏于一方面（如《通鉴》专记“理乱兴衰”，《通考》专详“典章经制”等），且其去取的眼光，多和现在不同。近来所出的书，简是很简的了。但又有两种毛病：（1）其所谓简，是在全部历史里头，随意摘取几条，并不是真有研究，知道所摘出的事情，都是有关紧要的。（2）措词的时候，随意下笔，不但把自己主观掺入，失掉古代事实的真相；甚至错误到全不可据。

因有这种原因，所以我想做部书，把中国的历史，就个人眼光所及，认认真真的，将他紧要之处摘出来；而又用极谨严的法子，都把原文钞录（有删节而无改易），自己的意见，只注明于后。但是这种书已经不大容易做了。就做成了，也不大容易刻。

这一部书，是我历年在学校里教授所预备的一点稿子，联缀起来的。虽然和《新史钞》的体例相去尚远。然而其中也不无可取之处。给现在的学生看了，或者可以做研究国史的“门径之门径，阶梯之阶梯”。我这一部书，和以前出版的书，重要的异点如下：

◎颇有用新方法整理旧国故的精神。其中上古史一篇，似乎以前出版的书，都没有用这种研究法的。此外特别的考据，特别的议论，也还有数十百条。即如中国的各种民族（特如南族近人所通称为高地族的），似乎自此以前，也没有像我这么分析得清楚的。

◎读书自然不重在呆记事实，而重在得一种方法。我这部书，除掉出于愚见的考据议论外，所引他人的考据议论，也都足以开示门径；可称是研究史学的人必要的一种常识。

◎这一部书，卷帙虽然不多；然关于参考的书，我都切实指出（且多指明篇名卷第）；若能一一翻检，则这部书虽不过六十多万言，而读者已不啻得到二三百万言的参考书。且不啻替要想读书的人，亲切指示门径。

◎现在读史，自然和从前眼光不同；总得在社会进化方面着想。但是随意摘取几条事实（甚且是在不可据的书上摘的），毫无条理系统，再加上些凭虚臆度之词；硬说是社会进化的现象。却实在不敢赞成。我这部书，似乎也没这种毛病。

以上的话，并不是要自行表扬；只是希望读者诸君，在这方面注意一点。至于这部书的体制，我还有几条要说，如下：

◎本书全用白话，取其与现在人的思想较为接近。但遇（1）文言不能翻成白话处，（2）虽能翻而要减少其精神，（3）考据必须照录原文处，仍用文言。

◎全书区区六十余万言，于历史上的重要事实，自然不能完具。但其详略之间，颇有斟酌。大抵众所共知之事从略，不甚经见之事较详，有关特别考证之处最详。

◎中国的历史，和东南洋中西亚各国，各民族，关系极多。要彻底明白中国史，必须于这诸国诸族的历史，也大略叙述。但为篇幅所限，只得想个断制之法。其民族遂入于中国，变为中国之一民族者详之。其余便只能述其与中国关系的事情。我于这一部分，也略有研究。将来若有机会，当再另做一部书，以飨读者。

◎引据的书，和举出的参考书，都注明篇名卷第。惟当然可知其在何篇何卷的，不再加注，以避繁琐。如某君时代某人之事，当然在正史某帝纪某人传中，某朝的赋税兵刑制度，当然在某史的食货刑法志内之类。

◎纪年都据民国纪元逆推。但若必须知其为某朝某君时之事，或须知其为西元何时之事，则或附注于下，或竟从变例。

◎地名除与现今相同者外，均注明其为今何地。惟区域太大者，其势无从注起（如郡只能注其治今何地，势难尽注其所辖之地），请自用读史地图等参考。人地名有参照西史的，都于其下附注原文。

◎双行夹注，为吾国书中最善之款式（可使首尾完全，而眉目仍清醒），故本书仍多用之。本书用双行夹注处，与用夹句号处不同，并请注意。

◎凡引用成文处，除提行另写外，两头皆施“”号。删节处用……号。其（1）名词，（2）成语，（3）特别提出的名词或语句，（4）引用他人之言而不尽照原文钞录处，均用‘’号。

一九二〇年十二月十六日著者自识

绪　　论

第一章　历史的定义

历史究竟是怎样一种学问？我可以简单回答说：

历史者，研究人类社会之沿革，而认识其变迁进化之因果关系者也。

原来宇宙之间，无论哪一种现象，都是常动不息的；都是变迁不已的。这个变迁，就叫做“进化”。

因此，无论什么事情，都有个“因果关系”。明白了他的“原因”，就可以预测他的结果，而且可以谋“改良”、“补救”的法子。

要明白事情的因果关系，所以要“经验”。一个人的经验有限、要借助于别时代、别地方的人，就要有“纪载”。纪载就是“历史”。

所以历史是各种学问都有的。但是从前的人，研究学问的方法粗，常把许多现象，混合在一起。后来的人，知道这种法子是不行，就把宇宙间的现象，分析做若干部分，各人研究其一部分，就各部分研究所得，再行想法子合拢起来。这个便唤做“科学”。研究社会进化现象的一部分，就唤做“历史学”。

从前的人，研究学问的方法粗，以为“史者，记事者也”，宇宙间什么现象，都应该记载在里头。所以《史记》的《八书》，《汉书》的《十志》，什么专门的学问、（譬如天文，律历。）奇怪的事情（譬如五行。）都有。现在的宗旨，却不是这样了。

“社会现象”，也是“宇宙现象”之一，他的“变迁进化”，也脱不了“因果关系”的。虽然这种因果关系，不像自然现象那么简单，因而“断定既往”，“推测将来”，也不能如自然科学那么正确，（譬如断定既往，不如矿物学。推测将来，不如天文学。）然而决不能说他没有因果关系。研究历史之学，就是要想“认识这种因果关系”。这便是历史学的定义。

第二章　中国的历史

要明白一种现象的因果关系，先要晓得他的“事实”。考究人类社会已往的事实的东西很多，譬如（一）人类之遗骸，（二）古物，（无论工艺品，美术品，建筑物。）（三）典章制度，风俗习惯等都是。记载往事的书籍，不过是其中的一种。然而最完全最正确的，究竟要推书籍。所以研究历史，仍得以“史籍”为中心。

我们中国的史籍，究竟怎样？我且举两种史籍分类的法子，以见其大概。一种是清朝的《四库书目》，这是旧时候“目录之学”中最后的分类。

- 史部
  - 正史
  - 编年
  - 纪事本末
  - 别史
  - 杂史
  - 诏令奏议
    - 诏令
    - 奏议
  - 传记
    - 圣贤
    - 名人
    - 总录
    - 杂录
    - 别录
  - 史钞
  - 载记
  - 时令
  - 地理
    - 总志
    - 都会郡县
    - 河渠
    - 边防
    - 山川
    - 古迹
    - 杂记
    - 游记
    - 外记
  - 职官
    - 官制
    - 官箴
  - 政书
    - 通制
    - 典礼
    - 邦计
    - 军政
    - 法令
    - 考工
  - 目录
    - 经籍
    - 金石
  - 史评

一种是近人所撰的《新史学》，略参些新科学思想的。见《新民丛报》和《饮冰室文集》。

第一正史
- （甲）官书所谓《二十四史》是也。
- （乙）别史如华峤《后汉书》、习凿齿《蜀汉春秋》、《十六国春秋》、《华阳国志》、《元秘史》等，其实皆正史体也。

第二编年《资治通鉴》等是也。

第三纪事本末
- （甲）通体如《通鉴纪事本末》，《绎史》等是也。
- （乙）别体如《平定某某方略》，《三案始末》等是也。

第四政书
- （甲）通体如《通典》，《文献通考》等是也。
- （乙）别体如《唐开元礼》，《大清会典》，《大清通礼》等是也。
- （丙）小记如《汉宫仪》等是也。

第五杂史
- （甲）综记如《国语》，《战国策》等是也。
- （乙）琐记如《世说新语》，《唐代丛书》，《明季稗史》等是也。
- （丙）诏令奏议四库另列一门，其实杂史也。

第六传记
- （甲）通体如《满汉名臣传》，《国朝先正事略》等是也。
- （乙）别体如《某帝实录》，《某人年谱》等是也。

第七地志
- （甲）通体如《某省通志》，《天下郡国利病书》是也。
- （乙）别体如纪行等书是也。

第八学史如《明儒学案》，《国朝汉学师承记》等是也。

第九史论
- （甲）理论如《史通》，《文史通义》等是也。
- （乙）事论如《历代史论》，《读通鉴论》等是也。
- （丙）杂论如《廿二史札记》，《十七史商榷》是也。

第十附庸
- （甲）外史如《西域图考》，《职方外纪》等是也。
- （乙）考据如《禹贡图考》等是也。
- （丙）注释如裴松之《三国志》注等是也。

以上两种分法，都不十分正确，现在且别评论他。（要知道历史书分类的法子，可以自己把“目录之学”的书参考。其中应该先看的，是《汉书·艺文志》、

《隋书·经籍志》,《文献通考·经籍考》、《四库书目》四种。)我以为历史的书,从内容上分起来,不过(一)纪载,(二)注释,(三)批评,三种。(考订大抵属于注释,也有因此而下批评的。)其中又以纪载为主,必须有了纪载,批评注释两种,才有所附丽,其间有主从的关系。

历史书所纪载的事实,从前的人,把他分做(一)治乱兴亡,(二)典章制度两大类。(参看《文献通考》序。这两个名词,不甚妥当。但是一时没有适当的名词,姑且沿用他,我以为前一类可称为“动的史实”,后一类可称为“静的史实”。)正史中的“纪”、“传”,是记前一类事实的;“志”是记后一类事实的;二者又皆可出之以“表”,以图减省;所以正史可称为“纪传表志体”。各种历史,要算这一种的体例,最为完全。(所以从前把他立于学官,算做正史。)编年和纪事本末,是专记前一类的事实。政书是专记后一类的事实。从研究上说,编年体最便于“通览一时代的大势”;纪事本末体,最便于“钩稽一事的始末”;典章制度一类的事实,尤贵乎“观其会通”;所以正史、编年、纪事本末、政书这四种书在研究上都是最紧要的:因其都能“网罗完备”,而且都有一个“条理系统”。其余的书,只记一部分的事实,(或者是许多零碎的事实。)只可称为“未经编纂的史材”,专门研究,都是很有用的,初学暂可从缓。

我们中国是个文明开化极早之国,历史一类的书,真是汗牛充栋;其余各种材料,却也不少;(譬如钟鼎碑刻和其余各种古器物。都有合于前说的古物一类。各地方特别的风俗,特别的方言,都有合于前说的风俗习惯、典章制度一类。)可惜科学不甚发达,没有能够把他严密整理罢了。这就是今后学者的责任了。

第三章 现在研究史学的方法

现在研究史学，有两件事情，最应当注意的：

其（一），是要有科学的眼光。便是现存的材料，都要用科学方法，去整理他。其中最紧要的有两层：（一）是把不关于历史之学的析出，以待专门家的研究；（譬如天文、律、历。）（二）是把所存的材料，用种种科学的眼光去研究他，以便说明社会进化的现象。（譬如用经济学的眼光去研究食货一类的史实，就可以知道社会的生活状况，就知道社会物质方面，物质方面，就是社会进化的一种原因。）

其（二），是要懂得考据之学。研究历史，最紧要的就是“正确的事实”。事实不正确，根据于此事实而下的断案，自然是不正确的了。然而历史上一大部分的事实，非加一番考据，断不能算做精密正确的。（只要看从前人所考据的便可见。）所以考据之学，实在不能不讲，其中最紧要的也有两层：（一）是要懂得汉学家的考据方法；这一派学问，是我们中国最新而又最精密的学问。必须懂得这一种方法，一切书才都可以读，一切材料才都可以使用。（不然，就全据了些靠不住的材料，或者有了材料，不知道用法。）（二）是要参考外国的书；从前中国历史中，关于外国一部分最不正确。（譬如朝鲜、安南要算同中国关系最深的，然而纪载这两国的事情，还是误谬百出。）今后研究，必须搜罗他们自己的书。（《四库书目》著录外国人所自著的历史，只有郑麟趾的《高丽史》等两三种。这是因为当时朝鲜、安南等，表面上都是我的属国，暗中却都是帝制自为，所以禁止国内的书籍不准到中国来。

中国人也就不去考求，可谓暗于外情了。）就是中国的事情，也有要借外国史参考，方才得明白的：譬如元朝在西域一方面的事实，就须参考西史；（参看《元史译文证补》。）清朝未入关以前的事实，中国人完全茫昧，反要参考朝鲜人的著述；（参看日本稻叶君山《清朝全史》。）就是个好例。（这一层，外国也是如此。譬如朝鲜人，讲高丽以前的历史，就一大部分要借中国书参考。总而言之，世界大通，各国的历史，都可以参稽互证。试看近人《章氏丛书》中的《法显发见西半球说》，就可见得中国的历史竟可供给墨西哥人参考了。）

这两层，是最紧要的。其余应当注意的地方还很多，且待讲到下面，随时再说。

第四章　本书的分期

从来讲历史的人，因研究的方便，总把他划分做若干时期。本书也用此法。现在把本书所分的时期，开列于下。

（一）上古史　周以前

（二）中古史
- 上　从秦朝统一起，到后汉全盛时代止。
- 中　从汉末分裂起，到南北朝止。
- 下　从隋朝统一起，到唐朝全盛时代止。

（三）近古史
- 上　从唐中叶以后藩镇割据起，到五代止。
- 中　北宋
- 下　南宋

（四）近世史
- 上　元
- 中　明
- 下　清中叶以前

（五）最近世史　从西力东渐到现在

以上不过是大略的区划，其中一切事实，并不能截然分清。总而言之，是为研究上的便利。至于所以如此分法，读到后文自见，现在也不必絮烦。

第一篇　上古史

第一章　汉族的由来

研究一个国家的历史，总得知道他最初的民族。现在世界上，固然没有真正单纯的“民族国家”。一个国家，要想自立于世界之上，究竟民族宜乎单纯，还宜乎复杂？假如说复杂，可以复杂到怎样程度？自然也还是一个问题。然而一个国家建立之初总是以一个民族为主体，然后渐次吸收其余诸民族，这是一定不移的道理。然则要晓得一个国家最古的历史，必须要晓得他最初的民族，也是毫无疑义的了。

建立中国国家最早的民族，就是“汉族”，这个也是讲历史的人，没有异议的。（近来有人说：汉字是一个朝代的名称，不是种族的本名，主张改称“华族”或“中华民族”。殊不知汉字做了种族的名称，已经二千多年，譬如唐朝用兵，兼用本国兵和外国兵，就称“汉蕃步骑”，这就是以汉字为种族之名的一证。而且现在还是一句活语言。——譬如现在称汉满蒙回藏，岂能改作华满蒙回藏？况且“种”、“族”二字，用起来总得分别。汉族不能改作“华种”，若称“华族”，这两个字。有时候当他贵族用的，不免相混。若称“中华民族”，四个字的名词，用起来怕不大方便。而且现在“中华”做了国号；中国又是五族共和，这四个字，用到最近的时代，意义也容易混淆。总而言之，把臆定的名词，来改通行的语言，极难妥当，所以本书仍旧用汉族两字。）

然则汉族还是从“有史以前”久已在中国本部的呢？还是从他处迁来，入“有史时代”，其形迹还有可考的呢？这便是“汉族由来”的问题。

关于这一个问题的回答，要算是“西来说”最为有力。近来人关于这一个问题的著述，要算蒋观云的《中国人种考》，（在《新民丛报》里。）最为详博。但是他所举的证据，还不尽可靠，我现在且举两种证据如下。（这两种证据，似乎都还谨严的。）

其（一）古书上说昆仑的很多。《周礼·大宗伯》："以黄琮礼地。"《郑注》"此……礼地以夏至，谓神在昆仑者也"。典瑞"两圭有邸，以祀地旅四望"。《郑注》："祀地，谓所祀于北郊，神州之神。"疏："案《河图括地象》，昆仑东南万五千里，神州是也。"入神州以后，还祭"昆仑之神"，可见得昆仑是汉族的根据地。然则昆仑究在何处呢？《尔雅》："河出昆仑墟。"《史记·大宛列传》："《禹本纪》言河出昆仑。昆仑，其高二千五百余里，日月所相隐蔽为光明也。其上有醴泉瑶池。"《说文》："河水出敦煌塞外昆仑山，发原注海。"《水经》："昆仑墟在西北，去嵩高五万里，地之中也。其高万一千里。河水出其东北陬。"（《山海经》："海内昆仑之墟，在西北，河水出其东北隅。"）都以河所出为昆仑。河源所在，虽有异说，然都起于唐以后，不能拿来解释古书。要讲"古代所谓河源"，《史记·大宛列传》所谓"汉使穷河源，河源出于阗。其山多玉石，采来。而天子案古图书，名河所出山曰昆仑云"。其说自极可靠。那么，如今于阗河上源一带。一定是汉族古代的根据地了。（《书·禹贡》"织皮，昆仑，析支，渠搜，西戎即叙。"《释文》"马云：昆仑，在临羌西。……析支，在河关西。"《疏》："郑玄云：衣皮之民，居此昆仑、析支、渠搜三山之野者，皆西戎也。……郑以昆仑为山，谓别有昆仑之山，非河所出者也。"这一个昆仑，在如今西宁县的西边青海地方，和前一个昆仑无涉。所以孔疏特地申明一句道："非河所出"，郭璞《山海经注》，也说："言海内者，明海内复有昆仑山。"这个"海"是夷蛮戎狄，谓之四海的"海"，不是海洋的海。）

（二）汉族二字，是后起之称，古代汉族自称。他族称汉族，或说"华"，或说"夏"。《左传》戎子驹支对晋人，"我诸戎饮食衣服，不与'华'同"。（襄十四年。）《国语》"裔不谋夏，夷不乱'华'"，都是个证据。近人因此附会到《列子》上头的华胥之国，固然不甚可靠。

（列子这部书，本来真伪夹杂，这一段又是寓言。凡寓言里的人名，地名，以至一切物的名，都不宜求其物以实之。）然而西史的巴克特利亚（Bactria），史记上称他做大夏，似乎是这地方的旧名。（为因汉时西域诸国，譬如安息、大夏等，都能证明他是译音。）《吕氏春秋·古乐篇》："黄帝令伶伦作律，伶伦自古大夏之西，乃之阮隃之阴，取竹于嶰溪之谷"，似乎就是这一个大夏。那么，阿母河流域，似乎也是古代汉族的居地。（参看近人《太炎文集·论种姓》。）

以上两种说法，如假定为不谬，则汉族古代，似居今葱岭帕米尔高原一带，这一带地方，据人种学历史家考究，原是各大人种起源的地方。汉族入中国，所走的大概是如今新疆到甘肃的路。近来人多说，"汉族沿黄河东徙"。这句话，似乎太粗略。现在的黄河上源，在古代是氐羌人的根据地。（见第六章第四节。）

总而言之，"汉族西来"，现在虽没有充分的证据，然而蛛丝马迹是很多的。将来古书读得更精，古物发现得更多，再借他国的历史参考，一定可以大为明白。这就要希望诸位的努力了。

第二章 古史的年代和系统

研究历史，“年代”是很紧要的。因为历史的年代，好比地理的经纬度。然而古史的年代，大概是很茫昧的，然而咱们现在既然要研究历史，无论如何茫昧，总得考究他一番。

请问从何研究起呢？那么，自然总要以一种传说为凭。古书上记得最整齐的，就是《春秋纬》。司马贞《补三皇本纪》引他道：

自开辟至于获麟，凡三百二十七万六千岁。分为十纪：……一曰九头纪；二曰五龙纪；三曰摄提纪；四曰合雒纪；五曰连通纪；六曰序命纪；七曰修飞纪；八曰回提纪；九曰禅通纪；十曰流讫纪。（《尚书序正义》引《广雅》，作二百七十六万岁。修飞作循飞，流讫，毛刻本作疏仡。）

这种数目字，一看已是宏大可惊了。据现在史家所考究，埃及等开化最早之国，历史也不满一万年，中国如何得独有二三百万年呢？不问而知其不可信了。然则请问从何下手呢？有了：古人的时间观念，很不发达。所传述的事情，都没有正确的年代。所以读后世的历史，可以按着年月，考求事实。读古代的历史，却只能根据事实，推求年代。而古人所传说的事实，又总要把他归到一个“酋长”或者“半神半人的人”身上。所以考求古代君主的系统，便可大略推见其年代。

那么，古书上所说最早的君主是什么人？不问而知其为盘古了。

徐整《三五历》：“天地浑沌如鸡子，盘古生其中。一万八千岁，天地开辟，阳清为天，阴浊为地，盘古在其中。一日九变，神于天，圣于地，天日高一丈，地日厚一丈，盘古日长一丈，如此万八千岁，天数极高，地数极深，盘古极长。”（《太平御览》卷二。）

这一段神话，似乎纯出想象，其中并无事实。近来又有人疑心盘古是苗族的神话，汉族误把他拉来算做自己的，其说亦颇有理，见第三章第二节。盘古以后的君主，又是什么人呢？那也不问而知其为三皇五帝了。

司马贞《补三皇本纪》：“天地初立，有天皇氏，……兄弟十二人，立各一万八千岁。地皇氏，……十一人，……亦各万八千岁。人皇氏，……兄弟九人，……凡一百五十世，合四万五千六百年。”（原注“天皇以下，皆出《河图》及《三五历》也”。案这是司马贞所列的或说，其正说同郑玄。）

《尚书大传》：“燧人为燧皇，伏羲为戏皇，神农为农皇也。”（《风俗通·皇霸第一》引。《风俗通》又引《礼纬含文嘉》同。又宋均注《援神契》引《甄耀度》，谯周《古史考》，都同此说，见《曲礼正义》。）

《白虎通》：“三皇者，何谓也？谓伏羲，神农，燧人也。或曰：伏羲，神农，祝融也。”

《礼记·曲礼正义》郑玄注《中候敕省图》引……《运斗枢》：“伏羲，女娲，神农为三皇。……”

《史记·秦始皇本纪》：“令丞相御史曰……其议帝号。丞相绾，御史大夫劫，廷尉斯等皆曰：……臣等谨与博士议曰：古有天皇，有地皇，有泰皇；泰皇最贵。……”

《索隐》：“天皇地皇之下，即云泰皇，当人皇也。……”

以上是三皇的异说；五帝的异说，也有两种。

《史记正义》：“……太史公依《世本》、《大戴礼》，以黄帝、颛顼、帝喾、唐尧、虞舜，为五帝。谯周、应劭、宋均皆同。”

《曲礼正义》：“其五帝者，郑注《中候敕省图》云……黄帝、金天氏、高阳氏、高辛氏，陶唐氏，有虞氏，是也；实六人而称五者，以其俱合五帝座星也。”

咱们现在所要研究的，有三个问题：其（一）三皇五帝，到底是什么人？其（二）他们的统系是否相接？其（三）三皇五帝以前有无可考的帝王？

关于第一个问题：除司马贞《补三皇本纪》所列的或说，似乎也是苗族的神话，汉族误拉来的不算外，（见第三章第二节。）《白虎通》的第一说和《尚书大传》本来相同。《尚书大传》“遂人以火纪，火，太阳也，阳尊，故托遂皇于天；伏羲以人事纪，故托戏皇于人……神农悉地力，种谷疏，故托农皇于地”。可见得三皇是取天地人的意思；与《史记》“古有天皇，有地皇，有泰皇”《索隐》“泰皇当人皇”的说法正合；伏生就是秦博士之一；这两说一定是一说。《补三皇本纪》“女娲氏，亦风姓，代宓牺立……一曰：女娲亦木德王，盖宓牺之后，已经数世，金木轮环，周而复始；特举女娲，以其功高而充三皇。……当其末年也，诸侯有共工氏，……乃与祝融战；不胜而怒，乃头触不周山崩，天柱折，地维缺；女娲乃炼五色石以补天，断鳌足以立四极。”（原注“按其事出《淮南子》也”。按见今《淮南子·览冥训》。）则女娲就是祝融；《白虎通》第二说，和郑玄的说法相同。五帝的两说，就是后一说多了个少昊。（还有《尚书伪孔传序》，把伏羲，神农，黄帝，算做三皇。少昊，颛顼，高辛，唐，虞，算做五帝；这是无据之谈。皇甫谧和造伪孔传的王肃，是一路人，所以他所做的《帝王世纪》，和他相同。这其间的关系，只要看丁晏的《尚书余论》就明白了。所以现在不列这一种说法。）咱们要辨别这两说的是非，就要入于第二个问题了。

关于第二个问题，也有两种说法：一种是说黄帝以后，世系都是明白可考的。是《大戴记·帝系》："少典产轩辕，是为黄帝；黄帝产玄嚣，玄嚣产蟜极，蟜极产高辛，是为帝喾；帝喾产放勋，是为帝尧；黄帝产昌意，昌意产高阳，是为帝颛顼；颛顼产穷蝉，穷蝉产敬康，敬康产句芒，句芒产蟜牛，蟜牛产瞽叟，瞽叟产重华，是为帝舜；及产象傲；颛顼产鲧，鲧产文命，是为禹。"这是《史记·五帝本纪》所本。

一种是把其间的年代说得极为辽远的。就是《曲礼正义》："《六艺论》云：燧人至伏羲，一百八十七代。宋均注《文耀钩》云：女娲以下至神农，七十二姓。谯周以为伏羲以次有三姓，始至女娲；女娲之后五十姓。至神农；神农至炎帝，一百三十三姓。"又《祭法正义》："《春秋命历序》：炎帝，号曰大庭氏，传八世，合五百二十岁；黄帝，一曰帝轩辕。传十世。二（闽本宋本作一。）千五百二十岁；次曰帝宣，曰少昊，一曰金天氏，则穷桑氏，传八世，五百岁；次曰颛顼，则高阳氏，传二十世，三百五十岁；次是帝喾，传十世，四百岁。"案古人所谓某某生某某，不过是"本其族姓所自出，……往往非父子继世"。（孔广森《大戴礼记补注》）据了《大戴记》的《帝系篇》，就说他《五帝德篇》的五帝，是及身相接，原不免武断；然而后燧人到帝喾，其间的世次年代，也决不会像《礼记正义》所引诸说那么远。《五帝德》："宰我问于孔子曰：昔者予闻诸荣伊，言黄帝三百年，请问黄帝者，人邪？抑非人邪？何以至于三百年乎。孔子曰：……生而民得其利百年，死而民畏其神百年，亡而民用其教百年，故曰三百年。"可见古人对于年代的观念，全然和后世不同；（照孔子对宰予的说法，是连死后也算进去。）这许多数目字，全然不足为据。我们现在没有别的法子想，只好把黄帝、颛顼、帝喾、尧、舜，姑且算他是及身相接的；（就是不及身相接，其间相去的年代，也必不远。）燧人、伏羲、神农，姑且算他不是及身相接的；（这几个君主，本来没有紧相承接的说法；而介居其间的君主，却有不能不承认他存在的；譬如女娲氏。司马贞说他在伏羲、神农之间，似乎不能就相信；然而《淮南子》既然记载他和共工战争的事实，《礼记》的《祭法》，又有“共工氏之霸九州也”一句，就是一个旁证；《白虎通》三皇的第二说，又列一个祝融；把《淮南子》核对起来，祝融和女娲就是一人；就又是一个旁证；有这两个旁证，就不能不承认了。）

三皇五帝，既然得了一个勉强的算法，就可以进而考究第三个问题了。《补三皇本纪》“自人皇已后，有五龙氏、燧人氏、大庭氏、柏皇氏、中央氏、卷须氏、栗陆氏、骊连氏、赫胥氏、尊卢氏、浑沌氏、昊英氏、有巢氏、朱襄氏、葛天氏、阴康氏、无怀氏，斯盖三皇已来，有天下者之号；但载籍不纪，莫知姓、王、年代、所都之处；而《韩诗》以为自古封太山，禅梁甫者万有余家，仲尼观之，不能尽识；管子亦曰：古封太山七十二家，夷吾所识，十有二焉；首有无怀氏；（案以上一段说法，系根据《庄子·胠箧篇》，《史记·封禅书》。）然则无怀之前，天皇已后，年纪悠邈，皇王何昇而告，但古书亡矣，不可备论，岂得谓无帝王耶？”案这一段议论，自极通达；然而《春秋繁露·三代改制质文篇》：“……故圣王生则称天子，崩迁则存为三王，绌灭则为五帝，下至附庸，绌为九皇，下极其为民；有一谓之三代，故虽绝地，庙位祝牲，犹列于郊号，宗于代宗”，所谓“宗于代宗”，似乎就是“封太山”，《周礼》“都宗人，掌都宗祀之礼，凡都祭祀，致福于国”，《郑注》“都，或有山川及因国无主九皇六十四民之祀”。《疏》按“《史记》，（这《史记》不知道是什么书。）伏羲以前，九皇六十四民，并是上古无名号之君，绝世无后，今宜主祭之也”。“绝世无后”，就是董子所谓“绝地”；那么，六十四民，就是董子所谓下极其为民；然则管子所谓七十二家，正就是这些上古无名号之君了。所可疑惑的，周朝时候所记得古代的君主，何以能有如许之多，而且三王五帝九皇六十四民，恰合于九九八十一之数，恐怕是宗教上的理由，不能当他历史了：（据《春秋繁露》所说，分明是随意推算。）就算不是如此，司马贞所举五龙氏……无怀氏一大篇君主的名号，也大概是无事迹可稽的，况且只有一个五龙氏在燧人以前，咱们现在也只得姑且截断他，把古史的年代系统，姑且推到燧人为止了。

《史记》确实的纪年，起于共和元年：从此以前的年代，都不可靠。咱们现在，姑且用《汉书·律历志》所推，夏四百三十二年，殷六百二十九年，周八百六十七年计算。（因为别种书所载数目，也差不多；这部书，究竟是以历法推古代年代最古的。）共和元年，在公元前 841 年；在此以前，周朝还有一百二十二年，再加上殷朝的六百二十九，夏朝的四百三十二，共是一千一百八十三，就在公元前 2024 年；尧舜两朝，用《史记》的尧九十八，舜三十九，加上居丧三年计算，共是一百四十年；其余帝喾、颛顼、黄帝三代，用尧舜年代的平均数——七十年去算他，就加上二百一十年，从燧人到伏羲，姑且用荣伊说黄帝的例子，算他每人三百年，（其间间代之主，就都包括在这三个人里头。）又加上九百年；那么，燧人氏的元年，就在公元前的 3274 年了。这种算法，固然极为可笑，然而现在实在没有别的法子想，也只得姑且如此，总算是“慰情聊胜无”罢了。

第三章　三皇五帝

第一节　三皇五帝时代社会进化的状况

既然知道中国可考的古史，起于三皇五帝，那么，咱们现在讲历史，就可以暂时从这里起了。

要晓得一个时代的历史，总得先晓得这个时代的社会是什么状况。三皇五帝的事迹，散见在古书里的很多，关于社会状况的也不少，但是苦于没有一个条理系统，而且不尽可靠。且慢，我现在找着两种书，说这时代社会进化的状况，却是很明白的。一种是《白虎通》的论三皇，他说：

古之时，未有三纲六纪；民人但知其母，不知其父；能蔽前而不能蔽后；（《北堂书钞》引《五经异义》："太古之时，未有布帛，人食禽兽肉而衣其皮，知蔽前，未知蔽后。"）卧之詓詓，行之吁吁，饥即求食，饱即弃余；茹毛饮血，而衣皮苇；于是伏羲仰观象于天，俯察法于地；因夫妇，正五行；始定人道，画八卦以治下；下伏而化之，故谓之伏羲也。谓之神农何？古之人民，皆食禽兽肉；至于神农，人民众多，禽兽不足；于是神农因天之时，分地之利；制耒耜，教民农作；神而化之，使民宜之，故谓之神农也。谓之燧人何？钻木燧取火，教民熟食；养人利性，避臭去毒，谓之燧人也。

三皇的次序，应当从《尚书大传》，燧人在前，伏羲次之，神农最后。

八卦是中国古代的宗教，（见第十章第一节。）燧人的时候还在“渔猎时代”，所以要教民熟食。渔猎时代，还没有“夫妇之伦”，（一群的女子，都是一群的男子的妻，参看严复译甄克思《社会通诠》。）所以“但知其母，不知其父”。渔猎时代，还没有“所有权”，（所有权，是到畜牧时代，因为畜牧要花劳力起的，也见《社会通诠》。）所以“饥即求食，饱即弃余”。到伏羲时候，便进入“游牧社会”。游牧社会，人民便从山谷之中，分散到各处平地；“家族制度”，就从此发生，所以有“夫妇之伦”。从游牧时代，变到耕稼社会，总是因为人民众多，地力不给；所以神农才要“教民农作”。《白虎通》这一段话，无一句不和现在社会学家所说相合的，可见得真古书的可贵。

一种是《易系辞》说伏羲以后的创作，他说：

古者包牺氏之王天下也，仰则观象于天，俯则观法于地；观鸟兽之文，与地之宜；近取诸身，远取诸物；于是始作八卦，以通神明之德，以类万物之情。作结绳而为网罟，以佃以渔，……包牺氏没，神农氏作。斫木为耜，揉木为耒；耒耨之利，以教天下。……日中为市，致天下之民，聚天下之货；交易而退，各得其所。……神农氏没，黄帝尧舜氏作。……黄帝尧舜，垂衣裳而天下治。……（《正义》自此已下，凡有九事，黄帝制其初，尧舜成其末，故连云黄帝尧舜也。垂衣裳者，以前衣皮，其制短小；今衣丝麻布帛，所作衣裳，其制长大，故云垂衣裳也。）刳木为舟，剡木为楫；舟楫之利，以济不通。……服牛乘马，引重致远。……重门击柝，以待暴客。……断木为杵，掘地为臼；臼杵之利，万民以济。……弦木为弧，剡木为矢；弧矢之利，以威天下。……上古穴居而野处，后世圣人易之以宫室，上栋下宇，以待风雨。……古之葬者，厚衣之以薪，葬之中野，不封不树，丧期无数，后世圣人易之以棺椁。……上古结绳而治，后世圣人易之以书契；百官以治，万民以察。

耕稼时代，人民四处分散，更不能如游牧时代之“列帐而居”。一切需用的东西都不能取诸近处，所以“商业”就随之而起。商业既兴，“水陆交通”，就随之便利。

农耕时代，人民的生活程度渐高，所以“衣服”、“住居”、“器用”、“葬埋”，都比古人讲究。农耕时代，人民就都“定住”，而且都有了“储蓄”，就要防人“掠夺”；所以“战争”、“守御”的事情，也就随之而起。生活程度既高，“文化”自然发生了，所以就有“文字”。这一节所述，于社会进化情形也是很对的。

第二节　黄帝和蚩尤的战争

三皇时代，君主的传统，还不可考；到五帝时代就不然，（就不是紧相承接，也必相去不远。）可见得五帝时代的历史，更比三皇时代明白。咱们现在，就得要提出几件五帝时代的大事来讲讲。其第一件，便是黄帝和蚩尤的战争。

这件事，据《史记·五帝本纪》所载，是：

黄帝者，少典之子，（《索隐》：“少典者，诸侯国号，非人名也。又按《国语》云：少典娶有蟜氏女，而生炎帝，然则炎帝亦少典之子。”）姓公孙，名曰轩辕。……轩辕之时，神农氏世衰，诸侯相侵伐，暴虐百姓，而神农弗能征；于是轩辕乃习用干戈，以征不享，诸侯咸来宾从；而蚩尤氏最为暴，莫能伐。炎帝欲侵陵诸侯，诸侯咸归轩辕；轩辕乃修德振兵，……以与炎帝战于阪泉之野，三战然后得其志。蚩尤作乱，不用帝命；于是黄帝乃征师诸侯，与蚩尤战于涿鹿之野，遂禽杀蚩尤；而诸侯咸尊轩辕为天子，代神农氏。（案，阪泉，《集解》引服虔，只说是地名，涿鹿，服虔说是山名，在涿郡；似乎是的。有许多人说在如今的涿鹿县，恐怕是因汉朝在此置了一个涿鹿县，所以附会上去的。）

近来的人说，蚩尤是三苗的酋长，三苗，就是现在所谓苗族；他占据中国本部，在汉族之先，后来给汉族驱逐掉的。黄帝和蚩尤的战争，就是其中的一事。这句话不很精细。三苗是古代的一个国名，不是种族之名；他的民族，却唤做“黎”；黎族的君主，起初是蚩尤，后来才是三苗。（《书·尧典》：“窜三苗于三危。”《释文》：“马王云：国名也；缙云氏之后为诸侯，盖饕餮也。”《淮南子·修务训》高诱《注》：“三苗，盖谓帝鸿氏之裔子浑敦，少昊氏之裔子穷奇，缙云氏之裔子饕餮，三族之苗裔，故谓之三苗。”又《书·吕刑》：“蚩尤惟始作乱。释文马云少昊之末，九黎君名。”《礼记·缁衣》：“甫刑曰：苗民弗用灵，制以刑，惟作五虐之刑曰法。”《正义》：“案郑注《吕刑》云：苗民，谓九黎之君也。九黎之君，于少昊氏衰，而弃善道。上效蚩尤重刑。必变九黎言苗民者，有苗，九黎之后，颛顼代少昊诛九黎，分流其子孙，居于西裔者为三苗；至高辛之衰，又复九黎之恶；尧兴，又诛之，尧末，又在朝。舜时，又窜之；后王深恶此族三生凶恶，故着其氏而谓之民，民者冥也，言未见仁道。”据以上几种说法，三苗究竟是饕餮，还是浑敦、穷奇、饕餮三族之后，虽不能定，然而的确是个国名，——就是氏族之名。——并不含有人民——种族——的意思。《高注》：“一曰：放三苗国民于三危也。”就是郑注所谓著其氏而谓之民，也并不是指人民。蚩尤，马融说：“少昊之末，九黎君名。”郑玄说：“九黎之君，于少昊氏衰，上效蚩尤重刑。”则蚩尤还在少昊以前，似乎郑说为是。这一族人（君主虽是蚩尤三苗，人民却是九黎。）和汉族竞争，从黄帝时代起，直到尧舜时代止，（看上文所引《吕刑》郑注，就可明白。）不可谓不久；然而曾到黄河流域与否，毫无证据；（《吕氏春秋》：尧战于丹水之浦以服南蛮，也只到今汉水流域。）他的占据江域和汉族的占据河域，孰先孰后，也史无可征；怎能武断说他占据中国本部在汉族之前呢？

这一族人，现在称他为苗，乃是蛮字的转音，和古代“三苗”的“苗”字无涉；试看古代“三苗之国”亡后，历代都只有所谓蛮，并无所谓“苗”；从元明清以来方渐次改称为“苗”，就更无所谓蛮可知。蛮是中国人通称南方异族之名，他种族的本名，实在是“黎”字。后世都写作“俚”或又写作“里”；《后汉书·南蛮传》：“建武十二年，九真徼外蛮里张游，率种人慕化内属，封为归汉里君。”《注》：“‘里’，蛮之别号，（其实是本名。）今呼为‘俚人’”是也。这一族人，似乎本来住在中央亚细亚高原，后来沿长江东徙的，何以知道呢？《后汉书·南蛮传》：

> 昔高辛氏有犬戎之寇，帝患其侵暴，而征伐不克；乃访募天下，有能得犬戎之将吴将军头者，购黄金万镒，邑万家，又妻之以女。时帝有畜狗，其毛五采，名曰盘瓠；下令之后，盘瓠遂衔人头造阙下；群臣怪而诊之，乃吴将军首也；……乃以女配盘瓠。盘瓠得女，负而走入南山，止石室中；经三年，生子一十二人，六男六女；盘瓠死后，因自相夫妻；……今长沙武陵蛮是也。

近来有人说：这盘瓠就是盘古，关于盘古的神话，都是苗族所传，汉族误把他拉来，算做自己的；这话很奇而很确。为什么呢？（一）盘瓠、盘古，声音相同；（二）关于盘古的神话，思想和中国别种神话不同；（三）汉族古帝，都在北方；独盘古则祠在桂林，墓在南海；（见任昉《述异记》。）（四）汪宝《晋纪》，范成大《桂海虞衡志》，都说：“苗人杂糅鱼肉，叩槽而号，以祭盘瓠。”（《文献通考》引。）近人笔记，说广西岩洞中，往往有崇宏壮丽，榜为盘古庙的；庙里奉祀的，是盘古和天皇、地皇、人皇；阴历六月初二，相传是盘古生日，远近聚集，致祭极虔。（见《地学杂志》。）照此说来，不但盘古是苗族的古帝，连司马贞《补三皇本纪》所列后一说的三皇，也是苗族的古帝了。《遁甲开山图》说天皇被迹在柱州昆仑山下，地皇兴于熊耳龙门山，人皇起于形马。（《御览》卷七十八。）柱州，以昆仑山高若天柱然，故名；形马，山名，旧说在蜀。（《通鉴外纪》。）据此看来，天皇，人皇，实在是从如今的青海到四川的。（昆仑，见第一章。熊耳山，在如今河南的卢氏县，龙门山在陕西韩城县、山西河津县之间，也和四川的山脉相接。）所以《华阳国志》也说“蜀之为国，肇自人皇”。到三苗时代，就进到左洞庭、右彭蠡的地位了。（《史记·吴起列传》。）《书·尧典》：“窜三苗于三危。”《禹贡》：“导黑水，至于三危，入于南海”，《史记集解》（《夏本纪》。）和《通典》（卷一百七十五。）引《郑注》道：“《地理志》，益州滇池有黑水祠，而不记此山水所在，今中国无之矣。《地记》曰：三危山，在鸟鼠之西南，与岷山相连。”则黑水就是如今的金沙江，（一者，黑水祠在滇池，滇池是金沙江流域；两者，金沙江古名泸水，“泸”就是“卢”，也就是“兹”，就是“黑”。）三危山，就是如今的巴颜哈喇山脉。三苗是江域之国，把他窜到这个地方，一定因为三苗是九黎之君，三危是黎族的根据地，叫他去治理，却很相宜，所以史记说：“以变西戎。”（《禹贡》：雍梁二州，都以黑水分界；是雍州的西南界，到如今青海木鲁乌苏北岸；梁州的西界，到如今川边这一条水的东岸；断乎没有两条黑水的。入于南海的“海”，是“夷蛮戎狄谓之四海”的海，不是“洋海”的海。当时道金沙江，实在还没到他和岷江合流之处，所以就把岷江算做长江的上源。后人凿定了海是洋海的海，就生出许多异说来；却又因为哈剌乌苏，译言黑水，就把来附会禹贡的黑水；殊不知哈喇译言黑，是句“蒙古话”；这个名词，一定是蒙古人侵入青海之后才有的。古人所说的山，都是所包甚广，和现在地理学上所谓“山脉”、“山系”相当；断没有像志书上所说，仅指一峯一岭的。《水经注》：江水“东过江阳县南，——如今四川的泸县——雒水从三危东，道广魏雒县南——如今四川的广汉县——东南注之”。可见得三危二字，所包甚广。《括地志》把他凿定在“敦煌县东南四十里”，就又生出疑问来了。《括地志》这句话，是跟《山海经》“三危在敦煌南”——《水经注》三十一卷引——来的；殊不知《山海经》下文，还有“与岷山相接，南带黑水”两句，所谓在敦煌南，和《说文》说“河水出敦煌塞外昆仑山”一样；因为中国郡县，极尽于此，只得如此说法；并不是说他在敦煌境内，或者极近的地方；不然《汉书·地理志》，《续汉书·郡国志》，敦煌郡下，为什么都不说有三危山呢？照第一章所考据，于阗河的上源有昆仑，河曲的东面，又有昆仑；这两个昆仑，其实原是一山，不过因为一处是汉族发祥之地，一处为西戎所据，所以分出“海内”、“海外”罢了。这也是古人所说的山，所包甚广的一个证据。这一条例子，讲古代的地理，用处甚大，请诸位牢牢记着。）

第三节　尧舜的禅让

颛顼、帝喾两代，据《史记·五帝本纪》，没有甚么实事可述。（《史记》系根据《大戴礼》。）大抵这两位君主，功业本不及黄帝、尧、舜，所以《易系辞》也把他略掉。

尧舜时代，第一个大问题便是“禅让”；咱们现在且把他提出来研究研究。这件事据《史记》所记，是：

（《五帝本纪》）尧曰：嗟四岳，朕在位七十载，汝能庸命，践朕位。岳应曰：鄙德，忝帝位。尧曰：悉举贵戚及疏远隐匿者。众皆言于尧曰：有矜在民间曰虞舜。尧曰：然，朕闻之，其何如。岳曰：盲者子；父顽，母嚚，弟傲，能和以孝，烝烝治，不至奸。尧曰：吾其试哉；于是尧妻之以二女，观其德于二女。舜饬下二女于妫汭，如妇礼。尧善之；乃使舜慎和五典，五典能从；乃遍入百官，百官时序；宾于四门，四门穆穆，诸侯远方宾客皆敬；尧使舜入山、林、川、泽，暴风雷雨，舜行不迷；尧以为圣，召舜曰：汝谋事至而言可绩三年矣，女登帝位。舜让于德不怿。正月上日，舜受终于文祖；文祖者，尧太祖也。于是帝尧老，命舜摄行天子之政。……尧立七十年得舜。二十年而老，令舜摄行天子之政，荐之于天；尧辟位凡二十八年而崩。……尧崩，三年之丧毕，舜让辟丹朱于南河之南。诸侯朝觐者，不之丹朱而之舜；狱讼者，不之丹朱而之舜；讴歌者，不讴歌丹朱而讴歌舜；舜曰：天也；夫而后之中国，践天子位焉。

舜子商均亦不肖，舜乃预荐禹于天；十七年而崩。三年之丧毕，禹乃亦让舜子，如舜让尧子，诸侯归之。然后，禹践天子位。尧子丹朱，舜子商均，皆有疆土以奉先祀，服其服，礼乐如之；以客见天子，天子弗臣，示不敢专也。

（《夏本纪》）帝禹立而举皋陶，荐之，且授政焉；而皋陶卒，……而后举益任之政。十年帝禹东巡狩，至于会稽而崩，以天下授益。三年之丧毕，益让帝禹之子启，而辟居箕山之阳。禹子启贤，天下属意焉；及禹崩，虽授益，益之佐禹日浅，天下未洽；故诸侯去益而朝启，曰：吾君帝禹之子也；于是启遂即天子之位。

儒家的话，几千年以来，就把他算做历史；然而到底有个刘知几，明目张胆攻他；（《史通·疑古篇》。）还有造《竹书纪年》这类书的人，也是对于儒家的话怀疑的。（《五帝本纪正义》：“《括地志》云：故尧城，在濮州鄄城县东北十五里。《竹书》云：昔尧德衰，为舜所囚也。又有偃朱故城，在县西北十五里。《竹书》云：舜囚尧，复偃塞丹朱，使不与父相见也。”现在的《竹书纪年》，却又是明以来的伪书。）咱们现在，且引几句非儒家的话看看。

《韩非子·外储说》：尧欲传天下于舜，鲧谏曰：不祥哉，孰以天下而传之于匹夫乎；尧不听，举兵而诛杀鲧于羽山之郊；共工又谏曰：孰以天下而传之于匹夫乎？尧不听，又举兵而诛共工于幽州之都；于是天下莫敢言无传天下于舜。

又燕王欲传国于子之也，问之潘寿，对曰：禹爱益而任天下于益，已而以启人为吏；及老而以启为不足任天下，故传天下于益，而势重尽在启也；已而启与友党攻益，而夺之天下。

又《忠孝》：瞽叟为舜父而舜放之，象为舜弟而舜杀之；放父杀弟，不可谓仁；妻帝二女，而取天下，不可谓义。《淮南子·齐俗训》昔有扈氏为义而亡。注：有扈，夏启之庶兄也。以尧舜举贤，禹独与子，故伐启，启亡之。

《韩非子》说得好："孔子、墨子，俱道尧舜，而取舍不同；皆自谓真尧舜，尧舜不复生，将谁使定儒墨之诚乎？"（《显学篇》。）非儒家的话，自然不足以服儒家之心；咱们现在，且再就儒家的话，校勘校勘。

（一）前文所引的《史记》，和《尚书》、《孟子》，都相同的。《史记·孟子列传》"退而与万章之徒，序《诗书》，述仲尼之意，作《孟子》七篇"。赵岐《孟子题辞》"通《五经》，尤长于《诗书》"。那么，《孟子·万章上篇》所说，一定都是《书》说了。（史公、孟子，似乎同用的书说；《史记》上和《孟子》相合的话，是同源异流的。未必史迁曾见过《孟子》。）然而把《尚书》古文家言和今文家言核对，就有不符的地方。《孟子》"帝使其子九男事之，二女女焉"。《尚书大传》"舜耕于历山，尧妻之以二女，属以九子也"。（《初学记·帝王部》引。）这是《尚书》今文家言。《书·皋陶谟》（伪孔分做《益稷》。）"无若丹朱敖，惟慢游是好，傲虐是作，罔昼夜頟頟，罔水行舟，朋淫于家，用殄厥世"。《释文》"傲，字又作奡"。《说文》奡字下，"《虞书》曰：若丹朱奡，读若傲"。又引"《论语》曰：奡汤舟"。这是古文家言，非儒家言，只有《淮南子·泰族训》"尧属舜以九子"，和《孟子大传》相合。此外《吕氏春秋·去私篇》就说"尧有子十人"。《求人篇》说"尧妻以二女，臣以十子"。《庄子·盗跖篇》又说，"尧杀长子"。《韩非子·说疑篇》"其在《记》曰：尧有丹朱，而舜有商均，启有五观，商有太甲，武王有管蔡，五王之所诛，皆父子兄弟之亲也"。丹朱被杀，别处都没有征验；然而尧杀掉一个儿子，似乎是真的；这个儿子，恐怕就是奡。（参看《癸巳类稿》卷一《奡证》。）

（二）《小戴记·檀弓》"舜葬于苍梧之野"，各种书都同的。（《大戴记·五帝德》，《白虎通·巡狩篇》，《淮南子·修务训》，《汉书·刘向传》，《三国志·薛综传》，《吕凯传》。又《小戴记·祭法》“舜勤众事而野死”，《国语·鲁语》同，郑玄韦昭，都把葬于苍梧之野解释他。）独有《孟子》说：“舜生于诸冯，迁于负夏，卒于鸣条，东夷之人也。”这句话，不知哪里来的。案《史记·五帝本纪》“舜耕历山，渔雷泽，陶河滨，作什器于寿丘，就时于负夏”，《索隐》引《尚书大传》“贩于顿丘，就时负夏”。史公、孟子，似乎也是同用书说的。（“迁于负夏”的迁，作懋迁解。）《史记》下文“南巡狩，崩于苍梧之野，葬于江南九疑，是为零陵”。一定是后人窜入。（《史记》这部书，给后人窜乱的地方极多；请看近人崔适的《史记探原》。）苍梧零陵，到了如今湘粤的边界似乎有被窜逐的嫌疑，（刘知几就很疑心他。）所以今文家把他讳掉。（这个“今文家”三字，是指经学真有传受的人，并不是指古文既兴以后的今文家。请看末一段。）然而鸣条也是南夷的地方，舜禹果然“雍容揖让”，如何舜会死在这里，讳了半天，似乎还是不能自圆其说。（赵岐《孟子》注“诸冯，负夏，鸣条，皆地名，负海也”。这个“海”，是“夷蛮戎狄，谓之四海”的海，正是注释《孟子》“东夷之人也”这一句。《吕氏春秋·简选篇》“殷汤登自鸣条，乃入巢门”，《淮南子·主术训》“汤困桀鸣条禽之焦门”《修务训》“汤整兵鸣条困夏南巢，谯以其过，放之历山”。可见得鸣条和南巢历山相近，正是所谓“东夷之地”。参看第六章第五节。——《书·汤誓序》正义引“郑玄云：南夷地名”，已经微误。至《书序》“伊尹相汤伐桀。升自陑，遂与桀战于鸣条之野”，这个陑，本来是无可考的，伪孔硬说汤都偃师，桀都安邑，《正义》勉强附会，才生出“陑在河曲之南，鸣条在安邑之西”种种曲说来，参看第四章第二节自明。还有舜封象于有庳一事，也极为可疑。孟子答万章的话，无论如何，也不能自圆其说。顾炎武就说“上古诸侯之封万国，其时中原之地，必无闲土可以封也”。（《日知录》）然而古人所说万国、三千、千八百，实在是个虚拟之词，并不是真有这些国度（参看第七章）。有庳苍梧，地极相近；舜放象的地方，就是后来自己逃去的地方，这个疑团，更无从解释了。）

（三）《新序·节士篇》：“禹问伯成子高曰：昔者尧治天下，吾子立为诸侯；尧授舜，吾子犹存焉，及吾在位，子辞诸侯而耕，何故？子高曰：昔尧之治天下，举天下而传之他人，至无欲也；择贤而与之，至公也；舜亦犹然，今君之所怀者私也，百姓知之，贪争之端，自此起矣；德自此衰，刑自此繁矣；吾不忍见，是以野处也。”这一段，竟说禹有私天下之心，和孟子答万章的话，大相反背。刘向是个博极群书的人，《新序》又是杂采古书而成的，自然不能谨守家法。这也是今古文家，互相违反的一证。（《书·甘誓序疏》：“……盖由自尧舜受禅相承，启独见继父，以此不服，故伐之。”这个说法，也必有所本。）

（四）以上都是儒家说话可疑之处，还有他不说话的地方，也很可疑。《史记·伯夷列传》：“夫学者载籍极博，犹考信于《六艺》；《诗》、《书》虽缺，然虞夏之文可知也。尧将逊位，让于虞舜舜禹之间。岳牧咸荐；乃试之于位；典职数十年，功用既兴，然后授政；示天下重器，王者大统，传天下若斯之难也；而说者曰：尧让天下于许由，许由不受，耻之，逃隐；及夏之时，有卞随、务光者，此何以称焉。太史公曰：余登箕山，其上盖有许由冢云。孔子序列古之仁圣贤人，如吴太伯、伯夷之伦，详矣；余以所闻，由、光义至高，其文辞不少概见，何哉。”太史公这一段文字，是深苦于载籍上的话，和《书》义不合，（《尚书》：虞夏同科（见义疏），太史公说“虞夏之文”，是指尚书而言可知。“尧将逊位……然后授政”是述书义：“尧让天下于许由，……何以称焉”。是述非儒家的载籍。“示天下重器……若斯之难也”，与“此何以称焉”句相呼应。）既不能一笔抹杀，（因为有许由冢等实迹可证。《五帝本纪赞》：“学者多称五帝，尚矣，然《尚书》独载尧以来，而百家言黄帝，其文不雅驯，荐绅先生难言之。孔子所传宰予问《五帝德》及《帝系》姓，儒者或不传。余尝西至空峒，北过涿鹿，东渐于海。南浮江淮矣，至长老皆各往往称黄帝尧舜之处，风教固殊焉；总之不离古文者近是。”可见得太史公的学问，极注重实验，他亲眼看见了一个许由冢，又听见许多传说，然而六艺无征，自然要委决不下了。）而又六艺阙然，无可考信的意思。然而据清朝宋翔凤所考究，许由实在就是伯夷。他说尧舜时候的四岳，一共有三起人：第一起就是羲仲、羲叔、和仲、和叔四个；第二次分做八伯，四个是驩兜、共工、放齐、鲧，余无可考。第三起就是伯夷等八人。（见《尚书略说》，原文……“《周礼疏序》引郑《尚书》注云：四岳，四时之官，主四岳之事，始羲和之时，主四岳者，谓之四伯；至其死，分岳事置八伯，皆王官。其八伯，惟驩兜共工放齐鲧四人而已。其余四人，无文可知矣。案上文羲和四子，分掌四时，即是四岳，故云四时之官也。云八伯者，《尚书大传》称阳伯，仪伯，夏伯，羲伯，秋伯，和伯，冬伯，其一阙焉。《郑注》以阳伯为伯夷掌之，夏伯弃掌之，秋伯咎繇掌之，冬伯垂掌之，余则羲和仲叔之后，《尧典》注言驩兜四人者，郑以《大传》所言，在舜即真之年，此在尧时，当别自有人，而经无所见，故举四人例之。……案唐虞四岳有三：其始为羲和之四子，为四伯；其后共驩等为八伯；其后伯夷诸人为之。《白虎通·王者不臣篇》先王老臣不名，亲与先王戮力共治国，同功于天下，故尊而不名也。《尚书》曰：咨尔伯，不言名也。案班氏说《尚书》，知伯夷逮事尧，故在八伯之首，而称太岳。《春秋左氏》隐十一年，夫许，太岳之胤也。申，吕，齐，许，同祖，故吕侯训刑，称伯夷禹稷为三后，知太岳定是伯夷也。《墨子·所染篇》、《吕氏春秋·当染篇》并云：舜染于许由伯阳，‘由’与‘夷’，‘夷’与‘阳’，并声之转。《大传》之阳伯，《墨》、《吕》之许由伯阳，与《书》之伯夷，正是一人。伯夷封许，故曰许由。《史记》：尧让天下于许由。（原注“本《庄子》”）正附会咨四岳巽朕位之语；百家之言，自有所出。《周语》太子晋称共之从孙四岳佐禹。又云：胙四岳国，命曰侯伯，赐姓曰姜，氏曰有吕。《史记·齐太公世家》云：吕尚，其先祖尝为四岳，佐禹平水土，虞夏之际，封于吕，姓姜氏。此云四岳，皆指伯夷：盖伯夷称太岳，遂号为四岳，其实四岳非指伯一人也，……”）据他这个说法，尧让天下，就是让之于四岳；和《尧典》“咨四岳，朕在位七十载，汝能庸命，巽朕位”的话正合；然而四岳里三个，倒就在“四罪”之中，（《尧典》（伪古文的《舜典》）“流共工于幽州，放驩兜于崇山，窜三苗于三危，殛鲧于羽山，四罪而天下咸服”。）岂不可骇。儒者于此，没有一句话疏通证明；让国的许由，也不提及一字，一任非儒家去传说，这又是什么缘故呢？（又《史记·秦本纪》：“秦之先，帝颛顼之苗裔，孙曰女修；女修织，玄鸟陨卵，女修吞之，生子大业。”《正义》：“《列女传》云：陶子生五岁而佐禹，曹大家注云：陶子，皋陶之子伯益也。按此，即知大业是皋陶。”据此，则益是皋陶的儿子，禹要行禅让，而皋陶死后，任政于益，反有世及的意思，这一层也很可疑。）

以上所举几条，不过是彰明较著的；要是仔细搜寻起来，一定还有许多证据。总而言之："唐虞揖让"，"汤武征诛"，都是为公而不为私。（孟子所谓"唐虞禅，夏后殷周继，其义一也。"）实在是儒家的学说，并非实有其事。所以儒家是这样说法，别一家却并不是这样说法。就是儒家里头，古文家也还时时露出马脚，只有今文家弥缝得完密——这是因为今文家的老祖师，都是亲受口说于孔子，纯粹是儒家的学说；古文家却有些不纯粹的古书做根据。请看近人井研廖氏的《今古文考》，南海康氏的《孔子改制考》，自然明白。咱们因此可以悟到两种道理：

其（一）儒家的学说，都是孔子所创造，并没有所谓尧、舜、禹、汤、文、武、周公等等的圣人。后世实行儒家之学，便是实行孔子之学；其"功罪"、"祸福"，一大部分，应当由孔子负其责任。（且勿论其为是为非，为功为罪；孔子这个人理想的博大；他这学说组织的完密（看《孟子·万章上篇》便见；这一篇的话，都是孔门的"书义"，上文已经说过了）却很是可惊；所以当时有一部分人，很佩服他；说他是"集大成"，是"生民所未有"。一小部分的责任，后世的儒家，也应当分负的。）

其（二）世界究竟是"进化"的，后世总比古人好。譬如"政体"，断没有后世是"专制"，古时候反有所谓"禅让"之理。（其余各事，都是如此；一部历史，都要用这种眼光看。）

第四节　禹的治水

禹的治水，也是当时一大事。水患的原因，《尧典》上只有"汤汤洪水方割，荡荡怀山襄陵，浩浩滔天，下民其咨"二十个字。看不出什么道理来。《吕氏春秋·爱类篇》说"古者龙门未开，吕梁未发，河出孟门之上，大溢逆流；无有丘陵高阜，尽皆灭之，名曰鸿水"，似乎仍旧是河患；但是《吕氏春秋》这句话，是原本《尸子》的；（《尸子》已佚，只有辑本，所以现在就引《吕氏春秋》。）尸子是晋国人，他单说龙门吕梁，是就他眼见的地方立论，(参看胡渭《禹贡锥指》卷三。)再看《淮南子·本经训》“龙门未开，吕梁未发，江淮流通，四海溟涬”。就可以见得当时的水患，实在是“弥漫于中国大平原”之上了。原来古时候，江淮河济诸水都是相通的。(这个说法太长，不能细讲；欲知其略，请看孙星衍的《分江导淮论》。《白虎通》：“谓之渎河？渎者，浊也；中国垢浊，发源东注海，其劲著大，故称渎也。”《风俗通》引《尚书大传》：“渎，通也；所以通中国垢浊。”《水经·河水注》“自河入济，自济入淮，自淮达江，水径周通，故有四渎之名”。则四渎之渎字，实在含有“通”、“浊”二义；“通”字之中，又含有“通垢浊”同“周通”二义。这都是相传的旧训，决非郦道元所能造的。)所以一有水患，就灾区极广。尧时候的水，据《尧典》看起来，似乎“是多年的积害”，那么，自然情形更重大了。《孟子》上说：

> 《滕文公上》：当尧之时，天下犹未平：洪水横流，泛滥于天下；草木畅茂，禽兽繁殖；五谷不登，禽兽逼人；兽蹄鸟迹之道，交于中国。

《滕文公下》：当尧之时，水逆行，泛滥于中国；蛇龙居之，民无所定；下者为巢，上者为营窟。(《淮南子》也说“民皆上丘陵，赴树木”。)就可以见得当时的情形了。孟子既然是用的书说，(见上节。)这许多话，一定有所受之，不是随口乱道的。(这许多话，却不是儒家文饰出来的；因为用不着文饰。)

禹的治水，《史记》总叙他道：“禹乃遂与益、后稷奉帝命，命诸侯百姓，兴人徒以敷土；行山表木，定高山大川。……乃劳身焦思，居外十三年，(《孟子》说“禹八年于外”，这些琐细的问题，且别去考据他。)过家门不敢入。陆行乘车，水行乘船，泥行乘橇，山行乘檋；左准绳，右规矩；载四时；以开九州，通九道，陂九泽，度九山；令益与众庶稻，可种卑湿；令后稷与众庶难得之食；食少，调有余相给，以均诸侯。”和《孟子》“舜使益掌火，……禹疏九河，瀹济、漯，而注之海；决汝、汉，排淮、泗，而注之江；……后稷教民稼穑，……”的说法相合。

可见得当时治水，实在是禹为主而益、稷佐之。（《史记·殷本纪》载《汤诰》“古禹皋陶，旧劳于外，”大概皋陶和益，是父子继业的。）至于治水的法子，大概是疏导诸水，使之各有去路。当时江淮两流域的水，本来都是相通的，就其天然的趋势，叫小水归入大水，大水东流入海，那么，江、淮、河、济四水，就是诸水的纲领，所以这四条水，就唤做四渎。（《风俗通·山泽》引《尚书大传》：“江、淮、河、济为四渎。”《汤诰》：“东为江，北为汉，西为河，南为淮；四渎既修，万民乃有居。”《孟子》：”水由地中行，江淮河汉是也”，因为当时诸水互通，所谓四渎，不过是举出四条大水，以为诸水之纲领，所以济汉也不妨互言。然而孟子的意思，也不是凿定，把江、淮、河、汉算做四渎；所以“疏九河”，“瀹济漯”，“决汝、汉”，“排淮、泗”，又是把江淮河济并举，却因为诸水本来都相通，所以“而注之海”，“而注之江”，又不妨互言。大概古人这等处，观念本不是精密确定的，不必泥定字面，生出许多麻烦的问题来。）禹治水的方法，大概是如此；《孟子》说“水由地中行，江、淮、河、汉是也。”这十一个字，最能得概括的观念。（上句是治水的方法，下句是水的统系。）至于详细的情形，要带起许多麻烦的问题来，现在暂不必讲他。（禹贡里的地理，有一部分应当讲明的，见第七章。如要晓得详细的情形，可把胡渭的《禹贡锥指》先看一遍。这部书，虽不很精，然而汇集的说法很多，很容易看；看了这一部，傥要再看别种，也就有门径了。）

第四章　三王时代

第一节　羿的代夏和少康中兴

“三王”就是“三代”，似乎应当算到东周之末；但是《孟子》已经说“三代之得天下也以仁，其失天下也以不仁”；古人所说的“三王”、“三代”，大概专指夏殷西周。我如今也图立名的方便，用个“三代时代”，来包括夏殷西周三朝，和五帝时代对举。

要讲三王时代的事情，自然要从夏朝讲起。然而禹的治水，已经编入五帝时代；启伐有扈，第三章第三节，也已经略说；这件事情的详细，是无可考见的；此外夏朝的事情，较为著名的，只有“羿的代夏和少康中兴”一件事。我们现在要讲这件事，且请先看夏朝的世系图。

（一、二、三、四等字，系表君位继承；所用的线，是表血统上的统系。）

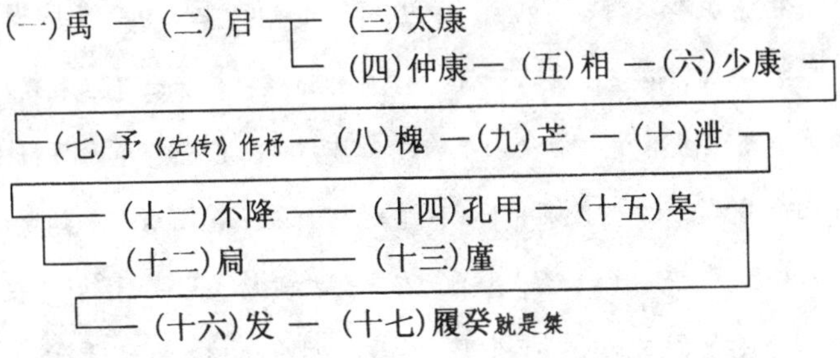

据下文看起来，这个图，未必尽可靠；然而现在他无可据，只得姑且照他。

羿的代夏和少康中兴，是夏朝一件著名的事，却又是一个考据问题。这件事，《史记》上只有“帝太康失国。昆弟五人，须于洛汭，作五子之歌”十八个字，和《书序》相同，其余一概不提。《伪古文尚书》说：“太康尸位以逸豫，灭厥德，黎民咸贰。乃盘游无度，畋于有洛之表，十旬弗反；有穷后羿，因民弗忍，距于河。厥弟五人，御其母以从，徯于洛之汭；五子咸怨，述大禹之戒以作歌。”伪古文的不可信，无待于言；这一篇，尤其荒谬可笑。别的且勿论，各种书上都说太康兄弟五人，他却说“厥弟五人”，那么，连太康倒有六个了。羿的代夏，详见于《左传》襄公四年和哀公元年，咱们现在，且把他钞在下面。

……昔有夏之方衰也：后羿自鉏，迁于穷石，因夏民以代夏政，恃其射也，不修民事，而淫于原兽。弃武罗、伯因、熊髡、尨圉，而用寒浞；（《杜注》：寒国，北海平寿县东有寒亭，如今山东的潍县。）寒浞，伯明氏之谗子弟也；伯明后寒弃之，夷羿收之；信而使之，以为己相。浞行媚于内，而施赂于外；愚弄其民，而虞羿于田；树之诈慝，以取其国家。羿犹不悛，将归自田，家众杀而烹之，（《孟子·离娄下篇》：逢蒙学射于羿，尽羿之道；思天下惟羿为愈己，于是杀羿。）以食其子；其子不忍食诸，死于穷门。靡奔有鬲氏，（《杜注》：今平原鬲县。如今山东的德县。）浞因羿室，生浇及豷。恃其残慝诈伪，而不德于民。使浇用师，灭斟灌及斟寻氏。（《杜注》：二国，夏同姓诸侯；仲康之子后相所依。乐安，寿光县东南有灌亭。如今山东的寿光县。北海平寿县东南有斟亭。如今山东的潍县。）处浇于过，（《杜注》：东莱掖县北有过乡。如今山东的掖县。）处豷于戈。（《杜注》：戈，在宋郑之间。）靡自有鬲氏收二国之烬，以灭浞而立少康；少康灭浇于过，后杼灭浇于戈；有穷由是遂亡，失人故也。昔周辛甲之为太史也，命百官，官箴王阙。于虞人之箴曰：芒芒禹迹，画为九州。经启九道；民有寝庙，兽有茂草，各有攸处，德用不扰。在帝夷羿，冒于原兽；忘其国恤，而思其麀牡；武不可重，用不恢于夏家。兽臣司原，敢告仆夫。……（襄四年魏绛告晋悼公的话。）

……昔有过浇，杀斟灌以伐斟鄩，灭夏后相；后缗方娠，（杜注后缗相妻。）逃出自窦，归于有仍，（梁履绳《左通补释》，《春秋经》桓五年，天王使仍叔之子来聘，《谷梁》经传并作任叔。仍任声相近，或是一地。……案《地理志》，东平有任县，盖古仍国。如今直隶邢台县附近。《杜注》：后缗，有仍氏女。）生少康焉；为仍牧正；惎浇能，戒之。浇使椒求之；（《杜注》：椒，浇臣。）逃奔有虞，（《杜注》：梁国有虞县。如今河南的虞城县。）为之庖正，以除其害。虞思于是妻之以二姚，而邑诸纶；（《杜注》：纶，虞邑。）有田一成，有众一旅；能布其德，而兆其谋；以收夏众，抚其官职；使女艾谍浇，（《杜注》：女艾，少康臣。）使季杼诱豷。（《杜注》：季杼，少康子后杼也。）遂灭过戈，复禹之绩；祀夏配天，不失旧物。……（哀元年伍员谏吴夫差的话。）

以上都只说羿的代夏，和少康中兴；至于太康为什么失国，始终没有提及。我们再看：

《墨子·非乐》：于武观曰：启乃淫溢康乐野于饮食将将铭苋磬以力湛浊于酒，渝食于野；万舞翼翼；彰闻于大，大用弗式。

《逸周书·尝麦》：其在启之五子，忘伯禹之命，假国无正，用胥兴作乱。遂凶厥国。皇天哀禹，赐以彭寿，思正夏略。

《墨子》的话，不甚可解；然而“湛浊于酒，渝食于野，万舞翼翼”十二个字，大概是说“饮食”“作乐”的。“彰闻于大”的“大”字，惠氏栋说是“天”字之误，（见江声《尚书集注音疏》。）也大概不错。（其余不必强解。）合着《墨子》和《逸周书》看起来，似乎夏之亡，由于沈湎于酒，又好饮食，又好音乐；其事起于启，而亡国却在他五个儿子手里。“胥兴作乱”四字，不知道是什么事；彭寿是什么人，也不可考。（《竹书纪年》：“帝启十一年，放王季子武观于西河。十五年，武观以西河叛，彭伯寿帅师征西河，武观来归。”就是据着《逸周书》伪造的，惠氏以为可信，就差了。武观就是五观，据下文所考，确是五个人，不是一个人。）还有《楚辞》的《离骚》，有几句，却像总述这件事的始末的：

启九辩与九歌兮，夏康娱以自纵；不顾难以图后兮，五子用失乎家巷。羿淫游以佚田兮，又好射夫封狐；固乱流其鲜终兮，浞又贪夫厥家。浇身被服强圉兮，纵欲而不忍；日康娱而自忘兮，厥首用夫颠陨。

五子就是武观，为什么呢？《楚语》，“启有五观”，（《书·甘誓》疏引作”夏有观扈”，看韦注，似乎《书疏》是错的。）韦昭注“启子，太康昆弟也”；《汉书·古今人表》：“太康，启子，昆弟五人，号五观。”《潜夫论·五德志》：“启子太康仲康更立，兄弟五人，皆有昏德，不堪帝事，降在洛汭，是为五观”，诸说皆同。“武”“五”是一声之转。那么，为什么要称观呢？《水经》巨洋水注：“国语曰：启有五观，谓之奸子。五观，盖其名也。所处之邑，其名曰观。”《左传》昭公元年：“夏有观扈”，杜注：“观国，今顿丘卫县。”卫县，就是如今山东的观城县。然而依我看来，这话未必可信。为什么呢？（一）观城决不能称为洛汭，《书序》虽不可靠，然而这一篇却和《史记》、《潜夫论》都相合的，没有反对证据。不便就疑心他。（二）卫县是后汉的卫国，前汉名为畔观；杜预的注，似乎有点牵合。（三）古人注文用个盖字，都是疑辞；郦道元说“盖其名也”，可见也只是推测，不敢决定。所以我说“夏有观扈”的观究竟在什么地方没有考据清楚，且不必把他来和太康兄弟五人牵合。然则太康兄弟五人，究竟在什么地方呢？我说且算他在洛汭。他为什么要在洛汭呢？他居洛汭之前又在何处呢？这个问题，却不能有圆满的解答；我且引证一个人的话，来做一个推测。

金鹗《禹都考》：（《求古录礼说》卷四。）世言禹都安邑，其误始于皇甫谧《帝王世纪》，郦道元浍水注因之；近洪氏颐煊，谓禹都阳城，不都安邑，足以证其谬矣；然其所考犹未详也。鹗窃疑禹都有二；其始都在阳城，而其后乃都于晋阳。案《汉书·地理志》，颍川郡阳翟，夏禹国。应劭曰：夏禹都也。臣瓒曰：《世本》言禹都阳城，《汲郡古文》亦云居之，不居阳翟也。师古曰：阳翟本禹所受封耳，应瓒之说皆非。洪氏颐煊谓阳城亦属颍川郡，与阳翟之地相近；或当日禹所都阳城，本在阳翟，故《汉志》云。鹗考《史记·夏本纪》，禹避舜子于阳城，诸侯皆去商均朝禹，于是即天子位；知其遂都阳城，盖即所避之处以为都也。赵岐《孟子》注，阳城在嵩山下；《括地志》嵩山，在阳城县西北二十三里；则阳城在嵩山之南，今河南府登封县是也。若阳翟，今在开封府禹州，其地各异。《汉书·地理志》，于偃师曰：殷汤所都；于朝歌曰：纣所都，于故侯国皆曰国；今阳翟不曰夏禹所都，而曰夏禹国，可知禹不都阳翟矣。……然《左传》定公四年，祝佗谓唐叔，封于夏虚，启以夏政；例以上文康叔封于殷虚，启以商政，则禹之都即唐国也。唐国在晋阳：《汉书·地理志》太原郡晋阳，故诗唐国，周成王灭唐，封弟叔虞。杜预注《左传》云：夏虚，大夏，今太原晋阳是也；本于《汉志》，其说自确。《水经》云：晋水出晋阳县西县瓮山。郦道元注，县，故唐国也；亦本《汉志》。乃臣瓒以唐为河东永安，张守节以为在平阳；不知唐国有晋水，故燮父改唐曰晋；若永安去晋四百里，平阳去晋七百里，何以改唐曰晋乎？唐定在晋阳，今山西太原府是也。又郑康成《诗谱》云：魏国，虞舜夏禹所都之地。魏与唐相近，同在河北冀州；故哀公六年《左传》引《夏书》云：惟彼陶唐，帅彼天常，有此冀方；今失其行，乱其纪纲，乃灭而亡。服虔以为尧居冀州，虞夏因之；此皆禹都在河北之证也；但在晋阳，不在安邑；皇甫谧、郦道元以安邑为禹都，此为谬耳。……

我以为古代的事情，都不过传得一个大略；都邑之类亦然，不过大略知道他在什么地方；区区计较于数十百里之间，实在是白费心血的，所以阳城到底在登封，还在禹县，这个问题，暂可不必较量。至于所论禹都晋阳一层，实在非常精确。禹都河北这一层，造伪书的人，也似乎知道的；不过知道得不甚精确；他脑筋里，只有一个“魏国夏禹所都”的观念；见战国时的魏，是都安邑，就以为安邑必是禹都；禹都既在安邑，就桀都也在安邑了；桀都既在安邑，就连鸣条也搬到河北去了；辗转牵率，就闹出绝大笑柄。（见下节。）然而禹都虽不在安邑，却不害其为在晋阳；并且“惟彼陶唐……乃灭而亡”几句《夏书》，怕确也是指太康亡国的；不过造伪书的人，不应当把兄弟五人改作“厥弟五人”；再把这几句《夏书》硬栽在他口里，算是他所做的歌罢了。这样看来，太康似乎是本居晋阳，失了国，逃到洛汭的；当时还离河北不远，到后来，才给寒浞等愈逼愈东，以至于灭亡。少康虽灭寒浞，曾否恢复河北却是一个疑问；所以桀之都，又在河南了。（见下节。）然则后羿又是从什么地方来的呢？《左传》说：“后羿自鉏迁于穷石”；《淮南子·地形训》：“弱水，出自穷石”，高诱注：“穷石，山名也。在张掖北，塞水也。”似乎太远些。然而尧本都冀州，羿在尧手里就是射官，（见《淮南子》。）是个西北之国，却也不足为怪。难道羿是从西北塞外侵入的么？（看春秋时候的情形，便知道如今的山西省，在古代强半是戎狄占据之地。又夏好音乐，羿好田猎，也似乎一个是久居开明地方的人，一个是从塞外侵入的。）这个实在证据不足，只可存为一种推测罢了。

第二节 夏殷的兴亡

夏朝从少康以后，无事可见。《史记》说：孔甲“好方鬼神，事淫乱，夏后氏德衰；诸侯畔之”。又说：“自孔甲以来，而诸侯多畔夏；桀不务德而武；伤百姓，百姓弗堪。乃召汤而囚之夏台，已而释之；汤修德，诸侯皆归汤；汤遂率兵以伐夏桀；桀走鸣条，遂放而死。”那么，夏朝的衰弱，是从孔甲时候起，至桀而灭亡的。

《史记》记夏殷兴亡的事：

> 自契至汤，八迁，汤始居亳，从先王居。汤征诸侯：葛伯不祀，汤始伐之。……当是时：夏桀为虐政，淫荒；而诸侯昆吾氏为乱，汤乃兴师；率诸侯；伊尹从汤；汤自把钺，以伐昆吾；遂伐桀。……于是汤曰：吾甚武，号曰武王。桀败于有娀之虚；桀奔于鸣条；夏师败绩；汤遂伐三嵕，俘厥宝玉。……于是诸侯服，汤乃践天子位。平定海内。汤归至于泰卷陶，中䴁作诰。既绌夏命，还亳。

这一段事情，须把他的地理考核清楚，才能知道当日战争的形势。案上文所见的地名，是（一）亳，（二）葛，（三）昆吾，（四）有娀之虚，（五）鸣条，（六）三嵕，（七）泰卷陶；除有娀之虚无可考外，其余的，我都替他考核如下：

亳的说法，最为麻烦。据《书经正义》所引：

> （一）郑玄云：亳，今河南偃师县有汤亭。（《帝喾厘沃序疏》。）
>
> （二）《汉书音义》：臣瓒者云：汤居亳，今济阴亳县是也。……（同上。）
>
> （三）杜预云：梁国蒙县北有亳城。（同上。）
>
> （四）皇甫谧云：《孟子》称汤居亳，与葛为邻，葛伯不祀，汤使亳众往为之耕。葛，即今梁国宁陵之葛乡也；若汤居偃师，去宁陵八百余里，岂当使民为之耕乎？亳，今梁国谷熟县是也。（同上。）又《立政》“三亳阪尹”疏：皇甫谧以为三亳，三处之地，皆名为亳；蒙为北亳。谷熟为南亳，偃师为

西亳。

（五）郑玄以三亳阪尹，共为一事；云：汤旧都之民服文王者，分为三邑；其长居险，故言阪尹。盖东成皋，南轘辕，西降谷也。（江氏声，《尚书集注音疏》说“降”是“函”之音转，降谷，就是函谷。）

这所引诸说，《立政》和《帝喾厘沃序》的《正义》，都说是不能定其是非。咱们当考核之初，有一件事，应当注意的，就是三亳是周初的事，不能和汤时的亳，并为一谈。皇甫谧的错误，就出在这里；他硬把周初的三亳，和商汤时候的亳，并为一谈；就把蒙、谷熟区区地方，硬分做南北两亳，去配偃师的西亳；这个，清朝的王鸣盛氏驳得他最痛快，他说：（《尚书后案》卷六。）

盖薄县者，汉本属山阳郡，后汉又分其地置蒙、谷熟二县，与薄并改属梁国；晋又改薄为亳，且改属济阴；故臣瓒所谓汤都在济阴亳县者，即其所谓在山阳薄县者也；（案《汉书·地理志》山阳郡薄县下，“臣瓒曰：汤所都”。其“汤居亳今济阴亳县是也”，见于河南郡偃师县下。）亦即司马彪所谓在梁国薄县；（案《续汉书·郡国志》，薄县下“汤所都”。）杜预所谓在蒙县北亳城者也；而亦即皇甫谧所分属于蒙、谷熟者也；本一说也，孔颖达《书诗疏》，（案《诗·商颂·玄鸟疏》。）皆误认为异说，其谬已甚。……而皇甫谧巧于立说，又以一薄分为南北二亳，且欲兼存偃师旧说，以合《立政》三亳之文；不知《立政》三亳，郑解谓迁亳之民而分为三；亳本一耳，安得有三；皇甫谧之谬如此。……

这个说法，精核极了；但是王鸣盛是一生“佞郑”的，他就一口断定亳在偃师，而于皇甫谧去葛太远，不便代耕之说，却只把“其说浅陋，更不足辨矣”九个字，轻轻撇过，这个却也未足服人。（皇甫谧的话，大概是信口开河，没有一句可据的。但是这一驳，却不能全说他无理。）

我说古人的“城名”和“国名”，是分不开的；“国名”自然不能随时变换，所以新迁了一个都城，大概就把旧都城的名字，做他的名字。（譬如晋国的新绛故绛。）商朝是随便搬到什么地方，都城都唤做亳的；所以“所谓亳的地方”，实在很多；但是当成汤时，考核得出来的，却也刚刚有三处：

（一）是如今陕西的商县。这个是魏氏源《书古微》上说的。（《汤誓序发微》。）他所举最强的理由是（1）《书序》“汤始都亳，从先王居”，先王就是契；（《周语》：“玄王勤商，十四世而兴。”韦昭注：“玄王，契也。”据《史记》世系看起来，契到汤，恰好十四世。又《商颂毛传》，也说玄王是契。伪孔传说先王是帝喾，实在大错了的。）契封于商。（《书帝喾厘序疏》：“郑玄云：契本封商国在太华之阳。”）（2）《诗·商颂》疏引《雒子命》（《书纬》）“天乙在亳，东观于洛”。《艺文类聚》引《尚书中候》，“天乙在亳，诸邻国襁负归德；东观于洛，降三分沈壁”。亳一定在洛之西，才可说东观。（3）《史记·六国表序》：“或曰：东方物所始生，西方物之成孰；夫作事者必于东南，收功实者常于西北；故禹兴于西羌；汤起于亳；周之王也，以丰镐伐殷；秦之帝，用雍州兴；汉之兴，自蜀汉。”看他所连类并举的，就可以知道亳一定在雍州境内。

（二）就是偃师，这个，班固（《汉书·地理志》，河南郡偃师县，“有尸乡，汤所都。”刘昭《续汉书·郡国志》，河南郡偃师县注引《皇览》，“有汤亭，有汤祠。”又“尸乡，在县西三十里。”）说法，都和郑玄相同。依我看起来，还有一条证据：《孟子》：“伊尹耕于有莘之野。”《史记》：“阿衡欲干汤而无由，乃为有莘氏媵臣。”有莘是周太姒的母家，在如今陕西合阳县。《吕氏春秋·本味篇》：“有侁氏得婴儿于空桑，后居伊水。命曰伊尹。”伊尹见汤的时候在有莘，后来居于伊水，就是汤始居商县，后居偃师的旁证。

（三）就是汉朝的薄县，后来又分置蒙、谷熟的，地当今河南商邱、夏邑、永城三县之境。这个班固于薄县下，虽没有说是汤所都；然而后文论宋地，说：“昔尧作游成阳，舜渔雷泽，汤止于亳；故其民犹有先王遗风：重厚，多君子；好稼穑，恶衣食，以致畜藏。”王鸣盛硬说止字是“游息”；然而古人说“某某之遗风”，都是指他久居之地，不是指他游息之地，（《汉书·地理志》的本身。就处处是证据。）不能如此曲解；况且孟子的话，就是一个大证据；岂能袒护着郑康成，反疑心孟子。（孟子所用的，都是《书》说，是有传授的，上章已经证明了。）

然则当汤的时候，既然有这三处可指为亳，汤到底是先住在哪一个亳，后来才迁居到哪两个亳的呢？要解决这个问题，就得一考当时用兵的形势。上文《史记》所举汤用兵之地是：

葛，（《汉书·地理志》，陈留郡宁陵下，孟康曰：故葛伯国，今葛乡是。如今河南的宁陵县。）

昆吾，（昆吾有两处：（一），左昭十二年，“昔我皇祖伯父昆吾，旧许是宅”。是如今河南的许昌县。（一）哀十七年，“卫侯梦于北宫，见人登昆吾之观”。《注》：“卫有观，在古昆吾之虚，今濮阳城中。”是如今直隶的濮阳县。桀时的昆吾在旧许，见后。）

鸣条，（见第三章第一节。）

三朡，（《续汉书·郡国志》，济阴郡定陶，有三　亭。如今山东的定陶县。）

泰卷陶。（《书序》，汤归自夏至于大坰。仲虺作诰。《史记索隐》：“……卷当为坰，……解尚书者以大坰今定陶。……旧本或旁记其地名，后人转写，遂衍斯字也。”又《左传》定元年“仲虺居薛”，薛是如今山东的藤县。）

又《诗·商颂》“韦顾既伐，昆吾夏桀。”则汤当伐桀之前还伐过韦顾两国；韦在如今河南的滑县，（《左传》注“东郡白马县有韦城”，《郡国志》作韦乡。《通典》：滑州韦城县，古豕韦国。）顾在如今山东的范县。（《郡县志》：顾城，在濮州范县东二十八里，夏之顾国。）

又桀的都城，《伪孔传》说在安邑。《书序》：“伊尹相汤伐桀，升自陑。”他说“汤升道从陑，出其不意；陑在河曲之南”。（《正义》：“盖今潼关左右。”）“遂与桀战于鸣条之野。”他说“地在安邑之西，桀逆拒汤”。皇甫谧就再连昆吾也拉到安邑来，说：“今安邑见有昆吾邑，鸣条亭”；然而昆吾所在，证据确凿，苦于不能一笔抹杀，就说明“昆吾亦来安邑，欲以卫桀，故同日而亡”。如此信口开河，真乃千古笑柄。金氏鹗据《史记》吴起对魏武侯“夏桀之居：左河济，右太华，伊阙在其南，羊肠在其北”。《国语》“幽王三年，西周三川地震，伯阳父曰：周将亡矣，昔伊洛竭而夏亡，河竭而商亡”。断定桀之都在洛阳，韦注引禹都阳城，还不密合。（《求古录礼说》卷六《桀都安邑辨》。）我说：古人都邑所在，不过传得个大略，（见上节。）阳城、洛阳，数十百里之间，实在无从硬断。《小戴记·缁衣》引尹吉（就是《尹诰》，书经篇名。序书的又把他唤做《咸有一德》，见郑注。）“惟尹躬天见于西邑夏。”注，“天当为先字之误。……夏之邑，在亳西。”《正义》：“案《世本》及《汲冢古文》云：禹都咸阳。……”咸阳，是误字，如今《汉书·地理志》注引《世本》、《续汉书·郡国志》引《汲冢古文》，正作阳城，“西邑夏”，似乎是对于东迁的夏而言之。《国语》史伯对郑桓公曰：“昆吾为夏伯矣。”韦昭注，“祝融之孙陆终第三子，名樊，为己姓，封于昆吾。昆吾，卫是也。其后夏衰，昆吾为夏伯，迁于旧许”。据此，桀似乎是始都阳城，后迁旧许，同昆吾在一起的；所以同日而亡。（《商颂郑笺》。）

再看《逸周书·殷祝篇》“汤将放桀于中野；士民闻汤在野，皆委货，扶老携幼奔，国中虚。……桀与其属五百人，南徙千里，止于不齐；不齐士民，往奔汤于中野。……桀与其属五百人徙于鲁，鲁士民又奔汤；……桀与其属五百人去居南巢。……”就可以知道桀的踪迹，是步步往东南退的。（《御览》八十三引《尚书大传》略同。）

桀既然是往东退，汤自然是往东进；那么，一定是先都商县的亳，再都偃师的亳，再都邻葛的亳的。不过，“既绌夏命还亳”的亳，却无从断定其在哪一处。（因为他随便到什么地方，都把他唤做亳，所以不敢断定这亳是灭桀以前最后所住的亳。何以知道他随便到什么地方，都把他唤做亳呢？据上文所考证，当汤的时候，就有三个亳，是一个证据；左襄二十年，“乌鸣于亳社”，是宋国的社，还唤做亳社。《史记·秦本纪》：“宁公二年，……遣兵伐荡社；三年，与亳战，亳王奔戎，遂灭荡社。”《集解》：“徐广曰：荡音汤，社，一作杜。”《索隐》：“西戎之君，号曰亳王，盖成汤之胤。其邑曰荡社。徐广云：一作汤杜，言汤邑在杜县之界，故曰汤杜也”，《封禅书》：“于社，亳有三社主之祠。”《索隐》：“徐广云：京兆杜县有亳亭，则社字误，合作杜亳。”《说文》：亳，“京兆杜陵”。是汤之后在雍州的，所居的城，还唤做亳。是两个证据。所以我只说汤的时候，考得出的亳有三处。并不敢说汤的时候，亳只有三处。）

然而汤用兵的形势，却因此可以推定。

汤初都于今商县的亳，后来进取偃师；桀大约是这时候（或者不是）弃阳城，退到旧许；汤再进到现在河南的东境（邻葛的亳）；从此以后，伐葛，伐韦，伐顾，然后迴向南伐昆吾。伐昆吾，就是伐桀；桀是从中野、不齐、鲁，步步东南退，最后逃到鸣条；汤以其间，又伐三朡。

鸣条是东夷之地；三朡、鲁，也是和东夷逼近的。（参看第六章第五节。中野、不齐无可考。）我们因此悟到：汤用兵的形势，实在和周初相同；不过周朝灭纣，东征，伐淮夷，是武王、周公、成王三世相继，汤却是一个人干的罢了。（《孟子·滕文公篇》：“汤始征，自葛载，十一征而无敌于天下。”《赵注》：“载，始也。……一说，言当作再字；再十一者，汤再征十一国；再十一，凡征二十二国也。”不论十一、二十二，总之汤用兵的次数很多。）

第三节 商朝的事实

以下商朝的帝系图，是据的《史记·国语》“玄王勤商，十四世而兴；帝甲乱之，七世而亡”，又姜氏告公子重耳，“商之享国三十一王”。《大戴礼·保傅篇》：“殷为天子，三十余世，而周受之。”《少闲

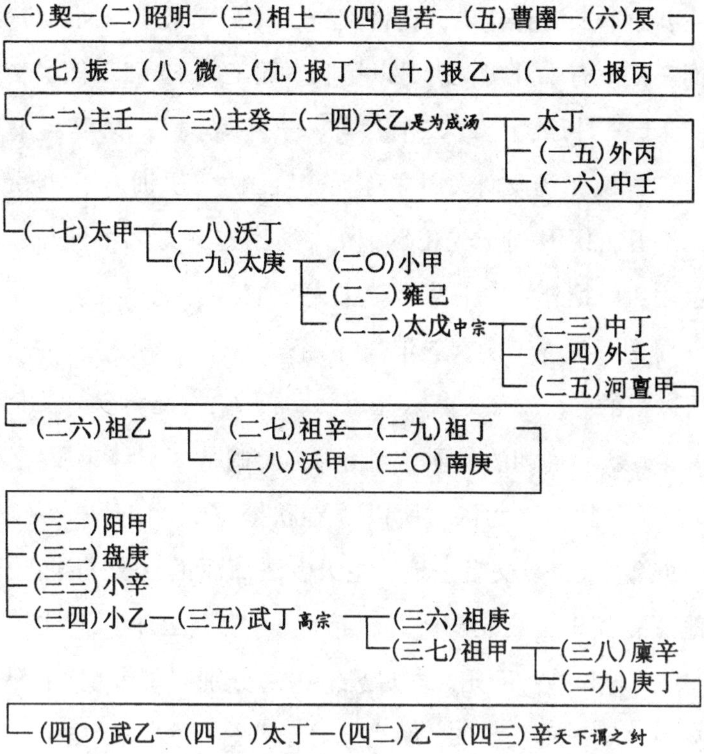

篇》：孔子告哀公“成汤卒崩，二十一世，乃有武丁即位；武丁卒崩，九世，乃有末孙纣即位”。都和《史记》世数相合。又《书经·无逸篇》述殷中宗高宗祖甲诸君享国的年数，似乎也还确实。

商朝一代，可考见的事情，分述如下：

其（一）是伊尹放太甲。《史记》上说：

> 汤崩，太子太丁，未立而卒。于是乃立太丁之弟外丙，……即位二年崩。立外丙之弟中壬，……即位四年崩。伊尹乃立太丁之子太甲；太甲，成汤适长孙也。……帝太甲元年，伊尹作《伊训》，《肆命》，《徂后》。帝太甲既立三年，不明，暴虐，不遵汤法，乱德；于是伊尹放之于桐宫三年。伊尹摄行政，当国以朝诸侯。帝太甲居桐宫三年，悔过，自责反善；于见伊尹乃迎帝太甲而授之政。

这件事，本来没有异说，伪古文《太甲》才说“王徂桐宫居忧”，又说“惟三祀十有二月朔，伊尹以冕服奉嗣王归于亳”；伪《传》就说“汤以元年十一月崩，至此二十六月，三年服阕”；又解《书序》的“太甲元年”，做“汤没而太甲立称元年”；伪《伊训》：“惟元祀，十有二月，乙丑，伊尹祠于先王”，做“汤崩逾月，太甲即位，莫殡而告”以就之；就把外丙中壬两君革去，又把《史记》的“太甲既立三年”，“于是伊尹放之于桐宫三年”，两个“三年”缩成一个三年了。这是不值得一辩的。（但看上文商朝的世数，各书都与《史记》合，就知道决不能略去外丙、中壬两君。）商朝的“君位继承”，大概是“兄终弟及”，而所谓“弟”者，以“同母”为限，所以《春秋繁露》（《三代改制质文篇》。）说：“商质者主天，夏文者主地；主天者法商而王，故立嗣予子，笃母弟；主地法夏而王，故立嗣予孙，笃世子。”《公羊》何注（隐七年。）说：“母弟，同母弟；母兄，同母兄。……分别同母者，《春秋》变周之文，从殷之质；质家亲亲，明当厚异于群公子也。”《史记》：“自中丁以来，废‘适’而更立‘诸弟子’；‘弟子’或争，相代立。”“废适”的“适”字，包括“弟”与“子”而言；和“诸弟子”的“诸”字一样。以次当立的母弟，唤做“适弟”；同母的弟兄，以次都立尽了，似乎应当回转来，立长兄的儿子；譬如，仲壬死了立太甲，沃丁死后立祖丁；这个也要包括于“适子”二字之中。至于伊尹“摄行政，当国，以朝诸侯”，自然是非常之举，与所谓“古之人皆然”的“君薨，百官总己，以听于冢宰三年”，无涉。（《论语·宪问》，《小戴记·檀弓》。因为他在三年以外。桐宫，《史记集解》“郑玄曰：地名也，有王离宫焉。”赵岐《孟子》注（《万章上》）也只说“放之于桐邑”。《史记正义》：“《晋太康地记》云：尸乡南有亳阪，东有城，太甲所放处也。”阎若璩又说——《尚书古文疏证》——《续汉书·郡国志》梁国虞县有桐亭，虞是如今河南的虞城县，离邻葛的亳，只有七十里。才便于伊尹，既然摄政，又可往来训诲。这两说：怕都是因亳而附会的，未必可据。）

其（二）是殷朝的屡次迁都。据《史记》所记是：

仲丁迁于敖。（《书序》作嚻，《正义》李颙曰：嚻，在陈留浚仪县（如今河南省城西北）。皇甫谧云：仲丁自亳迁嚻，在河北也。或曰：今河南敖仓（就是《括地志》的说法），二说未知孰是。《史记正义》："《括地志》云：荥阳故城。在郑州荥泽县西南十七里，殷时敖地也。"）

河亶甲居相。（《史记正义》："《括地志》云：故殷城，在相州内黄县东南十三里。即河亶甲筑都之所，故名殷城也。"）

祖乙迁于邢。（《书序》作"祖乙圮于耿"，《正义》"郑玄云：祖乙又去相居耿，而国为水所毁；于是修德以御之。不复迁也。……"又《正义》前文说皇甫谧"又以耿在河东，皮氏县耿乡是也"。《史记索隐》"邢近代本亦作耿，今河东皮氏县有耿乡"。《正义》"《括地志》云：绛州龙门县东南十二里耿城县。故耿国也"。）

帝盘庚之时，殷已都河北。盘庚渡河南，复居成都之故居。……乃遂涉河南，治亳。（案这个亳。就是偃师。见上节。）

……武乙立，殷复去亳，徙河北。（这个河北，不能确定其在什么地方。《史记·项羽本纪》："乃与期洹水南殷虚上。"《集解》："骃案应劭曰：洹水，在汤阴界，殷虚，故殷都也。瓒曰：洹水，在今安阳县北，去朝歌殷都一百五十里；然则此殷虚非朝歌也。"有人疑心这殷墟是武乙所迁，然亦无确据。）

其中考得出理由的，只有《书·盘庚序正义》引"郑玄云：祖乙居耿后，奢侈逾礼，土地迫近山川，尝圮焉；至阳甲立，盘庚为之臣，乃谋徙居汤旧都"。又《序注》云："民居耿久，奢淫成俗，故不乐徙。"此外都无可考见。（《书·盘庚》盘庚迁于殷"。《正义》："郑玄云：商家自徙此而号曰殷，郑以此前未有殷名也。""于今五邦"，《释文》："马云：五邦，谓商丘，亳，嚣，相，耿也。《正义》郑、王皆云：汤自商徙亳，数商，亳，嚣，相，耿为五。"）

其（三）是殷朝的兴衰。据《史记》说是：

（太甲）帝太甲修德，诸侯咸归殷，百姓以宁。

(雍已) 殷道衰，诸侯或不至。

(大戊) 殷复兴，诸侯归之。

(河亶甲) 殷复衰。

(祖乙) 殷复兴。

(阳甲) 帝阳甲之时，殷复衰；自仲丁以来，废适而更立诸弟子，弟子或争，相代立，比九世乱，于是诸侯莫朝。

(盘庚) 殷道复兴，诸侯来朝。

(小辛) 殷复衰。

(武丁) 武丁修政行德，天下咸驩，殷道复兴。

(帝甲) 淫乱，殷复衰。

(帝乙) 殷益衰。

大抵所谓兴衰，以诸侯之朝不朝为标准。其中中衰的原因，只有从中丁到阳甲，是由于内乱，可以考见，此外都无从稽考了。

第四节 商周的兴亡

周朝的先世，便是大家所知道的后稷，《史记》上说：

周后稷，名弃，其母有邰氏女，曰姜螈。……帝尧闻之，举弃为农师，天下得其利，有功。帝舜曰：弃，黎民始饥，尔后稷，播时百谷；封弃于邰；(如今陕西的武功县。) 号曰后稷。别姓姬氏。后稷之兴，在陶唐虞夏之际，皆有令德。后稷卒，子不窋立，不窋末年，夏后氏政衰去稷不务，不窋以失其官，而奔戎狄之间。

这其间要注意的，便是“后稷卒，子不窋立”的后稷，是最后居稷官的，并不是“封弃于邰，号曰后稷”的后稷。不窋以后的世系，《史记》所载如下：

不窋——鞠——公刘——庆节——皇仆——差弗——毁隃——公非——高圉——亚圉——公叔祖类——古公亶父（追尊为大王。）——季历（是为公季，追尊为王季。）昌（是为西伯，西伯曰文王。）

他所述的事迹是：

> 公刘虽在戎狄之间，复修后稷之业。务耕种，行地宜，自漆沮渡渭取材用；行者有资，居者有畜积，民赖其庆，百姓怀之，多徙而保归焉。周道之兴自此始。……公刘卒，子庆节立，国于豳。（如今陕西的邠县。）……古公亶父，复修后稷公刘之业。积德行义，国人皆戴之。熏育戎狄攻之，……乃与私属遂去豳，逾梁山，止于岐下。（如今陕西的岐山县。）豳人举国扶老携弱，尽复归古公于岐下；及他旁国闻古公仁，亦多归之。于是古公乃贬戎狄之俗，而营筑城郭宫室，而邑别居之。作五官有司，民皆歌乐之，颂其德。

大抵如今的陕西，在古代是戎狄的根据地。（参看第六章第一节。）所以周之先世，屡为所迫逐。公刘、古公，都是其中能自强的令主。古公之后，更得王季、文王两代相继，周朝的基业，就此光大起来了。

文王和纣的交涉，《史记》所记如下：

> 崇侯虎谮西伯于殷纣，……帝纣乃囚西伯于羑里。闳夭之徒患之，乃求有莘氏美女，骊戎之文马，有熊九驷，他奇怪物，因殷嬖臣费仲而献之纣。……乃赦西伯，赐之弓矢斧钺，使西伯得征伐。……西伯阴行善，诸侯皆来决平。于是虞芮之人有狱不能决，乃如周。入界，耕者皆让畔，民俗皆让长。虞芮之人未见西伯，皆惭，相谓曰：吾所争，周人所耻，何往为，只取辱耳。遂还，俱让而去。诸侯闻之曰：西伯盖受命之君。（《郡县志》："故虞城，在陕州平陆县东北五十里，虞山之上，古虞

国。闲原，在平陆县西六十五里，即虞芮让田之所。”）明年，伐犬戎；（见第六章第一节。）明年，伐密须；（《汉书·地理志》：安定郡阴密县，《诗》：密人国。如今甘肃的灵台县。）明年，败耆国；（今《尚书》作黎，《释文》：“尚书大传作耆。”《说文》：黎邑，“殷诸侯国，在上党东北”，如今山西的长子县。）明年伐邘；（《集解》：“徐广曰：在野王县西北。”《正义》：“《括地志》云：故邘城，在怀州河内县西北二十七里。”）明年，伐崇侯虎，而作丰邑，自岐下而徙都之；（在如今陕西鄠县境内。）明年，西伯崩。太子发立，是为武王。西伯盖即位五十年。……诗人道西伯，盖受命之年，称王而断虞芮之讼，后七年而崩。谥为文王。改法度，制正朔矣。追尊古公为大王，公季为王季。

文王受命称王的年代，和纣囚文王的年代期限，各书互有异同（《尚书大传》“文王受命，一年断虞芮之讼；二年伐邘；三年伐密须；四年伐犬夷；五年伐耆；六年伐崇；七年而崩。”又说：“得散宜生等献宝而释文王，文王出则克黎。”“伐崇则称王。”见《诗·文王序》，《礼记·文王世子》，《左》襄三十一年疏。郑康成说：入戊午蔀二十九年受命，明年改元，改元后六年而伐崇，居丰，称王就在这一年。又有一说：以为文王再受命，入戊午蔀二十四年受洛书，二十九年受丹书，俱见《诗·文王序》疏。《左》昭十一年，卫北宫文子说：“纣囚文王七年。”《战国·赵策》，鲁仲连说：“拘之牖里之库百日。”）然而文王在纣的时候，必有“称王改元”的事情是无可疑的。

武王伐纣的事情，《史记》上所载如下：

九年，武王上祭于毕，东观兵，至于孟津。为文王木主，载以车中军，武王自称太子发，言奉文王以伐，不敢自专。……是时诸侯不期而会孟津者八百诸侯。诸侯皆曰：纣可伐矣。武王曰：女未知天命，未可也。乃还师。归居二年，闻纣昏乱，暴虐滋甚，……于是武王遍告诸侯曰：殷有重罪，不可以不毕伐。遂率戎车三百乘，虎贲三千人，甲士四万五千人，以东伐纣。十一年十二月戊午，师毕渡孟津。诸侯咸会……二月甲子昧爽，武王朝至于商郊牧野。……诸侯兵会者，车四千乘。陈师牧野。帝纣闻武王来，亦发兵七十万人距武王。……纣兵皆崩，畔纣，纣走，反入，登于鹿台之上，蒙衣其珠玉，自燔于火而死。

以上所述，是武王伐纣的事实，然而周朝的功业，实在是到成王时候才大定的。《史记》上又说：

> 武王为殷初定，未集，乃使其弟管叔鲜、蔡叔度相禄父治殷，……乃罢兵西归。……营周居于雒邑而后去。……武王已克殷后二年，……武王病。天下未集。群公惧，穆卜。周公乃祓斋，自为质欲代武王，武王有瘳，后而崩。太子诵代立，是为成王。成王少，周初定天下，周公恐诸侯畔。周公乃摄行政当国。管叔蔡叔群弟疑周公，与武庚作乱畔周，周公奉成王命伐诛武庚管叔，放蔡叔。以微子开代殷后，国于宋。颇收殷余民，以封成王少弟封为卫康叔。……初管蔡畔周，周公讨之，三年而毕定。……周公行政七年，成王长，周公反政成王，北面就群臣之位。成王在丰，使召公复营洛邑，如武王之意。周公复卜申视，卒营筑，居九鼎焉，曰：此天下之中，四方入贡，道里均。……成王既迁殷遗民，……东伐淮夷，残奄，迁其君薄姑。……兴正礼乐，度制于是改，而民和睦，颂声兴。

据以上所述，可见得武王克纣之后，周朝的权力，仅及于洛邑。管、蔡和武庚同畔，这件事不入情理。大概“主少国疑”的时候，武庚想趁此“光复旧物”，管、蔡也要和周公争夺权位，叛虽同时，却是各有目的的；其曾否互相结合，却无可考了。周公东征，是一场大战。（《孟子》“周公相武王，诛纣，伐奄，三年讨其君，驱飞廉于海隅而戮之。灭国者五十，驱虎，豹，犀，象而远之，天下大悦。”）他这战争，大概是和东夷的交涉，（《说文》：“郁，周公所诛郁国，在鲁。”又《书·费誓》，“徂兹淮夷，徐戎并兴。可见得这时候，东夷全畔。薄姑齐地，见《汉书·地理志》。）东方毕定之后，仍旧要营建洛邑；成王亲政之后，还要去征淮夷，残奄；可见得周初用兵的形势，和夏商之际，实在是一样的。（周营洛邑，就和汤从商迁到偃师相同；其用兵东夷，和汤迁到邻葛之亳以后，用兵的形势相同。参看第二节。以上的年代，据《史记》，是文王受命后七年而崩；后二年——九年——武王观兵孟津；又二年——十一年——克纣；后二年——十三年崩，周公摄政七年，而致政于成王。《汉书·律历志》载《三统历》之说：是"文王受命九年而崩，再期在大祥而伐纣。……还归二年，乃遂伐纣克殷。……自文王受命而至此十三年，……后七岁而崩。……凡武王即位十一年。周公摄政五年。……后二岁，得周公七年，复子明辟之岁。……"又周公摄政七年的年代，孔、郑不同，见《礼记·明堂位》疏。）

又成王和周公的关系，《史记·鲁周公世家》说：

> ……武王既崩，成王少，在强褓之中，周公恐天下闻武王崩而畔，周公乃践阼，代成王摄行政，当国。管叔及其群弟流言于国曰：周公将不利于成王。周公乃告太公望、召公奭曰：我之所以弗辟而摄行政者，恐天下畔周，无以告我先王大王、王季、文王。……于是卒相成王，而使其子伯禽代就封于鲁。管、蔡、武庚等果率淮夷而反。周公乃奉成王命，兴师东伐，……二年而毕定。……周公归报成王，乃为诗贻王，命之曰《鸱鸮》，王亦未敢训周公。……成王长，能听政，于是周公乃还政于成王。……初成王少时，病，周公乃自揃其蚤，沈之河，以祝于神，曰：王少，未有识，奸神命者乃旦也；亦藏其策于府。成王病有瘳。及成王用事，人或谮周公，周公奔楚。成王发府，见周公祷书，乃泣，反周公。（《蒙恬列传》载恬对使者的话，与此说相同。）周公在丰，病，将殁，曰：必葬我成周，以明吾不敢离成王。周公既卒，成王亦让，葬周公于毕，从文王，以明予小子不敢臣周公也。周公卒后，秋，未获，暴风雷雨，禾尽偃，大木尽拔，周国大恐。成王与大夫朝服以开金縢书。王乃得周公所自以为功代武王之说。二公及王乃问史，百

执事；史，百执事曰：信，有，昔周公命我勿敢言。成王执书以泣，曰：自今后其无缪卜乎；昔周公勤劳王家，惟予幼人弗及知；今天动威，以彰周公之德，惟朕小子其迎，我国家礼亦宜之。王出郊，天乃雨，反风，禾尽起。二公命国人，凡大木所偃，尽起而筑之，岁则大熟。

郑康成注《尚书》，却与此大异。他解“我之弗辟”句，“读辟为避，以居东为避居”。（《豳谱》和《鸱鸮·序疏》，又《尚书·金縢》释文。）说“周公出处东国，待罪，以须君之察己”。（《诗·七月序》疏。）又注“罪人斯得”，说：“罪人周公之属党，与知居摄者。周公出，皆奔。今二年，尽为成王所得，……周公伤其属党无罪将死，恐其刑滥，又破其家，而不敢正言，故作《鸱鸮》之诗以贻王。”（《鸱鸮·序》。）注“王亦未敢诮公”道：“成王非周公之意未解，今又为罪人言，欲让之，推其恩亲，故未敢。”（《鸱鸮·序疏》。）注“秋大熟未获”道：“秋，谓周公出二年之后明年秋也。”（《豳谱疏》。）注“惟朕小子其新迎”道：“新迎，改先时之心，更自新以迎周公于东，与之归，尊任之。”（《诗·东山序疏》。）以为于是“明年迎周公而反，反则居摄之元年。”（《礼记·明堂位疏》。）这两种说法，自然以《史记》为准，为什么呢？（一）者，《史记》和《尚书大传》相合。（《尚书大传》说雷风之变，在周公死后，见《路史后纪》十，《通鉴前编》成王十一年，《汉书·梅福传》注，《儒林传》注，《后汉书·张奂传》注引。又《白虎通·丧服篇》：“原天之意，子爱周公，与文武无异，故以王礼葬，使得郊祭。《尚书》曰：今天动威，以彰周公之德，下言礼亦宜之。”亦与《尚书大传》同义。）（二）者，“避居东都，待罪以须君之察己”，不合情理。我想周公摄政，就在武王崩的明年，“一年救乱，二年克殷，三年残奄”，一定如《史记》和《尚书大传》所说。（《尚书大传》，见《礼记·明堂位》疏。）但郑康成所读古书，是极博的，他所说的话，也决不会没有来历。我想这一段成王和周公冲突的历史，一定在周公归政之后。《左传》昭公七年，公将适楚，“梦襄公祖，梓慎曰：……襄公之适楚也，梦周公祖而行。……子服惠伯曰：…先君未尝适楚，故周公祖以道之；襄公适楚矣，而祖以道君。……”可见得周公奔楚，是实有的事。（俞正燮《癸巳类稿·周公奔楚》义，引这一段事情，以证周公之奔楚，甚确。但以居东与奔楚并为一谈，却似非。）奔楚之后，不知道怎样又跑了回来，回来之后，不知道怎样死了。古人的迷信最重，活时候对人不起，到他死了之后，又去祭他求福，是不足怪的事。（《汉书·匈奴列传》：“贰师在匈奴岁余，卫律害其宠，会母阏氏病，律饬胡巫言：先单于怒曰：胡故时祠兵，常言得贰师以社，今何故不用。于是收贰师。贰师骂曰：我死，必灭匈奴，遂屠贰师以祠。会连雨雪数月，畜产死，人民疫病，谷稼不熟，单于恐，为贰师立祠，室。”这件事，很可以推见野蛮时代的心理。）雷风示变，因而改葬周公，因而赐鲁郊祭，事虽离奇，其情节未尝不可推想而得。那么，周公之“以功名终”，怕又是儒家改制所托了。

第五节　西周的事迹

(一)武王发—(二)成王诵—(三)康王钊—(四)昭王瑕—(五)穆王满
　—(六)共王繄扈—(七)懿王囏—(九)夷王燮—(一〇)厉王胡
　—(八)孝王辟方
—(一一)宣王静—(一二)幽王宫涅—(一三)平王宜臼—太子泄父
—(一四)桓王林—(一五)庄王佗—(一六)僖王朝齐—(一七)惠王阆
—(一八)襄王郑—(一九)顷王壬臣—(二〇)匡王班
　—(二一)定王瑜—(二二)简王夷
—(二三)灵王泄心—(二四)景王贵—(二五)悼王猛
　—(二六)敬王匄—(二七)元王仁
—(二八)定王介—(二九)哀王去疾
　—(三十)思王叔
　—(三一)考王嵬—(三二)威烈王午—(三三)安王骄
—(三四)烈王喜
—(三五)显王扁—(三六)慎靓王定—(三七)赧王延

西周的事情，《史记》所载如下。

成康之际，天下安宁，刑措四十余年不用。

昭王之时，王道微缺。昭王南巡狩不返，卒于江上。其卒不赴告，讳之也。

穆王即位，春秋已五十矣。王道衰微。穆王闵文武之道缺，乃命伯臩（今《尚书》作伯冏。）申诫太仆国之政，作《臩命》，复宁。穆王将征犬戎，祭公谋父谏，……王遂征之，得四白狼四白鹿以归，自是荒服者不至。诸侯有不睦者，甫侯言于王，作修刑辟，……命曰《甫刑》。

懿王之时，王室遂衰，诗人作刺。

厉王即位三十年，好利，近荣夷公。大夫芮良夫谏，……厉王不听，卒以荣公为卿士，用事。王行暴虐侈傲，国人谤王。召公谏曰：民不堪命矣。王怒，得卫巫，使监谤者，以告则杀之，其谤鲜矣；诸侯不朝，三十四年。王益严，国人莫敢言，道路以目。……三年，乃相与畔，袭厉王，厉王出奔于彘。（如今山西的霍县。）厉王太子静匿召公之家，国人闻之，乃围之。召公曰：吾昔骤谏王，王不从，以及此难也；今杀王太子，王其以我为仇而怼怒乎；……乃以其子代王太子，太子竟得脱。召公、周公二相行政，号曰“共和”。共和十四年，厉王死于彘；太子静长于召公家，二相乃共立之为王，是为宣王。

宣王即位，二相辅之，修政，法文武成康之遗风，诸侯复宗周。……三十九年，战于千亩，（《索隐》：“地名，在西河介休县。”如今山西的介休县。）王师败绩于姜氏之戎。

幽王嬖爱褒姒，褒姒生子伯服，幽王欲废太子。太子母，申侯女而为后；后幽王得褒姒，爱之，欲废申后，并去太子宜臼，以褒姒为后，以伯服为太子。……幽王以虢射父为卿，用事，国人皆怨，石父为人佞巧，善谀好利，王用之，又废申后去太子也。申侯怒，与缯、西夷、犬戎攻幽王，……遂杀幽王骊山下，虏褒姒，尽取周赂而去。于是诸侯乃即申侯而共立故幽王太子宜臼，是为平王，以奉周祀。平王立，东迁于雒邑，避戎寇。（骊山，在如今陕西的临潼县。）

这其间可以研究的，有几件事情。

其（一）是昭王南征不返的事：案《左传》僖公四年，“昭王南征而不复”。《杜注》：“昭王……南巡守涉汉，船坏而溺。”《正义》：“《吕氏春秋·季夏纪》云：周昭王亲将征荆蛮，辛余靡长且多力，为王右。还反，涉汉，梁败，王及祭公陨于汉中；辛余靡振王北济，反振祭公。高诱注引此传云：昭王之不复，君其问诸水滨，由此言之，昭王为没于汉，辛余靡焉得振王北济也。振王为虚，诚如高诱之注，又称梁败，复非船坏。旧说皆言汉滨之人，以胶胶船，故得水而坏，昭工溺焉，不知本出何书。”又《史记·齐太公世家集解》：“服虔曰：周昭王南巡狩，涉汉，未济，船解而溺昭王。……”《索隐》：“宋忠云：昭王南伐楚，辛由靡为右。涉汉，中流而陨，由靡逐王，遂卒不复，周乃侯其后于西翟。”这件事的真相，固然无可考见；然而有可注意的两端：其（一），诸说都说是溺于汉，不说卒于江上。其（二），《吕氏春秋》说“昭王亲将征荆蛮”，宋忠也说“昭王南伐楚”。江汉可以互言，并没有什么稀奇，巡狩和征伐，以古人说话的不正确，也未必有什么区别。然则这件事情，依情理推度起来，实在是战败而死的。然则这一战究竟是败给谁呢？《左传》下文“昭王南征而不复，君其问诸水滨”。《杜注》：“昭王时汉非楚境，故不受罪。”依我看起来，这句话实在弄错了的。案《史记·楚世家》，说熊绎受封居丹阳。《汉书·地理志》，说就是汉朝的丹阳县。汉朝的丹阳县，是如今安徽的当涂县，未免离后来的郢都太远。清朝宋翔凤，有一篇《楚鬻熊居丹阳武王徙郢考》，根据《世本》，（左桓二年《正义》

引。）说受封的是鬻熊，不是熊绎，这一层我还未敢十分相信；然而他考定当时的丹阳，是在丹水、析水入汉之处，实在精确不磨。他的原文道：（见《过庭录》卷四。）

《史记·秦本纪》：惠文王后十三年，庶长章击楚于丹阳。《楚世家》亦言与秦战丹阳，秦大败我军，遂取汉中之郡。《屈原传》作大破楚师于丹浙。《索隐》曰：丹浙，二水名也。谓于丹水之北。浙水之南。皆为县名，在宏农，所谓丹阳浙是也。案《汉志》：宏农郡丹水，水出上雒冢领山，东至析入钧。密阳乡，故商密也。浙即析县，并在今河南南阳府内乡县境内。《水经》，丹水出京兆上洛县西北冢领山，东南过其县南，又过商县南，又东南至于丹水县，入于均。《郦注》：丹水通南阳郡。《左传》哀公四年，楚左司马使谓阴地之命大夫士蔑曰：晋楚有盟，好恶同之。不然，将通于少习以听命者也。京相璠曰：楚通上洛要道也。《郦注》又云：析水至于丹水，故丹水会均，有析口之称。丹水又经丹水县故城西南，县有密阳乡，古商密之地，昔楚申、息之师所戍也。春秋之三户矣。杜预曰：县北有三户亭，丹水南有丹崖山，山悉赤壁，霞举，若红云秀天，二岫更有殊观。丹水又南径南乡县故城东北，又东径南乡县北，丹水径流两县之间，历于中之北，所谓商于者也；故张仪说楚绝齐，许以商于之地六百里，谓以此矣。《吕氏春秋》曰：尧有丹水之战，以服南蛮，即此水，又南合均水，谓之析口。是战国丹阳，在商州之东，南阳之西，当丹水析水入汉之处，故亦名丹析。鬻子所封，正在于此。

据此看起来，当时的楚国，正在汉水流域。昭王这一役，一定是和楚国打仗而败，渡汉溺死的。

其（二），周朝的穆王，似乎是一个雄主：他作《畀命》，作《甫刑》，在内政上颇有功绩，又能用兵于犬戎。虽然《国语》上载了祭公谋父一大篇谏辞，（《史记》上也有的。）下文又说“自是荒服者不至”，似乎他这一次的用兵，无善果而有恶果；然而古人这种迂腐的文字，和事势未必适合。周朝历代，都以犬戎为大患，穆王能用兵征伐，总算难得。又穆王游行的事情，《史记·周本纪》不载，详见于《列子》的《周穆王篇》和《穆天子传》。（《周书·束皙传》，《周王游行》五卷，说周穆王游行天下之事，今谓之穆天子传。）这两部书，固然未必可信；然而《史记·秦本纪》、《赵世家》，都载穆王西游的事；又《左传》昭十二年，子革对楚灵王也说“昔穆王欲肆其心，周行天下”；这件事，却不是凭空捏造的：他当时能够西游，就可见得道路平静，犬戎并不猖獗。

其（三）是厉王出奔和共和行政的事。厉王出奔这件事的真相，也无可考见。（不知道逐他的究竟是谁。）近来有人说，中国历代的革命都是“暴民革命”，只有这一次，却是“市民革命”。（《饮冰室文集·中国历史上革命之研究》。）依我看起来，这大约是王城里头人做的事情。共和行政有二说：其一便是《史记》所说的“召公、周公二相行政”。还有一说，是出在《汲冢纪年》（又不是如今的《竹书纪年》。）和《鲁连子》上的。说有个共伯，名和，摄行天子之事。这两部都是伪书，《史记正义》已经把他的说法驳掉了，一翻阅就可明白。

其（四），西周的盛衰，其原因有可推见的。周朝受封于陕西，本来是犬戎的根据地。（参看第六章第一节。）历代都和犬戎竞争，到大王、王季、文王，三代相继，才得胜利，周朝立国的根据，到此才算确定。同时他的权力，向两方面发展：其一是出潼关，向如今的河洛一带，后来渡孟津伐纣，营建东都，所走的都是这一条路。其一便是出武关，向汉水流域，所以韩婴叙《周南》，说“其地在南郡、南阳之间”。（《水经注》三十四。）现存的《诗序》，也说“文王之道，被乎南国，美化行乎江汉之域”（《汉广序》。就周公奔楚，所走的也是这条路。）后来他权力退缩，受敌人的压迫，也是从这两方面而来。昭王南征而不复，便是对于南方一条路权力的不振。宣王号称中兴，尚且败绩于姜戎，可见得戎狄的强盛。到幽王时候，东南一方面的申，（申国，在如今河南的南阳县。）和西方一方面的犬戎相合，西周就此灭亡了。这种形势，和前乎此的商朝，后乎此的秦朝，实在是一样的，通观前后自明。

第五章 春秋战国

第一节 春 秋

周平王东迁之后四十九年，就是公元前722年，（鲁隐公元年。）入春秋，直到公元前479年止，（孔子卒的一年。）其间凡二百四十二年。

春秋时代，列国的事情都有可考见，和西周以前所传的只有“一个王朝的历史”大不相同了。咱们现在要讲春秋时代的历史，就得先把当时几个大国提出来讲讲。春秋时代的大国，是晋、楚、齐、秦，其后起的就是吴、越。咱们现在且略讲他的起源和情势如下：

（一）齐 齐国的祖宗，唤做吕尚。（四岳之后。）这个人，大约是文王、武王的谋臣。武王定天下之后，封于营邱。（山东的昌乐县。）后世迁徙到薄姑，（在博兴县境。）又迁徙到临菑。（如今的临淄县。）《史记》上说，“太公至国，修政，因其俗，简其礼；通商工之业，便鱼盐之利；而人民多归齐，齐为大国。（《货殖传》也说“故太公望封于营邱，地泻卤，人民寡；于是太公劝其女功，极技巧，通鱼盐，则人物归之，繦至而辐凑。故齐冠带衣履天下；海岱之间，敛袂而往朝焉”。）及周成王少时，管、蔡作乱，淮夷畔周。乃使召康公命太公曰：东至海，西至河，南至穆陵，（大约是临朐县南大岘山上的穆陵关。）北至于无棣，（在孤竹国境，如今直隶的卢龙县。）五侯九伯，汝实征之；齐由此得征伐，为大国”。大概齐国的强，由于（一）奖励工商业，（二）周初东方未定，要想借重他，畀以大权之故。

（二）晋　晋国的始祖，是成王的兄弟，唤做唐叔虞。封于唐。他的儿子燮，因地有晋水，改称晋侯。后世迁徙到曲沃，又迁徙到绛。（《诗谱》：“唐者，帝尧旧都之地，今日太原晋阳。尧始居此，后乃徙河东平阳。成王封母弟叔虞于尧之故墟，曰唐侯。南有晋水，至子燮，改为晋侯。……至曾孙成侯，南徙居曲沃，近平阳焉。……穆侯又徙于绛。”案叔虞所封的唐，在如今山西太原县，以为在平阳，是误谬的，详见朱右曾的《诗·地理征》。曲沃，是如今山西的闻喜县。绛，就是翼，如今山西的翼城县。曲沃灭翼之后，仍居于此。春秋时候，晋景公又迁新田，仍名曰绛，就把曲沃唤做故绛。新田。也在闻喜县境。）徙绛的穆侯，有两个儿子：大的是太子仇，少的名成师。穆侯卒，仇立，是为文侯。文侯卒，子昭侯伯立。封成师于曲沃，号为桓叔。受封之后六十七年，（公元前745年至公元前679年。）桓叔之后灭翼。灭翼的唤做武公。武公卒，子献公诡诸立。灭霍，（如今山西的霍县。）灭魏，（如今山西的芮城县。）灭耿；（如今山西的河津县。）又灭虞，（如今山西的平陆县。）虢。（如今河南的陕县。）《史记》说“当此时，晋疆西有河西，（陕西大荔县一带。）与秦接境，北边翟，东至河内”。（河南的沁阳县。）晋国就成了一个强国了。

（三）楚　楚国是帝颛顼之后，受封的唤做熊绎，居丹阳。（见上章第五节。）熊绎之后，五传而至熊渠。《史记》上说“熊渠甚得江汉间民和，乃兴兵伐庸。扬粤，至于鄂。……乃立其长子康为句亶王，（《集解》：“张莹曰：今江陵也。”）中子红为鄂王，（《集解》：“骃案九州记曰：鄂今武昌。”）少子执疵为越章王，皆在江上楚蛮之地”。熊渠之后，七传而至熊仪，是为若敖，若敖再传而至霄敖，是为蚡冒。蚡冒卒，蚡冒的兄弟熊通，弑蚡冒的儿子而代立，是为楚武王。“三十五年，楚伐随。（如今湖北的随县。）……曰：我无弟也，今诸侯皆为叛，相侵，或相杀；我有敝甲，欲以观中国之政；请王室尊吾号。随人为之周请尊楚，王室不听。……三十七年，楚熊通怒曰：……我自尊耳。乃自立为武王。……

于是始辟濮地而有之。子文王熊赀立，始都郢。（如今湖北的江陵县。）文王二年，伐申。……六年，伐蔡，虏蔡哀侯以归，已而释之。楚强，陵江汉间小国，小国皆畏之。十一年，齐桓公始霸，楚亦始大。”案宋翔凤的《楚鬻熊居丹阳武王徙郢考》，考定丹阳在丹析入汉之处，已见上节。他又考定越章便是春秋时候的豫章，在如今的当涂。（原文：“越章，亦作豫章，越豫声之转。《左传》定二年，桐叛楚，吴子使舒鸠以师临我，我伐桐。秋，囊瓦伐吴，师于豫章。吴人诱楚人曰：人见舟于豫章，而潜师于巢。按桐国，在今安庆府桐城县治；舒国，在今安徽庐州府舒城县治，巢邑，在今庐州府巢县治；其地并在江北，与汉豫章郡在江南者，相去六七百里。吴人必不设疑兵于六七百里之外，知豫章当与舒巢桐邑相近。疑汉丹阳县在今当涂，乃是春秋之豫章。……《左传》昭二十四年，楚子为舟师以略吴疆，越大夫胥犴劳王于豫章之汭。如越劳楚于汉豫章郡今南昌府，既非楚子入吴所经；若指章水入江之处，则为今九江府湖口县，中隔广信饶州，皆为吴地；知豫章之汭，是越境之北界，断在当涂之地。盖越之故地，熊渠伐而有之，乃称豫章。秦以其地置鄣郡，鄣与章通用，盖以豫章名之。汉复改鄣郡为丹杨，或取杨越之名，亦未可知。……”）他又说：“鬻子后数世至熊绎，始南迁荆山，不通中国，而壹用力于蛮夷；故至熊渠而西连巴巫，东收豫章，江汉小国，靡不服从；楚能雄长荆州之地，当时称之曰荆；故《郑语》，史伯称荆子熊严；《春秋》于桓公之世，楚并称荆。至僖公初，渐以名通上国，乃还其始封号曰楚子。（原注，“用《谷梁》语”。）昭十二年《左传》，右尹子革言昔我先王熊绎，辟在荆山筚路蓝缕，以处草莽，此言荆山而不言丹阳，知熊绎是居荆山而非居丹阳者。荆山，在今湖北襄阳府南漳县西八十里。……《左传》昭四年，晋司马侯称荆山为九州之险；盖居荆山则汉水环其东北，足以北阻中国，东控汉东诸侯；既与诸夏为限，遂能壹用力于蛮夷；是熊渠之强大，由得荆山之险也。……郢又在荆山南三百余里；楚武王时，中国无伯主，迁郢则不但据汉水之固，并可俯瞰江滨。……《郑语》：楚蚡冒于是乎始启濮。韦注，濮，南蛮之国。《书·牧誓》，《孔传》：濮在江汉之南。盖楚蚡冒时已拓地于江南武王遂迁郢，俯江滨以逼之。江南蛮夷诸国，尤畏楚之逼己而不敢叛，而后专力从事于汉东诸侯。……”案楚国受封的，究竟是鬻熊，还是熊绎？所谓“熊绎辟在荆山”的“荆山”，是否定在如今的南漳县境或者其范围还可稍广？我还未可断定；然而楚国的受封，必在汉水中游流域。到后来沿汉而下，以达于江，他所征服的地方，西至如今的川楚，东至如今的苏皖交界，然后从事于汉东。是的确不错的。读了这一篇文字，于楚国盛强的原因和春秋时代长江流域开拓的历史，可以“思过半”了。

（四）秦　秦国之先，《史记》说也是帝颛顼之苗裔，“孙曰女修。女修织，玄鸟陨卵，女修吞之，生子大业。……大业生大费，……是为柏翳。舜赐姓嬴氏”。大业《史记正义》据《列女传》，说就是皋陶，柏翳就是益，已见第三章第三节。他的后世，有一个唤做造父的替周穆王御而西游，周穆王封他于赵城，（如今山西的临汾县。）便是七国时赵国的始祖。又有一个唤做非子的，替周孝王主马，周孝王邑之于秦（如今甘肃的天水县。）为附庸，便是秦国的祖宗。非子的曾孙，唤做秦仲，周宣王以为大夫。叫他去伐戎，为戎所杀。有子五人，宣王召之，与兵七千再叫他去伐戎，破之。五人之中，最长的唤做庄公。宣王依旧给他做西垂大夫，居于犬丘。（如今陕西的兴平县。）庄公的儿子唤做襄公。当犬戎弑幽王之时，发兵救周，战甚力；平王东迁，襄公又发兵送他；于是“平王封襄公为诸侯，赐之岐以西之地。曰：戎无道，侵夺我岐丰之地，……秦能攻戎，即有其地。……襄公于是始国。十二年伐戎而至岐卒”。（公元前766年。）襄公的儿子，唤做文公。文公十六年（公元前755年。）“以兵伐戎，戎败，于是文公遂收周余民有之，地至岐，岐以东献之周”。于是周朝初兴时候的形势，就给秦国人占去了。

（五）吴　吴的先世，《史记》上说：“吴太伯、太伯弟仲雍，皆周太王之子，而王季历之先也。……太王欲立季历以及昌，于是太伯仲雍二人，乃奔荆蛮，文身断发，示不可用。……太伯之奔荆蛮，自号句吴。荆蛮义之，从而归之千余家，立为吴太伯。太伯卒，无子，弟仲雍立。是为吴仲雍。仲雍卒，子季简立。季简卒，子叔达立。叔达卒，子周章立，是时周武王克殷，……因而封之。……寿梦立而吴始益大，称王。……大凡从太伯至寿梦十九世，寿梦二年。（公元前584年。）楚之亡大夫申公巫臣怨楚将子反而奔晋，自晋使吴，教吴用兵乘车，令其子为吴行人，吴于是始通于中国。”案断发文身，是粤族的风气。太伯当时，实在是逃到粤族里去的。当时江南一带，全然是未开化之地。所以当春秋的上半期，吴国还是寂寂无闻。参看第六章第五节自明。巫臣的输入文明，实在是吴国开化的大助力。

（六）越　越之先，《史记》说“越王句践，其先禹之苗裔，而夏后帝少康之庶子也。封于会稽，（如今浙江的绍兴县。）以奉守禹之祀。文身断发，披草莱而邑焉。后二十余世，至于允常。允常之时，与吴王阖庐战，而相怨伐。允常卒，子句践立”。案越国的开化，比吴国更晚，所以从允常以前，简直连世系都无可稽考了。

综观以上六国，我们可以得到一个公例。就是“当时诸国，接近于异族的都强，其居于腹地的都弱”。（齐近莱夷，晋近狄，秦近戎狄，——当时的戎狄，是一族，都是所谓犬戎。楚近黎族和粤族，吴越皆与粤族杂居，参看第六章自明。其实商周的先世，也是如此。商灭夏，周灭商，都是从陕西用兵于河南、山东，和秦的灭周，正是一样。所以太史公《六国表序》，把“禹兴于西羌，汤起于亳，周之王也，以丰镐伐殷秦之帝，用雍州兴。……”连类并举，可惜禹兴于西羌其详不可得而闻了。）近人《中国之武士道》序，说这个道理，颇为透彻，可以参看。我说接近异族，因竞争磨励而强，固然是一个道理；还有“接近异族，则地方荒漠，而拓土易广”。也是其中的一个原因。

此外可称为二等国的，便是

鲁（都曲阜，如今山东的曲阜县。）

卫（康叔封于朝歌。春秋时为狄所破，迁于楚丘，如今河南的滑县。）

曹（武王弟叔振铎，封于陶丘，如今山东的定陶县。）

宋（微子封于商丘，如今河南的商丘县。）

郑（宣王的弟友封于郑，如今陕西的华县。后来东徙于虢郐之间，如今河南的郑县。）

陈（陈胡公，舜之后。封于宛丘，如今河南的淮宁县。）

蔡（蔡叔度之子胡。封于蔡，如今河南的上蔡县，平侯迁新蔡，如今河南的新蔡县。昭侯迁州来，如今安徽的寿县。）

许（伯夷之后。封于许，如今河南的许昌县。灵公迁于叶，如今河南的叶县。悼公迁于夷实城父，如今安徽的亳县。又迁于析，实白羽。如今河南内乡县。）等。

此外小国还甚多，限于篇幅，不能尽列。要通知春秋时代各国的形势的，把顾栋高的《春秋大事表》做参考书最好。（因为他很完备周密。）

春秋时代的大势，咱们且略讲如下：

公元前679年，齐桓公会诸侯于鄄，（如今山东的城濮县。）创霸。公元前663年，山戎伐燕，齐桓公伐山戎以救燕。公元前660年，狄人灭邢，又灭卫。齐桓公合诸侯的兵，迁邢于夷仪，（如今山东的聊城县，邢的本封，在如今直隶的邢台县。）封卫于楚邱。（见前。）公元前656年，齐桓公合诸侯伐楚，盟于召陵。（如今河南的郾城县。）公元前643年，齐桓公卒，诸子争立，国内乱，齐国的霸业就此告终。

齐桓公死后，宋襄公定了齐国的内乱，要想图霸。公元前638年，和楚人战于泓，（水名，在如今河南的柘城县。）大败，宋襄公受伤而卒。宋国的霸业只好算未成。

宋襄公死后，北方的诸侯，都折而入于楚。公元前632年，晋文公和楚人战于城濮，（如今山东的城濮县。）楚师败绩。后此北方的霸权，在晋国手里。

晋文公反国时，秦穆公与有力焉，所以秦晋甚睦。城濮战后二国尝合兵围郑。（以其贰于楚。）郑国派一个大夫，夤夜缒城去见秦穆公。秦穆公听了他的话，不但撤兵解围，而且还派三个将官，帮同郑国人戍守。晋文公死后，这三将暗中差人招呼秦穆公，叫他潜师袭郑，自己做内应。秦穆公听了他，发兵东来。晋襄公袭而败诸崤。（在如今河南的永宁县。）获其三帅孟明视等。旋又放了他。秦穆公引咎自责，仍用孟明视。公元前 624 年，伐晋，破之。《史记》上说他“遂霸西戎，辟地千里”。然而终春秋之世，秦国始终不能得志于东方，所以崤的一战，关系是很大的。

晋襄公死后，继立的是晋灵公，颇为无道，而楚庄王日强。公元前 597 年，晋楚战于邲，（如今河南的郑县。）晋师败绩，楚庄王称霸。

公元前 579 年，宋臣华元，因为和晋楚两国的执政都要好的，出来合二国之成，盟于宋西门外。然不久，楚共王就背约，构郑叛晋。公元前 575 年，晋厉公和楚共王战于鄢陵，（如今河南的鄢陵县。）楚师败绩，共王伤目。然而郑国毕竟不服晋。晋厉公旋亦被弑。晋人立了悼公，又和楚争逐久之，到公元前 561 年，才算把郑国征服。

悼公死后，晋楚都衰。公元前 546 年，宋臣向戌，再合晋楚之成，为“弭兵之盟”于宋，从此时局一变。大抵从晋文公创霸以后，到弭兵之盟以前，北方的鲁、卫、曹、宋等，是常服于晋的；南方的陈、蔡、许等，是常服于楚的；只有一个郑国，叛服于晋楚之间。晋楚争霸，大抵所争的就是郑。弭兵之盟，说“二国之从交相见”，把这个藩篱打破了。于是楚国的灵王，出来合诸侯，北方诸国遂纷纷奔走于楚。然而从弭兵之盟以后，直到春秋时代之终，因晋楚争霸而起的战役，可以说是没有，这个究竟也是向戌的功劳。

晋楚皆衰以后，就是吴越的世界。吴国的强盛，起于公元前 584 年巫臣的适吴，已见前。从此以后，吴国时时同楚国交兵，楚国不利的时候多。公元前 506 年，楚相囊瓦好贿，辱蔡昭侯，蔡昭侯如晋请伐楚，晋国人为他合了北方的诸侯。这时候的晋国，是六卿执政，腐败得很，大合了诸侯，以求贿而罢。蔡昭侯再请于吴。吴阖闾为之出兵，大破楚师于柏举。（如今湖北的麻城县。）就攻破了楚国的都城，楚昭王逃到随国。幸而有个忠臣，唤做申包胥，到秦国去请了救兵来，吴师大败，昭王才得复国。

这时候，越国也强起来了。吴人在郢的时候，越人就乘间入吴。公元前456年，允常卒，阖闾乘而击之，败绩于槜李，（如今浙江的嘉兴县。）阖闾受伤而死。公元前494年，阖闾的儿子夫差，败越于夫椒。（如今江苏吴县西边的西洞庭山。）越王句践，以余兵栖于会稽的山上，遣大夫种卑辞厚礼以求和。夫差许之，句践归国，卧薪尝胆，以求报仇。而夫差从破越之后，就骄侈起来，沟通江淮，北伐齐鲁，与晋国人争长于黄池。（如今河南的封邱县。公元前482年。）公元前468年，就给越国人围了起来。公元前466年，越国人把他的都城攻破了，夫差自杀，吴国就此灭亡。于是句践带兵渡淮，"与齐晋诸侯会于徐州，（如今山东的滕县。）周元王使人赐句践，胙命为伯"。

大抵春秋时候，可以分做几个时代。

（一）从公元前679到公元前643年，是齐桓公称霸时代。

（二）从公元前642到公元前633年，是宋襄公图霸不成，楚人强盛时代。

（三）从公元前632到公元前547年，是晋楚争霸时代。

（四）从公元前546到公元前530年，是楚国独盛时代。（明年，楚灵王被弑，平王立，不复事诸侯。）

（五）从公元前529到公元前527年，是晋楚皆衰，吴越尚未强盛的时代。（权力未及于中原。）

（六）从公元前528到公元前476年，是吴国强盛时代。（其间吴国虽已败于越，然对于北方，威力还在。）

（七）从公元前475年以后，是越国强盛时代。

大抵长江流域的开辟，是从春秋时代起的。（五帝时代，三苗左洞庭。右彭蠡，其与黄河流域争竞的实情，已无可考。文王"三分天下有其二"，"美化行乎江汉之域"，固然也利用南方的形势，去包围纣，然而不是长江流域的国能独立和黄河流域竞争。）而其开辟，又先从中游流域起，次到下游流域。（因为文化从北方来，由汉域入江域，所以开化从中游起。）至其上游流域的四川，则直到战国时秦灭巴蜀，才算入中国的版图。南岭以南的闽粤二江流域，入中国版图，更在秦并天下之后。（参看第六章。）于此可以见得中国本部开辟的早晚了。

第二节 战　国

春秋以后，又二百五十七年，天下才归于统一。就是从公元前 478 年起，到公元前 222 年止，称为战国时代。战国时代的形势，便是春秋时代号称大国的晋，分为韩、（周同姓，后裔事晋的，唤做韩武子，封于韩原，如今陕西的韩城县。）赵、（见上节。）魏。（周同姓毕公高之后，名毕万，事晋献公，献公灭魏，便把魏地封他。周威烈王令魏斯、韩虔、赵籍为诸侯，事在公元前 403 年。这时候，晋君还在，到公元前 478 年，三国才废晋君而共分其地。战国时候的齐国，也为田氏所篡。田氏是陈国公子完之后，——田陈同音，就是一个字。——周安王令田和为诸侯，事在公元前 686 年。）越灭于楚；（公元前 334 年。）而直隶北边的燕，（召公奭之后。封于蓟，如今的京兆。）渐渐的强起来；于是齐、燕、韩、赵、魏、秦、楚，并列为七个大国。

七国之中，除燕最小，所处的地方又偏僻，无足轻重外。（《燕世家赞》："燕北迫蛮貉，内措齐晋，崎岖强国之间，最为弱小。"在七国之中，燕国其实只算得二等国。）楚国自然最强，（因为春秋时代，晋楚本强于齐秦，而这时候，楚国又没有分。）齐国的形势，和春秋时无甚出入。韩、赵、魏似乎力分而弱，然而"晋国，天下莫强焉"，他强国的资格，究竟还在。只有秦国，从春秋的末期，久已寂寂无闻，入战国的初期，又国多内难，河西的地方，为魏国所夺。又因为僻处西垂，开化最晚，大家都有些瞧不起他。到孝公的元年，（公元前 362 年。）《史记》上还说"河山以东强国六。……楚魏与秦接界；魏筑长城，自郑（如今陕西的华县。）滨洛（如今陕西的北洛水。伊洛的洛，正字应当作雒。）以北，有上郡；（如今陕西榆林肤施一带。）楚自汉中（如今的汉中道。）南有巴、（如今四川的保宁县。）黔中。（如今湖南、湖北、四川三省交界之处。）周室微，诸侯力政，争相并；秦僻在雍州，不与中国诸侯之会盟，夷狄遇之”国势可谓凌夷极了。（秦孝公的元年，已是入战国的一百十七年，所以战国的前半期，列国的势力，是平均的。秦国的独强、六国的破灭，全在从公元前362到公元前478这一百四十一年之内。）

孝公即位之后，用了商鞅，定了变法之令，把全国的人，都驱到“农战”一途，于是秦国的国势，就骤然强盛起来了。秦国的攻六国，可以分做两截看：其第一截，是“自完主义”，就是要全有如今陕西的地方。公元前340年，商鞅出兵伐魏，大败魏兵，魏入河西以和。于是魏惠王弃安邑，（如今山西的夏县。）徙都大梁。（如今河南的开封县。）秦国既除了肘腋之患，又开了一条渡河而东的路。公元前328年，秦国人又伐魏，取了上郡，于是如今陕西地方，全入秦国的版图。公元前316年，秦国又灭了蜀。蜀的地方，本是最为富饶，而且因山川之险，从战国以前，从没和别国交过兵。秦国得了这一块“处女的富源地”，更其“富厚轻诸侯”。（汉高祖和项羽相持，就是用的关中的兵，巴蜀的饷。战国时代的秦，想必也有这种情形。所以《战国策》上，说他得蜀之后，“益富厚，倾诸侯”。）

他进取的兵，可以把他分做三路看：公元前313年，败楚，取汉中。到公元前280年，司马错伐楚，取黔中，楚献汉北之地。明年，白起伐楚，取鄢、（就是春秋时的鄢陵。）邓、（如今河南的南阳县。）西陵。（如今湖南的东湖县。）又明年，白起再伐楚，拔郢，烧夷陵。（在东湖县，楚先王坟墓所在。）楚东北徙都陈，（如今河南的淮宁县，后来又迁到寿春，如今安徽的寿县。）这一支可以算是“出长江流域的兵”，攻楚的。（其中又分为两支，从江汉上游，顺流而下。）其“出河南的一支兵”所走的，便是如今从陕西出潼关的一条路。公元前311年，伐韩，拔宜阳。（如今河南的宜阳县。）从此以后，韩和东西周，都入秦人掌握之内。他却又“出一支兵于河北”：公元前262年，伐韩，拔野王。（如今河南的河内县。）于是上党（如今山西的晋城县。）路绝，上党的人不愿意归顺秦国，就降了赵。秦国的白起，大破赵军于长平，（如今山西的高平县。）坑降卒四十万，就攻破了上党，北定太原。于是过娘子关到直隶，出天井关到河南的路，都在秦国人手里。公元前 257 年，秦国就围了赵国的都城邯郸。（如今直隶的邯郸县。）这时候，列国救赵的兵，都不敢进，幸而有一个魏国的公子无忌，夺了晋鄙的兵，击败秦军于邯郸下，三晋才算苟延残喘了几年。公元前 249 年，秦灭东周，又伐韩，取荥阳，（如今河南的荥泽县。）成皋，（如今河南的汜水县。）地界直接大梁。公元前 246 年，秦始皇立。立后十九年，就是前公元前 228 年，灭赵，赵国的公子嘉，自立为代王，和燕国人合兵，驻扎在上谷。（如今直隶的怀来县。）秦始皇派王翦驻扎在中山（如今直隶的定县。）以图燕。燕国的太子丹，派勇士荆轲到秦国去，要想刺杀秦始皇，事情没有成功。秦始皇大怒，发大兵围蓟，燕王奔辽东。公元前 225 年，秦灭魏。明年，攻楚，又明年，把楚国灭掉了。公元前 222 年，大发兵攻辽东，虏燕王喜。还灭代，虏代王嘉。明年，就把灭燕的兵南攻齐，虏齐王建。于是六国尽亡，秦国就统一天下了。（周赧王的灭亡，在公元前 256 年。先是敬王从王城（洛邑西城）徙居成周（洛邑东城）考王时，封弟揭于王城，是为东周桓公，桓公的孙惠公，又自封其少子于巩（如今河南的巩县），是为东周惠公。赧王时，又徙都西周。赧王入秦，西周君也同时灭亡。东周君又奉周祀七年，到公元前 249 年，才给秦国灭掉。其余诸小国，许亡于郑，郑亡于韩，曹亡于宋，宋亡于齐，鲁及陈、蔡皆亡于楚，只有卫国，到公元前 209 年——秦二世元年，才给秦国灭掉。）

秦国所以能灭掉六国，下列三条，大约是最大的原因：（一）秦国和戎狄竞争最烈，以磨砺而强。（晋在太原时近狄，迁绛之后，距敌较远。和楚竞争的“黎”、“越”二族，和齐竞争的莱夷，都不是强敌。比不上犬戎。参看第六章。）（二）秦国所据的地势，和商周先世是一样。（参看第四章。从这地方出函谷关攻山东，出武关攻南阳、襄汉，都是上流之势。秦国攻楚的路，和楚国先世拓土的路，也是一样。参看上节自明。）（三）秦国开化较晚，所以风气朴实，国力较六国为充足。（试看李斯《谏逐客书》。列举当时淫侈的事情，秦国竟没有一件。大抵文明进化已久的国，往往不免于暮气；文明程度太浅的国，因为物质和精神两方面，强盛的元素都太缺乏，又兴旺不起来，就暂时强盛，也不能持久。吴越就属于这一种。战国时代的六国属于前一种。只有新进于文明的野蛮国家，最为可怕，秦国就属于这一种了。）

秦国吞灭六国，我国的封建时代（实在应当说是分立时代，但是封建这名词，通行已久，现在姑且沿用他。）就此告终了。但是还有一个问题，便是“我国的分裂时代从最早可考的时代起，到底共有若干国，后来怎样渐次吞并，归于统一的”呢？这一个问题，我请在第七章里头解答。

第六章 汉族以外的诸族

第一节 獯 粥

中国人决不是单纯的民族。以前所讲的，都是汉族的历史，这是因为叙述上的方便，不能把各族的历史，都搅在一起，以致麻烦。现在汉族的历史，已经讲到统一时代了，就得把汉族以外的各族，都讲述一过。

中国人向来称异族为“夷”、“蛮”、“戎”、“狄”，这四个字，是“因其所居的方位而称之”，（参看下章。）不是种族的名词；若用这四个字来分别种族，一定要陷于误谬的。（到后世，这四个字的称呼，也有不按着方位的（譬如狄侵入东方，仍旧称他为狄是）。然而这是后起的事，到这时候，能够认明他的种族，居地虽然变换，还用旧名称称他。——种族的关系，已经纷乱得不可究诘了。）

同汉族杂居最久，而关系又最密切的，便是獯粥。獯粥，又唤做猃狁，后世唤做匈奴，（《史记索隐》（《匈奴列传》）：“晋灼曰：匈奴，尧时曰獯粥，周曰猃允。”）都是一音之转；这两个字的合音，便是混，又写作昆，写作串，写作畎，写作犬，到后世又写作胡。（《诗·皇矣》：“串夷载路”，《郑笺》，“串夷，即混夷，西戎国名也。”《正义》：“《书传》作畎夷，盖畎混声相近，后世而作字异耳。或作犬夷，犬即畎字之省也。”）古代所谓西戎北狄，都是这一种人。何以知道呢？因为除这一族之外，可称为戎狄的，只有汉时之所谓羌，而据汉朝的事情看起来，羌人在古代，和汉族实在没甚交涉，看本章和第三篇所述羌人的事情自明。太史公《匈奴列传》把古代的戎和狄都混杂在一起，或讥其不能分别，殊不知道戎和狄本没有种族上的区别的。

这一族古代的根据地，也在黄河流域；到后世，才渐次退却到阴山山脉一带，再退却而至漠北，再退却而到如今俄领中央亚细亚一带，而入欧洲。（参看第二篇。）误以为汉时的匈奴，在三代以前，就据有漠南北的，却是大误。（漠南的南部，虽有“分散溪谷”的小种落，然而不是他重要的根据地。至于漠北，则三代以前，大抵是丁令的地方。所以《尚书大传》说“北方之极，自丁令北至于积雪之野”。）

这一族的根据地，大约在汉族的西北。所以《史记》说“黄帝北伐獯粥，而邑于涿鹿之阿”；（见第三章第二节。）《墨子》说尧“北教八狄”；（尧都太原。）可见得这一族，从古以来，就占据如今直隶、山西的北半省。至于陕西，更是他的大本营。所以《史记》上说“夏道衰，而公刘失其稷官，变于西戎，邑于豳。其后三百有余岁，而戎狄攻太王亶父，亶父亡走岐下。……其后百有余岁，周西伯伐畎夷氏。后十有余年，武王伐纣，而营雒邑，复居于酆鄗，放逐戎夷泾洛之北”。（洛，如今陕西北洛水。）可见得周从受封以后，历代和此族竞争。幽王被弑以后，此族“遂取周之焦获，而居于泾渭之间”。（《诗》：“检狁匪茹，整居焦获，侵镐及方，至于泾阳。”《毛传》以为宣王时候的诗，恐不如《史记》之确。《尔雅·释地》“周有焦获”郭璞注：“今扶风池阳县瓠中是也。”池阳，如今陕西的泾阳县。镐，方，无可考。）于是平王东迁，直到秦文公手里，才把岐丰的地方收回。（见上章第一节。）秦穆公时，“开国十二，辟地千里”，（这是《秦本纪》上的话，《匈奴列传》说“西戎八国服于秦”。）这一族在泾渭上游，便无从肆其凶焰了。其在陕西东部的，也给晋国人所攘，居于圁、洛之间，（圁，就是《汉书·地理志》上郡白土的圜水，《清一统志》说是在陕西葭县入河的秃尾河。）谓之白狄。（《史记》说“号曰赤狄白翟”，误。）其侵入东方的，谓之赤翟。赤翟的境域，从晋国的蒲、（如今山西的隰县。）屈（如今山西的吉县。）起，绵延向东，和齐、鲁、卫接界。邢、卫、宋、鲁、齐、晋、郑，都颇受其害。其种落，有东山皋落氏、（如今山西的昔阳县。）廧咎如、（如今山西的乐平县。）潞氏、（如今山西的潞城县。）甲氏、（如今直隶的鸡泽县。）留吁、（如今山西的屯留县。）铎辰，（如今山西的长治县。）都给晋国人灭掉。白狄也有侵入东方的，就是肥、（如今直隶的藁城县。）鼓、（如今直隶的晋县。）鲜虞。（如今直隶的定县。）肥、（鼓亦灭于晋，）鲜虞到战国时谓之中山，灭于赵。又有扬拒、（如今河南偃师附近。）泉皋、（如今河南洛阳县西南。）伊洛之戎，（《左传》杜注“居伊水洛水之间”。）地都入于周。又有蛮氏、（如今河南的临汝县，亦称茅戎，因为他本居茅津。茅津，在如今山西的平陆县。）骊戎，（如今陕西的临潼县。）地亦入于晋。于是这一族在山、陕、直隶的南部和河南的，几于全给汉族征服，（以上说赤狄白狄，据《春秋大事表》。）其未尝服属的，都在甘肃和直隶、山、陕三省的北边。《史记》上叙述他的形势道：“自陇以西，有绵诸、（如今甘肃的天水县。）绲戎、（亦在天水境。）翟貖之戎；（如今陕西南郑县境。）岐梁山泾漆之北，有义渠、（如今甘肃宁县、庆阳县境。）大荔、（如今陕西的大荔县。）乌氏、（如今甘肃的泾川县。）朐衍之戎；（如今甘肃的灵武县。）晋北有林胡、（如今山西的朔县。）楼烦之戎；（如今山西的崞县。）燕北有东胡山戎；（见下节。）各分散溪谷，往往而聚者，百有余戎，然莫能相一。”列国的开拓，便是“赵有代、句注之北，（句注，如今的雁门山。）魏有河西、上郡，以与戎界边。（河西、上郡入秦之后。秦、赵、燕三国，边于匈奴。）……秦昭王时，……伐残义渠。于是秦有陇西北地上郡，筑长城以拒胡；赵武灵王……北破林胡、楼烦，筑长城，自代并阴山下至高阙为塞，（《集解》“徐广曰在朔方”。）而置云中雁门代郡；……燕亦筑长城，自造阳（《集解》“韦昭曰：地名，在上谷。”）至襄平，置上谷、渔阳、右北平、辽西、辽东郡以拒胡”。大抵这时候，这一族在甘肃和山、陕、直隶北边的，都是“分散溪谷”的小部落；所以汉族开拓，毫无抵抗之力。（汉族所以要筑长城，也是防这些小部落侵盗的缘故。像后世的匈奴、突厥，……原不是长城所能防。后人议论秦始皇的筑长城，有人说他“立万世夷夏之防”，固然迂谬可笑。又有人说，筑了长城，还是无用，引后世史事为证，也是陷于“时代错误”的。）其中只有一族，根据在如今河套之内的，较为强大。（大约因为地形平衍。易于合群的原故。）这个便是秦汉时代的匈奴了。

第二节　东　胡

太史公把古代的戎狄算做一族，并不能算他错；然而把东胡和匈奴混在一起，实在是弄错了的，为什么呢？因为东胡之后为“乌桓”、“鲜卑”，乌桓、鲜卑和匈奴，确非同族。

《后汉书》、《三国志》都说：乌桓、鲜卑是东胡之后，东胡为匈奴所破，遗族分保此二山，因名焉。后人因把东胡两个字，当作这一族的本名，乌桓鲜卑，当作后起之名；因而有说东胡就是通古斯 Tongus 的译音的，依我看起来，却实在不然。为什么呢？据《希腊罗马古史》，“里海以西，黑海以北，古代即有‘辛卑尔族’居之；……故今黑海北境，有辛卑尔古城；黑海峡口，初名辛卑峡；而今俄人名乌拉岭一带曰西悉毕尔”。（《元史译文证补》。）《北史·魏世纪》述鲜卑二字的由来，也说“国有大鲜卑山，因以为号”，东西相去数千里，不谋而合。可见所谓鲜卑，不是“部族以山名”，实在是“山以部族名”的。所以鲜卑部落，分布极广，而乌桓一部，从魏武帝柳城一捷后，就不复见于史，（《新唐书》所载，乃一极小部落。）可见得鲜卑二字，实在是此族的本名。《史记索隐》引服虔“东胡，在匈奴之东，故曰东胡”。《后汉书·乌桓传》“氏姓无常，以大人健者名字为姓”。《索隐》引《续汉书》：“桓以之名，乌号为姓。”这么说，东胡二字，是中国人因他居近匈奴，“貤匈奴之名以名之”。（好比后世称菲律宾为小吕宋。）乌桓二字，是大人健者之名，是一个分部的名称。

这一族在古代，谓之山戎。据《史记·匈奴列传》，公元前706年，“山戎越燕而伐齐，齐僖公与战于齐郊。其后四十四年，山戎伐燕，燕告急于齐，齐桓公北伐山戎，山戎走”，“其后燕有贤将秦开，为质于胡，胡甚信之。归而袭破东胡，东胡却千余里”。这一族的根据地，似乎就是燕所开的上谷、渔阳、右北平、辽西、辽东五郡。为什么呢？因为后来汉武招致乌桓，助防匈奴，所居的也是这五郡塞外；可见得所谓“却千余里”者，就是弃这五郡之地。（有人说鲜卑就是《禹贡》析支的转音（《大戴礼》鲜支渠搜，《史记·五帝本纪》作斯支渠度）。这话似乎附会，我却以为颇为有理。为什么呢？如此说，则鲜卑氐羌，古代居地相近，而据《后汉书》所载，乌桓、鲜卑和羌人风俗极其相类。羌俗“氏族无常，或以父名母姓为种号”，可见母有姓而父无姓，乌桓亦“氏姓无常，以大人健者名字为姓”，又“怒则杀其父兄，而终不害其母，以母有族类，父兄无相仇报故也”。乌桓“妻后母，报寡嫂”，羌亦“父没则妻后母，兄亡则纳嫠嫂”，乌桓“俗贵兵死”，羌亦“以战死为吉利，病终为不祥”。可为古代曾经同居之证。这一族，连亚洲的西北方和北方都有，在古代，似乎也是从中亚高原，分散出去的。《汉书·地理志》：朔方郡有渠搜县。蒋廷锡说就是《禹贡》上的渠搜后世望东北迁徙的（《尚书地理今释》）这一说，假定为确。则析支也可从如今的青海，迁徙到山陕北边。再看下一节貉族迁徙的事实，则析支从山陕北边再迁徙到燕北而为鲜卑，也不足怪的了。）

第三节　貉

东北方之族，鲜卑而外，还有一个貉。貉这一族，也有说他是东夷的，（《说文》羊部：东方貉。《郑志》答赵商问。“九貉，即九夷。”（《正义》引））也有说他是北狄的，（《说文》豸部：“貉，北方豸种”，《孟子·告子篇》赵注：“貉在北方。”）到底哪一说可靠呢？我说都不差的；貉是始居北方，后来迁徙到东北方的。《诗·韩奕》：“王锡韩侯，其追其貊，奄受北国”，《郑笺》说：韩王韩城，所抚柔的，是“王畿北面之国”，又说“其后追也。貊也，为猃狁所逼，稍稍东迁”。这十五个字，便是貉族迁徙的历史。

何以知道郑说之确呢？《后汉书·夫余传》：“本秽地。”《三国志》：“耆老自说古之亡人，其印文言秽王之印。国有故城名秽城。盖本灭貉之地，而夫余王其中，自谓亡人，抑有似也。”这几句话，便是《韩奕》郑笺的注脚。“耆老自说古之亡人”，就是貉族人自记其“为猃狁所逼稍稍东迁”的历史。不过《后汉书》说“本秽地”，《三国志》说“本秽貉之地而夫余王其中”，却是错误的。夫余就是秽貉，所以汉朝赏他的印文，还说是秽王之印，傥使夫余另是一个种族，而占据秽貉之地，那印文如何能说秽王之印呢？后汉一朝，和夫余往来极密，决不会弄错的。况且果使如此，是夫余征服秽貉，是战胜攻取了，如何说是亡人呢？貉是种族的本名，秽是水名，貉族的一支，处秽水流域的，谓之秽貉，后来亦单称他为秽。（又假用秽字。）《水经注》：“清漳迳章武故城西，故秽邑也，枝渎出焉，谓之秽水。”（汉章武县，包括如今直隶大城、沧两县之境。）这秽水，似乎就是秽貉所居的。但是他一个分部不是他的全族。何以知道呢？因为《孟子》说：“夫貉，五谷不生，惟黍生之。”章武决不是不生五谷的地方。可见得这一族的大部分，一定还在如今的长城之北。（《后汉书》、《三国志》的四裔传，是同本《魏略》，所以错便同错。《韩奕》的郑笺，一看很不近情理，所以疑心他的人很多。然而“追也，貊也，为猃狁所逼，稍稍东迁”。实在是一段种族迁徙重要的历史。惟郑君读书极博，然后能知之。王肃不知此义，于是解溥彼韩城的韩城为涿郡方城县的寒号城（《水经·圣水注》）。燕师所完的燕为北燕国（《释文》），以便将韩侯牵率到东北方去以就貉。巧则巧矣，而不知正不必如此之心劳而日拙也。王符《潜夫论》说：“周宣王时有韩侯，其国近燕。”也就是王肃一派的话。《山海经》根据这一派话，再加之以造作，便说：“貉国在汉水东北，地近于燕，灭之。”更可发一大噱。所谓汉水，想必是朝鲜的汉江了。他只晓得朝鲜和燕国接界，朝鲜的南边，又有一条汉江；臆想貉国既近于燕，必定也近朝鲜；既近朝鲜，一定也近汉江；就臆造出这十三个字来。殊不知道汉江是汉武帝灭朝鲜后把其地分置四郡的南界，因为这条江是汉朝的南界，所以有汉江之名（据朝鲜金泽荣《韩国小史》，这部书，南通县有刻本）。当北燕未亡之时，这条水，尚未名为汉江也。这一派伪书的不可信如此。）

貉族在古代和汉族没甚交涉；然而这一族人，东北走而为夫余，其后为句丽、百济，和中国的关系，却很深的，所以著其缘起如此。

第四节 氐羌

氐羌二族，在古代，大约是根据于中亚高原的；后来分为许多支，（在湟水流域，青海，和黄河上流两岸的，是汉朝时候所谓羌人。在天山南路的，是汉时西域诸国中的氐羌行国。在祁连山一带的，是月氏。在今四川云南和川边的，汉时谓之西南夷。均见后。）其在古代和汉族有交涉的，在氐族为巴，在羌族为鬼方。

《说文》注："巴蜀，桑中虫也。"《魏略》：（《三国志》注引。）"氐，……其种非一；或号青氐，或号白氐，或号蚺氐，此盖虫之种类，中国人即其服饰而名之也。"可见此族当图腾时代，曾经用虫为标帜。（参看严复译甄克思《社会通诠》。）据《后汉书》，板楯蛮，世居渝水左右，（如今的嘉陵江。）其人善于歌舞，汉高祖用他的兵，还定三秦，因而就采他的乐舞，唤做巴渝舞。武王伐纣，有"庸、蜀、羌、髳、微、卢、彭、濮人"，而《尚书大传》说："惟丙午，王逮师前，师乃鼓𥮯噪，师乃慆，前歌后舞"，可见武王所用的兵，实在有巴氐在里头。（《华阳国志》："周武王伐纣，实得巴蜀之师，巴师勇锐，歌舞以淩之。殷人倒戈，故世称武王伐纣前歌后舞也。"）到战国时，才为秦国所征服。《后汉书》说："秦惠王并巴中，以巴氏为蛮夷君长，世尚秦女。其民爵比不更；有罪，得以爵除。其君岁出赋二千一十六钱；三岁一出义赋，千八百钱。其民户出幏布八丈二尺，鸡羽三十鍭。"又说："秦昭王时，有一白虎，常从群虎，数游秦汉巴蜀之境，伤害千余人，昭王乃重募国中有能杀虎者，赏邑万家，金百镒。时有巴郡阆中夷人，能作白竹之弩。乃登楼射杀白虎。昭王嘉之，而以其夷人，不欲加封；乃刻石盟要，复夷人顷田不租；十妻不算；伤人者论，杀人者得以倓钱赎死。盟曰：秦犯夷，输黄龙一双，夷犯秦，输清酒一钟。夷人安之。”话虽有些荒唐，却也是汉族抚柔这一族的一段历史。

羌人和汉族的交涉，只有《易经》上“高宗伐鬼方”，《文选》李善注引《世本》：“鬼方于汉，则先零戎也。”（《赵充国颂》。）可证汉族当商朝时候，对于这一族，曾用兵一次。此外无甚关系。（《商颂》：“昔有成汤，自彼氐羌，莫敢不来享，莫敢不来王，曰商是常”，又《周书·王会解》，也有氐羌，盖商周之先，都处西方，所以和这两族关系较密。又《商颂》“昔在成汤”云云，自系郑笺所谓“责楚之义，女乃远夷之不如”。后人因而牵合，说高宗的伐鬼方，就是“奋伐荆楚”。近人因而说鬼方就是夔，这是大错了的。请看《诗古微·商颂鲁韩发微》一篇。）

第五节 粤

以上所讲的，都是北方的种族，以下就要讲到南方了。南方的种族和汉族最早有交涉的，自然要推黎族，已见第三章第二节，兹不复赘。黎族之外，还有一个极大的种族，就是所谓“粤族”。粤也写作越。近来讲历史的人，对于“黎”、“粤”二族，都不甚加以分别，未免失之笼统。

“黎族”是后世所谓“苗族”，“粤族”是现在所谓“马来人”。这一种人，在古代也是根据在中亚高原的。后来沿横断山脉南下，分布在亚洲沿海之地。凡现在“亚洲的沿海”，和地理学上所谓“亚洲大陆的真沿边”，都是这一族人所据的。这个证据甚多，一时不暇细讲。我现在且从中国历史上，举出两条坚证如下：

其（一），这一种人，是有“文身”的风俗的。从历史上看起来，如上所述的地方，都可发现同一的风习。

《礼记·王制》：东方曰夷，被发文身，有不火食者矣。南方曰蛮，雕题交趾，有不火食者矣。（注“雕文，谓刻其肌，以丹青涅之”。《正义》“文身者，谓以丹青文饰其身。……雕题交趾者，雕，谓刻也，题，谓额也，谓以丹青雕刻其额，非惟雕额，亦文身也”。案据正义，可知文身与雕题，就是一事。又不火食的风俗，东夷南蛮，也相同。《正义》说“以其地气多暖，虽不火食，不为害也”。南蛮的地方，诚然地气多暖，东夷何尝如此，可见夷蛮确系同族，所以有这同一的风俗。）

《汉书·地理志》：粤地，……今之苍梧、郁林、合浦、交址、九真、南海、日南，皆粤分也。其君禹后，帝少康之庶子云。封于会稽，文身断发，以避蛟龙之害。（《史记·吴越世家》，已见第五章第一节。）

《后汉书·哀牢传》：种人皆刻画其身，象龙文。

又《东夷传》：倭地大校在会稽东冶之东，与珠崖儋耳相近。故其法俗多同。《三国志》：男子无大小，皆黥面文身。……夏后少康之子，封于会稽，断发文身，以避蛟龙之害。今倭人好沉没捕鱼蛤，亦文身以厌大鱼水禽，后稍以为饰。诸国文身各异；或左或右，或大或小，尊卑有差。以朱丹涂其身体，如中国用粉也。

《后汉书》：马韩……其南界近倭，亦有文身者。弁辰……其国近倭，故颇有文身者。

《北史·流求传》：（如今的台湾。）妇人以墨黥手，为虫之文。

《南史·扶南传》：文身被发。

阎若璩《四书释地三续》：《留青日札》曰：某幼时及见今会城住房客名孙禄。父子兄弟，各于两臂背足，刺为花卉，葫芦，鸟兽之形。因国法甚禁，皆在隐处，不令人见，某令解衣，历历按之。亦有五采填者，分明可玩。及询其故，乃曰：业下海为鲜者，必须黥体。方能避蛟龙鲸鲵之害也。方知断发文身，古亦自有；《汉书·地理志》于粤已云。录此者，以见今犹信耳。

其（二），食人的风俗，前文所述的地方也是都有的。

《墨子·鲁问》：楚之南，有啖人之国者。其国之长子生，则解而食之，谓之宜弟。美则以遗其君。君喜则赏其父。（《后汉书·南蛮传》引这一段，以为当时的乌浒人。注："万震《南州异物志》曰：乌浒，地名。在广州之南，交州之北。恒出道间，伺候行旅，辄出击之。利得，人食之，不贪其财货；并以其肉为肴菹；又取其髑髅破之以饮酒。以人掌趾为珍异，以食老也。"《节葬下》：越东有輆沐之国，其长子生，则解而食之，谓之宜弟。）

《左传》僖十九年：宋公使邾文公用鄫子于次睢之社，欲以属东夷。

《南史·毗骞传》：国法刑人，并于王前噉其肉。国内不受估客，往者亦杀而食之，是以商旅不敢至。

《北史·流求传》：国人好相攻击，收斗死者，聚食之。……

其南境，人有死者，邑里共食之。……战斗杀人。便以所杀人祭其神。

《隋书·真腊传》：城东有神，名"婆多利"。祭用人肉，其王年别杀人，以夜祀祷。

以上两种证据，都系略举。若要全抄起来，还可得许多条。此外，（一），如铜鼓，是这一种人所独有的器具，含有宗教上的意味；而铜鼓发见的地方，和我刚才所说这种人分布的地方相合。（详见近人《饮冰室文集·中国民族历史上之观察》。）（二），《后汉书·南蛮传》"珠崖、儋耳二郡，在海洲上，其渠帅，贵长耳，皆穿而缒之，垂肩三寸”。《淮南子·地形训》说耽耳在北方。也可见得这种人的分布，是沿海而成一半规形。总而言之，现在“亚洲的沿海”，和地理学上所谓“亚洲大陆的真沿边”，都是这一种人所分布的，如今称为马来人，古人则谓之粤。——越——古代所谓东夷者，都是此族，所谓南蛮者，却不是此族。——黎族——为什么古代不称此族为南蛮呢？因为夷蛮戎狄，是和汉族接境的异族，间接的就不在内。参看下章自明。

古代这一族和汉族有交涉的，便是：

嵎夷（《书·尧典》：“宅嵎夷，曰旸谷。”《释文》：“马曰：嵎，海嵎也。夷，莱夷也。《尚书考灵曜》及《史记》作禺銕。”《禹贡》青州“嵎夷既略”。《索隐》按《今文尚书》及《帝命验》并作禺銕，在辽西，銕，古夷字也。《说文》土部：“堣夷，在冀州阳谷，立春日，日直之而出。”山部：“崵山，在辽西。一曰：嵎銕崵谷也。”按《说文》既加“一曰”二字，则“嵎夷崵谷也”与“崵山在辽西”，明非一义。《索隐》：“在辽西”三字，须另为一句。不得认做《今文尚书》和《帝命验》里的话。嵎夷自系莱夷。当以马说为准。）

鸟夷（《书·禹贡》：冀州“岛夷皮服”，《史记》作鸟。《集解》：“郑玄曰：鸟夷，东北之民，搏食鸟兽者。”《书疏》亦谓“孔读鸟为岛”，则今本岛系误字。扬州“岛夷卉服”。《汉书·地理志》亦作鸟。案《后汉书·度尚传》：“深林远薮椎髻鸟语之人”注“鸟语，谓语声。似鸟也。”《哀牢传》：“其母鸟语。”此亦鸟夷的一义。《孟子》所谓“南蛮鴃舌之人”。）

淮夷（禹贡：“淮夷蠙珠暨鱼。”《史记集解》：“郑玄曰：淮水之上民也。”）

徐戎（《说文》：郐，“邾下邑也，鲁东有徐城”，《史记·鲁世家》：“顷公……十九年，楚伐我，取徐州。”《集解》：“徐广曰：徐州，在鲁东，今薛县。”《索隐》“……又《郡国志》曰：鲁国薛县，六国时曰徐州”。）

其中以（一）莱夷和（二）淮夷徐戎为两大宗。莱夷灭于齐，（春秋襄六年。）淮泗夷到秦有天下，才悉散为人户。（《通典》。）其南岭以南，则直到秦始皇手里才征服。（见第二篇第一章。）

第六节 濮

濮族，就是如今的倮儸，《周书·王会解》作卜，（“卜人以丹砂。”孔注：“卜人西南之蛮。”王应麟补注：“卜人即濮人。”）《说文》作僰，（云“犍为蛮夷也”。）都是一音之转。（长言之则曰“倮儸”。短言之则曰“濮”曰“卜”曰“僰”。唐时称这种人为“乌白蛮”，是中国人以其服饰称之，不是他种族之名。试观《唐书》所载，初里五姓，都是乌蛮，他的妇人衣黑缯，东钦二姓，是白蛮，他的妇人，就都衣白缯可见。元以后仍就其种族之名译音。）这种人，就是汉朝时候的夜郎、滇、邛都诸国。他的居地，在黔江、金沙江、大渡河流域，详见第二篇第四章第四节。在古代，和汉族有交涉的，却还在其北。所以韦昭《国语注》，说濮是“南阳之国”。（《郑语》。）杜预《释例》说：“建宁郡南有百濮夷，濮夷无君长总统，各以邑落自聚，故称百濮也。”（见《左传》文十六年，建宁，如今湖北的石首县。）这种人，当周初已与于王会，（又《伊尹四方令》：正南亦有百濮。）后楚蚡冒得濮之后，就服属于楚。楚国的黔中郡，大概就是这一族的地方。“楚威王时，（公元前329至公元前339年。）使将军庄蹻将兵循江上，（牂牁江。）略巴、黔中以西。……蹻至滇池，……以兵威定属楚。”于是中国的兵力，直达今云南省东北部。“会秦击夺楚巴、黔中郡，道塞不通，因乃以其众王滇，变服，从其俗以长之。”于是从黔中以西南，仍旧未入中国版图。直到汉武帝时，方才开辟。（以上据《汉书·西南夷传》。）

第七章　中国古代的疆域

考究中国古代的疆域，有好几种方法：其（一）是把古人所说“服”的里数和封建的国数来计算。这是有数目字为凭的，似乎最为精确。

《禹贡》五百里甸服：百里赋纳总，二百里纳铚，三百里纳秸服，四百里粟，五百里米；五百里侯服：百里采，二百里男邦，三百里诸侯；五百里绥服：三百里揆文教，二百里奋武卫；五百里要服：三百里夷，二百里蔡；五百里荒服：三百里蛮，二百里流。

这其间便有许多异说：

（一）《今文尚书》欧阳夏侯说：谓中国方五千里，（《王制正义》引《五经异义》。）史迁同。（《诗·商颂正义》：按《史记·夏本纪》，令天子之国以外五百里甸服，……甸服外五百里侯服，……侯服外五百里绥服，……绥服外五百里要服，……要服外五百里荒服。）

（二）《古文尚书》说：五服旁五千里，相距万里。（《王制正义》引《五经异义》。）

（三）贾逵、马融：……甸服之外，每百里为差，所纳总秸粟米者，是甸服之外，特为此数；其侯服之外，每言三百二百里者，还就其服之内别为名耳，非是服外更有其地。(《诗·商颂正义》。) 是为三千里，相距方六千里。《禹贡正义》。

许慎、郑玄都是从古文尚书说的，而其间又有异同。许慎只说："以今汉地考之，自黑水至东海，衡山之阳至于朔方，经略万里"，所以从《古文尚书》说。(《王制正义》引《异义》。) 郑玄的意思，却分别出黄帝、尧、舜和三代之末疆域不同来。他又说周初的疆域也比殷朝大，所以他注《易系辞》"阳一君而二民，君子之道也，阴二君而一民，小人之道也"道：

一君二民，谓黄帝尧舜；谓地方万里，为方千里者百；中国之民居七千里，七七四十九，方千里者四十九；夷狄之民居千里者五十一；是中国夷狄，二民共事一君。二君一民，谓三代之末。以地方五千里。一君有五千里之土；五五二十五，更足以一君二十五，始满千里之方五十，乃当尧舜一民之地，故云二君一民。实无此二君一民，假之以地为优劣也。(《王制正义》、《职方》贾疏："……先生之作土有三焉：若太平之时，土广万里，中国七千；中平之世，土广七千，中国五千；衰末之世，土广五千，中国三千。")

所以他注《皋陶谟》："弼成五服，至于五千"，也说：

……尧制五服，服各五百里；要服之内四千里曰九州，其外荒服曰四海。禹所弼五服之残数，亦每服者合五百里，故有万里之界焉。(他说："《禹贡》……每言五百里一服者，是尧旧服；每服之外，更言三百里、二百里者，是禹所弼之残数。"《商颂正义》。)

他所以如此说，实在因为要牵合《周官·职方氏》服数之故。案《职方氏》：

乃辨九服之邦国：方千里曰王畿，其外方五百里曰侯服，又其外方五百里曰甸服，又其外方五百里曰男服，又其外方五百里曰采服，又其外方五百里曰卫服，又其外方五百里曰蛮服，又其外方五百里曰夷服，又其外方五百里曰镇服，又其外方五百里曰藩服。

他注“弼成五服”便说：

去王城五百里曰甸服；其弼当侯服，去王城千里；其外五百里为侯服，当甸服，去王城一千五百里；其弼当男服，去王城二千里；又其外五百里为绥服，当采服，去王城二千五百里；其弼当卫服，去王城三千里；其外五百里为要服，与周要（这个字是错的，应当作蛮。）服相当，去王城三千五百里；四面相距为七千里，是九州之内也。……要服之弼，当其夷服，去王城四千里；又其外五百里曰荒服，当镇服；其弼当蕃服，去王城五千里；四面相距，为方万里也。

再把封建的国数合起来，也是如此。案《异义》：“《公羊》说：殷三千诸侯，周千八百诸侯。《古春秋左氏》说：禹会诸侯于涂山，执玉帛者万国。唐虞之地万里，容百里地万国。其侯伯七十里，子男五十里，余为天子闲田。许慎谨按《易》曰：万国咸宁。《尚书》曰：协和万邦，从左氏说。”郑玄便驳他道：诸侯多少，异世不同。万国者谓唐虞之制也。武王伐纣，三分有二，八百诸侯，则殷末诸侯千二百也，至周公制礼之后，准王制，千七百七十三国，而言周千八百者，举其全数。（《王制正义》。）

他这一驳，也因为要牵合《周礼》之故：

《王制》：凡四海之内九州，州方千里。州建百里之国三十，七十里之国六十，五十里之国百有二十，凡二百一十国；名山大泽不以封，其余以为附庸闲田。八州，州二百一十国。天子之县内，方百里之国九，七十里之国二十有一，五十里之国六十有三，凡九十三国；名山大泽不以盼；其余以禄士，以为闲田。凡九州，千七百七十三国；天子之元士，诸侯之附庸不与。

《周官·职方氏》：凡邦国千里封公以方五百里则四公，方四百里则六侯，方三百里则七伯，方二百里则二十五子，方百里则百男，以周知天下。(《郑注》方千里者，为方百里者百，以方三百里之积，以九约之，得十一有奇，云七伯者，字之误也。)

郑玄注《王制》，说："禹承尧舜，……诸侯之地，有方百里，有方七十里，有方五十里。……"既然说是万国，则"要服之内，地方七千里，乃能容之。(《正义》引郑注《皋陶谟》"州十有二师"道："……犹用要服之内为九州，州立十二人为诸侯师；盖百国一师，则州十有二师，则每州千二百国也。八州九千六百国，其余四百国在畿内。")夏末既衰，夷狄内侵，诸侯相并，土地减，国数少；殷汤承之，更制中国方三千里之界，亦分为九州，而建此千七百七十三国焉。周公复唐虞之旧域，分其五服为九；其要服之内，亦方七千里；而因殷诸侯之数，广其土，增其爵耳"。

这许多数目字，一味望空打官司，决无解决之理。要解决他，只有两法：其（一），咱们本想靠里数来考见疆域的，现在反要有一个大略的疆域，来考核他的数目字，谁对谁不对。其（二），就是根据当时所有的国数，来评判他们的说法。然而古代的疆域，就靠得住的大略，也不容易说出来。他们辩论的方法，有一种，说《汉书·地理志》，"所言山川，不出《禹贡》之域"。要想把《汉志》上的里数，来校勘"服"的里数，总算差强人意。然而辩护起来，又有一种巧法，说一种是据"虚空鸟路，方直而计之"；一种是据"着地人迹，屈曲而量之"。(《禹贡正义》)这么一来，就有确定的疆域，也无从和他们核算里数了。第一个法子，就不能用。第二个法子，他们本来说是"设法"的，(《王制职方》郑注。)并没说真有这许多国，更无从和他们核算。那么，咱们第一种方法，想把服的里数和封建的国数来考古代疆域的，就算失败了，请换第二种方法。

第（二）种方法，是把古人所说的"州"，来考古代的疆域。古人所说的州有三种：

（一）《禹贡》：冀州，（《公羊》庄十年疏引郑注，……两河间曰冀州。）济河惟兖州，海岱惟青州，海岱及淮惟徐州，淮海惟扬州，荆及衡阳惟荆州，荆河惟豫州，华阳黑水惟梁州，黑水西河惟雍州。

（二）《尔雅·释地》：两河间曰冀州，河南曰豫州，河西曰雍州，汉南曰荆州，江南曰扬州，济、河间曰兖州，济东曰徐州，燕曰幽州，齐曰营州。（《吕氏春秋》："河汉之间为豫州，周也。两河间曰冀州，晋也。河、济间曰兖州，卫也。东方为青州，齐也。泗上为徐州，鲁也。东南为扬州，越也。南方为荆州，楚也。西方为雍州，秦也。北方为幽州，燕也。"和《尔雅》的说法相合。）

（三）《周官·夏官·职方氏》：东南曰扬州，正南曰荆州，河南曰豫州，正东曰青州，河东曰兖州，正西曰雍州，东北曰幽州，河内曰冀州，正北曰并州。

《尔雅》郭璞注："此盖殷制"，《释文》引李巡，《诗·周南·召南谱疏》引孙炎说同；又《周礼》到底靠得住与否，咱们且都不必管他。把这三种说法校对起来，《尔雅》较《禹贡》，少一个梁州，而多一个幽州。《职方》又少一个徐州，而多一个并州。贾疏说："以徐梁二州，合之雍青，分冀州以为幽并也。"咱们也且承认他是正确的。（从实际上论起来，殷周除盛时不敢说外，雍州的境界，必较《禹贡》为小；梁州有无不可知。《书·尧典》（伪古文分为《舜典》）："肇十有二州"，《史记集解》："马融曰：禹平水土，置九州；舜以冀州之北广大，分置并州；燕齐辽远，分燕置幽州，齐为营州。……"《尔雅·释文》引郑玄说："舜以青州越海，而分齐为营州；冀州南北太远，分卫为并州，燕以北为幽州。"《汉书·地理志》说："尧遭洪水，……天下分绝，为十二州；使禹治之，水土既平，更制九州。"伏生《尚书大传》则"肇"作"兆"，郑注云："兆，域也。为营域以祭十二州之分星也。"（《仪礼通解续》）则并不作分州解。这十二州的分，在什么时候，也暂不必管他。照马、郑的说法，疆域和《禹贡》的九州，也没甚大出入。）把《禹贡》的九州，核起如今的地方来，则冀州当今直隶、山西二省；兖州跨今直隶、山东二省；青州当今山东省的东北部；徐州当今山东省的南部，和江苏、安徽二省的北部；荆州大略当今湖北、湖南两省，豫州大略当今河南，都无疑义；（这是大略说的，并不精确。）只有雍梁二州的黑水、扬州的海，是一个疑问。依我看起来，第三章第二节所说的黑水，似乎是靠得住的。扬州的海，还是郑注“自淮而至海以东也”之说可靠；（《公羊》庄十年疏引。）《伪孔传》“南至海”之说，实在不可从。那么：扬州的境域，当今江苏、安徽两省的大部分，（除去淮北。）和江西、（鄱阳湖一带。）浙江（太湖流域。）的一部分；雍州当今陕、甘两省，包括青海的大部；梁州包括四川和川边。（云南省的北部——金沙江流域——或者也在其内。）禹贡的九州，较今内地十八省：少两广、云、贵、福建，而多川边、青海；或者包括如今奉天省的一部分。（这是承认青州越海之说。）

这一种方法，因为他有山川以做封域的证据，比第一种说法，靠得住许多。但是咱们还要用一种方法来核对他。

第（三）种方法，便是考校古人所说“疆域的四至”。

（一）《史记·五帝本纪》：东至于海，登丸山（《集解》：“徐广曰：丸，一作凡。骃案《地理志》曰：丸山，在琅邪朱虚县。”案如今《汉书·地理志》作凡山。）及岱宗；西至于空桐，（《集解》“韦昭曰：在陇右。”）登鸡头；（《索隐》：“山名也。后汉王孟塞鸡头道，在陇西。……”）南至于江，登熊、湘；（《集解》：“骃案《封禅书》曰：南伐至于召陵，登熊山，《地理志》曰：湘山，在长沙益阳县。”）北逐荤粥，合符釜山，而邑于涿鹿之阿。（案这是指黄帝的。）

（二）又南抚交址北发，（《索隐》：“当云北户。”）西戎、析支、渠搜、氐、羌，（《索隐》：“西戎上少一西字。”）北山戎、发、息慎，（《索隐》：“……《汉书》：北发是北方国名，……山戎下少一北字。”）东长、鸟夷。（《索隐》：“长字下少一夷字，……今按《大戴礼》亦云长夷，则长是夷号。”案这是说舜的。）

（三）《书·禹贡》：东渐于海，西被于流沙，朔南暨，声教讫于四海。

（四）《礼记·王制》：自恒山至于南河，千里而近；自南河至于江，千里而近；自江至于衡山，千里而遥；自东河至于东海，千里而遥；自东河至于西河，千里而近；自西河至于流沙，千里而遥。西不尽流沙，南不尽衡山，东不尽东海，北不尽恒山。凡四海之内，断长补短，方三千里。

（五）《尔雅·释地》：东至于泰远，西至于邠国，南至于濮铅，北至于祝栗，谓之四极；觚竹、北户、西王母、日下，谓之四荒；九夷、八狄、七戎、六蛮，谓之四海。（夷蛮戎狄的数目，《尔雅》和《明堂位》不同。《明堂位》是九夷，八蛮，六戎，五狄。但郑笺《诗·蓼萧序》，同现在的《尔雅》相同；注《周官·职方布宪》，又和《明堂位》相同。《蓼萧序疏》说："数既不同，而俱云《尔雅》，则《尔雅》本有两文。"又说："李巡所注的《尔雅》，是属于后一种。"《周官·职方氏》，是作四夷，八蛮，七闽九貉，五戎，六狄。《职方》贾疏说：《尔雅》所说是夏制，《大戴礼》卢辨注，又说这是殷制。"夏之夷国，东方十，南方六，西方九，北方十有三。"我说夷蛮戎狄，是古代居于四方的异族之名。是以方位论，不是以种族论（见上章），现在要靠他考见当时的种族，既不可能。至国数，则郑志答赵商问，说"无别国之名，故不定"（《蓼萧序疏》）。其实这种部落，也未必能称为国家。要靠他考见古代的疆域，也做不到。所以数目字的异同，可以置诸不论不议之列。既然是按四方的方位说，不是以种族论，自然用不着添出闽貉两种来，所以《周官》是靠不住的。《王制正义》引李巡《尔雅》注，九夷、八蛮等，都有国别之名，这个更不可信了。）

以上几种说法，第（一）种是说黄帝足迹所至，（上文说披山通道，未尝宁居；下文说迁徙往来无常处，以师兵为营卫。）姑且不论他。第（二）（三）（四）（五）种，都是说当时"疆域四至"的，（三）说明"四海"，（四）说明"四海之内"，较为精确；（五）把"四海"、"四荒"、"四极”，分做三层，更为清楚。咱们现在且从此研究起。《尔雅》郭注说：四极，“皆四方极远之国”；四荒，“次四极者”；四海，“次四荒者”；但是我有点疑心。《大戴礼·千乘篇》：“东辟之民曰夷，……至于大远；…南辟之民曰蛮，……至于大远；……西辟之民曰戎，……至于大远；…北辟之民曰狄，……至于大远；……”这“大远”，分明是次于四海的，不应反在四荒之外。再看邠国，《说文》引作汃，说“西极之水也”。邠是西极，汃，是西极之水，这个同没有解释一样；但汃、邠是同音字，邠就是豳，（《释文》：“邠，本或作豳。”文颖《上林赋》注和《白帖》引《尔雅》，都作豳。）是公刘所邑。濮铅，已见上章第六节；祝栗，邵晋涵（《尔雅正义》）说就是涿鹿的声转，（涿鹿，见第三章第二节。）把邠国和濮铅的位置校勘起来，也在情理之中。地方都不很远：孤竹则《汉书·地理志》说辽西郡令支县（如今直隶的卢龙县。）有孤竹城，比涿鹿远；西王母则《淮南子·地形训》说“在流沙之滨”，比邠国远；北户，后世的史传，还可考见是后印度半岛粤族的风俗，（他们的户，都是向北。）比濮铅远；只有日下，指不出确实的地方，然而就上三种比较起来，断不得远于太远，这么说，“四极”断不在“四荒”之外。（参看朱绪曾《闲有益斋经论·西至于濮》一篇。）郭注怕是弄错了的。我们可以疏通证明，说：

（一）《王制》的东海、流沙、衡山、恒山，是当时中国的边界；自此以外，谓之四夷。《禹贡》所说的也属于这一种。

（二）《尔雅》的泰远、邠国、濮铅、祝栗，是比这远一层的；黄帝所到的地方，和这一说相近。（假定祝栗是涿鹿的声转。）

（三）日下、西王母、北户、孤竹，是更远一层，舜时声教所到的地方，和这个相近。（北发当作北户，不必说了。山戎在孤竹附近，春秋时还是如此。《大戴礼·少闲篇》，“昔虞舜以天德嗣尧，……西王母来献其白琯。”都可以做证据。）

但是还有个疑问，《尔雅》所说“距齐州以南戴日为丹穴，北戴斗极为空峒，东至日所出为太平，西至日所入为大蒙”又是什么地方呢？

我说这个怕是“根据天象推算出来的，未必实有其地”。古人说天有九野（《淮南子·天文训》。）就说地有九州；（《淮南子·天文训》和《地形训》。又斗九星主九州，见《续汉志·天文志》注。）说地有十二州，天上也就有十二次舍；（见《史记·天官书》正义。）又说一生二，二生三，三生万物；……以三参物，三三为九；……因而九之，九九八十一；……（《淮南子·天文训》。）就有大九州，比中国加八十一倍之说；（《史记·孟子荀卿列传》载邹衍的说法。《史记》说他，“先列中国名山大川，通谷禽兽，水土所殖，物类所珍，因而推之，及海外人之所不能睹”，明系凭虚推测。大九州之名，见于《淮南子·地形训》。又《周官·职方》贾疏，“……但自神农以上，有大九州：桂州，迎州，神州之等。至黄帝以来，德不及远，惟于神州之内，分为九州，故《括地象》云，昆仑东南万五千里，名曰神州是也”。但都无从考校。）可见得全是凭虚推测。无论哪一个社会里，天文学总发达得很早。两极之下，“夏有不释之冰”，“物有朝生暮获”，（见《周髀》。）虽不必亲历其境，据着天象，都可以算得出来的。丹穴、空峒、太平、大蒙，不过就“戴日”、“戴斗极”、“日所出”、“日所入”之处，替他立个名目罢了，如何能指实其地呢？

以上所说，把古人所说中国疆域的大略，总算弄清楚了。但是还有一个问题，便是如上所说，就是古代“实力所至”呢？还是“实力所至，和声教所及，还是有区别的”呢？若说是有区别，那实力是“如何渐次扩充”的呢？实力所到的地方，还是“时有赢缩”的呢？还是“一进而不复退”的呢？那么，实力自然是“渐次扩充”的，而且决不能没有赢缩。要考见其中的真相，最好是把“真正的封建”所及的地方，来做标准。（古人所用封建两个字，意义实太广漠。真是征服异族，把他的地方，来封自己的同姓懿亲，可以称为封建。若本来是各居其国，各子其民，不过因国势的强弱，暂时表示服从，就不能用这两字。然而古人于此，都没有加以区别。）但是夏殷以前，并此而办不到。那么，只得另想一法，把古代帝都所在的地方，来窥测他实力所至。帝喾以前，连帝都所在，也是茫昧的。（只有《帝王世纪》，于古代帝王一一载其年代都邑。然而这部书很靠不住，江艮庭（声）

说：皇甫谧所说的话，没有一句靠得住的。）据第一章第四节所考，可见得尧舜禹三代，都建都在太原，而禹又兼都阳城，到桀还是在阳城的。商周之先，都是从如今的陕西，用兵于河南，得手之后，就直打到如今山东的东部，江苏、安徽的北部。至于河南的西南部、湖北的西北部，也是竞争时候紧要的地方。可见古代汉族的实力：在陕西省里，限于渭水流域；在山西省里，限于太原以南；在直隶省里，限于恒山以南；河南一省，除西南一部外，大概全在汉族势力范围之内；山东的东部，（半岛部。）却就是异族；江苏、安徽的淮域，虽是异族，总算是关系较深的；对于湖北，仅及于汉水流域，江域还是没有设开辟的地方。（参看第四、五、六三章。）周初封建的国，也还是如此。（齐、晋、楚初封的时候，都是和异族接境的。秦、吴、越等国，是封在蛮夷之地。关于周代封建的国，可以参看《春秋大事表》中的《列国爵姓及存灭表》。）长江流域和直隶山陕的北部、甘肃的东部、山东的东北部的开辟，都是东周以后的事；南岭以南，当这时代还不过仅有端倪，到秦汉时代才完全征服的。看前文所说的事情，已经很明白了。咱们现在，更把秦朝所设的三十六郡哪几郡是战国时代哪一国的地方，来考校一下，便更觉得清楚。

太原、钜鹿、云中、雁门、代、邯郸，这几郡，都是赵国的地方。

上党、三川、颍川、南阳是周朝的地方，其余都是韩国的地方。

河东、东郡、上郡，这是魏国的地方。

南郡、九江、泗水、会稽、汉中、砀、薛、长沙，这是楚国的地方。

齐、琅邪，这是齐国的地方。

上谷、渔阳、右北平、辽西、辽东，这是燕国的地方。

此外巴蜀两郡，是灭蜀之后置的。陇西、北地两郡，是义渠的地方。内史所属，是秦国的旧地。南海、桂林、象三郡，是秦始皇并天下之后，略取南越的地方置的。见第二篇第一章。（还有九原郡，也是并天下之后所置。三十六郡，据《汉书·地理志》。）

第八章 古代社会的政治组织

第一节 古代社会的阶级制度

三代以前的社会和后世大不相同是人人知道的，但是三代以前的社会，究竟是怎样一种组织呢？

大凡天下之事，没有不由分而合的。古代交通未便，一水一山之隔，人民就不相往来，自然要分做无数小部落；既然分做无数小部落，自然免不掉争斗；既然要互相争斗，自然总有个胜败；"胜的人是征服者"，"败的人是被征服者"，社会上就生出"平民"、"贵族"两阶级；权利义务，种种不同；这是把古书随手一翻，就可以见得的，（譬如《尧典》说"以亲九族，九族既睦；平章百姓，百姓昭明；协和万邦，黎民于变时雍"。九族，百姓，黎民，等级层次，分得很为清楚。）但是天下无论什么暴力，总是百年或数十年就过去的；古代这一种阶级社会，却持续到数千年，这是什么道理呢？要明白这个道理，就不得不考察当时"贵族社会自身的组织"。

人类最初的团结，总是血统上的关系。这个便唤做"族"。所以《白虎通》说："族者，凑也，聚也，谓恩爱相依凑也；生相亲爱，死相哀痛，有会聚之道，故谓之族。"所谓九族是：

父属四：各属之内为一族，父女昆弟适人者与其子为一族，己女昆弟适人者与其子为一族，己之子适人者与其子为一族；母族三：母之父姓为一族，母之母姓为一族，母女昆弟适人者为一族；妻族二，妻之父姓为一族，妻之母姓为一族。

（这是今《戴礼》、《尚书》欧阳说。见《诗葛藟正义》引《五经异义》。古文家把“上自高祖，下至玄孙”，算做九族（《书·尧典释文》），则是九世，不是九族了。）

再从竖里头算起来，就有所谓“九世”。这便是“上自高祖，下至玄孙”；再由此而旁推之，就成了一篇《尔雅》上的释亲。《礼记大传》上所谓“上治祖祢，……下治子孙，……旁治昆弟，……”是说得最概括的。有这横竖两义，就把血族里头的人团结起来了。

但是这种团结，范围究竟还不十分大；出于九族九世以外的人，又想个甚么法子呢？《白虎通》说：

宗者，尊也；为先祖主者，宗人之所尊也。

有了“宗法”，便把血族团体里头的人无论亲疏远近都团结了起来；横里头的范围也广，竖里头的时间也持久了。所以宗法，实在是“古代贵族社会组织的根柢”。

宗法社会里，最重的就是“宗子”。这个宗子，便是代表始祖的。譬如有个人，征服了一处地方，他在这地方，就做了王，这便是“太祖甲”；他的嫡长子，接续他做王的，便是“大宗乙”；他还有庶子“次乙”，分封出去，做个诸侯。这个便是“小宗”；但是因为他做了诸侯，他的子孙，也奉祀他做大祖；他的嫡系，接续他做诸侯的，也唤做大宗；那么，次乙的子孙，对于乙这一支，固然是个小宗；对于次乙的诸子，分封出去做大夫的，却是个大宗；做大夫的，傥然再把自己的地方分给子弟，也是如此，这个分封出去的次乙，便是《大传》所谓“别子为祖”；次乙的嫡系接续下去做诸侯的，便是所谓“继别为宗”。普通的所谓“宗”，本来是“五世则迁”的；这个“继别”的“大宗”，却是“百世不迁”。凡是大祖的子孙，他都有收恤他的义务；这许多人，也都有尊敬他的义务；那么，有了一个宗子，就把从始祖相传下来的人都团结不散，而且历久不敝了。（《大传》所谓“同姓从宗合族属”。）

单是把这许多人团结在一块，原没有什么道理，但是当时所谓“为祖”的“别子”，都是有土地的；——不是诸侯，就是大夫。——所以继“别子”而为“宗子”的，都有收恤族人的力量；他的族人为自卫起见，要保守自己族里的财产，也不得不尽辅翼宗子的责任。这件事情的内容：便是有一个人，占据了一片土地，把这土地上的出产和附属于这土地的人民的劳力，来养活自己一族的人。自己族里的人，便帮同他管理这一片土地上的事务。倘然土地大了，一个人管辖不来，便把自己的族人分派一个出去。这分派出去的族人，管理他所受分的土地，也用这个法子，这便是古代的“封建政体”。（所以封建政体，是从“族制”发达而成的。）

倘然一族的人，始终住在一处，并没有分散出去，这一处地方上，也并没有别一族的人和他杂居，原用不着这种法子。所以宗法之起，是为对抗异族而设的。

所以在古代，“修身”，“齐家”，“治国”，“平天下”，可以说做一串。所以说“亲亲故尊祖，尊祖故敬宗，敬宗故收族，收族故宗庙严，宗庙严故重社稷，重社稷故爱百姓，……”（《大传》。）把一国的事情和一家的事情，看做一橛。所以看得“孝”那么重，——因为一个孝字，就把全社会——贵族社会——所以自卫的道理，都包括在里头。

所以在古代，天子要“抚诸侯”，诸侯要“尊天子”，也只是宗子收恤族人，族人尊敬宗子的道理。列国之间，要“讲信修睦”，也只是同宗的人或者同族的人互相亲爱，和全体社会是无关的。

再进一步，要扶持同族的人，叫他都不失掉固有的位置，就有所谓“兴灭国继绝世”之法。《尚书大传》说：

> 古者诸侯始受封，则有采地：百里诸侯以三十里，七十里诸侯以二十里，五十里诸侯以十五里；其后子孙虽有罪黜，其

采地不黜；使其子孙贤者守之，世世以祠其始受封之人；此之谓兴灭国，继绝世。(《路史·国名纪》四。)

他们同族不但都有分地，而且一有分地，就是互相扶持，叫他永久弗失。当时的贵族社会，有如此“精密”、“广大”、“持久”的组织，平民社会，如何同他对抗呢？无怪“阶级制度”要持续至数千年之久了。

然则这种制度，到后来是怎样破坏掉的呢？这个仍出于“贵族团体自身的破裂”。古人论封建制度的说得好，做了皇帝，分封自己的弟兄子侄，出去做诸侯王；初封出去的时候，是亲的；隔了几代，就是路人了；怎不要互相猜忌。况且有国有家，原是利之所在，怎叫人不要互相争夺。况且初行分封制的时代，总是地广人稀；得了百里、七十里、五十里的地方，四面八方，凭着你去开辟，总不会和人家触接。到后世就不然了；你要开拓，就得要侵占人家的地方，怎不要互相冲突？互相冲突就总有灭亡的人。诸侯相互之间是如此，卿大夫相互之间也是如此，(譬如晋国的六卿，互相吞并。)所以古代的封建，是夺了异族的地方来分给自己的人。到了后世，便变做自己的“伯叔兄弟”，或者是“母党”、“妻党”的人，互相争夺。争夺之后，丧失产业的，便做了平民。少数的人所兼并的土地愈多，就丧失土地变做平民的人亦愈多，那么，古代的阶级社会就渐渐的崩坏而变为平民社会了。所以古代做官的人，都是所谓“世卿”，到后世却变做了“游士”；古代当兵的人，都是所谓“士”之一族，到后世却渐渐普及于全国的人，都是这一个道理。(见后。)

第二节　封　建

古代社会的阶级制度，既然明白，就可以进而观古代的“封建制度”了。

用后世人的眼光看起来，封建的诸侯，和不世袭的命官，是大相径庭的。在古代的人看起来，却没有什么根本上的区别。为什么呢？外诸侯有分地的，内里的公卿大夫也是有分地的；其或治民，或不治民；或世袭，或不世袭；不过因所处的地位不同渐渐的生出区别来，根本上的观念总是一样。——就是把一定的土地，分给同宗族的人。——所以古人说起“官制”或“封建制度”来，总是把外诸侯和内里的公卿大夫连类并举。

《王制》：王者之制禄爵：公、侯、伯、子、男，凡五等。诸侯之上大夫：卿、下大夫、上士、中士、下士，凡五等。天子之田方千里；公侯田方百里；伯七十里；子男五十里。不能五十里者，不合于天子，附于诸侯，曰附庸。天子之三公之田视公侯，天子之卿视伯，天子之大夫视子男，天子之元士视附庸。制农田百亩。百亩之粪：上农夫食九人，其次食八人，其次食七人，其次食六人，下农夫食五人。庶人在官者，其禄以是为差也。诸侯之下士，视上农夫，禄足以代其耕也；中士倍下士，上士倍中士，下大夫倍上士，卿四大夫禄，君十卿禄；次国之卿，三大夫禄，君十卿禄；小国之卿，倍大夫禄，君十卿禄。

《孟子·万章》下篇，载孟子答北宫锜的问，说：“天子一位，公一位，侯一位，伯一位，子男同一位，凡五等。”和《王制》“公侯伯子男凡五等”异。又说“君一位，卿一位，大夫一位，上士一位，中士一位，下士一位，凡六等”。则和《王制》似异实同。又《孟子》说：“下士与庶人在官者同禄”，《王制》说：“诸侯之下士视上农夫”，也小异。其余都同。又《春秋繁露》说：“附庸字者方三十里，名者方二十里，人氏者方十五里。”较《孟子》、《王制》为详。《孟子》记北宫锜的问，明说所问的是“周室之班爵禄”。《春秋繁露》也明说所说的是周制。至于《王制》，则《白虎通·爵篇》说：“爵有五等，以法五行也；或三等者，法三光也。……质家者据天，故法三光；文家者据地，故法五行。含文嘉曰：殷爵三等，周爵五等，各有宜也。《王制》曰：王者之制禄爵，凡五等，谓公侯伯子男也。此据周制也。”更明说他是周制。《白虎通》又说：“殷爵三等，谓公侯伯也。……合，子男从伯。……或曰合从子。……地有三等不变。……令公居百里，侯居七十里。……”又《王制正义》：“《礼纬含文嘉》曰：殷正尚白，白者兼正中，故三等。夏尚黑，亦从三等。”那么，五等之爵，是周所独有的。

至于古文家的说法，却和今文家不同。他们虽也说周爵五等，而说封土则大异。案《周官·大司徒》说：

> 诸公之地，封疆方五百里，其食者半。诸侯之地，封疆方四百里，其食者叁之一。诸伯之地，封疆方三百里，其食者叁之一。诸子之地，封疆方二百里，其食者四之一。诸男之地，封疆方百里，其食者四之一。

郑玄注《王制》说：

> 此地殷所因夏爵三等之制也。……《春秋》变周之文，从殷之质，合伯子男以为一，则殷爵三等者，公侯伯也；异畿内谓之子。周武王初定天下，更立五等之爵，增以子男；而犹因殷之地，以九州之界尚狭也。周公摄政，致大平，斥大九州之界；制礼，成武王之意；封王者之后为公，及有功之诸侯：大者地方五百里；其次侯，四百里；其次伯，三百里；其次子，二百里；其次男，百里。所因殷之诸侯，亦以功黜陟之。其不合者，皆益之地为百里焉。是以周世有爵尊而国小，爵卑而国大者。惟天子畿内不增，以禄群臣，不主为治民。

郑氏此说，羌无证据，征诸古书，又实在没有这么一回事，（《东塾读书记》卷七，有一条论此事甚核。所以就相信《周礼》的人，也不敢说他曾经实行。）实在未敢赞同。

但是实际上，封地的大小，也并没有什么争辩头。为什么呢？无论

“百里，七十里，五十里”，“五百里，四百里，三百里，二百里，百里”，总不过是一种制度。无论什么制度，行的时候，总不能没有差池；何况封建？初封的时候，就算是照定制的，到后来或扩充，或侵削，也总是事实上的问题。况且封建总不过是施之于一部分之地。一朝之兴，不过于实力所及之地灭掉旧国，封建自己的宗族；其余的地方，总是因循其旧的。那么，焉得有整齐画一的制度呢？

天子和诸侯的关系，经传上所说，咱们也且把他写在下面，但是这种制度，也未必完全实行。就行之也未必能久，这也是无待于言的。

第（一）是管辖上的关系。《王制》说：

> 千里之外设方伯：五国以为属，属有长；十国以为连，连有帅；三十国以为卒，卒有正；二百一十国以为州，州有伯。八州：八伯，五十六正，百六十八帅，三百三十六长。八伯各以其属，属于天子之老二人；分天下以为左右，曰二伯。
>
> 天子使其大夫为三监，监于方伯之国，国三人。

《郑注》二伯，说“《春秋传》曰：自陕以东，周公主之，自陕以西，召公主之”。（《公羊》隐五年传文。）则郑氏虽以此为殷制，也以为周朝亦是如此。又武王灭商，使管叔、蔡叔、霍叔为三监，《王制》这所说的，也明是周制。（郑氏以《王制》多为殷制，又或以为夏制，都以其和《周礼》不合，勉强立说的，不足为据。）

第（二）是往来交际的关系。《王制》说：

> 诸侯之于天子也，比年一小聘，三年一大聘，五年一朝；天子五年一巡守。岁二月东巡守，至于岱宗，柴，而望祀山川；觐诸侯；问百年者就见之；命太师陈诗，以观民风；命市纳贾，以观民之所好恶，志淫好辟。命典礼，考时月正日，同律，礼乐制度衣服正之；山川神祇，有不举者为不敬，不敬者君削以地；宗庙有不顺者为不孝，不孝者君绌以爵；变礼易乐者为不从，不从者君流；革制度衣服者为畔，畔者君讨；有功

德于民者，加地进律。五月南巡守，至于南岳，如东巡守之礼。八月西巡守，至于西岳，如南巡守之礼。十有一月北巡守，至于北岳，如西巡守之礼。归假于祖祢，用特。

《王制》这一段，全根据于《尚书·尧典》（伪古文分为《舜典》。）和《白虎通·巡守篇》所引的《书大传》，想必是今文书说。

又《白虎通》："因天道时有所生；岁有所成；三岁一闰，天道小备；五岁再闰，天道大备；故五年一巡守；三年，二伯出述职黜陟；一年物有所终始，岁有所成，方伯行国；时有所生，诸侯行邑。"（《公羊》隐八年《何注》，也说"三年一使三公黜陟，五年亲自巡狩"。桓元年《注》，"故即位比年，使大夫小聘，二年使上卿大聘，四年又使大夫小聘，五年一朝"。则又与王制不同。）这都是今文家说。

至古文家说，却又不同。案《周官·大行人》：

邦畿方千里，其外方五百里，谓之侯服，岁壹见，其贡祀物；又其外方五百里，谓之甸服，二岁壹见，其贡嫔服；又其外方五百里，谓之男服，三岁壹见，其贡器物；又其外方五百里。谓之采服，四岁壹见，其贡服物；又其外方五百里，谓之卫服，五岁壹见，其贡材物；又其外方五百里，谓之要服，六岁壹见，其贡货物；九州之外，谓之蕃国，世壹见，各以其所宝贵为挚。王之所以抚邦国诸侯者：岁偏存；三岁偏覜；五岁偏省；七岁属象胥，谕言语，协辞命；九岁属瞽史，谕书名，听声音；十有一岁，达瑞节，同度量，成牢礼，同数器，修法则；十有二岁，王巡守殷国。

又《左传》昭十三年：

岁聘以志业；间朝以讲礼；再朝而会以示威；再会而盟，以显昭明。

许慎《五经异义》以今文说为虞夏制，《左传》所说为周礼。贾逵、服虔以《左传》所说为天子之法。崔氏以为朝霸主之法。郑玄则以为五年一小聘，比年一大聘，三年一朝，是晋文霸时所制。虞夏之制，诸侯岁朝；而虞五年一巡守，夏六年一巡守。《周礼》所说，是周制；《左传》所说，不知何代之礼。均见《王制正义》。（又《王制疏》引《五经异义》："《公羊》说：诸侯四时见天子及相聘，皆曰朝。……卒而相逢于路曰遇。古周礼说春曰朝，夏曰宗，秋曰觐，冬曰遇（案见《周官·大宗伯》），许慎……从《周官》说，郑驳之云……朝通名，如郑此言，《公羊》言其总号，《周官》指其别名，《异义》，天子聘诸侯，《公羊》说：天子无下聘义，《周官》说：间问以谕诸侯之志，许慎……从《周官》说，郑无驳，与许慎同也。"）

又《孟子·告子篇》"天子适诸侯曰巡守，诸侯朝于天子曰述职。春省耕而补不足，秋省敛而助不给。（《梁惠王》篇"天子适诸侯曰巡狩；巡狩者，巡所守也。诸侯朝于天子曰述职；述职者，述所职也；无非事者。春省耕而补不足，秋省敛而助不给。夏谚曰：吾王不游，吾何以休。吾王不豫，吾何以助。一游一豫，为诸侯度"。以为晏子之言。）入其疆：土地辟；田野治；养老尊贤，俊杰在位；则有庆，庆以地。入其疆：土地荒芜，遗老失贤，掊克在位，则有让。一不朝则贬其爵；再不朝则削以地；三不朝，则六师移之。"《白虎通·考黜篇》说："诸侯所以考黜何？王者所以勉贤抑恶，重民之至也。《尚书》曰：三载考绩，三考黜陟。"下文胪列黜陟的办法，更为详细。怕和《王制》所载，同是一种空话，未必真能实行的。

第三节 官 制

至于内爵，则是以公、卿、大夫，分为三等的。所以《白虎通》说："公卿大夫何谓也？内爵称也。"又说："内爵所以三等何？亦法三光也。所以不变质文何？内者为本，故不改内也。"（这是说商朝内外爵皆三等；周朝改商朝的公一等，侯一等，伯子男一等，为公，侯，伯，子，男凡五等。至于内爵则不改。）这是天子之制至于诸侯，却是《王制》所说"上大夫卿，（《白虎通》引少一个卿字，然而《白虎通》只说"诸侯所以无公爵者，下天子也”。没有说诸侯无卿爵，则其以上大夫为卿可知。）下大夫，上士，中士，下士；凡五等”，所以《白虎通》引这句话，又说明道：“此谓诸侯臣也。”

设官的数目，则是以三递乘的。《王制》说：“天子三公，九卿，二十七大夫，八十一元士。”《昏义》同。《北堂书钞》卷五十引《五经异义》、《今尚书》夏侯、欧阳说亦同。又说明其故道：“凡百二十，在天为星辰，在地为山川。”（《白虎通》说：“凡百二十官，下应十二子。”）《御览》引《尚书大传》说：“古者三公，每一公，三卿佐之。每一卿，三大夫佐之。每一大夫，三元士佐之。”《白虎通》同。郑玄注《王制》说这是夏制，他是据着《明堂位》“有虞氏官五十，夏后氏官百，殷二百，周三百。”把三公，九卿，二十七大夫，八十一元士加起来，得百二十之数；抹掉二十，单说一百，合于古人“举成数”的例；所以如此说法。然而《明堂位》这篇书，本来不甚可信，前人疑之者甚多。郑注《明堂位》说：“周之六卿，其属各六十，则周三百六十官也；此云三百者，记时冬官亡矣。”已经穿凿得不成话。又说：“以夏殷推前后之差，有虞氏官宜六十，夏后氏官宜百二十，殷宜二百四十，不得如此记也。”可见他也有点疑心。案《春秋繁露》说：天子三公，九卿，二十七大夫，八十一元士之外，又有二百四十三下士，合为三百六十三，法天一岁之数。周官三百六十，恐不是像《周官》所说的。（周六官，其属各六十，见天官小宰。）

畿内的公卿大夫和封于外的诸侯，爵禄都是一样的；所争者，内官但“世禄”而不“世位”，外诸侯则可以父子相继，实际上的权力就大不相同了。（《王制》：“天子之县内诸侯，禄也（《正义》此谓畿内公卿大夫之子，父死之后，得食父之故国采邑之地，不得继父为公卿大夫也）；外诸侯，嗣也。”诸侯之国，也是如此，所以春秋讥世卿（见《公羊》隐三年宣十年传）。这是法律上的话，实际上如何，自然另是一问题。）

侯国的官，《王制》说：“大国三卿，皆命于天子；下大夫五人；

上士二十七人。次国三卿，二卿命于天子，一卿命于其君；下大夫五人；上士二十七人。小国二卿，皆命于其君；下大夫五人；上士二十七人。”《春秋繁露》说：公侯伯子男之国，都是三卿，九大夫，二十七上士，八十一下士。《繁露》的大夫，就是《王制》的下大夫，其数不合。案《郑注》：“小国亦三卿，一卿命于天子，二卿命于其君；此文似误脱耳。”则《王制》此节，文有脱误，似以《繁露》为可据。

至其职掌，则《北堂书钞》引《异义》、《今尚书》夏侯、欧阳说：“天子三公：一曰司徒，二曰司马，三曰司空。”《周官》司徒为官疏引《尚书传》（“天子三公：一曰司徒公，二曰司马公，三曰司空公。”）《韩诗外传》卷八（“三公者何？司空，司马，司徒也。”）说俱同。《论衡·顺鼓篇》引《尚书大传》“郊社不修，山川不祝，风雨不时，霖雪不降，责于天公；臣多弑主，孽多杀宗，五品不训，责于人公；城郭不缮，沟池不修，水泉不隆，水为民害，责于地公。”《太平御览·职官部》引《尚书大传》：“百姓不亲，五品不训，则责之司徒；蛮夷猾夏，寇贼奸宄，则责之司马；沟渎壅遏，水为民害，田广不垦，则责之司空”；则天公是司马，人公是司徒，地公是司空。和《韩诗外传》“司马主天，司空主土，司徒主人”之说相合。（《白虎通》：“《别名记》曰：司徒典名，司空主地，司马顺天。”）至于九卿，各书皆不明言其名称及职事，案《荀子·序官》：

> 宰爵知宾客祭祀飨食牺牲之牢数，司徒知百宗城郭立器之数，（注百宗，百族也。立器，所立之器用也。）司马知师旅甲兵乘白之数。（注白，谓甸徒，犹今之白丁也。或曰：白，当为百，百人也。）修宪令，审诗商，（注诗商，当为诛赏，字体及声之误。）禁淫声，以时顺修，使夷俗邪音，不敢乱雅，太师之事也。修堤梁，通沟浍，行水潦，安水藏，以时决塞，岁虽凶败水旱，使民有所耘艾，司空之事也。相高下，视肥墝，序五种，省农功，谨蓄藏，以时顺修，使农夫朴力而寡能，（注，禁其它能也。）治田之

事也。修火宪，（注，不使非时焚山泽。）养山林薮泽，草木鱼鳖百索，（注，上所索百物也。）以时禁发，使国家足用，而财物不屈，虞师之事也。顺州里，定廛宅，养六畜，闲树艺，劝教化，趋孝弟，以时顺修，使百姓顺命，安乐处乡，乡师之事也。论百工，审时事，辨功苦，尚完利，便备用，使雕琢文采，不敢专造于家，工师之事也。相阴阳，占祲兆，钻龟陈卦，主攘择五卜，知其吉凶妖祥，伛巫跛击之事也。（注，击读为觋，男巫也。古者以废疾之人主卜筮巫祝之事，故曰伛巫跛觋。）修采清，（注，采，谓采去其秽，清，谓使之清洁。皆谓除道路秽恶也。）易道路，谨盗贼，平室律，以时顺修，使宾旅安而货财通，治市之事也。抃急禁悍，防淫除邪，戮之以五刑，使暴悍以变，奸邪不作，司寇之事也。本政教，正法则，兼听而时稽之，度其功劳，论其庆赏，以时慎修，使百吏免（案与勉同。）尽，而众庶不偷，冢宰之事也。

以上所举，除司徒、司马、司空及冢宰外，又得宰、太师、治田、虞师、乡师、工师、伛巫跛击、治市、司寇九官，似即系九卿。冢宰一官，有人说就是司徒兼的，然据《王制》，“冢宰斋戒受质”和“大司徒、大司马、大司空，斋戒受质”分举，分明不是一官；更据荀子此文，似乎确在三公之外。（汉承秦制，有九卿而无三公，然而有相国丞相，秦制必沿袭自古，也可证冢宰在三公之外。《周官》地官序官疏引郑《尚书大传》注：“周礼，天子六卿，与太宰、司徒同职者，则谓之司徒公；与宗伯、司马同职者，则谓之司马公；与司寇、司空同职者，则谓之司空公。一公兼二卿，举下以为称。”则似系以意弥缝，并无所本。）冢宰似乎没有官属的，百官都属于三公。所以下文说：“大司徒、大司马、大司空，斋戒受质；百官各以其成，质于三官；大司徒、大司马、大司空，以百官之成，质于天子”，郑注“百官，此三官之属。”正和“每一公三卿佐之，每一卿三大夫佐之，每一大夫三元士佐之”的话相合。

古文家之说：则《五经异义》说：“《古周礼》说：天子立三公：曰太师，太傅，太保，无官属，与王同职；故曰：坐而论道，谓之三公。又立三少以为之副，曰少师，少傅，少保，是为三孤。冢宰，司徒，宗伯，司马，司寇，司空，是为六卿之属。大夫士庶人在官者，凡万二千。”案《伪古文尚书·周官》：

> 立太师，太傅，太保，兹惟三公，论道经邦，燮理阴阳，官不必备，惟其人。少师，少傅，少保，曰三孤；贰公宏化，寅亮天地，弼予一人。冢宰掌邦治，统百官，均四海；司徒掌邦教，敷五典，扰兆民；宗伯掌邦礼，治神人，和上下；司马掌邦政，统六师，平邦国；司寇掌邦禁，诘奸慝，刑暴乱；司空掌邦土，居四时，民地利；六卿分职，各率其属，以倡九牧，阜成兆民。

攻《伪古文》的，都说他误据《大戴礼·保傅篇》、《汉书·贾谊传》，把太子的官属，认做天子的三公三孤。又说郑玄注《周官》“乡老二乡则公一人”说：王置六卿，则公有三人也。三公者，内与王论道，中参六官之事，外与六卿之教。又他注《尚书·君奭序》，“召公为保，周公为师”，说：此师保为《周礼》师氏保氏，大夫之职。（《书疏》。）可见得郑玄不主张六卿之上，别有三公三孤。然而《五经异义》所举的古周礼说，确和《伪周官》相同。《周官》朝士，“建外朝之法，左九棘，孤卿大夫位焉。……面三槐，三公位焉”，也明说公孤在卿之外。又保氏序官疏引《郑志》“赵商问：案成王《周官》，立太师，太傅，太保，兹惟三公。即三公之号，自有师保之名。成王《周官》，是周公摄政三年事；此《周礼》是周公摄政六年时，则三公自名师保；起之在前，何也？郑答曰：周公左，召公右，兼师保，初时然矣”。赵商所说的《周官》，固然不是现在《伪古文尚书》里的《周官》，然而可见得不伪的《周官》，也确有此文。又看郑玄的答语，虽不承认“召公为保，周公为师”就是三公里的太师太保；却也并没有否认“立太师、太傅、太保，兹惟三公”之说。又《周礼》虽没叙列公孤之官，然而涉及公孤的地方很多，（宰夫，司服，典令，巾车，司常，射人司士，太仆。弁师，小司寇等。）可见得六卿之外，别有公孤，《周礼》确有此说，并不是造《伪古文尚书》的人杜撰的。

六官之说，《大戴礼·盛德篇》：“古之御政以治天下者；冢宰之官以成道，司徒之官以成德，宗伯之官以成仁，司马之官以成圣，司寇之官以成义，司空之官以成礼。”《管子·五行篇》：“昔者黄帝得蚩尤而明于天道，得大常而察于地利，得奢龙而辨于东方，得祝融而辨于南方，得大封而辨于西方，得后土而辨于北方。黄帝得六相而天地治，神明至。蚩尤为当时大常为廪者，奢龙为土师，祝融为司徒，大封为司马，后土为李。春者，土师也；夏者，司徒也；秋者，司马也；冬者，李也。”都和《周礼》相合。此外《曲礼》：“天子之五官：曰司徒、司马、司空、司士、司寇，典司五众。”《春秋繁露·五行相胜篇》：“木者，司农也；……火者，司马也；……土者，君之官也，其相司营；……金者，司徒也；……水者，司寇也。”《左传》昭十七年郯子说：“祝鸠氏，司徒也；　鸠氏，司马也；鳲鸠氏，司空也；爽鸠氏，司寇也；鹘鸠氏，司事也。”昭二十九年，蔡墨说：“五行之官，是为五官：木正曰句芒，火正曰祝融，金正曰蓐收，水正曰玄冥，土正曰后土。”都只说五官。案古人五行之说，土是君象；（见第十章第一节。）董子说：“土者，君之官也”，其义最古。天、地、人、四时，谓之七始。五官之说，除掉中“土者君之官”，其实只有四官；合着象天地人的三公，似乎是配七始的。《文王世子》：“设四辅，及三公，不必备，惟其人。”疏引《尚书大传》“古者天子必有四邻：前曰疑，后曰丞，左曰辅，右曰弼”。怕也是就五官里头，除掉四个的。因为总只有这几个官，却要“三光”，“四时”，“五行”，很麻烦的“取象”。所以三公，四邻，五官，也是互相重复。这种错杂不整齐的制度，很合乎历史上自然发达的事实；《周礼》一部书，说得太整齐了，所以就有点可疑。

其地方制度，《周礼》也说得很完备的。按照《周礼》，“王城”之外为“乡”；乡之外为“外城”，外城谓之“郭”；郭外为“近郊”；近郊之外为“遂”；遂之外为“远郊”，远郊谓之“野”；野之外为“甸”；甸之外为“稍”；稍之外为“县”，县为“小都”；小都之外为“鄙”，鄙为“大都”；甸、稍、县、都之地都是采邑，是行贡法的。乡以五家为比，五比为闾，四闾为族，五族为党，五党为州，五州为乡；比长是下士，闾胥中士，族师上士，党正下大夫，州长中大夫，乡大夫就是卿。遂则五家为邻，五邻为里，四里为酂，五酂为鄙，五鄙为县，五县为遂；遂大夫、县正、鄙师、酂长、里宰、邻长，比乡官递降一级。（遂大夫是中大夫，里宰是下士，邻长无爵。）六乡之吏：乡大夫六人，州长三十人，党正百五十人，族师七百五十人，闾胥三千人，比长一万五千人；六遂的数目同六乡相等；共有三万七千八百七十二人。案《管子·立政篇》：“分国以为五乡，乡为之师；分乡以为五州，州为之长；分州以为十里，里为之尉；分里以为十游，游为之宗；十家为什，五家为伍，什伍皆有长焉。”《小匡篇》：“五家为轨，轨有长；十轨为里，里有司；四里为连，连有长；十连为乡，乡有良人；五乡一帅”，其制鄙：则“五家为轨，轨有长；六轨为邑，邑有司；十邑为率，率有长；十率为乡，乡有良人；三乡为属，属有帅；五属为一大夫。”两篇所载，小有异同，然都和周礼相近，大概这一种组织，是和军制相应的。（参看第五节。）

其《尚书大传》：“古八家而为邻，三邻而为朋，三朋而为里，五里而为邑，十邑而为都，十都而为师，州十有二师焉。”（《御览》百五十七。）《公羊》宣十五年《何注》，“在田曰庐，在邑曰里：一里八十户；八家共一巷。……选其耆老有高德者，名曰父老；其有辨护伉健者，为里正。”……（见第四节。）则纯系以井田制度为根本。《韩诗外传》说中田有庐，疆场有瓜这一条，也说“八家而为邻”，和《尚书大传》、《公羊》何注，都是相合的。（春秋以后的官制，散见于各书者甚多，尤其多的是《左传》。《春秋大事表》里，列有一表，很为详备，可以参考。）

至于当时服官的人：大概从士以下，或者用平民；从大夫以上，都是用贵族的；看下节便可明白。

第四节　教育和选举

古代的教育，有“国学”和“乡学”的区别，又有“大学”和“小学”的区别。“大学”和“小学”，是以程度浅深分的；“国学”和“乡学”，一个是贵族进的，一个是平民进的。两者截然，各为系统，不可牵混。

《王制》：“天子曰辟雍，诸侯曰泮宫”，又说诸侯之国：“天子命之教，然后为学；小学在公宫南之左，太学在郊。”又说：“有虞氏养国老于上庠，养庶老于下庠；夏后氏养国老于东序，养庶老于西序；殷人养国老于右学，养庶老于左学；周人养国老于东胶，养庶老于虞庠。”所谓“辟雍”、“泮宫”，是天子诸侯之国大学的通称。“上庠”、“东序”、“右学”、“东胶”，是虞夏殷周四代大学的专称。“下庠”、“西序”、“左学”、“虞庠”，是四代小学的特称。这都是天子和公卿大夫元士之子，所谓贵族入的。其入学的程序，《尚书大传》说：“古之帝王者必立大学、小学，使王太子、王子、群后之子，以至公卿大夫元士之适子：十有三年，始入小学，见小节焉，践小义焉；年二十入大学，见大节焉，践大义焉。”（《御览》百四十八，《礼记·王制》疏节引，作“十五入小学”。）

至于乡学，则（一）《孟子》说：“夏曰校，殷曰序，周曰庠。”（二）《礼记·学记》说：“古之教者家有塾，党有庠，术有序。”似乎比《孟子》多出两层等级来。然而试看《尚书大传》：

> 大夫士七十而致仕，老于乡里；大夫为父师，士为少师。（注，所谓里庶尹古者仕焉而已者，归教于闾里。）耰锄已藏，祈乐已入，（注，祈乐，当为新谷。）岁事已毕，余子皆入学。十五始入小学，见小节，践小义；十八入大学，见大节，践大义焉。距冬至四十五日，始出学，傅农事。（《仪礼通解》卷九。）

再看《公羊》宣十五年《何注》：

> 一里八十户，八家共一巷，中里为校室。选其耆老有高德者，名曰父老。……十月事讫，父老教于校室。八岁者学小学，十五者学大学。其有秀者，移于乡学；乡学之秀者移于庠；庠之秀者移于国学，学于小学。诸侯岁贡小学之秀者于天子，学于大学。其有秀者，命曰进士。行同能偶，别之以射，然后爵之。

这里头“乡学之秀者移于庠”八个字，是错误的。为什么呢？乡学就是庠，《仪礼·乡饮酒礼》：“主人拜迎于庠门之外”可证。所以《汉书·食货志》这地方只说“其有秀异者，移乡学于庠序；庠序之异者，移于国学”。并不说乡学移于庠，庠移于国学。再看《学记》郑注，“术当为遂，声之误也。古者仕焉而已者，归教于闾里，朝夕于门侧之堂，谓之塾。《周礼》五百家为党，二千五百家为遂；党属于乡，遂在远郊之外”。那么，《学记》所谓“塾”，就是何休所谓“校室”，也就是《尚书大传》所谓“余子皆入学”的“学”，“党有庠，术有序”的“庠”、“序”，是因所在之地而异名，不是另有等级。这一级，和孟子所说“夏曰校，殷曰序，周曰庠”的“校”、“序”、“庠”相当。至于学记“家有塾”的“塾”，就是何休所谓“校室”，伏生所谓

“余子皆入学”的“学”，孟子没有提起。那么，古代平民所入的学校，是两级制：一级在里，（所谓“塾”，“校室”，“余子皆入学”的“学”。）一级在乡。（所谓“夏曰校，殷曰序。周曰庠”，《学记》所谓“党有庠，术有序”。）伏生所谓“十五始入小学”，“十八入大学”，措语有些含混。不如何休说“八岁者学小学，十五者学大学”清楚。这是一个“校室”里，因其年龄之大小，而所学各有不同，好比一个小学校里，分为初等、高等两级，并不是一个“里”的区域里，还有“大学”、“小学”两种学校。

这两级学校，都是平民进的。进到乡学里头，就有入国学的机会了；入了国学，就仕进之途也在这里了。《王制》上说：

> 命乡简不帅教者以告；耆老皆朝于庠，元日习射上功，习乡尚齿，大司徒帅国之俊士，与执事焉。不变，命国之右乡，简不帅教者移之左；命国之左乡，简不帅教者移之右，如初礼；不变，移之郊，如初礼；不变，移之遂，如初礼；不变，屏之远方，终身不齿。
>
> 命乡论秀士，升之司徒，曰选士；司徒论选士之秀者而升之学，曰俊士；升于司徒者不征于乡，升于学者不征于司徒，曰造士。乐正崇四术，立四教，顺先王诗书礼乐以造士；春秋教以礼乐，冬夏教以诗书，王大子、王子、群后之大子、卿大夫元士之适子、国之俊、选，皆造焉。……将出学，小胥、大胥、小学正、简不帅教者，以告于大乐正；大乐正以告于王。王命三公九卿大夫元士皆入学；不变，王亲视学；不变，王三日不举，屏之远方，西方曰棘，东方曰寄，终身不齿。大学正论造士之秀者，以告于王，而升诸司马，曰进士。司马辨论官才，论进士之贤者以告于王，而定其论。论定，然后官之；任官，然后爵之；位定，然后禄之。

这里头，从乡学里升上来的俊士、选士等，和王大子、王子、群后之大子、卿大夫元士之适子，都是同学的，而且是“入学以齿”，（注，皆以长幼受学，不以尊卑。）很为平等的。所争者，乡人须“节级升之，……为选士、俊士、至于造士。若王子与公卿之子，本位既尊，不须积渐，学业既成，即为造士。”（《正义》。）有些不平等而已。

选举的法子，虽然如此，然而实际上：（一）乡人能够升入大学得为进士的，恐怕很少；（二）就是得为进士，也未必能和贵族出身的人同一任用。俞正燮说：

> 周时，乡大夫三年比于乡，考其德行道艺：而兴贤者，出使长之，用为伍长也；兴能者，入使治之，用为乡吏也。（案《周官·大司徒》，”以乡三物教万民而宾兴之：一曰六德：知、仁、圣、义，忠、和；二曰六行：孝、友、睦、姻、任、恤；三曰六艺：礼、乐，射、御、书、数。”乡大夫“三年则大比，考其德行道艺，而兴贤者能者。乡老及乡大夫，帅其吏，与其众寡。以礼礼宾之。厥明，乡老及乡大；夫群吏，献贤能之书于王；王再拜受之；登于天府，内史贰之。退而以乡射之礼五物询众庶。”《注》：“郑司农云：……问于众庶，宁复有贤能者。……此谓使民兴贤，出使长之；使民兴能，入使治之。”这是另一种选举法，和《王制》无从牵合，俞说推而广之，误。）其用之止此。《王制》推而广之，升诸司马曰进士焉，止矣；诸侯贡士于王。以为士焉，止矣。太古至春秋，君所任者，与共开国之人，及其子孙也。……上士，中士，下士，府，史，胥，徒，取诸乡兴贤能；大夫以上皆世族，不在选举也。……故孔子仕委吏乘田，其弟子俱作大夫家臣。……荀子《王制》云：王公大人之子孙，不能礼义，则归之于庶人；庶人之子孙，积文学，正身行，则归之卿相士大夫。徒设此义，不能行也。周单公用羁。（《左传》昭公七年。）巩公用远人，（定公二年。）皆被杀。……夫古人身经百战而得世官，而以游谈之士加之，不服也。立贤无方，则古者继世之君，又不敢得罪于巨室也。……（《癸巳类稿》卷三《乡兴贤能论》。）

俞氏此论，于古代阶级社会的情形，可谓洞若观火。我说六经原是儒家改制所托，固然不是凭空捏造，（凭空捏造，也是不可能的事。所以持极端怀疑之论，也是错的。）然而以意改削的地方，必然很多；竟当他是历史，原是不能的。（不过比起后世人所造的古书来，毕竟又可信了许多。因为人的思想，总是为时代所囿。所以古人的胡说，也毕竟比后代人近情。譬如《王制》，就毕竟比《周礼》为近古。）

讲古代学制的，还有一层，必须明白，便是古代有所谓“明堂的四学和太学”，这个固然是学校的起源，然而到后世，明堂和学校已经分开了，必不可混而为一。案蔡邕《明堂月令论》：“《易传·太初篇》曰：天子旦入东学，昼入南学，莫入西学；（案此处文有脱误，《玉海》卷一百十一，引作“夕入西学，暮入北学”，是。）大学在中央，天子之所自学也。《礼记·保傅篇》曰：帝入东学，上亲而贵仁；入西学，上贤而贵德；入南学，上齿而贵信；入北学，上贵而尊爵；入大学，承师而问道；与《易传》同。（案《保傅篇》如今《大戴礼》里头有的，亦见《贾子》。）魏文侯《孝经传》曰：大学者，中学明堂之位也。《礼记·古大明堂之礼》曰：膳夫是相礼：日中出南闱，……日侧出西闱，……日入出北闱。”这所谓东、西、南、北四学，和中央的大学，固然都在明堂内；然而后世的学校，却不是如此。这是为什么呢？这个阮元说得最漂亮。他说：初有明堂的时候，是宫室制度还没有完备，天子就只有这一所屋子，所以什么事情都在里头办，住也住在这里头。到后来，社会进化了，屋子一天多一天，什么“路寝”哩，“宗庙”哩，“学校”哩，都从明堂里分了出来。然而明堂却仍旧有的，而且明堂里头还保存了许多旧制；所以已经从明堂里分出来的事情，在明堂里还是有的；不过变做有名无实罢了。这句话真是通论，把从来许多葛藤，可以一扫而空。（《揅经室集·明堂论》。）明白这个道理，“明堂之中，既有大学和四学，明堂之外，又有大学和小学”的问题，就可以毋庸争辨了。（《周礼》的师氏保氏，又另是一种机关，和明堂里头的大学四学，明堂以外的大学小学，都不能牵合。参看第二篇上第八章第二节。）

此外又有“贡士”和“聘士”的制度。《礼记·射义》说：“……古者天子之制，诸侯岁献贡士于天子，天子试之于射宫。……”《白虎通·贡士篇》：“诸侯三年一贡士者，治道三年有成也。诸侯所以贡士于天子者，进贤劝善者也。天子聘求之者，贵义也。……故月令，季春之月，开府库，出币帛，周天下，勉诸侯，聘名士，礼贤者。……及其幽隐，诸侯所遗失，天子所昭，故聘之也。”这种制度，在古代的选举法上，固然不占重要的位置，然而实在是后来进用游士的根本。

古代贵族、平民都有学校，似乎很为文明。然而平民学校所教的，孟子说：“皆所以明人伦也；人伦明于上，小民亲于下。”（《滕文公上》。）正和子游所谓“小人学道则易使也”（《论语·阳货篇》。）一鼻孔出气。严格论起来，实在是一种“奴隶教育”。贵族的教育，也含有“宗教臭味”。俞正燮说：

> 虞命教胄子，止属典乐。周成均之教，大司成、小司成、乐胥，皆主乐。周官大司乐、乐师、大胥、小胥，皆主学。……子路曰：何必读书，然后为学。古者背文为诵，冬读书，为春诵夏弦地，亦读乐书。《周语》召穆公云：瞍赋蒙诵，瞽史教诲。《檀弓》云：大功废业，大功诵。……通检三代以上，书乐之外，无所谓学；《内则》学义，亦止如此；汉人所造《王制》、《学记》，亦止如此。……（《癸巳存稿》卷四《君子小人学道是弦歌义》。）

原来学校是从明堂里搬出来的。明堂本来是个“神秘之地”。所以后来学校里的教科，还以“诗书礼乐”四项为限。礼乐是举行“祭典”时用的，诗就是乐的“歌词”，书是宗教里的古典。他的起源，大概如此；后来抑或有点变化，然而总是“不离其宗”的。所以贵族虽有学校，也教育不出什么人才来。所谓专门智识，是《汉书·艺文志》所谓某某之学，出于某某之官。（见第十章第三节。）专门的技能，则《王制》所谓“凡执技以事上者，不贰事，不移官。”都是世代相传的。世官的不能废，亦由于此。

东周以后，情形就大变了。这时候贵族政体渐次崩坏；做专官有学识的人，渐变而为平民；向来所谓某官之守，一变而为某家之学；民间才有“聚徒讲学”之事，有“负笈从师”的人；孔子弟子三千，杨朱、墨翟之言盈天下，都是这个道理。民间有智识的人，一天天增多；贵族里头，可用的人，一天天减少。就不得不进用游士，孟尝、平原、信陵、春申的养客，也是这个道理。当时讲求学问的人，渐渐以利禄为动机。所以苏秦说：“且使我有雒阳负郭田二顷，吾岂能佩六国相印乎？”（《史记》本传。）可见得当时的讲求学问，大都是受生计上的压迫；所以秦散三千金而天下之士斗；可见得社会的文化，和物质方面大有关系。游士的智识，固然比世卿高。然而爱国心却较薄弱。孟子对齐宣王说：“所谓故国者非谓有乔木之谓也，有世臣之谓也；王无亲臣矣。昔者所进，今日不知其亡也。”正是同这班人写照。（《梁惠王下》。）“后胜相齐，多受秦间金，多使宾客入秦；秦又多予金，客皆为反间，劝王去从朝秦；不修攻战之备，不助五国攻秦。秦以故得灭五国。五国已亡，秦兵卒入临淄，民莫敢格者。王建遂降，迁于共。故齐人怨王建不蚤与诸侯合从攻秦，听奸臣宾客，以亡其国。歌之曰：松耶柏邪，住建共者客邪。疾建用客之不详也。”（《史记·田敬仲完世家》。）可见得当时的游士，把人家的国家，来做自己“富贵的牺牲”，是不恤的。

总而言之，社会阶级制度，是要靠世卿之制维持的（因为如此，才是把一阶级的人，把持了社会上的大权，不许别一阶级的人插足）。然而如此，（一）贵族所处的地位，就不能不优，所处的地位既优，就不能不骄奢淫逸，就不能不腐败，（二）而且贪欲之念，是无厌的，自己有了土地，遂想侵吞别人，贵族变为平民的人就日多。贵族阶级专有的智识，就渐渐的散入平民社会。所以贵族阶级的崩坏，其原因仍在贵族社会的自身。这个很可以同马克思的历史观，互相发明。

第五节 兵 制

官制和教育选举，都已明白，就得考究古代的兵制。后人讲古代兵制的，有一种误解，就是以为古代是“兵农合一”、“全国皆兵”的。这个误解，全由不知古代社会是个“阶级制度”，以致于此。考究古代兵制的，都根据《周礼》。案《周礼》：

（大司徒）令五家为比，使之相保；五比为闾，使之相受；四闾为族，使之相葬；五族为党，使之相救；五党为州，使之相赒；五州为乡，使之相宾。

（小司徒）乃会万民之卒伍而用之：五人为伍，五伍为两，四两为卒，五卒为旅，五旅为师，五师为军；以起军旅，以作田役，以比追胥，以令贡赋。乃均土地以稽其人民而周知其数：上地家七人，可任也者家三人；中地家六人，可任也者二家五人；下地家五人，可任也者家二人。凡起徒役：毋过家一人，以其余为羡；唯田与追胥，竭作。

（夏官序）凡制军：万有二千五百人为军；王六军，大国三军，次国二军，小国一军；军将皆命卿。二千有五百人为师，师帅皆中大夫；五百人为旅，旅帅皆下大夫；百人为卒，卒长皆上士：二十五人为两，两司马皆中士；五人为伍，伍皆有长。

这是古文家的说法，今文家怎样呢？案《白虎通·三军篇》：

三军者何？法天地人也。以为五人为伍，五伍为两，四两为卒，五卒为旅，五旅为师，师二千五百人，师为一军，六军一万五千人也。

《公羊传》隐五年《何注》："二千五百人称师。天子六师，方伯二师，诸侯一师。"《谷梁传》：（襄十一年。）"古者天子六师，诸侯一军。"《诗》："周王于迈，六师及之。"《孟子·告子篇》："三不朝，则六师移之。"凡今文家言都同。

今古文家说兵制的不同，是无可强合的。然则哪一家的话是呢？我以为今文家言是孔子托古改制的话，务要减轻兵役。古文家的话，是参考各种古书编成。论理，自然是今文家言文明；论古代的事实，怕还是古文家言相近些。请再看当时出兵的方法，《春秋繁露·爵国篇》说：

> 方里而一井，一井而九百亩。……方里八家，一家百亩。……上农夫耕百亩，食九口，次八人，次七人，次六人，次五人；多寡相补，率百亩而三口；方里而二十四口；方百里者十，得二百四十口；方十里，为方百里者百，得二千四百口；方百里，为方万里者万，得二十四万口；法三分而除其一，城池，郭邑，屋室，闾巷，街路，市，宫府，园囿，委圈，得良田方十里者六十六，十与方里（这四个字，当作"与方十里者"五个字。）六十六；定率得十六万口；三分之，则各五万三千三百三十三口；为大□军三，此公侯也。天子地方千里，为方百里者百；亦三分除其一，定得田方百里者六十六，与方十里者六十六；定率得千六百万口；九分之，各得百七十七万七千七百七十七口，为京□军九，三京□军，以奉王家。

这个计算的方法，和《周礼》大异。

> 《公羊》宣十五年《何注》："十井共出兵车一乘。"又昭元年注："十井为一乘，公侯封方百里，凡千乘；伯四百九十乘，子男二百五十乘。"又哀十二年《注》："礼，税民不过什一，军赋不过一乘。"《论语·学而篇》"道千乘之国"，《集解》引包咸说："千乘之国者，百里之国也。古者井田，方里

为井，井十为乘，百里之国者，适千乘也。”

案《孟子》说“天子之地方千里，公侯皆方百里”，又说“万乘之国弑其君者，必千乘之家；千乘之国弑其君者，必百乘之家。”（赵注“万乘，……谓天子也。千乘，……谓诸侯也。”）则孟子之意，亦以为十井共出一乘。而《汉书·刑法志》却说：

> 因井田而制军赋；地方一里为井；井十为通；通十为成，成方十里；成十为终；终十为同，同方百里；同十为封；封十为畿，畿方千里；有税有赋：税以足食，赋以足兵。故四井为邑；四邑为丘；丘十六井也，有戎马一匹，牛三头；四丘为甸；甸六十四井也，有戎马四匹，兵车一乘，牛十二头，甲士三人，卒七十二人；干戈备具；是谓乘马之法。一同百里，提封万井除山、川、沈斥、城池、邑居、园囿、术路，三千六百井，定出赋六千四百井；戎马四百匹，兵车百乘；此卿大夫采地之大者也，是谓百乘之家。一封三百一十六里，提封十万井，定出赋六万四千井，戎马四千匹，兵车千乘，此诸侯之大者也，是谓千乘之国。天子畿方千里，提封百万井，定出赋六十四万井，戎马四万匹，兵车万乘，故称万乘之主。

他这种说法，是根据于《司马法》的郑玄注《论语》“道千乘之国”引他，（见《周礼》小司徒疏。）然《司马法》又有一说，是：

> 六尺为步，步百为亩，亩百为夫，夫三为屋，屋三为井，井十为通。通为匹马，三十家，士一人，徒二人。通十为成，成百井。三百家，革车一乘，士十人，徒二十人，十成为终，终千井，三千家，革车十乘，士百人，徒二百人。十终为同，同方百里，万井，三万家，革车百乘，士千人，徒二千人。

郑玄引他注《周礼》的小司徒。贾疏说：前说是畿外邦国法，甲士少，步卒多；后说是畿内采地法，甲士多，步卒少。

案照何休、包咸的说法，十井而出一乘，人多疑其太苛。然据

《左传》“昭十三年平邱之会，晋甲车四千乘。十二年传，楚灵王曰：今吾大城陈、蔡、不羹，赋皆千乘，三（原注，依刘炫说。）国各千乘是合楚国之车，奚啻万乘。昭五年传云，韩赋七邑，皆成县也，因其十家九县，长毂九百，其余四十县遗守四千；是一县百乘也。县二百五十六井，是二井半出一乘；合晋国之军又奚啻万乘。……昭元年传，秦后子适晋，以车千乘，是大夫不必百乘也”。（这一段，引用朱大韶《实事求是斋·经义司马法非周制说》。）所以十井而出一乘并不是没有的事，不必疑心，所可疑者，照《春秋繁露》的说法，诸侯大国十六万口之军七千五百人。（《繁露》说“三分之，则各五万三千三百三十三口，为大□军三。”是说五三三三三口里出七五〇〇人为兵，不是说每一军有五三三三三人。）加以奉公家的一军，共计万人，是人民有十六分之一服兵役，而天子之国，共有一千六百万口，而“为京□军九”，再加“三京□军，以奉王家”，服兵役的，不过三万人，未免太不近情。照《汉书·刑法志》所主的《司马法》说，天子之国，有甲士三万，卒七十二万，而六军不过七万五千人。照郑玄所引的一说，一封之地，提封十万井，有人民三十万家，而不过出车千乘，出兵三万人；畿方千里提封百万井，应当有三百万家，而亦未闻有天子出兵三十万之说；若仍照六军计算，则三百万家，服兵役的不过七万五千人；恐怕古代断没有这般轻的兵役。种种计算，总之不合情理。我说：论古代兵制的，都误于“兵农合一”之说，以致把全国的人民都算在里头，我如今且引江永的《群经补义》一则，以破这个疑惑。

> 说者谓古者寓兵于农，井田既废，兵农始分，考其实不然。……管仲参国伍鄙之法：制国以为二十一乡：工商之乡六，士乡十五；公帅五乡，国子、高子，各帅五乡；是齐之三军，悉出近国都之十五乡，而野鄙之农不与也。五家为轨，故五人为伍，积而至于一乡。二千家，旅二千人，十五乡三万人为三军。是此十五乡者，家必有一人为兵。其中有贤能者，五

乡大夫有升选之法，故谓之士乡，所以别于农也。其为农者，处之野鄙，别为五鄙之法。三十家为邑，十邑为卒，十卒为乡，三乡为县，十县为属，五属各有大夫治之，专令治田供税，更不使之为兵。……他国兵制，亦大略可考而知；如晋之始惟一军；既而作二军，作三军；又作三行，作五军；既舍二军，旋作六军；后以新军无帅，复从三军；意其为兵者，必有素定之兵籍，素隶之军帅；军之渐而增也，固以地广人多；其既增而复损也，当是除其军籍，使之归农。……随武子云：楚国荆尸而举，商农工贾，不败其业，是农不从军也。鲁之作三军也；季氏取其乘之父兄子弟尽征之；孟氏以父兄及子弟之半归公，而取其子弟之半，叔孙氏尽取子弟，而以其父兄归公；所谓子弟者，兵之壮者也；父兄者，兵之老者也；皆其素在兵籍，隶之卒乘者；非通国之父兄子弟也。其后舍中军，季氏择二，二子各一，皆尽征之而贡于公，谓民之为兵者尽属三家，听其贡献于公也；若民之为农者出田税，自是归之于君；故哀公云：二，吾犹不足。……三家之采邑，固各有兵；而二军之士卒车乘，皆近国都；故阳虎欲作乱，壬辰戒都车，令癸巳至；可知兵常近国都，其野处之农，固不为兵也。……（案所述管子的兵制，见《小匡篇》。）

案《周礼》只有大司徒五家为比，……小司徒五人为伍，……和夏官序官之文相应，可以见得六乡各出一军，并没遂以外亦服兵役之说。小司徒“乃经土地而井牧其田野。九夫为井，四井为邑，四邑为丘，四丘为甸，四甸为县，四县为都”，只说“以任地事而令贡赋，凡税敛之事”。并无所谓乘马之法；从杜预注《左传》，才把他牵合为一，（成元年作丘甲注。）这是不足据的。所以我说：兵农合一，不但春秋以后不然；就西周以前，也并没这一回事。这是为什么呢？因为古代的人民，总有征服者和被服者两阶级：征服之族，是居于中央，制驭异族的。这是所谓“乡”之民。被征服之族，是处于四围，从事耕作的，这是“遂”以外之民。前者是服兵役的。后者是不服兵役的。（乡民固然也种田，然而不过如后世兵的“屯田”，并不是全国的农夫，都可当兵；“当兵的”同“种田的”，也分明是两个阶级；和向来所谓“兵农合一”的观念，全不相同。）天子畿内，虽有方千里的地方；服兵役的，却只有六乡；所以只出得六军；诸侯的三军二军一军，也是这个道理。春秋以前，列国的兵制，大概如此；所以出兵总不过几万人。战国时代，却就不然了。试看苏秦对六国之君的话。（见《战国策》和《史记》本传。）

燕	带甲数十万	车六百乘	骑六千匹	粟支数年
赵	同上	千乘	万匹	同上
韩	同上			
魏	（武士二十万， 苍头二十万， 奋击二十万， 厮徒十万）	六百乘	五千匹	
齐	带甲数十万			
楚	百万	千乘	万匹	粟支十年

所以这时候，坑降斩杀，动辄数十万。这时候，大概全国都服兵役的。所以《孙子》说“兴师十万，日费千金，内外骚动，怠于道路，不得操事者七十万家”。这分明是按《司马法》方千里之地，提封百万井，可得甲士三万，卒七十二万计算的。所以我说：《管子》这部书，可以代表春秋以前的兵制。造《周礼》的人，所根据的，就是《管子》一类的书；所以只说六乡的人服兵役，并不说遂以外的人服兵役。《司马法》这部书，定是战国人所造。他习见当时的人，全国都服兵役，并不知道古人不然；却把古代一部分人所服的兵役，分配到全国人头上去，所以兵役便那么轻了。《春秋繁露》也犯这个毛病。明白这一层道理，便春秋以后兵制的变迁，也了如指掌了。

服兵役的年限，是从三十岁到六十岁。《白虎通·三军篇》："……年三十受兵何？重绝人世也。师行不必反，战斗不必胜，故须其有世嗣也。年六十归兵何？不忍并斗人父子也。"《王制正义》引《五经异义》、《礼》戴说、《易》、孟氏《韩》诗说并同。《古周礼》说：国中自七尺以及六十，野自六尺以及六十有五，皆征之。似较今文说加重。（《盐铁论·未通篇》："三十而娶，可以服戎事。"《后汉书·班超传》班昭上书：妾闻古者十五受兵，六十还之。似乎把种田的年限，误作服兵役的年限。参看下章第一节。）

春秋时代兵制的变迁，《春秋大事表》的《田赋军旅表》，可以参考。又《荀子·议兵篇》的话，很可以见得战国时代列国兵力的比较，也可以一看。春秋战国时代兵制的变迁，还有一端，可注意的。便是春秋以前，还注重于车战；到战国时代，便渐渐趋重于骑兵。所以苏秦说六国的兵，都有骑若干匹的话。这个原因，大约由于前世地广人稀，打仗都在平地，到后来地渐开辟，打仗也渐趋于山险地方的原故。（《春秋大事表·春秋列国不守关塞论》参看。）晋魏舒的"毁车崇卒"，（《左传》昭元年。）是其起源。到赵武灵王胡服骑射，这个主义就大昌了。

第六节 法 律

中国的法律，在世界上居四大法系之一。他的起源、成立、发达、变迁，自然很有研究的价值。但是要研究中国法律的，先得明白一种道理。古人总说什么"尚德不任刑"，又说什么"道之以政，齐之以刑，民免而无耻。"（《论语·为政篇》。）又说什么"有虞氏之时，画衣冠，异章服以为僇而民不犯。"（《史记·孝文本纪·除肉刑诏》。）又说"夏有乱政而作《禹刑》，商有乱政而作《汤刑》，周有乱政而作《九刑》"。（《左传》昭六年《晋叔向诏郑子产书》。）后人给这许多话迷住了，都以为刑是衰世之物，到了衰世才有的，这种观念，于法律的起源，实在大相违背。

无论什么社会，最初时代，总是“礼治主义”。因为古人知识简单，没有“抽象的观念”，一切事情，应当如何，不应当如何，只得逐条做“具体的规定”。古人有句口头话，“出于礼者入于刑”。所以“礼”就是“法”。既然要逐事为具体的规定，自然弄得非常麻烦。所以古代的礼是非常麻烦的；就是古代的法，也是非常麻烦的。以为治世可以没有刑罚，就可以没有法律，是大错了的。

然则古代的法律，是什么东西呢？

《礼记·王制》：司徒修六礼以节民性，明七教以兴民德，齐八政以防淫，一道德以同俗。（下文说“六礼：冠、昏、丧、祭、乡、相见。七教：君臣、父子、兄弟、夫妇、长幼、朋友、宾客。八政：饮食、衣服、事为（《注》：谓百工技艺也）、异别（《注》：五方用器不同也）、度、量、数（《注》：百十也）、制（《注》：布帛幅广狭也）。”）

《周礼》：大司徒以乡八刑纠万民：一曰不孝之刑，二曰不睦之刑，三曰不姻之刑，四曰不弟之刑，五曰不任之刑，六曰不恤之刑，七曰造言之刑，八曰乱民之刑。（又大司寇“以五刑纠万民：一曰野刑，上功纠力；二曰军刑，上命纠守；三曰乡刑，上德纠孝；四曰官刑，上能纠职；五曰国刑，上愿纠暴。”这种刑，也和礼无甚分别的。）

我说这就是古代的法律，因为违犯了，就要有制裁的。至于用刑的权柄，也一大部分在乡官手里。所以大司徒之职又说：“凡万民之不服教而有狱讼者，与有地治者，听而断之，其附于刑者归于士。”《周礼》固然是伪书，然而《管子·立政篇》也说：

分国以为五乡，乡为之师；分乡以为五州，州为之长；分州以为十里，里为之尉；分里以为十游，游为之宗；十家为什，五家为伍，什伍皆有长焉。……闾有司观出入者，以复于里尉。凡出入不时，衣服不中，圈属群徒，不顺于常者，闾有司见之，复无时。若在长家子弟臣妾属役宾客，则里尉以谯于游宗；游宗以谯于什伍；什伍以谯于长家。谯敬而弗复，一再则宥，三则不赦。凡孝悌忠信贤良俊材，若在长家子弟臣妾属役宾客，则什伍以复于游宗，游宗以复于里尉，里尉以复于州长，州长以计于乡师，乡师以著于士师。凡过党：其在家属，及于长家；其在长家，及于什伍之长；其在什伍之长，及于游宗；其在游宗，及于里尉；其在里尉，及于州长；其在州长，及于乡师；其在乡师，及于士师。三月一复，六月一计，十二月一著。

可见当时士师所办的事情，都是乡官移过去的。周礼的话，并不是凭空乱说。至于公布法律，也是在乡官手里的。所以《周礼》说：

大司寇正月之吉，始和，布刑于邦国都鄙；乃县刑象之法于象魏，使万民观刑象，挟日而敛之。

《立政篇》也说：

正月之朔，百吏在朝；君乃出令，布宪于国。五乡之师，五属大夫，皆受宪于君前。太史既布宪，入籍于太府，宪籍分于君前。五乡之师出朝，遂于乡官，致于乡属，及于游宗，皆受宪；宪既布，乃反致令焉；然后敢就舍。宪未布，令未致，不敢就舍；就舍谓之留令，罪死，不赦，五属大夫，皆以行车朝；出朝，不敢就舍；遂行，至都之日，遂于朝致属吏。皆受宪；宪既布，乃发使者致令，以布宪之日，蚤晏之时；宪既布，使者以发，然后敢就舍；宪未布，使者未发，不敢就舍；就舍谓之留令，罪死，不赦，宪既布；有不行宪者，谓之不从令，罪死，不赦。考宪而有不合于太府之籍者：侈曰专制，不足曰亏吏，罪死不赦。

可见当时一切法律都在乡官手里，和后世地方行政官兼管司法正是一样。

至于所用的刑罚，最早的就是“五刑”。《白虎通》说：

刑所以五何？法五行也：大辟法水之灭火，宫者法土之壅水，膑者法金之刻木，劓者法木之穿土，墨者法火之胜金。(从《陈立疏证》本。)

中国古代，什么事情，都是取象于五行。五刑取法于五行，其义是很古的。有人据《吕刑》“苗民弗用灵，制以刑，惟作五虐之刑曰法，杀戮无辜，爰始淫为劓、刵、椓、黥”，说五刑是汉族效法苗族的。案古代所谓苗民，并不是现在所谓苗族，第三章第二节已经证明，现在可毋庸再说。《尚书大传》：“唐虞象刑，而民不敢犯，苗民用刑而民兴相渐。”只是说唐虞有刑而不用，苗民却要用刑；并不是说唐虞以前，没有五刑，要取法于苗民。所以又说“唐虞之象刑，上刑赭衣不纯，中刑杂屦，下刑墨幪”。(《御览》六百四十五。)《御览》又引《慎子》“有虞氏之诛，以幪巾当墨，以草缨当劓，以菲履当刖，以艾鞸当宫，布衣无领当大辟。”傥使前此没有墨、劓、刖、宫、大辟，所象的又是什么？象刑之说，本不足信。(《荀子》便驳他，见《正论》篇；《汉书·刑法志》引其说。)然而就照他讲，也不能说五刑是苗民制的。

五刑的科条；《吕刑》说“墨罚之属千，劓罪之属千，剕罚之属五百，宫罚之属三百，大辟之罚，其属二百；五刑之属三千”。《周礼》司刑则说：“墨罪五百，劓罪五百，宫罪五百，刖罪五百，杀罪五百。”郑玄注：“夏刑大辟二百，膑辟二百，宫辟五百，劓墨各千；周则变焉；所谓刑罚世轻世重者也。”《汉书·刑法志》又根据《周礼》“大司寇，刑新国用轻典，刑平国用中典，刑乱国用重典”之文，说《周礼》所载是中典，五刑之属三千是用重典。案《唐律疏义》卷一，《玉海·律令门》引长孙无忌《唐律疏》，都引《尚书大传》“夏刑三千条”，则郑玄说夏刑三千，不为无据；但不知《周礼》司刑所载，果有所本否。

《尧典》“象以典刑，流宥五刑，鞭作官刑，(《白虎通·五刑篇》：“刑不上大夫者，据礼无大夫刑，或曰：挞笞之刑也。”或说似本于此。）扑作教刑，（《史记·五帝本纪集解》：“郑玄曰：扑，榎楚也。扑为教官为刑者。”案就是《学记》所谓“夏楚二物，收其威也”。）金作赎刑。”郑注：“正刑五，加之流宥，鞭扑，赎刑。此之谓九刑。”（《用礼·司刑疏》引。）案《左传》载叔向说“周有乱政而作《九刑》”，（见上。）又载季文子说“先君周公制《周礼》，……作誓令曰：毁则为贼，掩贼为藏；窃贿为盗，盗器为奸；主藏之名，赖奸之用，为大凶德，有常无赦；在《九刑》不忘”。（文十八年。）则九刑古代确有此种刑法，其起源当亦甚古，郑说应有所本。

人民应守的规则，虽由乡官公布；至于犯罪之后，怎样惩罚，却是守“秘密主义”的。所以郑人铸刑书，“叔向使诒子产曰：……昔先王议事以制，不为刑辟。（注：临事制刑，不豫设法也。）……民知有辟，则不忌于上；并有争心，以征于书，而徼幸以成之，弗可为矣。……民知争端矣，将弃礼而征于书；锥刀之末，将尽争之。……”（《左传》昭六年。）“赵鞅、荀寅……赋晋国一鼓铁，以铸刑鼎，著范宣子所为《刑书》焉。仲尼曰：晋其亡乎，失其度矣。夫晋国，将守唐叔所受之法度，以经纬其民；卿大夫以序守之；民是以能尊其贵，贵是以能守其业；贵贱不愆，所谓度也。……今弃是度也，而为刑鼎；民在鼎矣，何以尊贵；贵何业之守；贵贱无序，何以为国。……”（昭二十九年。）大概把用刑罚看做在上者一种特权，要他变化不测，才好叫手下的人惧怕；和“法治主义”，实在大相背驰。然而除刑书刑鼎之外，又有“郑驷歂杀邓析而用其《竹刑》”。（定九年。）“成文之法”，渐次公布；“秘密主义”，渐次破坏；这也可以觇世变了。

照儒家的说法，古代用刑，但以五刑为主，此外更无甚酷刑，而且“父子兄弟，罪不相及”。（《左传》昭二十年。《孟子·梁惠王下篇》：“昔者文王之治岐也，……罪人不孥。”《书·甘誓》：“予则孥戮汝。”孥，当作奴。言或奴或戮，并不及是连及妻子，见陈乔枞《今文尚书经说考》。）可谓文明极了。然而据《周礼》，就有“斩”、“搏”、“焚”、“辜”之刑。（“掌戮，掌斩杀贼谍而搏之；凡杀其亲者焚之；杀王之亲者辜之。”注：“斩以斧钺，若今腰斩也。杀以刀刃，若今弃市也。……搏，当为……膊，谓去衣磔之。……焚，烧也。……辜之言枯也，谓磔之。”）其他出于五刑以外的刑罚，见于书传上的，也随时而有。怕儒家的话仍不免“改制托古”的故技，未必实际如此。赎刑之法，见于《吕刑》。“墨辟疑赦，其罚百锾；……劓辟疑赦，其罚惟倍；……剕辟疑赦，其罚倍差；……宫辟疑赦，其罚六百锾；……大辟疑赦，其罚千锾。……”一锾六两，（夏侯、欧阳说，见《周礼》职金疏。）也很重的。

刑狱之制，今文不详。（《北堂书钞》引《白虎通》：“夏曰夏台，殷曰牖里，周曰囹圄。”《意林》引《风俗通》同。）《周礼》：“掌囚，掌守盗贼。凡囚者：上罪梏拲而桎，中罪桎梏，下罪梏，王之同族拲，有爵者桎，以待弊罪。”（注：郑司农云：拲者，两手共一木也。桎梏者，两手各一木也。玄谓在手曰梏，在足曰桎；中罪不拲手足，各一木耳；下罪又去桎；王同族及命士以上，虽有上罪，或拲或桎而已。）又“司圜，掌收教罢民。……能改者；上罪三年而舍，中罪二年而舍，下罪一年而舍。其不能改而出圜土者杀。……”也和监狱相类。（又方司寇“以嘉石平罢民。凡万民之有罪，而未丽于法，而害于州里者。桎梏而坐诸嘉石，役诸司空。重罪，旬有三日坐，期役；其次九日坐，九月役；其次七日坐，七月役；其次五日坐，五月役；其下罪，三日坐，三月役”；则类乎后世的徒刑。）

审理的制度，也很文明的。《王制》说：

> 司寇正刑明辟，以听狱讼。必之刺。有旨无简，不听。（注：简，诚也；有其意无其诚者，不论以为罪。）附从轻，赦从重。凡制五刑，必即天论。（注，必合于天意，《释文》论音伦，理也。注同。）邮罚丽于事。（注：邮，过也，丽，附也。过人罚人，当各附于其事，不可假他以喜怒。）凡听五刑之讼，必原父子之亲，立君臣之义，以权之；意论轻重之序，慎测浅深之量以别之；（注：意，思念也。浅深，谓俱有罪，本心有善恶。）悉其聪明，致其忠爱以尽之。疑狱，汜与众共之；众疑，赦之。必察小大之比以成之。

成狱辞，史以狱之成告于正，正听之；正以狱之成告于大司寇，大司寇听之棘木之下；大司寇以狱之成告于王，王命三公参听之；三公以狱之成告于王，王三又。（注：当作宥。）然后制刑。

下文又说："析言破律，乱名改作，执左道以乱政，杀；作淫声，异服，奇技，奇器以疑众，杀；行伪而坚，言伪而辨，学非而博，顺非而泽以疑众，杀；假于鬼神，时日，卜筮以疑众，杀；此四诛者，不以听。"把现在的眼光看起来，似乎野蛮；然而宗法社会，大抵"守旧"而"蔑视个人的自由"，不能全把今人的眼光，评论古人。至于"凡作刑罚，轻无赦。"则注谓"为人易犯"，"凡执禁以齐众，不赦过"，则势出于不得不然。也算不得什么缺点。《周礼》：小司寇"以五声听狱讼，求民情。（一曰辞听，二曰色听，三曰气听，四曰耳听，五曰目听。）以之刺断庶民狱讼之中；（一曰讯群臣，二曰讯群吏，三曰讯万民。听民之所刺宥，以施上服下服之刑。）又有三宥、（壹宥曰不识，再宥曰过失，三宥曰遗忘。）三赦（壹赦曰幼弱，再赦曰老耄，三赦曰惷愚。）之法"。就更为完备了。

贵族的特权，今古文家的说法也微有不同。古文家偏于"优待王族"和"保持贵族的身分"。所以《周礼》："凡命夫命妇，不躬坐狱讼；凡王之同族，有罪不即市。"（《礼记·文王世子》："公族；其有死罪，则磬于甸人；其刑罪则纤钊，亦告于甸人。公族无宫刑。狱成，有司谳于公；其死罪则曰某之罪在大辟；其刑罪则曰某之罪在小辟。公曰：宥之。有司又曰：在辟。公又曰：宥之。有司又曰：在辟。及三宥。不对。走出，致刑于甸人。公又使人追之曰：虽然，必赦之。有司对曰：无及也。反命于公。公素服。不举，为之变，如其伦之丧。无服。亲哭之。"其优待王族，可谓达于极点了。案《戴记》是今古文杂的，《文王世子》也是古文家言。又《曲礼》"礼不下庶人，刑不上大夫"，许慎《五经异义》："古周礼说：士尸肆诸市，大夫尸肆诸朝，是大夫有刑。"则古文说优待士大夫，不如优待王族。）八议之法：第一是议亲，第二是议故；次之才是议贤，议能，议功，议贵，议勤，议宾。今文家则纯乎是"尚贤主义"，《公羊》宣元年传:“古者大夫已去，三年待放。”《注》:“古者刑不上大夫，盖以为摘巢毁卵，则凤凰不翔；刳胎焚夭，则麒麟不至；刑之则恐误刑贤者；死者不可复生，刑者不可复属，故有罪放之而已；所以尊贤者之类也。三年者，古者疑狱三年而后断，……自嫌有罪当诛，故三年不敢去。”大抵古文家的话，还近乎事实。今文家就纯乎是理想之谈了。

刑余之人,《王制》说:“是故公家不畜刑人，大夫弗养；士遇之涂弗与言也。屏之四方，唯其所之，不及以政，示弗故生也。”是今文家言。《周礼》说:“墨者使守门，劓者使守关，宫者使守内，刖者使守囿，髡者使守积。”是古文家言。似乎亦是古文家言近于事实。(《周礼》:司厉“其奴:男子入于罪隶，女子入于舂稿”。郑注说就是后世的奴婢。)

以上的话，虽然有许多儒家的议论夹杂在里头，然而天下断没有突然发生的事实；儒家的议论，也必有所本；据此，可以推想我国古代的法律是颇为文明的。

秦国的法律，似乎是别一法系。《汉书·刑法志》说:“陵夷至于战国，韩任申子，秦用商鞅，连‘相坐’之法，造‘参夷’之诛，增加肉刑大辟，有‘凿颠’、‘抽胁’、‘镬亨’之刑。”商鞅、申不害……，都是法家；法家的用刑，固然主乎严峻，然而所讲的，只是信赏必罚（把现存的《管子》、《韩非子》、《商君书》等看起来，都是如此)。并没有造作酷刑的理论。秦国用刑之严，固然同法家有点关系。至于“凿颠”、“抽胁”、“镬亨”、“车裂”、“腰斩”、“夷其族”、“夷三族”等刑罚，似乎不是商君等造的。然则这许多刑罚是从哪里来的呢？按秦国开化最晚，当时的人，都说他是戎翟之俗。这许多酷刑，难保是从未开化的蛮族里采取来的。所以我说他是别一法系。(关于秦朝的刑法，参看第二篇第八章第五节。)

第九章　古代社会的经济组织

第一节　农　业

中国的社会进化是很早的。当神农时，已经离开游牧社会进入耕稼社会了。渔猎时代和游牧时代的情形，古书所传不多，据第三章第一节所说，已可想见其大概，现在不必多讲。所要讲的，便是农业时代社会的状况。

中国古代，人民的职业，分为四种：《汉书·食货志》上，替他下一个定义说："学以居位曰士，辟土殖谷曰农，作巧成器曰工，通财粥货曰商。"（《管子》也把人民分做士、农、工、商四种。《史记·货殖列传》引《周书》曰："农不出则乏其食，工不出则乏其事，商不出则三宝绝，虞不出则材匮少。"是专就生产一方面说，所以略去士而加上一个虞。《周礼》太宰"以九职任万民：一曰三农，生九谷；二曰园圃，毓草木；三曰虞衡，作山泽之材；四曰薮牧，养蕃鸟兽；五曰百工，饬化八材；六曰商贾，阜通货贿；七曰嫔妇，化治丝枲；八曰臣妾，聚敛疏财；九曰闲民，无常职，转移执事"。把人民的职业，分做九种，总不如士农工商四种分法的得当。）

这种情形，从今日以前，二千多年，差不多没有改变，而为社会的根柢的，尤其要推农人。要讲古代农业社会的情形，就要研究到"井田制度”。井田制度，见于《孟子》、《韩诗外传》、《春秋》的《公羊传》、《谷梁传》、《公羊》的《何注》，和《汉书·食货志》等书。咱们现在，且把他汇齐了，再行加以研究。

按《孟子·滕文公上篇》，载孟子对滕文公的话：

夏后氏五十而贡，殷人七十而助，周人百亩而彻，其实皆什一也。彻者，彻也，助者，藉也。龙子曰：治地，莫善于助，莫不善于贡。贡者，校数岁之中以为常：乐岁，粒米狼戾，多取之而不为虐，则寡取之；凶年，粪其田而不足，则必取盈焉。为民父母，使民盻盻然，将终岁勤动，不得以养其父母；又称贷而益之，使老稚转乎沟壑；恶在其为民父母也？夫世禄，滕固行之矣。诗云：雨我公田，遂及我私，惟助为有公田，由此观之，虽周亦助也。

他说：（一）治地有贡、助、彻三法，（二）莫善于助，莫不善于贡。意思是很明白的，但是其中有几个疑点：

（一）夏殷周三代紧相承接，农夫所耕的田忽而五十亩，忽而七十亩，忽而百亩，那“疆界”、“沟洫”，如何改变？

（二）“彻”和“助”到底是怎样分别？孟子既说“周人百亩而彻”，如何又说“虽周亦助”？

（三）“夫世禄，滕固行之矣”一句，和上下文都不相贯，夹在里头，是什么意思？

第一个问题，由于从前的人，都承认井田的制度（凡古书上一切制度），都曾经推行于天下；而且既说井田，就联想到《周礼》遂人、匠人等所说的“沟洫”，以为都是实有的，而且到处都是这样完备；所以有这疑问。依我看来，这种事情，是完全没有的。（这种制度，至多曾推行于王畿及其附近诸国，兴时废，决不是从周以前，推行遍天下，绵历数千年之久的。《周礼》这部书，就信他是真的人，也并不敢说他曾经实行。《论语》：“禹……卑宫室而尽力乎沟洫。”阎若璩和毛奇龄都说是治天下的小水，并不是《周礼》上所说的沟洫。）那么，这一个疑问就无从发生，可以不必管他。第二个问题：（一）关于贡、助、彻的解释，既然说其实皆什一，则耕五十亩者以五亩之人为贡，耕七十亩者以七亩所入为助，耕百亩者亦系取其十亩之入是不错的。（二）但是孟子何以既说周朝是彻，又说他是助呢？下文滕文公使毕战问井地，孟子对他说的是：

> 夫滕壤地褊小，将为君子焉，将为野人焉；无君子莫治野人，无野人莫养君子。请野，九一而助；国中，什一使自赋。卿以下，必有圭田，圭田五十亩，余夫二十五亩。死徙无出乡；乡田同井；出入相友，守望相助，疾病相扶持，则百姓亲睦。方里而井，井九百亩；其中为公田；八家皆私百亩，同养公田；公事毕，然后敢治私事；所以别野人也。

这所谓“圭田”，便是上文所谓“世禄”。大抵古代的人民，有征服者和被征服者两阶级。征服的人，住在中央山险之地，制驭被征服者；被征服的人，住在四围平易之地，从事于生产事业。所以所谓国中，必是山险之地；所谓野，反是平夷的地方。（所以《易经》说“王公设险以守其国。”孟子也说“域民不以封疆之界，固国不以山溪之险”。章太炎《神权时代天子居山说》可以参看。）

“国”既是山险的地方，土地不能平正划分，收税的只能总算耕地的面积取其几分之几，这个便是“贡法”和“彻法”。（其中“校数岁之中以为常的是贡法。按年岁好坏，征收之额可以上下的是彻法。贡法既有像龙子所说的弊病，所以周人改用彻法，这也是政治进化之一端”。）“野”既是平夷的地方，土地都可以平正划分，自然可以分出公田和私田；但借百姓的力，助耕公田，而不复税其私田，（马端临说：国中必是平正之地，可以划做井田，反行贡法。野是山险之地，难于划做井田，反行助法，是因为地方远，耳目难周，怕官吏作弊的原故。有深意存焉。适得其反。）所以郑玄注《周礼》，也说遂人十夫有沟，是乡遂用贡法。匠人九夫为井，是都鄙用助法。《周礼》固然不是可靠的书，然而郑玄这个说法，却可以和《孟子》互相证明。（他又说

“周制畿内用夏之贡法，税夫无公田。邦国用殷之助法，制公田不税夫”。则恐系揣度之词。没有什么坚证。所以下文又据孟子的话，说邦国亦异内外（匠人注）。依我看，乡遂用贡法，都鄙用助法，恐是通于天子诸侯的旧制。孟子只想改贡法为彻法耳。）中央既是征服之族住的，所谓君子（卿以下），自然都在这地方，他们自然有特别的权利，所以有所谓圭田，圭田是无税的。（《王制》：“夫圭田无征。”郑注：“夫，犹治也。征，税也。孟子曰：卿以下，必有圭田，圭田者不税，所以厚贤也。”）除此之外，便要什一使自赋。滕国当时，大概只有这圭田（世禄）的制度，还是存在的；所以孟子说“夫世禄，滕固行之矣”；既行什一使自赋之法，这圭田的制度，仍当保存；所以又复说一句“卿以下必有圭田”。至于“方里为井……同养公田”的法子，完全是所以待野人的。上文把君子小人对举，此处又明著之曰“别野人”，可见得圭田的法子，是所以待君子的了。（《梁惠王下篇》：“文王之治岐也：耕者九一，仕者世禄。”（赵《注》：“贤者子孙，必有土地。”）和这篇所说的话，是一样的。）周朝对于国中所行的彻法，孟子时候，还明白可考，所以直截了当说周人百亩而彻；对于野所行的助法，业已破坏无余，所以只能据着诗句想像；这两句话，也并不互相矛盾的。这么说，第二、第三个问题，通统解决了。（《孟子》这一章书，本来并不十分难解，但是近来忽然有人极端怀疑，所以解释得略为详细一点。）

但是《孟子》这一段，还只是说个大略；其中说得最详细的，要算《公羊》的《何注》，和《汉书·食货志》。咱们且再把他摘抄在下面。

《公羊》宣十五年何注：一夫一妇，受田百亩，以养父母妻子，五口为一家。（《孟子·梁惠王上篇》对梁惠王说：“百亩之时，勿夺其时，数口之家，可以无饥矣。”对齐宣王说作“八口之家”。）公田十亩，即所谓十一而税也；庐舍二亩半；凡为田一顷十二亩半。（《孟子·梁惠王篇》“五亩之宅”，《赵注》：“庐井邑居，各二亩半，以为宅。冬入保城二亩半，故为五亩也。”）八家而九顷，共为一井，故曰井田，庐舍在内，贵人也；（据《韩诗外传·诗经》“中田有庐”，就是这么讲法。）公田次之，重公也；私田在外，贱私也。（《汉书·食货志》又说：“士工商家受田，五口乃当农夫一人。”）

这是一种分田的方法，还有一种换田的方法。

上田一岁一垦，中田二岁一垦，下田三岁一垦。肥饶不得独乐，墝埆不得独苦，故三年一换主（或作土。）易居。（《食货志》：“民受田：上田夫百亩，中田夫二百亩，下田夫三百亩。岁耕种者为不易上田，休一岁者为一易中田，休二岁者为再易下田，三岁更耕之，自爰其处。”这是根据《周礼》的（遂人）。《何注》和《孟子》“死徒毋出乡”相合。）

他又叙述他们耕种的方法和生活的状况道：

种谷不得种一谷，（《食货志》：种谷必杂五种。）以备灾害。田中不得有树，以妨五谷。（《食货志》多“力耕数耘，收获如寇盗之至”一句。）还庐舍种桑、荻、杂菜。（阮元《校勘记》说：此荻当作萩，萩者，楸之假借字。按《谷梁》范《注》（宣十五年），正作外树楸桑。）畜五母鸡，两母豕，瓜果种疆畔，（据《韩诗外传》。《诗经》的“疆场有瓜”，便是如此讲法。）女尚蚕织。老者得衣帛焉，得食肉焉。（《孟子》：五亩之宅，树之以桑。五十者可以衣帛矣。鸡豚狗彘之畜，毋失其时，七十者可以食肉矣。《食货志》还庐树桑，菜茹有畦，瓜瓠果蓏。殖于疆场，鸡豚狗彘，毋失其时。女修蚕织，则五十可以衣帛，七十可以食肉。《谷梁》宣十五年：古者公田为居，并灶葱韭尽取焉。）死者得葬焉。（所谓“死徒毋出乡”。）

在田曰庐，在邑曰里。一里八十户，八家共一巷。……选其耆老有高德者，名曰父老；其有辨护伉健者为里正；皆受倍田，得乘马，父老比三老孝弟官属，里正比庶人在官。（《食货志》：“五家为邻，五邻为里，四里为族，五族为党，五党为州，五州为乡，乡万二千五百户也。邻长位下士；自此以上，稍登一级，至乡而为卿也。”也是用《周礼》的。）吏民春夏出田，秋冬入保城郭。（《食货志》：

春令民毕出在野，冬则毕入于邑，所以顺阴阳，备寇贼，习礼文也。）田作之时，春，父老及里正，旦开门坐塾上，晏出后时者不得出，莫不持樵者不得入。（《食货志》：春将出民，里胥平旦坐于右塾，邻长坐于左塾，毕出然后归；夕亦如之。入者必持薪樵，轻重相分，班白不提挈。）五谷毕入，民皆居宅。里正趋缉绩；男女同巷相从夜绩，至于夜中，故女工一月得四十五日。（《食货志》：冬民既入，妇人同巷相从夜绩，女工一月得四十五日；必相从者，所以省费燎火，同巧拙而合习俗也。）

作从十月尽正月止，男女所有怨恨，相从而歌；饥者歌其食，劳者歌其事。男年六十，女年五十无子者，官衣食之，使之民间求诗；乡移于邑，邑移于国，国以闻于天子；故王者不出户牖，尽知天下所苦，不下堂而知四方。（《食货志》：春秋之月，群居者将散，行人振木铎徇于路以采诗；献之太师；比其音律，以闻于天下。）

至于种田的年限，只有《汉书·食货志》上说及，他说：

民年二十受田，六十归田；七十以上，上所养也；十岁以下，上所长也；十一以上，上所强也。

这种制度，原不敢说是推行到十二分；然而地广人稀的时代，土地的私有的制度还没有发生。把一块很大的地方，来均分给众人耕种，也是有的，不过加以儒家学说的润饰，便愈觉得他制度的完备罢了。

古代社会的生计，以农业为主。所以国家的财政，也以农业上的收入为基础。《王制》上说：

冢宰制国用，必于岁之杪；五谷皆入，然后制国用。用地小大，视年之丰耗，以三十年之通制国用。量入以为出。祭用数之仂。（注：算今年一岁经用之数用其什一。）丧三年不祭，惟祭天地社稷，为越绋而行事。丧用三年之仂。（注丧大事用三岁之什一。）……国无九年之蓄曰不足，无六年之蓄曰急，无三年之蓄曰国非其国也。三年耕，必有一年之食；九年耕，必有三年之食；以三十年之通，虽有凶旱水溢，民无菜色，然后天子食，日举以乐。（《正义》：假令一年有四万斛，以一万斛拟三十年通融积聚，为九年之蓄。以见在三万斛，制国之来岁一年之用。案《公羊》宣十五年《何注》：三年耕，余一年之畜；九年耕，余三年之积；三十年耕，有十年之储。《汉书·食货志》：民三年耕，则余一年之畜。衣食足而知荣辱，廉让生而争讼息。故三载考绩，孔子曰：苟有用我者，期月而已可也。三年有成，成此功也。三考黜陟，余三年食，进业曰登，再登曰平，余六年食。三登曰泰平。二十七岁，遣九年食。然后王德流洽，德化成焉。故曰如有王者，必世而后仁。繇此道也。）

据此，则当时之所谓太平，就不过是农人的生计宽裕，因而国家的贮畜充足，社会的生活，就觉得安稳；农业在社会上的关系，可以算得大极了。

耕种而外，属于农业性质的，便要推林业、畜牧、渔猎。当时的畜牧，已经做了农民的副业。（如“畜五母鸡两母豕”等。）专门采伐林木或是捕渔打猎的人，大概也是很少的。所以当时的农业，是把公有的土地来分给平民耕种；至于采伐林木，或者捕渔打猎的地方，却是作为全部落公有的。并没专司其事的人，所以《王制》说：

名山大泽不以封。（注：其民同财，不得障管。）

《孟子》也说：

林麓川泽，以时入而不禁。

然而采取的制限，也是有的。所以《孟子》又说：

数罟不入洿池，鱼鳖不可胜食也；斧斤以时入山林，材木不可胜用也。

《王制》也说：

天子诸侯无事，则岁三田：一为干豆，二为宾客，三为充君之庖。无事而不田，曰不敬；田不以礼，曰暴天物。天子不合围，诸侯不掩群。天子杀则下大绥；诸侯杀则下小绥；大夫杀则止佐车；佐车止，则百姓田猎。獭祭鱼，然后虞人入泽梁；豺祭兽，然后田猎；鸠化为鹰，然后设蔚罗；草木零落，然后入山林；昆虫未蛰，不以火田。不麛，不卵，不杀胎，不殀夭，不覆巢。（《周礼》有山虞、林衡、川衡、泽虞、迹人、丱人等官。都属地官。）

第二节　工商业和货币

农业而外，生利的人便要数着工商。古代社会的经济组织，虽然幼稚，然而农工商分业，却久已实行。所以《管子·小匡篇》说："士农工商四者，国之石民也；不可使杂处；杂处则其言哤，其事乱；是故圣王之处士必于间燕，处农必就田墅，处工必就官府，处商必就市井。"又说"士之子常为士"，"农之子常为农"，"工之子常为工"，"商之子常为商"。把工商两种人比较起来，商人的程度，似乎高些。大约因为他周游四方，无所不至；而工人则但立于官吏监督之下，笃守旧法，从事制造之故。

中国的商业萌芽是很早的。《洪范》八政：一曰食，二曰货，《汉书·食货志》替他下个界说道：

"食"谓农殖嘉谷，可食之物，"货"谓布帛可衣，及金刀龟贝，所以分财布利通有无者也。

前者是消费了他的本身以为利的，后者是不供给消费，拿来做"交易的手段"以为利的。《洪范》上头，就把这两种并列。可见当时的商业已很占重要的位置，他又追溯他的起源道：

二者生民之本，兴自神农之世。（以下引《易系辞》的话，见第三章第一节。）

据此看来，就可见得中国商业萌芽的早了。

后世的商业要分做两种：一种是《王制》所谓“市廛而不税”，《孟子》所谓“市廛而不征，法而不廛”的。（《公孙丑篇》。按郑注《王制》说：“廛，市物邸舍。税其舍，不税其物。”赵注《孟子》说：“廛，市宅也。古者无征，衰世征之……法而不廛者，当以什一之法征其地耳。不当征其廛宅也。”两说不同。）这种商人都有一定的廛舍；他的廛舍是在国中；所经营的商业较大。（《周礼》匠人营国，面朝后市，内宰佐后立市，也属于这一种。）国家管理他的法子也很严。《王制》上说：

有圭璧金璋，不粥于市；命服命车，不粥于市；宗庙之器，不粥于市；牺牲不粥于市；布帛精粗不中数，幅广狭不中量，不粥于市；奸色乱正色，不粥于市；锦文珠玉成器，不粥于市；衣服饮食，不粥于市，五谷不时，果实未熟，不粥于市；木不中伐，不粥于市；禽兽鱼鳖不中杀，不粥于市。

这种严厉的规则，有几种意义：（一）种是为保持社会的阶级制度，如“命服命车不粥于市”等；（一）种是为维持社会上的风俗秩序，如“布帛精粗不中度”、（当时的布帛，是交易的媒介物，有货币的性质。）“饮食衣服不粥于市”等；（为禁止人民的懒惰奢侈。）（一）种是为社会经济、人民健康起见，如“五谷不时”、“木不中伐不粥于市”等。

《周礼》上管理商人的有司市以下各官，也很严厉的。大概当时的商人，是立于政府严重监督之下。不如后世的自由，然而商业的利益古人也很晓得的，所以《王制》和《孟子》都说“关讥而不征”，很有招徕的意思。（《周礼》却有关门之征，要凶——饥荒——札——疾疫死亡——才免。见司关。）

还有一种，是在乡野地方做卖买的，并没有一定的廛舍。（所以《白虎通》说“行曰商，止于贾。”）

《公羊》宣十五年《何注》：因井田以为市，故俗语曰市井。

《孟子》：古之为市也。以其所有，易其所无者，有司者治之耳。有贱丈夫焉，必求龙断而登之，以左右望而罔市利，人皆以为贱，故从而征之。征商，自此贱丈夫始矣。注：龙断，谓堁断而高者也。左右占望，见市中有利，罔罗而取之。（《释文》陆云：龙断，谓冈垄断而高者。）

这种市大概是设在野田墟落之间的。未必终年都有，不过像如今的集市一般。神农氏日中为市，大概就是这一种制度。《酒诰》上说“肇牵车牛远服贾”，大概也是农民于收获之后，去赶这一种贸易的。

工业也是这样；有一种人，是专门做工的。就是《曲礼》所谓“天子之六工：曰土工，金工，石工，木工，兽工，草工，典制六材”。《考工记》所谓“凡攻木之工七，攻金之工六，攻皮之工五，设色之工五，刮摩之工五，抟埴之工二”。这一种工人，是立于国家监督之下，而从事于制造的。所以《荀子》说工师之职是“论百工，审时事，辨功苦，尚完利，便备用；使雕琢文采，不敢专造于家”。至于民间日用之物，大概都是自己造的。《考工记》：“粤无镈，燕无函，秦无庐，胡无弓车。粤之无镈也，非无镈也，夫人而能为镈也；燕之无函也，非无函也，夫人而能为函也；秦之无庐也，非无庐也，夫人而能为庐也；胡之无弓车也，非无弓车也，夫人而能为弓车也。”可以推见一斑。（大概切用的物，都是自己造的。俄国人某（忘其名）《新疆游记》，说新疆省沙漠地带，往往隔数里或百里，有一块泉地。这种泉地里，都有汉人在那里耕种。除掉金属器具之外，一切都能够自制，可以无待于交易的。）

古代的社会，经济程度幼稚，每一个部落，大概都有经济自足的意思。所以种种需用的器具，必须自造。工业就不得不特设专官。实在不能自给的，也得要仰给于人；然而这时候社会的经济情形，未必一切货物都能循供求相剂的原则，得自然的调剂。有时候缺乏起来，就得靠托商人，出去想法子。所以国家和商人，也有相依为命的时候。看子产对韩宣子说："昔我先君桓公，与商人皆出自周；庸次比耦，以艾杀此地，斩之蓬蒿藜藿而共处之。世有盟誓，以相信也，曰：尔无我叛，我无强贾；毋或匄夺；尔有利市宝贿，我勿与知。"可见。（《左传》昭十六年。）

商人和工人的情形，虽已大略讲过；然而古代货币的情形，也得考究他一考究，才能见得当时社会交换的状况。按我国古代用为货币的，最多的就是"贝"，次之就是"布"。所以货贿一类的字，都是从贝，而后世的货币，还名为布。（参看近人《饮冰室丛著·中国古代币材考》。）至于金属的使用，也是很早的。所以《史记·平准书》说：

> 虞夏之币，金为三品：或黄，或白，或赤；或钱，或布，或龟贝。

但是当时的制度，业已不可详考，所以《汉书·食货志》又说："凡货，金钱布帛之用，夏殷以前，其详靡记云。"其有一定的制度，实在起于周朝。《食货志》又说：

> 太公为周立"九府圜法"。黄金方寸而重一斤；钱圜函方，轻重以铢；布帛广二寸为幅，长四丈为匹。

钱圜函方，已经进于铸造货制。黄金虽然还在秤量时代，也已经明定一个用法；粗看起来，似乎金铜两品"相权而行"了。然而实在不是。古代的黄金，并不和铜钱相权，而且黄金之外，用为货币的，还是珠玉，这都是用之于远处，偶一行之，并不是常用的货币。《管子》说：（据《文献通考·钱币考》，较今本《管子》为简明。）

> 汤七年旱，禹五年水，人之无糧，有卖子者。汤以庄山之金铸币，而赎人之无糧卖子者。禹以历山之金铸币，以救人之困。夫玉起于禺氏，金起于汝汉，珠起于赤墅。东西南北去周七八千里。水绝壤断，舟车不能通。为其途之远，至之难。故

托用于其重。以珠玉为上币，以黄金为中币，以刀布为下币。

可见“珠玉黄金”，不过当饥荒之际，需用极远地方的货物，偶一用之。至于平时民间使用，却系用两种铜钱相权。所以周景王要铸大钱，单穆公说：

古者天降灾戾，于是乎量资币，权轻重以救民。民患轻，则为之作重币以行之，于是有母权子而行民皆得焉。若不堪重，则多作轻而行之，亦不废重，于是有子权母而行，小大利之。今王废轻而作重，民失其资，能无匮乎。

然而据战国时代李悝所计算，则当时民间需用铜钱之数，也很少的。大概社会上的经济，一大部分还在自足时代。请看下节。

第三节　春秋战国时代社会经济的变迁

古代社会的经济组织，他的特质，到底在什么地方呢？就是“私有的制度”还没有起源，一个人的生产，不是为着自己而生产，都是为着全社会而生产。一个人的消费，也不必自己设法，社会上总得分配给他一份。所以当时的农工商，并不是为自己要谋生活，才去找这件事干的；是社会全体，要经营这种事业，分配到他头上；所以他们都是“世业”，并没有“择业的自由”。所以当时就是不能工作的人，分配起来，也得给他一份。《王制》上说：

少而无父者谓之“孤”，老而无子者谓之“独”，老而无妻者谓之“矜”，老而无夫者谓之“寡”，此四者，天民之穷而无告者也；皆有常饩。“瘖”、“聋”、“跛”、“躃”、“断者”、“侏儒”，百工各以其器食之。（《正义》：此等既非老无告，不可特与常饩；既有疾病，不可不养；以其病尚轻，不可虚费官物。故各以其器食之。器，能也。因其各有所能，供官役使，以廪饩食之。）

都是根据这一种“分配制度”来的。就是孔子所说“故人不独亲其亲，不独子其子，使老有所终，壮有所用，幼有所长，鳏寡孤独废疾者，皆有所养；男有分，女有归。货恶其弃于地也，不必藏于己；力恶其不出于身也，不必为己”；所梦想的也是这一种经济组织。

但是这种组织，到后来破坏了。为什么破坏呢？我说有两种原因：

（一）当时社会上，有贵族平民两种阶级。贵族阶级侵夺平民阶级。

（二）因生产的方法进步了，各部落都有余财，交易之风渐盛。（一个部落里，虽没有私有财产的人，然而部落的财产，却是私有的。所以部落和部落之间，仍可互相交易。）因交易之风渐盛，而生产方法格外改变。从前各个部落，都得汲汲乎谋自给自足的，到这时候却可以不必。（缺乏了什么，可以仰给于他部落。）于是个人渐可自由择业，而财产私有之风以起。（参看《建设杂志》马克思《资本论解说》。）

所以当时旧组织的崩坏，第一件，便是井田制度的破坏。井田制度的破坏，《孟子》说：

> 夫仁政，必自经界始。经界不正，井地不均，谷禄不平。是故暴君污吏，必慢其经界。

寥寥数语，把井田制度破坏的原因，说得十分透彻。这分明都是贵族侵夺平民的。再看朱子的《开阡陌辨》。（《文献通考》卷一。）

> 《汉志》言秦废井田开阡陌说者之意，皆以开为开置之开，言秦废井田而始阡陌也。……按阡陌者，旧说以为田间之道；盖因田之疆畔，制其广狭，辨其纵横，以通人物之往来。……当衰世法坏之时，则其归授之际，必不免有烦扰欺隐之奸；而阡陌之地，切近民田，又必有阴据以自私，而税不入于公上者。是以一旦奋然不顾，……悉除禁限，……听民兼并卖

买；……使民有田即为永业，而不复归授，以绝烦扰欺隐之奸；使地皆为田，田皆出税，以核阴据自私之幸；……故《秦纪》、《鞅传》皆云：为田开阡陌封疆而赋税平。蔡泽亦曰：决裂阡陌，以静生民之业而壹其俗。……

这一篇说话，尤可见得井田制度的破坏，全由于贵族的侵占自私。井田制度，是古代共产社会的根本，井田制度一破，就共产社会的组织，根本上打消了。

按李悝替魏文侯作尽地力之教说：（《汉书·食货志》。）

今一夫挟五口，治田百亩，岁收亩一石半，为粟百五十石。除十一之税十五石，余百三十五石。食：人月一石半，五人终岁，为粟九十石。余有四十五石。石三十，为钱千三百五十。除社，闾，尝新，春秋之祠，用钱三百；余千五十。衣：人率用钱三百，五人终岁，用千五百。不足四百五十。不幸疾病死丧之费，及上赋敛，又未与此。

则当时的农民，就使实有百亩之田，养活一家五口，已经不足；何况照上文的研究，决没有百亩之田；再看韩非子的说法：（《五蠹篇》。）

今人有五子不为多，子又有五子，大父未死而有二十五孙，是以人民众而货财寡，事力劳而供养薄。更何况一家又决不止五口呢。然则当时的农民过什么日子呢？

其第二件，便是商业的发达。阶级制度全盛的时代，一切享用都要“身份相称”，下级社会的人，有了钱也没处使用。（《白虎通·五刑篇》：礼不下庶人，欲勉民使至于士，……庶人虽有千金之币，不得服。）所以商业不能大盛，加以古代生产的方法幼稚，平民社会里，也实在没有几个宽裕的人。到后来，生产的方法渐次进步，阶级的制度又渐次破坏。只要有钱，凭你怎样使用。这种旧制度，就一天天的崩坏了，《汉书·货殖传》说：

昔先王之制，自天子、公、侯、卿、大夫，至于皂隶、抱关、击柝者，其爵禄、奉养、官室、车服、棺椁、祭祀、死生之制，各有差品，小不得僭大，贱不得逾贵。夫然，故上下序而民志定，……及周室衰，礼法堕，诸侯刻桷丹楹，大夫山节藻棁；八佾舞于庭，雍彻于堂；其流至于士庶人，莫不离制而弃本，稼穑之民少，商旅之民多，谷不足而货有余。

这几句话，把商业发达的情形，叙得了如指掌。《史记·货殖列传》说："用贫求富，农不如工，工不如商。"又说：无财作力，少有斗智，既饶争时，俨然是一种大规模的竞争了。

还有一件，便是古代所谓名山大泽，与民同财（见第一节。）的地方，到后来，都给私人占去，于是农民非常之苦，而畜牧、树艺等事业，却非常之发达。所以《史记·货殖列传》说：

陆地牧马二百蹄，牛蹄角千，千足羊，千足彘，水居千石鱼陂，山居千章之材。安邑千树枣，燕秦千树栗，蜀汉江陵千树橘，淮北常山已南河济之间千树萩，陈夏千亩漆，齐鲁千亩桑麻，渭川千亩竹，及名国万家之城，带郭千亩，亩钟之田，若千亩卮茜，千畦姜韭，此其人皆与千户侯等。

这三种人，一种是"大地主"，一种是"商人"，一种是"擅山泽之利"的。终前汉一朝，始终是社会上的富者阶级。这个且待第二篇再讲。

社会上经济的变迁剧烈如此，于是拜金主义大为流行。"子贡结驷连骑，束帛之币，以聘享诸侯；所至国君，无不与之分庭抗礼。"乌氏倮以畜牧起家。"秦始皇帝令倮比封君，以时与列臣朝请。"巴寡妇清，擅丹穴之利，"秦皇帝以为贞妇而客之，为筑女怀清台"。（《史记·货殖列传》。）而穷人则

庶人之富者累巨万，而贫者厌糟糠。（《汉书·食货志》。）

凡编户之民，富相什则卑下之，相伯则畏惮之，千则役，万则仆。（《史记·货殖列传》。）

其受生计压迫，奔走求食的情形，则《史记·货殖传》说：

> 故壮士在军，攻城先登，陷阵却敌，斩将搴旗，前蒙矢石，不避汤火之难者，为重赏使也；其在闾巷少年，攻剽椎埋，劫人作奸，掘冢铸币，任侠并兼，借交报仇，篡逐幽隐，不避法禁，走死地如骛者，其实皆为财用耳。今夫赵女郑姬，设形容，揳鸣琴，揄长袂，蹑利屣，目挑心招，出不远千里，不择老少者，奔富厚也。游闲公子，饰冠剑，连车骑，亦为富贵容也。弋射渔猎，犯晨夜，冒霜雪，驰坑谷，不避猛兽之害，为得味也。博戏驰逐，斗鸡走狗，作色相矜，必争胜者，重失负也。医方诸食技术之人，焦神极能，为重糈也。吏士舞文弄法，刻章伪书，不避刀锯之诛者，没于赂遗也。农工商贾畜长，固求富益货也；此有智尽能索耳，终不余力而让财矣。

把社会上的形形色色，一切都归到经济上的一个原因，马克思的唯物史观，也不过如此。

总而言之，（一）贵贱的阶级破，贫富的阶级起。（二）共有财产的组织全坏，自由竞争的风气大开。是春秋战国时代社会的一种大变迁，是三代以前和秦汉以后社会的一个大界限。

第十章 古代的宗教和文化

第一节 古代的哲学和宗教

古代人的思想，似乎是很幼稚的。然而天下无论什么事情，都是从人的心理上发展出来；（物质方面的势力，自然也不可蔑视，这句话不要泥看。）后代人的思想，又总是接着古代人的思想逐渐改变的。所以研究古代人的思想，在史学上头，实在有很大的价值。（在中国这种崇古的社会里头，更为要紧。）

要研究古代人的思想，先得明白一种道理。便是“古代人所想解决的，都是“有”、“无”、“空间”、“时间”等幽深玄远的问题，他们的研究，大概是凭着“想象”和“推测”。要像后世以科学为根据，或是起了“认识论”上的疑念，对于“形而上学问题的解决”而怀疑的，实在很少。

中国古人解释“宇宙的起源”，以“气”为万物的原质，颇近于希腊的“惟物论”。又推想一切万有，都起于“阴阳二力”的结合，也和“二元论”有些相像。但是他又推想“阴阳二力”，其初同出于一原；

而且“有”的根本，是出于“无”，却又不能说他是“惟物论”、“二元论”了。他们推想最初的世界道：

天下万物生于“有”，“有”生于“无”。《老子》。

泰初有“无”，无“有”无“名”；“一”之所起，有“一”而未形。（《庄子》。）

“有形”出于“无形”；“未有天地”，能生“天地”者也。（《淮南子·说山》。）

从无而到有，是阴阳二力还没有分的。所以说：

“太极元气”，含“三”为“一”。（《汉书·律历志》。）

从一而分为二，就是“太极”分为“两仪”。阴阳二力，再相和合，所生的物，便无穷了。所以说：

“一”生“二”，“二”生“三”，“三”生“万物”。（《老子》。《春秋元命苞》：阴阳之性以一起，人副天地，故生一子。）

但是从无而至有，究竟是怎么样子呢？还是“有”，便像如今的样子呢？还是逐渐变迁成功的呢？他们说：

……有“太易”，有“太初”，有“太始”，有“太素”；“太易”者，未见“气”也；“太初”者，“气”之始也；“太始”者，“形”之始也；“太素”者，“质”之始也；“气”、“形”、“质”具而未相离，谓之“浑沌”；“浑沌”者，言万物相混沌而未相离也。（《周易正义》八论之一引《乾凿度》。）

“质”出于“形”，形出于“气”，而气出于“易”，“易”是“变易”，就是“动而不息”的意思；那么，古人认一切万有，是原于一种“动力”的。

自无出有谓之“生”，（《文选》六引刘瓛《周易义》：自无出有曰生。）生于宇宙间之物，既然都是有质的，那么，他于“宇宙间的物质”，必定得到其一部分；这便唤做“德”。（这是德字的本义。）所以说：

天地之大“德”曰“生”。（《易系辞》）

物得以生谓之“德”。（《庄子·天下篇》。）

得到“宇宙间的物质”的一大部分而生，谓之“命”。所以说：

大凡物生于天地之间皆曰“命”。（《礼记·祭义》。）

宇宙间的物，同出于一原。所以虽然散而为万物，其根源仍是“同一”的。这个根源，便是天。（万物皆生于阴阳二力，而阴阳二力之动，阳又在先，所以可说物本乎天地，又可单说物本乎天。）所以天神称为“上帝”；“帝”就是“蒂”，古作“柢”，和“根”字是双声互训的。（详见吴大澂《字说》。）所以说：

物本乎天，人本乎祖。（《礼记·郊特牲》。）

宇宙间的物质，本来是唯一的。有一种力，叫他“凝集”起来，就成功有形有质的“物”；凝聚的力散了，便又分离做无数“小分子”，（也可以说是“原子”。）浮游空间。这其间又起变化，而再成为别种的“物”。所以说：

精气为“物”，游魂为“变”，（《易系辞》。精气是“精的气”，精是“凝集得极坚密”的意思。所以说“窈兮冥兮，其中有精，其精甚真”（《老子》）。真和“填”、“阗”等同音，是充实的意思。）

那么一切万有，无非一种原质所流动而变化的了。所以说：

凡物之“精”，此则为“生”，下生五谷，上为列星，流于天地之间则为鬼神。（《管子》。）

有形有质的物，都有个局限。“最小而可称为无”的“原子”，却是没有的，是无所不遍的，所以宇宙之间是充实的。所以说：

“神”无方而易无体。（《易系辞》。）

惟“神”也，故不疾而速，不行而至。（同上。）

“鬼神”之为德，其盛矣乎。视之而不见，听之而不闻，体物而不可遗。（《礼记·中庸》。）

这么说，中国古代的哲学，又近乎“泛神论”了。

以上所述，用科学的眼光看起来自然不能满足，然而古代一切思想，没有不以此为根据的。因为有生于无，所以“贵无”。（“无”不但是老子所贵，就孔子也说“以致五至而行三无”（《礼记·孔子闲居》）。“无为而治者，其舜也与？夫何为哉，恭己正南面而已矣。”（《论语·卫灵公》））无就是虚，所以又“贵虚”。（《韩非子·主道》：虚则知实之情，静则知动者正。）有的起初，是“一而未分”的，所以“贵一”。（《老子》：昔之得一者，天得一以清，地得一以宁，神得一以灵，谷得一以盈，万物得一以生，王侯得一以为天下贞。《吕氏春秋·大乐》：故一也制令，两也从听，是以圣人抱一以焉天下式。）因为贵一，所以要“反本”。（《老子》：既得其母，以知其子；即知其子，复守其母；没身不殆。《礼记·大学》：其本乱，而未治者否矣。）从政治上讲起来，就要“正本”；君主的责任权力，就从此发生。从道德上说起来，也就发生“报本”之义。（董仲舒说：是故圣人深探其本而反自贵者始，故为人君者，正心以正朝廷，正朝廷以正百官，正百官以正万民，正万民以正四方。《公羊》元年春王正月，《何注》：春秋以元之气，正天之端，以天之端，正王之政，以王之政，正诸侯之即位，以诸侯之即位，正境内之治。）本就是中，所以贵“守中”。（“皇极”的“极”训中，老子多言数穷，不如守中。）凡物之生，都是积微成著的，所以要“慎微”。（古人说从无而至有，有形无形，算做一个阶段，先要有形，才能有体。微是无形的意思，著是有形的意思。所以《乾凿度》说：“天气三微而成著，三著而成体。”《荀子·赋篇》说：“物精微而无形。”《老子》：“抟之不得名曰微。”《孙子》：“微乎微，微至于无形。”）是从小到大的，所以要“慎始”，（《大戴礼·保传》：正其本，万物理。失之豪厘，差以千里。故君子慎其始也。）要“谨小”，（谢承《后汉书》载李咸奏：春秋之义，贬纤介之恶，采豪末之始。）要“慎独”。（独的本义训小，不训单独。《礼记·礼器》：“观天下之物，无足以称其德者。则得不以少为贵乎（古少小二字互通）。是故君子慎其独也。”《大学》、《中庸》的慎独，也是如此讲，并不是说独居之时（所以说诚于中，形于外，也是积微成著的意思）。《六韬》“太公曰：凡兵之道，莫过于一。一者，能独往独来。”这个独字，也是训小的。易初六童观，马融注童，犹独也。）生又唤做“善”，所以贵“积善”。（既生之后，逐渐长成，谓之善。这是善字的本义。因为生机畅遂，是人人所乐，才引伸为善恶之善。《易系辞》：一阴一阳之谓道，继之者善也。成之者性也。这个善字，是用的本义。因为善是逐渐生长的意思，所以贵乎积（《易文》言，“积善之家，必有余庆。积不善之家，必有余殃。巨弑其君，子弑其父，非一朝一夕之故。其所由来者渐矣。”把由来者渐训积不善，可见善是继续生长的意思）。逐渐生长的东西。要等他发达到极点才好，所以说“止于至善”（《礼记·大学》）。）这种问题，都是在极幽深玄远的地方的。（万物的起源，古人在空间上，设想他在极高极远的地方。所以说“天玄而地黄。”玄是黑色，深远之处，一定是黑暗而不可见的。所以《后汉书·张衡传》注说：“玄，深也。”〔《庄子》“天下以深为根”），在时间上，设想他在极悠久的年代。所以说“天为古，地为久”（《周书·周祝篇》）。天字训古，确是古义，所以郑康成注《尚书》粤若稽古，训稽古为同天。俞正燮说：“《三国志》、《书正义》，均诋郑氏信纬，以人系天，于义无取。且云：古之为天，经无此训，不悟《诗》云，古帝命武汤，正是经训古为天。”（《癸巳类稿》卷一）〕所以贵“知几”，（《易系辞》：“知几其神乎。几者。动之微，吉之先见者也。”《尚书大传》：“旋机者何也。机者，几也，微也。其变几微，而所动者大，谓之旋机。”正是“几者动之微”的“的诂”。）贵“极深研几”。（《易系辞》：夫易，圣人之所以极深而研几也。）万有的起源，是一种动力。这种动力，是动而不已的。所以贵“变通”，忌“执一”。（《易系辞》：“易穷则变，变则通，通则久。”《孟子》：“子莫执中，执中为近之，执中无权，犹执一也。”）虽然动而不已，然而仍有其“不变”者存，（譬如四时昼夜，终而复始。）所以说这一种动，是“循环”的（《史记·高帝本纪赞》：三王之道若循环，终而复始。）所以说“天道好还”；（四字见《老子》。所以易有“变易”、“不易”二义。）因为“天道好还”，所以说“福兮祸所倚，祸兮福所伏”（也见《老子》。）所以说“将欲歙之，必固张之；将欲弱之，必固强之；将欲废之，必固兴之；将欲夺之，必固与之。”（也是《老子》的话。）因为宇宙间的事物，都有天然的规则秩序，人在其间。也莫能自外；所以贵乎“法自然”。（《老子》：道法自然。）

以上所说，不过是略举数端。若要备细推论起来，便是千言万语也不能尽。然而可见古代的宗教、哲学、政治、伦理，……都有一贯的原理，存乎其间。从这种原理上，推衍发展，而成为社会上的一切现象。可见得这种思想，看似幽深玄远，却是社会上一切显著的现象的根本，（因为人的做事，总有一部分的原因在心理上，不能全用物质说明的。）研究社会现象的科学的人，实在不容蔑视的。

以上所说，都偏于思想一方面，可以算是古代的哲学史。无论哪一种哲学，决没有能完全否认宗教的；无论哪一种宗教，也总含有几分哲学上的解释。何况古代，岂有只有哲学上的思想，没有宗教上的感情的道理呢？咱们既明白了古代的哲学思想，便可以进而考究古代宗教上的崇拜。

中国是进化极早的国，他的宗教，决不是“拜物教”等劣等的宗教。他宗教上的崇拜，和哲学的思想是可以一贯的说明的。他所崇拜的对象，是什么呢？可以说是天象。

古人认阴阳二力为万物的起源，所以他所崇拜最大的对象便是“天地”。但是物之生，是由于四序的推行，这是显而易见的。所以次于天地的崇拜，便是“四时”。把四时分配在“四方”，再加以上天下地，就是“六合”。从六合之中，除掉了一个天，便成“五方”。把古人所说“物质生成的五种形态”配上去，就成了五行。再加之以“四隅”。那么，单就四正四隅说起来，就成了“八卦”。连着中央算，就成了“九宫”。适和古人“一生二，二生三，三三而九”的思想相合。九宫的周围，却有十二，所以又有所谓“十二支”，适可以配十二月。把三和五相乘，就是十五，于是又找到一个 Magicsquare 填在九宫里头，就成了后世所谓“洛书之数”了。（《大戴礼·盛德篇》：明堂者，二九四，七五三，六一八。这分明是一种 Magicsquare。后世的人，却把他看做一种神秘的东西，欲知其详，可看胡渭《易图明辨》。）

古人所认为生物的本源的，是天地和四时，所以有所谓五帝，又有所谓六天。《郊特牲正义》说：

指其尊极清虚之体，其实是一；论其五时生育之功，其别有五；以五配一，故为“六天”。……又《春秋纬》紫微宫为“大帝”。又云：北极耀魄宝。又云：大微宫有五帝座星：青帝曰灵威仰，赤帝曰赤熛怒，白帝曰白招拒，黑帝曰汁光纪，黄帝曰含枢纽。

六天之中，昊天上帝耀魄宝，是不管事的。（古代的君主，要无为而治，最初就是取象于此。）所以论生育之功，只有五帝，五帝之中，青帝主春生，赤帝主夏长，白帝主秋杀，黑帝主冬藏，黄帝就是地，为什么天不管事，地却要管事呢？《白虎通·五行篇》说：

地之承天，犹妻之事夫，臣之事君也；其位卑；卑者亲视事，故自同于一行，尊于天也。

那么，地的管事，又在什么时候呢？他说：

土王四季各十八日，……土所以王四季何？木非土不生，火非土不荣，金非土不成，水非土不高；土扶微助衰，历成其道，故五行更王，亦须土也。王四季，居中央，不名时。（同上，又，行有五时有四何？……土尊不任职，君不居部，故时有四也。案木，火，金，水，各王七十二日，合土王四季各十八日，等于三百六十日。）

然则水火木金土，又是什么东西呢？案《白虎通》解释五行的“行”字道：“言行者，欲言为天行气之义也。”古人把气认做万物的原质，说“行气”，就是把气变做有形有质之物，就是“万物的生成”。所以《书·洪范正义》解释五行的“次序”道：

万物成形，以微著为渐；五行先后，亦以微著为次。水最微为一，火渐著为二，木形实为三，金体固为四，土质大为五。

他们又说他的“生克”和“配合”道：

木生火者，木性温暖，伏其中，钻灼而出，故生火。火生土者，火热，故能焚木，木焚而成灰，灰即土也。……金居石，依山津润而生，联土成山，山必生石，故土生金。金生水者，少阴之气，温润流泽，销金亦为水，……故金生水。水生木者，因水润而能生，故水生木。（萧吉《五行大义》。）

五行所以相害者：天地之性，众胜寡，故水胜火也；精胜坚，故火胜金；刚胜柔，故金胜木；专胜散，故木胜土；实胜虚，故土胜水也。（《白虎通·五行篇》。）

这全是把当时一种幼稚的“物质思想”，附会上去的。至于上帝，虽不管事，也有“下行九宫”之说。

《后汉书·张衡传》注引《乾凿度》：太乙取其数以行九宫。郑玄注：太一者，北辰神名也。下行八卦之宫，每四乃还于中央。中央者，地神之所居，故谓之九宫。天数大分，以阳出，以阴入，阳起于子，阴起于午，是以大一下。行九宫，从坎宫始。自此而坤，而震，而巽，所行者半矣，还息于中央之宫。既又自此而乾，而兑，而艮，而离，行则周矣。上游息于太一之星，而反紫宫也。（昊天上帝，又名太一。见《周礼》郑注。《南齐书·高帝纪》九宫者：一曰天蓬，以制冀州之野；二为天芮，以制荆州之野；三为天冲，其应在青；四为天辅，其应在徐：五为天常，其应在豫；六为天心，七为天柱，八为天任，九为天英，其应在雍，在梁，在扬，在兖。）

这种说法，和《易系辞》帝出乎震，齐乎巽，相见乎离，致役乎坤，说言乎兑，战乎乾，劳乎坎，成言乎艮相合的。

以上的话，用如今人的眼光看起来，荒唐极了。然而古代的社会现象，也无一不出乎此，即以政治论，万物的生成，都出于天；天上主化育的，就是五帝；王者代天宣化，所以有“感生”之说。（《诗生民正义》引《五经异义》：“诗齐，鲁，韩，《春秋公羊》说，圣人皆无父，感天而生。”案《诗》“履帝武敏歆”，郑笺：“帝，上帝也，敏，拇也。……祀郊禖之时，时则有大神之迹，姜嫄履之，足不能满，履其拇指之处，心体歆歆然；……于是遂有身，……后则生子，……是为后稷。”又《商颂》：“天命玄鸟，降而生商”，郑笺：“玄鸟，鳦也。

……汤之先祖，有娀氏女简狄，……鳦遗卵，……简狄吞之而生契。”郑康成先学韩诗，笺诗多同韩义。感天而生，所以谓之天子。）四序之运，成功者退，所以有“五德终始”之说。（俞樾《迭斋丛说》：五德更王，古有二说。《汉书·律历志》载《三统历》曰：唐火德，虞土德，夏金德，商水德，周木德，此一说也。《文选·齐安陆昭王碑》注引《邹子》曰：五德从所不胜，虞土，夏木，殷金，周火，又一说也。……秦自谓以水德王，此相胜之说。周火故秦水也。汉自谓以火德王，此相生之说，周木故汉火也。）……既有五德终始之说，一姓就不能终有天下，所以有“易姓革命”之说，革命的命，是指天命而言，所以王者之兴，有受命之说。（受命是指符瑞而言。有一种符瑞出现，便是天命他做天子的证据。譬如“河图洛书”，就是符瑞的一种。详见《诗文王篇正义》。《孟子·万章篇》……然则舜有天下也，孰与之，曰：天与之。天与之者，谆谆然命之乎？曰：否，天不言，以行与事示之而已。……使之主祭，而百神享之，是天受之。使之主事而事治，百姓安之，是民受之也。天与之，人与之，故曰：天子不能以天下与人。尧崩，三年之丧毕，舜避尧之子于南河之南，天下诸侯朝觐者，不之尧之子而之舜，讼狱者，不之尧之子而之舜，讴歌者，不讴歌尧之子而讴歌舜，故曰天也。……《泰誓》曰：天视自我民视，天听自我民听，此之谓也。把天心和民意，打成一橛，荒怪之说，一扫而空，高则高矣，然而是儒家的学说，不是古代的事实。）王者的治天下，全是奉行天意，所以治定之后，要封禅以告成功。（《白虎通·封禅篇》：王者易姓而起，必升封泰山何？报告之义也。始受命之日，改制应天；天下太平功成，封禅以告天也。）所以王者的治天下，是对于天而负责任；既然是对于天而负责任，对于人自然是不负责任的了。这是从大处说的，若要逐一仔细说起来，就千言万语也不能尽。读者诸君，请把惠氏栋的《明堂大道录》看一遍，就可以知道古代一切政治和宗教的关系了。（因为明堂是中国最早一个神秘的东西，一切宗教上的崇拜，都在这里头，一切政治，都在这里头施行，一切学术，也都发源于此的。）此外一切现象，古人也没有不把宗教去解释他的。看《白虎通》的《五行篇》，就可以明白。

第二节　文字的起源和变迁

中国文字的起源，已见第三章第一节。据《正义》，则“上古结绳而治，后世圣人易之以书契”的“后世圣人”，是黄帝、尧、舜。再看许慎《说文解字序》说：

> 黄帝之史仓颉，见鸟兽蹄迒之迹，知分理之可相别异也，初造书契。

则文字起于黄帝，殆无疑义。然而《尚书·伪孔传叙》说：

> 古者伏羲氏之王天下也，始画八卦，造书契，以代结绳之政，由是文籍生焉。

《伪孔传》原是不足论的书，他要说“伏牺、神农、黄帝之书，谓之《三坟》；……少昊、颛顼、高辛、唐、虞之书，谓之《五典》……”所以不得不说伏牺时有文字。然而这所谓《三坟》、《五典》，也是杜撰的。（《左传》昭十二年：“是能读三坟五典八索九丘”，杜注“皆古书名”。《伪孔传》根据于王肃，杜预和王肃，是互相依附的（见丁晏《尚书余论》），尚且只说“皆古书名”；此外《正义》所引诸说，无一和《伪孔传叙》相同的；故知此说定是杜撰。）所以此说原不足论，然而《正义》申他的话，却颇可注意。《正义》说：

> 《尚书纬》及《考经谶》，皆云三皇无文字，又班固、马融、郑玄、王肃诸儒，皆以为文籍初自五帝，亦云三皇未有文字。（案《伪孔传》虽根据王肃，然辗转相传，至东晋时才出现。又未必尽肃之旧，所以又有异同的地方。）……又苍颉造书，出于《世本》，苍颉岂伏牺时乎？且《系辞》云：黄帝、尧、舜，为九

事之目；末乃云上古结绳而治，后世圣人易之以书契。是后世圣人即黄帝、尧、舜，何得为伏牺哉？……不同者，……其苍颉则说者不同。故《世本》云：苍颉作书，司马迁、班固、韦诞、宋衷、傅玄，皆云苍颉黄帝之史官也。崔瑗、曹植、蔡邕、索靖，皆直云古之王也。徐整云：在神农、黄帝之间。谯周云，在炎帝之世。卫氏云：当在庖牺、苍帝之世。慎到云：在庖牺之前。张揖云：苍颉为帝王，生于禅通之纪。《广雅》曰：自开辟至获麟，二百七十六万岁，分为十纪；则大率一纪二十七万六千年；十纪者，……禅通，九也。……如揖此言，则苍颉在获麟前二十七万六千余年。……又依《易纬通卦验》，燧人在伏牺前。表计寘其刻曰，苍牙通灵昌之成。孔演命，明道经。郑玄注云：刻，谓刻石而记识之。……又《韩诗外传》称古封泰山禅梁甫者万余人，仲尼观焉，不能尽识。又《管子书》称管仲对齐桓公曰：古之封泰山者七十二家，夷吾所识，十二而已。……是文字在伏牺之前，已自久远，何怪伏牺而有书契乎。

义疏强中传说，本不足论。所引崔瑗……之说，要破司马迁……之说，也未必有力。（就使崔瑗……之说是真的，古人同名号的很多（譬如尧的时候有共工，伏羲、神农之间，还有霸九州的共工），安知古时候有个“王者”的仓颉，黄帝时候不再有个做史官的仓颉呢？）然而说伏牺以前，久有文字，这话却未可一笔抹杀。用科学的眼光看起来，天下断无突然发生的事情，说前此都是结绳，仓颉一个人，“见鸟兽蹄迒之迹”，突然创造文字，也不合理。所以我说：文字断不是一人造的；从黄帝以前，必已发生很久，不过书传传说，都说是起于黄帝时代，苍颉是黄帝的史官，史官是管记事的，是用文字的，就都说文字是他所造罢了。

然则书传传说，为什么要说文字起于黄帝时代呢？按《易系辞》说：

后世圣人易之以书契，百官以治，万民以察。

则书契之用，是到黄帝时才广的，以前不过仍用之于“升封刻石”等事。所以大家都说书契是起于黄帝时了。

《说文解字叙》又说：

苍颉之初作书，盖依类象形，故谓之文；其后形声相益，即谓之字。文者，物象之本；（各本无此六字，段玉裁注本，依《左传》宣十五年《正义》补。）字者，言孳乳而寖多也。著于竹帛谓之书；书者，如也。以迄五帝三王之世，改易殊体，封于泰山者七十有二代靡有同焉。（案封于泰山者七十二代，——这句话原不必真，然而照古人的意思说起来，自多在黄帝以前；许慎的意思，也未必有异；照此处文义看起来，却像这七十二代，就在三王五帝之世似的；这是古人文法疏略，不可以辞害意。）周礼，八岁入小学。保氏教国子，先以“六书”；一曰“指事”，……二曰“象形”，……三曰“形声”，……四曰“会意”，……五曰“转注”，……六曰“假借”。……及宣王太史籀著大篆十五篇，与古文或异。至孔子书《六经》，左丘明述《春秋传》，皆以古文。……其后诸侯力政，不统于王，恶礼乐之害己，而皆去其典籍。分为七国，田畴异亩，车涂异轨，律令异法，衣冠异制，言语异声，文字异形。秦始皇帝初兼天下，丞相李斯乃奏闻之，罢其不与秦文合者。斯依《苍颉篇》，中车府令赵高作《爰历篇》，太史令胡毋敬作《博学篇》，皆取史籀大篆，或颇省改，所谓小篆者也。是时秦烧灭经书，涤除旧典；大发吏卒，兴戍役，官狱职务繁，初有隶书，以趣约易，而古文由此绝矣。

许慎的《说文解字叙》，向来讲“文字的历史”的，都根据他。我却有点疑心，为什么呢？（一）既然说“五帝三王之世，改易殊体”，为什么“保氏六书”，却有这样的整齐？（二）从李斯作《仓颉篇》，赵高作《爰历篇》，胡毋敬作《博学篇》之后，还有司马相如的《凡将篇》，史游的《急就篇》，李长的《元尚篇》，杨雄的《训纂篇》，班固的《十三章》，贾鲂的《滂喜篇》，都是整句韵语，（《凡将》七言：《急就》前多三言，后多七言；其余都是四言。这一条根据段氏《说文解字注序》，可参看原书。）一体相承，体例没有改变。既然保氏时代，就有很整齐的六书，为什么许慎以前，没一个人想到，照《说文》的体例，依字形分部编一部字书？（整句韵语，是文字为用未广，学问靠口耳相传时代的东西。《仓颉》、《爰历》……，正合这种体裁，所以汉朝尉律试学僮“讽籀书九千字，乃得为史”（见《许叙》），籀就是背诵（从段氏说），可见当时教学僮，都是如此的。若照《周礼》保氏教国子以六书的说法，是教小孩子的，不用《三字经》、《千字文》，反用《康熙字典》一类的字书了。哪有此理。）（三）许慎说“及孔子书《六经》，左丘明作《春秋传》，皆以古文”。这句话的根据就在他下文。所谓“壁中书者，鲁恭王坏孔子宅，而得《礼记》、《尚书》、《春秋》、《论语》、《孝经》，又北平侯张苍献《春秋左氏传》”。他又说“郡国亦往往于山川得鼎彝，其铭即前代之古文，皆自相似”。案他上文说秦朝时候，明说“而古文由此绝矣”，终西汉一朝，并没提起古文。到王莽时的六书，才有所谓“一曰古文，孔子壁中书也。二曰奇字，即古文而异者也”。则古文是根据壁中书，奇字想就是根据山川鼎彝的。然而现在《说文》一书中，所存“古文”“奇字”，实属寥寥无几，果使所谓古文者不过如此，和小篆算得什么异同？后世“于山川得鼎彝”一类的事情很多（研究他的人就是小学中的金石一派），所载的文字，分明和许书不尽相合。（四）而且六书的说法，仅见于《汉书·艺文志》，许慎《说文解字叙》，和《周礼》保氏注引先郑的说法，此外都没有。为什么没有一个人提及，难道周代相传的掌故，西汉时代没有一个人晓得么？所以我疑心：

六书的说法，是本来没有的。这种说法，是汉代的人，把古人的文字，就字形上来研究所得的结果。并不是周代保氏，就有这种说法。所谓言语异声，文字异形，并不是从战国时代起的。中国的文字，战国以前本来是大体相同，而各国都有小异的。直到秦并天下，“丞相李斯乃奏同之，罢其不与秦文合者”，才统一，（说“罢其不与秦文合者”，则大体相合可知。“言语异声，文字异形”，是从七国时代起，他无证据，只有《周礼》上大行人“七岁属象胥，谕言语，协辞令，九岁属瞽史，谕书名，听声音”，可以做周室盛时，言语不异声，文字不异形的证据。然而这句话，除《周礼》以外，也是他无证据的。）既然六书的说法，是汉末的人研究所得的结果；那么，从此以前，中国的文字是绝无条理的。不过有《苍颉》、《爰历》一类的书，像后世的《三字经》、《千字文》一般。给人家念熟了记牢了罢了，像后世《康熙字典》一类的书都是没有的。这么说，就可以见得中国的文字，是迫于需用渐次增加，并不是有一个人（像苍颉、史籀等）按了一定的条理系统，把他创造或改良的。（难我的人要说：既然是逐渐发达，何以所有的字，分明能把六书来驾驭他；何以能这般有条有理呢？那么，我要请问，后世造俗字的人很多，所造的字，也分明能把六书来统驭他，难道他们是通“六书义例”的么。）

以上的说法，似乎奇创，然而其中似乎也有点道理，请“好学深思之士”想一想。

程邈是中国一个改良字体的大家，他所改定的隶书，到如今还沿用他。（真书和隶书，算不得什么变迁。）然而这个人事迹不详。只据《说文》的《叙》，知道他是下杜人。《说文叙》说王莽时的六书：“三曰篆书。即秦小篆，秦始皇使下杜人程邈所作也。”这句话当在“四曰左书，即秦隶书”之下。看《段注》就可以明白。卫垣《四体书势》：“……小篆，或曰：下士人程邈，为衙狱吏，得罪始皇，幽系云阳十年，从狱中作……奏之始皇，始皇善之，出以为御史，使定书。或曰：邈所定乃隶字也。”前一说，想又是因说文的错简而致误的。

至于作书的器具，古人所用的，有竹木两种：木的唤做“牍”，（《说文》：牍，书板也。）唤做“版”，（《管子·霸形篇》注：方，版牍也。）又唤做“方”。（《仪礼·聘礼》注：方，版也。）板长一尺，（《玉海》。）所以又唤做“尺牍”。小的唤做“札”，（《汉书·郊祀志》注：札，木简之薄小者也。）也唤做“牒”，（《说文》：牒，札也。札，牒也。）大的唤做“椠”，椠长三尺。（《释名》。）方而有八角，有六面或八面可写的，唤做“觚”，又唤做“稜”。（颜师古《急就篇》注：觚者，学书之牍，或以记事。……或六面或八面皆可书。《史记·酷吏列传》注：觚，八稜有隅者。）刻木以记事谓之“契”。（《汉书·古今人表》注：契，刻木以记事也。）把他分做两半，则或唤做“契”，或唤做“券”。（《曲礼》：“献粟者执右契。”《史记·田敬仲完世家》：“公常执左券”，则左半唤做券，右半唤做契。然亦是“对文则别，散文则通”的。）竹的唤做“简”，又唤做“策”。（《仪礼·既夕》注疏：编连为策，不连为简。案这也是对文则别，散文则通的。）也有用帛的，则谓之“缣素”。（见《后汉书·和熹邓皇后纪》注。）编连起来是用“韦”（《一切经音义》十四引《字林》：韦，柔皮也。）所以说孔子读《易》，“韦编三绝”。写字是用笔蘸漆，书于简牍。（《物原》：虞舜造笔，以漆书于竹简。）写错了，就用刀削去，所以“刀笔”连称，又说“笔则笔，削则削”，（《汉书·礼乐志》：“削则削，笔则笔。”注：“削者，谓有所删去，以刀削简牍也；笔者，谓有所增益，以笔就而书也。”《曲礼》疏：“削，书刀也。”则削简牍的刀，亦可以唤做削。）这种写字的法子，是很繁难的。所以古代的文化，发达得很缓。

第三节　东周以后的学派

研究古代的学术，先得明白两种道理：

其（一）古代的学术，是和宗教合而为一的；到后世才从宗教中分了出来。

其（二）古代的学术，是贵族所专有的；到后世才普及到平民。

因此，所以讲我国的学派，只得从东周以后起，因为西周以前，学术是和宗教合而为一的，是贵族所专有的。看本章第一节，已经可以明白他的思想；看了古代的一切制度，就可以明白他的外形了。

东周以后的学派，可考见的，无过于《史记·太史公自序》里头，述他的父亲谈所论六家要旨和《汉书·艺文志》所根据的刘歆《七略》。且把他节录在下面。

司马谈所论，是“阴阳”、“儒”、“墨”、“法”、“名”、“道德”六家。他说：

> ……尝窃观阴阳之术；大祥（《正义》顾野王云：祥，……吉凶之先见也。）而众忌讳，使人拘而多所畏。然其序四时之大顺，不可失也。儒者博而寡要，劳而少功，是以其事难尽从；然其序君臣父子之礼，列夫妇长幼之别，不可易也。墨者俭而难遵，是以其事不可遍循。然其强本节用，不可废也。法家严而少恩。然其正君臣上下之分，不可改矣。名家使人俭而善失真。然其正名实，不可不察也。道家使人精神专一，动合无形，赡足万物。其为术也，因阴阳之大顺，采儒墨之善，撮名法之要，与时迁移，应物变化，立俗施事，无所不宜，指约而易操，事少而功多。……

这几句话，是总论六家得失的。以下又申说他的所以然道：

> 夫阴阳，四时、八位、十二度、二十四节，各有教令；顺之者昌，逆之者不死则亡。未必然也，故曰使人拘而多所畏。春生，夏长，秋收，冬藏，此天道之大经也，弗顺，则无以为天下纲纪，故曰：四时之大顺，不可失也。儒者以六艺为法；六艺经传以千万数，累世不能通其学，当年不能解其礼。故曰：博而寡要，劳而少功。若夫列君臣父子之礼，序夫妇长幼之别，虽百家弗能易也。墨者亦尚尧舜道，言其德行曰：堂高三尺，土阶三等，茅茨不翦，采椽不刮。食土簋，啜土刑，粝粱之食，藜藿之羹。夏日葛衣，冬日鹿裘。其送死，桐棺三寸，举音不尽其哀。教丧礼，必以此为万民之率，使天下法。……夫世异时移，事业不必同，故曰：俭而难遵。要曰强本节

用，则人给家足之道也。此墨子之所长，虽百家弗能废也。法家不别亲疏，不殊贵贱，一断于法，则亲亲尊尊之恩绝矣。可以行一时之计，而不可长用也，故曰：严而少恩。若尊主卑臣，明分职，不得相逾越，虽百家弗能改也。名家苛察缴绕，使人不得反其意，专决于名而失人情；（案好比论理学，过偏于形式，而不顾事实。）故曰：使人俭而善失真。若夫控名责实，参伍不失，此不可不察也。道家无为，又曰无不为，其实易行，其辞难知。其术以虚无为本，以因循为用。无成势，无常形，故能究万物之情。不为物先，不为物后，故能为万物主。有法无法，因时为业；有度无度，因物与合。故曰：圣人不朽，时变是守。虚者，道之常也；因者，君之纲也。群臣并至，使各自明也。……

他所主张的，虽是道家，然而他篇首说："《易大传》：天下一致而百虑，同归而殊涂。夫阴阳、儒、墨、名、法、道德，此务为治者也，直所从言之异路，有省不省耳。"则他也承认此六家是同可以为治的。他议论当时的学问，专取这六家，大概也就是取其可以为治的意思。（如农家、兵家等，不是用于政治上的，所以都没论及。）

刘歆的《七略》，除《辑略》是"诸书之总要"外，其《六艺》一略，和《诸子略》里的儒家，是重复的。《诸子略》中，分为"儒"、"道"、"阴阳"、"法"、"名"、"墨"、"从横"、"杂"、"农"、"小说"十家；其中去小说家，谓之"九流"。《诗赋》一略，和学术无甚关系。（在后世的文学中，也只占一小部分。）《兵书》一略，又分"权谋"、"形势"、"阴阳"、"技巧"四家。《术数》一略又分"天文"、"历谱"、"五行"、"蓍龟"、"杂占"、"形法"六家。《方技》一略，分"医经"、"经方"、"房中"、"神仙"四家。其中尤以《诸子》一略，为学术的中坚，咱们且节录他所论各家的源流宗旨如下：

儒家者流，盖出于司徒之官。助人君……明教化者也。……

道家者流，盖出于史官。历记成败、存亡、祸福、古今之道；然后知秉要执本，清虚以自守，卑弱以自持；此君人南面之术也。……

阴阳家者流，盖出于羲和之官。敬顺昊天，历象日月星辰，敬授民时，此其所长也。及拘者为之，则牵于禁忌，泥于小数，舍人事而任鬼神。

法家者流，盖出于理官。信赏必罚，以辅礼制。……

名家者流，盖出于礼官。古者名位不同，礼亦异数。孔子曰：必也正名乎。名不正，则言不顺；言不顺，则事不成。……

墨家者流，盖出于清庙之守。茅屋采椽，是以贵俭；养三老五更，是以兼爱；选士大射，是以上贤；宗祀严父，是以右鬼；顺四时而行，是以非命；以孝视天下，是以尚同；……

从横家者流，盖出于行人之官。孔子曰：诵诗三百，使于四方，不能颛对，虽多，亦奚以为。又曰：使乎使乎。言其当权事制宜，受命而不受辞，此其所长也。及邪人为之，则尚诈谖而弃其信。

杂家者流，盖出于议官。兼儒墨，合名法，知国体之有此，见王治之无不贯。……

农家者流，盖出于农稷之官。播百谷，劝耕桑，以足衣食。……及鄙者为之，以为无所事圣王，欲使君臣并耕。……

小说家者流，盖出于稗官。街谈巷语道听途说者之所造也；……如或一言可采，此亦刍荛狂夫之议也。

他又论兵家道：

权谋者，以正守国，以奇用兵，先计而后战，兼形势，包阴阳，用技巧者也。形势者，雷动风举，后发而先至，离合背乡，变化无常。以轻疾制敌者也。阴阳者，顺时而发，推刑德，随斗击，因五胜，假鬼神，而为助者也。技巧者，习手足，便器械，积机关，以立攻守之胜者也。兵家者，盖出古司马之职，王官之武备也。……

又论术数道：

天文者，序二十八宿，步五星、日、月，以纪吉凶之象，圣王所以参政也。……历谱者，序四时之位，正分至之节，会日、月、五星之辰，以考寒、暑、杀、生之实。……五行者，五常之刑气也。……皆出于律历之数。……而小数家因此以为吉凶，而行于世，寖以相乱。……蓍龟者，圣人之所用也。……杂占者，纪百事之象，候善恶之征；……众占非一，而梦为大。……盖参卜筮。……形法者，大举九州之执，以立城郭室舍形人及六畜骨法之度数，器物之形容以求其声气贵贱吉凶；犹律有长短，而各征其声，非有鬼神，数自然也。……数术者，皆明堂羲和史卜之职也。……

又论方技道：

医经者，原人血脉、经络、骨髓、阴阳、表里，以起百病之本，死生之分，而用度箴、石、汤、火所施，调百药齐和之所宜。……经方者，本草、石之寒、温，量疾病之浅、深，假药味之滋，因气感之宜，辨五苦六辛，致水火之齐，以通闭，解结，反之于平。……房中者，情性之极，至道之际，是以圣王制外乐以禁内情，而为之节文。……乐而有节，则和平寿考。……神仙者，所以保性命之真，而游求于其外者也。……方技者，皆生生之具，王官之一守也；大古有岐伯、俞拊，中世有扁鹊、秦和。……汉兴，有仓公。……

以上所论，除儒、道、阴阳、法、名、墨六家，和司马谈所论重复外。杂家不能称家，小说家只是收辑材料，不能称学。术数一略，包括天文学、历学和古代的宗教学，亦不能出于阴阳家以外。方技四家，实在只算得一个医家。（医经是医学；经方是药物学；房中是专研究生殖一科的；神仙虽然荒唐，却也以医学为本；所以现在的《内经》，屡引方士之说。后世的方士，也总脱不了服食等事。）与从横家、农家、兵家都在司马谈所论六家之外。所以我国古代的学术，有：

儒家、（偏于伦理政治方面。）道家、（偏于哲学。）阴阳家、（古代的宗教家言，包括天文、律、历、算数等学。）法家、（偏于政治法律方面。）名家、（近乎伦理学。）墨家、（也在伦理政治方面。而敬天明鬼，比起儒道两家来，宗教臭味略重。）从横家、（专讲外交。）农家、兵家、医家。

而诗赋一略，也可以称做文学。

他推论各家学术，以为都出于王官。虽所推未必尽合，而“其理不诬”。可以见得古代学术为贵族所专有的情状。

以上所论，战国以前学术界的大略情形，可以窥见了。至于详论他的分岐变迁、是非得失，这是专门研究学术史的事，不是普通历史里讲得尽的，所以只好略而不具。

第二篇　中古史（上）

第一章　秦始皇帝的政策

秦代以前的世界，是个封建之世；秦汉以后的世界，是个郡县之世；其情形是迥然不同的：中国成一个统一的大国，实在是从秦朝起的。所以秦朝和中国，关系很大。

郡县之治，咱们现在看惯了，以为当然的。然而在当时，实在是个创局。咱们现在，且看秦始皇的措置如何。他的措置：

第一件，便是自称皇帝，除去谥法。这件事，便在他初并天下这一年。他下了一个令，叫丞相御史等议帝号。他们议上去的，是“臣等谨与博士议曰：古有天皇、有地皇、有泰皇，泰皇最贵。臣等昧死上尊号，王为‘泰皇’，命为‘制’，令为‘诏’，天子自称曰‘朕’”，他又叫他们去掉一个泰字，留了一个皇字，再加上一个帝字，就成了“皇帝”二字；其余便都照博士所议。不多时，又下了一道制道：“朕闻太古有号无谥；中古有号，死而以行为谥。如此，则是子议父，臣议君也，甚亡谓，朕弗取焉。自今已来，除谥法。朕为‘始皇帝’，后世以计数，二世三世，至千万世，传之无穷。”

第二件，便是废封建，置郡县。这时候，天下初统一，人情习惯于封建，六国虽灭，自然有主张新封的。所以初并天下这一年，就有丞相绾（姓王）等奏请：“六国初破，燕、齐、荆地远，不为置王，无以填之。请立诸子，唯上幸许。”始皇下其议，群臣皆以为便。独有廷尉李斯说：“周文武所封子弟同姓甚众；然后属疏远，相攻击如仇雠；诸侯更相诛伐，周天子弗能禁。今海内赖陛下神灵，一统皆为郡县。诸子功臣，以公赋税重赏赐之，甚足，易制。天下无异意，则安宁之术也。置诸侯不便。”始皇也说：“天下共苦战斗不休，以有侯王。赖宗庙，天下初定，又复立国，是树兵也，而求其宁息，岂不难哉。廷尉议是。”于是把天下分做三十六郡，置“守”、“尉”、“监”，（守是一郡的长官；尉是帮守管理一郡的军事的；监是中央政府派出去的御史。）中国郡县的制度，到此才算确立。

第三件，便是收天下的兵器，把他都聚到咸阳销毁了，铸做“钟”、“鐻”和十二个铜人（当时还是以铜为兵。）每个有一千石重。

第四件，是统一天下的“度”、“量”、“衡”和行车的轨与文字。（参看第一篇第十章第二节。）

第五件，是把天下的富豪迁徙到咸阳来，一共有十二万户。

这都是初并天下这一年的事，后来又有“焚书”、“坑儒”两件事。

“焚书”这件事，在公元前213年。他的原因，是因为始皇置酒咸阳宫，博士七十人前为寿；有一个仆射周青臣，恭维始皇行郡县制度的好处，又有个博士淳于越，说他面谀，而且说郡县制度，不及封建制度。始皇下其议。丞相李斯，便把淳于越驳斥一番，因而说：“诸生不师今而学古，以非当世，惑乱黔首。”又说：“他们尊私学而相与非法教；人闻令下，则各以其学议之。入则心非，出则巷议。夸主以为名，异取以为高，率群下以造谤。如此弗禁，则主势降乎上；党与成乎下。禁之便。”因而就拟了一个“禁之”的办法：是“臣请史官，非秦记，皆烧之；非博士官所职，天下有敢藏诗书百家语者，悉诣守尉杂烧之；有敢偶语诗书弃市；以古非今者族；吏见知不举者与同罪；令下三十日不烧，黥为城旦。——所不去者，‘医’、‘药’、‘卜’、‘筮’、‘种树’之书；若有欲学法令，以吏为师。”秦始皇许了他，烧书的事情，就实行起来了。

“坑儒”的事情，在焚书的明年，是方士引出来的。当时讲神仙的方士颇有势力，秦始皇也被他惑了，便派什么齐人徐市，发童男女入海求三神山；（蓬莱，方丈，瀛洲。）又派什么燕人卢生，去求羡门、高誓，（仙人的名字。）炼“不死之药。”这些事情的无效，自然是无待于言的。偏是这一年，卢生又和什么侯生私下谈论始皇：说他“乐以刑杀为威”，“贪于权势”，“未可为求仙药”。因而逃去。始皇听得，大怒，说：我烧书之后，召“文学”、“方术”之士甚多。召文学之士，要想他们“兴太平”；召方术之士，要想靠他们“求奇药”；很尊重赏赐他们。如今不但毫无效验，而且做了许多“奸利”的事情，还要“诽谤”我。因而想到，说诸生在咸阳的，有“惑乱黔首”的事情。就派个御史去按问。诸生就互相告发，互相牵引，给他坑杀了四百六十多人。

这几件事情，其中第二、第四两件，自然是时代所要求。第三件，后人都笑他的愚，然而这事也不过和现在“禁止军火入口”、“不准私藏军械”一样，无甚可笑。第五件似乎暴虐些，然而这时候，各地方旧有的贵族、新生的富者阶级，势力很大，要是怕乱，所怕的就是这一班人（后来纷纷而起的，毕竟是六国的王族和将家占其多数；否则就是地方上的豪杰。并非真是“瓮牖绳枢之子；甿隶之人；迁徙之徒”，可见地方上的特殊势力，原是应当铲除的）。汉高祖生平，是并不学秦朝的政策的。然而一定天下，也就“徙齐、楚大族于关中”，可见这也是时势所要求，还没甚可议之处。最专制的，便是第一件和“焚书”“坑儒”，两件事。为什么呢？“皇帝”是个空名，凭他去称“皇”，称“帝”，称“王”，称“皇帝”，似乎没甚相干。然而古人说：“天子者，爵也。”又说：“天子一位；公一位；侯一位；伯一位；子男同一位；凡五等。”可见天子虽尊，还不过是各阶级中之一；并不和其余的人截然相离。到秦始皇，便无论“命”、“令”、“自称”，都要定出一个特别名词来，天子之尊，真是“殊绝于人”了。“太古有号无谥”，自是当时风气质朴，并不是天子有种权利，不许人家议论。到始皇，除去谥法，不许“子议父，臣议君”，才真是绝对的专制。焚书这件事，不但剥夺人家议论的权利，并且要剥夺人家议论的智识。——始皇和李斯，所做的事，大概是“变古”的，独有这件事，是“复古”的。他们脑筋里，还全是西周以前“学术官守，合而为一”的旧思想，务求做到那“政学一致”的地步。人人都要议论，而且都有学问去发议论，实在是看不惯的。“坑儒”的事情，虽然是方士引起来，然而他坐诸生的罪名，是“惑乱黔首”，正和“焚书”是一样的思想。这两件事，都是“无道”到极点的。

以上所述的是秦始皇对内的政策；他的对外，还有两件事情。

其（一）是叫蒙恬去斥逐匈奴，收取河南的地方，（如今的河套。）于公元前213年，修筑长城，“起临洮，迄辽东，延袤万余里。”（秦始皇这一道长城，是因著战国时的旧址连接起来的，并不是一时造成。他所经的地方，是在如今河套和阴山山脉之北，东端在朝鲜境内，也并不是如今的长城。）

其（二）是发兵略取南越的地方，把他置了南海、（如今广东的南海县。）桂林、（如今广西的桂林县。）象（在如今越南。）三郡。又夺了句践的子孙的地方把他置了闽中郡。（如今的福建。）秦始皇的武功，有一部分人也颇恭维他。然而这也不过是时势所造成（中国国力发达到这一步，自然有这结果），无甚稀奇。不过“北限长城，南逾五岭”，中国疆域（本部十八省）的规模，却是从此定下来的。——后来无甚出入。

秦朝所以灭亡，由于奢侈和暴虐。他灭六国的时候，每破一国，便把他的宫室，画了图样，在咸阳仿造一所；后来又在渭南造一所阿房宫。《史记》说他的壮丽是“东西五百步，南北五十丈。上可以坐万人，下可建五丈之旗”。又在骊山（在如今陕西临潼县。）自营万年吉地。单骊山和阿房宫两处工程，就要役徒七十万人。还要连年出去“巡游”，“刻石颂德”。——封泰山；禅梁父。又要治什么“驰道”。他又自推“终始五德之传”，说周得火德，秦得水德。水德之始，应当严刑峻法，“然后合五德之数”。秦国的刑法，本来是很野蛮的，再经秦始皇有意加严，自然是民无所措手足了。

第二章　封建政体的反动

第一节　豪杰亡秦

秦朝吞灭六国，人心本来不服；加以始皇的暴虐和奢侈，自然是思乱者众。不过给始皇的威名镇压住了，一时不敢动。始皇一死，自然一哄而起了。

公元前210年，秦始皇出游，回去的时候，走到平原津（在如今山东的德县。）病了，到沙邱的平台宫，（在如今直隶的邢台县。）就一命呜呼。秦始皇有好几个儿子：大的唤做扶苏，是相信儒术的，看见秦始皇坑儒，就不免谏了几句，始皇不悦，便叫他到上郡去监蒙恬的军。小儿子胡亥，这一次却跟随始皇出来。始皇病重的时候，写了一封信给扶苏，叫他到咸阳去迎丧即位，这封信写好了还没有发，给一个宦者赵高知道了。原来这赵高，是教胡亥读书，又是教他决狱的；胡亥很喜欢他。这时候，他尚了"苻玺"，这封信自然在他手里过。他就去劝丞相李斯，要造封假信，废掉扶苏，改立胡亥。李斯起初不肯；经不起赵高再三劝诱，他又说："秦国的宰相，没有一个能善终的。你如今立了扶苏，他一定相信蒙恬，你一定不得好好儿的回去了。"李斯听了这话，不觉心动。就彼此商量，假造一封诏书，赐蒙恬、扶苏死。一路秘不发丧；回到咸阳，才把秦始皇的死信，宣布出来；拥立胡亥做了皇帝，这便是秦朝的二世皇帝。

二世做了皇帝，赵高自然得意了。他便教二世先用严刑峻法对付大臣；又把自己的兄弟姊妹都残杀了。他又骗二世道："做皇帝的，总得叫人害怕。你如今年纪轻，在外面和大臣一块儿办事，总不免有弄错的地方，就要给人家瞧不起了。人家瞧你不起，就要想法子来欺你了。不如别出去，咱俩在宫里办罢。"二世果然听了他，躲在宫里不出来，连李斯也不得见面了，赵高就此想个主意，谋害了李斯。这时候，用刑比始皇更严；葬始皇于骊山，已经是穷极奢侈，而且还要造阿房宫；真是"民不堪命"，天下的人，自然要"群起而攻之"了。

公元前209年，就是二世的元年，七月里，有两个戍卒，一个唤做陈胜，一个唤做吴广，都是楚国人，前去戍守渔阳。（如今直隶的卢龙县。）走到蕲县，（如今安徽的宿县。）天下起雨来，走不通了，料想赶到了，也是误了限期，一定要处斩的，就激怒众人，造起反来了，不多时，陈胜便自立为楚王。分遣诸将，四出号召。就有：

魏人张耳、陈馀，立赵国的子孙，唤做歇的，做了赵王；

魏人周市，立魏国的公子咎，做了魏王；

燕人韩广，自立做燕王；

齐国的王族田儋，自立做齐王；

南方呢，也有：

沛人刘邦，据了沛，（如今江苏的沛县。）自立做沛公。（楚国的县令称公。）

楚将项燕的儿子，名字唤做梁，和他哥哥的儿子，名字唤做籍，表字唤做羽的，起兵于吴。（如今江苏的吴县，秦朝的会稽郡治。）项梁便自称会稽守。

二世起初受了赵高的蒙蔽，以为这许多人是"无能为"的；谁知到明年正月里，陈胜的先锋周文，已经打到戏了。（如今陕西的临潼县。）二世才大惊，这许多骊山的工人，本是犯了罪的，忙赦了他，叫一个人，唤做章邯的，带着去抵御周文。这时候，秦朝政事虽乱，兵力还强。这些新起乌合之众，如何敌得政府的兵。居然把周文打死了。他就乘胜去攻陈胜，陈胜也死在下城父；（如今安徽的蒙城县。）吴广先已因攻荥阳（如今河南的荥泽县。）不下，给手下的人杀了。章邯便去攻魏。

这时候，项梁的兵已经渡过江来了。有一个居鄛人，（如今安徽的巢县。）唤做范增，前去劝他立楚国之后。项梁听了他，便去找寻楚怀王的子孙；果然找到了一个名字唤做心的。项梁便把他立在盱眙，（如今安徽的盱眙县。）仍旧唤做楚怀王。（战国时候，楚国有一个怀王，和齐国很要好的。秦国要想骗他，就叫张仪去对他说：你只要和齐国绝了交，我便送你商於的地方六百里。见第一篇第三章第五节。怀王信了他，果然和齐国绝了交；谁知秦国把前言赖掉了。怀王大怒，发兵攻秦，大败，只得割地讲和。后来秦又骗他去面会，当面逼勒他割地，怀王不肯，秦人便把他捉了去，后来怀王就死在秦国，楚国人很可怜他的。所以这时候，要立他的后人，而且还要称他做楚怀王。）

又有韩人张良，他的祖父，都做韩国的相。韩国灭亡了，他就尽散家财，寻觅死士，要想替韩国报仇。有一次，秦始皇出游，走到博浪沙中，（在如今河南的阳武县。）张良叫一个力士，伏在沙里，用大铁椎狙击他，惜乎误中"副车"。秦始皇吃这一吓，叫天下大捉凶手十日，毕竟没有捉得到。到这时候，张良去见项梁，劝他立韩国之后，项梁听了他，就立韩公子成为韩王。

于是六国之后，都立起来了。然而这时候，秦兵攻魏，正在危急。齐王田儋发兵来救，谁知道打了一仗，又败死了。项梁引兵而北，连胜两仗，未免心骄意满，又被章邯乘其不备夤夜劫营，杀得大败亏输，项梁也死了。章邯便到北面去，把赵王围在钜鹿。（如今直隶的平乡县。）诸侯的形势，真是危急万状了。

正当危险的时候，却有一枝救兵来了；你道是谁？原来就是中国绝世的英雄项羽。这时候，项梁已经死了，楚国一方面，总得想个应敌之策。就有人主张分兵两枝：一枝去攻秦，一枝去救赵。然而秦国兵势正强，许多将官，没有一个肯向前的，只有沛公和项羽不怕。大家商量定了，楚怀王便派：

沛公西入关；宋义为上将，项羽为次将，范增为末将，北救赵。

谁知宋义见了秦兵也是惧怕的，到了安阳，（如今山东的菏泽县。）一共驻扎了四十六天，不肯进兵；反叫他的儿子到齐国去做宰相，（田儋死后，他的兄弟田荣，立了他的儿子田市。）自己去送他，于路置酒高会。项羽见不是事，便把他杀了。这才发兵渡河，和秦军大战。这一战，真是秦军和诸侯军的生死关头，《史记》叙述他的战事道：

……项羽乃悉引兵渡河，皆沉船，破釜甑，烧庐舍，持三日粮，以示士卒必死，无一还心。……与秦军遇，九战，绝其甬道，大破之。……当是时，楚兵冠诸侯，诸侯军救钜鹿下者十余壁，莫敢纵兵。及楚击秦，诸将皆从壁上观。楚战士无不一以当十，楚兵呼声动天，诸侯军无不人人惴恐。于是已破秦军，项羽召见诸侯将，诸侯将入辕门，无不膝行而前，莫敢仰视。项羽由是始为诸侯上将军，诸侯兵皆属焉。

章邯虽败，还能收拾残兵，和项羽相持。不想派了一个长史司马欣到关中去求救，赵高竟不见他。司马欣急了，跑回来劝章邯投降项羽。章邯寻思没法，只得听了他。秦人在关东的兵力，就此消灭了。

沛公这一支兵，本来想从洛阳入关的，谁知和秦战不利，便改变方针，南攻南阳；南阳破了，就从武关进去。（武关，在如今陕西商县的东边。）赵高一向蒙蔽着二世，说山东盗是“无能为的”。这时候，二世不免怪着他，赵高一想不好，不如先下手为强，便把二世弑了，立了他哥哥的儿子公子婴，去掉帝号，仍称秦王，要想保有关中。子婴又想个法子，把赵高骗去刺杀了，夷其三族。子婴做了四十六天的秦王，沛公的兵已经到了灞上了。（在如今陕西省城的东边。）子婴无法抵御，只得投降，秦朝就此灭亡。这是公元前206年的事。

秦朝亡得这样快，全是由于内乱，所以沛公兵来，无暇抵御。在山东的一枝兵，也心变，投降人家了。秦朝是“统一专制君主”政体初成立的时代，就把什么“宰相谋逆”、“奄宦弄权”、“杀长立幼”、“诛锄骨肉”、“蒙蔽”、“弑逆”种种事情，都弄全了，这也可见得“君主政体”的流弊。欲知其详，请把《史记》的《秦始皇本纪》、《李斯列传》再仔细读一遍。

第二节　项羽的分封和楚汉的兴亡

秦朝既经灭亡，封建政体的反动力就要大张其焰了。原来当时的人习惯于封建，普通人的心里，差不多以为列国分立是当然的。秦国的统一，不过是个变局，（秦始皇、李斯等，对于这个问题，却要算先知先觉之士。）暴力一过，总得回复到原状的。（至于前此业已互相吞并，而渐趋于统一，此等历史观念，并非普通人所有。）所以陈胜、吴广谋举事，说：“等死，死国可乎。”（这国字是指原来的楚国，就是要想恢复楚国的意思。）范增说项梁，也说：“今君起江东，楚蜂起之将，皆争附君者，以君世世楚将，为能复立楚之后也。”可以见得当时一般人的心理。既有这种心理，灭秦之后，自然没有一个人独占了的道理，自然还是要分封。谁应当受封呢？自然是六国之后，和当时灭秦有功的人。谁来主这分封的事呢？自然是当时实力最强的人。这都是自然之理，无待于言的。沛公入关之后，项羽也定了河北，引兵入关，谁知道沛公早派兵把关门守住了。项羽大怒，便把函谷关打破。这时候，项羽的兵有四十万，驻扎在鸿门；（在临潼县境。）沛公的兵只有十万，驻扎在坝上；论兵力，是万敌不过项羽的，幸而项羽有个族人，唤做项伯，和张良有交情的，听得项羽下个军令，明天要打沛公，便夤夜来见张良，劝他一同逃走。沛公乘势，便托他去向项羽疏通。明儿一早上，又带着张良、樊哙等几个人，去见项羽，把守关的事当面解释了一番，才算吱唔过去。当初楚怀王曾经和诸将立一个约，说“先入定关中者王之”。这时候，项羽差人去报告楚怀王，怀王便回他“如约”两个字。项羽哪里肯听，便自己分封起诸侯来。他所分封的是：

所封的人	王 号	所王的地方	都城
刘邦	汉 王	巴蜀汉中	南郑（如今陕西的南郑县。）
章邯	雍 王	咸阳以西	废丘（如今陕西的兴平县。）
司马欣（秦的降将。）	塞 王	咸阳以东至河	栎阳（如今陕西的临潼县。）
董翳（秦的降将。）	翟 王	上 郡	高奴（如今陕西的肤施县。）
魏王豹（魏王咎的兄弟。咎自尽之后，豹逃到楚国，楚人立他作魏王。）	西魏王	河 东	平阳（如今山西的临汾县。）
韩王成（不多时，项羽把他杀了，改立了旧时候吴县的县令郑县。）	韩 王		阳翟（如今河南的禹县。）
申阳（张耳的嬖人。）	河南王		洛阳（如今河南的洛阳县。）
司马卬（赵国的将。）	殷 王	殷故墟	朝歌（如今河南的淇县。）
赵王歇	代 王		代（如今直隶的蔚县。）
张耳	常山王	赵	襄国（如今直隶的邢台县。）
英布（楚国的将。）	九江王		六（如今安徽的六安县。）

所封的人	王　号	所王的地方	都城
吴芮（秦国的番阳令，起兵跟了诸侯入关的。番阳，如今江西的鄱阳县。）	衡山王		邾（如今湖北的黄冈县。）
共敖（义帝的柱国，传到他的儿子尉，给汉朝灭掉的。）	临江王		江陵（如今湖北的江陵县。）
燕王（广给臧荼杀掉的。）	辽东王		无终（如今直隶京兆的蓟县。）
臧荼（燕国的将。）	燕　王		蓟（如今的北京。）
齐王市	胶东王		即墨（如今山东的即墨县。）
田都（齐国的将。）	齐　王		临淄（如今山东的临淄县。）
田安（战国时齐国最后的王唤做建的后人。）	济北王		博阳（如今山东的泰安县。）

他却自立做西楚霸王，王梁、楚地九郡，都彭城。（九郡的地，《史记》、《汉书》上，都没有明文；据恽氏敬所考，是泗水、薛、郯、琅邪、陈、砀、东郡、会稽；会稽郡里，又分出一个吴郡来。见他所著的《西楚都彭城论》。）表面上把楚怀王尊做义帝，实际上却把他迁徙到江南的郴；（如今湖南的郴县。）不多时，又把他弑了。

他这分封的意思，不过是猜忌汉王，不要他占据关中形势之地；所以生出一个解释来，说巴、蜀、汉中，也是关中之地，（战国时曾属于秦，所以生出这一说。）就把来封了他。却把秦国三个降将封在关中，去堵住他的路。（这三个人，都是项羽亲身收服的，而且这三个人，带着秦人在外打仗，死掉许多，秦人很恨他，不怕他据着关中反抗。）他自己所据地方，既大，又是本来的势力根据地，形势也是很好的。

然而他把赵、魏、燕、齐的旧王，都搬到别处，去改封了自己心爱的人，人家心上就有些不服。加以当时还有“有功而未得封”或“拥兵而无所归”的人，也想要捣乱，天下就多起事来了：这一年四月里，诸侯罢兵，各就国，八月里，田荣就并了三齐；（田荣见项王把田市迁徙到胶东，大怒，留住他，不许他到胶东去。田市怕项王，就逃了去，田荣大怒，追上，把他杀了。又发兵打死田都。这时候，有一个昌邑人，唤做彭越，本来起兵跟汉王的，带着一万多人，在钜野（如今山东的钜野县）没有归宿，田荣就给他一颗将军印，叫他打死田安，田荣就并王三齐。）陈馀也起兵攻破张耳，迎接代王歇还去做赵王。赵王感激陈馀，就把他封做代王。（陈馀和张耳，本来是好朋友，后来张耳给章邯围在钜鹿，陈馀不敢去救。张耳派两个人去求救，陈馀没法，只得派几个兵，同着他两个去试试。这时候，秦国的兵势盛，都死了。张耳疑心这两个人是陈馀杀掉的；钜鹿解围以后，屡次盘问他。陈馀大怒，把印解下来，给张耳道：我这兵请你带了罢，我不干了。张耳手下有个人劝张耳就此接受了。陈馀没法，只得带了几十个人到大泽中去渔猎。项羽因他没有从入关，只封了他南皮（如今直隶的南皮县等三县的地方），陈馀心上不服。田荣起兵之后，便去请兵，打破了张耳。）项羽既然是霸王，（好比春秋时候的霸王。）诸侯闹了这种乱子，当然是他的责任，只得亲身去攻打田荣。汉王乘机，用韩信做大将，八月，还定三秦；又派兵击虏了韩王郑昌。明年，正月，汉王出关，降河南王申阳；渡河，降西魏王豹，虏殷王印；就带了塞、翟、韩、殷、魏的兵五十六万人东伐楚。项王这时候已经打死了田荣。田荣的兄弟田横又立了田荣的儿子田广，项王“连战未能下”。汉王却乘虚攻入彭城。项王听得，带了精兵三万，从胡陵（如今山东的鱼台县。）回攻汉王。这一仗，把汉王杀得大败亏输，士卒死了二十多万人。

然而汉王据了荥阳、（如今河南的荥泽县，是个黄河津渡之处。据了荥阳，就可以出兵河北。）成皋，（如今河南的汜水县，西边就是著名的虎牢关，是从山东到洛阳去的紧要关隘。据住成皋，东来的兵，就不得到洛阳，关中自然安如泰山了。）和楚人相持。有萧何留守关中，发关中的人补充军队；运巴蜀的粮供给军饷。项羽的后路（梁地）却时时为彭越所扰。汉王一方面，有韩信平定了西魏、（汉王败后，反汉为楚。）赵、代，又攻破了齐；（田广死了，田横逃到海岛上；到汉高祖平定天下之后，召他，他走到离洛阳三十里的地方自杀。）项羽一方面，却连一个最得力的英布也叛降了汉了。渐渐的兵少食尽。项羽无法，只得和汉朝讲和，中分天下，以鸿沟为界，（当时河淮二水间的运河。《史记·河渠书》："荥阳下引河东南为鸿沟，以通宋，郑、陈、蔡、曹、卫，与济、汝、淮、泗会。"）从鸿沟以东为楚，西为汉。约既定，项羽就引兵东归，汉王却背约追他，合着韩信、彭越的兵，把他围在垓下，（如今安徽的灵璧县。）项王带了八百骑突围南走，到乌江，（大江津名，在如今安徽的和县。）自刎死了。天下就统一于汉。这是公元前200年的事。

自从陈涉发难，六国之后，纷纷自立；秦亡之后，项羽又大封诸侯；到这时候，又都烟消火灭了。这要算"封建的反动力"第一次失败。

豪杰亡秦，要算中国平民革命第一次成功。以前汤放桀，武王伐纣，秦灭周，都是以诸侯革天子的命。（三家分晋，田和篡齐，是以大夫革诸侯的命。）这时候，革命的是一班什么人，成功的又是一班什么人，请看：

> 《史记·高祖本纪》：高祖为人，……仁而爱人，喜施，（这六个字，是用钱撒泼的别名。）意豁如也。常有大度，（这八个字，是无赖行径，什么事都不放在心上。）不事家人生产作业。及壮，试为吏，为泗水亭长，廷中吏无所不狎侮。好酒及色。尝从王媪、武负贳酒，醉卧，武负、王媪见其上常有龙，怪之。高祖每酤留饮，酒雠数倍。及见怪，岁竟，此两家尝折券弃责。高祖尝繇咸阳，纵观，观秦皇帝，喟然太息曰：嗟乎！大丈夫当如此也。

只这几句话，活画出一个无赖的行径。要是细心搜寻，一部《史记》里不知可以搜出多少条来，现在且别细讲他。再看辅佐他的人：

萧何、曹参，都是个刀笔吏；只有张良是个世家子弟，然而他的性质，也是和江湖上人接近的；陈平便是个不事生产的人；韩信、彭越更不必说了。汉高祖用了这一班人，却居然成功，项王“其所任爱，非诸项，即妻之昆弟；虽有奇士不能用”。（这是陈平说项王的话，见《史记·陈丞相世家》。）分明带有贵族性质，就到底败亡。而且当时不但贵族里头没有人，就是草野之间出一点“贤人”的名声的，这个人也就没甚用处（如周文、张耳、陈馀等），反不如这一班无赖，这不是气运使然么？实在就是社会组织的变迁。赵翼的《廿二史札记》里，有一段论这事的，题目是《汉初布衣卿相之局》，考据得很精详，可以参看一参看。

第三节　汉初功臣外戚宗室三系的斗争

项羽灭掉了，天下就算太平了么？还没有呢，当时还有几种特殊势力。

其（一）是“功臣”。侯国革命时代，革了命，谁应当做皇帝是一定的；（譬如夏亡之后，做皇帝的当然是汤，商亡之后，做皇帝的当然是武王。断没有伊尹、太公出来和他竞争的道理。）平民革命时代就不然了，你好做，我也好做。项羽虽灭，韩信、彭越，……个个和汉高祖资格平等的，怎教他不生心？做皇帝的如何不要疑心他？疑心他，他如何不要自卫？这班人又都是身经百战的，如何不可怕？在各种特殊势力之中，这一种要算是最危险的了。

其（二）是“宗室”。这一种特殊势力，是有意造出来的。当时的人对于封建有两种心理：一种是被灭的人，要想恢复固有的基业。秦朝末年，六国之后，纷纷自立，就是这一种心理。一种是灭掉人家的人，要想封建自己的子弟亲戚，以为屏藩。淳于越劝秦始皇：“臣闻殷周之王千余岁，封子弟功臣，自为枝辅。今陛下有海内，而子弟为匹夫。卒有田常、六卿之臣，无辅拂何以相救哉？事不师古，而能长久者，非所闻也。”就是这一种心理。这种议论，秦始皇没有实行，汉高祖却实行起来了。

其（三）就是“外戚”。外戚成为一种特殊势力，其根本也是从历史上来的。当分裂的时代，部落和部落，国家和国家，总是互相仇敌。能够互相联络的，本家之外，自然只有亲戚。终汉之世，外戚的为害最烈，难道汉朝的皇帝，性质和别一朝不同，总喜欢任用外家么？也因为汉时的社会，“去古还近”，人心为“风气所囿”，不能自拔的缘故。至于汉高祖的丈母家，更是助他取天下的，事成之后，自然也成为一种特殊势力了。这里头的关系，读史的人都不大留意。我现在把他揭出来，却是很有趣的。

> 《史记·高祖本纪》：单父人吕公善沛令，避仇从之客，因家沛焉。沛中豪杰吏闻令有重客，皆往贺。萧何为主吏，主进；令诸大夫曰：进不满千钱，坐之堂下；高祖为亭长，素易诸吏；乃绐为谒曰：贺钱万；实不持一钱；谒入，吕公大惊，起迎之门。吕公者，好相人；见高祖状貌，因重敬之，引入坐。……酒阑，吕公因目固留高祖。高祖竟酒，后。吕公曰：臣少好相人，相人多矣，无如季相，愿季自爱。臣有息女，愿为季箕帚妾。酒罢，吕媪怒吕公曰：公始尝欲奇此女，与贵人。沛令善公，求之不与，何自妄许与刘季？吕公曰：此非儿女子所知也。卒与刘季。吕公女，乃吕后也。生孝惠，鲁元公主。

看“避仇从之客”一句，便知道吕公也不是安分之徒，正和“好酒及色”、“不事家人生产”的人是一路。再看：

> 高祖为亭长时，尝告归之田。吕后与两子居田中耨，有一老父过，请饮，吕后因餔之。老父相吕后曰：夫人天下贵人。令相两子，见孝惠，曰：夫人所以贵者，乃此男也。相鲁元，

亦皆贵。老父已去，高祖适从旁舍来，吕后具言：客有过，相我子母皆大贵。高祖问，曰：未远。乃追及，问老父。老父曰：乡者夫人婴儿皆似君，君相贵不可言。高祖乃谢曰：诚如父言，不敢忘德。及高祖贵，遂不知老父处。（这十个字，妙不可言。一句话点穿他都是造谣，毫无对证。）

秦始皇帝尝曰：东南有天子气。于是因东游以厌之。高祖即自疑，亡匿，隐于芒、砀山泽岩石之间。吕后与人俱求，尝得之。高祖怪问之。吕后曰：季所居，上尝有云气，故从往常得季。高祖心喜，沛中子弟或闻之，多欲附者矣。

可见当时“造谣惑众”，两口子都是串通了的。还有吕后的妹夫樊哙，是和高祖同隐于芒、砀山泽之间的，沛县人起兵时，就是托他去寻找高祖。吕后的哥哥，一个唤做泽，一个唤做释之，都是跟随着高祖起兵的。高祖彭城之败，得了吕泽的兵，方才站住。吕氏一系，有这许多人，如何不要成为特殊势力呢！所以当时的人说：“吕氏雅故，推毂高帝就天下。”（见《史记·荆燕世家》。）这句话，实在不是瞎说的。

当时的功臣，有封地的，都给高祖和吕后两个人灭掉。这个可算刘、吕两系，合力以摧残功臣系。

齐王韩信。（韩信破齐之后，就自立做了齐王，这时候，高祖没法，只得因而封之。到破了项羽以后，便“驰入齐王信壁，夺其军”。把他改封做楚王。后来又用陈平的计策，伪游云梦，趁他来谒见，把他捉起来，说有人告他造反，带到京里，赦了他，封为淮阴侯。公元前197年，代相陈豨反了，高祖自将去打他，吕后在京城里，又叫人诬告韩信谋反，把他杀掉。）

梁王彭越。（高祖背约追项羽的时候，约会韩信、彭越，他俩都不来。高祖没法，用张良的计策，加给韩信封地，又封彭越做梁王，他俩才都来。韩信死这一年，也有人告他谋反，高祖便把他废了，徙之于蜀。走到路上，遇见吕后；彭越哭着对她说实在没有谋反，求吕后替他做主，放他回家乡。吕后便带他到洛阳去见高祖，说：“彭王壮士，今徙之蜀，此自遗患；不如遂诛之，妾谨与俱来。”于是再叫人告彭越谋反，又把他杀掉。）

韩王信。（韩国的子孙，以勇敢著闻的。高祖定三秦时，叫他去灭郑昌，就立他做韩王。天下既定，把他迁徙到晋阳，要想靠他抵御匈奴，他便自告奋勇，请徙治马邑（如今山西的马邑县），汉朝许之。谁知道时候，匈奴兵力很强，把他围了起来，他抵敌不过，只得差人求和。这件事给汉朝知道了，便去责问他。他急了，就索性投降匈奴，带他入寇。韩信死的这一年，给汉朝将军唤做柴武的打死。）

淮南王英布。（英布本来是项羽的降将，自然不能自安，也是韩信死的这一年造反，明年，给汉高祖打败了，逃到江南，吴芮的儿子吴臣把他骗去杀掉。）

赵王张敖。（张耳给陈馀打败之后投奔汉王，后来跟着韩信去打陈馀，陈馀死后，便立他做赵王。张耳死后，儿子张敖，接续下去。又尚了鲁元公主。高祖走过赵国，张敖出来迎接，甚为恭敬。高祖却“箕踞嫚骂”，赵相贯高不忿，就想谋弑高祖，事情没有成功，倒给人家告发起来。同谋的人，都图个自尽。幸而贯高挺身到京，力白张敖并不知情，张敖的性命，才算保全，然而赵王的位子，却保不住了。这是公元前199年的事。）

燕王卢绾。（卢绾和高祖是同乡，他的父亲，就和高祖的父亲，是好朋友。卢绾和高祖同日而生，长大来，又是好朋友。高祖击灭臧荼，就封卢绾做燕王。后来高祖去攻陈豨，卢绾也派兵来攻，陈豨差人到匈奴求救，卢绾也差个张胜到匈奴去，叫匈奴别救他。这时候臧荼的儿子在匈奴国里，对张胜说道：“你们何必急急攻陈豨，陈豨灭亡，连你们燕国，也保不住了。”张胜以为然。就叫匈奴发兵攻燕，好等燕国借此撤兵自救，不去攻陈豨。卢绾见张胜去后，匈奴的兵反来攻打，说张胜反了，就上书汉朝，请族诛张胜。不多时张胜回来，说明原因，卢绾才知道他都是为着自己，懊悔不迭，就随意杀了一个人，对汉朝说是张胜。后来这件事情发觉了，汉高祖便叫樊哙去打他。卢绾逃出长城外。这时候，高祖已经病了，他和高祖毕竟是有交情的，时时在长城外打听，想等高祖好了，亲自进京来解释。后来知道高祖死了，便逃到匈奴，死在匈奴国里。）

只有长沙王吴芮，因所封的地方很小，而且偏僻，无关大局，所以没有灭亡。当时所封建的同姓，却有：

荆王贾。（高祖的从父兄。韩信废后，分其地，立贾和楚元王。英布造反的时候，刘贾给他打死。）

楚元王交。（高祖的同父弟。）

吴王濞。（高祖兄仲的儿子，英布灭后立的。）

齐悼惠王肥。（以下七王，都是高祖的儿子。）

代王恒。（就是文帝。代本来是封高祖兄仲的（仲名喜），仲为匈奴所攻，弃国逃回，才拿来封文帝。）

赵隐王如意。（张敖废后立的。）

淮南厉王长。（英布灭后立的。）

梁王恢。（彭越灭后，立恢和淮阳王友。）

淮阳王友。

燕灵王建。（卢绾废后立的。）

“高祖刑白马与诸侯盟，曰：非刘氏而王者，天下共击之。”这个真可算得把天下当一家的产业了。

高祖死后，形势就一变，变做“外戚一系，内斗功臣，外斗宗室”的样子。原来吕后的干政，不是从高祖死后起的。《史记》上说：“戚姬幸，常从上之关东，……吕后年长，常留守，希见上，益疏。”高祖固然是个好色之徒，然而吕后的留守，却不尽因“色衰爱弛”的缘故。高祖从灭掉项羽以后，重要的战役，大概是自将，还要出去巡行，一年倒有半年不在京城里。这时候，京城里的事情，不是交给吕后，是交给谁？（若说全权付托宰相，却并没这一回事，请看《萧相国世家》自知。）所以高祖死后，吕后出来管理朝政，她这资格，是早就养成了的。吕氏一系，又有许多人夹辅她，自然没人敢反抗。

高祖晚年，爱了一个戚夫人，生了个赵王如意，要想废掉太子立他，赖大臣力争得免。（其实也为吕氏在当时，是一种特殊势力。要有吕后，才能和功臣系相持，换个戚夫人，就糟了。）高祖死后，孝惠帝即位，吕后就“断戚夫人手足，去眼，煇耳，饮喑药，使居厕中，命曰人彘”。叫孝惠帝去看，惠帝看了大哭，病了好几月。从此以后，惠帝不以他母亲所为为然，却又没奈何她，就无心政事，一味取乐，渐渐成病，公元前188年，死了。惠帝的皇后，是鲁元公主的女儿。（惠帝的外甥女。）无子，太后叫他杀掉后宫有子的美人，取其子以为子。这时候，立了他，是为少帝，太后临朝称制。公元前184年，少帝年长了，知道他的母亲是给吕后杀掉的，口出怨言，吕后把他废掉了，立了个常山王义，改名为弘。（太后所封孝惠帝的儿子，有好几个：就是淮阳王强，常山王不疑，襄城侯山，轵侯朝，壶关候武。强死后，徙武为淮阳王。不疑死后，徙山为常山王，改名义。这几个人，历史上说他不是孝惠帝的儿子，这句话究竟是实情，还是汉大臣造的，现在无从断定，请看下文。）从此到公元前180年吕后死以前，朝廷的政权，始终在她手里。

吕后对于宗室，杀掉一个赵隐王如意，又杀掉一个赵幽王友，（就是淮阳王，如意死后徙封。）一个赵共王恢。（就是梁王。）燕灵王建死后，她又叫人杀掉他的庶子，又割了齐国的琅邪、济南二郡，都拿来封自己一系的人。还割了齐国的城阳郡，来做鲁元公主的汤沐邑。（太后要封诸吕时，右丞相王陵便引"高祖白马之盟"来抵抗她。左丞相陈平、绛侯周勃说："高帝定天下，王子弟，今太后称制，王昆弟诸吕，无所不可。"（这句话倒也爽快）于是王陵免职，封诸吕的事，就实行起来。琅邪王是高祖的堂房弟兄，在高祖手里不甚得法，吕后秉政，才去拍马屁，所以也是吕后一系的人。）

燕	灵王建	吕通（吕后的侄孙）
赵	隐王如意　幽王友　共王恢	吕禄（吕释之的儿子）
梁	恢	吕产（吕台的兄弟）
齐	悼惠王肥	齐悼惠王肥　哀王襄 吕王吕台（吕泽的儿子） 琅邪王刘泽 城阳鲁元 公主汤沐邑

他对于功臣系，就是叫吕禄、吕产（起初是吕台带的，吕台死后，吕产接他的手。）带了南北军，（汉朝京城里的兵，参看第八章第四节。）夺掉太尉周

勃的兵权。（这件事在惠帝死后。张良的儿子，唤做张辟疆，这时候只有十五岁，做侍中的官。去见陈平道：太后只有这一个儿子，现在死了，他哭得并不伤心，你知道是什么缘故？陈平道：我不知道呀！张辟疆道：皇帝（指惠帝）没有大的儿子，太后心上，就是怕你们这班人。你何不请于太后，叫吕台、吕产、吕禄，都带了南北军。那么，太后心安，就不来害你们了。陈平听了他。《史记》上说“吕氏权由此起”。十五岁的小孩子知道什么？自然是太后指使他去的。大概张良是外戚一系的人；所以高祖要废太子，吕后叫吕泽去逼他画策（《留侯世家》）；吕后要想叫吕氏带南北军，又是张辟疆出头。）

吕后临死的时候，吩咐吕禄、吕产等道：“大臣恐为变。必据兵卫宫，慎无送丧，为人所制。”谁知吕后一死，风波就起来了，原来齐悼惠王有九个儿子，这时候，朱虚侯章，东牟侯兴居，都在京城里，便叫人去招呼哀王襄，叫他起兵来诛诸吕，自己做内应；齐哀王果然听了他，发兵而西。吕禄、吕产便叫灌婴去打他。这灌婴也是功臣系里的人，如何肯替外戚系出力？走到荥阳，便和齐王联合。陈平、周勃等乘机叫郦商（高帝的谋臣。）的儿子郦寄去说吕禄，“以兵属太尉”，归国就封。吕禄还犹豫不决。他们又找到一个尚苻节纪通，就叫他诈传诏旨，把周勃送到北军里，又分了一千兵给朱虚侯，朱虚侯就把吕产杀掉。于是悉捕诸吕男女，无少长皆斩之。外戚系的势力，到此就算消灭了。

齐悼惠王肥
- 哀王襄
- 城阳景王章
- 济北王兴居
- 齐王将闾
- 济北王志
- 济南王辟光
- 菑川王贤
- 胶西王卬
- 胶东王雄渠

然而宗室系和功臣系的暗斗又起来了。当这时候，最紧要的便是“皇位继承”问题，《史记》上记他们的事情道：

诸大臣相与阴谋曰：少帝及梁、淮阳、常山王，皆非真孝惠子也。吕后以计诈名他人子，杀其母，养后宫，令孝惠子之，立以为后及诸王，以强吕氏。今皆已夷灭诸吕，而置所立，即长用事，吾属无类矣。不如视诸王最贤者立之。或言齐悼惠王，高帝长子，今其适子为齐王，推本言之，高帝适长孙，可立也。大臣皆曰：吕氏以外家恶，而几危宗庙，乱功臣，今齐王母家驷钧，驷钧，恶人也，即立齐王，则复为吕氏。欲立淮南王，以为少，母家又恶。乃曰：代王，方今高帝见子最长，仁孝宽厚。太后家薄氏谨良。且立长故顺，以仁孝闻于天下，便乃相与共阴使人召代王。

这件事，《史记》上说明他们是“阴谋”；可见得“少帝及梁、淮阳、常山王，皆非真孝惠子”。这句话，并非实录。不过他们恐怕“即长用事，吾属无类”，所以造为此说罢了。这时候，宗室里头要算齐最强，他们毕竟把他排掉了，立了一个无势无力的代王，这个也要算宗室和功臣系的一场暗斗。

文帝即位，把城阳、琅邪、济南三郡，都还了齐；徙刘泽王燕。（刘泽虽然宗室，却是吕后封他的，齐王起兵的时候，把他骗来，软禁起来。却叫人去发其国兵，并将而西。刘泽无法，说齐王道：你软禁了我，也很无谓。现在京城里人，正在那里议立谁做皇帝呢。我在姓刘的里头年辈最尊，你不如放我进京去替你游说游说。齐王就放了他。谁知他一进京，也主张齐王立不得，要迎立代王。）当诛诸吕的时候，诸大臣许把赵地王朱虚侯，梁地王东牟侯。文帝听得他两个本意要立齐王的，只把朱虚侯封做城阳王，东牟侯封做济北王。城阳王立两年就死了，济北王不久到底以谋反伏诛。齐哀王死后，儿子文王则又死了，没有后人，文帝便把他的地方分做六国，立了将闾、志、辟光、贤、邛、雄渠六人，这个已是“众建诸侯而少其力”的意思了。（汉高祖的儿子，还有一个淮南厉王长，公元前174年，以骄恣伏诛。）

然而这时候，诸侯里头还有一个吴国。他的国里是有章郡（秦鄣郡，治今浙江长兴县。）铜山，可以即山铸钱。又东煮海水为盐，以是国无赋税，又招致了许多亡命，本来是危险分子。文帝时，吴太子来朝，和皇太子（景帝。）饮博，争道不恭，皇太子以博局提杀之，自然是加一层怨恨。文帝是用软功的，吴王不朝，便赐以几杖，以示承认他有病的意思。吴王得汉朝宽容，反谋也就缓下来了，然而造反的资格毕竟还在。到景帝即位，又用了晁错，削起诸侯的地来。原来汉初封建同姓，土地都很大，这时候，承丧乱之后，户口还少，承平数世，也就加多起来，诸侯的势力更强了。到文帝时候，各种特殊势力，只剩了这一种，自然要从此想法子。所以贾谊说：

> 欲天下之治安，莫若众建诸侯而少其力：力少则易使以义；国小则亡邪心；……割地定制，令齐、赵、楚各为若干国，使悼惠王、幽王、元王之子孙，毕以次各受祖之分地，地尽而止，及燕、梁他国皆然。其分地众而子孙少者，建以为国，空而置之，须其子孙生者，举使君之。……

这种法子是一个和平的法子。文帝手里没有实行。到景帝即位，任用晁错做御史大夫，晁错的主意，却比贾谊激烈了。他不用“把诸侯的地方分给他自己子孙”的法子，却硬用天子的权力来削诸侯的地。他说：“削之亦反，不削亦反，削之其反亟，祸小，不削其反迟，祸大。”公元前154年——景帝三年，一举就削了楚、赵、胶西三国的地方。于是吴王恐“削地无已”，就和济南、菑川、胶东、胶西四国，及楚王戊，（元王的孙。）赵王遂，（如意的儿子，文帝所封。）同举兵反起来了。

吴国的反谋，蓄了三十多年，一发起来自然声势浩大了。（他下令国中，说：“寡人年六十二，身自将；少子年十四，亦为士卒先。诸年上与寡人同，下与少子等皆发。”一共得了二十多万人。又发了闽、东越两国的兵。他移书诸侯道：“吴国虽贫，寡人节衣食用。积金钱，修兵革，聚粮食，夜以继日，三十余年矣。凡皆为此……能斩捕大将者，赐金五千斤，封万户；列将，三千斤，封五千户；裨将，二千斤，封二千户；二千石，千斤，封千户；皆为列侯。其以军若城邑降者，卒万人，邑万户，如得大将；人户五千，如得列将；人户三千，如得裨将；人户千，如得二千石；其小吏，皆以差次受爵金。他封赐，皆倍常法。其有故爵邑者，更益，勿因。……寡人金钱在天下者，往往而有，非必取于吴，诸王日夜用之不能尽。有当赐者，告寡人，寡人且往遗之。”）幸而有善于用兵的周亚夫，总算应时戡定。（当时七国的兵，系吴楚两国西攻梁；济南、菑川、胶东、胶西四国，共攻围齐；赵国也发兵入齐西界。汉景帝派将军郦寄击赵；栾布击齐；太尉周亚夫击吴、楚。吴、楚的兵最轻剽，难与争锋。梁国的都城睢阳（如今河南的商邱县）被围甚急，亚夫不去救，却东北壁昌邑（如今山东的金乡县），遣轻骑出淮泗口，绝吴、楚粮道，吴、楚兵攻睢阳不克，攻亚夫军又不胜，粮尽，只得退回。亚夫遣兵追击，大破之。吴王逃到东越，给东越人杀掉。楚王戊自杀。济南、茁川、胶东、胶西四国的王都伏诛。齐王将闾本和四国有谋，后来才反悔了，城守拒敌，到这时候，也惧而自杀。梁孝王武是景帝的同母弟。）从此以后，汉朝就“摧抑诸侯，不得自治民补吏”，实权都在“相”的手里。武帝时，又用主父偃的计策，叫诸侯把自己的地方分封自己的子弟。从此以后，列国疆域更加狭小，汉初的封建就名存实亡了。（周亚夫是周勃的儿子，也带一点功臣系的臭味，所以后来毕竟不得其死。参看《史记·绛侯世家》。）

第三章 汉初的休养生息

功臣、外戚、宗室，三系的捣乱，都已讲过，就可以讲到汉初社会的建设方面了。要考察社会的情形，物质方面和精神方面都得注重的。精神方面固然要受物质方面的支配，物质方面也要受精神方面的支配。汉初社会的精神方面却是怎样呢？《史记》上说：

> 黎民得离战国之苦，君臣俱欲休息乎无为。（《吕后本纪赞》。）

为什么有这种心理？请想一想。西周以前不必论，从春秋到战国，中国实在经过五百年的长期战争；再加以秦朝的暴虐；再加以楚汉的分争；这时候，社会的状况如何？如何不要发生这一种心理呢？

社会心理的力量是最大不过的。生于其间的人没一个能不受它的鼓动，而且受其鼓动而不自知。

> 《汉书·孝文帝本纪赞》：孝文皇帝即位二十三年，宫室、苑囿、车骑、服御，无所增益。有不便，辄弛以利民。尝欲作露台，召匠计之，直百金。上曰：百金，中人十家之产也，吾奉先帝宫室，常恐羞之，何以台为？身衣弋绨，所幸慎夫人，衣不曳地。帷帐无文绣，以示敦朴，为天下先，治霸陵，皆瓦器，不得以金银铜锡为饰。因其山，不起坟。

> 又《食货志》：孝惠高后时，百姓新免毒螫，人欲长幼养老。萧曹为相，填以无为，从民之欲，而不扰乱。是以衣食滋

殖，刑罚用稀。及孝文即位，躬修玄默，劝趣农桑，减省租赋。而将相皆旧功臣，少文多质，惩恶亡秦之政，论议务在宽厚，耻言人之过失，化行天下，告讦之俗易。……风流笃厚，禁纲疏阔，选张释之为廷尉，罪疑者予民。是以刑罚大省，至于断狱四百，有刑错之风。

孝文帝这种恭俭的君主，在历史上却也难得。功臣是最喜欢捣乱的，也能够“论议务在宽厚”，更为奇怪。我说：这都是受了社会心理的鼓荡而不自知的。（《吴王濞传》：“孝惠高后时，天下初定，郡国诸侯，各务自拊循其民。”当时的郡国诸侯，武人也不少，居然能如此，这个也是受社会心理的暗示。其效验，居然“天下初定……大城名都散亡，户口可得而数者十二三，是以大侯不过万家，小者五六百户。后数世，民咸归乡里，户益息。萧、曹、绛、灌之属，或至四万，小侯自倍，富厚如之”（《史记·高祖功臣侯年表》。）

当时的政治受这种心理的支配。可考见的共有三端：其（一）是减轻人民的负担：汉高祖初定天下，“轻田租十五而税一”。文帝十三年，（公元前167年。）“除民之田租”。到景帝三年，（公元前156年。）才令民半出租，其间共有一十三年，没有收过一文的田税。这是中国历史上仅有过一次的事。（从此以后，田租是三十而税一。）其（二）是简省刑罚，高祖入关，就和人民约法三章。其后萧何定《九章律》，虽然沿用秦法，然而断狱四百在实际上却是简省的。文景时代，又屡有减轻刑罚的举动。（详见第八章第五节。）其（三）是在政治上一切都守无为主义。所以贾生劝文帝“改正朔，易服色，法制度，定官名，兴礼乐”。文帝就“谦让未遑”。（《史记本传》。）匈奴屡次入寇，从景帝以前，始终取防御主义。这种政策，高祖、高后、文帝、景帝四代相继，共有六十六年。（公元前206至公元前141年。）它的效果便是：

《汉书·食货志》：汉兴，接秦之弊。诸侯并起，民失作业而大饥馑，凡米石五千，人相食，死者过半。高祖乃令民得卖子，就食蜀汉。天下既定，民亡盖藏，自天子不能具醇驷，

> 而将相或乘牛车。……至武帝之初，七十年间，国家亡事。非遇水旱，则民人给家足。都鄙廪庾尽满，而府库余财。京师之钱，累百巨万，贯朽而不可较。太仓之粟，陈陈相因，充溢露积于外，腐败而不可食。众庶街巷有马，阡陌之间成群，乘牸牝者，摈而不得会聚。守闾阎者食粱肉，为吏者长子孙，居官者以为姓号，人人自爱而重犯法，先行谊而黜愧辱焉。

这个富力的增加，也总算得快的了。然而这种政治也有个弊病，便是（一）豪强之徒侵凌穷人，毫无制裁；（二）文化方面太觉黯然无色，所以激成武帝和王莽时的政治。且待下面再讲。

第四章　汉朝的武功

第一节　匈　奴

秦汉时代，是中国国力扩张的时代。这是为什么？（一）战国以前是分裂的，秦汉时代变做统一的大国。（二）去战国时代未远，人民尚武之风还在。（三）从汉初到武帝，经过七十年的休养生息，富力也极充足。

从秦到清盛时，二千多年，中国“固定的领土”和“对外扩张的方向”，无甚变更。这个规模，是秦始皇开其端，汉武帝收其功，所以说雄材大略的，一定要数秦皇汉武。咱们现在要讲汉朝的武功，因为匈奴是汉朝一个大敌，就从他讲起。我在第一篇第六章第一节里，不是说过当时的匈奴，都是些“分散溪谷”的小部落，只有河套里的一个部落，稍为绝大么？这个部落便是秦汉时候的匈奴。当秦始皇时候，匈奴的单于唤做头曼。秦始皇叫蒙恬去斥逐他，头曼不能抵抗，只得弃河套北徙。到秦朝灭亡，戍边的人都跑掉了，匈奴复渡河而南，仍旧占据了河套。这时候，匈奴国里又出了个冒顿单于，东击破东胡，西走月氏，南并白羊、楼烦二王，又北服丁令等小国，（这个丁令，在贝加尔湖附近。贝加尔湖，当时唤做北海。）就并有如今的内外蒙古和西伯利亚的南部了。（老上单于时，又征服西域。）

他这时候，便把从前“分散溪谷”的小部落都并而为一。匈奴的统一事业到此时才算完成。所以《史记》上说：

> 自淳维以至头曼，（《史记》：“匈奴，其先祖夏后氏之苗裔也，曰淳维。”《索隐》引乐彦《括地谱》：“夏桀无道，汤放之鸣条，三年而死。其子獯粥，妻桀之众妾，避居北野，随畜移徙，中国谓之匈奴。”这种话，靠得住与否，可以暂时不必管他。）千有余岁，时大时小，别散分离，尚矣。……然至冒顿而匈奴最强大，尽服从北夷，而南与中国为敌国。

然而他的人数毕竟不多。《史记》上先说“控弦之士三十余万”，又说“自左右贤王以下，至当户，大者万骑，小者数千，凡二十四长，立号曰万骑”。则匈奴控弦之士，实在还不足二十四万。既然“士力能弯弓，尽为甲骑”。那么，控弦之士之数，一定等于全国壮丁之数。老弱的数目，算他加两倍，妇女的数目，算他和男子相等，也还不过百五十万。（（控弦之士）2=老弱男子之数；控弦之士+老弱=男子之数；（男子之数）2=匈奴全人数。）所以贾生说“匈奴之众，不过汉一大县”。他所以强盛全由于：（一）游牧部落性质勇悍；（二）处塞北瘠薄之地，当然要向南方丰富之地发展。这是中国历史上北狄之患公共的原因。

这时候，他所占据的地方，是“诸左方王将居东方，直上谷，（如今直隶的蔚县。）以东接秽貉、朝鲜。右方王将居西方，直上郡，（如今陕西的肤施县。）以西接月氏、氐、羌。而单于之庭，直代、（如今山西的代县。）云中”。（如今山西的大同县。）

匈奴和汉朝的兵衅，起于公元前200年。（以前只算得盗边，这一次才是正式的交战。）韩王信既降匈奴，就引导他人寇，（参看第二章第三节。）高祖自将击之，被围于平城，（在如今大同县。）七日乃解。于是用刘敬的计策：（一）奉宗室女翁主为单于阏氏，（二）岁奉匈奴絮、缯、酒、食物各有数，（三）约为兄弟，以和亲。（刘敬是个战国的策士，战国以前，本国人本和戎狄杂居的，用这种“婚姻”、“赂遗”的政策，以求一时之安或为欲取姑与之计的，是很多。刘敬还是这种旧眼光。然而这时候的匈奴，已经变做大国，不是前此杂居内地的小部落，暂时敷衍，将来就可以不战而屈的。所以他这种政策毕竟无效。）从此以后，经过老上（冒顿的儿子，公元前174年立。）和军臣（老上的儿子，公元前161年立。）二世，都和汉时战时和，到伊稚斜（军臣的兄弟，公元前126年立。）手里，形势就一变了。

武帝和匈奴启衅，事在公元前133年，用大行王恢的计策，叫马邑人聂壹，阳为卖马邑城诱匈奴单于入塞，伏兵三十余万于其旁，要想捉住他。单于还没入塞，计策倒泄漏了。从此以后两国就开了兵衅。其中最有关系的有三次。（一）是公元前127年，卫青取河南地，开朔方郡，恢复秦始皇时的旧界。（二）是公元前119年，因为伊稚斜单于用汉降人赵信的计策，益北绝漠，要想诱汉兵到那里，趁他疲极而取之。汉朝便发了十万骑，——这是官发的，又有私员从马，凡十四万匹，运粮重的还在外。——叫大将军卫青，骠骑将军霍去病，各分一半去打他。卫青出定襄，（如今的和林格尔县。）打败了单于的兵，追到寘颜山赵信城。（赵信所造的。）霍去病出代（如今山西的代县。）二千余里，封狼居胥山，禅于姑衍，临瀚海而还。（寘颜山，赵信城，狼居胥山，姑衍，瀚海，都应该在漠北，不能确指其处。）从此匈奴远遁，漠南无王庭。（三）是公元前121年，匈奴西边的浑邪王杀休屠王降汉，汉朝就开了河西四郡。（酒泉，如今甘肃的高台县。武威，如今甘肃的武威县。敦煌，如今甘肃的敦煌县。张掖，如今甘肃的张掖县。）从此以后，汉朝同西域交通的路开，匈奴却断了右臂了。（参看下节。）这都是武帝时候的事情。

伊稚斜之后，又六传而至壶衍鞮单于。（伊稚斜子乌维单于，公元前114年立。公元前107年卒，子詹师卢立，年少，号为儿单于，公元前102年卒，季父句黎湖单于立。公元前101年卒，弟且鞮侯单于立。公元前101年卒，子狐鹿姑单于立。公元前85年卒，子壶衍鞮单于立。）出兵攻乌孙。这时候乌孙已尚了中国的公主。公元前73年，（宣帝本始元年。）中国发五将军，又叫校尉常惠，护乌孙兵，去攻匈奴，匈奴闻汉兵出，驱其畜产远遁。所以五将军无所得。常惠的兵从西方入，却斩首三万九千余级，获马、牛、羊、驴、骡、橐驼七十余万头。（这个自然是个虚数，然而为数必也不少。）匈奴怨恨乌孙，这一年冬天，单于自将去攻他，归途又遇见大雪，士卒冻死了十分之九。于是丁令乘弱攻其北，乌桓入其东，乌孙击其西，杀伤不少。加以饿死，人民去掉十分之三，畜产去掉十分之五，匈奴竟变做一个弱国了。然而还没肯服中国。直到公元前60年，虚闾权渠单于死，（壶衍鞮单于的兄弟，公元前68年立。）握衍朐鞮单于立，国中又起了内乱。五单于争立，后来都并于呼韩邪单于。而呼韩邪的兄呼屠吾斯，又自立做郅支骨都侯单于，杀败了呼韩邪。于是公元前52年，（汉宣帝甘露二年。）呼韩邪款五原塞。（如今绥远道的五原县。）明年，就入朝于汉。郅支单于见汉朝帮助呼韩邪，料想敌他不过，恰好这时候，康居（见下章。）给乌孙所攻，来迎接他去并力抵敌乌孙。郅支大喜，便住到康居国里去。公元前36年——元帝的建昭三年，西域都护甘延寿，副都护陈汤，矫诏发诸国兵，把他攻杀了，传首京师。前汉时代的匈奴，到这时候便算给中国征服。

第二节 西 域

汉时所谓“西域”，其意义有广狭两种。初时所谓“西域”，是专指如今的天山南路，所谓“南北有大山，中央有河”。南山，是如今新疆和青海、西藏的界山；北山，是如今的天山山脉；河，就是塔里木河。这是狭义。但是后来交通的范围广了，也没有更加分别，把从此以西北的地方，也一概称为“西域”。这“西域”二字，便变成广义了。

狭义的西域，有小国三十六，后稍分至五十余。其种有“塞”，有“氐”、“羌”。氐、羌是“行国”，塞种是“居国”。诸国大概户数不过数百，口数不过千余或数千。（最大的龟兹，户数六九七〇，口数八一三一七，胜兵数二一七六。最小的乌贪訾离，户数四一，口数二三一，胜兵数五七。）不过是一个小部落，实在不足称为国家。其中较大而传国较久的，只有焉耆、（如今新疆的焉耆县。）龟兹、（如今新疆的库车县。）疏勒、（如今新疆的疏勒县。）莎车、（如今新疆的莎车县。）于阗（如今新疆的于阗县。）五国。汉时当交通孔道的，有车师、（北道，如今新疆的吐鲁番县。）楼兰（南道，如今已沦为白龙堆沙漠。）二国。余均无足齿数。从此以西北，却有几个大国。

原来葱岭以西，是白种人的根据地。（现在欧亚两洲的界线，在地理上并不足为东西洋民族的界线；东西洋民族分布的界线，还要推葱岭、帕米尔一带大山。试观葱岭帕米尔以西诸国，和欧洲的历史关系深，和中国的历史关系浅可知。）白种有名的古国，要推波斯。后来为马其顿所灭。亚历山大死后，部将塞留哥（Seleucus）据叙利亚（Syria）之地自立，是为条支。后来其东方又分裂而为帕提亚（Parthia）、巴克特利亚（Bactlia）两国，便是安息和大夏。大夏之东，也是希腊人所分布之地。西域人呼为Ionian，就是Yavanas的转音，这是大宛。大宛之北为康居，再西北就是奄蔡了。（奄蔡，就是元史上的阿速，到将来再讲。安息是如今的波斯。大夏在阿母、西尔两河之间。大宛在其东，大约在如今的吹河流域。其北就是康居，康居的地理，《元史译文证补》把他考得很清楚的。原文甚长，不能备录，可以翻出一参考。奄蔡，也见《元史译文证补》。据近世史家所考究，蒲萄、苜蓿，亦系希腊语Botrus、Medike的译音（参看近人《饮冰室丛著·张博望班定远合传》）。这一节又须参考西史。）这都是阿利安族。《汉书》上总叙他道："自宛以西，至安息，虽颇异言，然大同，自相晓知也。其人皆深目高鼻，多须髯。善市贾，争分铢之利。贵女子，女子所言，丈夫乃决正。"又颜师古说：乌孙"青眼赤须，状类猕猴"。据近代人所研究，这种形状很像德意志人。（《元史译文证补》卷二十七。）这些国的种族属于阿利安大约可无疑义了。

此外又有所谓"塞种"，大约是白种中的"塞米的族Semites"。其居地，本来在如今的伊犁河流域。后来为大月氏所破，才分散。《汉书》上说："昔匈奴破大月氏，大月氏西居大夏，而塞王南居罽宾。（如今印度的克什米尔。）塞种分散，往往为数国。自疏勒以西，休循、捐毒之属，皆故塞种也。”此外又有乌戈山离，“其草木、畜产、五谷、果菜、食饮、宫室、市列、钱货、兵器、金珠之属，皆与罽宾同。”难兜国，亦“种五谷，葡萄诸果，与诸国同属罽宾”，大约亦系塞种。（《汉书》上明指为氐羌的，是“蒲犁与依耐，无雷皆西夜类也。西夜与胡异，其种类氐羌。行国，随畜，逐水草”，此外更无明指为氐羌的。只有婼羌、鄯善，亦系行国；温宿则“土地物类所有，与鄯善诸国同”。可以推定其为氐羌。据《后汉书》，则西夜子合，各自有王。又有德若，“俗与子合同”，又载车师，蒲类，移支，且弥，亦均系行国。移支“俗勇敢善战，以寇抄为事。皆被发。尤酷与羌类”。此外都不明著其种族。西域诸国前后《汉书》载其道里方位很详，如今的新疆省，设县不多，若把县名来注，反觉粗略，若把小地名来注，太觉麻烦，反不如检阅原书的清楚而正确了。所以除几个大国之外，不再详注今地。若要精密研究，看徐松的《汉书·西域传补注》最好。）

汉初，中国西北的境界限于黄河。渡河而西，祁连山脉之北是大月氏。（后来河西四郡之地。）从大月氏再向西，便是西域三十六国了。大月氏本来是个强国，冒顿和老上单于时，两次为匈奴所破，逃到伊犁河流域，夺了塞种的地方。（塞种于此时南君罽宾。）乌孙本来和大月氏杂居的，尝为大月氏所破，到这时候，便借兵于匈奴，再攻破大月氏。于是大月氏西南走，夺了大夏的地方。乌孙便住在伊犁河流域。汉武帝听得大月氏是个大国，想和他夹攻匈奴，募人往使，张骞以郎应募前往，路经匈奴，给匈奴人留住一年多。张骞逃到大宛。大宛派个翻译，送他到康居，康居再送他到大月氏。这时候，大月氏得了“沃土”，殊无“报胡之心”。张骞留了一年多，不得要领而归。恰好这时候匈奴的浑邪王，杀掉休屠王降汉，汉朝得了河西的地方。张骞建言，招乌孙来住。汉武帝就派他到乌孙，乌孙不肯来；而张骞的副使，到旁国去的，颇带了他的人回来。汉武帝由是锐意要通西域，一年之中，要差十几回使者出去。

使者走过各国，各国是要搬粮挑水供给他的。加之当时出使的人，未必个个都是君子，颇有些无赖之徒想借此发些财的。（因为所带金帛甚多。这种金帛，回来时候，未必有正确的报销。要是无赖一点，沿路还可以索诈。或者还可以带着做点买卖。）其行径，颇不敢保他正当。因此当道诸国，颇以为苦。于是楼兰、车师先叛。公元前108年，汉武帝发兵打破了这两国。后来又有人说大宛国里有一种“天马”，汉武帝差人，带了“金马”去换他的。大宛王不肯，和汉使冲突，把汉使杀掉。武帝大怒，派李广利去打大宛。第一次因为路远，粮运不继，不利。武帝再添了兵去，公元前101年到底把大宛打破。大宛离汉甚远，给汉朝打破之后，西域诸国见了汉朝就有些惧怕。加之以乌孙也是一个大国，他起初和中国颇为落落寡合，后来因为时常同中国往来，匈奴人要想攻他，乌孙人急了，就尚了中国的公主。从此以后，乌孙和中国往来极为亲密。这都是汉朝的声威所以远播的原因。至于三十六国，当老上单于攻破月氏之后，就臣服匈奴。“匈奴西边日逐王，置僮仆都尉，使领西域，常居焉耆、危须之间，赋税诸国，取给足焉。”从浑邪王降汉之后，而汉通西域之路始开。攻破大宛之后，则“敦煌西至盐泽，（如今的罗布淖尔。）往往起亭。而轮台、（如今新疆的轮台县。）渠犁，（轮台东。）皆有田卒数百人，置使者校尉领护，以给外国使者。”然而当这时候，匈奴还时时要和中国争西域。公元前68年，郑吉攻破车师，屯田其地，保护了南道。公元前59年，匈奴内乱，日逐王降汉。于是匈奴所置的僮仆都尉消灭，而中国叫郑吉并护南北两道，谓之都护。（治乌垒城，在如今库车县东南。）元帝时又设立戊己校尉，屯田车师。西域诸国，就全入中国的势力范围了。（南道，是如今从羌婼、且未经于阗到莎车的路。北道，是从吐鲁番经焉耆、库车到疏勒的路。当时的争夺西域，只是争两条通路，而汉朝以屯田为保护路线的政策。）

第三节　朝　鲜

貉族的情形，第一篇第六章第三节已经讲过了。当汉武帝时，貉族在如今奉天、吉林两省之间，大约从东辽河的上游起，北据松花江流域。（当时辽东郡的塞外。）汉人称之为秽，（亦作岁。）役属“卫氏朝鲜”。

朝鲜是亚洲一个文明的古国。他的始祖，就是中国的箕子，这是人人知道的。但是箕子的立国，究竟在什么地方呢？这个却是疑问。朝鲜的古史，当箕氏为卫满所灭时全然亡失。朝鲜人要讲古史，反得借资于中国。朝鲜人所自著的，只有新罗的僧人无极所作的《东事古记》。然而这部书不大可靠。据《东事古记》说：唐尧时代，有一个神人，唤做檀君，立国于如今的平壤，国号朝鲜。到商朝的中叶，传统才绝。这一段话，近来史家都不甚信他。箕子的立国，向来都说在平壤，近来也有人疑心，说箕子所走的朝鲜，实在如今的辽西。到后来，才逐渐迁徙而入半岛部的，但也没有十分充足的证据。

朝鲜当战国时代，曾经和燕国交兵，给燕国打败了。这时候，辽东地方全为燕国所据。朝鲜和燕国以浿水为界。（如今的大同江。）秦灭燕之后，又扩充到浿水以东。秦灭汉兴，仍以浿水为界。卢绾之乱，燕国有个人，唤做卫满，逃到朝鲜，请于朝鲜王准，愿居国的西境，替朝鲜守卫边塞，朝鲜王许了他，（所住的，大约就是秦朝所占浿水以东的地方。）后来卫满势力大了，就发兵去袭朝鲜，朝鲜王战败，逃到马韩部落里，卫满就做了朝鲜的王。

三韩在朝鲜半岛的南部。马韩在西，占如今忠清、全罗两道，马韩之东是弁韩，弁韩之东是辰韩，占如今的庆尚道。汉武帝时，要想到中国来朝贡。这时候，卫满已经传子及孙，名为右渠，阻碍三韩，不许他到中国来。又袭杀中国的辽东都尉。公元前 109 年，汉武帝发兵两道，把朝鲜灭掉，将其地分置乐浪、（如今的黄海、平安两道。）临屯、（汉江以北。）玄菟、（咸镜南道。）真番（地跨鸭绿江。）四郡，从此以后，朝鲜做中国的郡县好几百年。直到东晋时代，前燕慕容氏灭亡，中国在辽东的势力才全失坠。

秽貉的酋长南闾，公元前 128 年，曾经率男女二十八万口内属，汉武帝替他置了个沧海郡，隔几年，又废掉了。朝鲜灭后，秽人有一支，迁到半岛的东部去的，唤做东秽，又唤做不耐秽。留居故地的，就是后来的夫余。

第四节　闽粤南越和西南夷

以上三节所说，都是对外的事情。“中国本部的统一”，却是也到汉武帝手里规模才大定的。秦始皇略取南越地，置桂林、南海、象三郡，已见第一章。秦朝灭亡的时候，龙川令赵佗并了这三郡之地，自称南越武王。越国灭亡之后，“诸族子争立，或为王，或为君，滨于江南海上，服朝于楚”。（《史记·越勾践世家》。）秦有天下，取其地置闽中郡，粤王无诸，和他的同族名摇的，都佐诸侯灭秦有功。汉高帝立无诸做闽越王，（都治，如今福建的闽侯县。）惠帝又立摇做东瓯王。（如今浙江的永嘉县。）公元前138年，闽越攻东瓯，武帝发兵救之，兵还没有到，闽越兵先已退去，东瓯请“举国内徙”。于是徙其人江淮间，东瓯的地方就空了起来。公元前112年中国灭掉南越，又灭掉东越，福建、广东两省，就永入中国版图。

当时又有所谓西南夷，《汉书》叙述他的形势是：

南夷君长以十数，夜郎最大。（如今贵州的桐梓县。）其西，靡莫之属以十数，滇最大。（如今云南的昆明县。）自滇以北，君长以十数，邛都最大。（如今四川的西昌县。）此皆椎结，耕田，有邑聚。

其外，西自桐师以东，北至叶榆，名为雟、昆明。（如今云南的大理县。）编发，随畜移徙，无常处，亡君长，地方可数千里。自雟以东北，君长以十数，徙，莋都，最大。（徙，如今四川的天全县。莋都，如今四川的清溪县。）自莋以东北，君长以十数，冉駹最大。（如今四川的茂县。）其俗或土著，或移徙，在蜀之西。

自駹以东北，君长以十数，白马最大。皆氐类也。

以上所述，第一类是濮族（倮罗），从黔江流域到金沙江流域。文明程度最高。第二种大约也是氐羌一类。（因为若是粤族，便要断发，氐羌则或编发（就是辫发）或被发。又粤族本居沿海，没有畜牧的。这一族人“随畜移徙”，明是从北方高原之地迁来。所以知道他是氐或羌族。）在澜沧江流域。文明程度极低。第三种是氐族，在岷江、大渡河流域和嘉陵江上源。

汉武帝时，有一个人唤做唐蒙，出使南越。南越人请他吃蜀的“枸酱”，唐蒙问他你这枸酱从什么地方来的，南越人说：从夜郎国里，走牂牁江来的。（如今的北盘江。）唐蒙才晓得走牂牁江可以通南越。回来时候，就上书武帝。请通夜郎，以为是“制粤一奇”。武帝就拜唐蒙做中郎将，去晓谕夜郎。于是把夜郎的地方置了个犍为郡。隔了几年，公孙弘做了宰相。说“事西南夷繁费”，于是“罢事西南夷”。后来张骞从西域回来，说在大夏时看见蜀的布和邛的竹杖，问他从什么地方来。他说从身毒国来的。（如今的印度。）如此看来，从蜀走西南夷，一定可通身毒，到得身毒，就可以通大夏。这一条路，比走“匈奴中”安稳得多了。于是再事西南夷，要想找通身毒的路。找了几年，到底找不到。伐南越这一年，发了夜郎的兵沿牂牁江而下。夜郎等国起初以为汉朝离他远，断不能占他的地方的。且乐得弄些缯帛，所以都听了唐蒙的话，愿意等中国去置郡。到这时候，见中国要发他的兵出去打仗，就有些不愿意，于是夜郎附近的且兰（如今贵州的平越县。）先反，给汉朝打破了，把他的地方置了个牂牁郡。于是“西南夷振恐”，纷纷都请“置吏”，就邛都、（越嶲郡。）莋都、（沈黎郡。）冉駹、（汶山郡。）白马（武都郡）的地方都置了郡，后二年，又灭掉了滇，把他的地方置了个益州郡。

从汉武帝通西南夷之后，云南、贵州也算入了中国的版图，本部十八省的规模就此定下来了。然而因“枸酱”而通西南夷，因“蜀布”、“邛竹杖”而再事西南夷，都是以商人的贩运为其动机的，这种事情，研究起来觉得殊有趣味。

第五章　前汉的衰亡

第一节　汉武帝的内政

汉武帝这个人，武功文治亦有可观。（他的文治见第八章第六节。）然而他这个人太"不经济"。他所做的事情，譬如"事四夷"、"开漕渠"、"徙贫民"，原也是做得的事。然而应当花一个钱的事，他做起来总得花到十个八个。而且绝不考察事情的先后缓急，按照财政情形次第举办。无论什么事情，总是想着就办，到钱不够了，却再想法子，所以弄得左支右绌。至于"封禅"、"巡守"、"营宫室"、"求神仙"，就本是昏聩的事情。我如今且把武帝手里罗掘的事情，举其大者如下。

（一）募民入奴婢，得以"终身复"，其本来是"郎"的，就再增加爵秩。后来又命民"买爵"，"赎禁锢"，"免赃罪"，特置"武功爵"十七级卖给百姓，共直三十余万金。

（二）用齐的大盐商东郭咸阳、南阳大冶孔仅管盐铁。铁器皆归官铸，制盐的，都得用官发的器具。又榷酒酤。

（三）算缗钱舟车。做卖买，放利息的人，有资本二千个钱，出一算。（一百二十个钱。）做手艺的人，有资本四千个钱，出一算。有轺车的人出一算。商贾有轺车的出两算。船长五丈以上出一算。

（四）置均输用洛阳贾人子桑弘羊做大农丞，又代孔仅等尽管天下盐铁。桑弘羊想了一个法子，叫各处地方把本地的“出口货”做“贡品”，官却把他贩卖到别处。

（五）改钱法。秦有天下，仍定以黄金铜钱为货币。黄金用“镒”计重。铜钱仍照周朝的旧样子，每一个重“半两”，上面就铸着“半两”两个字。汉兴，黄金仍用斤计重，钱文的轻重屡次改变，最后才定为“五铢”。（初用“荚钱”。高后二年，行“八铢钱”（就是半两），六年行五分钱（就是荚钱）。文帝时，铸四铢钱，武帝初年，改做三铢，后来又行半两，最后才改做五铢。五铢通行以后。铜钱的轻重，就没有改变。汉朝的五铢钱，在唐铸“开元通宝”以前始终算做良好的货币。）文帝时，“除盗铸令，使民放铸”，铜钱本已很多。武帝时，用度不足，就即多铜的山铸钱，“钱益多而轻”。“乃以白鹿皮方尺，缘以缋，为皮币，直四十万。王侯、宗室，朝觐、聘享，必以皮币荐壁，然后得行。又造银锡白金。”（白金三品，其一曰重八两。圜形，其文龙。名白撰，直三千。其二较轻，方形，其文马，直五百。其三更轻，其文龟，直三百。）销半两，铸三铢，禁私铸。后来为三铢钱轻，又铸一种“赤仄钱”，一当五。然而白金、赤仄，毕竟俱废不行。到后来，到底“悉禁郡国毋铸钱，专令上林三官铸。钱既多，而令天下非三官钱不得行。诸郡国前所铸钱皆废销之，输入其铜三官。”钱法才算大定。（这一次的办法，却颇合于“货币政策”的原理。所以钱法就此定下来。可见天下事不合学理是不行的。）

以上几条，第一条波及吏治，固不必言。而且“买复”去民太多，则“征发之士益鲜”，就不得不再兴别种苛法。官筦盐铁，则物劣而价贵。算舟车，则商贾裹足，物品缺乏。设均输的时候，桑弘羊说：“如此，富商大贾，亡所牟大利，则反本，而万物不得腾跃。”则明是和商贾争利，而其害人最甚的，尤要算“算缗”和“变乱钱法”。《汉书·食货志》说：“……告缗遍天下，中家以上大氐皆遇告。……乃分遣御史廷尉正监分曹往，（师古曰：曹，辈也；分辈而出为使也。）往即治郡国缗钱，得民财物以亿计，奴婢以千万数，田：大县数百顷，小县百余顷，宅亦如之。于是商贾中家以上大抵破。民偷甘食好衣，不事畜藏之业。”这种行为，简直和抢劫无异。论钱法，则文帝时听民铸钱，本已害人不浅。贾生说：“法使天下公得……铸铜锡为钱，敢杂以铅铁为它巧者，其罪黥。然铸钱之情，非殽杂为巧，则不可得赢。而殽之甚微，为利甚厚。夫事有召祸，而法有起奸，今令细民人操造币之执，各隐屏而铸作，因欲禁其厚利微奸，虽黥罪日报，其势不止。乃者民人抵罪，多者一县百数，及吏之所疑，榜笞奔走者甚众。夫县法以诱民，使入陷阱，孰积于此。”又说：“今农事弃捐而采铜者日蕃，释其耒耨，冶镕炊炭。”可谓“怵目刿心”了。到武帝时，“法钱不立”，而突然禁民私铸，这时候的钱并不是不能私铸的，而且私铸了是很有利的。（大抵禁止私铸，只有两个法了：其（一）是国家所铸的钱技术极精，人民不能效为；其（二）是“铸造费”极多，私铸无利。此外都不足恃的。武帝专令上林三官铸钱之后，所铸的钱大约颇为精工。《汉书·食货志》，说私铸的人“计其费不能相当”，就自然没有人铸了。）政府想借铸钱取利，专靠严刑峻法去禁止人民私铸。于是“自造白金五铢钱后五岁，而赦吏民之坐盗铸金钱死者数十万人。其不发觉相杀者，不可胜计。赦自出者百余万人。然不能半自出，天下大氐无虑皆铸金钱矣。”就演成极大的惨剧了。

文景以前，七十年的畜积，到此就扫地以尽，而且把社会上的经济，弄得扰乱异常。这都是汉武帝一个人的罪业。然而还有崇拜他的人。不过是迷信他的武功。我说：国家的武功，是国力扩张自然的结果，并非一二人所能为。以武帝时候中国的国力，傥使真得一个英明的君主，还不知道扩充到什么地步呢？“汉武式”的用兵，是实在无足崇拜的。（参看第八章第四节。）

第二节　霍光废立和前汉的外戚

武帝因相信神仙之故，许多“方士”、“神巫”都聚集京师，就有

“女巫”往来宫中，教“美人”把“木人”埋在地下，说可以度厄。到后来，就互相告讦，以为“咒咀”。于是“巫蛊”之狱起。水衡都尉江充和太子有隙。武帝派他去治此狱，他就说在皇后、太子宫里，得到木人更多。太子急了，要见武帝面诉，江充又不许，太子无法，只得矫诏发兵，把江充杀掉，因而造反，兵败自杀。于是武帝就没有太子，到晚年，婕好赵氏，生子弗陵，武帝想立他做太子，恐怕身后儿子幼小，母后专权。先把赵婕妤杀掉，然后立他。武帝崩，弗陵立，这个便是昭帝。霍光、金日磾、上官桀，同受遗诏辅政。武帝的儿子燕王旦，因为年纪比昭帝大，反不得立，有怨望之心。和上官桀、桑弘羊同昭帝的姊姊盖长公主等结连谋反，事觉伏诛。自此大权尽归于霍光。昭帝死，无子，此时武帝的儿子只有广陵王胥在。霍光说广陵王曾经犯罪给先帝废掉的，不可立。迎立了武帝的孙子昌邑王贺，一百天，把他废掉了。再迎立戾太子的孙子病已，改名为询，这个便是宣帝。宣帝立，大权还在霍光之手。宣帝少时，因戾太子之故，系掖庭诏狱，几乎丧命。幸而掖庭令丙吉保全他，后来替他娶了个许广汉的女儿。宣帝在民间，就依靠他的外家史氏和丈母家许氏。即位之后，把许氏立为皇后。霍光的夫人名显，想把自己的女儿立做皇后，听得大怒。趁许皇后生了太子，（就是元帝。）教一个女医生，进毒药把他药死，霍光的女儿就立做皇后。霍光死后，宣帝渐夺霍氏之权。霍光的儿子禹，侄孙云、山，相对而泣，霍光的夫人也急了。就把当初谋弑许皇后的事情告诉他们，他们大惊道：这是灭族的事，如何使得。于是就有反谋。事情发觉，都给宣帝杀掉。（霍皇后也废掉。）按霍光的废立，向来读史的人都说他大公无私。把他和伊尹并称，谓之“伊霍”。然而看《汉书·霍光传》，废掉昌邑王之后，杀掉他群臣二百余人。“出死，号呼市中曰：当断不断，反受其乱。”再看《夏侯胜传》：“昌邑王嗣立，数出。胜当乘舆前谏曰：天久阴而不雨，臣下有谋上者，陛下出欲何之。……是时光与车骑将军张安世欲废昌邑王，光让安世，以为泄语，安世实不言。乃召问胜，胜对言在

《洪范传》曰：皇之不极，厥罚常阴时则下人有伐上者，恶察察言，故曰臣下有谋。光、安世大惊，以此益重经术士。则霍光和昌邑王，明是互相齮龁之局。再看后来霍氏的权势，和他的结局，则所谓“伊霍”，和历代所谓“权臣”，原相去无几。原来把科学家的眼光看起来，人是差不多的，——在科学上，是不承认有什么非常之人，也不承认有什么太善极恶之人的。研究历史的目的，在于把古今的事情互相比较，而观其会通。就是要把许多事情，归纳起来，得一个公例。若把儒家改制所托的话，通统认作实在，在后世，都是“欺人孤儿寡妇”的操、莽，而古代忽然有个“天下为公”的尧舜，在后世，都是“彼可取而代也”的项羽，“大丈夫当如此也”的汉高，而在古代，忽然有个“非富天下”的汤，“以至仁伐至不仁”的武王。那就人的相异“如金石与卉木之不同类”，就无从互相比较，无从把许多事情，归纳了而得其公例，科学的研究，根本取消了。所以这些“偶像”，不能不打破他。并不是要跟死人为难。

霍光秉政的时候，鉴于武帝时天下的疲弊，颇能安静不扰，与民休息。天下总算安稳。霍氏败后，宣帝亲揽大权，宣帝是个“旧劳于外”的人，颇知道民生疾苦，极其留意吏治，武帝和霍光时，用法都极严。宣帝却留意于平恕，（参看第八章第五节。）也算西汉一个贤君。宣帝死，元帝立，从此以后便步步入于“外戚政治”了。

外戚不是偶然发生的东西，是古代社会组织上，当然有的一种阶级，我在第二章第三节里已经说过了。却是中国，从秦汉而后，又有所谓“内重”、“外重”之局。外重是外有强臣，政府无如之何；到后来便变成“分裂”之局。像后汉变做三国是。内重是中央政府权力甚强，政府说句话，通国都无如之何；到后来便成了权臣篡国之局。像王莽的代汉是。前汉时代，地方政府的权力，本来只有诸侯王是强的。从七国之乱以后，汉初的封建名存而实亡，就成了内重之局；而外戚又是当时社会上一个特别的阶级，那么，汉朝的天下，断送在外戚手里，是势所必至，无可挽回的。（因为任用贤才，是有英明的君主才能够，是特别的事情。普通的君主，就只能照常例用人，而当时的社会，还没有脱除阶级思想。照常例用人，不是宗室，就是外戚。宗室是经过七国之乱以后，早已视为“禁忌品”，断不能用他秉政的。那么，照常例用人。就只有外戚。英明的君主，不能常得，所以外戚的被任用。是势所必至，并不是偶然发生的事情。）

汉朝外戚的专权，起于元帝时候。元帝即位，任用外戚史高，又用了旧时的师傅萧望之、周堪。元帝是个“柔仁好儒”的人，颇崇信师傅的说话。史高心上，不大高兴，就和宦官弘恭、石显结连，把萧望之、周堪排挤掉，这是汉朝外戚和宦官发生关系之始。成帝即位，任用外家王氏，王凤、王音相继为相，权力大盛，“郡国守相，皆出门下”，内官更不必说。王氏之势，由此而成。成帝无子，立侄儿子欣做太子，是为哀帝。哀帝颇喜欢大权独揽，要“上法武宣”，然而他这个人，其实是糊涂的。罢斥王氏之后，仍代以外家丁氏和祖母的同族傅氏，又宠爱了嬖人董贤，给他做了大司马。所以政治毫无改善之处。哀帝亦无子，死后，成帝的母亲太皇太后王氏即日驾幸未央宫，收取玺绶，召了他的姪儿子王莽来“定策”。迎立了元帝的孙儿子衎，这个就是平帝，夺掉董贤的官，董贤自杀。又逐去傅氏、丁氏，灭掉平帝的母家卫氏，于是大权尽归于王莽。平帝即位的时候，年尚幼小，到后来长大了，为卫氏之故，心常不悦。为王莽所弑。迎立宣帝的元孙婴，号为孺子，莽“居摄”，称“假皇帝”，公元前8年，把他废掉自立。改国号曰新。

汉世系图

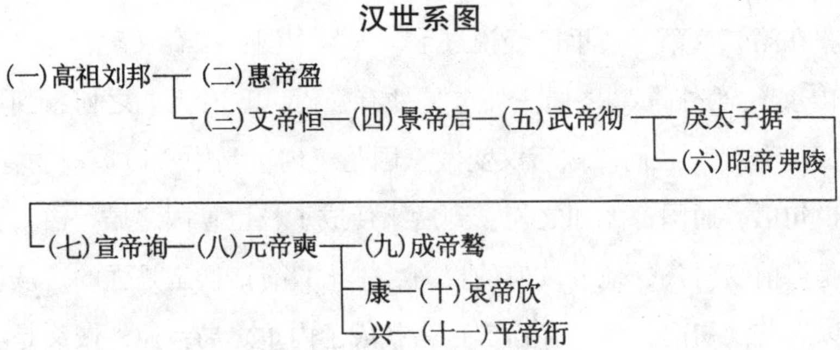

第六章 社会革命

王莽这个人，后世都把他骂得是个“十恶不赦”的，然而他实在是个“社会革命家”。

要晓得王莽是个怎样人，先要晓得西汉的社会是个怎样的社会。我不说（一）大地主（二）豪商（三）擅山泽之利的，是当时社会上的富豪阶级么？要晓得当时的情形如何，我且引两个人的话来做证。

> 今农夫五口之家，其服役者，不下二人；其能耕者，不过百亩；百亩之收，不过百石，春耕，夏耘，秋获，冬藏；伐薪樵，治官府，给繇役；春不得避风尘，夏不得避暑热，秋不得避阴雨，冬不得避寒冻；四时之间，亡日休息；又私自送往迎来，吊死问疾，养孤长幼在其中；勤苦如此，尚复被水旱之灾，急政暴虐，赋敛不时，朝令而暮改；当其有者，半贾而卖；亡者取倍称之息；于是有卖田宅，鬻子孙，以偿责者矣；而商贾大者积贮倍息，小者坐列贩卖；操其奇赢，日游都市；乘上之急，所卖必倍。故其男不耕耘，女不蚕织；衣必文采，食必粱肉；亡农夫之苦，有阡陌之得；因其富厚，交通王侯，力过吏势；以利相倾，千里游敖，冠盖相望；乘坚策肥，履丝曳缟；此商人所以兼并农人，农人所以流亡者也。（《汉书·食货志》晁错说文帝令民入粟拜爵。）富者田连阡陌，贫者亡立锥之地。又颛川泽之利，管山林之饶。荒淫越制，逾侈以相高；邑有人

君之尊，里有公侯之富；小民安得不困。……或耕豪民之田，见税十五。（师古曰：……十分之中，以各输本田主也。）故贫民常衣牛马之衣，而食犬彘之食。……古井田法难卒行，宜少近古，限民名田，以澹不足货。……去奴婢，除专杀之威。（服虔曰：不得专杀奴婢也。《汉书·食货志》董仲舒说武帝。）

此外类乎此的话还多，一时也征引不尽。《史记·平准书》说：文景极盛之后，“网疏而民富，役财骄溢，或至兼并”。似乎兼并之祸，是起于武帝以后的。然而其实不然。试看晁错的话，当文帝时，农民的困苦业已如此，再看荀悦说：

古者什一而税。以为天下之中正也；今汉氏或百一而税，可谓鲜矣；然豪强人占田逾侈，输其赋大半。官家之惠，优于三代。豪强之暴，酷于亡秦。是上惠不通，威福分于豪强也。文帝不正其本，而务除租税，适足以资豪强也。（据《文献通考》引。）

可见第三章所引《汉书·食货志》所述的盛况，只是社会的总富颇有增加，并没有普及于众人。不过这时候，承大乱之后，人心容易厌足，再加以当时政令的宽简，也就暂时相安罢了。这种贫富的阶级，从东周以后逐渐发生成长，根深蒂固，区区秦汉之际几年的战乱，如何就得破除？那么，如何会从武帝之后才发生呢？所以汉朝的儒者，没一个不讴歌颂祷井田的。（退一步，便是“限民名田”。哀帝初，师丹、孔光等辅政，曾拟有实行的办法，给豪贵反对而罢。也见《汉书·食货志》。）后世的人，都笑他们迂阔，安知道在当时实在是时势所要求？在这种情势之下，要想什么“限民名田”等平和缓进的方法，和富豪商量，请他让步，毕竟是无望的。所以王莽即位之后，就取断然的处置。下令道：

……今更名天下田曰王田，奴婢曰私属，皆不得卖买。其男口不盈八，而田过一井者，分余田与九族乡党。

这种办法，还承认奴婢是私属，总还算和平的。然而到底不能实行，三年之后，就下诏“诸食王田及私属，皆得卖买”。

“田曰王田”，是所以剥夺大地主的权利，他当时又立了五均、司市、泉府。司市以四时仲月，定出一个物价的标准来。商人的东西，有卖不掉的，五均按平价买进。有要借钱的，泉府可以出借，按月取息百分之三。这个，大约是所以救济小资本家和劳力的人，摧抑重利盘剥的。又设六筦之令，官卖酒、盐、铁器，铸钱，税“采取名山大泽各物”的人。

他所行的事，最不可解的，是废掉汉朝的五铢钱，更作金、银、龟、贝、钱、布，五物，六名，二十八品。（钱货六品，银货二品，龟宝四品，贝货五品，布货十品，黄金另为一品，在外。）大概当时的人，有一种思想，以为货币是富豪所用以兼并贫民的。所以务求灭杀他的效力。晁错说：“夫珠玉金银，饥不可食，寒不可衣。……其为物，轻微易臧，在于把握；可以周海内而亡饥寒之患；此令臣轻背其主，而民易去其乡；盗贼有所劝，而亡逃者得轻资也。”就是这一种思想的代表。王莽大约也是抱这种思想的人。

王莽的立心，虽然是为民请命，然而他所行的政策，实在是背于经济原理的。所以弄得“农商失业，食货俱废”。（《汉书·王莽传》上的话。）他更有一误点，就是过于“迷信法治”，不管目前的形势。《汉书·王莽传》说：

> 莽意以为制定则天下自平，故锐思于地理，制礼作乐，讲合六经之说，公卿旦入暮出，议论连年不解决。不暇省狱讼冤结、民之急务。县宰缺者数年，守兼一切，贪残弥甚。

再加以种种迂阔的行为，（如大改州郡名及官名等。）自然要土崩瓦解了。

然而王莽所以失败，还有一个大原因，原来古代的治法，是从极小的地方做起的。所谓国家，起初都是个小部落。君主和人民，本不十分悬隔；而政治上的机关，却极完备；所以一切事务易于推行；而且也易于监察，难于有弊。到后世，就大不然了。一县的地方，甚或大于古代的一国，何况天子。而所设的机关，却极其疏阔。就有良法美意，也无从推行。而且专制政体的官吏，都是对于君主一个人而负责任的；君主监察所不及，就无论什么事情，都做得出来的。（固然也有好的官吏，然而政治上不能只凭希望。）那么，更有什么事情能办得好；不但办不好，而且总是有弊，倒不如一事不做，还好希望苟且偷安，“汉文式”政治的所以成功，其原因就在乎此；“反汉文式”政治的所以失败，其理由也在乎此。王莽也是其中的一个人。（所以中国一切事情的停滞不进，和君主专制政体，是有很深的关系的。）

然而王莽这个人，他的道德，他的人格，毕竟是很可景仰的。《汉书·本传》说他初起的时候道：

> 莽群兄弟，皆将军五侯子，乘时侈靡，以舆马声色佚游相高。莽独孤贫，因折节为恭俭，受礼经，师事沛郡陈参，勤身博学，被服如儒生。
>
> ……爵位益尊，节操愈谦。散舆马衣裘，振施宾客，家无所余。收赡名士，交结将相卿大夫甚众。
>
> 莽既拔出同列，继四父而辅政。……遂克己不倦。聘诸贤良，以为掾史。赏赐邑钱，悉以享士。愈为俭约，母病，公卿列侯遣夫人问疾；莽妻迎之，衣不曳地，布蔽膝；见之者以为僮使，问知其夫人，皆惊。

这许多事情，后人都把个“伪”字一笔抹杀了。我要请问，何以见得他一定是伪的呢？人家一定说：他后来做了皇帝，所以见得他起初都是伪的。我要请问，在从前那种政体之下，一个人有了非常的抱负，要行非常的改革，不做君主，是否能始终贯彻。为了贯彻自己的主张的原故，事势上皇帝又可以取得到手，是否可以取来做一做，以实行自己的主张。还是应该谨守君臣之义，专做一姓一家的奴隶，听凭天下的事情，一切败坏决裂？人家又要说：他所做的事情，一件都没有成功。然而我没听见把成功失败，判决人的好坏的。

他当时，为了实行自己的主张的原故，把儿子都杀掉，是何等廓然大公。比第一编第三章第三节所述的“尧杀长子”何如。他为了办理天下事务之故，至于“常御灯火，犹弗能胜”。是何等勤力。到后来败亡的时候，火都要烧到身上了，他还说“天生德于予，汉兵其如予何”。是何等自信力。

咳！王莽这种人，在政治上虽然失败，他的道德，他的人格，毕竟是深可景仰的。

第七章　后汉的兴亡

第一节　光武的中兴

王莽变法，把当时社会上的经济关系，搅得稀乱，自然要民愁盗起。

当时聚众劫掠，和官府小小反抗的，到处都是。而其势力最大，毕竟成为扰乱种子的，就是绿林兵。这一支兵，起初藏匿在湖北绿林山中，（在当阳县境内。）所以得绿林之名。后来分为两支，一支向南郡，（如今的江陵县。）号为下江兵。一支向南阳，号为新市兵。随县平林乡人，（随县就是如今湖北的随县。）也起兵附和他，称为平林兵。汉朝的宗室刘玄，就在军中。景帝五世孙刘縯、刘秀也起兵舂陵，（如今湖北的枣阳县。）和新市、平林兵合。于是大家会议，立哪一个做皇帝。“南阳诸豪”要立刘縯。而新市、平林诸将要立刘玄，毕竟是新市、平林诸将势力大，把刘玄立做皇帝。他起初号为更始将军。所以历史上就都称他做更始。更始既立，北据南阳，王莽发大兵四十万去攻他，和刘秀等战于昆阳。（如今河南的叶县。）大败，于是响应的人，四面而起。更始派兵两支：一支攻洛阳，一支攻武关，攻武关的兵，先入长安，王莽被杀，这是公元23年的事。更始这时候，已迁都洛阳。明年，又迁都长安。这时候，海内的人，望治颇切。而更始给平林新市诸将挟持住，不能有为，诸将所干的，都是些强盗行迳的事情，不成体统。于是四海失望，关中离心。他们又把刘縯杀掉，刘秀因出徇颍阳，未与其难，于是刘秀先把河北平定，取了河内，以为根据地。这时候天下大乱。拥兵劫掠的人，到处都是。而琅邪樊崇等一派，都“朱其眉以自别”，号为“赤眉”，其众尤盛，公元25年，赤眉拥众入关，更始被杀。这时候刘秀已经在河北做了皇帝——后汉光武帝。洛阳太守朱鲔，本来是忠于更始的。更始死后，才把洛阳投降光武，于是光武迁都洛阳，所以后世称光武以后为东汉。

光武既都洛阳，明年，关中大饥，赤眉东走，光武勒兵宜阳。（如今河南的宜阳县。）胁降了他，于是历年的流寇扫清，天下渐有澄清之望。然而割据一方的，还有延岑（据汉中，后来投降公孙述。）

隗嚣（据陇西。）

窦融（据河西五部。）

公孙述（据成都，全有益州。）

李宪（据淮南。）

刘永（梁孝王八世孙，据睢阳。）

佼强、董宪、张步（这三个人，和刘永结连，据如今山东的东部。）

秦丰（据黎邱。）

田戎（据夷陵。）

卢芳（据九原，和匈奴结连。）

其中除实融以河西五郡降汉，不烦兵革外。只有隗嚣能得士心，公孙述习于吏事，稍有规模。其余都是强盗行迳，给光武以次削平，天下就此大定了。

第二节　后汉的武功

光武既定天下，颇能轻徭薄赋，抚绥百姓；明帝、章帝两代，也颇能谨守他的成法；所以这三代，称为东汉的治世。然而东汉一代，内治上的政策，不过因袭前汉，无甚足述。只有明、章、和三代的戡定外夷，却是竟前汉时代未竟之功，而替后来五胡乱华伏下一个种子，其事颇有关系，现在述其大略如下。

匈奴从呼韩邪降汉之后，对于中国，极为恭顺。后来休养生息，部落渐渐盛了。就埋下一个背叛骄恣的根源。再加以王莽时，抚驭的政策失宜，于是乌珠留若鞮和呼都而尸两单于，就公然同中国对抗。北边大受其害。公元46年，呼都而尸单于死，子蒲奴立，连年旱蝗，赤地千里。乌桓乘隙攻破之，于是匈奴北徙数千里，漠南遂空。先是呼韩邪单于约自己的儿子，依次序立做单于，所以从呼都而尸以前六代，都是弟兄相及，呼都而尸要立自己的儿子。把兄弟知牙斯杀掉。乌珠留的儿子比，领南边八部，心不自安，公元48年，自立做呼韩邪单于，投降中国。于是匈奴分为南北。南匈奴的单于，入居西河美稷县（如今的鄂尔多斯左翼中旗。）分派部下，驻扎边地，帮中国巡逻守御。中国人也待他甚厚。章帝末年，北匈奴益形衰弱，南匈奴要想并吞他。上书请兵，刚刚章帝死了，和帝即位，窦太后临朝。派自己的哥哥窦宪出兵，大破北匈奴于稽落山，勒石燕然山而还。（大约在如今杭爱山一带。）过了两年，（公元91年。）窦宪又派左校尉耿夔出兵，大破北匈奴于金微山。这一次出塞五千余里，为从前汉以来出兵所未曾到。（金微山，大约在外蒙的极西北。）从此以后，匈奴就远引而去，其偶然侵犯西域的，都只是他的分部。正支西入欧洲。就做了后世的匈牙利人。（匈奴龙庭，《史汉》都没有明说，他的地方大约从汉开朔方郡以前，在阴山山脉里，所以侯应议罢边塞事，说："北边塞至辽东，外有阴山，东西千里，草木茂盛，多禽兽，本冒顿单于，依阻其中，治作弓矢，来出为寇，是其苑囿也。"（见《前汉书·匈奴传》）儿单于以后，所住的地方，离余吾水很近——天汉四年，且鞮候单于悉远其累重于余吾水北，而自以精兵十万待水南。征和二年，右贤王驱其人民度余吾水六七百里。居兜衔山，壶衍鞮单于时，北桥余吾，令可渡，都见《汉书·匈奴列传》。——余吾和仙娥，似乎是一音之转。那么，匈奴徙居漠北之后，是住在如今色楞格河域的，合第四章第一节和第一编第六章第一节看，这种人，从中国本部的北方，逃到漠南。从漠南进到漠北，再从漠北辗转迁入欧洲，种族的迁移，可谓匪夷所思了。）

王莽末年，不但匈奴背叛，就西域也都解体。然而这时候，匈奴也无甚力量慑服西域。所以西域地方，就变做分裂的形势。北道诸国，臣服匈奴，南道地方，却出了一个莎车王贤。战胜攻取，降伏各国。光武帝既定天下，西域十八国遣子入侍。要求中国再派都护，光武帝恐劳费中国不许，于是西域和中国断绝关系。明帝时，大将军窦固，派假司马班超，出使鄯善。（楼兰的改名。）鄯善王广，待超甚恭。数日之后，忽然怠慢。超知有匈奴使者至，激励部下三十六人，乘夜攻杀之。鄯善人大惧，情愿投降，班超回国，窦固奏上他的功劳，明帝就真把他做军司马，教他再立功西域。于是班超仍带了前此的三十六人到西域去，这时候，于阗王广德攻杀了莎车王贤，称霸南道，而龟兹王建，倚仗匈奴的势力，攻杀疏勒国王而立了他的臣子兜题。班超先到于阗国去，在于阗王面前杀掉匈奴的使者，胁降了他。又差一个小吏田虑，走小路到疏勒去，出其不意把兜题拿住，自己跟着去，立了疏勒旧王的儿子，名字唤做忠的。于是西域诸国，纷纷进来朝贡。这时候，是公元 73 年，西域诸国已经和中国断绝关系六十五年了。汉朝也出兵北路，打破车师，再立西域都护和戊己校尉。公元 75 年，明帝崩，龟兹等国背叛，攻没都护，朝廷以为事西域繁费，就废掉都护和校尉，并召班超回国。班超要行，疏勒人怕受龟兹侵犯，留住他不放。于是班超就留居西域。公元 80 年，班超上书，请平定西域，平陵人徐干，也奋身愿意帮助班超，章帝给他一千多人，带到西域去，就把班超做西域都护。于是班超调用诸国的兵，把西域次第平定，班超在西域，直到公元 109 年才回国。任尚代他做都护，以峻急，失诸国欢心。和帝初年，诸国一时背叛，邓太后仍用了班超的儿子班勇，才把他镇定。班超带着区区三十六人，平定西域，真是千古的大英雄。他的事迹，本书限于篇幅，苦难详举，读者诸君，可以合着《前后汉书》的《西域传》参考一遍。

班超平定西域，葱岭以西诸国都来朝贡。公元104年，班超差部将甘英前往大秦，走到条支，临大海欲渡，“安息西界船人谓英曰：海水大，往来逢善风，三月乃得渡。若遇迟风，亦有二岁者。入海人皆赍三岁粮。海中善使人思土恋慕，数有死亡者”，甘英就折了回来。大秦，就是统一欧洲的罗马，这时候，从亚洲到欧洲，陆路不通，甘英所拟走的，是渡红海到欧洲的一条路。安息西界船人的话，历史上说是安息要阻碍中国和罗马交通，故意说的，其实都是实情。详见洪氏钧的《元史译文证补》。中国和欧洲的交通，此次将通又阻，直到桓帝延熹初，“大秦王安敦，遣使自日南徼外献象牙犀角瑇瑁，始乃一通焉”。这大秦王安敦，据现在史家考校，便是生于公元1798年，没于公元1732年的Marcus Auielius An。（班勇平定西域，只限于葱岭以东，葱岭以西遂绝。）

还有汉朝人和西羌人的交涉，这件事，是后汉分裂做三国和五胡之乱的直接原因，在第三篇里讲。

第三节 后汉的外戚和宦官

前汉给外戚篡夺，后汉仍旧用外戚，这件事情，把后世人的眼光看起来，很觉得稀奇，然而无足为怪。我早说过，外戚是一种“特殊阶级”。凡是一种特殊阶级，不到他应当灭亡的时候，无论他怎样作恶，人家总只怪着阶级里的人，并不怪着阶级的本身，这是社会的觉悟，有一定的限度，也是无可如何的事情。

后汉外戚之祸，起于章帝时。章帝娶宋杨两个女儿做贵人，大贵人生子庆，立做太子。小贵人生子肇，皇后窦氏，养为己子。窦皇后谮杀二宋贵人，又废掉太子庆，改立肇做太子。章帝崩，肇立，是为和帝。太后临朝，用哥哥窦宪做大将军，专权横恣。和帝年长，和宦官郑众合谋，把他杀掉，这是后汉的君主和宦官谋诛外戚之始。和帝生子，屡次不育，就把皇子寄养在民间。和帝崩，皇后邓氏，到民间去收了一个“生才百余日”的儿子来，把他立做皇帝，明年死了，是为殇帝。立清河王的儿子祜，是为安帝。太后临了十五年的朝。太后死后，安帝才亲政，斥逐邓氏，用自己皇后的哥哥阎显、耿贵人的哥哥耿宝，又宠爱了中常侍江京、李闰、樊丰、刘安、陈达；还有乳母王圣、王圣的女儿伯荣等一派小人。阎皇后无子，后宫李氏生了一个儿子，名字唤做宝，立为太子。阎后和宦官合谋，谮杀李氏，废宝为济阴王。公元132年，安帝到南阳去，死在路上。阎皇后和阎显密谋，秘不发丧，驰回京师，迎立章帝的曾孙北乡侯懿。不多时，死了。宦者孙程等迎立了济阴王，是为顺帝，杀阎显，迁太后于离宫。孙程等十九人皆封列侯。顺帝用自己皇后的父亲梁商做宰相，在外戚里，总算安分的。梁商死后，儿子梁冀接他的手，就大专权骄恣起来。顺帝死后，儿子冲帝立，一年而死。太后和梁冀“定策禁中”，迎立章帝的孙子清河王缵，是为质帝。年少聪明，目梁冀为“跋扈将军”。为冀所弑，迎立章帝的曾孙蠡吾侯志，是为桓帝。大权全在梁冀手里，桓帝心不能平，而满朝全是梁冀的人，只得再和宦官单超、具瑗、唐衡、左悺、徐璜等合谋，把梁冀杀掉。（抄他的家产，约三十多万万，减掉一年租税之半。）从此以后，汉朝外戚专权的局完，宦官乱国的事情起了。

宦官的品类，固然是不齿于人的，然而他和皇帝极为接近。从来做皇帝的人，大概是闲置在深宫之中，毫无知识。天天同他接近的人，他如何不要听信。前代论治的人，也晓得这个道理，所以总要注意于皇帝的“前后左右”，使得他“罔非正人”。前汉时代，还懂得这个意思。在宫禁里侍候皇帝的，还多用些士人，而且要“妙选名儒，以充其任”。和帝时，邓太后秉政，才把中常侍、黄门侍郎等官，都改用阉人。历代君主，又都和他们谋诛外戚，于是宦官的权力大盛。不但干预中央的政治，甚至“兄弟姻亲，布满州郡，竞为暴虐”，就激成了天下的乱源。这时候，朝政日非，而风俗颇美，天下的士流大都崇尚气节。一时名士，外任州郡的，对于宦官的亲戚，无不尽法惩治。（激于意气，以致过甚的行为，自然也是有的。）于是宦者和士流，互相嫉恶，就激成“党锢之狱”。（参看第八章第二节。）桓帝死后，无子。迎立章帝的玄孙解渎亭侯宏，是为灵帝。窦太后临朝，窦太后的立做皇后，有个人唤做陈蕃，颇与有力。因此太后感激他，用他做太傅。又用自己的父亲窦武做大将军，陈蕃也是名流系里头的人，天下颇想望其丰采。陈蕃和窦武谋诛宦官，反为所杀。于是党锢之禁更严，灵帝长大之后，相信宦官，尤其死心塌地，而汉朝的天下就完了。

后汉世系图

(一)光武帝刘秀—(二)明帝庄—(三)章帝炟
- 庆—(六)安帝祜—(八)顺帝保—(九)冲帝炳
- (四)和帝肇—(五)殇帝隆
- 寿—(七)北乡侯懿
- 伉—宠—鸿—(十)质帝缵
- 开
  - 翼—(十一)桓帝志
  - 淑—同苌—(十二)灵帝弘
    - (十三)发帝辩
    - (十四)献帝协

第八章　秦汉时代的政治和文化

第一节　官　制

汉朝的制度，大概是沿袭秦朝；秦朝的制度，又沿袭三代以前。这种制度，虽未必有什么精意存乎其间，然而去古还近，大概积弊是一天深一天的。制度是一层层地，不管理论堆积起来的；所以愈到后世，愈不切于事实，愈不合于理论，秦汉的制度，确有优于后世之处。况且后世的制度，又都是沿袭秦汉而渐变的，不明秦汉的制度，就连后世制度的真相也不能明白，所以研究秦汉时代的制度颇为紧要。

变封建为郡县是从秦朝起的，咱们现在就从秦汉时代的官制讲起。

秦和西汉，中央政府最高的官是丞相，或称相国。有时但置一人，有时分置左右丞相。后汉则以太尉，（天公）司徒，（人公）司空，（地公）分部九卿。称为三公，是用古代三公、九卿的官制。（参看第一篇第八章第三节。）太尉在前汉，为中央政府最高的武职，和丞相对掌文武，仿佛像宋朝的二府。此外又有御史大夫，掌副丞相。前汉的宰相，往往从御史大夫递升。这三种，都是中央政府最高的官。

此外又有太常，（秦名奉常。）掌宗庙礼仪；光禄勋，（秦名郎中令。）掌宫殿掖户；卫尉，掌宫门卫屯兵；太仆，掌舆马；廷尉，（中间曾改名大理。）掌刑辟；大鸿胪，（本名典客，又曾改名大行令。又有典属国一官并入。）

掌诸归义蛮夷；宗正，掌亲属；大司农，（本名治粟内史。）掌谷货；少府，掌山泽之税；谓之九寺六卿，是中央政府分掌庶务的。

带兵的官，通称校尉。而司隶校尉，主督察大奸，兼有警察的性质，权最重。（带北军的中尉，主徼循京师，后改为执金吾。）

治京师的官。秦朝称为内史。汉景帝时，分置左内史。武帝时，改内史为京兆尹，左内史为左冯翊，又把向来的都尉，改为右扶风，分治内史的右地。京兆尹、左冯翊、右扶风，谓之三辅。后汉时，改京兆尹为河南尹。

外官仍分郡县两级。郡有太守，县的户数，在一万以上的称为令，不满一万户的为长，其下都有丞、尉。十里一亭，有长；十亭一乡，乡有三老、啬夫、游徼；三老掌教化；啬夫职听讼，收赋税；游徼掌徼循，禁盗贼。（列侯所食的县，唤做“国”。皇太后皇后公主所食的唤做“邑”。有蛮夷的唤做“道”。）

秦朝又有一种监御史，是中央政府派他出去监郡的。汉朝省去这个官，由丞相派史出去“刺郡”。武帝时，把天下分做十三部，十二部各置刺史，一部属司隶校尉。——以六条督察所部。（（一）强宗豪右，田宅逾制，以强陵弱，以众暴寡。（二）二千石不奉诏书，遵承典制，背公向私，侵渔百姓，聚敛为奸。（三）二千石不恤疑赦，风厉杀人，怒则任刑，喜则任赏，烦扰刻暴，剥戮黎元，为百姓所嫉，山崩石裂，妖祥讹言。（四）二千石选署不平，苟阿所爱，蔽贤宠顽。（五）二千石子弟，怙恃荣势，请托所监。（六）二千石远公下比，阿附豪强，通行货赂，割损正令。）出于六条以外的，便不问；往来巡行，并无一定的治所。后汉以后，权渐重而位亦渐尊。然而还不过是中央政府派出去的督察之官。这时候的郡，什么事情都和中央政府直接。所以秦汉时代，实在是个“两级制”。到灵帝中平五年（公元 195 年），因各处纷纷盗起，列郡不能镇压，改刺史为州牧；简九卿等官，出去充任；于是其权大重；而中央政府，又不久解纽，诸州牧各自据土，纷纷占据地盘，就俨然变做三级制了。

爵分二十级：（一）公士，（二）上造，（三）簪裹，（四）不更，（五）大夫，（六）官大夫，（七）公大夫，（八）公乘，（九）五大夫，（十）左庶长，（十一）右庶长，（十二）左更，（十三）中更，（十四）右更，（十五）少上造，（十六）大上造，（十七）驷车庶长，（十八）大庶长，（十九）关内侯，（二十）彻侯，（后来因避汉武帝的讳，改为通侯。）也都是秦制用以赏有“功”、“劳”的人。

秦汉官制的特色：（一）这时候的中央政府，宰相是个副贰天子，治理天下的；九卿等官，也各有独立的职权，都是分治天下众务的；不是天子的私人。到后来，纷纷任用什么尚书、中书、侍中做宰相；把九卿的职权，也夺归六部；于是所任用的，全是天子玩弄之人，君权愈扩张无限。（二）是外官阶级少而威权重，和后世大不相同。这个有好处，亦有坏处。（三）则这时候去古还近，地方自治的意思，还有存留。《汉书·高帝纪》：“二年五月癸未令，……举民年五十以上，有修行，能帅众为善，置以为三老，乡一人。择乡三老一人为县三老，与县令、丞、尉，以事相教。”可见得这时候，对于三老等官视之甚重，和后世名存实亡的，大不相同。这其中也有许多方面的因果关系，且待后文讲到后世制度的时候，比较详论。

第二节　教育和选举

后世的人，都说秦朝焚烧诗书，毁灭儒术，这句话，其实是错的。马端临说：“案《西汉公卿百官表》，博士，秦官，掌通古今。……既曰通古今，则上必有所师承，下必有所传授。故其徒实繁。秦虽有其官，而甚恶其徒，常设法诛灭之。始皇使御史案问诸生，传相告引，至杀四百六十余人；又令冬种瓜骊山，实生，命博士诸生就视，为伏机杀七百余人；二世时，又以陈胜起，召博士诸生议，坐以非所宜言者，又数十人。然则秦之于博士弟子，非惟不能考察试用之，盖惟恐其不澌尽泯没矣。叔孙通面谀，脱虎口而逃亡；孔甲持礼器，发愤而事陈涉有以也哉。”（《文献通考》卷四十。）这一段考据。颇为精详，虽然虐待其人，然而师承传授，确自有的，可见得儒学并没有绝，不过这种传授，是为继续“博士官之所职”起见，不是为教育人才起见，不过是古代“学术存于官守”之旧，不能算得学校。

到汉朝武帝时候，公孙弘做宰相，才奏请“为博士官置弟子五十人，复其身。太常择民年十八已上，仪状端正者，补博士弟子。郡、国、县、道、邑，有好文学，敬长上，肃政教，顺乡里，出入不悖所闻者，令相、长、丞，上属所二千石。二千石谨察可者，当与计偕，诣太常，得受业如弟子”。这才是以传授学术为目的，可以算作学校。然而营建学舍确是王莽手里的事。

案《汉书·景十三王传》，河间献王德“武帝时……来朝，……对三雍宫”。《儿宽传》：武帝东封泰山，还登明堂。宽上寿曰：……陛下……祖立明堂辟雍。（师古曰：祖，始也。）似乎武帝时就有太学的。而《礼乐志》又说：“……成帝时，犍为郡于水滨得古磬十六枚。……刘向因是说上，宜兴辟雍，设庠序，成帝以向言下公卿议，会向病卒，丞相大司空奏请立辟雍，案行长安城南。营表未作，遭成帝崩，群臣引以定谥，及王莽为宰衡，欲耀众庶，遂兴辟雍。……”马端临说：“盖古者明堂辟雍，共为一所：蔡邕《明堂论》曰：取其宗祀之清貌，则曰清庙；取其正室之貌，则曰太庙；取其尊崇，则曰太室；取其堂，则曰明堂；取其四门之学，则曰太学；取其四面周水圜如壁，则曰辟雍；异名而同事。武帝时，泰山济南人公玉带上《黄帝时明堂图》，明堂中有一殿，四面无壁，以茅盖通水，水圜宫垣，为复道，上有楼，从西北入，名曰昆仑。天子从之以入，拜祀上帝，于是上令奉高作明堂汶上，如带图。修封时，以祠太一五帝，盖儿宽时为御史大夫，从祠东封。还登明堂上寿，所言如此，则所指者疑此明堂耳。意河间献王所封之地，亦是其处。非养士之辟雍也。”（《文献通考》卷四十。）按马氏这个说法，很确，并可同第一编第八章第四节所说，互相证明。

汉朝的学校，是逐渐增盛的。武帝置博士弟子五十人，昭帝增为百人，宣帝时增至二百人，成帝末增至三千人。后汉光武时，就营建太学，（建武五年，公元29年。）明、章两代，都崇儒重道，车驾屡幸太学。其时又为“功臣子孙”，“四姓末属”，别立校舍，“期门”、“羽林”之士，皆令通《孝经》、《章句》。匈奴亦遣子入学，梁太后时，又诏大将军至六百石，悉遣子入学。本初质帝年号时太学诸生，遂至三万余人。学校可谓极盛，然而衰机也就伏在这个时候。这时候，学校人数只求其多。不讲实在。入学的，大概都是一班贵游子弟，并不是真正讲求学问的人。所以，范晔说这时候的学风，是“章句渐疏，多以浮华相尚”。又《三国志》董昭上疏说：“窃见当今年少，不复以学问为本，专更以交游为业。国士不以孝弟清修为首，乃以趋势游利为先。”这明是把一种纨绔子弟的气习，移植到学校里。讲声华的必定尚意气，所以到后来就激成“党锢之祸”。学校里都是一班贵族子弟，所以汉朝的太学生，是和外戚结党而攻宦官的。“此中消息，可以微窥”。

国家的学校虽然如此，究竟还不如私人教育之盛。《汉书·儒林传赞》说：“自武帝立五经博士，开弟子员。设科射策，劝以官禄。讫于元始，百有余年，传业者寖盛，支叶蕃滋。一经说至百余万言，太师众至千余人。盖禄利之路然也。”禄利固然是人所同欲，然而学术的兴盛，一大半的原因，也由于社会上“智识的欲望”，不容一笔抹杀。后汉则张兴著录且万人，牟长著禄前后万人，蔡元著录万六千人，楼望，诸生著录九千余人，宋登教授数千人，魏应、丁先弟子著录数千人，姜肱，就学者三千余人，曹曾门徒三千人，杨伦、杜抚、张元，皆千余人，更非前汉所及，（俱见《后汉书》。）私人教育，总比国家所设立的学校为盛，这个也是中国教育史上的一个特色。

至于选举，则有两种：其（一）郡国岁举孝廉。又汉武帝制郡国口二十万以上，岁察一人；四十万以上二人；六十万三人；八十万四人；百万五人；百二十万六人；不满二十万，二岁一人；不满十万，三岁一人，限以四科：一曰德行高妙，志节清白；二曰学通行修，经中博士；三曰明习法令，足以决疑。能按章覆问，文中御史；四曰刚毅多略，遭事不惑，明变决断，才任三辅县令。是用古代“诸侯贡士”之制，后世的人，以为这是乡举里选，却是错的。（乡举三老，方和《周礼》的“使民兴贤，出使长之。使民兴能，入使治之”相合。）其（二）则朝廷要用哪一种人，特诏标出科目，令公卿郡国，各举所知。这个却是后代制科的先声，汉朝选举制度的利弊得失，要和后世比较才见，且俟后文再讲。

第三节 赋 税

汉朝的田赋，本来是十五而税一；景帝以后，变做三十而税一，已见前。光武中兴以后，亦是三十而税一。到灵帝时，才加天下田税，每亩钱十文，谓之“修宫钱”。

田税以外，另有一种“口税”谓之“算赋”。人民从十五岁起，到五十六岁止，每人每年出钱百二十文，谓之一算；以治“库兵”“车马”。其事起于高帝四年，（见《本纪》如淳引《汉仪注》。）又有七岁到十四岁出的，每人二十钱，以食天子，谓之“口赋”。武帝时，又加三个钱，以补“车”、“骑”、“马”。（见《昭帝本纪》元凤四年如淳引《汉仪注》。）按《汉书·昭帝纪》，五凤四年“减天下口钱”。甘露二年“减民算三十”。“师古曰：一算减钱三十也。”成帝建始二年“减天下赋钱。算四十”。“孟康曰：本算百二十，今减四十为八十。”所谓减，都是指当年而言，并不是永远变更定额。又《贡禹传》：“禹以为古民亡赋算，口钱起武帝，征伐四夷，重赋于民。民产子，三岁则出口钱。故民重困。至于生子辄杀，甚可悲痛。宜令儿七岁去齿，乃出口钱；年二十乃算。……天子下其议，令民产子七岁乃出口钱，自此始。”则是永远减免的。

又有一种“更赋”，亦见《昭帝纪注》引如淳说：“更有三品：有‘卒更’，有‘践更’，有‘过更’，古者正卒无常，人皆当迭为之，一月一更，是为‘卒更’也。贫者欲得顾更钱者，‘次直者’出钱顾之，月二千，是谓‘践更’也。天下人皆直戍边三日，亦名为更，律所谓‘繇戍’也。虽‘丞相子’，亦在戍边之调。不可人人自行三日戍，又‘行者’当自戍三日，不可往便还。因便住，一岁一更：诸不行者，出钱三百入官，官以给戍者，是为‘过更’也。”

案以上三种，第一种是“税”，第二种是“赋”，税是种田的人出的，赋是修理兵器（车马等都包括在里头。）的费用，全国人民都负担的。《汉书·食货志》所谓“税以足食，赋以足兵”。第三种是人民应服兵役的代价，就是课人民以“一种兵役的义务”的“变相的完纳”。

汉朝的国用，以田租为主。《汉书·食货志》说：“高祖……轻田租，什五而税一，量吏禄，度官用，以赋于民。而山、川、园、池、市、肆，租税之入，自天子以至封君汤沐邑，皆各为私奉养，不领于天子之经费。”所以掌谷货的大司农，是管国家财政的；掌山泽之税的少府，是掌天子私财的。所以武帝命大司农兼管盐铁，孔仅、东郭咸阳说：“山海天地之臧，宜属少府，陛下弗私，以属大农佐赋。”很有称颂他的意思，此等杂税，已见第五章第一节。昭帝时郡国所举的贤良文学，要求停罢，和桑弘羊争辩了许多话，到底只罢掉一种酒酤，其余都没有动。（亦见《汉书·食货志》，其两方面争辩的话，详见《盐铁论》。）

第四节 兵 制

西汉所行的，是民兵之制。人民都有当兵的义务。《汉书·高帝纪注》引如淳说：“《汉仪注》云：民年二十三为正。一岁为卫士，一岁为材官骑士，习射御，驰战陈。又曰：年五十六，衰老，乃得免为庶民，就田里。”又《王制正义》引许慎《五经异义》：“汉承百王，而制二十三而役；五十六而免。”两说相同。案今文家说，民年三十受兵，已见第一编第八章第五节。《高帝纪注》又引：“孟康曰：古者二十而傅。三年耕，有一年之储，故二十三而后役之。”《五经异义》：“《高孟氏韩诗》说：年二十行役，三十受兵。”则汉朝人民的服力役，比古代迟三年，服兵役却早七年，或者汉代所承，实是古制；三十受兵，是儒家托古所致；亦未可知。

其兵的种类，有“材官”、“车骑”、“楼船”三种：材官是步卒，车骑是骑兵，楼船是水师。《后汉书·光武纪注》引《汉官仪》：“高祖命天下选能‘引关’、‘蹶张’材力武猛者，以为‘轻车’、‘骑士’、‘材官’、‘楼船’。常以秋后讲肄课试，各有负数，平地用‘车骑’，山阻用‘材官’，水泉用‘楼船’。”大约‘材官’最为普通，‘车骑’边郡较多，‘楼船’只有沿江海的地方有。

京师有南北军：“南军卫尉主之，掌宫城门内之兵。”“北军中尉主之，掌京城门内之兵。”（据《文献通考》，其详可参看原书。）武帝时，增置中垒、屯骑、步兵、越骑、长水、胡骑、射声、虎贲八校尉，都属北军。（八校尉，都见《汉书·百官公卿表》，《刑法志》：“至武帝平百粤，内增七校。”“晋灼曰：胡骑不常置，故此言七也。”）又有期门、羽林，都属南军。《文献通考》引章氏说：“汉初南北军，亦自郡国更番调发来。何以言之。黄霸为京兆尹，坐发骑士诣北军，马不适士。劾乏军兴则知自郡国调上卫士，一岁一更，更代番上，初无定兵。自武帝置八校，则‘募兵’始此；置羽林、期门，则‘长从’，始此。”（案期门是从六郡良家子孙里选出来的，见《汉书·东方朔传》。羽林兵，初名建章营，设于太初元年。后来又取从军死事的人的子孙，养在羽林，“教以五兵”，号曰“羽林孤儿”。见《百官公卿表》。）

前汉时，各郡都有都尉，帮着太守管理武事。王国里头，则相比郡守，中尉比都尉。这种制度，都是沿袭秦朝的。后汉光武帝建武六年，罢郡国都尉；七年，罢天下轻车、骑士、材官、楼船。只留着京师的南北军。然而后来郡国也往往复置。（北军里的八校尉，虎贲并入射声，胡骑并入长水，又省掉中垒校尉，所以号为北军五营。此外另有一支兵，驻扎在黎阳，谓之黎阳兵。又会扶风都尉带一支兵，驻扎在雍悬。护卫园陵，俗称为雍营。）

秦朝和西汉时代，有一种特色，就是“这时候，去古未远，人民尚武的性质还在，无论什么人，发出去都是强兵。”（巴蜀等一两处地方是例外。）所以秦朝的用兵，不论骊山的役徒，闾左的百姓，都发出去战守；汉朝也有所谓“七科谪”、（张晏曰：吏有罪一，亡命二，赘婿三，贾人四，故有市籍五，父母有市籍六，大父母有市籍七，见《汉书·武帝纪注》。）“弛刑”、“罪人”、“恶少年”、“勇敢”、“奔命”、“伉健”……这都是未经训练的人。然而发出去，往往战胜攻取。将帅里头，也极多慷慨效命的人。（譬如后汉的班超，又如前汉的李陵，以步卒绝漠，这是历史上只有这一次的事情。）有这种民气和民力，倘使真能利用，中国的国力实在可以扩张到无限。偏遇着秦始皇、汉武帝两个人，把民力财力大半消耗在奢侈淫欲的一方面。秦始皇的用兵，已经很不经济，汉武帝更其专信几个椒房之亲，家无法度，以致总算起来，总是败北的时候多，胜利的时候少。（细看《汉书·匈奴列传》可见。伐大宛这一役，尤其是用兵不经济的确证。汉朝用兵，所以结局总获胜利，是由于这时候中国和外国的国力，相差太远，并不是用兵的得法。这种用兵，结局虽获胜利，毕竟是以最大的劳费，得最小的效果的。）就使胜利，也所得不偿所失。这种用兵，实在一无可取。中国大有可为的时代，就给这两个人弄糟了的。然而后世，反很多崇拜他、原谅他的人，可谓侥幸极了。

第五节 法 律

从秦汉到魏晋，可以算做中国法律的“发达”、“长成”时代。案自秦以前，我国的法律究竟是个甚么样子，实在无从考见其详细。（第一篇第八章第六节所举。实在有许多儒家的学说，夹杂在里面，无从分别。但是全把儒者的学说辟掉，剩取了许多零碎的事实，也并不能考见其真相。）自秦以后，其“承袭”、“变迁”的途径，才确有可考；其“进化的状况”，就可以窥知了。

秦朝的法律所以贻害天下，有两种道理：其（一）是由于他所用的“刑罚的野蛮”。第一篇第八章第六节，已经说过。《汉书·刑法志》说：

> 汉兴之初，虽有约法三章，网漏吞舟之鱼；然其大辟尚有“夷三族”之令。令曰：当三族者，皆先黥，劓，斩左右趾，笞杀之，枭其首，菹其骨肉于市；其诽谤詈诅者，又先断舌；故谓之“具五刑”。彭越、韩信之属，皆受此诛。

到高后元年，才除掉“三族罪”，“祆言令”，孝文二年，又除掉“收孥相坐律”，然而足为中国法律史上开一个新纪元的，实在要推公元前167年（孝文帝十三年）废除肉刑这一件事。《汉书·刑法志》记他的始末道：

> 齐太仓令淳于公有罪当刑，防狱逮系长安。淳于公无男，有五女，当行会逮，骂其女曰：生子不生男，缓急非有益也。其少女缇萦，自伤悲泣，乃随其父至长安，上书曰：妾父为吏，齐中皆称其廉平；今坐法当刑，妾伤夫死者不可复生，刑者不可复属；虽后欲改过自新。其道亡繇也，妾愿没入为官婢，以赎父刑罪，使得自新。书奏，天子怜悲其意。遂下令

曰：制诏御史：盖闻有虞氏之时，画衣冠异章服以为戮而民弗犯，何治之至也。今法有肉刑三，（孟康曰：黥，劓二；刖左右趾合一：凡三也。）而奸不止，其咎安在。……《诗》曰：恺弟君子，民之父母；今人有过，教未施而刑已加焉；或欲改行为善，而道亡繇至；朕甚怜之。夫刑至断支体，刻肌肤，终身不息，何其刑之痛而不德也，岂称为民父母之意哉？其除肉刑。有以易之。

于是以“髡钳”代“黥”，“笞三百”代“劓”，“笞五百”代“斩趾”。按《史记索隐》：“崔浩《汉律序》云：文帝除肉刑，而宫不易。张斐注云：以淫乱，易人族类，故不易也。”《文献通考·刑考》二马氏按语：“……景帝元年诏，言孝文帝除宫刑，出美人，重绝人之世也。则文帝并宫刑除之。至景帝中元年，赦徒作阳陵者死罪，欲腐者许之；而武帝时，李延年、司马迁、张安世兄贺，皆坐腐刑；则是因景帝中元年之后，宫刑复用，而以施之死罪之情轻者，不常用也。”愚按自高后时即除三族罪，而文帝时新垣平谋逆，也用过三族之诛。（见《汉书·刑法志》。）大概是偶一为之之事。这时候，笞者多死，景帝时，又两次减少笞数，（第一次减笞三百为二百，五百为三百；第二次再减笞二百为一百，三百为二百。）并定“棰”的式样，当笞者“笞臀”，（如淳曰：然则先时笞背也。）毋得“更人”，自是“笞者得全”。其动机都发自缇萦，缇萦可以算得我国历史上一个纪念人物了。

其（二）然而秦朝的害天下，实在又在其“用法的刻深”，汉宣帝时，路温舒上奏说道：（见《汉书本传》。）

臣闻秦有十失，其一尚存，治狱之吏是也。……今治狱吏。……上下相殴，以刻为明；深者获公名，平者多后患；故治狱之吏，皆欲人死；非憎人也，自安之道，在人之死；是以死人之血，流离于市；被刑之徒，比肩而立；大辟之计，岁以万数。……夫人情安则乐生，痛则思死；捶楚之下，何求而不得；故囚人不胜痛，则饰辞以视之；吏治者利其然，则指道以明之；上奏畏却，则锻练而周内之；盖奏当之成虽咎繇听之，总以为死有余辜；何则，成练者众，文致之罪明也，是以狱吏专为深刻，残贼而亡极，偷为一切，不顾国患，此世之大贼也。故俗语曰：画地为狱议不入，刻木为吏期不对，此皆疾吏之风，悲痛之辞也。

这种情形，在当时司法界已成为风气。《汉书·刑法志》说：文帝时候“断狱四百，有刑错之风”。宣帝留意刑罚，特置廷平，又“常幸宣室，齐居而决事”，“狱刑号为平矣”。都只是救济一时，不是个根本解决的办法。

然则根本解决的办法何在呢？那就在于“删定律令”。案汉朝的法律，是沿袭自秦的，秦朝所用的，却是李悝所定的六篇之法。汉初，萧何改为九篇，叔孙通又益以律所不及，为十八篇。后来张汤又加了二十七篇。赵禹加了六篇，共为六十篇。而又有汉朝的例案随时编集起来的，谓之《令甲》、《令乙》……《决事比》，大概其初苦于法文太简，不够用，于是不得不随时增加；而其增加，绝没有条理系统；以致也有互相重复的，也有互相冲突的。司法的人，就大可上下其手。《汉书·刑法志》说：“律令凡三百五十九章；大辟四百九条，千八百八十二事；死罪决事比万三千四百七十二事；文书盈于几阁，典者不能遍睹；是以郡国承用者驳，或罪同而论异；奸吏因缘为市，所欲活则傅生议，所欲陷则与死比。”因为法律太杂乱，难于使用之故，于是解释的人很多，到后来就也都承认他可以引用。《晋书·刑法志》说：“后人生意，各为章句。叔孙宣、郭令卿、马融、郑玄诸儒章句，十有余家，家数十万言。”再合起《正律》和《令甲》、《决事比》来，就是“凡断罪所当由用者，合二万六千二百七十二条，七百七十三万二千二百余言。简直是不可收拾了。

删定的必要，前汉时人。就知道的，所以汉宣帝留心刑狱，而涿郡太守郑昌上疏，说这是一时的事，“若开后嗣，不若删定律令”。宣帝未及措置，到元帝、成帝手里，才下诏议行。班固说“有司……不能……建立明制，为一代之法；而徒钩摭微细，毛举数事，以塞诏而已”。所以到后汉时，还是错乱得那么样。直到魏文帝手里，命陈群、刘劭等删定，才定为新律十八篇。（新增十三篇，旧有的六篇，废掉一篇。）晋武帝还嫌他“科网太密”，再命贾充等修定，共为二十篇，于公元268年（泰始四年。）颁行。是为《晋律》。我国的法律，从李悝手里具有雏形，直到这时候，才算发达完备。（参看《晋书·刑法志》。）

《晋律》现已不传，然据近人余杭章氏所研究，则其单辞只义，有很文明的，转非隋唐以后的法律所及。章氏说：隋唐以后的法律，是承袭北魏的，夹杂了鲜卑法在里头。他文集中有一篇文章论这事，可以参看。

第六节　学　术

两汉的学问，从大概说起来，可以称为儒学时代。从儒学之中再分别起来，又可以分为今文时代和古文时代。

汉初是“黄老”、“申韩”之学并行的。《史记·儒林传》说“……孝文帝本好刑名之言，及至孝景，不任儒者；而窦太后又好黄老之术。”大概当时的休养生息，是取黄老的主义；（参看第三章。）对待诸侯王等，则实系取申韩之术。到汉武帝，任用赵绾、王臧、田蚡、公孙弘等一班儒臣；又听董仲舒的话，“表章六艺”，“罢黜百家”；于是战国时“百家之学并行”的现象，至此就“定于一尊”了。

儒家之学，所以独盛，近人都说因其明君臣之义，而且其立教偏于柔，（《说文》训儒为柔。）便于专制，所以世主扶翼它；我看这也不尽然：（一）儒家之学，利于专制，是到后世才看出来的；当时的人，未必有此先见。（二）无论什么学问，都是因其环境而变迁的。儒家之学。二千年来受专制君主的卵翼，在专制政体之下发达变迁，自然有许多便于专制的说法。西汉时代的儒学，确和后世不同；这点子便于专制之处，就别一家的学说，也是有的。假使当时别一家的学术，受了专制君主的卵翼，在专制政体之下发达变迁，也未必不生出便于专制的说法来。况且到后世，反抗君主的议论，道源于儒家之学的很多，近世讲今文学的人，就是一个好例。别一家的书，主张专制的话也还在，岂能一笔抹杀。若说法家的便于专制，显而易见，容易招人反抗；不如儒家之术，隐而难知，得"吾且柔之"之道。则全是用后世人的眼光议论古事，实在是陷于时代错误的。然则儒家之学，所以独受世主的尊崇，究竟是什么道理呢？我说这个在后世是全然出于因袭，并没有什么道理，儒家之学，在社会上势力已成，做君主的人，自然也不去动他。况且君主也是社会里的一个人，他的思想也未必能跳出社会以外。全社会的人，都把孔教当作"天经地义"，他如何会独想推翻孔教呢？至于汉武帝所以尊崇儒术，则和秦始皇说"吾悉召文学……士甚众，欲以兴太平"，（《史记·泰始皇本纪》。参看第一章。）是一个道理。原来一个人治天下，无论怎样凭恃武力，总不能全不讲教化。而讲教化，只有儒家之学最长。（因为他"治具"最完备。《七略》说儒家之学，出于司徒之官，是不错的。）而且汉武帝，是个喜欢铺张场面的人，而巡守封禅……典礼，也只有儒家知道。秦始皇焚书坑儒，仍要留着博士之官（他出去封禅，也是教儒家仪礼），也是这个道理。不必过于深求，反生误解的。

西京儒学的传授：最初，就是《史记·儒林列传》所说："言《诗》，于鲁则申培公，于齐则辕固生，于燕则韩太傅；言《尚书》，自济南伏生；言《礼》自鲁高堂生；言《易》，自菑川田生；言《春秋》于齐鲁，自胡毋生，于赵，自董仲舒。"到后来，则分为十四博士。就是

- 诗
  - 鲁
  - 齐
  - 韩
- 书
  - 欧阳
  - 大夏侯（胜）
  - 小夏侯（建）
- 礼
  - 大戴（德）
  - 小戴（圣）
- 易
  - 施（雠）
  - 孟（喜）
  - 梁丘（贺）
  - 京（房）
- 春秋
  - 公羊
    - 严（彭祖）
    - 颜（安乐）
  - 谷梁

以上十四家，都是元帝以前所立，《书》的欧阳、大小夏侯，同出伏生；《礼》的大小戴，同出后苍；《易》的施、孟、梁丘，同出田何；《公羊》严、颜二家，同出胡毋生；只有《诗》的鲁、齐、韩三家，没有公共的祖师；然而三家的说法，总是大同小异。

到平帝的时候，才另有一派学问。其源出于刘歆，歆移书博士说："……鲁恭王坏孔子宅，欲以为宫，而得'古文'于坏壁之中：'逸礼'有三十九，'书'十六篇，天汉之后，孔安国献之，遭巫蛊仓卒之难，未及施行。及《春秋左氏》，邱明所修，皆'古文旧书'。多者二十余通，藏于秘府。"于是别立《古文尚书》、《逸礼》、《左氏春秋》，又有毛公的《诗》"自谓子夏所传，而河间献王好之，未得立"。（《汉书·艺文志》。）这一派为"古文之学"。

"今文"就是汉时通行的隶书。西汉诸经师，都是口耳相传；所传经文，就用当时通行的隶书书写。到刘歆等，才自谓能通史籀所造的“大篆”，和大篆以前的“古文”。（参看第一编第十章第二节。）所传的经，别有古文本为据。于是人家称这一派为“古文学”，就称西汉经师所传为“今文学”以别之。所以今文古文，是既有古文之学以后，对待的名词；古文未兴以前，今文两个字的名词，也是没有的。

东汉之世，古文之学，比今文为盛：卫宏、贾逵、马融、许慎，都是古文家的大师；而郑玄遍注群经，尤称为古学的“集大成”。（其实郑玄是兼用今文的，不过以古文为主。）三国时代，出了一个王肃，专和郑玄为难，伪造孔安国《尚书传》、《论语》、《孝经注》、《孔子家语》、《孔丛子》五部书，以互相引证。又有一个注《左传》的杜预，和他互相影响。于是古文之中，再分出郑王两派，互相水火。（古文家本没有师法可守，个个人是互异的，但不如此的互相水火。）遭晋永嘉之乱，两汉经学传授的统绪中绝，于是今文家的书，只传得《公》、《谷》和《韩诗》，而并无传他的人；古文之学，也几乎中绝，而魏晋人一派的学问大行。现在所传的《十三经注》，除《孝经》为唐明皇《御注》外，只有《公羊》的何休《注》，还是西汉今文家言。其余《诗经》的《毛传》，是纯粹古文家言。郑《笺》虽兼采今文，然而既没有师法，就和他所注的《三礼》，和赵岐注的《孟子》，都只算得古文家言。此外《书经》的《伪孔传》、《易经》的王弼《注》、《谷梁》的范宁《集解》、《左传》的杜预《集解》、《论语》的何晏《集解》、《尔雅》的郭璞《注》，就都是魏晋人的著作。

咱们原不必有什么“薄今爱古”之见，就看了儒家之学和其余诸家，也是平等的，难道还一定要考出什么“今文家言”来，以见得“孔门口说”之真？然而这其间有一个很大的关系。生于现在，要考校古代的历史，不能不靠古人所传的书；而古人所传的书，也有个分别。大概其说法出于从古相传的多，则虽看似荒唐，而实极可靠，把后人的意思掺杂进去多的，骤看似乎可信，其实仔细考校，总和古代社会情形不合。从这一点看起来，却是西汉今文家的话，价值最大；东汉古文家次之；魏晋时代的人，价值最小了。百家所传的书，只有儒家最多。咱们现在，要考校古史：其势不得不借重于儒家的经，要借助于儒家的经，其势不得不借重于汉以后经师之说，要借重于汉以后诸经师之说，就对于汉朝的今古文，和魏晋人所造的伪书，不能不加以分别。本书里头，论到学术派别。书籍真伪的地方很多，都是把这种“分别史材”的眼光看的。

汉朝人还有别种学问，并入别一篇里讲，以便有个条理系统，免得琐碎。

第二篇　中古史（中）

第一章 后汉的灭亡和三国

第一节 后汉的乱源

两汉时代，总算是中国统一盛强的时代；两汉以后，便要暂入于分裂衰弱的命运了。这个分裂衰弱的原因也甚多，追溯起来，第一件便要说到“后汉时代的羌乱”。

羌族的起源和分布，已见第一篇第六章第四节，和第二篇上第四章第二节。这一族分布的地方，是很广的。现在专讲后汉时在中国为患的一支，《后汉书·羌传》说：

> 羌无弋爰剑者：秦厉公时，为秦所拘执，以为奴隶……后得亡归，而秦人追之急，藏于岩穴中，得免。羌人云：爰剑初藏穴中，秦人焚之；有景，象如虎，为其蔽火，得以不死。既出，又与劓女遇于野，遂成夫妇。女耻其状，被发覆面，羌人因以为俗。遂俱亡入三河间。（《注》：“黄河湟水赐支河也。”案赐支就是析支，就是河曲之地，不能另算做一条河。所以注引《续汉书》作“河湟之间”。）诸羌见。爰剑被焚不死，怪其神，共畏事之，推以为豪。河湟少五谷，多禽兽，以射猎为事；爰剑教之田畜，遂见尊信；庐落种人依之者日益众。羌人谓奴为“无弋”，以爰剑尝为奴隶，故因名云。其后世世为豪。至爰剑曾孙忍时，秦献公初立，欲复穆公之威，兵临渭首，灭狄獂戎，忍季父

邛，畏秦之威，将其种人附落而南，出赐支河曲数千里；与众羌绝远，不复交通。其后子孙分别，各自为种，任随所之：或为牦牛种，越巂羌是也；（如今四川的西昌县。）或为白马种，广汉羌是也；（如今四川的广汉县。）或为参狼种，武都羌是也；（如今甘肃的武都县。）忍及弟舞，独留湟中。并多娶妻妇；忍生九子，为九种；舞生十七子，为十七种。羌之兴盛，从此始矣。

《后汉书》说越巂、广汉、武都诸羌，都是爰剑之后，这句话恐未必十分可信。但因这一段文字，可以证明两汉时代，为中国患的羌人确是居湟中这一支。湟中是个肥沃的地方，爰剑又是个从中国逃出去的，他的文明程度，总得比塞外的羌人高些，看"教之田畜，遂见尊信"八个字，就可以明白。

这一支羌人的根据地，是从河湟蔓延向西南，包括青海和黄河上游流域。他的文明程度颇低，而体格极其强悍；（《后汉书》说他"堪暑耐寒，同之禽兽"。）而且好斗。部落分离，不能组织大群；又好自相攻伐，要到一致对外的时候，才"解仇诅盟"；事情一过，就又互相攻伐了；这也是羌人的一个特色。（这个是因为他所处的地方，都是山险。没有广大的平原的原故。羌人在历史上，始终不能组织一个强大的国家，做出大一点的事业，也是为此。）

汉朝和羌人的交涉，起于武帝时，这时候，匈奴还据着河西，（参看第二篇上第四章第一节。）和羌人所据的湟中，只隔着一枝祁连山脉；武帝防他互相交通，派兵击破羌人，置个护羌校尉统领他。羌人就弃了湟水，西依西海青海盐池。在青海西南。王莽时，羌人献西海之地，王莽把来置了一个西海郡，莽末内乱，羌人就乘此侵入中国。后汉时羌人一支占据河北大允谷和大小榆中一带，在如今平番导河一带。颇为边患，和帝时，才把他打破，重置了西海郡；而且夹着黄河，开列屯田。从此从大小榆谷到西海，无复羌寇。然而降羌散布郡县的很多。在安定、北地、上郡的，谓之东羌。在陇西、汉阳、金城的，谓之西羌。中国的吏民豪右，都不免

“侵役”他。公元107年，罢西域都护和校尉，发羌人去迎接他。羌人颇有逃散的。郡县到处“邀截”，又不免骚扰。于是各处羌众，同时惊溃。“东寇三辅，南略益州”。凉州的守令，都是内地人；见羌势已盛，无心战守，都把郡县迁徙到内地来；百姓有不愿意迁徙的，就强迫“发遣”；死亡流离，也不知多少。直到公元18年，才把三辅肃清，凉州还没有平定，而军费已用掉二百四十亿。到顺帝时，凉州也算平定了，才把内徙的州县，依旧回复。不多时，羌人又叛。用兵十余年，又花掉八十多亿的军费。到桓帝即位，才用段颎做校尉，去讨叛羌，这个段颎，是以杀戮为主义的。他说：“昔先零作寇，赵充国徙令居内，煎当乱边，马援迁之三辅。始服终叛，至今为梗，犹种枳棘于良田，养蛇虺于室内也。臣欲绝其本根，不使能殖。”于是从公元195年起，至公元176年止，用兵凡十一年。把西羌直追到河首积石山，东羌蹙到西县如今甘肃的秦安县。山中，差不多全行杀尽。这历年的羌乱，才算靠兵力镇定。（羌乱的详细，可参看《后汉书·本传》，和任尚、虞诩、段颎、皇甫规、张奂等传。）

后汉的羌人，并不算什么大敌，他的人数，究竟也并不算多，然而乱事的蔓延，军费的浩大，至于如此。就可见得当时军力的衰弱，政治的腐败。（这件事情，和清朝川楚教匪之乱。极其相像。军费自然十之七八，都是用在不正当的方面的。）却是（一）凉州一隅，因此而兵力独厚；（二）其人民流离迁徙之后，无以为生，也都养成一个好乱的性质，就替国家种下一个乱源。

政治腐败，他的影响，决不会但及于凉州一隅的。咱们现在，要晓得后汉时代社会的情形，且引几段后汉人的著述来看看。

> 今察洛阳：资末业者，什于农夫；虚伪游手，什于末业；是则一夫耕，百人食之；一妇桑，百人衣之；以一奉百，孰能供之。天下百郡千县，市邑万数，类皆如此；本末不足相供，则民安得不饥寒。《论衡·务本篇》。

王侯贵戚豪富，举骄奢以作淫巧，高负千万，不肯偿债；小民守门号呼，曾无怵惕惭怍哀矜之意。同上，《断讼篇》。使饿狼守庖厨，饥虎牧牢豕，遂至熬天下之脂膏，斫生人之骨髓。……豪人之室，连栋数百，膏田满野，奴婢千群，徒附万计，船车贾贩，周于四方，废居积贮，满于都城，奇赂宝货，巨室不能容，马牛羊豕，山谷不能受，妖童美妾，填乎绮室，倡讴妓乐，列乎深堂。《昌言·理乱篇》。

井田之变：豪人货殖馆舍，布于州郡，田亩连于方国。……财赂自营，犯法不坐，刺客死士。为之投命。至势弱力少之子，被穿帷败，寄死不敛，冤困不敢自理。同上《损益篇》。

这种情形，说来真令人“刿心怵目”。却是为什么弄到如此？这是由于汉朝时候的社会，本不及后世的平等。他的原因，是由于（一）政治上阶级的不平，（二）经济上分配的不平，这个要参看下篇第三章第五节和第七节才得明白。这种不平等的社会，傥使政治清明，也还可以敷衍目前，为“非根本的救济”；却是后汉时代，掌握政柄的不是宦官就是外戚，外戚是纨袴子弟，是些无知无识的人，宦官更不必说。他们既执掌政权，所用的自然都是他们一流人，这一班人布满天下，政治自然没有清明的希望。要晓得黑暗的政治，总是拣着地方上愚弱的人欺的，总是和地方上强有力的人，互相结托的。所以中央的政治一不清明，各处郡县都遍布了贪墨的官；各处郡县都遍布了贪墨的官，各处的土豪，就都得法起来。那么，真不啻布百万虎狼于民间了。（灵帝开西邸卖官，刺史守令，各有价目。尤其是直接败坏吏治的一件事情。）

所以张角一呼，而青、徐、幽、冀、荆、扬、兖、豫八州的人，同时响应。张角是钜鹿人，他自创一种妖教，名为“太平道”。分遣弟子“诳诱四方”，十余年间，众至数十万，他把这些人分做许多“方”，

（大方万余人，小者数千。）暗约公元 184 年灵帝中平元年。三月五日同时起事。还没有到期，给自己同党的人告发了，张角就“驰敕诸方，一时俱起”。中外大震。这种初起的草寇，论兵力，究竟是不济事的。灵帝派皇甫嵩、朱儁等去讨伐，总算不多时就戡定了。然而从此之后，到处寇盗蜂起，都以“黄巾”为号。（张角的兵，都是把黄布包着头的，所以人家称他为黄巾。）郡县竟不能镇定。因为到处寇盗蜂起之故，把州刺史改做州牧，于是外权大重，就成为分裂的直接原因。（参看上篇第八章第一节、下篇第三章第一节。）

第二节 汉末的割据和三国的兴亡

“山雨欲来风满楼”，分裂的机会成熟了，却仍等待着积久为患的宦官外戚做个导火线。

灵帝是个最尊信宦官的。他因为数失皇子，何皇后的儿子辩，养于道人史子助家，号为史侯。王美人的儿子协，灵帝的太后董氏自行抚养，号为董侯。灵帝想立董侯，没有办到，公元 189 年，灵帝病重了，把董侯属托宦者蹇硕，叫蹇硕立他。这时候，何皇后的兄弟进，做了大将军，兵权在手。蹇硕想诱他入朝，把他杀掉，然后拥立董侯。何进明知他的阴谋，拥兵不朝。蹇硕不敢动。于是史侯即位，是为废帝。

这时候，外戚宦官，依旧是势不两立。然而何氏出身低微，何太后的立，颇得些宦官的力。以是何氏对于宦官，有些碍难下手。何进虽然杀掉蹇硕，又逼死董太后，杀掉董太后的哥哥董重；然而要尽诛宦官，何太后就要从中阻挠他。何进手下袁绍等一班人，因而劝何进召外兵以胁太后。

宦官知道事情危险了，就把何进诱入宫，杀掉。袁绍等乘势攻宦官，尽杀之。凉州将董卓，驻兵在河东。听得何进召外兵的命令，即日进兵。这时候刚刚到京。于是拥兵人京城，把废帝废掉了，拥立董侯，是为献帝。

京城里的大权，霎时间落入“凉州军阀”之手。袁绍等一班人，自然是不服的。于是袁绍逃回山东，起兵“讨卓”。诸州郡纷纷应之。董卓就把天子迁徙到长安。近着凉州老家。“讨卓”的兵，本来不过“各据地盘”，没有“讨卓”的诚意。自然是迁延敷衍，毫无成功。

然而“凉州系”却又内乱起来了，公元192年，司徒王允和中郎将吕布，合谋杀掉董卓。董卓手下的将官李傕、郭汜，起兵攻陷京城，杀掉王允。吕布逃到山东。李傕、郭汜又自相攻伐。傕劫天子，汜留公卿为质。直到公元196年，凉州将张济从东方来，替他们和解，才算罢兵言和。献帝趁这机会，便想逃归洛阳。李傕、郭汜起初答应了，后来又追悔，合兵来追。献帝靠群盗李乐等帮忙，总算逃脱。然而群盗又专起权来，外戚董承等没法，只得召兖州的曹操入卫。曹操既至，以洛阳残破，挟着献帝迁都许昌。（如今河南的许昌县。）从此以后，大权都在曹操手里，献帝“守府而已”。

这时候，州牧郡守，纷纷割据。就有：

袁绍　据幽并青冀四州

刘备　据徐州

刘表　据荆州

刘焉　据益州

袁术　据寿春如今安徽的寿县。

马腾、韩遂　割据凉州

后汉时代，是颇重门阀的。（参看下篇第三章第七节。）袁绍是“四世三公”，所据的地方又广大，所以势力最强。却是曹操“挟天子以令诸侯”，所假借的名义，也比众不同。

“凉州系”在当时是个扰乱天下的罪魁。然而其中并没有雄才大略的人，李傕、郭汜、张济，不久都无形消灭了。只有吕布，却是个骁将。袁术攻刘备，吕布乘势夺取徐州。刘备弄得无家可归，只得投奔曹操。这刘备也是个英雄，曹操便利用他去攻吕布。曹操表刘备做豫州牧，借兵给他。公元198年，和他合力攻杀吕布。这时候，袁术因为措置乖方，在寿春不能立足，想要投奔袁绍。曹操顺便叫刘备击破他。袁术只得折回，死在寿春。然而刘备也不是安分的人，就和董承合谋，想推翻曹操。却又自己出屯小沛。事情发觉了，曹操杀掉董承，打破刘备。刘备也投奔袁绍，于是青、徐、兖、豫四州略定。

袁曹冲突的时机到了。公元200年，战于官渡，（在如今河南中牟县的北边。）袁绍大败，惭愤而死。儿子袁谭、袁尚争立。公元206年，曹操全定河北。（袁谭为曹操所杀。袁尚逃到乌恒（参看第二章第一节）又给曹操打败；再逃到辽东，辽东太守公孙康把他杀掉。）公元208年，便南攻荆州。刘表刚好死掉，他的小儿子刘琮把荆州投降曹操。

这时候，刘备也在荆州。他和曹操是不能相容的，逃往江陵。曹操派轻骑追他，一天一夜走三百里，到当阳长阪，（如今湖北的当阳县。）追到了。刘备兵败，再逃到夏口，靠刘表的大儿子刘琦。

这时候的刘备，可算得势穷力尽了，却有一支救兵到来。当东诸侯起兵“讨卓”的时候。长沙太守孙坚也起兵而北。董卓西迁之后，孙坚便收复洛阳。后来和袁术结连去攻刘表，给荆州军射杀。坚兄子贲，收集残部，投奔袁术。孙策虽然年少，倒也是个英雄。看看袁术不成个气候，便想独树一帜。于是请于袁术，得了父亲旧时的部曲。南定扬州。公元200年，孙策死了，他的兄弟孙权代领其众。刘备手下的诸葛亮，便想一条计策，自己到江东去求救。

这时候的江东，论起兵力来，万万敌不过曹操。然而（一）北军不善水战，（二）荆州军又非心服，（三）加以远来疲敝，又有疾疫，却也是曹操兵事上的弱点。孙权是个野心勃勃的人，手下周瑜、鲁肃等也有一部分主战的；于是派周瑜带水军三万，和刘备合力抵御曹操。大破曹操的兵于赤壁。（如今湖北嘉鱼县的赤壁山。）于是曹操北还，刘备乘胜攻下如今湖南省的地方。明年，周瑜又攻破江陵。三分鼎足之势，渐渐的有些成立了。（俗传“借荆州”一语。说荆州是孙权借给刘备的。这句话毫无根据。请看赵翼《廿二史札记》。）

赤壁战后，曹操一时也不想南下。而西方的交涉又起。原来凉州地方，本有个马腾、韩遂割据。李傕、郭汜等灭后，曹操虽然收复关中，派钟繇镇守，却还没顾得到凉州。公元211年，曹操征马腾做卫尉。马腾的儿子马超，疑心曹操要害他，就和韩遂举兵造反。凉州的兵势，十分精锐。钟繇抵敌不住，只得弃长安而走。马超、韩遂直打到潼关。曹操自将去抵御他，用离间之策，叫他两个分心，到底把他打败了。明年，曹操就杀掉马腾。马超知道了，举兵又反，却给杨阜等起兵打败。马超就逃奔汉中。

这时候的汉中，是谁据着呢？先前巴郡有个张修，创立五斗米道。（参看下篇第三章第六节。）沛县的张鲁信奉他，张修死后，张鲁就俨然做了教主。很有信奉他的人。益州牧刘焉，便叫他保守汉中。刘焉死后，儿子刘璋颇为阘弱。张鲁就有吞并益州之志。刘璋急了，因为刘备素有英雄之名，就想招他入川，借他防御张鲁。

刘备闻命，真是“得其所哉”。即便带兵入川。不多时，就借端和刘璋翻脸，把西川夺去，这是公元214年的事。公元215年，曹操平定张鲁，取了汉中。公元216年，刘备又把汉中夺去。这一年八月里，又命关羽从荆州进兵攻取襄阳。这时候的刘备，对于曹操竟取了攻势了。

曹操取汉中这一年，孙权因刘备入川，也颇想乘虚夺取荆州，刘备这时候，正想争取汉中。知道两面开衅是不行的。便和孙权妥协，把荆州地方平分，备使关羽守江陵，权使鲁肃屯陆口。（如今湖北的蒲圻县。这时候周瑜已经死了。）到关羽进攻北方的时候，孙权又把吕蒙调回，换了个“未有重名，非羽所忌”的陆逊。关羽果然看轻他。把江陵守兵尽数调赴前敌，后路空虚。吕蒙便乘势发兵，袭取江陵。这时候，关羽前敌的攻势也已经给曹操发大兵堵住，弄得进退无路，只得退军，给孙权伏兵捉住，杀掉。西蜀进取之势，受了一个大打击。

公元220年，曹操死了。儿子曹丕嗣为魏王，便把汉献帝废掉，自立，是为魏文帝。明年，蜀汉先主刘备也称帝于成都。公元219年，孙权也在建业（如今江苏的江宁县，东晋时因为避愍帝的讳改名建康。）称帝，是为吴大帝。后汉就此分作三国。

关羽的败亡，是蜀汉一个致命伤。当时东吴的无端开衅，却也是有伤国际信义的。（这种毫无借口的开衅。在历史上也很为少见。）所以先主称帝之后，就首先自将伐吴。却又在猇亭，（在如今湖北宜都县西边。）给陆逊杀得大败亏输。又羞又气，死了。诸葛亮受遗诏辅政，东和东吴，西南定益州，（汉郡，治滇池，如今云南的昆明县。）屡次出兵伐魏。公元234年，死了。蜀汉就此不振。（诸葛亮是中国一个大政治家，本书限于篇幅，不能详细介绍他。广智书局《中国六大政治家》里有他的传，颇可看的。诸葛亮出兵伐魏，第一次在公元227年。这一次魏人不意蜀国出兵，很为张皇失措。天水、南安、安定三郡，都叛应亮，兵势大振。时魏明帝初立，亲幸长安，派张郃去抵御他。诸葛亮派马谡当前锋。道张郃是魏国的宿将，马谡虽有才略，大约军事上的经验不及他。给张郃在街亭（如今甘肃的秦安县）打败。诸葛亮只得退回汉中。这一年十二月里，诸葛亮再出散关（在如今陕西宝鸡县西边）围陈仓（在宝鸡的东边），不克而退。明年春，再出兵攻破武都（如今甘肃的成县），阴平（如今甘肃的文县）。公元231年，魏曹真伐蜀。攻汉中，不克。明年，诸葛亮伐魏。围祁山（在武都西北），魏司马懿来救。诸葛亮因粮尽退回。张郃来追，给诸葛亮杀掉。公元236年，诸葛亮再出兵伐魏。进兵五丈原（在如今陕西郿县），分兵屯田，为久驻之计。这年八月里，就病死了。诸葛亮的练兵和用兵，都很有规矩法度；和不讲兵法，专恃诡计，侥幸取胜的，大不相同。《三国志》、《晋书》，都把他战胜攻取的事情抹煞。这是晋朝人说话如此。只要看他用兵的地理，是步步进逼，就可以知道他实在是胜利的了。）

诸葛亮死后五年，魏明帝也死了。养子芳年纪还小。明帝死时，本想叫武帝的儿子燕王宇辅政。中书监刘放、中书令孙资，趁他昏乱时候，硬劝他用曹爽和司马懿。明帝听了他。于是曹爽、司马懿，同受遗诏辅政。其初大权尽在曹爽手里，司马懿诈病不出。公元249年，曹爽从魏废帝出去谒陵。不知道怎样，司马懿忽然勒兵关起城门来，矫太后的命令，罪状曹爽。曹爽没法，只得屈服了。其结果，就给司马懿所杀。于是大权尽入于司马懿之手。这件事的真相是无从考见的，然而有可注意的，曹爽所共的一班人，都是当时的名士，司马懿却是个军阀。（曹爽和司马懿相持几十年。曹爽是曹真的儿子，在魏朝总算是个宗室。朝廷上又有一班名士拥护他（把如今的话说起来，可以说他是名流系的首领）。其初司马懿不能与争，大概是这个缘故。曹爽专政之后，把太后郭氏迁徙到永宁宫。和他的兄弟曹羲，都带了禁兵（这时候，表面上把司马懿尊做太傅，暗中却夺去他的权柄。司马懿就称病不出）。后来司马懿推翻他，就是趁他兄弟都出城，夺了他的禁兵。表面上却用太后出头。这样，我们推想起司马懿的行为来。大约是"交通宫禁"，"勾结军队"。其详情却就无可考较了。现在历史上所传的话，都是一面之词。信不得的。）曹爽死后，司马懿、司马师、司马昭，父子弟兄，相继秉政，削平异已。（当时魏国的军人，都是司马懿一系。只有扬州的兵反抗他。公元255年，扬州都督王凌，公元251年，扬州都督毌丘俭，公元257年，扬州都督诸葛诞，三次起兵，都给司马氏平定。）司马师先废曹芳而立曹髦；司马昭又弑曹髦而立曹奂；到司马炎，就自己做起皇帝来了。公元265年。

蜀自诸葛亮死后，蒋琬、费祎，相继秉政。费祎死后，后主才亲理万机，信任宦官黄皓，颇为昏闇。蒋琬、费祎的时代不大主张用兵。费祎死后，姜维执掌兵权，连年出兵北伐，毫无效果；而百姓疲弊，颇多怨恨。公元263年，司马昭叫钟会、邓艾两道伐蜀。会取汉中，姜维守住剑阁，（如今四川的广元县。）会不得进。而邓艾从阴平直下绵竹，（就是从甘肃文县，出四川平武县的左担山，向绵竹的一条路。）猝攻成都，后主禅出降。蜀汉就此灭亡。于是晋国派羊祜镇襄阳，王濬据益州以图吴。（羊祜死后，杜预代他。）

吴自大帝死后。少子亮立。诸葛恪辅政，给孙峻所杀。于是峻自为大将军。峻死后，弟綝继之，废亮而立景帝休。景帝把孙綝杀掉，然而也无甚作为。景帝死后，儿子皓立，很为淫虐。吴当诸葛恪秉政时，曾一次出兵伐魏。诸葛恪死后，忙着内乱，就没有工夫顾到北方。靠着一个陆抗，守着荆州，以抵御西北两面。陆抗死后，吴国就没有人才了。公元274年。公元280年，王濬、杜预，从益、荆两州，顺流而下。王濬的兵先到，孙皓出降。吴国也就灭亡。

三国时代，是我国南北对抗之始。这时代特可注意的是江域的渐次发达。前此江南的都会，只有一个吴。江北的广陵（如今江苏的江都县。）却是很著名的。我们可以设想，产业和文化的重心还在长江的北岸。自从孙吴以建业为国都，（孙吴建国，北不得淮域。濡须水一带，是兵争的要地。定都建业，既可扼江为险，又便于控制这一带地方。）建业后来又做了东晋和宋、齐、梁、陈四朝建都之所。东晋以后，南方文化的兴盛，固由于北方受异族之蹂躏，衣冠之族避难南奔；然而三国时代的孙吴，业已人才济济。这也可见南方自趋于发达的机运，不尽借北方的扰乱为文化发达的外在条件了。又益州这地方。从古以来，只以富饶著名，在兵争上，是无甚关系的。却是到三国时代，正因为他地方富饶，就给想“占据地盘”的人注目。（刘备初见诸葛亮的时候，诸葛亮劝他占据荆益二州。说“天下有变：则命一上将。将荆州之军。以向宛洛；将军身率益州之众，以出秦川。”前者就是关羽攻魏的一条路。关羽既败，诸葛亮屡次伐魏，就只剩得后者一条路了。论用兵形势，自然是出宛洛，容易震动中原。所以我说荆州之失，是蜀汉的致命伤。然而刘备、诸葛亮，当日必定要注重益州。则“荆土荒残，人物凋敝”两句话，就是他主要的原因。这个全然是富力上的问题。）而向来不以战斗著名的蜀人，受诸葛亮一番训练，居然成了“节制之师”。从此以后，蜀在大局上的关系也更形重要了。

当时还有一个占据辽东的公孙度，传子公孙渊，于公元237年，为司马懿所灭。其事情，和中原无甚关系。与高丽有关系处，详见下篇第一章第六节。

三国系图

魏武帝曹操——(一) 文帝曹丕——(二) 明帝叡 —(三) 齐王芳
　　　　　　　　　　　　　└霖 ——(四) 高贵乡公髦
　　　　　└燕王宇 ——(五) 陈留王奂

(一) 蜀汉先主（昭烈帝）刘备—（二）后主禅

(一) 吴大帝孙权——和 ——(四) 皓
　　　　　　　　├(二) 废帝亮
　　　　　　　　└(三) 景帝休

第二章　两晋和五胡

第一节　晋初异族的形势

从公元 189 年，董卓入据都城，擅行废立，山东州郡纷纷起兵讨卓之后，天下就此分裂；直到公元 280 年晋武帝平吴，天下才算统一；其间凡九十二年。却是晋武平吴之后，不及二十年，天下又乱起来了。所以致乱的原因，固然有许多，却是最大的有两端：其（一），是晋武帝的厉行封建制。其（二），是当时散布塞内外的异族太多，没有好法子统驭他。前者是“八王之乱”的原因，后者就是“五胡之乱”的原因。如今且把五胡的形势，叙述于下：

（一）匈奴，羯。羯是匈奴的别种，居于上党郡武乡县羯室，（如今山西的榆社县。）匈奴从呼韩邪降汉以后，其部众入居并州，已见第二篇上第七章第二节。呼韩邪单于二十一传而至呼厨泉，因先世是“汉甥”，便改姓刘氏。魏武帝因为他部众强盛，把他留之于邺，而分其部众为五，每部设立部帅，又选汉人做他部里的司马，以监督他。五部中左部最强，呼厨泉哥哥的儿子豹，做他的部帅；晋武帝又把他分做两部。虽然如此严密监督，他的部落总是日渐繁盛的。于是平阳、西河、太原、新兴诸郡，都布满了匈奴。

（二）鲜卑。东胡的起源，已见第一篇第六章第二节和第二篇上第四章第二节。从东胡给冒顿打破后，其众分为两支：南边一支叫乌桓，汉武帝招他保守上谷、渔阳、右北平、辽东、西五郡塞外。鲜卑更在其北方。

后汉时，匈奴灭亡后，鲜卑北据其地。当后汉末年，鲜卑出了两个著名的酋长（檀石槐、轲比能）。檀石槐时，其疆域北接丁令，西抵乌孙，东界扶余，（参看下篇第一章第六节。）几于不减匈奴之盛。可惜团结力不固，檀石槐、轲比能死后，就又分裂了。（参看《后汉书》、《三国志》本传。）然而他的部落，分布极广，东边从辽东起，西边到并凉塞外为止，没一处不有鲜卑。

乌桓当后汉末年，曾经和袁绍相结托。袁氏败亡以后，袁尚和袁熙就奔依乌桓。魏武帝用田畴做乡导，出卢龙塞，掩击乌丸于柳城，（在如今热河道的凌源县。）大破之，降斩二十余万，迁其余众于中国。从此以后，乌桓两个字就不见于历史上了。（仅《新唐书·四裔传》，载有一极小部落，不足齿数。柳城一战，决不能把乌丸灭掉，大约余众都并入鲜卑。因为鲜卑二字本是这一族的本名（见第一篇第六章第二节）。本节参看《后汉书》、《三国志》的《乌植鲜卑本传》和《田畴传》。）

（三）氐，羌。羌人当后汉时候，虽然大被杀戮，然而他的繁殖力颇大。晋初，冯翊、北地、新平、安定诸郡，又都给他布满。氐人本在巴中的，张鲁时代，因敬信鬼道，才迁入汉中。魏武帝克汉中，迁氐人于北方。于是扶风、始平、京兆诸郡，莫不有氐。

当时郭钦、江统等一班人，都创“徙戎之论”，要把他徙之塞外。参看《晋书》本传。然而把戎狄置诸塞外，自以为安，其实是最危险的事。为什么呢？因为这是中国管辖所不及，为强为弱，都不能去问他的信。这种部落里，要是出了一个英雄，“并兼”，“胁服”，便成了一个强大的部族，要为边患了。历代北族的起源，都是如此。（参看后文辽金元清初起的事迹，自明。）所以“徙戎之论”，不过是条姑息之策。但是这些民族，杂居在内地，是要有法子抚绥他，驾驭他，慢慢和他同化。让一步说，也要政治清明，兵力强盛，叫他不至于生心。晋初既毫无抚绥制驭的政策；又有“八王之乱”授之以隙（汉族自然同化的力量虽大，一时间也不及奏效），就酿成五胡之乱了。

第二节 八王之乱

魏朝待宗室是最薄的。同姓诸王，名为有土之君，其实同幽囚无异。所以司马氏倾覆魏朝很是容易。晋武帝有鉴于此，于是大封宗室，诸王皆得“选吏”、“置军”，而且“入典机衡，出作岳牧”，倚任之重，又过于汉朝。这个要算“封建制度第二次反动力”了，然而也终于失败。

晋朝的景皇和文皇是弟兄相及的。武帝的母弟齐王攸，大约也有这种希望。当时朝廷上，也很有一班齐王的党羽。说太子（惠帝）所以“徙戎之论”，不过是不好，劝武帝立齐王。却是武帝的权力大，毕竟把齐王逼得出去就国，齐王就此忧愤而死。这也算得晋初“继嗣之争”的一个暗潮。（参看《替书》齐王本传，惠帝固然是昏愚的，然而《晋书》上形容他的话，也未必尽实。譬如说惠帝听蛙鸣，便问这个是“官乎私乎”？荒年，百姓穷得没有饭吃，人家告诉他。他说“何不食肉糜”，这个是傻子无疑了。然而荡阴之战（见下）稽绍以身护卫他，被杀，血染帝衣，左右要替他洗去，他说“稽侍中血，勿浣也。”智愚就判若两人。可见惠帝昏愚之说，一半是齐王之党所造的谣言。）武帝死后，太子即位，是为惠帝。公元290年。

宗室之间既然起了暗潮，自然要借重外戚。武帝有两个杨后；前杨后，就是生惠帝的，临终时候，因为惠帝“不慧”，怕武帝另立了皇后，要废掉他。于是“泣言”于武帝，要立自己从父骏的女儿做皇后。武帝听了他，这便是后杨后。惠帝是个极无能为的人，既立之后，杨骏辅政，他的威权自然是很大的了。却是又有人想推翻他。惠帝的皇后是贾充的女儿，（贾充是司马氏的死党。司马氏的篡弑，和贾充很有关系的。可参看他本传。）深沉有智数，见惠帝无能，也想专制朝政，却为杨骏所扼，于是想到利用宗室。

公元291年，贾后和楚王玮、武帝第五子。东海公繇宣王孙。合谋，诬杨骏谋反，把他杀掉。废太后，幽之金墉城。在洛阳西北。以汝南王亮宣帝第四子。为太宰，和太保卫瓘同听政。汝南王和卫瑾要免掉楚王的兵权。贾后和楚王合谋杀掉汝南王。把东海公繇也迁徙到带方。（在如今朝鲜的黄海道。）旋又借此为名把楚王杀掉。公元292年，贾后弑杨太后。太子遹不是贾后所生，公元299年，贾后把他废掉，徙之金墉城。明年，又把他囚在许昌。这时候，赵王伦宣帝第九子。掌卫兵，要想推翻贾后，就故意散放谣言说：殿中兵士要想废掉皇后，迎还太子。贾后急了。公元300年把太子杀掉。赵王就趁此起兵，杀掉贾后。公元301年，就废惠帝而自立。这时候，齐王冏攸的儿子。镇许昌，成都王颖（武帝第十六子。）镇邺，河间王颙（宣帝弟，安平王孚的孙。）镇关中，同时起兵讨赵王。左卫将军王与起兵杀掉赵王，迎惠帝复位。成都王、河间王都还镇，齐王入洛阳。河间王忌他，叫长沙王乂武帝第六子。攻杀齐王。公元302年。明年，河间王和成都王又合兵攻乂，不克。公元304年，东海公越（宣帝弟，高密王泰之子。）执乂以迎颙将张方，张方把乂杀掉。成都王颖入洛阳。不多时，又回邺，留部将石超守洛阳。东海公旋又攻超，超奔邺。于是东海王越进爵。奉着惠帝，号召四方，以攻成都王。成都王遣石超拒战，惠帝大败于荡阴，（如今河南的汤阴县。）给成都王掳去，置之于邺。东海王逃回本国。这时候的成都王，要算得志得意满了。却是幽州都督王浚和并州刺史东赢公腾，越的弟。又起兵讨他。石超拒战，大败。成都王只得挟着惠帝南奔洛阳。时洛阳已为张方所据。于是张方再挟着惠帝和成都王走长安。

公元305年，东海王越再合幽并二州的兵，西迎惠帝。河间王颙派成都王颖据洛阳拒敌，大败。河间王把事情都推在张方身上，把他杀掉，叫人到东海王处求和。东海王不听，直西入关，挟着惠帝还洛阳，河间王逃到太白山，给南阳王模（高密王泰的儿子。）杀掉。成都王走到新野，给范阳王虓（宣帝弟，范阳王康的儿子。）捉到，杀掉。惠帝东归之后，为东海王所杀，而立怀帝。

晋系图

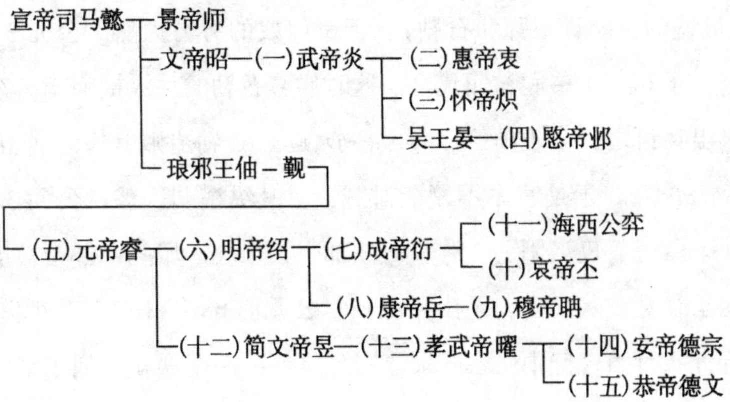

第三节　西晋的灭亡

五胡乱华的事情，咱们得把它分做四个时代，便是：

第一　前赵强盛时代

第二　后赵强盛时代

第三　前秦强盛时代

第四　后燕、后秦对立时代

前赵就是匈奴。五胡之中，匈奴、鲜卑为大。而鲜卑根据地在塞外，匈奴在塞内，所以匈奴先兴起。

刘豹的儿子名字唤做渊，本在洛阳做侍子。（从汉以后，外国王子到中国来做质子的。美其名曰”侍子”。）惠帝元年，才用他做五部大都督（但是人仍旧在洛阳）。成都王颖用事，又叫他监五部军事，也留之于邺。刘渊屡请还河东，成都王不许。到幽并兵起，刘渊乘机说成都王，要回河东去，合五部之众，来帮他的忙。成都王才许了他。于是刘渊回到左国城，（在如今山西离石县东北。）自立为汉王。公元 304 年。旋又迁居平阳，（如今山西的临汾县）称帝。

这时候。洛阳以东群盗纷起，一时无所归向，便都去依附匈奴（其中最盛的，要算王弥和石勒）。于是匈奴的势力大盛。公元 310 年，刘渊卒，子和立，弟聪弑而代之。这时候，石勒的兵纵横河南。东海王越，自出兵讨之，卒于项。（如今河南的项城县。）勒追败其军于苦县。（如今河南的鹿邑县。）于是官军不复能讨贼，听其纵横司、豫。公元 311 年。刘曜刘渊的族子。攻洛阳，王弥、石勒都引兵来会。城陷，怀帝被虏。刘聪的儿子粲又攻陷长安，杀南阳王模。公元前 88 年正月，“刘聪大会。使帝着青衣行酒。侍中庾珉号哭。聪恶之。……帝遇弑，崩于平阳”。

这时候，雍州刺史贾疋，已恢复长安，（旋讨张连被害，众推始平太守麴允领雍州刺史。）奉秦王业为太子。及得凶问，即位。是为愍帝。时“长安城中，户不盈百，墙宇颓毁，蒿棘成林。……众惟一旅，公私有车四乘。器械多阙，运馈不继。诸侯无释位之志，方镇阙勤王之举。”就靠麴允、索綝京兆太守。尽忠辅翼，屡却敌兵。公元 316 年，刘曜大举来攻，诸军毕竟不支。八月，京城被围。十月，帝出降。明年，刘聪“因大会，使帝行酒洗爵。反而更衣，又使帝执盖。晋臣在坐者，多失声而泣。尚书郎辛宾。抱帝恸哭，为聪所害。十二月，……帝遇弑，崩于平阳。”于是西晋灭亡。

第四节　胡羯的兴亡

西晋灭亡之后，匈奴的势力看似很利害了。然而刘渊本不是什么有大略的人，（看他自立之后，一无作为可知。）刘聪就更荒淫。当时匈奴所有。实在不过雍州和河东斤土而已。于是石勒起于东方。

石勒，羯人。（初名訇，其先匈奴别部羌渠之胄，祖父并为部落小率。汲桑始命以石为姓，勒为名。）大安中，（惠帝年号。公元302、303两年。）并州刺史东嬴公腾，执卖诸胡于山东，以充军实，勒亦在其中。后与魏郡汲桑，同从成都王颖故将公师藩为盗。藩和汲桑，都给青州刺史苟晞所击斩。石勒降汉。于是借其兵力，纵横东方。这时候，北方已经糜烂得不堪。其稍能自立的只有：

青州刺史苟晞

幽州都督王浚

并州刺史刘琨

都给石勒灭掉。群盗中最强盛的，是王弥、（扰乱青徐一带。）曹嶷，（也在青州。广固城（在如今山东益都县西边，后来南燕所都）便是曹嶷所筑。）也给石勒所并。幽、并、青、冀、司、豫、兖、徐，差不多都是石勒的势力范围。然而他起初也不过是个流寇的样子，后来得赵人张宾，用他的计策，公元312年，北据襄国，（如今直隶的邢台县。）明年，又南定邺，就据了这两处做根据地，于是渐渐的成了一个规模。

公元317年，刘聪卒，子粲立。刘聪当生时，娶靳準的女儿为后，就委政于準。粲立，为準所杀。于是石勒从襄国，刘曜从长安，都发兵攻準。勒攻破平阳，準奔刘曜，为曜所杀。于是刘曜自立于长安，改国号为赵。明年，石勒也自称赵王。历史上称刘曜为前赵，石勒为后赵。

公元328年，刘曜伐后赵，围金墉。石勒往救，战于洛西，曜大败，被执。子熙奔上邽。（如今陕西的南郑县。）明年，为石虎所追杀。于是前赵灭亡。（后赵又并有雍秦二州。）

公元342年，石勒卒，子弘立。石勒的从子虎，是向来执掌兵权的，弑弘而自立。虎残暴无人理，参看第四章。后赵就不能支持，而鲜卑、氐、羌继起。

公元349年，石虎卒。石虎的太子邃以谋弑虎，为虎所杀。立其弟宣。宣的弟韬，有宠于虎，宣忌而杀之。虎大怒，又杀掉宣，而立小儿子世做太子。（世的母亲是刘曜的女儿。）谪东宫的卫士名为“高力”的于梁州，“遇赦不原”。高力军反，攻破长安，出潼关，向洛阳。虎大惧，叫养子冉闵和羌酋姚弋仲去打他，总算把高力打平。等到收军回来，石虎已经死了。冉闵走到李城，（如今河南的温县。）遇见石虎第三个儿子石遵，就劝他去攻石世。石遵听了他，就用冉闵做先锋，打破邺城，杀掉石世母子。石遵本来许以冉闵为太子的，即位之后，却背了约。于是冉闵攻杀石遵，立了他的兄弟石鉴。石鉴想杀掉冉闵，又给冉闵所杀。于是冉闵自做皇帝，复姓冉氏，改国号为魏，这是公元350年的事。

冉闵做皇帝虽不过一年，却和当时时局很有关系，便是他杀石鉴时的“大诛胡羯”。《晋书·载记》上记这件事道：

> ……宣令内外六夷，敢称兵杖者斩之。胡人或斩关或逾城而出者，不可胜数。……令城内曰：与官同心者住；不同心者，各任所之。勒城门不复相禁。于是赵人百里内悉入城，胡羯去者填门。闵如胡之不为已用也；班令内外：赵人斩一胡首送凤阳门者，文官进位三等，武职悉拜牙门。一日之中，斩首数万。闵躬率赵人。诛诸胡羯；无贵贱男女少长，皆斩之，死者二十余万。……屯据四方者，所在承闵书诛之。于是高鼻多须，滥死者半。（有人据这一句，疑心当时的胡羯形状颇像白种人。案羯是匈别奴种。匈奴自是土耳其族。但是当时的所谓“胡”，范围是很广的。譬如鲜卑在匈奴之东，就叫东胡，西域诸国，有时也称为西胡。又如说北走胡，南走越。葱岭以东，原有属于白种的塞种（见第二篇第四章第二节）。这种人，自然也有迁居中国的；又有本来和匈奴混合，随着匈奴迁徙入中国的。所以大诛胡羯的时候，其中有高鼻多须的人。）

经这一次杀戮之后，胡羯的势力就大衰。冉闵虽然败亡，胡羯却不能再起了。

第五节 鲜卑的侵入

鲜卑是个大族。他当时所占据的地方虽在塞外，不如匈奴在腹心之地；然而他的种落却较匈奴为多。所以扰乱中原虽在匈奴之后，而命运却较匈奴、氐、羌为长。其中最先崛起的是慕容氏。慕容氏，《晋书·慕容廆载记》上说他是东胡之后，分保鲜卑山的。又述他的先世道：

曾祖莫护跋，魏初率其诸部入居辽西，从宣帝伐公孙氏有功，拜率义王，始建国于棘城之北。时燕、代多冠步摇，莫护跋见而好之，乃敛发袭冠，诸部因呼之为步摇，其后音讹，遂为慕容焉。……祖木延，左贤王。父涉归，以全柳城之功，进拜鲜卑单于，迁邑于辽东北。（棘城在如今热河道朝阳县。）

到慕容廆手里，迁徙到徒河的青山，在如今奉天锦县境。又迁徙到大棘城，如今奉天的义县。并有辽东。（参看下篇第一章第六节。）慕容廆还受晋朝的官爵。廆卒，子皝立，公元333年。才自称燕王。公元337年。又筑龙城，徙都之。如今的朝阳县。皝卒，子儁立。公元348年。这时候，辽西的鲜卑还有宇文氏和段氏。宇文氏为慕容皝所灭。见第三章第四节。段氏据令支，（如今直隶的迁安县。）也给慕容儁灭掉。于是前燕的疆域和后赵直接。

石氏灭亡之后，慕容儁乘势侵略中国。公元350年，拔蓟，取幽州，南徇冀州。公元352年，和冉闵战于魏昌，（如今直隶的无极县。）闵马倒被执。魏亡。于是慕容儁徙都邺。

当时前燕的实力仅及河北一带，幽、冀二州及邺。于是氐酋苻洪，羌酋姚弋仲，也都想乘机自立。案《晋书·载记》：

苻洪，字广世，潞阳临渭氐人也。……世为西戎酋长。始其家池中蒲生，长五丈五节，如竹形，时咸谓之蒲家。因以为氏焉。父怀归，部落小帅。……属永嘉之乱，……宗人蒲光、蒲突，遂推洪为盟主。刘曜僭号长安，尤等逼洪归曜，拜率义侯。曜败，洪西保陇山。石季龙将攻上邽，洪又请降。……拜冠军将军，委以西方之事。……以洪为龙骧军流人都督，处于枋头。（枋头城，在如今河南濬县。石氏亡后，“有说洪称号者，洪亦以谶文草付应王，又其孙坚背有草付字。遂改姓苻氏”。）

姚弋仲，南安赤亭羌人也。……烧当……七世孙填虞，汉中元末，寇扰西州，为杨虚侯马武所败，徙出塞。虞九世孙迁那率种人内附。……处之于南安之赤亭。那玄孙柯迴。……迴生弋仲。……永嘉之乱，东徙榆眉。……刘曜……以弋仲为平西将军。邑之于陇上。及石季龙克上邽，弋仲说之……徙陇上豪强，……以实畿甸。……勒既死，季龙执权。思弋仲之言，遂徙秦、雍豪杰于关东。弋仲率步众数万，迁于清河。（按赤亭，在如今甘肃陇西县。榆眉，在陕西汧阳县。清河郡，治如今山东的清平县。）

这都是被胡羯压服的，胡羯既亡，自然都想出头了。苻洪击虏赵将麻秋，不多时，给麻秋毒杀。儿子苻健，杀掉麻秋，引兵入关。姚弋仲也病死，儿子姚襄降晋。这时候，河南郡县无主，降晋的极多。晋朝就要起兵经略北方了。

第六节　东晋内外的相持

从元帝即位建康以后，公元 317 年。到慕容儁入邺这一年，公元 352 年。晋朝的东渡，已经三十六年了。这三十六年之中却是怎样的呢？东晋的历史，我可以说是荆、扬二州冲突的历史。

元帝以公元 313 年都督扬州军事，镇下邳。如今江苏的邳县。这时候，北方丧乱。元帝用王导的计策，迁居建康。愍帝被弑以后，便在建康即位。江东的人心很归向元帝。却是从北方丧乱以来，南方也屡有乱事，都靠荆州的兵讨定。（荆州的刺史是刘宏，他手下的名将便是陶侃、周访），所以当时荆州的兵力，远较扬州为强。元帝即位之初，王导和从兄王敦，同心翼戴（王导典机务，王敦掌征讨）。元帝便用王敦都督江、扬、荆、湘、交、广六州军事。这时候，刘宏已死。王敦便把周访迁徙到梁州，陶侃迁徙到广州，自己专管荆州之事。元帝又有些怕他。

引用刘隗、刁协、戴渊、周凯等一班人，叫戴渊都督司、豫，（镇合肥，如今安徽的合肥县。）刘隗都督青、徐（镇淮阴，如今江苏的淮阴县）二州军事，以防制他。又叫谯王承做湘州刺史，以掣王敦的肘。王敦在诸将中只有些怕周访。却是周访死了，甘卓继任，卓年已老耄，王敦绝不怕他。公元32年，王敦发兵反，从武昌顺流而下。刘隗、戴渊发兵入卫，拒战，都大败。刘隗逃奔后赵，刁协给人拔掉。敦入城，杀周凯、戴渊而去。（同时也发兵袭杀甘卓和谯王承，）元帝忧愤而崩。明帝立，敦移镇姑孰，（如今安徽的当涂县。）阴谋篡夺。公元324年，死了，明帝和丹阳尹温峤合谋，发兵讨平其乱。这是荆、扬二州的第一次冲突。

明帝在位三年而崩，成帝立，还只有五岁，太后庾氏临朝。后兄庾亮执政。这时候，祖约屯寿春，（祖约的哥哥，唤做祖逖。请兵于元帝，要去恢复北方。元帝叫他自己召募。于是祖逖在淮阴召募约八千人，慷慨北行。和后赵相持。河南州郡。归他的极多。公元321年，祖逖死了，祖约代领其众。抵当不住后赵，退屯寿春。）陶侃镇荆湘，又有个历阳内史苏峻，（历阳，如今安徽的和县。）讨王敦有功。都和庾亮不睦。公元327年，庾亮征苏峻为大司农，苏峻就举兵和祖约同反。苏峻的兵锋很为精锐。庾亮逃奔寻阳，去投温峤。（这时候，温峤镇寻阳。）温峤以大义责陶侃，一同举兵，讨定苏峻。祖约逃奔后赵，后来为后赵所杀。这一次，不是温峤公忠体国，陶侃也还未必可靠，晋朝就危险极了。这是东晋所生肘腋之变，总算靠上流的兵力镇定的。

陶侃死后，庾亮代督荆江，公元334年。才出兵北伐。这时候，后赵方强。石虎时代。庾亮兵出无功，惭愤而卒。庾亮的兄弟庾翼接他的手。公元342年，成帝崩。成帝两个儿子，一个唤做丕，一个唤做弈，年纪都还幼小。宰相庾冰便立了琅邪王岳，是为康帝。庾翼从武昌移镇襄阳，庾冰代镇夏口。公元344年，康帝又死了。康帝的儿子唤做聃，还只有三岁。庾冰要立会稽王昱，简文帝。宰相何充不同意。聃即位，是为穆帝。太后褚氏临朝。这一年，庾冰死了，庾翼移镇夏口，庾翼的儿子，名唤方之，代镇襄阳。明年，庾翼又死了。遗表请把自己的儿子爰之代镇荆州。何充不听，用了桓温，并且连方之都罢掉。从此以后，庾氏的势力，就消灭了。

桓温却是个豪杰，他占据上流以后，布置起来，便觉得旌旗变色，于是就成了伐蜀之功。前蜀的起源，《晋书·载记》上说他是廪君之后。案廪君的神话见于《后汉书·南蛮传》上。（《晋书·李特载记》略同。）

巴郡南郡蛮，本有五姓：巴氏、樊氏、瞫氏、相氏、郑氏，皆出于武落钟离山。其山有赤黑二穴，巴氏之子生于赤穴；四姓之子皆生黑穴。未有君长，俱事鬼神。乃共掷剑于石穴，约能中者，奉以为君。巴氏子务相，乃独中之，众皆叹。乃令各乘土船，约能浮者，当以为君，余姓悉沈，唯务相独浮。因共立之，是为廪君。乃乘土船，从夷水至盐阳。盐水有神女，谓廪君曰：此地广大，鱼盐所生，愿留共居，廪君不许。盐君暮辄来取宿，旦即化为虫，与诸虫群飞，掩蔽日光，天地晦冥。积十余日。廪君伺其便，因射杀之。天乃开明。廪君于是君乎夷城，四姓皆臣之。（钟离山，在如今湖北宜都县境。夷水就是如今的清江。）

《晋书·载记》上又述李氏的缘起道：

汉末，张鲁在汉中，以鬼道教百姓。賨人敬信巫觋，多往奉之。值天下大乱，自巴西之宕渠，迁于汉中杨车坂，抄掠行旅；百姓患之，号为杨车巴。魏武帝克汉中，特祖将五百余家归之。魏武帝拜为将军，迁于潞阳北土，复号之为巴氏。

这一支巴氐，实在是前秦、后凉、成汉的共祖。不过前秦、后凉是留居北方的，成汉却是入蜀的罢了。公元296年，关中氐齐万年反，关西扰乱，百姓都流亡入汉中。李特因将之入蜀。公元306年，李特的儿子李雄攻破成都，自称成帝。李寿改国号为汉。又北并汉中。李雄刑政宽简，百姓颇为相安。公元334年，李雄死了，兄荡的儿子班立。李雄的儿子越弑之而立其弟期。期淫虐不道，又为李特的孙子寿所弑。李寿也是个荒淫无道的，成汉就此大衰。李寿卒，儿子李势立。公元347年，桓温两道伐蜀，直逼成都，李势出降。前蜀就此灭亡。

前蜀灭后两年而石虎死，北方大乱。河南诸州，都来降晋。于是晋朝就想北伐。然而这时候，荆、扬二州的掎龁又起。朝廷忌桓温的威名日盛，就引用名士殷浩，去抵抗他。石虎死的明年，殷浩都督扬、豫、徐、兖、青五州军事。公元353年，殷浩用姚襄做先锋北伐，反为襄所邀击，大败。桓温因此逼着朝廷，废掉殷浩。于是荆州的势力，高压扬州，达于极点了。公元354年，桓温伐秦，大败其兵，直到灞上。苻健用坚壁清野的法子拒他，桓温粮尽退兵。明年，讨定姚襄。（姚襄走关中，给秦人杀掉，他的兄弟苌，投降苻秦。）公元361年，穆帝崩，成帝的儿子琅邪王丕立，是为哀帝。公元365年，哀帝又崩。兄弟弈立，是为废帝海西公。公元369年，桓温伐燕，战于枋头，不利。这时候，中央猜忌桓温，于他的举动颇务掣他的肘。于是桓温就想要行废立。公元365年入朝，废海西公而立简文帝。明年，简文帝崩，孝武帝立。桓温颇有“图篡”之意。朝臣谢安、王坦之故意用镇静的法子对待他。公元373年，桓温死了，他的兄弟桓冲是个无能为的人。把荆州让给谢安，于是荆扬二州的冲突，又算告一个小结束。

第七节 苻秦的盛强

如今又要说到北方的事情了。慕容儁迁邺这一年就死了。子暐立，慕容恪辅政。公元365年，陷洛阳。（公元356年，桓温破姚襄，收复洛阳。到这一年而陷于前燕。）公元367年，慕容恪卒，慕容评辅政。越二年而桓温北伐，慕容垂大败之于枋头。慕容评性最鄙吝，见慕容垂威名日盛，忌之，阴图谋害。慕容垂逃到秦国。于是前燕骤衰。而前秦从苻坚即位以后，（苻健卒，子生立。苻坚弑而代之。坚的父亲名雄，也是苻洪的儿子。）用了王猛，修政练兵，国势骤强。公元370年，王猛伐燕，克洛阳。明年，攻破了邺城。慕容　被执，前燕就此灭亡。这时候，北方的国，又有

（1）前凉　前凉张轨，公元300年做晋朝的凉州刺史。这时候，中原丧乱，轨就保有了凉州。张轨和他的儿子实，都还“事晋，执臣礼”。张实卒，他的兄弟张茂立。刘曜来攻，才力屈称藩。张茂卒，张实的儿子张骏立。张骏卒，子张重华立。石虎来攻，屡败其兵。张骏卒，子曜灵立。为重华的兄祚所弑。祚淫虐不道，又为其下所杀。立了张重华的儿子玄靓。张骏的少子天锡，又弑之而自立。公元376年，为前秦所灭。

（2）代　代就是拓跋氏，详见第九节。也是公元376年，为前秦所灭。

（3）陇西鲜卑乞伏氏《晋书·载记》述他的源起道：“在昔有如弗斯、出连、叱卢三部，自漠北南出大阴山。遇一巨虫于路，状若神龟，大如陵阜。乃杀马而祭之。祝曰：若善神也，便开路；恶神也，遂塞不通。俄而不见，乃有一小儿在焉。时又有乞伏部，有老父无子者，请养为子，众咸许之。老父欣然，自以有所依凭，字之曰纥干。纥干者，夏言依倚也。……四部服其雄武，推为统主。”这一段神话虽荒唐，却可见得这一族是从漠北迁徙而来的。后来有一个部长，唤做祐邻，（乞伏国仁的五世祖。）才南迁到秦州的边境。（在如今兰山道的北境。）祐邻六传至司繁，为前秦所击破，降于前秦。

其余诸小部落，一时也无不慑服。于是苻坚“三分天下有其二”，就要想灭掉东晋以统一天下。——于是西陷梁、益，东扰徐、豫。公元386年，就起了大兵八十万来伐晋。

第八节　淝水之战和北方分裂

北方的苻秦，虽然盛强；南方的东晋，形势却也变了。这是为什么？从谢安秉政之后，就叫他的侄儿子玄驻扎广陵。谢玄募了一支精兵，号为“北府兵”。统带这一支兵的人，名唤刘牢之，也是一个战将。

苻坚的伐晋，所靠的就是兵多。既然“多而不精”，就一定“多而不整”，这本是兵家所忌的。当时他的大军，还没有到齐，前锋就给刘牢之打败。南军的战气已经加倍。谢玄等遣使请战，苻坚要放他渡水，“半渡而击之”。谁知自己的兵，多而不整，一退不可复止。给晋兵杀得大败亏输。（这种战事的始末，本书限于篇幅，不能详叙。欲知其详，参考《通鉴纪事本末》最便。其余的战役仿此。）

苻坚盛强的时候，北方的羌人和鲜卑人等，本是被他硬压服的，并不是心服。然而苻坚却待他们甚厚，而且措置之间，似于本族反疏。当时劝他的人很多，他都不听。这也有个原故，氐本是个小族，若要专靠了几个本族人，而排斥异族，如何能站得住呢？这也是苻坚眼光远大之处。然而一朝败北，向来“力屈而非心服”的人，就如雨余春笋，一时怒发了。于是

慕容垂据中山，（如今直隶的定县。）为后燕。

慕容永据长子，（如今山西的长子县。）为西燕。

姚苌据长安，为后秦。

吕光据姑臧，（如今甘肃的武威县。）为后凉。（吕光，潞阳氐人。苻坚的骠骑将军。替苻坚讨平西域的。）

乞伏国仁据陇右，为西秦。（居勇士川，在如今甘肃金县的东北。乞伏乾归徙苑川，在如今甘肃靖远县的西南。）

苻坚先为西燕所攻，弃长安，奔五将山。（在陕西岐山县东北。）后来

被姚苌捉到，杀掉。他的儿子丕，镇守邺城，为慕容垂所逼，逃到晋阳，自立。和慕容永打仗，败死。苻坚的族子登，自立于南安。（如今甘肃的平凉县。）和后秦相攻，公元321年，给姚苌的儿子姚兴杀掉。儿子崇，逃到湟中，给乞伏乾归杀掉。于是前秦灭亡。

前秦灭亡这一年，慕容垂也灭掉西燕，并幽、冀、并三州，又南定青、徐、兖三州。后秦也攻破洛阳。并有淮汉以北，又破降乞伏乾归。并称为北方大国。然而拓跋氏和赫连氏，也就起来了。

第九节　拓跋氏的兴起

鲜卑诸族以慕容氏为最大。然而慕容氏所遇的机会，不如拓跋氏之佳（慕容氏直氐、羌、胡、羯方张之时，而拓跋氏直诸族都已凋敝之后），所以拓跋氏就成了统一北方的大功了。拓跋氏的起源，《北史》上说：

> 魏之先，出自黄帝轩辕氏。黄帝子曰昌意，昌意之少子，受封北国，有大鲜卑山，因以为号。其后世为君长，统幽都之北，广漠之野，畜牧迁徙射猎为业。淳朴为俗，简易为化，不为文字，刻木结绳而已。时事远近，人相传授，如史官之纪录焉。黄帝以土德王。北俗谓土为拓，谓后为跋，故以为氏。其裔始均，仕尧时：逐女魃于弱水北，人赖其勋；舜令为田祖。历三代至秦汉，獯粥、俭狁、山戎、匈奴之属，累代作害中州，而始均之裔，不交南夏，是以载籍无闻。积六七十代，至成皇帝，讳毛，立，统国三十六，大姓九十九，威振北方。

拓跋氏的有传说，大概是起于成皇帝的，以前都是捏造出来。成帝以后，《北史》叙述他的世系：五传而至宣帝推寅；宣帝以后，又七传而至献帝邻。《北史》记他之事迹道：

宣帝南迁大泽，方千余里，厥土昏冥沮洳。谋更南徙，未行而崩。……献皇帝邻立。时有神人，言此土荒遐，宜徙建都邑。献帝年老，乃以位授于圣武皇帝，案，名诘汾。令南移。山谷高深，九难八阻，于是欲止。有神兽似马，其声类牛，导引历年乃出。始居匈奴故地。其迁徙策略，多出宣献二帝，故时人并号曰推寅，盖俗云钻研之义。

这其中固然杂有神话，然而他本来的居地，和迁徙路径，却可以推测而得。如今的西伯利亚，从北纬六十五度以北，号为冻土带。自此以南，到五十五度，为森林带。更南的平地，号为旷野带。又南，为山岳带；就是西伯利亚和蒙古的界山。冻土带极冷，人不能生活的地方极多。森林带多蚊虻。旷野带虽沃饶，然而正是《北史》所说“昏冥沮洳”之地。拓跋氏最初所居，似系冻土带，因不堪生活的困难而南徙，又陷入旷野带中。后来才越过山脉，而到如今的外蒙古，就是所谓“匈奴故地”了。（有人说“大泽方千余里”，是如今的贝加尔湖，这句话是弄错的。贝加尔湖，是古时候的北海，是丁令人所居（参看下篇第一章第二节）。在北荒要算乐土了。“大泽方千余里”，明是广大的沼地。）

诘汾的儿子名为力微，神元帝。居于定襄的盛乐。（如今归绥县的北边。）四传至禄官，力微的儿子。众分为三部：禄官居上谷之北，濡源之西。如今的滦河。禄官的兄子猗　，居参合陂。（如今山西的阳高县。）猗卢，居盛乐。公元296年。公元308年，禄官卒，猗卢合三部为一。这时候，刘琨和匈奴相持，而拓跋氏同铁弗氏的交涉也于是乎起。

铁弗氏是匈奴南单于的苗裔，居于新兴。“北人谓胡父鲜卑母为铁弗，因以号为姓”。《北史》本传。铁弗氏的酋长唤做刘虎，和刘琨相攻。刘琨借兵于拓跋氏，击破之。于是把陉北的地方赏他，封为代王。公元315年。猗卢死后，国多内难，中衰。到公元338年，什翼犍立，昭成帝。才再强盛。什翼犍徙居云中，（如今山西的大同县。）仍和铁弗部相攻。公元376年，刘虎的孙子刘卫辰。（刘莬死后，子务桓立。和拓跋氏讲和。务桓死，弟阏陋头立。和拓跋氏构衅。后为务桓的儿子悉勿祈所逐，逃归拓跋氏。悉勿祈死，弟卫辰代立。）请兵于前秦。前秦遣兵伐代。什翼犍病不能战，逃到阴山之北。秦兵退了，才回来。给儿子实君所弑。前秦听得，再发兵攻代，把实君杀掉。于是把代国的地方，分属于刘卫辰和刘库仁。（刘武的宗人，昭成帝以宗女妻之。）什翼犍的孙子珪，这时候年纪还幼小。他的母亲贺氏带着他去依刘库仁。后来刘库仁死了，儿子刘显想害他。他就逃到贺兰部。公元386年，自称代王。旋称帝，是为北魏道武帝。后灭刘显公元387年。和刘卫辰两部，迁居平城。公元391年。代北的种落本来是很强悍的，他东征西讨，把这许多种族都渐次收服，就依旧变做一个强部了。

从前秦灭亡以来，北方连年兵争，凋敝已极。后秦和后燕虽然并地稍广，国力也都不充实。公元395年，慕容垂的儿子宝带兵攻魏，大败于参合陂，死者无数。明年，慕容垂自将攻魏，魏人敛兵避他。垂入平城。退军时候，看见魏国人所筑的“京观”，又羞又气，走到上谷，死了，慕容宝立。魏人大举南伐，陷并州，从丹陉东下，（从娘子关到获鹿县的隘道。）郡县望风而溃，中山以外，只剩了邺和信都（如今直隶的冀县。）两城。慕容宝逃到龙城。魏兵退后，出兵想收复中山，手下的军队哗变起来，只得退回龙城。叛兵追上，把他围住。慕容宝就给手下的人所弑。少子长乐王盛，定乱自立。因用刑甚严，又为手下的人所弑。兄弟河间公熙立，奢淫无度，为部将冯跋所篡，是为北燕。公元409年。魏道武南侵的时候，慕容皝的小儿子范阳王德镇邺，弃之，南走广固，自立，是为南燕。

后燕破败到如此，后秦也日就衰颓。刘卫辰灭亡，他的小儿子名唤勃勃，逃到鲜卑的叱干部，后来又转入后秦。姚兴叫他守卫朔方，以御后魏。谁知勃勃既得兵权，就叛起后秦来。公元407年，自立为夏王，改氏赫连。连年攻剽后秦的边境，后秦用兵，总是不利，国力更形疲敝。（赫连勃勃居统万城，在如今陕西的怀远县。）

这时候的北方诸国，大都已到末运了。南方的东晋，却是怎样呢？

第十节　宋篡东晋和魏并北方

东晋从淝水战后，形势也大变了。这是为什么？就因为有了一支北府兵，下流的形势骤强。

孝武帝委政于自己的兄弟会稽王道子。道子也是个“嗜酒昏愚”的，又委政于王坦之的儿子国宝。谢安的女婿。孝武帝的母舅王恭镇京口，和道子不睦。桓温的儿子桓玄在荆州，郁郁不得志，也游说刺史殷仲堪造反。公元 396 年，孝武帝崩，安帝立。明年，王恭、殷仲堪同举兵反，以诛王国宝为名。道子大惧，把王国宝杀掉，差人去求和，二人才罢兵。于是道子又引用谯王尚之宣帝弟进的玄孙。做腹心。用他的计策，新立了一个江州，用王愉国宝的兄。做刺史，割豫州所属四郡归他管辖。豫州刺史庾楷庾亮的孙子。大怒，说王恭、殷仲堪，再举兵内向。道子的世子元显，遣人运动刘牢之，袭杀王恭。谯王尚之也杀败庾楷，而殷仲堪用桓玄、杨佺期南郡相。做先锋，直杀到石头城。朝廷不得已，用桓玄做江州刺史，殷仲堪做荆州刺史，杨佺期做雍州刺史。三人才罢兵而还。公元 400 年。未几，仲堪和佺期都给桓玄所并。公元 399 年。于是上流的权势又归于桓玄一人了。元显年纪虽小，却颇有才气，从经过一次事变以后，朝廷的实权尽入其手。公元 402 年，荆州大饥，元显趁势发兵以讨桓玄。桓玄也兴兵东下。元显就仗一个刘牢之，桓玄差人运动刘牢之，刘牢之又叛降桓玄。元显弄得手足无措，兵遂大溃。桓玄入都，杀掉道子和元显，并且夺掉刘牢之的兵权。刘牢之要谋反抗，手下的人都恨他反复，没有人肯帮他的忙，牢之自缢而死。于是桓玄志得意满，公元 403 年，废掉安帝而自立。

然而北府兵的势力，毕竟还在。宋武帝（刘裕）便是这一支兵里最有实力的人。公元404年，刘裕和何无忌、刘牢之的外甥。刘毅、孟昶、诸葛长民等，起兵京口、广陵，以讨桓玄。桓玄大败，挟安帝走江陵，为益州刺史毛璩所杀。安帝复位，于是刘裕在中央政府总揽大权，同时起事诸人，分布州郡。东渡以后，中央政府，常为外州所挟制（起初为荆州所挟制，后来也兼为北府所挟制。）的形势，到此一变。

后燕、后秦的衰弱，已如前述。北魏道武帝，从破燕之后听信了方士的话，吃了寒食散，（大概是一种金石剂，性质极其猛烈。初服的时候，觉得诸病悉除。但是到后来，毒发起来，也非常猛烈。六朝人受其害的很多，巢元方《诸病源候总论》里，载有解救的法子，还可以考见其中毒的情形。）躁怒无常，国政颇乱。所以也不过谨守河北，不能出兵。刘裕"休兵息民"了几年，公元408年，出兵伐南燕（这时候，慕容德已死，儿子慕容超在位）。明年，把南燕灭掉。又回兵平定了卢循、徐道覆的乱。（这件事情，虽然不过是妖人创乱，于当时的时局却颇有关系的。先是有琅邪人孙泰，习妖术于钱塘杜子恭。孝武帝时孙泰做了新安太守，就想反。事觉，伏诛。他的侄儿子孙恩，逃入海中，聚党为乱，众至数十万。屡剽扬州沿海，直至京口。这时候，刘裕还在刘牢之麾下，拒战有功。刘牢之便把这件事情专委他。到底把孙恩打平（恩穷蹙赴水死）。刘裕的"崭然见头角，自此始。"桓玄篡位，孙恩的妹夫卢循，南陷广州，玄不能讨，就用他做刺史。卢循又用自己的姊夫徐道覆做始兴相（始兴如今广东的曲江县）。刘裕北伐，卢循、徐道覆乘机分两道北犯（从如今的湖南、江西），直出长江，军势甚盛。何无忌败死，刘毅拒战，也大败。刘裕赶归守御。这时候，"北归将士，并皆创病，建康战卒，不过数千"。诸将都要奉安帝渡江，刘裕坚持不可。徐道覆劝卢循急攻，卢循不听，久之，无所得，要想回兵。给刘裕袭破，卢循、徐道覆逃回广州。却广州又已给刘裕遣兵袭取了。卢循攻交州，兵败自杀。徐道覆在始兴，也兵败而死。）灭掉割据四川的谯纵。（毛璩的参军。公元405年，攻杀毛璩，据蜀。公元414年，刘裕遣朱龄石把他讨平。历史上也称谯纵为后蜀。）渐次剪除异已。（荆州刺史刘毅，豫州刺史诸葛长民。谯王尚之的兄弟休之做荆州刺史，也给刘裕攻破，逃奔后秦。）公元416年，出兵伐后秦（这时候，姚兴已死，他的儿子姚泓在位）。从合肥向许洛，所至克捷。明年，就攻破长安，把后秦灭掉。（后秦求救于魏，魏人不能出兵，但列兵河上为声援，给刘裕打败。）

这时候，晋国大有可以恢复北方之势，而刘裕急于图篡，引兵南归，只留着一个儿子义真，留守长安。诸将不和，长安就给赫连勃勃打破。公元418年。“裕登城北望，流涕而已。”公元418年，刘裕弑安帝而立其弟恭帝。明年，就篡晋自立。

宋武帝篡晋之后，三年而殂。子少帝义苻立为徐羡之、傅亮、谢晦、檀道济等所弑。立了武帝第三个儿子义隆，是为文帝。（庐陵王义真是次子，徐羡之等也和他不睦，先诬以罪，把他废掉。）文帝和檀道济谋，讨除徐羡之等三人。不多时，又把檀道济杀掉。于是和武帝同时起兵的人，既给武帝除掉，就武帝手下的宿将，到此也翦灭无余，更无力经营北方，北方就都并于后魏了。

北魏道武帝，以公元408年，为儿子清河王绍所弑。明元帝讨绍自立，又服寒食散，不能治事。公元423年，传位于太武帝，国势复强。赫连勃勃取了长安，就是这一年死了。儿子赫连昌立。魏太武帝立后二年，自将伐夏，攻统万，赫连昌逃奔上邽。又给魏人追攻擒获。他的兄弟赫连定自立于平凉。后来为魏人所破，逃到吐谷浑。吐谷浑人把他执送北魏，于是西夏灭亡。公元431年。

凉州地方，从苻坚淝水败后，就为吕光所据。公元386年。公元397年，匈奴沮渠氏叛，（《载记》说“其先世为匈奴左沮渠，因以官为氏焉。”）推吕光所命的建康太守段业为主，据张掖。公元401年，沮渠蒙逊杀段业而自立，是为北凉。业所署沙州刺史李暠，也据敦煌自立，是为西凉。公元400年。河西鲜卑秃发乌孤，（《载记》说：“其先与后魏同出。”按拓跋秃发，就是一音的异译。）又据乐都（如今甘肃的碾伯县。）自立，是为南凉。公元397年。后凉的地方，就此分裂了。吕光死后，儿子绍继之。绍兄纂，杀绍自立。纂弟超，又杀纂而立其兄隆。北凉南凉，时来攻击，遂降于后秦。公元403年。南凉秃发乌孤，传弟利鹿孤，利鹿孤又传弟傉檀。傉檀降后秦，姚兴以为凉州牧，移镇姑臧。后为西秦乞伏炽磐所灭。公元

414 年。西秦乞伏国仁，传弟乾归，为姚兴所破，降于后秦。后来逃归苑川，见上节。自立。传子炽磐，袭灭西秦，炽磐死后，子暮末立，为赫连定所杀。公元 431 年。西凉李暠，迁居酒泉，并有玉门以西。传子歆，为沮渠蒙逊所灭。公元 421 年。南凉亡后，沮渠蒙逊并有姑臧。又灭西凉，取敦煌。在凉州诸国中，最为强大。传子牧犍，为后魏所灭。公元 439 年。还有冯跋所立的北燕，传子冯宏，也给后魏灭掉。于是天下就剩宋魏两国了。

第三章　南北朝

第一节　宋齐的治乱

宋文帝的时候，虽然宿将垂尽，兵力已靠不住，然而前此灭南燕，灭后秦，总算是“累胜之余”，而且这时候的拓跋魏，也不过草创，所以还有恢复中原的念头。宋武帝死时，魏明元帝乘丧伐宋，取青、兖、司、豫四州，置戍于虎牢、（在如今河南汜水县。）滑台。（如今河南的滑县。）公元429年，宋文帝遣刘彦之伐魏，魏人敛兵河北，宋人恢复虎牢、滑台。到冬天，魏人纵兵南下，宋人不能抵当，所得的地方又都失去。文帝“经营累年”，到公元449年，又遣兵伐魏。然而“兵多白徒，将非才勇”，才进就败。魏太武帝自将南伐，至于瓜步。（在如今江苏六合县。）宋人沿江置戍，极其吃紧。幸而盱眙、（如今安徽的盱眙县。）彭城，（如今江苏的铜山县。）都坚守不下，魏太武帝乃勒兵而还。然而“所过郡邑，赤地无余”，至于“燕归巢于林木”。元嘉（文帝年号，公元424—公元453年。）之政，在南朝中本算是首屈一指的，到此也弄得“邑里萧条”了。公元452年，魏太武帝被弑，文成帝立。宋文帝再想北伐，也没有成功。南北分立，“北强南弱”之势，到此就算定了。（明帝时，和魏交兵。又失掉淮以北的地方。）

文帝皇后袁氏，生太子劭。淑妃潘氏，生始兴王濬。淑妃很为得宠，袁皇后“恚恨而殂”。太子劭因此深恨潘淑妃和始兴王。始兴王惧，“曲意事劭”，劭又喜欢了他。劭和濬多过失，怕文帝觉察，“因为巫蛊”。事觉，文帝要废太子而赐始兴王死，犹豫未决。潘淑妃告诉了始兴王。始兴王告诉太子，太子就举兵弑帝。并杀潘淑妃。江州刺史沈庆之，奉武陵王骏，讨诛劭、濬。骏立，是为孝武帝。公元453年。

孝武帝天资刻薄，武帝、文帝的子孙，差不多都给他杀尽。孝武帝卒，前废帝子业立，公元464年。荒淫无度，而刻薄同孝武帝一样。孝武帝的旧臣，多给他杀掉。又要杀江州刺史晋安王子勋。（也是孝武帝的儿子。）子勋的长史邓琬，奉他起兵。刚好前废帝为左右所弑，明帝立。公元465年。谕子勋罢兵，邓琬不听，奉子勋称帝于寻阳。公元466年。这时候，“四方贡计，并诣寻阳”，朝廷所保，只有丹阳、淮南等几郡而已。不多时，子勋给沈攸之等讨败。明帝因此更加猜忌，孝武帝的子孙，也差不多给他杀完。公元472年，明帝卒，后废帝立，荒淫更甚于前废帝。江州刺史桂阳王休范反，文帝的儿子。昼夜兼程袭建康，为萧道成所讨平。萧道成自此威权渐大。（道成刺兖州，镇淮阴。）公元477年。道成弑后废帝，而立安成王准。荆州刺史沈攸之和中书令袁粲，镇石头。起兵讨道成，都败死。公元479年，萧道成遂篡宋自立，是为齐高帝。

齐高帝篡宋之后，四年而殂。公元482年。子武帝立。武帝和高帝同起艰难，留心政治，在南朝诸帝中，比较算是好的。公元493年，武帝卒。武帝太子长懋早卒，次子竟陵王子良，颇有夺宗之意。武帝兄子西昌侯鸾，扶立太孙昭业，是为郁林王。子良忧惧而死。郁林王荒淫无度，在位一年，为鸾所弑，立其弟昭文。旋废之而自立，是为明帝。大杀高、武二帝子孙。公元498年，明帝卒。子宝卷立，是为东昏侯，昏淫为南朝诸帝之最，而亦“果于杀戮”。豫州刺史裴叔业（治寿阳，如今安徽的寿县。）降魏，南朝因此失掉淮南之地。江州刺史陈显达反，崔慧景讨平之。慧景还兵攻帝，为豫州刺史萧懿所杀。东昏侯又把萧懿杀掉。萧懿的兄弟萧衍，时为雍州刺史；东昏侯发道密旨给荆州刺史南康王宝融，叫他暗中图谋他。宝融举兵反，公元501年，自立于江陵，是为和帝。这时候，萧衍也起兵襄阳，和帝就用他做征东将军，发兵东下。东昏侯战败，为宦者所弑。明年，和帝禅位于萧衍。是为梁武帝。

宋系图

(一)武帝刘裕 ┬ (二)少帝义符
　　　　　　└ (三)文帝义隆 ┬ (四)孝武帝骏—(五)前废帝子业
　　　　　　　　　　　　　　└ (六)明帝彧 ┬ (七)后废帝昱
　　　　　　　　　　　　　　　　　　　　　└ (八)顺帝准

齐系图

┬ (一)高祖萧道成—(二)武帝赜—长懋 ┬ (三)废帝郁林王昭业
│　　　　　　　　　　　　　　　　　　└ (四)废帝海陵王昭文
└ 道生—(五)明帝鸾 ┬ (六)废帝东昏侯宝卷
　　　　　　　　　　└ (七)和帝宝融

第二节　北魏的盛衰

北魏太武帝时候虽然强盛，然而连年用兵，国颇虚耗。（太武帝还有北征柔然、高车的事情，见下篇第一章第三节。）文成帝立，“守之以静”，民乃复安。公元465年，文成帝卒，子献文帝立。好佛，传位于孝文帝。公元471年。太后冯氏旋弑献文帝而称制。公元476年。公元490年，冯太后卒，孝文帝才亲政。

孝文帝是北魏一个杰出的人物。迁都洛阳，公元493年。断北语，改族姓，禁胡服，与汉人通婚，兴学校，改制度。从此以后，鲜卑就与汉族同化了。参看第四章。然而北魏的衰机，也兆于此时，其中有两个重要的原因：

（一）魏国的宗室贵人，从南迁以后都习于奢侈。这时候，佛法初行，建寺造塔等迷信，更足以助长奢侈。野蛮民族迁徙到文明的地方，吸收文化难，而沾染物质上的奢侈易，这也是历代北族迁入中国的通例。

（二）北魏当建都在平城的时候，和北族的交涉是很频繁的。（参看下篇第一章第三节。）所以设了怀朔、高平、御夷、怀荒、柔玄、沃野六镇，（在如今兴和道西南境。）“盛简亲贤，拥麾作镇。配以高门子弟，……不但不废仕宦，至乃偏得复除。当时人物，忻慕为之。及太和在历，仆射李冲，当官任事。凉州士人，悉免厮役；丰沛旧门，仍防边戍、自非得罪，当世莫肯与之为伍。征镇驱使，为‘虞候’、‘白直’，一生推迁，不过军主。然其往世，房分留居京者，得上品通官，在镇者便为清途所隔。……多复逃胡乡，乃峻边兵之极，镇人浮游在外，皆听流兵捉之。于是少年不得从师，长者不得游宦。……自定鼎伊洛，边任益轻。唯底滞凡才，出为镇将。转相模习，专事聚敛。或有诸方奸吏，犯罪配边，为之指踪，过弄官府，政以贿立，莫能自改”。（以上魏广阳王深上书；见《北史·太武五王传》。太和，孝文帝年号。公元477——公元499年。）于是郁极思变，就成了后来的乱源。

公元499年，孝文帝卒，宣武帝立。委政于高皇后的兄肇。公元515年，宣武帝卒，孝明帝立，年方六岁，高太后临朝。先是道武帝要立明元帝做太子，恐怕身后母后专权，先杀掉他的母亲，才立他。从此以后，就成为拓跋氏的家法（君主政体的残酷不仁如此）。宣武帝好佛，充华胡氏生子孝明帝，立为太子，才不杀胡氏，而且把他立为贵嫔。高太后临朝，又要杀掉胡贵嫔，中给事刘腾等设法阻止。胡贵嫔很感激他。不多时，胡贵嫔和刘腾等合谋，伏兵把高肇杀掉，并弑高太后。于是胡氏自称太后，临朝称制。公元516年。刘腾和太后的妹夫元乂等用事。后来太后又宠幸了一个清河王怿。孝文帝的儿子。元乂、刘腾把清河王杀掉，连太后也幽禁起来。刘腾死后，元乂防范稍疏，太后又设法把元乂杀掉，再临朝称制。公元525年。

奢侈的风气，到胡后时候更盛。大营寺塔，赏赐无度。于是“府库累世之积，扫地无余”。至于“减百官禄力”；“豫借百姓六年租税”；

入市的，每人要税一个钱。地方官又竞为诛求，以结纳权要。弄得民不聊生。于是六镇和内地的人，纷起叛乱。尔朱荣，北秀容人，“世为部落酋帅；其先居尔朱川，因为氏焉”。（北秀容，在如今山西的朔县。）尔朱荣雄健有才略，讨平部人之乱，做了并、肆等六州都督。这时候，明帝年长，和太后嫌隙日深。密召尔朱荣，要诛灭太后左右，旋又后悔，止住他。太后大惧，把孝明帝杀掉。公元 528 年。尔朱荣举兵入洛，杀掉胡太后，立了孝庄帝，留其党元天穆居洛，自还晋阳。公元 530 年，孝庄帝诱尔朱荣入朝杀之，并杀元天穆。尔朱荣的从子尔朱兆，举兵弑帝。立了长广王晔。献文帝的孙子。明年，又把他废掉，而立节闵帝。公元 531 年，高欢起兵于信都，（高欢，本在尔朱氏部下。先是河北叛乱时，有一个乱党唤做葛荣，兵最强。后来给尔朱荣灭掉。手下的人，受尔朱氏陵暴，都不聊生。大小凡二十六反，杀掉过半，还是不能遏止。尔朱兆问计于高欢。高欢说：不如叫他就食山东。尔朱兆听了他，就叫高欢带了去。于是高欢就起兵讨兆。）立渤海太守朗。（太武帝儿子的玄孙。）攻破邺城。尔朱兆迎战，大败。高欢入洛，废掉节闵帝和朗，而立孝武帝。明年，攻杀尔朱兆。孝武帝和高欢不睦，暗结关中大行台宇文泰，以图高欢。公元 532 年，孝武帝举兵讨欢，欢也从晋阳南下，夹河而军。孝武帝不敢战，奔长安。这一年冬天，为宇文泰所弑，立了文帝。而高欢也另立了一个孝静帝。于是魏分为东西，公元 550 年，东魏为北齐所篡。西魏又两传，到公元 560 年，而为宇文氏所篡。

魏系图

(一)道武帝拓跋珪—(二)明元帝嗣—(三)太武帝焘—晃—(四)文成帝濬—(五)献文帝弘

(五)献文帝弘—(六)孝文帝宏
- (六)孝文帝宏—(七)宣武帝恪—(八)孝明帝诩
- (六)孝文帝宏—怀—(十一)孝武帝修
- (六)孝文帝宏—愉—(十二)文帝宝炬—(十三)废帝钦
- (十二)文帝宝炬—(十四)恭帝廓
- (六)孝文帝宏—怿—亶—(东魏)孝静帝善见

(五)献文帝弘—勰—(九)孝庄帝子攸

(五)献文帝弘—羽—(十)节闵帝恭

第三节 东西魏的纷争和侯景乱梁

东西魏分立后，高欢、宇文泰，剧战十年，彼此不能相胜，（其中最危险的，是公元537年这一役。这时候，关中大饥，宇文泰所带的兵，不满万人，而高欢的兵，有二十万。战于渭曲，高欢大败。西魏从此才算站住，乘胜进取河南许多地方。明年，东魏侯景，治兵虎牢，以复河南诸州。宇文泰来救，不利。于是从洛阳以东为东魏，所有的形势略定。公元543年，高欢又发兵十万伐魏，战于印山，互有胜负。从此以后，东西魏就没有什么大战役。在河北，东魏以晋阳，西巍以汾州为重镇。）于是东西分立的局面定，而受其害的，却在于梁。

梁武帝在位四十八年，（公元502—公元549年。）在历代君主中，年寿要算长久的。初年励精图治，国内颇称太平。晚年迷信佛法，三次在同泰寺舍身。“祭宗庙。以麦为牺牲。”人民有犯罪的，至于“涕泣而赦之”。于是刑政废弛，承平日久，兵力尤不可靠。又梁武帝太子统昭明太子早卒，武帝立了自己的次子简文帝做太子，对于昭明太子的儿子，觉得有些抱愧。于是把统的儿子河东王誉、岳阳王詧等都出刺大郡。而又用自己许多儿子，分刺诸郡以敌之。诸王“人各有心”，彼此乖离，也是召亡的一个原因。（梁武帝的灭亡，攻佛法的人，都把他作为口实，然而这是他误解佛法之过，并不能归咎到佛法本身，这是略为研究佛法就可以知道的。）

高欢手下得力的战将是侯景，尝专制河南。公元547年，高欢卒，子澄，嗣执魏政。侯景以河南十三州降梁。梁武帝因此就起了恢复北方的雄心。叫自己的侄子贞阳侯渊明去伐魏。魏遣慕容绍宗讨侯景，渊明被擒。侯景奔梁，袭据寿阳，梁朝就用他做豫州刺史。（先是梁人乘魏乱，恢复淮北诸州。）侯景见梁朝兵备废弛，阴怀异图。公元548年反，武帝命临贺王正德拒之，（武帝兄弟的儿子，起初养以为子，打算把他立做太子。后来太子统生，正德还归本支。因此不悦，常畜异谋。）正德反引侯景渡江，把他开门放入。梁武帝忧愤而死。侯景立了简文帝，尽陷江南诸郡县。

这时侯，梁朝所分封的诸王方各据一州，互相吞并。梁武帝第七个儿子湘东王绎，据了荆州。攻克河东王誉于湘州，邵陵王纶武帝第六子。于郢州，形势颇强。公元551年，侯景泝江而上，陷江州、郢州，攻巴陵，大为王僧衍所败。猛将多死。回来之后，就杀掉简文帝和太子大器，立了个豫章王栋，昭明太子孙。旋又弑之而自立。称汉帝。湘东王即位于江陵，是为元帝。抬兴太守陈霸先起兵讨侯景，元帝派他和王僧辨分道进攻，侯景败死。

先是元帝遣兵攻岳阳王詧于襄阳，岳阳王求救于西魏。元帝乃罢兵。及元帝即位，武帝第八个儿子武陵王纪，也称帝于成都，发兵攻江陵。元帝请救于西魏，西魏发兵入成都。武陵王腹背受敌，败死。于是益州为魏所取，而东方州郡，亦大半入魏。自巴陵至建康，以江为界。后来元帝和魏，又有违言。公元554年，西魏遣柱国于谨帅师伐梁。攻破江陵，元帝遇害。徙岳阳王詧于江陵，令其称帝，是为西梁。王僧辨和陈霸先立敬帝于建康。而东魏又把贞阳侯渊明立做梁主，派兵送他回来。王僧辨拒战，大败，就投降了他，同他一起回来，把敬帝废做太子。陈霸先发兵袭杀王僧辨，重立敬帝。公元557年，就禅位于陈。

梁系图

(一)武帝萧衍——统——(后梁)(一)宣帝詧—(二)明帝岿—(三)琮
　　　　　　├(二)简文纲
　　　　　　└(三)元帝绎—(四)敬帝方智

陈系图

(一)武帝陈霸先
　　└道谭——(二)文帝蒨—(三)废帝伯宗
　　　　　└(四)宣帝顼—(五)后主叔宝

第四节 周齐的兴亡和隋的统一

从北魏道武帝建国之后，凡一百四十八年，而分为东西。公元386——公元515年。又十六年而东魏为北齐所篡，二十三年而西魏为北周所篡。北齐高氏，系出汉族，然而从文宣帝以后，都极其淫暴，这都是当时所谓“渐染胡风”的一流人；参看第四章。从文化上论，实在不能算他是中国人。宇文氏则也是鲜卑。《北史·周本纪》说：

其先出自炎帝。炎帝为黄帝所灭，子孙遁居朔野。其后有葛乌兔者，雄武多算略，鲜卑奉以为主。遂总十二部落，世为大人，及其裔孙曰普回，因狩，得玉玺三纽，文曰皇帝玺。……其俗谓天子曰宇文，故国号宇文，并以为氏，普回子莫那。自阴山南徙，始居辽西，……为魏甥舅之国。自莫那九世至侯归豆。为慕容皝所灭。

“出自炎帝”，和得氏之由，自然是荒唐话。自阴山南徙，始居辽西，这句话从地理上看，却不错的。宇文氏先世的事迹，详见《北史》第九十八卷《宇文莫槐传》《本纪》说他是鲜卑，而《宇文莫槐传》又说他是匈奴，这也是《北史》疏处。《宇文莫槐传》说：“其先南单于之远属也。……其语与鲜卑颇异。”“颇异”者，“不尽异”之词。这一种人，就是奚、契丹的祖宗，明明是鲜卑。不过其先居于阴山，地近匈奴，大概有婚姻上的关系，所以说是“南单于之远属”。而两民族也极为密接，所以说“其语与鲜卑颇异”，大约是搀杂匈奴语的。这也可推想前史致误之由。

北齐篡魏的是文宣帝。性极淫暴，然而这不过是“渐染胡俗”的结果，论起他的本性来，是很明决的。所以还能委任杨愔。历史上说他“主昏于上，政清于下”。文宣帝死后，太子殷立，为孝昭帝所废。公元

559年。传弟武成帝，公元561年。极其荒淫。用祖　、和士开一班小人，朝政大乱。国用不足，赋敛无艺，弄得民不聊生。公元565年，传位于子纬。奢纵更甚。郡县守令都是市井鄙夫，入资得官，而剥削百姓，以为取偿之计。于是北齐就成了必亡之势。

北周篡魏的是孝闵帝。（西魏文帝，卒于公元551年。子钦立，公元553年，为宇文泰所废。立其弟廓。公元556年，宇文泰卒。明年而孝闵帝篡魏。）然而大权都在从兄宇文护之手。篡位的明年，为护所弑。立其弟明帝，公元561年，又弑之，而立其弟武帝。武帝立十二年，才诛护亲政。公元572年。“帝沈毅有智谋，……克己励精，听览不倦。用法严整，……群下畏服。……以海内未康，锐情教习，至于校兵阅武，步行山谷。……征伐之处，躬在行阵；性又果决，能断大事，故能得士卒死力。”公元576年，伐齐，克平阳。齐主自晋阳回攻，不克。明年，再伐齐，克邺。齐主纬出走，被执，齐亡。

灭齐的明年，周武帝卒，子宣帝立。荒淫无度，周政遂衰，公元579年，传位于静帝。自称天元皇帝。未几而死，静帝年幼，内史上大夫郑译等，矫诏引宣帝后父杨坚辅政。杨坚就大杀周宗室，尽握朝权。相州总管尉迟回、郑州总管司马消难、益州总管王谦等起兵讨坚，皆为坚所败。公元581年，坚遂篡周而自立。

陈武帝无子，传位于兄子文帝。公元559年。文帝死后，太子伯宗立。公元566年。大权尽在叔父安平王顼之手。公元568年，为顼所废。顼自立，是为宣帝。宣帝立九年而北齐亡，乘机恢复淮南之地。隋文帝受禅的明年，宣帝卒，后主叔宝立。荒淫无度。公元589年，为隋所灭。西梁已先二年为隋所灭，天下复统一。

北齐系图

神武帝高欢 ┬(一)文宣帝高洋—(二)废帝殷
　　　　　 ├(三)孝昭帝演
　　　　　 └(四)武成帝湛—(五)后主纬—(六)幼主恒齐将亡时，后主传位于子恒，亦为周人所执。

北周系图

文帝宇文泰
- (一)孝闵帝觉
- (二)明帝毓
- (三)武帝邕—(四)宣帝赟—(五)静帝阐

第四章　军阀和异族

读两晋南北朝的历史，有一件事情应当注意的。便是："这时候，中国的政府，差不多始终是军阀政府"。曹魏、司马晋，其初都是军阀，不必论了。晋武平吴之后，便撤废州郡兵备，原也有意于偃武修文；无如一方面又想行"封建制度"，诸王都给以兵权，就酿成了"八王之乱"。于是"中央政府解纽"，各地方的权力自然扩张起来。这时候，北方五胡的势力日盛，解纽之后的地方政府，无论怎样抵敌不住他。所以虽然有刘琨、王浚等几个想竭力支持的人，也是终于灭亡。至于南方，究竟离五胡的势力稍远，长江一带还能自保，就成了东晋和宋、齐、梁、陈五朝汉族逃难的地方。却是南方的形势，从长江下流，要想渡江而南，是很难的（长江下流的津要，是采石和京口两处，以当时军事上的形势论，北军很难飞渡，所以有"长江天堑"的话）。而荆、襄一方面，受北方的压迫较重；荆、襄设或不保，从上游顺流而下，下游也是不能自保的。所以自来立国南方的，没有不以荆、襄为命脉。三国吴要力争荆州，也是这个道理。因此之故，晋室东渡以后，荆、襄方面不得不屯驻重兵，以御北方（当时荆州的形势，在事实上总较扬州为强）。晋室东渡以后，所以能立国，固然靠此；而中央政府常受荆州方面的压迫，也是为此。在刘裕灭掉桓玄以前，这种形势始终没有改变。刘裕以一个武人，而尽灭掉其余的武人。论理，中央政府的权力，可以大振；然而当时虽把功臣宿将除尽，而因防御北方的原故，外兵仍不得不重。于是芟除功臣宿将的结果，徒然弄得掌兵的都是庸才，以致对外不竞；而国内则外兵既重，中央政府，仍不免受其压迫，齐、梁、陈三朝的崛起都是如此。（还有许多反叛而不曾成功的。）所以从董卓入据洛阳以后，到隋朝统一天下以前，“汉族四百年的政府，可以说全是给军阀盘据”。（公元189——公元589年。）读史的人，总说外兵不重，不能抵御异族的；所以宋朝除掉唐朝的藩镇，就有辽、金、元之祸。这种观察，是全然误谬的。宋朝的灭亡是另有原因，和去藩镇全无干涉；而且契丹的侵入，不是藩镇引他进来的么？这个且待将来再论。即以东晋论，当时荆州的兵力，似乎替国家捍御一点外患；然而若不是荆、扬二州，互相猜疑，东晋恢复北方的机会就很多；桓温没有下流的掣肘，刘裕没有内顾之忧，恢复北方的事业，都未尝不可以成功。所以内外乖离，最是立国的大忌，所以军阀的对于国家，是有百害而无一利的。——这个并不是说要去兵；正因为有了骄横的军阀，往往只能对内，并不能对外；到国内乖离之后，就是把别国人引进来，都是在所不恤的。这个是历朝的史事，都是如此，略为留心一点，便可以看得出。以上是就对外一方面论。就对内一方面论，军阀政府的罪恶就更大。因为军阀政府大抵是不知政治为何事的。所以行不出一点好政治来，而且本有的好政治，还要给他败坏。把下文所讲魏晋以后的政治制度和两汉一比较，就可以知道了。还有一种昏淫的君主，也是军阀政府所独有的，崇尚文治的皇室很少。我如今且举个齐东昏侯做个例。

帝在东宫，便好弄，不喜书学。……在宫尝夜捕鼠达旦，以为笑乐。……性讷涩少言，不与朝士接。……常以五更就卧，至晡乃起。王侯以下，节朔朝见，晡后方前，或际暗遣出。台阁案奏，月数十日乃报，或不知所在；阉竖以纸包裹鱼肉还家，并是五省黄案。……教黄门五六十人为骑客，又选营署无赖小人善走者为逐马鹰犬，左右数百人，常以自随；奔走往来，略不暇息。置射雉场二百九十六处。……渐出游走，不欲令人见之，驱斥百姓，惟置空宅而已。是时率一月二十余出。既往无定处，尉司常虑得罪，东行驱西，南行驱北；应旦出，夜便驱逐。……临时驱迫，衣不暇披，乃至徒跣走出；犯禁者应手格杀，百姓无复作业，终日路隅。从万春门由东官以东至郊外数十里，皆空家尽室。巷陌县幔为高障，置人防守，谓之“屏除”。高障之内，设部伍羽仪；复有数部，皆奏鼓吹羌，胡伎鼓角横吹。夜反，火光照天。每三四更中，鼓声四出，幡戟横路。……或于市肆左侧，过亲幸家，环绕宛转，周遍都下。老小震惊，啼号塞道。处处禁断，不知所过。疾患困笃者，悉扨移之，无人扨者，扶匐道侧，吏司又加捶打，绝命者相系。从骑及左右，因入富家取物，无不为尽。工商莫不废业，樵苏由之路断。至于乳妇昏姻之家，移产寄室；或舆病弃尸，不得殡葬，有弃病人于青溪边者，吏惧为监司所问，推至水中，泥覆其面，须臾便死，遂失骸骨。……三年，殿内火。……其后出游，火又烧濬仪、曜灵等十余殿，及柏寝；北至华林，西至秘阁，三千余间皆尽。左右赵鬼，能读《西京赋》，云：“柏梁既灾，建章是营。”于是大起诸殿。……皆币饰以金璧。……潘氏服御，极选珍宝，主衣库旧物，不复周用，贵市人间；金银宝物，价皆数倍。……都下酒酤，皆折输金，以供杂用，犹不能足。下扬、南徐二州桥桁塘埭丁，计功为直，敛取见钱，供太乐主衣杂费；由是所在塘渎，悉皆隳废，又订出雄雉头，鹤氅白鹭缞，百品千条，无复穷已。亲幸小人，因缘为奸，科一输十。……百姓困尽，号泣道路。少府大官，凡诸市买，事皆急速，催求相系；吏司奔驰，遇便虏夺。市廛离散，商旅靡依。又以阅武堂为芳乐苑，穷奇极丽，当署种树，朝种夕死，死而复种，卒无一生。于是征求人家，望树便取，毁彻墙屋，以移置之。……纷纭往还，无复已极。……明帝时，多聚金宝，至是金以为泥，不足周用，令富室买金，不问多少，限以贱价，又不还直。……潘妃放恣，威行远近。父宝庆，与诸小共逞奸毒，富人悉诬为罪，田宅赀财，莫不启乞，或云寄附隐藏，复加收没。一家见陷，祸及亲邻；又虑后患，男口必杀。……《南史·齐本纪》下。

宋的前后废帝，齐的郁林王，陈的后主，都是这一路人。为什么这样淫暴的君主，专出在这个时候？原来一国的文化，决不是普及于全社会里的各阶级的。这种人，都是沉没在社会的下层的。历朝开国的君主，固然都是这一种人，然而得国之后，总要偃武修文，一两传后，就把这种性质变掉。独有南北朝时代，他的政府始终没改掉军阀的性质，就自然产出这一种人。这也可见得武人当权的弊窦。

至于北方，则当时始终在异族政府之下，而异族的君主也是极淫暴的。我如今再举个石虎为例。

季龙性既好猎，其后体重，不能跨鞍，乃造猎车千乘，辕长三丈，高一丈八尺，置高。一丈七尺格兽车四十乘，立三级行楼二层于其上。克期将校猎，自灵昌津，南至荣阳，东极阳都，使御史监察其中禽兽，有犯者罪至大辟。御史因之擅作威福，百姓有美女好牛马者，求之不得，便诬以犯兽，论死者百余家。海、岱、河、济间人无宁志矣。又发诸州二十六万人修洛阳宫。发百姓牛二万余头配朔州牧官。增置女官二十四等，东宫十有二等。诸公侯七十余国，皆为置女官九等。先是大发百姓女二十已下十三已上三万余人，为三等之弟，以分配之。郡县要媚其旨，务于美淑。夺人妇者，九个余人。百姓妻有美色，豪势因而胁之，率多自杀。石宣及诸公及私令采发者，亦垂一万，总会邺官。季龙临轩简弟诸女，大悦，封使者十二人皆为列侯。自初发至邺，诸杀其夫及夺而遣之，缢死者三千余人，荆、楚、扬、徐间，流叛略尽，宰守坐不能绥怀，下狱诛者五十余人。《晋书·载记》第六。

当时北朝里这种残暴不仁的人极多，其最甚的，就是刘聪、刘曜、苻生、赫连勃勃等。北齐的文宣帝、武成帝、后主等，虽然系出汉族，然而久已和胡人同化，也可以认他做胡人。其中也有一派比较文明一点的，便是鲜卑慕容氏、氐苻坚和北魏孝文帝等。这个大约因各族感受汉族文化的不同而异。当时诸族之中，最淫暴的，是胡、羯；鲜卑、氐、羌，都比较文明些。这个也有个缘故。汉朝的征服异族，对于匈奴用力最多，所以当时的匈奴虽然降伏，还时时存一怕他复叛的心，养之如骄子。（看《前后汉书·匈奴传》。便可知道。）至于氐、羌两族，却又不免凌侮他。只有鲜卑，住在塞外，和汉族的关系较疏。既不受汉族的压迫，也不能压迫汉族。两族的关系，虽然也有时小小用兵，然而大体上，却总是通商往来的一种平和关系。所以匈奴因受优待而骄；氐、羌两族，又因受压迫，而不能为正当的发展。只有鲜卑人，最能吸收汉族的文化。所以他们灭亡的时候，也是不同。胡、羯是暴虐不已，终于自毙的。鲜卑却是吸收了汉族的文化，慢慢儿同化的。（氐、羌人数较少，所以和别一族融化，较为容易。）

北魏孝文帝的厉行改革，读史的人都说他是失策。这种观察，也是误谬了的。议论他的人，不过说他是：从此以后，就同化于汉族，失掉本来雄武的特质。然而不如此，难道想永远凭藉着武力和汉族相持么？后来的女真、满洲，都是实行这种政策的，然而“其效可睹”了。这个且待后来再行详论。总而言之，以塞外游牧的民族，侵入中国，其结果，和汉族同化而融合，是不可避免的。只看你决心走哪一条路罢了。那么，还是拣胡羯的一条路走呢？还是拣鲜卑的一条路走呢？这种道理，难道北魏孝文帝都能晓得么？这也未必其然，不过一种爱慕文化的心理，实在能够教人消灭种族之见罢了。这也可见得文化是天下的公物，实在有益于平和。

第二篇　中古史（下）

第一章　隋朝的内政外交

第一节　隋文帝的内治

从董卓入据洛阳以后，到隋文帝统一天下以前，中国实在经过四百年异族和军阀蹂躏的政治，前篇的末章已经说明了。到隋文帝统一以后，天下就换了一番新气象。

隋文帝这个人，在中国历史上并不负什么好名誉，然而他却实在有过人之处。我如今且引《文献通考·国用门》马端临论隋朝财政的一段话如下：

按古今称国计之富者莫如隋，然考之史传，则未见其有以为富国之术也。盖周之时酒有榷，盐池，盐井有禁，入市有税，至开皇三年而并罢之。夫酒榷、盐、铁、市征，乃后世以为关于邦财之大者，而隋一无所取，则所仰赋税而已。然开皇三年，调绢一匹者，减为二丈；役丁十二番者，减为三十日。……开皇九年，以江表初平，给复十年；自余诸州，并免当年租税。十年，以宇内无事，益宽徭赋，百姓年五十者，输庸停放。十二年，谓河北、河东：今年田租，三分减一；兵减半；功调全免。则其于赋税，复阔略如此。然文帝受禅之初，即营新都，徙居之。继而平陈，又继而讨江南、岭表之反侧者。则此十余年之间，营缮征伐，未尝废也。《史》称帝于赏赐有功，并无所爱。平陈凯旋，因行庆赏，自门外夹道列布帛之积，达于南郭，以次颁给，所费三百余万段。则又未尝啬于用财也。夫既非苛赋役以取财，且时有征役以糜财，而赏赐复不吝财，则宜其用度之空匮也，而何以殷富如此。《史》求其说而不可得，则以为帝衫履俭约；六宫服澣濯之衣；乘舆供御，有故敝者，随令补用；非燕享，不过一肉；有司尝以布袋贮乾姜，以毡袋进香，皆以为费用，大加谴责。呜呼！夫然后知《大易》所谓节以制度，不伤财，不害民，《孟子》所谓贤君必恭俭礼下，取于民有制者，信利国之良规，而非迂阔之谈也。……

总而言之，隋文帝这个人，固然也有他的短处（猜忌、严酷），然而他的长处，却实在不可没的。他的长处，第一在躬行节俭，第二在留心政治，勤于民事。当文帝时候，一切政治，都定有规模，唐以后沿袭他的很多。这个且待第三章里再讲。我如今还要讲一讲隋文帝的武功。要讲隋文帝的武功，就不得不把当时塞外异族的形势先行叙述一番。

第二节　回族的起源和分布

历史上为中国之患最深的，自然是北族。北族，匈奴之后便是鲜卑。鲜卑之后却是谁呢？便是柔然。柔然，《南史》上说他是匈奴别种，是错误的。《北史》上说：

始神元之末，掠骑有得一奴，发齐肩，无本姓名，其主字之曰木骨闾。木骨闾者，首秃也。木骨闾与郁久闾声相近，故后子孙因以为氏。木骨闾既壮，免奴为骑卒。穆帝时，坐后期当斩，亡匿广漠溪谷间，收合逋逃，得百余人，依纯突邻部。

木骨闾死，子车鹿会，雄健，始有部众；自号柔然。后太武以其无知，状类于虫，故改其号为蠕蠕。

又后来阿那环（柔然的可汗，见下节。）启魏主：“臣先世缘由，出于大魏。”可见得柔然确是鲜卑的分部。然而当时北方，鲜卑并没有大部落，柔然如何能突然发生呢？这个由于他所用的，都是高车之众。然则高车是什么种族呢？

高车就是铁勒（也译作勑勒），汉朝时候，唤做丁令（又写作丁零、丁灵）。然则他在什么地方呢？

《史记·匈奴列传》：后北服浑庾、屈射、丁灵、隔昆、新蓼之国。（浑庾，《汉书》作浑窳。隔昆下《汉书》有龙字，是衍文，《三国志》注也没有的。）《汉书·李广苏建传》乃徙武北海上无人处。……丁令盗武牛羊。

《汉书·匈奴传》：郅支……北击乌揭，乌揭降，发其兵，西破坚昆，北降丁令。《史记·索隐》引《魏略》：丁灵，在康居北，去匈奴庭接习水七千里。《三国志》注引《魏略》以上三国，（案指呼得坚昆丁令，呼得就是乌揭。）坚昆中央，俱去单于庭安习水七千里；南去车师六国五千里；西南去康居界三千里；西去康居王治八千里。

北海，就是如今的拜喀勒湖。接习水的接字，是　字，安习水，就是如今的额尔齐斯河。（把“地望”、“道里”核起来。都如此。）然则汉初的丁令，东西蔓延已经很广了。再看他以后的分布是怎样？案《北史》述铁勒分布的地域是：（部名太麻烦，且多不能句读，所以略去。）

独洛河北。如今的土拉河。伊吾以西，焉耆之北，傍白山。金山西南。如今的阿尔泰山。康国北，见第二章第二节。傍阿得水。（疑心是如今的咸海。）得嶷海东西。（疑心是如今的里海。）拂菻东。拂菻，就是罗马。北海南。

《唐书》述铁勒十五部的地域是：

回纥　居薛延陀北娑陵水上，距京师七千里。（娑陵水，如今的色楞格河。）

薛延陀（据上文，则薛延陀在色楞格河的南边。）

拔野古　漫散碛北，地千里。直仆骨东，邻于靺鞨。

仆骨　在多览葛之东，地最北。

同罗　在薛延陀北，多览葛之东，距京师七千里而赢。

浑　在诸部最南者。

契苾　在焉耆西北鹰娑川、多览葛之南。

多览葛　在薛延陀东，滨同罗水。如今的土拉河。

阿跌

都播　其地北濒小海，西坚昆，南回纥。

骨利干　处瀚海北。其地北距海，去京师最远。又北度海，则昼长夜短；日入烹羊，胛熟，东方已明，盖近日出处也。（北距的海，大约是如今的贝加尔湖。）

白霫　居鲜卑故地。直京师东北五千里。与同罗、仆骨接。避薛延陀，系奥支水、冷陉山。山南契丹，北乌罗浑。东靺鞨，西拔野古。地圆袤二千里，山缭其外。（如今蒙古东部的内兴安岭。）

斛薛　处多览葛北。

奚结　处同罗北。

思结　在延陀故牙。

所述分布的地域，也和《史》、《汉》、《魏略》所述差不多的。然则何以见得丁令（丁零、丁灵）就是铁勒（敕勒），也就是高车呢？案《北史·高车传》“盖古赤狄之余种也，初号为狄历，北方以为高车、丁零。”狄历、丁令（丁零、丁灵），铁勒（敕勒）本是一音之异译，这是很容易见得的。至于高车，则《魏书》说他因“车轮高大，辐数至多”，所以得名。《元史译文证补》引阿卜而嘎锡的话，说他古时尝

“侵掠异族，卤获至多，骑不胜负。有部人能制车，车高大，胜重载，乃尽取卤获以返，故以高车名其部”。日本高桑驹吉说：康里 Kankly 两个字，是土耳其语“车”的意思。然则高车两个字，就是后来康里部的康里两个字的义译了。（高桑驹吉的话，见他所著的《北狄史》。又《元史译文证补》说康里就是康国是错的，看第二章第二节自明。）

这种人现在通称为回族，西汉人则称他为突厥人。（《元史译文证补》说：“匈奴之后，突厥最盛。突厥既灭，回纥乃兴。今日者，玉关以西，天山南北，悉为回部。无所谓突厥也；而突厥之称，乃独流传于西土。曰突而克，亟读之即突厥曰突克蛮，犹言突厥同类，今法人称土耳其国，音如突而克月，称其人类曰突而克；英人称其国曰突而克以；皆为突厥转音。”案以下还有一大段，论突厥、回纥的语言文字的，太长，不能备录了，可检阅原书。又案突而克，中国现在译作土耳其。）然而这都是后起分部的名称，并不是古来全族的通号。《尚书大传》：“北方之极，自丁令北至积雪之野，帝颛顼、神玄冥司之。”可见得丁令二字起源之古。据《北史·高车传》，则丁令二字是北方人的称呼，（这个北方二字，大约是指北族。）在汉族的正音，则当作狄历。狄历两个字分明就是一个“狄”字的“长言”。难道古代所谓北狄的“狄”字，本是指这一种人而言之的么？这个证据还不十分充足，却就不敢武断了。（匈奴古代本与汉族杂居河域，迁徙到漠南北，是后来的事情。已见第一二篇。这一说如假定不误，则古代汉族北境就和丁令相接。）

第三节　高车和柔然

丁令的部落分布得如此其广，他的起源如此其早，然而从南北朝以前，却寂寂无闻，这是什么原故呢？我说就由他部落太多，不能统一的原故。（《北史》说他：“无都统大帅，当种各有君长。为性粗猛，党类同心。至于寇难，翕然相依。”要“至于寇难”，才能够“翕然相依”，就可以反证他平时的不能结合。）

丁令部落，在中国历史上最早有些关系的，就是《北史》上所谓高车。（高车也是全族的通名，《北史》把高车、铁勒，分别为二，非是。但这《北史》所称为高车的一部分，无从替他另定新名，所以仍旧沿用他。读者只要晓得这所用的高车二字是狭义就是了。）这所谓高车，（狭义的高车。）就是丁令部族在匈奴之北的。（指旧时匈奴所居之地。）这所谓高车，（在如今外蒙古北境，和西伯利亚南境。）《北史》上述他的起源道：

其语略与匈奴同，而时有小异。或云其先匈奴甥也。俗云：匈奴单于生二女，姿容甚美，国人皆以为神。单于曰：我有此女，安可配人？将以与天。乃于国北无人之地筑高台，置二女其上，曰：请天自迎之。经三年，其母欲迎之，单于曰：不可，未彻之间耳。复一年，乃有一老狼，昼夜守台嗥呼，因穿台下为空穴，经年不去。其小女曰：吾父处我于此，欲以与天；而今狼来，或是神物，天使之然。将下就之。其姊大惊，曰：此是畜生，无乃辱父母。妹不从，下为狼妻而产子。后遂滋繁成国。故其人好引声长歌，又似狼嗥。

说匈奴人筑台于“国北无人之地”；而且他在血统上和匈奴有关系，言语又与匈奴大同，可见得他和匈奴的关系，和他所处的地方了。这一部分的丁令，既然和匈奴关系如此之密，他的程度自然应当略高些；然而还不能自行结合。直到柔然侵入漠北，借用其力，才和中国发生直接的关系。这个大约因他所处的地方，太偏于北，还不及漠北的交通频繁，竞争剧烈，所以进化较迟。

柔然的强盛，始于社仑；木骨闾七传。和魏太武帝同时。屡侵后魏北边。太武帝把他打败，社仑就渡漠击高车，“深入其地，遂并诸部”，于是兵势大振。公元428年，太武自将攻他。时社仑从父弟大檀为可汗，“震怖北走”。（柔然所用的，是高车之众；高车之众，是“头别冲突，乍出乍入，不能坚战”的，所以不足以当大敌。）太武北至兔园水，（大约是如今的土拉河。）降其部众数十万。大檀忧愤而死。后来太武又两次征讨高车，把投降的部众都迁之漠南，也有好几十万。这迁徙到漠南的高车，大约慢慢的就和本在漠南的诸部族同化了。所以后来不听得再有什么举动。至于遗留在漠北的，大约仍隶属于柔然；所以后来柔然得以复振。柔然的复振，在东西魏既分之后。大擅五世孙丑奴，和他的从弟阿那瓌，相继为可汗，都和东西魏做敌国。到公元552年，才为突厥所破。柔然虽然是鲜卑，然而从拓拔氏南迁之后，漠北不听得再有什么鲜卑的大部落，所以柔然所用的，可决其都是高车之众。然则柔然的盛强，就要算是丁令部族第一次见头角于历史上了。继柔然而兴的，便是突厥。

第四节　突厥的起源

突厥的起源，研究起来，却是一件很有兴趣的问题。案《北史》述突厥起源，共有三说：

（一）其先在西海之右，独为部落，盖匈奴之别种也，姓阿史那氏。后为邻国所破。尽灭其族。有一儿，年且十岁，兵人见其小，不忍杀之，乃刖其足，断其臂，弃草泽中。有牝狼，以肉饵之，及长，与狼交合，遂有孕焉。彼王闻此儿尚在，重遣杀之。使者见在狼侧，并欲杀狼。于时若有神物，投狼于西海之东，落高昌国西北山，山有洞穴，内有平壤茂草。周围数百里。（《隋书》作“地方二百余里”。）四面俱山。狼匿其中，遂生十男。十男长，外托妻孕，其后各为一姓，阿史那即其一也，最贤，遂为君长。故牙门建“狼头纛”，示不忘本也，渐至数百家。经数世，有阿贤设者，率其部落，出于穴中，臣于蠕蠕。

（二）或曰：突厥本平凉杂胡，姓阿史那氏。魏太武皇帝灭沮渠氏，阿史那以五百家奔蠕蠕。世居金山之阳，为蠕蠕铁工。金山形似兜鍪，俗呼兜鍪为突厥，因以为号。

（三）又曰：突厥之先，出于索国；在匈奴之北。其部落大人曰阿谤步，兄弟七十人。其一曰伊质泥师都，狼所生也。阿谤步等性并愚痴，国遂被灭。泥师都既别感异气，能征召风雨。娶二妻，云是夏神冬神之女。一孕而生四男：其一变为白鸿；其一国于阿辅水、剑水之间，号为契骨；其一国于处折水；其一居跋斯处折施山，即其大儿也。山上仍有阿谤步种类，并多寒露。大儿为出火温养之，咸得全济。遂共奉大儿为主，号为突厥，即纳都六设也。都六有十妻，所生子皆以母族姓，阿史那是其小妻之子也。都六死，十母子内欲择立一人。乃相率于大树下共为约，曰：向树跳跃，能最高者，即推立之。阿史那年幼，而跳最高，诸子遂奉以为主，号阿贤设。

又《元史译文证补》卷一，译拉施特《蒙古全史》，述蒙古种族的起源道：

相传古时蒙古与他族战，全军覆没，仅遗男女各二人，遁入一山，斗绝险巇，唯一径通出入，而山中壤地宽平，水草茂美，乃携牲畜辎重往居。名其山曰阿儿格乃衮。二男：一名脑古，一名乞颜；乞颜义为奔瀑急流，以其膂力迈众，一往无前，故以称名。乞颜后裔繁盛，称之曰乞要特；乞颜变音为乞要，曰“特”者，统类之词也。后世地狭人稠，乃谋出山，而旧径芜塞，且苦艰险。继得铁矿，洞穴深邃，爰伐木炽炭，篝火穴中，宰七十牛，剖革为筒，鼓风助火，铁石尽熔，衢路遂辟，后裔于元旦锻铁于炉，君与宗亲，次第捶之，着为典礼。

这一段话，和《北史》突厥起源的第一说，极其相类。洪文卿说：恐是蒙古“袭突厥唾余，以自述先德”。但是蒙古为什么要拾突厥的唾余，以自叙先德呢？（当蒙古盛时，突厥也是个被征服的种族。）我再三考校，才晓得蒙古本是宝夷、突厥的混种（这个且待后来再说）。这一段话，定是《北史》第一说的传闻异辞。

就这几种说法看起来，其中有许多同点：（一）突厥是狼种。（《北史》第一第三两说。）（二）突厥姓阿史那氏。《北史》三说都同。（三）突厥有十姓，阿史那是其一。（《北史》第一第三两说。）（四）突厥先世，尝为他族所灭，（《北史》第一第三两说，和《蒙古全史》。）遁入一山。（《北史》第一说，和《蒙古全史》。）（五）始出此山的人，为阿贤设。（《北史》第一第三两说。）（六）突厥人长于锻铁。（《北史》第二说，和《蒙古全史》。）（七）纳都六设的“设”字，是突厥“别部典兵者”之称。《唐书·突厥传》。纳都六三字，就是脑古的异译。（八）蒙古的始祖，《蒙文秘史》名孛儿帖赤那，“孛儿”，译言“苍”，“帖赤那”，译言“狼”。阿史那、泥师都，都是帖赤那的异译。

这种传说，似乎荒唐，然而突厥牙门建狼头纛；突厥可汗，每岁率重臣，祭其先窟。西突厥也岁使重臣，向其先世所居之窟致祭。又拉施特“身仕宗藩之朝，亲见捶铁典礼”；断不能指为虚诬。然则突厥的起源，一定就要在这几种神话里头讨消息了。这讨消息的法子怎么样？我说仍不外乎考求他的地理。突厥先世所居的山：据《北史》第一说，在西海之东，高昌国西北；第二说是金山之阳；第三说，山名跋施处折施，不曾说他所在的地方，但和阿辅水、剑水，总不得十分相远。剑水，便是后世的谦河，在唐拏乌梁海境内。据《蒙古全史》，山名阿儿格乃衮，也不曾说他所在的地方。我说突厥先世为他族所灭，就是魏太武灭沮渠氏的事实。这时候，突厥在平凉境内，大约也受过兵灾，于是逃到一座山中。这座山就是所谓跋施处折施（也就是所谓阿儿格乃衮），其位置，在高昌国的西北，金山之阳，和所谓谦河相距并不甚远。我何以敢断定突厥先世为他族所覆灭，就是魏太武灭沮渠氏的事情呢？因为这种野蛮部落，他所记的神话并不能很远。（试看高车的神话，也不过托始于“匈奴既在漠北之后”可知。）若说他荒诞不中情实，那更不必疑心。请看一看《唐书》的《回纥传》，回纥是怎样灭亡的，再看一看《元史》的《巴而术阿而忒的斤传》，他们自己却说成一件甚么事情，就可知道了。

然则突厥也是在近塞地方，文化程度比较高一点，所以能用铁勒之众的。

第五节 突厥的盛强和隋朝与突厥的交涉

突厥之强，起于土门。土门部众渐盛，始和后魏通商。公元552年，土门攻柔然，大破之。柔然可汗阿那瓌自杀。土门于是自立为伊列可汗。伊列可汗卒，弟木杆可汗立。西南破嚈哒，见第二章第二节。西北服结骨，（见第三篇上第二章第二节。）北服铁勒诸部，东北服宝带，（见第三篇下第二章第一节。）靺鞨，（见第三篇上第五章第一节。）东南服奚、契丹。（见第三篇上第三章第二节。）于是突厥的疆域，北包西伯利亚，东北至满洲，西接罗马，西南包俄领中央亚细亚，开北族未有之盛。木杆可汗卒，弟佗钵可汗继之。这时候，周、齐分争，彼此都怕突厥和敌人结好，争"结婚姻，遗缯帛"，以买他的欢心。于是佗钵大骄，道："使我在南两儿孝顺，何忧贫也。"北齐灭亡之后，突厥拥立了文宣帝的儿子范阳王绍义。周人把宗女千金公主嫁给他，才把绍义执送。佗钵可汗死，继立的名沙钵略可汗。沙钵略可汗时，周亡隋兴。沙钵略又师佗钵的故智，助周营州刺史高宝宁为寇。先是周臣长孙晟，替周人送千金公主于突厥，对于突厥的内情颇为熟悉。隋文帝用他的计策，离间了木杆可汗的儿子阿波可汗，和其主西方的达头可汗（突厥分部的酋长，也称可汗，其共主则称大可汗。）和沙钵略构兵，突厥于是分为东西。沙钵略乃请和。千金公主改姓杨氏，封为大义公主。沙钵略死后，弟莫何可汗继之。擒获阿波。莫何死，沙钵略之子都蓝可汗立。大义公主又煽惑他犯边。隋文帝又用长孙晟的计策，煽惑了都蓝的兄弟突利可汗，（突厥主东方的，总称为突利可汗。这个和后来颉利可汗的兄弟，同称号而非一人。）叫他构杀大义公主。就故意把宗女安义公主嫁给突利可汗，而不许都蓝尚主，以挑动都蓝之怒。都蓝果然大怒，发兵攻突利可汗，破之。突利逃奔中国，隋朝处之夏、胜二州之间。（夏州，在如今陕西横山县北，胜州在鄂尔多斯左翼后旗。）封他为启民可汗。这时候，安义公主已死，又把义成公主嫁给他。都蓝死后，突厥内乱，启民靠着隋朝的援助，尽有其众。西突厥自阿波被擒后，子泥利可汗，继主部众。尼利死后，子处罗可汗继之。不善抚御，部下反叛。也入朝于隋。于是周齐以来北方的强敌，就算给隋朝的外交政策战胜。——然而这种手段，毕竟是卑劣的，所以也不能持久。

第六节　朝鲜半岛三国和中国的关系

同隋朝有关系的，还有一个高句丽。如今也得叙述一叙述他的起源。

从汉武帝灭卫氏，分置四郡后，（昭帝时，临屯废入乐浪，真番废入玄菟。公孙度又分乐浪南境置带方郡；晋时俱属平州。）朝鲜半岛的北部，就入于中国的版图。然而悬隔东北，中国的实力，究竟及不到他，于是貉族的势力，就乘机侵入。

貉族的起源，已见第一篇第六章第三节，和第二篇上第四章第三节。从汉武帝平定朝鲜之后，秽貉分为两支：一支入朝鲜半岛东部的，号为东秽，也称不耐秽。（不耐，汉乐浪郡属县，东部都尉治。）其留居旧地的为夫余国。后汉光武时，始通中国。晋初，为慕容廆所破，公元285年。晋人援之复国。公元286年。其后事，遂不复见于中国史上。据《朝鲜历史》所记载，则夫余尝分为二；中国历史上所载，为北夫余；别有一支，移居于加叶原，（在如今沿海州境内。）谓之东夫余。后降于高句丽。

北夫余王慕漱，和部酋河伯之女柳花私通，生子名朱蒙。南走至忽本，（亦作卒本，在如今兴京县境。）自立一国，号为高句丽。以高为氏。是为东明圣王。都沸流山上。（林泰辅说：佟家江的支流富尔沟，就是古时的沸流水。山当在其附近。）时公元58年。（汉宣帝神爵四年。）东明圣王卒，子琉璃明王类利立。先是北夫余王优台，娶忽本人女召西奴，生了两个儿子：一个唤做沸流，一个唤做温祚。优台死后，召西奴转嫁东明圣王，沸流温祚，也都相随而来。琉璃明王立后，"沸流兄弟郁郁，自视如赘疣"。于是与其臣十人南走，温祚立国于北汉山下，是为北慰礼城。（在如今汉城之北。）以有十臣相辅，号为十济。后来又以百姓乐从，改号为百济。公元前18年。（汉成帝鸿嘉三年，沸流产国海滨，民不乐从，郁郁而死。北夫余得晋援复国，后为靺鞨所逼，也降于高句丽。以上据朝鲜金泽荣《韩国小史》，兼参考日本人林泰辅《朝鲜通史》。朝鲜史籍所载高句丽百济开国的事情，也和中国《后汉书》、《晋书》、《南北史》、《隋书》所载，无大出入，不过事实略为完备些罢了。朝鲜半岛详备的史事，也起于中国唐以后高句丽、百济，还是文献无征的。）

同时又有起于朝鲜半岛南部的，是为新罗及驾洛。《魏书》称为迦罗。案三韩部落，也已见第二篇。三韩之中，以马韩为最大。箕凖给卫满杀败之后，逃到马韩之中称王。又传了九世，到公元8年，（王莽篡汉这一年。）才给百济灭掉。先是秦始皇时候，中国人避苦役出塞的，和辰韩杂居，谓之秦韩。（亦称为辰韩，而分别本来的辰韩，谓之辰韩本种。）其众分为六村，有一个人，姓朴，唤做赫居世。为六村所服，推为共主；（同高句丽立国同年。）居于金城；如今的庆州。是为新罗。（初名徐罗伐，后改难林，晋惠帝时，才改称新罗。）又有少昊金天氏之后八人，从中国的莒县，（西汉属城阳，东汉属琅邪，如今仍称莒县。属山东。）迁徙到辰韩。（后人称其地为八莒，如今朝鲜的星州。）他的后人金首露，以公元42年，受弁韩九干"干"，弁韩酋长之称。的推戴，立国，是为驾洛。传八世，到公元531年，（梁武帝中大通三年。）才降于新罗。（此节也据《韩国小史》。）以上所说的话，固然未必十分可信；然而朝鲜半岛的南部（三韩），是由汉族开发，却是无可疑的。

高句丽的初兴，在鸭绿江支流浑河流域。琉璃明王，从沸流山迁居国内。（在如今桓仁县境。）八传到山上王延优，又迁都丸都。（在如今辑安县境。）对于辽东，时有骚扰。公元246年，魏幽州刺史毌丘俭，攻破丸都。山上王的儿子东川王优位居，迁居平壤。四传到故国原王钊，又迁都丸都。这时候，慕容廆做了晋朝的平州刺史。公元342年，攻破丸都；虏钊母妻，而且掘其父墓，载其尸而还。故国原王卑辞求和，乃还其父尸。高句丽自此不敢再为侵寇。又四传到广开土王谈德。南伐百济，取城五十八，部落七百。见《永乐大王碑》。又救新罗，败百济日本的联合兵。这时候慕容氏入据中国，高句丽乘势，尽取辽东之地，国势大振。

百济从灭掉箕氏之后，迁都四沘，如今的夫余。尽并马韩之地。与新罗时相攻伐。高句丽强盛之后，新罗百济，尝联合以御之。先是日本九州地方的熊袭人，尝靠新罗做声援。公元200年，日本仲哀天皇伐熊袭，卒于军。他的皇后（神功皇后，中国历史上，叫他做卑弥呼）乔装男子，渡海攻新罗。新罗人不能御，进金帛八十艘请和。于是日本于弁韩故地开任那府，（如今庆尚道洛东江以东之地。）派兵戍守。南北朝以后，新罗渐强。公元562年，（陈文帝天嘉三年。）夺取日本的任那。日本屡出兵攻新罗；百济妒忌新罗的强盛，也反与高句丽联盟，于是新罗势孤，不得不乞援于中国；就酿成了隋唐时代，中国和朝鲜半岛的交涉。

但是当隋朝时候，这种复杂的关系还没有发生。隋朝的用兵于高句丽，纯粹因他侵犯中国而起。公元598年，高句丽婴阳王元，广开土王七传。率兵侵犯辽西。隋文帝遣汉王谅率师击之，遇水潦，馈运不继，不利而还。高句丽因此益骄。

第七节 隋唐的兴亡

隋文帝时候，天下畜积之多既如前述；而且这时候，绥服了北方一个强敌，并不曾动什么干戈；论理，这时候的中国，大可以希望太平。然而这种基业，到炀帝手里，竟都败坏掉了。

隋文帝的废太子勇而立炀帝，读史的人，都以为失策。然而太子勇是个什么样人？立了他，又有什么好处？我说：这时候还承南北朝的余风，太子勇是北齐文宣帝一流人，炀帝是陈后主一流人。都是当时社会的产物。——既然要行“君主世袭”之制，这种事情，是无可如何的。(隋文帝廢勇立广的事情，可自把《隋书》或《通鉴纪事本末》……参考。这一类事情（显著而容易查检的），本书实因限于篇幅，不能详举了。)

隋炀帝的贻害于天下，可以总括为“务巡游”和“事四夷”两件事情。属于前一项显著的，便是

（1）以洛阳为东都，大营宫室。

（2）开通济渠，自西苑引谷洛二水，以达于河；又自河入汴，自汴入淮，以接江淮间的邗沟。又开江南河，从京口达余杭。(如今浙江的余杭县。)

（3）开永济渠。引沁水，南通黄河，北至涿郡。如今的京兆。

（4）治驰道，自太行抵并州，由榆林以达于蓟。

属于后一项的是：

（1）北巡，幸启民可汗帐，赏赐不可胜计。

（2）诱西突厥献地，设西海、河源、鄯善、且末四郡。(西海，就是如今的青海。河源，是指黄河下源。鄯善，且末，都是汉时西域国名。) 谪罪人以戍之，转输巨万，于是西方先困。

（3）使裴矩招致西域诸胡入朝，(参看第二章第二节。) 所过郡县，供帐极其劳费。

（4）而其骚动全国的，尤在东征一役。帝征高句丽王元入朝，不至。公元611年，征天下兵会涿郡，以伐高句丽，明年，攻辽东，不克。而将军宇文述，又以九军大败于萨水。(如今朝鲜的大宁江。) 损失巨万。公元613年，再征天下兵会涿郡，杨玄感督运黎阳，举兵反，乃还

师，（遣兵击杨玄感，玄感败死。）公元614年，再征天下兵会涿郡，时天下已乱，所征兵多不至；高句丽亦困弊请和，于是掩耳盗铃，受其降而罢兵。

炀帝的无道，是人人所知开运河一事，或有人替他辩护，说于调和南北的文化有益。然而开运河，用不着“坐龙舟”游玩。炀帝的开运河，和汉武帝的“事四夷”一样，所做的事情，虽不能说他全然无益，然而以如此“劳费”，致如此“效果”，总是极不经济的；而且他作事的动机，全没有福国利民的思想；所以就他的行为而论，毕竟是功不抵罪的。

天下搅得如此，自然有许多人纷纷而起。于是

窦建德据乐寿。（如今直隶的献县。）

翟让李密同起兵，后来李密杀掉翟让，据洛口。（在如今河南的巩县。隋于此置仓。）

徐圆朗据鲁郡。（如今山东的滋阳县。）

刘武周据马邑。（如今山西的马邑县。）

梁师都据朔方。（如今陕西的横山县。）

薛举据天水。

李轨据武威。

萧铣据江陵。

林士弘据鄱阳。（如今江西的鄱阳县。）

朱粲据南阳。

杜伏威据历阳。如今安徽的和县。

李子通据海陵。如今江苏的泰县。

陈棱据江都。

沈法兴据毗陵。（如今江苏的武进县。）

公元615年，炀帝北巡，至雁门，为突厥始毕可汗启民的儿子。所围，援至乃解。明年，再造龙舟如江都。见中原已乱，无心北归；而从

驾的将士，都是北方人；宇文化及宇文述的儿子。等因之作乱。公元618年，弑炀帝，立秦王浩，（炀帝弟秦王俊的儿子。）拥众北归，隋将王世充，立东都留守越王侗，和李密相持。听得化及北归，忙和李密连和，叫他把化及堵住。化及就弑杀秦王，自称许帝。后为窦建德所杀。

唐高祖李渊，本是隋朝的太原留守。公元617年，起兵。攻破长安，奉西京留守代王侑为帝。明年，就废代王而自立。先平定薛仁杲、薛举的儿子。李轨，灭掉刘武周。这时候，河北全为窦建德所据；河南则王世充和李密相持。世充杀败李密，李密降唐。又借名收抚山东，出关要图自立。为唐将盛彦师所邀斩。世充于是弑越王侗，自称郑帝。公元621年，唐秦王世民攻王世充，围洛阳。世充求救于窦建德，建德发兵来救，世民据虎牢迎击，大破之，生擒建德，世充乃降。明年，建德旧将刘黑闼复叛，徐圆朗先已降窦建德，建德亡后，降唐，及是也叛应之。为唐太子建成所破，于是北方略平。南方惟萧铣所据的地方最大。灭王世充这一年，也给李靖灭掉。林士弘先已为萧铣所逼，退保余干，（如今江西的余干县。）未几而死，其众遂散。朱粲降唐复叛，也给唐朝灭掉。江淮之间，杜伏威最强。陈稜、沈法兴，都给李子通灭掉，李子通又给杜伏威灭掉，杜伏威入朝于唐，于是南方也平定。

北边则高开道为其下所杀。刘武周将苑君璋据马邑，降突厥，后见突厥政乱，亦来降。公元628年，讨平梁师都，天下就大定了。

隋系图

（一）文帝杨坚——（二）炀帝广——昭┬（三）恭帝侑
　　　　　　　　　　　　　　　　　└（四）恭帝侗

第二章　唐朝的初盛

第一节　唐太宗灭突厥

唐高祖的得天下，大半由于秦王世民之力，而即位之后，却立建成做太子；于是有“玄武门之变”。高祖传位于世民，是为太宗。（玄武门之变，可用《通鉴纪事本末》参考。然而这件事情的真相，是不传的。）

唐太宗是一个贤主，历史上称他勤于听政，勇于纳谏，能用贤相房玄龄、杜如晦，直臣魏征。在位之时，天下太平百姓安乐，至于“行千里者不赍粮”，“断死刑仅三十九人”。这种话，虽然不免有些过情，而且未必合于事实，（譬如断死刑之所以少的，一定是由于官吏希旨，粉饰太平，这是可以推想而得的。）然而“贞观之治”，总要算历史上所罕见的了。唐朝的治法，是集魏晋南北朝的大成，这个且待第三章里再讲。而唐朝一朝，和域外诸民族，关系尤大。现在且述个大略。

唐朝的对外，最重要的还是和北族的关系。突厥启民可汗死后，子始毕可汗立。部众渐强。这时候，又值中国丧乱，边民避乱的，都逃奔突厥。于是突厥大盛，控弦之士数十万。割据北边的人，都称臣于突厥。唐高祖初起，也卑辞厚礼，想得他的助力。然而却没得到他多少助力。天下已定之后，待突厥还是很优厚的。然而突厥反格外骄恣。大抵游牧民族，总是“浅虑”而“贪得无厌”的。而且这种人所处的境遇，足以养成他“勇敢”、“残忍”的性质。所以一种“好战斗”的“冲动”，极其剧烈。并不是一味卑辞厚礼，就可以和他“辑睦邦交”的。而且一时代人的思想，总给这个时代限住，这也是无可如何的事。“前朝的遗孽，想倚赖北族，北族也把他居为奇货。”这种事情，“齐周”、“周隋”之间，已经行过两次了，已经行之而无效的了。然而隋唐之际，还是如此。突厥内部，有个义成公主，煽惑他犯边。而外面却也有个齐王暕，可以给他利用。始毕死后，弟处罗可汗立。处罗死后，弟颉利可汗立。从启民到颉利四代，都妻隋义成公主。（这是北族的习惯如此。）到颉利，就迎齐王暕，置之定襄。（在如今山西平鲁县的西北。）没一年不入寇，甚至一年要入寇好几次，北边几千里，没一处不被其患。高祖几乎要迁都避他。而唐朝对待他的法子，也还是钞用隋朝的老文章，这个真可谓极天下之奇观了。处罗可汗的儿子，主治东方，仍称为突利可汗。太宗和他，本来是认得的，于是设法离间他。而颉利这时候，又失掉铁勒的心。北方的铁勒，一时叛他。推薛延陀回纥为主。而国内又遇着天灾，于是国势大衰。公元629年，颉利拥众漠南，想要入寇。太宗遣李靖等分道伐他。李靖袭破颉利于铁山，（在阴山之北。）颉利遁走。为唐行军总管张宝相所擒。于是突厥之众，一时奔溃。也有北降薛延陀的，也有西走西域的，而来降的还有十几万。太宗初时，想把他处之塞内，化做中国人。（当时魏征主张把他迁之塞外，温彦博主张把他置诸中国，化做齐民。辩论的话，具见《唐书·突厥传》。太宗是听温彦博的话的。著《唐书》的人，意思颇有点偏袒魏征。然而温彦博的话，实在不错。唐朝到后来，突厥次第遣出塞外，而且不甚能管理他，仍不啻实行魏征的政策。然而突厥接连反叛了好几次，到默啜，几乎恢复旧时的势力，边患又很紧急，这都是“放任政策”的弊病。——“唐朝驾驭突厥的政策，和他的效果”，这件事情，颇有关系，可惜原文太长，不能备录。读者诸君，可自取《唐书》一参考。）后来见他不甚妥帖，才用突厥降人萧思摩为可汗，叫他还居河北。这时候，薛延陀的真珠可汗，已徙居突厥故地，（真珠可汗，名夷男。突厥还没灭亡的时候，太宗就册封他做可汗，以“树突厥之敌”。突厥灭后，就徙居突厥故地。）形势颇强。萧思摩不能抚驭，依旧逃归中国。公元644年，真珠可汗卒，子拔灼立。薛延陀内乱，太宗趁势又把他灭掉。于是回纥徙居薛延陀故地。铁勒的强部，本来只有薛延陀和回纥，薛延陀既亡，回纥还没强盛。对于中国，奉事惟谨。于是北方的强敌，又算暂时除掉。

至于西突厥，则到高宗手里，才给中国征服的，见下节。

第二节　藏族的兴起

唐朝所谓西域，和汉朝的情形，又大不相同了。后汉和西域的交通：葱岭以西，从永初以后就绝掉；葱岭以东，直到桓帝延熹以后才绝。（参看第二篇第七章第二节。）两晋时代，只有苻坚盛时，曾命吕光征服西域，也只及于葱岭以东。（详见《晋书·吕光载纪》和西域诸国的传。）后魏到太武时，才和西域交通，兼及于葱岭以西。（当时西域分为四域："葱岭以东，流沙以西为一域"，这就是第二篇第四章第二节所说"狭义的西域"。"葱岭以西，海曲以东为一域"，是如今的伊兰高原。"者舌以南（详见《元史译文证补》二十七上）月氏以北为一域"，是如今吉尔吉思旷原之地。"两海之间，水泽以南为一域"，是如今俄领土耳其斯坦之地。其详可参考《北史》。）然而后魏和西域，没有多大的关系。隋炀帝时，曾招致西域诸国入贡，共四十余国。惜乎当时的记录，多已失传，所以"史不能记其详"。总之，中国和西域的关系，汉朝以后，是到唐朝才密切的。

要晓得魏晋以后西域的情形，就得晓得月氏和嚈哒。月氏，已见第二篇第四章第一节。他从占据大夏故地之后，东西域算做大国，文明程度也颇高。中国的佛教，就是从月氏输入的。（参看第三章第六节。）到西元五世纪后半，（公元551年——公元600年。梁简文帝大宝二年，至隋文帝开元十年。）才给嚈哒所破，支庶分王，便是《唐书》所谓昭武九姓。（《北史》："康国者，康居之后也。……其王本姓温，月氏人也。旧居祁连山北昭武城，因被匈奴所破，西逾葱岭，遂有其国。枝庶分王。故康国左右诸国，并以昭武为姓，示不忘本也。”《唐书》：“康国，君姓温，本月氏人。始居祁连山北昭武城，为突厥所破，稍南依葱岭，即有其地。支庶分王；曰安，曰曹，曰米，曰何，曰火寻，曰戊地，曰史，世谓九姓。并姓昭武。”案康居没有住过祁连山北，月氏西徙，也远在突厥勃兴以前。《北史》说康国是康居之后，明系误谬。《唐书》“为突厥所破”，突厥也明系匈奴之误。月氏为嚈哒所破，中国史不载其事，西洋史也不详。但月氏西徙以后，分其国为五部翕侯，后来贵霜翖侯并四部为一，明有一统一的共主。照《北史》、《唐书》所载，只有枝庶分王，明是统一政府给嚈哒灭掉以后的情形。康国，亦称萨末鞬，又作飒秣建，元魏称悉万斤，就是如今的撒马儿干。安，又称布豁，亦作捕喝，就是如今的布哈尔。东安，亦称小安，又称喝汗，在安东北四百里。曹，文称西曹，亦称劫布呾那，在米国之北，西三百余里而至何国。东曹，亦称率都沙那，又作苏对沙那，苏都识匿，北至石，西至康，皆四百里。中曹，在康之北，西曹之东。石，亦称柘支，又作柘析，又作赭时，就是如今的塔什干。米，又称弥末，又作弭末贺，北距康百里。何，亦称屈霜你迦，又作贵霜匿，在劫布呾那西三百余里。火寻，亦作货利习弥，又作过利，就是后来的花剌子模。戊地，《西域记》作伐地，在布豁西四百余里。史，亦称佉沙，又称羯霜。南有铁门山，就是《明史》所谓渴石，如今的加尔支。以上昭武九姓诸国释地，据《唐书·西域记》，参照《元史译文证补》和近人丁氏谦的《西域记考证》。《北史》又有乌那遏，都乌游水西（如今的阿母河）。东北去安四百里，西北去穆二百里。又有鏺汗国《唐书》作宁远，都葱岭之西五百余里。东距疏勒千里，西去苏对沙那，西北去石国，各五百里，国王也都娃昭武。又《北史》另有大月氏国。都剩蓝氏城，小月氏，都富楼沙城。总而言之，月氏虽为嚈哒所破，以至土崩瓦解，然而枝庶分王，依旧到处都是，实在还不止《唐书》所载昭武九姓。诸国的全亡，当在大食东侵以后，史书阙略，无可详考了。）然则嚈哒又是什么呢？

“西藏古时候唤做什么？”“就是唐朝的吐蕃。”这种问答，是很容易得到的，是人人以为不错的，然而实在太粗略了些。案《唐书》：

> 吐蕃，本西羌族，居析支水西。祖曰鹘提勃悉野，健武多智，稍并诸羌，据其地。蕃发声近故其子孙曰吐蕃，而姓勃窣野氏。或曰：南凉秃发利鹿孤之后，二子：曰樊尼，曰傉檀，

傉檀嗣，为乞伏炽盘所灭。樊尼挈残部臣沮渠蒙逊，以为临松太守。蒙逊灭，樊尼率兵西济河，逾积石，遂抚有群羌云。

这两说，都说吐蕃就是羌。如今的藏族，和历史上的羌人有一个大异点。便是藏族是“一妻多夫”，羌人是“一夫多妻”。然则为什么历史上“一妻多夫”的种族，不把他算做藏族的祖宗，反要拉一个“一夫多妻”的羌人呢？

如今的海藏高原，在地文地理上，可以分做四个区域。

（1）后藏湖水区域。（其地高而且平。）

（2）前藏川边倾斜地。（雅鲁藏布江以东，巴颜哈喇山脉以南，大庆河以西，诸大川上游的纵谷。兼包四川云南的一部。）

（3）黄河上游及青海流域。

（4）雅鲁藏布江流域。（喜马拉雅冈底斯两山脉之间。）

（2）（3）都是羌族栖息之地。（4）是吐蕃发祥之地。（1）就是藏族的居地了。藏族见于历史上的，凡三国，都有“一妻多夫”的风习的：一是嚈哒，一是女国，〔《唐书》作东女（对于西女而言之。“西女，西北距拂菻西南际海岛，……拂菻君长，岁遣男子配焉。俗产男不举。”亦见《唐书》），又称苏伐刺拏瞿呾罗（《西域记》同）。《西域记》又云：其地在大雪山中，北距于阗，东接吐蕃，正是如今后藏之地。女国的结果，《唐书》本传不详，《南诏列传》南诏给韦皋的信，有“西山女王，见夺其位”两句，可见女国系为吐蕃所灭。）一是《唐书·南蛮传》中的名蔑。（原文云“其人短小，兄弟共取一妻。妇总发为角，以辨夫之多少。”〕而嚈哒最大。

嚈哒的事迹，中史阙略，西史也不详，但约略晓得西元五世纪中，是嚈哒的全盛时代。他的疆域，西至波斯，东至天山南路。都城在吐火罗，就是如今波尔克。《北史》把吐火罗嚈哒，分做两国，是误谬的。（据丁氏《大唐西域记考证》、《南史》“滑国，车师别种”，《北史》“大月氏之种类，亦曰高车之别种”，都是误谬的。）嚈哒盛强的时候，曾征服西北两印度。公元522年顷，北印度乌苌国，有超日王出，把嚈哒逐之境外；而突厥亦兴于北方，攻击嚈哒；嚈哒腹背受敌，公元562年顷，国遂分崩，突厥代领其地。

以上是葱岭以西的情形；葱岭以东，从后汉以后，诸小国就开了一个互相吞并的局面，其兴亡不甚可考。到唐时，高昌、焉耆、龟兹、于阗、疏勒，五国较大。（高昌，就是汉朝车师之地，其王是中国人。详见《晋书》和《北史》。兹不备举。）也役属于西突厥。唐太宗时候，对于高昌、焉耆、龟兹三国，都用过兵。初设安西都护府于高昌，后来徙治焉耆。这时候，葱岭以东，要算绥服，到公元653年，高宗灭掉西突厥，把西突厥的属地，都分置羁縻府州。西至波斯，唐朝对于西域的威声，这时候要算极远了。

第三节　印度阿利安人入藏

如今要说到吐蕃了。讲吐蕃人的历史，自然要以吐蕃人自述的话为据。《蒙古源流考》一书，是蒙古人既信喇嘛教之后，把旧有的《脱卜赤颜》，硬添上一段，算是蒙古人系出吐蕃王室的。（参看第三篇下第二章第一节。）拿来讲蒙古的历史，极不可靠；却是其中述吐蕃王室的来历，都是吐蕃人自已说的话。据原书：（原书文理极劣，且全录太繁，所以加以删润。）

巴特沙拉国乌迪雅纳汗生一子；善占之“必喇满”占之，曰：此子克父，必杀之；而锋刃利器，皆不能伤；乃贮以铜匣，弃之恒河中；外沙里城附近种地之老人，见而收养之。及长，告以前事；此子遂向东方雪山而去；至雅尔隆赞，唐所有之四户塔前，众共尊为汗；时岁次戊申，戊子后一千八百二十一年也。是为尼雅特赞博汗。胜四方部落，为八十八万土伯特国王。传七世，至智固木赞博汗。（案“赞博”，都是“赞普”的异译。）为奸臣隆纳木所弑。其长子置特，逃往宁博地方。次子博啰咱，逃往包地方。三子布尔特齐诺，逃往恭布地方，（一本作恭博。案这个人，就是后文硬把他算做蒙古的始祖的。）隆纳木据汗位一载，旧日数大臣诛之；迎立博啰咱，是为六贤汗之首。六贤汗后，又传衍庆七汗，妙音七汗，而至名哩勒丹苏隆赞。名哩勒丹苏隆赞，以丁丑年生，实戊子后二千七百五十年。二十三岁，己丑，即汗位。

名哩勒丹苏隆赞，就是《唐书》的弃宗弄赞。即位之年，岁在己丑，是唐太宗贞观三年。（公元629年。）生年丁丑，应当是隋炀帝的大业十三年。（公元617年。）这一年是戊子后二七五〇年，则尼雅特赞博汗始王土伯特的戊申，是周赧王的二年了。（公元313年。）《源流考》的世次年代，固然全不可据。然而这所谓土伯特，如今西藏人自称，还是如此。（异译作唐古特，图伯特。）土伯二字，就是吐蕃的对音。（"蕃"读如"播"。"特者，统类之词"，见上节引拉施特《蒙古全史》。）所谓恒河、雪山（喜马拉雅山。）都在印度地方。和如今研究"西藏学"的人，说"西藏地方的贵种，是印度阿利安人，由喜马拉雅山峡路，迁入西藏"的话也相合。然则所谓土伯特，就是我"上节所说藏族"的名称。至于吐蕃的王室，自出于巴特沙拉国，并不是土伯特。

然则藏族的藏字，又是从何而来的呢？我说这就是羌字。"羌"、"藏"，古都读如"康"。到"羌"字的读音改变，就写作"藏"字；"藏"字的读音又变，就又写作"康"字了。土伯特本只占领后藏高原的地方；从印度迁入的阿利安人，（和吐蕃王室同族。）更只占领雅鲁藏布江流域。自此以外，前节所举的（2）（3）两个区域，都是羌人分布的地方。汉时的所谓羌人，据地本在青海和黄河上游流域，已见第三篇第一章第一节。这一带地方，到晋朝时候，为鲜卑、吐谷浑所据，（吐谷浑是慕容廆的庶兄。和廆不睦，西徙附阴山。后来逐渐迁徙，而入于如今的青海地方。他的子孙，学中国"以王父字为氏"的例，就把吐谷浑三字，做了国名。详见《晋书》、《南史》、《北史》。）羌人都被他征服。其独立的部落，还有宕昌，

（《北史》："在吐谷浑东，益州西北。"）邓至，（在平武（如今四川的平武县）以西。汶岭（岷山）以北。）党项，（东接临洮（如今甘肃的岷县）、西平（如今甘肃的西宁县），西拒叶护。——指突厥的辖境而言。）都是在岷山以北的。其岷山以南，诸大川的上游，则有嘉良夷，附国，薄缘夷等。（《北史》："嘉良有水，阔六七十丈；附国有水，阔百余丈；并南流，用皮为舟而济。"应当是如今的鸦龙江和金沙江。"附国西有薄缘夷。其西为女国。女国东北，连山绵亘数千里，接于党项，往往有羌。"女国在如今的后藏，女国东北的山，应当是长江、怒江之间的山了。此外《北史》和《唐书》，所载琐碎的名字还很多，今不具举。）都在"深山穷谷，无大君长"。所以吐蕃强盛以后，就都为所役属。

从印度侵入的阿利安人，因为做了土伯特王，就改称土伯特（吐蕃），而他种族的本名遂隐。吐蕃王室强时，羌人都被他征服，和中国交涉，都是用吐蕃出名，羌字的名词，就暂时冷落。但是羌人毕竟是一个大种族，他所占据的地方也很大，这羌字的名词，毕竟不会消灭的。到后世同中国交涉，就又用羌字出名。

但是这时候，羌字的读音，已经改变了；就照当时的口音，把他译作藏字。到后来，藏字的读音，又改变了，于是藏字又变作地理上的名词，而向来"译做羌字藏字的一个声音"，又照当时的口音，译做康字。于是把西藏一个区域，分作康、藏、卫三区，而康字藏字，遂同时并行，变作地理上的名词。如果推原其始，则有"一妻多夫的风习"的这一个民族，应当正称为土伯特（吐蕃），不得借用藏字。从印度侵入的这一支人，更应当加以区别，或称做"吐蕃王室"，或称做"阿利安族"；现在一概称为藏族，不过是随俗的称呼，学术上精密研究起来，这种笼统的名词，是不能用的。"现在的所谓藏族"，依我剖解起来是如此，不知道对也不对，还望大家教正。

羌族和土伯特所处的地方，都是很瘠薄的；所以文明程度不高。吐蕃王室，从印度侵入，他的文明程度，自然要高些；所以就强盛起来了。（吐蕃的信史。就起于名哩勒丹苏隆赞，以前的世次，都是不足信的。）唐太宗时，吐蕃因求“尚主”不得，曾经一攻松州，（如今四川的松潘县。）太宗派侯君集把他打败。但是旋亦许和，把宗女文成公主嫁他。这位文成公主，和吐蕃的开化，大有关系。（如今西藏人还奉祀他。）文成公主好佛，带了许多僧侣去；弃宗弄赞又打破泥婆罗，如今的廓尔喀。娶了他一个公主；这位公主，也是好佛的；吐蕃从此，才信奉佛教，而且派人到中国、印度留学，定法律，造文字；也都见《蒙古源流考》。（弃宗弄赞，可认为一个热心文化的人。后来吐蕃和中国构兵，都是弃宗弄赞死后，专兵权的大臣所为。弃宗弄赞对中国，始终很为恭顺。看《唐书》本传自知。）

因为和吐蕃交通，而中国的国威，就宣扬于印度，这也是一件偶然的事情。这时候玄奘，游历到印度，对乌苌国的尸罗逸多王，陈述“太宗神武，中国富强”。尸罗逸多便遣使交通中国。公元148年，尸罗逸多死了，其臣阿罗那顺自立。中国使者王玄策适至，阿罗那顺发兵拒击。王玄策逃到吐蕃边境，调吐蕃和泥婆罗的兵攻他，生擒阿罗那顺，下五百余城。中国和印度，发生兵争的关系，在历史上就只这一次。

第四节　唐朝和朝鲜、日本的关系

从隋炀帝东征失败以后，高句丽就格外骄傲；联合百济，屡侵新罗，新罗无法，只得求救于中国。唐太宗初时，也无意于为他出兵；到公元642年，高句丽大臣泉盖苏文弑其主建。（建号荣留王，是婴阳王的兄弟。立其侄宝藏王臧。）太宗以为有隙可乘，想趁此恢复辽东，就出兵以伐高句丽。（《唐书》载太宗谓臣下：“今天下大定，惟辽东未宾。……朕故自取之，不遗后世忧也。”可见得这一次用兵的动机，全不是为新罗。）

太宗的用兵，自然和隋炀帝不同；然而这时候，中国用兵于高句丽，有种种不利之点；所以以太宗的神武，也犯了个“顿兵于坚城之下”的毛病，不能得志。太宗以公元645年二月出兵。四月，渡辽河，克辽东；进攻安市；在如今盖平县境。破高句丽援兵十五万于城下。然而安市城小而坚，攻之遂不能克。九月，以辽左早寒，遂班师。这一次，虽然没打败仗；然而兵威的挫折和实际的损失，是不待言而可知的。太宗深以为悔。

御驾亲征，手下的人把这件事看得太隆重了，用兵就不觉过于持重，不能应机，也是失败的一个原因。所以反不如偏师远斗的利害。公元660年，高宗因高句丽、百济攻新罗益急，遣苏定方自成山在如今山东的文登县。渡海攻百济，破其都城。百济王义燕降，百济人立其弟丰，求救于高句丽、日本。公元663年，刘仁轨大破日本兵于白江口。（如今的锦江。）丰奔高句丽。百济亡。公元666年，泉盖苏文死。三子争权，国内乱。明年，高宗遣李勣伐高句丽。公元668年，也把他灭掉。于是朝鲜半岛，只剩了新罗一国。唐朝在平壤设了个安东都护府，以统治高句丽、百济的地方。这时候，中国对东方的声威大振，日本和中国的交通，在此时也称极盛。

第五节　从魏晋到唐中国和南洋的关系

以上所说的，是东西北三方面的情形。还有从魏晋到唐，中国和南方诸国的交涉，也得大略说一说。中国的海岸线，是很长的。闽、浙、广东，（当时且兼有越南的一部分。）等省，曲折尤富。南方的国民，在海上所做的事业也不少。可惜中国历代，都注意于陆而不注意于海；就是盛强的时候，国力也只向西北一方面发展。这许多冒险的国民，做了国家的前驱；不但没有国力做他的后盾，使他的事业发扬光大；连他们的姓名事迹，也都在若有若无之间了。现在且根据着历史所载，把当时南方诸国的情形，大略说一说。

案当后汉时，中国交州的境域，大约包括如今越南的北部。从广和城以北。分为交阯、九真、日南三郡。（三国时，分为交阯，新兴，武平，九真，九德，日南六郡。晋初因之。）晋初，日南的南境，据地自立，这个便是林邑；（其都城，就是如今的广和城。唐至德以后，谓之占城国。）林邑的南边，就有扶南，（在澜沧江下流临暹罗湾。）真腊，如今的柬埔寨。赤土；如今的地那悉林。这都是后印度半岛较大的国。其顿逊、毗骞、诸薄、马五洲、自然大洲，却是因扶南而传闻的。（《南史》：扶南，“其南界三千余里，有顿逊国。在海崎上，地方千里。城去海十里。有五王，并羁属扶南”。“顿逊之外，大海洲中，又有毗骞国。去扶南八千里。”“又传扶南东界，即大涨海海中有大洲，洲上有诸薄国。国东有马五洲。复东行涨海千余里，至自然大洲。”顿逊，当在马来半岛的南端。毗骞，似在苏门答腊。诸薄国，马五洲，或者是婆罗洲。自然大洲，或者是巴布亚。史称扶南王范蔓，“作大船，穷涨海，开国十余，辟地五六千里”。想是因此而传闻的。……范蔓是中国人。）

此外当南北朝时候，通贡于南朝有：

诃罗陁。

诃罗单。（《宋书》说他都阇婆洲，怕就是阇婆达。）

婆皇。

婆达。

阇婆达。（《唐书》：“诃陵，亦曰社婆，曰阇婆。”《地理志》：海峡（如今的马六甲海峡）之南岸为佛逝国，佛逝国东，水行四五日，至诃陵国。则当在今苏门答腊的东南端。）

盘盘。（据《唐书》，在哥罗西北。哥罗在海峡北岸，则盘盘当在马来半岛南境。）

丹丹。（《唐书》说：“在南海，北距环王，限小海，与狼牙修接。”亦当在马来半岛南端。）

干陀利。

狼牙修。如今的苏门答腊。

婆利。如今的婆罗洲。

当隋朝时候和中国有交涉的，又有一个流求，就是如今的台湾。此外见于《唐书》的便有：

甘毕。〔在南海上，东距环王。（环王即是林邑）。〕

哥罗舍分。在南海南，东距堕和罗。

修罗分。在海北，东距真腊。

僧高。在水真腊西北。武令、迦乍、鸠密。（这三国当与僧高相近，故《唐书》以其名连举。）

富那。和鸠密同入贡的。

投和。（自广州西南，海行百日乃至。）

堕和罗。（在投和之西，亦名独和罗。南距盘盘。自广州行五月乃至。）

昙陵陀洹。（都是堕和罗的属国，昙陵在海州中。陀洹，又名耨沱洹，在环王西南海中，和堕和罗接。）

罗越。在海峡北岸。

赡博。（《唐书》说北距兢伽河。（恒河）当在今阿萨密附近。）

堕婆登。（在海岛上，在环王之南，东距诃陵。）

宝利佛逝。在海峡南岸。

罗刹。（在婆利之东，与婆利同俗。）

诛奈。（在环王之南。泛交址海，三月乃至。）

甘棠。（《唐书》佢说居大海南。无从知为何地。）

诸国的种族，大抵分为两种：一种裸跣、黑色、拳发、垂耳的，是马来西亚种。仍有食人的风俗。（参看第一篇第六章第五节。）一种深目高鼻的，是印度西亚种。宗教文化，都属印度一系。其和中国交通，从晋到唐，大概没有断绝。可惜历史上的记载，只有宋文帝、梁武帝、唐中叶以前，三个时代较详。欲知其详，可自取从《晋书》到《唐书》的《四裔传》参考。

当这时代，最可注意的，是中国曾经和西半球交通。案《南史》：

扶桑国。齐永元元年，其国有沙门慧深来至荆州，说云：

> 扶桑，在大汉国东二万余里；地在中国之东。……名国王为乙祁。贵人：第一者为对卢，第二者为小对卢，第三者为纳咄沙……其衣色，随年改易：甲乙年青，丙丁年赤，戊己年黄，庚辛年白，壬癸年黑。……其婚姻：婿往女家门外作屋，晨夕洒扫。经年而女不悦，即驱之：相悦，乃成昏。昏礼：大抵与中国同。亲丧，七日不食；祖父母丧，五日不食；兄弟，伯叔，姑，姊妹，三日不食。设坐为神像，朝夕拜奠。不制衰绖。嗣王立，三年不亲国事。

这一国政教风俗，虽和中国相类。然“婿往女家门外作屋”，是新罗俗；贵人名对卢，是高句丽语，大抵是朝鲜半岛的人民移植的。文身国，在倭东北七千余里。大汉国，在文身国东五千余里。扶桑在大汉东二万余里。明明是南北美洲。近人余杭章氏《法显发现西半球说》。（见《章氏丛书·太炎文集》中。）据法显《佛国记》，说法显所漂流的耶婆提国，就是如今南美洲的耶科陁尔。法显不但发见西半球，而且还绕地球一周。然而《佛国记》说耶婆提国，“外道”、“婆罗门”兴盛，佛法无足言。则法显以前，印度人已有到西半球的。《南史·扶桑传》又说其国“旧无佛法。宋大明二年罽宾国有比丘五人，游行其国，流通佛法经像，教令出家，其俗遂改。”可见朝鲜半岛的人到西半球，又在印度人以前了。

第六节　武韦之乱和开元之治

以上所述，要算是唐朝全盛的时候；如今便要经过一个中衰期了。这便是“武韦之乱”。

太宗以公元 649 年崩，高宗即位。高宗的初政，也是很清明的。所以史家说“永徽之治，媲美贞观”。然而从公元 654 年，纳太宗才人武氏为昭仪。明年，废王皇后，立武氏为后，褚遂良、长孙无忌等谏诤都遭贬斥。从此以后，朝政渐乱。高宗有风眩的毛病，不能视事。件件事情，都叫武皇后干预，实权就渐入于武后之手。

高宗以公元683年崩，高宗的太子名忠，非武后所生，武后把他废掉，立了自己的儿子弘。弘卒，立了他的兄弟贤。又把贤废掉，立了他的兄弟哲。这时候，哲即位，是为中宗。明年，武后把他废掉，立了他的兄弟旦。睿宗。迁中宗于房州。（如今湖北的郧阳县。）公元690年，以旦为皇嗣，改姓武氏。自称则天皇帝，国号周。公元698年，还中宗于京师，立为太子。公元705年，武后有疾，宰相张柬之和崔元　、敬晖、桓彦范、袁恕己等谋。运动宿卫将李多祚，举兵杀武后嬖臣张易之、张昌宗，奉中宗复位。然而中宗的皇后韦氏，又专起权来。韦后的女儿安乐公主，嫁给武后侄儿子武三思的儿子武崇训。三思因此出入宫掖。还有替武后掌文墨的上官婉儿，中宗立为倢伃，和韦后都同武三思交通。武氏的权势，又盛起来。张柬之等五人，反遭贬谪而死。中宗的太子重俊，不是韦后所生。韦后和武三思等，日夜谋摇动他。重俊又怕又气，举兵把武三思武崇训杀掉。自己也给卫兵所杀。公元710年，韦后弑杀中宗，要想临朝称制，相王旦的儿子临淄王隆基，起兵讨诛韦后。奉相王即位，是为睿宗。然而这时候，政治上的空气，还不清明。武后的女儿太平公主，向来干预惯政治的。在政治上，还颇有实权。又要想谋危太子。（睿宗立临淄王为太子。就是玄宗。）直到公元711年，才算把他安置于蒲州，而命太子监国。明年，把太平公主召还赐死。睿宗也传位于太子，是为玄宗。“武韦之乱”，到此才算告一结束。

武后以一女主而“易姓革命”，君临天下十五年。看似旷古未有之事。然而这时候，朝廷上并没有什么特殊势力，自然没有人去反抗他。（唐朝的宗室，只有越王贞，琅邪王冲，想起兵反抗他。异姓之臣，只有徐敬业曾一起兵。都是并无凭藉的人，自然不能成事。）这时候，政治界上的情形，却给他搅得希乱。从越王贞、琅邪王冲起兵之后，他疑心唐朝的宗室，都要害他；就大杀唐宗室。从徐敬业起兵之后，更其“杯弓蛇影”。于是大开“告密”之门。任用周兴、来俊臣、索元礼等酷吏。滥用刑诛，贻累人民，实为不浅。又滥用爵禄，收拾人心，弄得政界上，全是一班“干进无耻”，喜欢兴风作浪的小人。中宗复位以后，直到睿宗禅位以前，政界上的空气，总不得清明，都是他一手造成的。（颇像近时的袁世凯。）

既然一味注意对内，对外一方面，自然无暇顾及。于是突厥遗族骨咄禄，（颉利的疏族。）就强盛起来。骨咄禄死，弟默啜继之，复取漠北。（回纥度碛，南徙甘凉间。）恢复颉利时代的旧地。大举入攻河北，破州县数十。契丹李尽忠、孙万荣，也举兵背叛，攻破营、平二州，侵及冀州。（参看第三篇上第三章第二节。）朝廷发大兵数十万讨之，都不能定。还有吐蕃，当高宗时候，就破党项，灭吐谷浑；又取西域四镇。（龟兹、于阗，焉耆、疏勒。）武后时，总管王孝杰，虽然把四镇恢复，然而吐谷浑故地，毕竟为吐蕃所据，中宗时，又把河西九曲的地方，赏给吐蕃。而且许其筑桥于河，以通往来。于是河洮之间，被寇无虚日。

内政外交，当这个时代，都糟透了。玄宗出来了，总算是小小清明。玄宗任姚崇、宋璟为相。宋璟罢后，又任用韩休、张九龄，内政总算是整饬的。对外呢？突厥默啜死于公元743年，毗伽可汗立，用老臣暾欲谷的话，和中国讲和。毗伽死后，突厥内乱。公元744年，朔方节度使王忠嗣，出兵直抵其庭，把他灭掉。对于吐蕃，玄宗初年，就毁桥守河。吐蕃也请和好。后来兵衅复启，玄宗饬诸军进讨，到公元753年，就复取河西九曲之地。这要算唐朝国威最后的振起。到公元755年，安禄山反以后，情形就大变了。

唐系图

(一)高祖李渊—(二)太宗世民—(三)高宗治

- (四)中宗哲
- (五)睿宗旦—(六)玄宗隆基—(七)肃宗亨—(八)代宗豫
    - (九)德宗适—(十)顺宗诵—(十一)宪宗纯
        - (十二)穆宗桓
            - (十三)敬宗湛
            - (十四)文宗昂
            - (十五)武宗炎
        - (十六)宣宗忱—(十七)懿宗漼
            - (十八)僖宗儇
            - (十九)昭宗晔—(二十)昭宣帝柷

第三章　从魏晋到唐的政治制度和社会情形

第一节　官　制

从魏晋到唐的制度，是相因的。唐朝的制度，只算集魏晋南北朝的大成。从三国以后，中国的政府，有四百年，在军阀和异族手里，上篇第四章，已经说过了。要看这时候的政治，在他的施政机关上，就最看得出。

汉朝从武帝以后，宰相就渐渐失其实权，已见第二篇上第八章第一节。这种趋势，从魏晋以后，愈趋愈甚。魏朝建国之初，置了一个秘书省，受禅之后，改为中书省。于是中书亲而尚书疏。南北朝以后，因侍中常在禁近，时时参与机务，于是实权又渐移于门下省。总而言之，魏晋南北朝，机要是在中书、门下两省的，尚书不过执行政务罢了。（中书、门下，像后世的内阁。尚书像后世的六部。）到唐朝，就用三省的长官，（中书令、侍中、尚书令，但尚书令是太宗做过的，所以不以授人，就把次官仆射，改做长官。后来又不甚真除，但就他官加以同中书门下三品，同中书门下平章事等名目，便算做宰相。）作为宰相。中书面受机务，门下省掌封驳，尚书承而行之。（虽有此制，三省常合在一个政事堂内议事，并没有三个机关分立的样子。尚书省分六部，是吏，户，礼，兵，刑，工。这个制度，相沿到清朝，未曾改革。六部之分，是沿袭后周的制度。后周的制度，是苏绰定的。都以《周礼》为法（六部就是仿的天，地，春，夏，秋，冬六官。这种制度，隋朝没有沿袭他。）中叶以后，所谓翰林学士，和天子十分亲近，又渐渐的握起实权来。（学士之名，本是因弘文集贤两馆而起的（参看下节）。翰林院，本是艺能技术之流杂居之所，以备天子宴闲时的召见。玄宗时，才于翰林院置待诏，供奉，命与集贤院学士，分掌制敕（本来是中书舍人的职务）。又于翰林院之南，别立学士院以处之；于是与杂流不相混处，而其地望遂清。然其官则仍称为翰林学士。）王叔文的用事，就是居翰林中谋划的。参看第三篇上。总而言之，翰林学士的握权，和前此的中书省如出一辙。明清时代的殿阁，也不外此理，这等处，须要通观全局，自然明白。

九卿是历代都有的，然而都失其职。实权都在六部。为避繁起见，不再详叙。御史一官，却威权渐重。（武后时，改为肃政台。分置左右。左察朝廷，右澄郡县。中宗复位后，复名御史台。仍分左右。睿宗时，命两台都察内事，旋又把右台废掉。）贞观末，御史中丞李乾祐，奏于台中置东西二狱，从此以后，御史台就多受词讼，侵涉了司法的权限。

至于外官的变迁，则和内官正相反。内官的权限，日趋于轻；宰相九卿等，有独立职司的官，职权多见侵夺。外官的权力，却有日趋于重之势。秦汉时代的两级制，郡县。到汉末改设州牧，就变成三级制。也已见第二篇上。东晋以后，疆域日蹙，而喜欢多置州郡，以自张大。于是“侨置”的州郡甚多。往往有仅有空名，实无辖境的。于是州郡愈多，辖境愈小。然而这时候是个军阀擅权的世界；军阀的地盘，是利于大的；州郡虽小，有兵权的，往往以一个人而都督许多州的军事，其辖境仍旧很大。隋朝统一以后，当时的所谓州，已经和前此的郡，区域大小，并无分别了。于是把州、郡并做一级。唐朝也沿其制，而于其上再设一个道的区域。一道之中，是没有长官的。中宗复位的这一年，分天下为十道，每道各设巡察使。睿宗景云二年，（公元711年。）改为按察使。玄宗开元二十七年，（公元739年。）又改为采访处置使。肃宗至德（公元756、公元757年。）以后，把天下分做四十余道，各置观察使。这种使官，都称为监司之官。他的责任，只是驻于所察诸郡中的大郡，访察善恶，举其大纲，并不直接理事，颇和汉朝刺史的制度相像。然而到后来，往往侵夺州郡的实权，州郡不敢与抗。而且这时候，已经是军人的世界了。有军马的地方，就都设了节度使。凡有节度使的地方，任凭有多少使的名目，都是他一个人兼的。这正和现在的督军兼省长等等一样，又谁敢和他相抗呢？于是中央政府，毫无实权，可以管辖地方，又成了尾大不掉的情形了。（参看第三篇上第二章第一第二第五节。监司官的名目，还有许多，欲知其详，可参看《文献通考》第六十一、六十二两卷。）

唐朝的官制，中叶以后，又有宣徽南北院和枢密院，其初特以处宦者，并没有什么重要的职权。后来宦者的威权日大，这两种官的关系，也就渐重。到五代以后，都变做了大臣做的官。这个留待第三篇里再讲。又地方自治的制度，从汉魏以后，日益废坏。汉朝时候，重视三老、啬夫等职的意思，丝毫没有。而役法日重，这一等人，反深受了苦役之累。这个也是一个极大的变迁，也待第三篇再讲。

第二节　教育和选举

教育制度，从三国以后，是很衰颓的，无足称述。（《三国志·王肃传》："自初平之元，至建安之末。天下分崩，人怀苟且。纪纲既衰，儒道尤甚。至黄初……之后，……太学始开。……至太和青龙中，中外多事，人怀避就，虽性非解学；多求诣太学。太学诸生有千数。而诸博士，率皆粗疏，无以教弟子；弟子本亦避役，竟无能习学。冬来春去，岁岁如是。……正始中，有诏议圜丘，普延学士。时郎官及司徒领吏，二万余人，虽复分布，见在京师者，尚且万人。而应书与议者，略无几人。又是时朝堂，公卿以下，四百余人。其能操笔者，未有十人。多皆相从饱食而退。……"这是后汉以后，学校就衰的情形。从此到南北朝末，虽亦设有国子学，太学，四门小学，或又置有博士，然皆无足称述。）唐太宗时，"屯营飞骑，亦令受经；高句丽、新罗、高昌、吐蕃，皆遣子入学"。表面上似乎是很盛的，然而实际，士人社会的视线，已经移到科举上了。

要晓得科举制度的由来，就要先晓得九品中正。九品中正之制，起于魏文帝时。这时候，“三方鼎立，士人播迁，详覆无所”。尚书陈群，就于各州郡皆置中正，品评其本地的人物，分为九等。（上上、上中、上下、中上、中中、中下、下上、下中、下下。）而尚书用人时，凭以复核。这种制度的可行，原因为后汉时代，清议极重，乡评特为有力之故。（史称“晋武帝时，虽风教颓失，然时有清议，尚能劝俗。陈寿居丧，使女奴丸药，积年沈废。郗诜笃孝，以假葬违常，降品一等。”）然而乡评的有力，是一种风俗，风俗是要随时势改变的。九品中正，是一种制度，比较的总觉流于硬性。于是就生出种种弊病来。扼要些说，便是：

（一）中正的权力太大，而又并无赏罚之防。就不免有（1）徇私，（2）趋势，（3）畏祸，（4）私报恩仇等事情。

（二）一地方的人，中正本不能尽识；就使尽识，也未必能知他的好坏。就使能知他的好坏，也不应当以一个人的话为标准。况且中正至多能晓得这个人的品行德望，至于当官的才能历练，是全然不知道的。

然而这还不是最大的弊病。最大的弊病就是中正都是本地方人，谁没有亲戚朋友？一个人在社会上，本没有真正完全的自由。一个阶级里的人，受这阶级的制裁，当然最为严重，谁能够真正破除情面呢？于是所选举的，总不外乎这一阶级里的人。就成了“上品无寒门，下品无世族”的局面。历代选举的制度，纵或小有改革。然大体总是相同。九品中正的制度，南至梁、陈，北至周、齐，都是有的，直到隋开皇中方罢。这种制度，于两晋南北朝的门阀阶级，是很有关系的。参看第七节。

“隋唐以后科举”的前身，便是两汉时的郡国选举。原来郡国选举的制度，到两晋以后，也弊坏得不堪了。（东晋初年，为了抚慰远方的人士起见，州郡所举的孝廉秀才，都不试就用。后来实在弄得不堪了。于是要试之以经。秀才孝廉。就都不敢进京。到京的，也都装病不考。于是宽限五年，令其补习。）九品中正的制度既不可行。于是不得不加之以考试。既然凭考试为去取，就索性“无庸郡国选举，而令他怀牒自列于州县，州县加以考试，合格的再把他送进京去应考”。就变成隋唐以后的科举制度了。唐以后的科举，最重的是进士科。这一科，是起于炀帝大业中的（当时还是试的策）。这件事，《隋书》不载。（只见于《唐书》所载杨绾疏中。）大约当时还不甚看重他。“唐制，取士之科……有三：由学馆者曰‘生徒’，由州县者曰‘乡贡’，皆升于有司而进退之。……其天子自诏者曰制举，所以待非常之才焉。”其科目，有秀才，明经，进士，俊士，明法，明字，明算，一史，三史，开元礼，道举，童子等等，然而取之最多的，只有进士明经两科：进士试“诗”、“赋”、“论”、“策”。明经试“帖经”、“墨义”。这时候，崇尚文词的风气已成。明经所做的帖经墨义，又是毫无道理的。大家都看不起他。就有“焚香看进士，瞋目待明经”的谚语。不是天资愚鲁，不会做诗赋的人，都不肯去做明经。就把天下人的聪明才力，都消磨到“声病”上去。参看第六节。

《文献通考》卷二十九凡举司课试之法：帖经者，以所习经，掩其两端，中间开惟一行。裁纸为帖凡帖三字，随时增损。可否不一。或得四，或得五，或得六为通。后举人积多，故其法益难，务欲落之。至有帖孤章绝句，疑似参互者以惑之。甚者或上抵其注，下余一二字，使寻之难知，谓之倒拔。既甚难矣，而举人则有 县孤绝索幽隐，为诗赋而诵习之。不过十数篇，则难者悉详矣。其于平文大义，或多墙面焉。（按这是责令默写经文。）

又卷三十……愚尝见东阳丽泽吕氏家塾有刊本吕许公夷简《应本州乡举试卷》。因知墨义之式。盖十余条。有云：作者七人矣，请以七人之名对。则对云：七人，某某也。谨对。有云：见有礼于其君者，如孝子之养父母也，请以下文对。则对云：下文曰：见无礼于其君者，如鹰鹯之逐鸟雀也。谨对。有云：请以注疏对者，则对云：注疏曰云云。有不能记忆者，则只云对未审。……

这种考试的法子，现在看起来，真正是奇谈。然而也不足为怪。这是古人研究学问的方法如此。原来古人都是把《经》就算做学问；所谓通经，又不必自出心裁，只要遵守先儒的注疏；自然就造成这种怪现象了。（这种现象，一变而为宋朝的经义。再变就是明清的八股文，通看后文自明。）

武举起于武后的长安二年，公元702年。也用乡贡之法，由兵部主其事。

制科的科名，是没有一定的。唐制科名目和登制科的人，详见《文献通考》卷三十三。

以上所说，是取士的方法，但登科以后，还不能就有官做，还要试于吏部，谓之“释褐试”。释褐试取了，才授之以官。一登进士第，便有官做，这是宋朝的法子，唐朝却不如此。

铨选仍是历代都由尚书。唐时分为文武二选：文选，吏部主之；武选，兵部主之。文选有身、体貌丰伟。书、言辞辩正。书、楷法遒美。判文理优长。四种。“始集而‘试’，观其书判。已试而‘铨’，察其身言。已铨而‘注’，询其便利。而拟。已注而‘唱’，不厌者得反通其辞，三唱而不厌，还得听其冬集。”较诸后世的铨选，似乎还要合理些。又后魏崔亮吏部侍郎。创停年格。补用的人，一以他停罢后岁月为断。后世说他是资格用人之始，都不以他为然。然而他实在是迫于胡太后时候，强令武人也要入选，才创此法，以限制他的。（他覆外甥刘景安的信，说：“吾近面执，不宜使武人入选。请赐其爵，厚其禄，既不见从，是以权立此格，限以停年耳。”可见此法之创，实是限制武人的意思多。）况且以资格年劳用人，原不算得弊政，较诸在上的任意抑扬，在下的夤缘奔竞，就好得多了。

第三节 兵 制

唐朝的兵制，也是沿袭南北朝的。近人南海康氏说：“中国承平的时候，可以算是没有兵。虽然有唤做兵的一种人，实在是把来供给别种用场，如以壮观瞻等，并不是要他打仗。”这句话最通。秦汉时代，承袭着战国时的余风，全国还有些尚武的风气；东汉而后，就渐渐显出无兵的样子了。（参看第二篇上第八章第四节。）从五胡乱华起，到南北朝末止，却可以算得一个长期战争，其中东西魏（周、齐）对立的时候，竞争尤其剧烈；所以产出一种略为整齐的兵制。

有名的“府兵”制，是起源于后周的。其制是籍民以为兵，但是拣其魁健才力的，并不是全数叫他当兵。——而蠲其租调。令刺史以农隙教练。合为百府，每府一郎将主之；分属二十四军。领军的谓之开府；一大将军统两开府；一柱国统二大将；共为六军。总数不满五万人（隋朝也沿袭其制，置十二卫将军）。

唐制：折冲府有上，中，下。上府千二百人，中府千人，下府八百人。每府都有折冲都尉，和左右果毅都尉，以司训练。其兵的编制：是十人为火，火有长。五十人为队，队有正。三百人为一团，团有校尉。有兵籍的人，年二十而为兵，六十而免。平时居于田亩，教练皆以农隙。有事就出去从征；事讫，依旧各还其乡。据《唐书·兵志》说：唐初，天下共六百三十四府，而在关内一道的，倒有二百六十一，所以中央的形势颇强。当时宿卫，也是靠府兵轮值的，谓之“番上”。

但是到高宗武后时，久不用兵，府兵法就渐坏，至于宿卫不给。宰相张说，就请募兵宿卫，谓之“彍骑”。玄宗时，这种宿卫的兵，也是有名无实；诸府又完全空虚；内地竟无一兵；而边兵却日重。所以安禄山一反，竟无从抵御了。

唐初用府兵的时候：有所征伐，都是临时命将；战事既罢，兵归其府，将上其印，所以没有拥兵的人。其戍边的兵，大曰军；小曰守捉，曰城，曰镇，都有使。总管他们的谓之道，道有大总管。（后来改为大都督，但行军时仍曰大总管。）永徽以后，都督带“使持节”的，谓之节度使。但还没有用它做官名。睿宗景云二年，公元711年。用贺拔延胡做凉州节度，这是以节度名官之始。玄宗天宝初。于沿边置十节度经略使，（安西（治龟兹，今新疆库车县）、北庭（治庭州，今新疆迪化县）、河西（治凉州，今甘肃武威县）、朔方（治灵州，今甘肃宁夏县）、河东（治太原，今山西阳曲县）、范阳（治幽州，今京兆）、平卢（治营州，今热河道承德县）、陇右（治鄯州，今甘肃西宁县）、剑南（治益州，今四川成都县）九节度，岭南（治广州，今广东南海县）一经略使。）边兵就此大重了。安史乱后，讨贼有功之将，和贼将来降的，都授以节度使（或沿其旧官）。于是节钺遍于内地，而“尾大不掉”之势以成。

然而制唐朝死命的，实在还不是藩镇之兵，而倒是所谓“禁军”。禁军的起源：是跟高祖起义于太原的兵，事定而后，愿留宿卫的，共有三万人。于是处以渭北闲田，谓之“元从禁军”。老不任事，即以其子弟代之。后亦与于“番上”。太宗时，在元从禁军中，选善射者百人，以从田猎，谓之百骑。武后改为千骑。睿宗又改为万骑，分为左右。玄宗用这一支兵平韦氏之乱，改名左右龙武军。又有太宗所置的飞骑，高宗所置的羽林，也各分左右。谓之“北衙六军”。与诸卫的兵，号为南衙的相对待。中叶以后，又有所谓“神策军”。其缘起：因天宝时，哥舒翰破吐蕃于临洮西的磨环川，即于其地置军，谓之神策。以成如璆为节度使。安禄山反，成如璆派军中的将，唤做卫伯玉的，带千人入援。与观军容使鱼朝恩宦者共屯陕州。神策军的地方，旋为吐蕃所陷，于是即以卫伯玉所带的兵为神策军。和陕州节度使郭英乂，俱屯于陕。公元763年，吐蕃陷长安，代宗奔陕。鱼朝恩以神策的兵，和陕州的兵来扈卫。当时都号为神策军。后来伯玉罢官，神策军归郭英乂兼带。郭英乂又入为仆射，这一支兵，就入于鱼朝恩手里。是为宦官专管神策军之始。鱼朝恩后来入都，便把这一支兵，带到京城里，依旧自己统带着他。然而还不过是一支屯驻京城里的外兵并不算做禁军。公元765年，吐蕃又入寇。鱼朝恩以这一支兵，入屯苑中。于是声光大好，出于北衙军之上。德宗从奉天还京，都不相信大臣，而颇委任宦官，专叫他统带禁军。这时候，边兵的饷，不能按时发给；而神策兵饷糈优厚。于是边将在外戍守的，多请遥隶神策。神策军数，遂至十五万。自关以西，各处的镇将，大都是宦官手下人。所以宦官的势力，强不可制。昭宗时，想改用宗室诸王带他，始终没有成功。而宦官每和朝臣水火，就挟着神策军里几个镇将的力量，以胁制天子，诛戮大臣。到底弄得朝臣借着朱全忠的兵力，打破宦官一系的镇将李茂贞，把宦官尽数诛夷，而唐亦以亡。这都是后来的话，参看第三篇上第二章第四节，自然明白。（禁军的始末，《唐书·兵志》不详，见《文献通考》第一百五十一卷。）总而言之，亡唐朝之力：藩镇的兵，不过十分之三；禁军倒有十分之七。

第四节 刑 制

两汉魏晋刑制的变迁，已见第二篇上第八章第五节。从晋武帝颁布新律之后，张裴、杜预，又各为之注。泰始（公元265年至公元274年。）以后用之。然律文简约；两家的注，又互有不同；“临时斟酌，吏得为奸”。齐武帝永明九年。（公元491年。）删定郎王植之，才合两家的注为一。然事未施行，书亦亡灭。梁武帝时，齐时旧郎蔡法度，还记得王植之的书。于是叫他损益旧本。定为《梁律》。天监初，（天监，梁武帝年号，公元502年至公元519年。）又使王亮等改定，共为二十篇。定罪二千五百条，刑分十五等。陈武帝令尚书删定郎范杲参定律，又令徐陵等知其事，定律三十卷。大体沿用梁法。这是南朝法律的沿革。

元魏入中原以前，刑罚是很严酷的。道武帝入中原，才命三公郎王德，除其酷法。约定科令。太武神　中。（公元428年至公元431年。）诏崔浩定律。正平中，（公元451年。）又命游雅、胡方回等改定，共三百七十条，有门房之诛四。（献文增其十三，孝文时定为十六。）大辟百四十五。（献文增其三十五，孝文时定为二三五。）刑罪就是耐罪。二百二十一。（献文增其六十二，孝文时定为三七七。）

北齐武成帝河清三年，（公元474年。）尚书令赵郡王叡等奏上《齐律》十二篇。系杂采魏晋故事。刑名有五：一死，二流，三耐，四鞭，五杖。又有所谓重罪十条。（一反逆，二大逆，三叛，四降，五恶逆，六不道，七不敬，八不孝，九不义，十内乱。）不在“八议”和“论赎”之限。

北周的律，定于武帝保定三年。（公元563年。）刑分死，流，徒，鞭，杖。不立十恶的名目，而重“大逆”、“恶逆”、“不道”、“大不敬”、“不孝”、“不义”、“内乱”之罪。隋初，令高熲等重定新律。其刑名有五，也有十恶之条。（一谋反、二谋大逆、三谋叛、四恶逆、五不道、六大不敬、七不孝、八不睦、九不义、十内乱。）唐朝的刑法，大抵沿隋之旧。

这其中最可注意的，是刑罚的变迁。马端临说：“汉文除肉刑，而以髡笞代之。髡法过轻，而略无惩创；笞法过重，而至于死亡。其后乃去笞而独用髡。减死罪一等，即止于髡钳；进髡钳一等，即入于死。而深文酷吏，务从重者，故死刑不胜其众。魏晋以来病之，然不知减笞数而使之不死，乃徒欲复肉刑以全其生。（案复肉刑的议论，两晋时代最甚。其理由所在，就是“死刑太重，非命者众；生刑太轻，罪不禁奸”两语。）肉刑卒不可复，遂独以髡钳为生刑。所欲活者传生议，于是伤人者或折腰体，而才翦其毛发；所欲陷者与死比，于是犯罪者既已刑杀，而复诛其宗亲。轻重失宜，莫此为甚。及隋唐以来，始制五刑，日笞杖徒流死，此五者，即有虞所谓鞭、朴、流、宅，虽圣人复起，不能易也。”案隋以前“死刑有五：曰罄、绞、斩、枭、裂。流徒之刑，鞭笞兼用，数皆逾百”。隋始定鞭笞之数，死刑只用斩、绞两种。这都是较前代为文明处。

还有一层可注意的，便是隋朝的刑法。是兼采魏晋和拓跋魏两种法系（这个大概是周、齐如此，而隋朝因之）。其斟酌轻重之间，固然较旧时的法律为进步。然而精神上，也有不如旧时的法律之处。即如晋律，部民杀长官，和父母杀子的，都同“凡”论。这是两汉以后，把经学应用于法律，文明之处。（父杀其子当诛，见《白虎通》。）隋律却就不然。这是拓跋魏的社会，进化较浅，“官权”父权”太重之故。中国反改其旧律而从之，真是下乔入幽了。余杭章氏《文集》里，有一篇文字，专论这件事，可以参看。

- 隋五刑
  - 死
    - 绞
    - 斩
  - 流
    - 千里居作二年
    - 千五百里居作二年半
    - 二千里居作三年
  - 徒
    - 一年
    - 一年半
    - 二年
    - 二年半
    - 三年
  - 杖
    - 百
    - 九十
    - 八十
    - 七十
    - 六十
  - 笞
    - 五十
    - 四十
    - 三十
    - 二十
    - 十

总而言之：秦汉以后的法律：经晋朝的一大改革，而大体趋于完善；经隋朝的一番损益。而轻重更觉适宜。所以从西洋法律输入以前，沿用千年，大体不曾改变。

第五节 赋税制度和民生

从秦汉统一以后，直到前清海禁大开以前，二千多年，中国社会的经济组织没有甚么根本上的变更。（从战国到秦汉，是有一个大变的。参看第一篇第九章，和第二篇上第六章。）这个时代，中国人的生计是以农业为本位。要看当时社会的经济状况就须注意于农民。但是中国史家记载平民的生活状况，是很少的。却是当时的田赋制度，便是当时“农民生活状况的反映”。

从晋到唐，其间的田赋制度，都有同一的趋向。为之代表的，便是晋的“户调式”，魏的“均田令”，唐的“租庸调制”。今各述其大略如下：

户调之式，起于晋武帝平吴以后。他的法度是：男女年十六至六十为正丁；十五以下至十三，六十一以上至六十五，为次丁；十二以下，六十六以上，为老小。男子一人，占田七十亩；女子三十亩。（案这是指为户者而言。）其外：丁男课田五十亩，丁女二十亩；次丁男半之，女则不课。丁男之户，岁输绢三匹，绵三斤。女及次丁男为户者半输。

后魏的均田，在公元485年。（孝文帝大和九年。）他的办法：是把田分成“桑田”、“露田”两种。桑田是“世业”；露田及岁而受，年老则免，身没则还。桑田的数目，有过于其应得之数的，得以卖出；不足的得以买入。但过于应得之数，及在应得之数以内的，不得买卖。（大概当时把官有的地，授与人家做露田。其原有田地的，一时并不没收他；本无田地的，一时也不能补足。所以人民的桑田，有逾限的，也有不足额的。）男子年十五以上，受露田四十亩；妇人二十田。（奴婢依良丁。有牛一头，许授田三十亩；但牛四头为限。）

唐朝的租庸调制，（高祖武德七年定，公元624年。）是：丁男十八以上，给田一顷；以二十亩为“永业”，余为“口分”。田多可以足其人的，为“宽乡”，少的为“狭乡”。狭乡授田，减宽乡之半。工商：宽乡减半，狭乡不给。——乡有余田，以给比乡；州县同。“徙乡”和“贫无以葬”的人，得卖世业田。从狭乡徙宽乡的，得并卖口分田。受田的丁；每年输粟二石，谓之“租”。看地方的出产：或输绢，绫，缯，各二丈，绵二两，或输布二丈四尺，麻三斤，谓之“调”力役每年二十日，遇闰加两日，不役的，每日折输绢三尺；谓之“庸”。（《通考》：“租庸调征科之数，依杜佑《通典》及王溥《唐会要》所载。陆宣公《奏议》及《资治通鉴》所言皆同。《新唐书·食货志》……疑太重，今不取。”）

这种制度，便是两汉时代，“富者田连阡陌，贫者无立锥之地”的反响。虽不能做到地权平均，较诸毫无法度，听其自相兼并，总好得许多。但是“徒法不能以自行”。这种制度，若要实行，行政要非常绵密。以中国行政的疏阔，和地方自治制度的废坏，从何实行起？户调之式，定后不多时，天下就大乱；究竟这种制度，曾否实行？史学家颇多怀疑。大概就使实行，时间也是很短的。均田之令，和租庸调的制度，都是定于大乱之后。当时地广人稀，无主的田很多，推行自然不十分困难。但是一两传后，人口增殖，田亩渐感不足，就难于维持了。均田令的结果，后来是怎样？史家没有明确的记载。租庸调制，则《唐书》明说他，到开元时而其法大坏，“并兼逾汉成哀”。

平均地权的制度，不能维持，却反生出一种弊病来。便是两汉时代的税，是认着田收的；虽有口税，很轻。从户调，均田令，租庸调等制度行后，人人有田，收税就只须认着人。专制时代的官吏，行政是怠慢惯了的；只要收得着税，其余就一切不问了。到后来，实际上授田的事情，已经没有了；并兼之事起了；他却还只是认着向来出税的人收税；哪里来管你实际有田没有田（这时候，若要查明白有田的人，然后收税；就要彻底根究，叫并兼的人，把田都吐出来，还给无田的人；而且照法律上讲，不但并兼人家的人有罪，就是被人家并兼的人，也是有罪的。这件事岂不甚难）？这一来，百姓不但享不着人人有田的利益，无田的人反要负担和“有田的人一样的租税”的痛苦。(在两汉时代，就只要出极轻的口税。) 这如何能支持？于是乎有“逃户”。逃的人逃了，不逃的人，赋税就要更重，税法就大坏了。玄宗时，宇文融为监察御史。也明晓得彻底根究，叫并兼的人把所并兼的田，通统吐出来，是办不到，就想括“籍外的羡田”，以给逃民。然而“并兼之亟”，总是起于人多而田不足之后的，那得有许多羡田可括？而且他的办法，逃户受羡田的，又要出钱千五百；于是州县希旨：把有主的田，算作羡田；本地的人，算作客户；反变成了聚敛的政策。安史乱后，赋税紊乱的情形，更其不可收拾。德宗时，杨炎为相，才创“两税”之法。(“夏输”无过六月，“秋输”无过十一月。) “户无主客，以见居为簿。人无丁中，以贫富为著。”虽没有把“税人而不税田”的法子，根本改革；然而照他立法的意思，是“以人的贫富，定出税的多少”；较诸就田而税，负担偏于农民的，反觉公平。不过人的贫富，不易测定。实行起来，要求其公平，是很难罢了。(陆贽说：两税以资产为宗，少者税轻，多者税重，然而有藏于襟怀囊箧，物贵而人莫窥的；有场圃囷仓，物轻而众以为富的。有流通蕃息之货，数少而日收其赢的；有庐舍器用，价高而终岁寡利的。计估算缗，失平长伪。我说：两税的法子，若真能行得公平，倒近乎一般所得税了。这个谈何容易。杨炎的法子，自然离此理想尚远。然在当时，总不失为救弊的良法。)

《文献通考·田赋门》的一段按语，论秦汉到唐田赋制度的变迁，极为清楚。我如今不避繁复，再节抄在下面。因为这件事，和当时社会的生计状况，是很有关系的。(是农民生活状况的反映。)

> ……自秦废井田之制，……始舍地而税人。……汉时，官未尝有授田限田之法。……田税随占田多寡，为之厚薄。……人税则无分贫富，然……每岁不过十三钱有奇耳。(参看第二篇上第八章第三节。) 至魏武初平袁绍，乃令田每亩输粟四升，又每户输绢二匹，绵二斤，则户口之赋始重矣。晋武帝又增而为绢三匹，绵三斤。……然晋制：男子一人占田七十亩，女子及

> 丁男丁女占田皆有差；则出此户赋者，亦皆有田之人；……宜其重于汉也。自是相承，户税皆重。然至元魏而均田之法大行。齐周隋唐因之，赋税沿革，微有不同。史文简略，不能详知。然大概计亩而税之令少，计户而税之令多。然其时户户授田，则虽不必履亩论税，只逐户赋之，则田税在其中矣。至唐，始分为租庸调。……然口分世业，每人为田一顷。……所谓租庸调者，皆此受田一顷之人所出也。中叶以后，法制隳弛，田亩之在人者，不能禁其实易；官授田之法尽废；则向之所谓输庸调者，多无田之人矣；乃欲按籍而征之，令其与豪富兼并者，一例出赋，可乎？……授人以田，而未尝别有户赋者，三代也；不授人以田，而轻其户赋者，两汉也；因授田之名，而重其户赋；田之授否不常；而赋之重者，已不可复轻；遂至重为民病；则自魏至唐之中叶也。自两税之法行。而此弊革矣。……

此外生计界的情形，无甚特别的可述。但有一件可注意的，便是当这时候，中国对外的贸易，颇为发达。从魏晋到唐，中国和南洋交通的发达，已见上章第六节。魏晋北朝，和西域的关系，虽不如汉唐时代的密切；然而也没有甚么战争；民间往来贸易的关系，可以推想为无甚中断的时候。〔中国商人的能力非常之大。譬如汉朝还没有通南越和西域，商人倒早已做了先锋队了（参看第二篇上第四章）。〕

《隋书·食货志》说："梁初，……交广之域，全以金银为货。"又说："后周时，河西诸郡，皆用西域金银之钱。"当时对外贸易的影响，及于中国的通货上。而且他说：晋自东渡以后，岭外诸酋帅，有因生口，翡翠，明珠，犀象之饶，雄于乡曲的，朝廷多因而籍之，以收其利。这种办法，直到南朝之末，都是如此。这许多东西，也都是当时互市的商品。就可以推想贸易额的盛大了。至于唐朝：则陆路有互市监，以管西域诸国的贸易；海路布市舶司，以管南洋诸国的贸易。惜乎历史上，关于这种记载，十分阙略。近人梁启超的《广东通商发达史》，参考东西洋人的著述，述南北朝唐时候中国对外贸易的情形颇详。可惜文长，不能备录。读者诸君请自取原书参考。

第六节　学术和宗教

从东汉到魏晋，中国的学术思想界，起了一个大变迁。这个可以说从烦碎的考古时代，到自由思想时代，也可以说从儒学时代，到老学佛学时代。

西汉的儒学，就不过抱残守缺，固守着几句相传的师说；究竟孔门的学说，还是“负荷”得不能完全。到了末年，又为着“托古改制”之故，生出许多作伪的人来。又因为两汉的社会，去古未远；迷信的色彩，很为浓厚；于是这种作伪的话里头，又加上许多妖妄不经的话。（识纬终东汉之世，是以纬为内学，经为外学。）东汉的学风，虽然不必务守师说，似乎可以独出心裁。然而贾、许、郑、马等，又不免流于烦碎。打了半天官司，总是不见分晓。也不免使人厌倦。于是人心上就生出一种“弃掉这些烦碎的考据，而探求真理”的要求。

在中国旧学问里，可以当得起哲学的名称的，当然只有道家。在儒家，则一部《周易》里头，也包含着许多古代的哲学。（参看第一篇第十章第一节。）所以这时候，研究学问的人，都是《老》、《易》并称。其中最有名的，便是何晏、王弼、阮籍、嵇康、刘伶、王戎、王衍、乐广、卫玠、阮瞻、郭象、向秀等一班人。这一班人，“专务清谈，遗弃世务”，固然也有恶影响及于社会。然而替中国学术思想界，开一个新纪元，使哲学大放光明；前此社会上相传的迷信，都扫除净尽，也是很有功的（世务本来不能够都责备哲学家做的）。研究起中国的哲学史来，这一派“魏晋的哲学”，实在很有研究的价值。

中国的学问，是偏于致用的。《老》、《易》虽说是高深的哲学，要满足纯正哲学的要求，究竟还不够。于是佛学乘之而兴。佛教的输入中国，古书上也有说得很早的，然而不甚可靠。可靠的，还是汉明帝著中郎将蔡愔到西域去求佛经，公元67年，（永平十年。）蔡愔同着摄摩竺法兰两僧，赍经典东来的一说。然而这时候，佛教在社会上，还没甚影响。三国时，天竺僧支谶、支亮、支谦从西域来，士大夫才渐渐和他交接。东晋时，又有佛图澄，从西域来，专事译经。慧远开莲社于庐山，（这是后世净土宗的初祖。）士大夫和他交接的更多，然而还不过是小乘。公元401年，姚秦弘始三年鸠摩罗什入长安，才译出大乘《经论》。从此以后，佛教在中国（宗教界和学术界）。就放出万丈的光焰。“佛教”或“佛学”，都是专门的学问。要明白他的真相，决不是本书所能绍介。我现在且转录近人新会梁氏《中国古代思潮》里的一张表，以见得佛学入中国后盛衰的大略。若要略知佛学的门径，梁氏这一篇文章，很为简明可看。若要再进一步，则近人梁氏的《印度哲学概论》最好。这部书，把印度各种哲学和佛学对举，很可以见得佛学的“来源”、“影响”，和他的“真相”。谢氏的《佛学大纲》，虽然无甚精神，抄撮的也还完备，也可看得。

以下十三宗，只有俱含成实两宗是小乘，其余都是大乘。其中天台一宗，系中国人所自创。

宗　名	开　祖	印度远祖	初起时	中盛时	后衰时
成实	鸠摩罗什	诃梨跋摩	晋安帝时	六朝间	中唐以后
三论	嘉祥大师	龙树，提婆	同上	同上	同上
涅槃	昙无谶	世亲	同上	宋齐	陈以后归天台
律	南山律师	昙无德	梁武帝时	唐太宗时	元以后
地论	光统律师	世亲	同上	梁陈间	唐以后归华严
净土	善导大师	马鸣，龙树，世亲	同上	唐宋明时	明末以后

宗　名	开　祖	印度远祖	初起时	中盛时	后衰时
禅	达摩大师	马鸣，龙树， 提婆，世亲	同上	同上	同上
俱舍	真谛三藏	世亲	陈文帝时	中唐	晚唐以后
摄论	同上	无著，世亲	同上	陈隋间	唐以后归法相
天台	智者大师		陈隋间	隋唐间	晚唐以后
华严	杜顺大师	马鸣，坚慧，龙树	陈	唐则天后	同上
法相	慈恩大师	无著，世亲	唐太宗时	中唐	同上
真言	不空三藏	龙树，龙智	唐玄宗时	同上	同上

《周易》		王弼韩康伯	
《尚书》		伪孔安国《传》，王肃等所造。	
《毛诗》	毛亨《传》郑玄《笺》		
《周礼》	郑玄《注》		
《仪礼》	郑玄《注》		
《礼记》	郑玄《注》		
《左传》		杜预《集解》	
《公羊》	何休《解诂》		
《谷梁》		范宁《集解》	
《孝经》			唐玄宗御《注》
《论语》		何晏《集解》	
《孟子》	赵岐《注》		
《尔雅》		亚郭璞《注》	

这时候，儒家之学也竟有点“道佛化”的样子。原来东汉的儒学，至郑玄而集其大成。然而盛极必衰，于是就出了一个王肃，专替郑玄为难。一定要胜过郑玄，这件事，也颇为难的。于是又想出一个作伪的法子。伪造孔安国《尚书传》、《论语》、《孝经注》、《孔子家语》、《孔丛子》五部书，互相印证。把自己驳难郑玄的话，都砌入这五部书里头，算是孔氏子孙所传，孔子已有定说的。（参看丁晏《尚书余论》。）这种作伪

的手段，较之汉朝的古文家，更为卑劣。（参看第二篇上第八章第六节。）然而王肃是晋武帝的外祖。所以当时，颇有人附和他。譬如杜预，就是其中的一个。（详见《尚书余论》。）总而言之，从王肃等一班人出，而“郑学”也衰了。然而王肃这一派学问，在社会上也不占势力。东晋以后，盛行的，便是王弼、何晏这一派。这都是把道家之学去解释儒书的。再到后来的人，并不免参杂佛家的意思。上面所列一表，是唐朝时候所定的《十三经注疏》。所取的注，其中除《孝经》为唐玄宗御注外，其余十二经，魏晋人和汉人各半。北朝的风气，变动得晚些。自隋以前，北方的学者，大抵谨守汉儒的学问。熟精《三礼》的人极多。（参看《廿二史札记》卷十五。）这便是郑玄一派学问。也有能通何休公羊的。这并是今文学了。至于南人，则熟精汉学的，久已甚少。所风行的，都是魏晋以后的书。然而从隋朝统一之后。北朝的武力，战胜了南人。南朝的学术，也战胜了北人。北人所崇尚的，郑玄注的《周易》、《尚书》，服虔注的《左传》都亡，（郑玄注左传未成，以与服虔，见《世说新语》。则服虔和郑玄，是一鼻孔出气的。）而王弼、杜预的《注》，和伪孔安国的《传》，到唐朝就列于学官。这个决不是南朝的经学，能胜过北朝（就经学论，北朝确较南朝为纯正）。不过就学术思想界的趋势而论，汉朝人的儒学，这时候，其道已穷；而魏晋以后的这一派哲学正盛；南朝的经学，是“魏晋的哲学化”了的，所以就占了优胜罢了。

还有古代的神仙家，到魏晋以后，也“哲学化”了，而成功了后世的所谓“道教”，和“儒”、“释”并称为“三教”。这件事也要一论。案神仙家的初起，其中并没有什么哲学。他们所求的，不过是“不死”。所以致不死的手段，是“求神仙”和“炼奇药”。参看第二篇上。所谓不死，简直是说肉身可以不死。“尸解”的话，怕还是后来造出来，以自圆其说的。这一派妖妄之说，大概是起于燕齐之间。〔所以托之于黄帝。《史记·封禅书》说：齐威宣和燕昭王，就使人入海求蓬莱方丈瀛洲。《史记》的《八书》，固然全不是太史公所作，然而也并不是凭空伪造的（《礼书》、《乐书》，是抄的《荀子》和《小戴记》。其余略以《汉志》为本）。又《左传》，齐景公问晏婴，“古而无死，其乐如何”？除神仙家之外，没有说人可以不死的。齐景公这句话，一定是受神仙家的影响。这也可做神仙家之说，旧行于燕齐之间的一证。〕这一派人，和中国古代的医学，很有关系。（《内经》里屡引方士之说。）他们是懂得点药物学的，所以有所谓炼奇药。古代的医学，原有“咒由”一科，所以到后来，张角等还以“符水”替人治病。其说起于燕齐之间，所以有“入海的思想”，而有所谓三神山；大约海边上的蜃气，一定和这种妖教的构成，很有关系的。当秦皇、汉武时代，神仙家的势力极盛。这时候，这一派人（方士）专以蛊惑君主为事。到后来，汉武帝化了许多钱，神仙也找不到，奇药也炼不成，才晓得上了大当，“喟然而叹曰：世安有神仙”？从此以后，这一派人，蛊惑君主的伎俩，就无从再施，于是一变而愚惑平民。然而从张角、孙恩造反以后，又变做一种妨害治安的宗教，势不能再在社会上大张旗鼓；虽然还有张道陵、寇谦之等一班人，借符箓丹鼎等说，以愚惑当世。参看《魏书·释老志》。毕竟是不能大占势力的，这一种宗教，要想自存，就非改弦易辙，加上一点新面目不可。把后世道教的书来看，真像是和《易》、《老》相出入的。然而请问这许多话，汉以前的神仙家有么？譬如《淮南子》，后世认为道家的书。然而《淮南子》里，原有易九师的学说。又如《太极图》，后世认为陈抟从道家的书里取来的，不是儒家所固有。然而他的说法，可以和《易经》相通，毕竟无从否认。（参看胡渭《易图明辨》。）我说：这许多话，本是中国古代的哲学，保存在《易经》里头的。魏晋以后的神仙家，窃去以自文其教。所以魏晋以后的道教，全不是汉以前的神仙家的本来面目。神仙家的本来，是除了炼奇药，求神仙等，别无什么哲学上的根据的。明乎此，则可知我国“道藏”的书大有研究的价值。为什么呢？中国古代的哲学，保存在《易经》里。五经里头，只有《易经》，今文家的学说全亡东汉人所注的《易经》，妖妄不经，琐碎无理，全没有哲学上的价值。要求古代的哲学（从

《易经》里去求），只有到《淮南子》等一类的书里去搜辑，然而这一类书，也所传甚少，而且残缺不完。神仙家既然窃取这一种哲学，以自文其教，当他窃取的时候，材料总比现在多。这种哲学，一定有儒家已亡，借着他们的窃取，保存在道藏里头的。把这一种眼光去搜寻，一定能寻得许多可贵的材料。

还有一种风气，也是到魏晋以后才盛的，便是崇尚文学。两汉时代，固然也有许多文学家。然而这时候，看了文学，不过一技一能，究竟还是以朴学为重。到魏文帝，就说："年寿有时而尽，荣乐止乎其身，二者必至之期，未若文章之无穷。"这种思想，全然是两汉人没有的。这是由于（一）两汉人的学问，太觉头巾气，缺乏美感，枯寂了的反动。（二）则魏晋人的哲学，所铸造成的人生观。总是"修短随化，终期于尽，古人云：死生亦大矣。岂不痛哉"一派。总觉得灰心绝望。然而人的希望，究竟不能尽绝的。"爱惜羽毛"的人，就要希望"没世不可知之名"。隋朝的李谔说："自魏之三祖，崇尚文词。……竞骋浮华，遂成风俗。江左齐梁，其弊弥甚。贵贱贤愚，唯务吟咏。……竞一韵之奇，争一字之巧。连篇累牍，不出月露之形，积案盈箱，惟是风云之状。代俗以此相高，朝廷据兹擢士。禄利之路既开，爱尚之情愈笃。于是闾里童昏，贵游总丱，未窥六甲，先制五言。……递相师祖，浇漓愈扇。……"也可以见得这种风气的由来，和其降而益甚的情形了。因有这种风气，所以唐朝的取士，就偏重进士一科。也因为有科举制度，替他维持，所以这种风气，愈不容易改变。

文学的内容，从南北朝到唐，也经过一次变迁。从东汉到梁陈，文学日趋于绮靡，这是人人知道的。这种风气，走到极端，就又起了反动。隋文帝已经禁臣下的章奏，不得多用浮词；唐兴以后，就有一班人，务为古文，至韩、柳而大盛。就开了北宋到明的一派文学。（曾国潘《湖南文征序》："自东汉至隋，……大抵义不单行，辞多俪语；即议大政，考大礼，亦每缀以排比之句，间以婀娜之声。历唐代而不改。虽韩李锐志复古，能革举世骈体之风。……宋兴既久，欧阳曾王之徒，崇奉韩公，以为不迁之宗；适会其时，大儒迭起，相与上探邹鲁，研讨微言；群士慕效，类皆法韩氏之气体，以阐明性道。自元明至……康雍之间，风会略同。”这几句话，说自汉至清初，文学变迁的大概，颇为简明。总而言之：古文之学，是导源唐初。大成于韩、柳等一班人，到北宋才大盛的。《旧唐书·韩愈传》：“大历、贞元间，文字多尚古学，效扬雄、董仲舒之述作。独孤及梁肃，最称渊奥。愈从其徒游，锐意钻仰，欲自振于一代。”《新唐书·文苑传序》：“大历、贞元间，美才辈出。擩哜道真，涵泳圣涯，于是韩愈倡之，柳宗元、李翱、皇甫湜等和之，唐之文，完然为一代）……”——韩公的“辟佛”，对于以前的学术宗教界，也要算一个反动。且留待讲宋代学术时再讲。

第七节　门阀的兴废

从南北朝到唐，其间还有一大变，便是门阀阶级的破除。三代以前的社会，原是一种阶级制。看第一篇第九章第三节，便可以知道。春秋战国之际，虽说经过一次大变迁，毕竟这种阶级制的余波，是不能扫除净尽的。读史的人，都说九品中正之制，弄得“上品无寒门，下品无世族”。然而做中正官的人，并不曾全操选举之权。不过朝廷要用人时，把他所品评的等第，来复核复核罢了。选举之权，毕竟还在州郡手里。郡国选举之制，不是魏晋以后才有的。以前虽没有九品中正之制，难道郡国选举，都是十分公正，不带一点阶级臭味的么？（梁武帝时，沈约上疏，说：“顷自汉代，本无士庶之别。……庠序棋布，传经授受，学优而仕。始自乡邑，本于小吏干佐，方至文学功曹。积以岁月，乃得察举。……”可见汉朝的选举，自比魏晋以后公平；然而说毫无阶级臭味。是决办不到的。）这是决不然的。不过不像魏晋南北朝这种盛法罢了。两晋南北朝时候，门阀阶级之严，是由于（一）有九品中正之制，替他维持。（二）则这时候，五胡乱华，汉人和胡人，血统上不免混淆。士大夫之家，就想高标门第，以自矜异。（三）则当晋室渡江之初，文明的重心，还在北方；北方的大族，初南迁的时候，也还有高自位置的思想；以后就成了一种风气。所谓大族，必须要标明了一个“郡望”，以明其本出何郡，就是魏晋以前，阶级制度并没有消除尽净的证据。倘使你在本籍，本没有特异于人之处，迁徙之后，又何必要特标出一个郡望来呢？这种阶级制度，是到唐中叶以后，才渐次破坏，经过了五代，然后消除净尽的。破坏这种制度的力量，要算隋唐以后的科举制度最大。这是为什么呢？原来当郡国选举的时代，无论你怎样公正，无论怎样的注重于才德，这郡国所“荐举”或“拔擢试用”的人，总不得真正到社会的下层阶级里去找——固然也有例外的，然而总是例外。直到郡国选举的制度，变做了投牒自举。（这时候，形式上固然还说是乡贡，然而既凭考试，这乡贡便是有名无实的话。）被举的人（举人）和举他的人（州郡），其间才不发生关系。——无论什么人，向州郡投牒自列，州郡就不能不考试他；考试合格了，便不能不举他。把全国的人，都聚到京城里去考试，和他的本乡，相离得很远；考试防弊的制度，又一天严密似一天；（在唐朝，还没有“糊名”、“易书”、“禁怀挟”等种种制度。考官还得以采取誉望；就和士子交通，也不干禁例的。但是从唐到清，考试的制度，是一天天往严密的一条路上走的；这是考试制度的进化。）应考的人，和考他的人，也再不得发生关系。这样，全国的寒畯，才真和有特权的阶级，立于平等竞争的地位。所以隋唐以后的科举制度，实在有破除阶级的大功，不可湮没的。向来读史的人，都说投牒自举，是个最坏的制度。其意，不过说这是“干进无耻”。其实不然。参与政治，是国民的一种义务，不单是权利。有服官的能力，因而被选举，因而服官，这是国民应享的权利，也就是国民应尽的义务。郡国选举和征辟……的时代，有了才德，固然可以被选举，被征辟的。傥使人家不来选你，征你，辟你，便如何？若在隋唐以后，便可以怀牒自列。所以唐以后的科举制，是给与国民以一种重大的公权。——实际上应试的人，志愿如何，另是一说。从法理上论，这一层道理，是颠扑不破的。

两晋南北朝时候的阶级制度，是怎样？我且引近人钱塘夏氏的一段话如下：

……其时士庶之见，深入人心，若天经地义然。今所见于史传者，事实甚显。大抵其时士庶，不得通婚。故司马休之之数宋武曰：裕以庶孽，与德文嫡婚，致兹非偶，实由威逼。（指宋少帝为公子时，尚晋恭帝女事言。）沈约之弹王源琅邪临沂人。曰：风闻东海王源，嫁女与富阳满氏，王满联姻，实骇物听。此风勿翦，其源遂开。点世尘家，将被比屋。宜真以明科，黜之流伍。可以见其界之严矣。其有不幸而通婚者，则为士族之玷。如杨佺期弘农丛阴人。自以杨震之后，门户承藉，江表莫比；有以其门地比珣者，琅邪临沂人。犹恚恨。而时人以其过江晚，婚宦失类，每排抑之。然庶族之求俪于士族者，则仍不已；不必其通婚也，一起在动作之微，亦以偕偶士族为荣幸；而终不能得。如纪僧真丹阳建康人。尝启齐武曰：臣小人，出自本州武吏。他无所须，惟就陛下乞作士大夫。帝曰：此事由江敩（字叔文，济阳考城人。）谢瀹，（字义洁，陈郡夏阳人。）我不得措意，可自诣之。僧真承旨诣敩。登榻坐定；敩命左右；移吾牀，让客。僧真丧气而退。告帝曰：士大夫固非天子所命也。其有幸而得者，则以为毕生之庆，如王敬则晋陵南沙人。与王俭（字仲宝琅邪临沂人。）同拜开府仪同，曰：我南州小吏，侥幸得与王卫军同拜三公，夫复何恨？甚至以极凶狡之夫，乘百战之势，亦不能力求。如侯景请娶于王谢。梁武曰：王谢高门非偶，当朱张以下访之。积此诸端观之，当时士庶界限，可以想见。……此皆南朝之例，若夫北朝，则其例更严。南朝之望族，曰琅琊王氏，陈国谢氏。北朝之望族，曰范阳卢氏、蒙阳郑氏、清河博陵二崔氏。（南北朝著姓不仅此，此乃其尤者耳。）南朝之望族，皆与皇族联姻。其皇族，如彭城之刘、兰陵之二萧、吴兴之陈，不必本属清门。惟既为天子，则望族即与联姻，亦不为耻。王谢二家之在南朝，女为皇后，男尚公主，其事殆数十见也。而北朝大姓，则与皇室联姻者绝少。案魏朝共二十五后，汉人居十一，而无一士族焉。……此殆由种族之观念而成。……隋文之独孤皇后，唐太之长孙皇后，皆鲜卑人也；而斛律明月称“公主满家”，则皆渤海高氏之女，皆可为此事之证。……

这种习尚，唐初还很盛。唐太宗定《氏族志》，颁行天下。而《李义府传》说：“自魏太和中，定望族七姓，子孙迭为婚姻。唐初作《氏族志》，一切降之。然房玄龄、魏征、李勣，仍往求婚，故望不减。”可见这事，竟非政治势力所能干涉。又《杜羔传》说：“文宗欲以公主降士族，曰：民间婚姻，不计官品。而尚阀阅；我家二百年天子，反不若崔、卢耶?”可见中叶以后，尚有此风。然而科举制度既兴，寒门致身显贵，毕竟较以前为容易。加以物质上的欲望，总是不能没有的。所以到唐朝以后，士族贪庶族之富，而和他结婚的，就渐渐加多。再加以五代的丧乱，士族失其位置，庶族致身富贵。又丧乱之际，人民播迁，谱牒失考，因而庶族冒充士族的，也日渐加多。从宋以后，这种阶级，又渐归于平夷了。

到贵贱阶级破坏的时候，社会上好利之风，就必然日盛。唐朝时候，是这种门阀制度，行将灭亡，仅保惰力的时候。所以唐朝士大夫好利之风，实在较南北朝为甚。《文献通考》卷二十七引江陵项氏的话：

风俗之弊，至唐极矣。王公大人，巍然于上，以先达自居，不复求士。天下之士，什什伍伍，戴破帽，骑蹇驴，未到门百步，辄下马，奉币刺再拜，以谒于典客者，投其所为之文，名之曰“求知己”。如是而不问，则再如前所为者，名之曰“温卷”。如是而又不问，则有执贽于马前，自赞曰某人上谒者。……

这固然由于科举制度之兴，有以使士人干进无耻，然而贵贱的阶级平夷了，除富更无可慕，也是其中的一个原因。

第三篇　近古史（上）

第一章　近古史和中古史的异点

从汉到唐，和从宋到清，其间的历史，有一个不大相同之点。便是“从汉到唐，中国是征服异族的；从宋到清，中国是给异族征服的。”五胡虽然是异族，然而入居内地久了，其实只算得中国的编氓。他们除据有中国的土地外，都是别无根据地的。所以和中国割据的群雄无异。到辽金元却不然。辽是自己有土地的，燕云十六州，不过构成辽国的一部分。金朝虽然据有中国之半，然而当世宗、章宗手里，都很倦倦于女真旧俗，很注重于上京旧地的。元朝更不必说了。所以前此扰乱中国的，不过是“从塞外入居中国的蛮族”乘着中国政治的腐败，起来扰乱。这时候，却是以一个国家侵入的。就是“中国前此，不曾以一个国家的形式，和别一个国家相接触而失败，这时代却不然了”。从契丹割据燕云十六州起，到元顺帝退出中国的一年为止，其间凡四百二十四年。（公元946至公元1369年。）

明太祖起而恢复中原二百七十五年。清朝人又入据之者二百六十八年，（从顺治元年，即公元1644年起，到宣统三年止。）所以这时代，中国有十分之七，在异族统治的状态之下。然而其初就是由几个军人内讧，把异族勾引进来的。这时代，中国所以辗转受累，始终不能强盛，也都是直接间接受军人的害。读到下文，自然明白。军阀和国家的关系，可谓大了。然而还有一班人，说立国于现在的世界，军备是不能没有的。因而颇怀疑于现在的军人，不能全去。我却拿什么话同他说呢？立国于世界，军备原是不能全去的，然而须要晓得，军备有种种的不同。若依然是“从今以前的军人”，可说于国家有百害而无一利；莫说保护国家，国家本没有外侮，有这班人，就引起来了；外侮本可以抵御，有这班人，就无从抵御了。这不是一时愤激之谈，请看历史。

第二章 唐朝的分裂和灭亡

第一节 安史之乱

北宋为什么不能抵御辽金，以致于给元朝灭掉？这个根是五代种下来的。五代时候，为什么要去勾结异族，请他进来？这个根是唐朝种下来的。唐朝怎样会种下这个根？是起于有天下者好大喜功的一念，和奢侈淫欲的行为。专制政体和国家的关系，可谓大了。

唐玄宗时所设的十节度经略使，已见前篇第三章第三节。这诸镇之中，西北两面，以制驭突厥、吐蕃、奚、契丹故，兵力尤厚。唐初边将，是“不久任”、“不兼统”的。“蕃将”就有功劳，也做不到元帅。玄宗在位岁久，渐渐荒淫。始而宠武惠妃，继而宠杨贵妃，委政于李林甫。林甫死后，剑南人杨钊，又夤缘杨贵妃的门路，冒充他哥哥。于是赐名国忠，继李林甫为宰相。玄宗始而锐意边功，继而荒淫无度，军国大政完全不在心上。边将就有以一人而兼统数镇，十几年不换的。李林甫又妒功忌能，怕边将功劳大的，要入为宰相，就奏用胡人为元帅，于是安禄山就以胡人而兼范阳、平卢两镇节度使。这时候，奚、契丹渐渐强起来了。（参看第三章第二节。）安禄山时时同他打仗，又暗招奚、契丹的人，补充自己的军队。于是范阳兵精，天下莫及。他有反心已久。以玄宗待他厚，一时还犹豫未发。到杨国忠做了宰相，和安禄山不对，说他一定要反的，玄宗不听。杨国忠就想激变安禄山，以“自实其言”。于是处处和安禄山作对。公元755年，禄山就反于范阳。

这时候，内地是毫无兵备的。玄宗听得禄山反信，叫封常清（河西节度，这时候适在京师。）到东京去募兵抵御他。然新招来的“白徒”，如何和百练的精兵打仗？屡战皆败，不一月，河南、河北皆陷。禄山就称帝于东京。封常清逃到潼关，和副元帅高仙芝共守。玄宗把他杀掉，代以哥舒翰。哥舒翰主坚守，杨国忠又催他出战。公元756年六月，战于灵宝，（如今河南的灵宝县。）大败，潼关失守。玄宗出奔四川。当杨贵妃得宠的时候，还有他的姊姊秦国夫人哩，韩国夫人哩，虢国夫人哩，都出入宫禁，骄奢淫逸得了不得，后来杨国忠也是如此。军民心上，久已怨恨得不堪了。玄宗走到马嵬驿，（在如今陕西兴平县。）军变了，逼着玄宗把杨国忠、杨贵妃都杀掉，然后起行。又有一班父老“遮道”，劝玄宗留太子讨贼，玄宗也听了他。太子走到灵武（如今甘肃的灵武县。）即位，是为肃宗。

当哥舒翰守住潼关的时候，平原太守颜真卿，常山太守颜杲卿，都起兵讨贼。河北响应。贼将史思明，虽然把常山打破，将颜杲卿杀掉。而朔方节度使郭子仪，河东节度使李光弼，又连兵而出井陉。杀败史思明。安禄山一方面形势颇为吃紧。不意潼关破了，子仪、光弼，都撤兵西上，颜真卿也逃到行在。于是形势大变。幸而安禄山是个武人，所靠的只是兵强，此外别无大略。他手下的战将，也是毫无谋略的，既入长安，纵情于子女玉帛，并不出兵追赶，所以玄宗得以入蜀，肃宗也安然走到灵武。公元757年，安禄山又给他的儿子安庆绪杀掉。安庆绪不能驾驭诸将，将卒都不听他的命令。于是兵势骤衰。

肃宗即位之后，郭子仪以兵至行在。公元757年二月，先平河东，以为进取两京的预备。九月，以广平王俶（代宗。）为天下兵马大元帅，并着回纥西域的兵，克复西京。旋进取东京。于是贼将皆降。贼将尹子奇屡攻睢阳，幸得张巡、许远坚守。后来虽然给子奇攻破，然而不久，东京就收复了。子奇为人所杀，江淮得以保全。

贼将里头，最骠悍的要算史思明。投降之后，唐朝仍以他为范阳节度使。李光弼使副使乌承恩图之。事泄，思明杀掉承恩，再反。这时候(公元758年)，九节度之师六十万，方围安庆绪于邺，久而不克。史思明发兵来救，官军大败。李光弼的兵，在诸将中，算最整齐的，只断得河阳桥。(河阳，如今河南的孟县。) 思明人邺，杀庆绪。旋发兵陷东京。公元761年，攻陷河阳及怀州，(河南河内县。) 朝廷大震。幸而思明也为其子朝义所杀，贼势又衰。公元762年，肃宗崩，代宗立。史朝义差人去骗回纥，说唐天子已死，国无主；速南取其府库，金帛多着哩。回纥信了他，牟羽可汗，自已带兵南下，而走到路上，给唐朝人晓得了。赶快派蕃将仆固怀恩，(铁勒仆骨部人。) 前去游说他。劝他反助唐朝。于是再派雍王适（德宗。) 做天下兵马大元帅，和回纥的兵，一同进取东京。史朝义走幽州，幽州已降，想逃奔奚、契丹，为追兵所及，自缢而死。一场大乱，总算平定。

郭子仪，李光弼，是历史上负头等声誉的人物。我说他的兵，实在没有什么用场。这个很容易见的。进取西京的时候，官军的总数，共有十五万；回纥兵不过四千。然而为什么一定要有了回纥兵，才能收复两京？当时官军的兵力，并不薄弱、贼兵则久已腐败了；而且安禄山死了，失了统御的人；何以十几万的官军，竟不能力战取胜，一定要借助于回纥兵呢？围相州一役，没有外族兵，就以六十万的大兵，而杀得大败亏输。(这时史思明的兵，只有三万。)

相持几年，毕竟又靠回纥的力，才把史朝义打平。这种军队，也就可想而知了。所以我说《唐书》上所载郭李的战绩，是全不可靠的。安史的亡，只是安史的自亡。不然，安史的一班降将，何以毫不能处置，而只好养痈遗患呢？

第二节 唐中叶后的外患

唐朝因安史之乱所致的患害有两种：一种是外国骤强，一种是藩镇遍于内地。

突厥复兴的时候，回纥度碛，南徙甘凉间，已见上篇第二章第六节。突厥亡后，回纥怀仁可汗，又北徙据其地。（树牙于都尉鞬山。大约在如今三音诺颜境内。）怀仁的太子叶护，（叶护是官名，不是人名。凡北狄的人名，有时是“名”，有时是“称号”，有时是“官名”。有时“名”“号”“官名”等，混杂在一起。一一分别，不胜其烦；而且有许多分别不出的；所以概不加注。特于此发其凡。读者只要不把他都认作人名就是了。）助中国收复两京。原约克复西京之日，土地归唐，金帛子女归回纥。城破之日，回纥欲如约。广平王率众拜于叶护马前，请他破了东京再如约，回纥也勉强听从。代宗时候，怀仁可汗，已经死了，子移地健立，是为牟羽可汗。（叶护得罪前死，所以不曾立。）听了史朝义的话，自己带兵南下，走到陕州，遇见了仆固怀恩，总算是反而助唐。然而居然责雍王不“蹈舞”，把兵马使药子昂，行军司马韦少华杖杀。唐朝这时候，只得吞声忍气，无如之何。仆固怀恩，虽然是个蕃将，对于唐朝，却的确尽忠的。（参看《唐书·怀恩传》。）后来和河东节度使辛云京不协。唐朝却偏助云京。于是怀恩造反；兵败，逃入回纥。公元 764 年，引回纥吐蕃入寇。幸而怀恩道死，郭子仪单骑去见回纥，说和了他，与之共击吐蕃，吐蕃遁去。唐朝和回纥的国交，总算没有破裂。然而这时候，回纥骄甚，每年要贡马数千匹，都是用不得的，却要赏赐他很多的金帛。回纥人留居长安的，骄纵不法。酗酒滋事，无所不为。犯了法，给官抓去；便聚众劫取，官也无如之何。后来牟羽可汗，又要入寇，宰相顿莫贺谏，不听。就弑之而自立，是为合骨咄禄毗伽可汗。德宗在陕州，是吃过回纥的亏的。即位之后，心中还有些不忿。然而这时候，中国的国力，实在不够。宰相李泌，再三婉劝，于是与回纥言和。回纥从肃代以后，和中国交通频繁，多得中国的赏赐，渐渐的“濡染华风”，流于文弱了。文宗时，年荒疫作。为黠戛斯所攻，（就是铁勒十五部里的结骨。《唐书》称“其人皆长大，赤发，皙面，绿瞳。”则本来是白种。后来和铁勒相混，所以又说“其种杂丁令”。“其文字语言。与回鹘同。”其牙在青山，青山在剑河之西。案剑河就是谦河，见前篇第一章第四节。）可汗盍驭特勒被杀。余众走天德（军名，在乌剌特旗境。）振武间，盗畜牧，为唐军所破。残部五千，仰食于奚，仍为黠戛斯所虏。于是漠南北无复回纥。而其余众走西域的，蔚为其地一大族，遂成现在回族分布的形势。（参看下篇第三章第一节。）

吐蕃却比回纥强，所以唐朝受吐蕃的害，也比回纥为烈。安史乱时，诸将皆撤兵入援。于是吐蕃乘势尽陷河西陇右之地。公元763年，吐蕃入寇，至便桥。（在如今使西咸阳县境。）代宗奔陕州。吐蕃入长安，立广武王承弘为帝。旋以郭子仪多张疑兵以胁之，乃弃城而去。德宗初立，和吐蕃讲和，约以泾陇诸州为界。朱泚反时，吐蕃允助兵讨贼；约事定，畀以泾灵等四州。旋吐蕃军中疫作，不战而退。事平之后，却又邀赏。德宗只略酬以金帛。吐蕃缺望，又举兵为寇。兵锋直逼畿辅，诸将竟“不能得一俘”。穆宗时，其赞普达磨，“嗜酒好猎，凶愎少恩”，吐蕃国势渐衰。武宗时，赞普死，无子，妃琳氏的兄子嗣立。只三岁，綝氏共治其国。别将论恐热不服，作乱。吐蕃的鄯州节度使尚婢婢，又不服论恐热，举地来降。公元849年，宣宗就恢复河湟之地。明年，沙州首领张义潮等复以河西之地来归。于是唐朝复有河西陇右之地。然河湟一带，吐蕃人杂居的不少。河西也荒芜已甚。到唐朝末年，声教隔绝。河西就复为回鹘所据。陇右也入于蕃族之手。直到宋熙宁中才恢复。这是后话，且待以后再讲。

还有国不甚大，而为害却很深的，便是南诏。南诏，《唐书》说他是哀牢夷之后，其实不然。哀牢夷，在如今云南保山一带。后汉明帝时，始开其地为永昌郡。《后汉书》说他“种人皆刻画其身，象龙文”，又说他“穿鼻儋耳”，这明是马来人种。（古代所谓粤族。）南诏则系出乌蛮。乌蛮是和白蛮分别之称，亦谓之两爨。（以南北朝时，中国有爨氏王其中。故乌蛮为东爨，白蛮为西爨。）其众在金沙江大渡河流域，就是现在的猓猡。（古代的濮族，参看第一篇第六章第五和第六节，第二篇上第四章第四节。）唐时，其众分为六诏。（蛮语谓王曰诏。蒙巂诏，在如今四川西昌县。越析诏，亦称磨些诏，在如今云南丽江县。浪穹诏，在如今云南洱源县。邆睒诏，在如今云南邓川县。施浪诏，在洱源县之东。蒙舍诏，在如云南蒙化县。蒙舍诏地居最南，故亦称南诏。）玄宗时，南诏的酋长波逻阁，才合六诏为一。徙治太和城。（如今云南的太和县。）玄宗封为云南王。天宝间，剑南节度使鲜于仲通失政。南诏酋长阁罗凤，（波逻阁的儿子。）北臣吐蕃。仲通讨之，大败。杨国忠调山东兵十万讨之，又大败。于是南诏北陷巂州，（西昌县。）兵锋及清溪关，（如今四川的清溪县。）西川大受其害。然而南诏从归服吐蕃之后，赋敛甚重；吐蕃每入寇，常用其兵做先锋；又夺其险要之地，筑城置戍；南诏深以为苦。当巂州陷时，西泸令郑回，为阁罗凤所获，叫他做孙儿子异牟寻的师傅。德宗时，阁罗凤死，异牟寻嗣位，以郑回为相。郑回劝他归唐。西川节度使韦皋，也遣使招他。于是异牟寻再归唐朝，和唐朝合力，击破吐番。公元202年，西川之患始解。文宗时，异牟寻的孙子劝利在位，又举兵为寇。攻成都，入其郛。劝利死后，子酋龙立。懿宗时，称帝，国号大礼。屡攻岭南，又陷安南都护府。（在如今越南的东京。）唐朝用高骈做安南都护，打败他。南诏又改攻四川，唐朝又把高骈调到四川，把他打破，南诏才不敢为寇。酋龙死后，南诏也衰，和唐朝就无甚交涉了。

西突厥别部，唤做处月，西突厥亡后，依北庭都护府以居。其地在金娑山之阳，蒲类海（如今新疆的巴黑坤湖。）之阴，有大碛曰沙陀，因号为沙陀突厥。河西既陷，安西北庭，朝贡路绝。肃代后，常假道于回纥。回纥因之，求助无厌。沙陀深以为苦，于是密引吐蕃陷北庭。吐蕃徙沙陀于甘州。久之，回纥取凉州，吐蕃疑心沙陀和回纥交通，要徙其众于河外。（黄河之南。）沙陀大惧。公元801年，其酋长朱邪尽忠（朱邪二字，就是处月的异译。）和其子执宜，悉众三万落归唐。吐蕃追之，且战且走。尽忠战死。执宜以余众款灵州塞。节度使范希朝以闻。诏处其众于盐州，置阴山都督府，以执宜为兵马使。其后希朝移镇河东，执宜举部随往。希朝更处其众于神武川北的黄瓜堆，（在如今山西山阴县北。）简其精锐，以为沙陀军。懿宗以后，屡次用他征讨，就做了沙陀入据中原的根本了。

第三节 肃代到穆宗时候的藩镇

安史败后，其所署置的诸将皆来降。唐朝用姑息政策，仍旧把原有的地方，给他做节度使。于是

薛嵩据相卫（军名昭义，治相州，如今河南的安阳县。薛嵩死后，弟萼立，为田承嗣所并。）

李宝臣据恒赵（军名成德，治恒州，如今直隶的正定县。）

田承嗣据魏博（军名天雄，治魏州，如今直隶的清丰县。）

李怀仙据范阳（军名卢龙。怀仙为兵马使宋希彩所杀，希彩又给手下人杀掉。推朱泚为节度。朱泚入朝，以弟滔知留后。）

李正己据淄青（军名平益，治青州，如今山东的益都县。）

各缮甲兵，擅赋税，相约以土地传子孙。而

山南东道梁崇义（治襄州，如今湖北的襄阳县。）

淮西李希烈（治蔡州，如今河南的汝南县。）

也和他们互通声气。

肃代两世，是专取姑息政策的。德宗立，颇思振作。公元681年，李宝臣死，子维岳请袭，不许。维岳就和田承嗣的侄儿子悦，及李正己，连兵拒命。梁崇义也趁势造反。德宗派河东节度使马燧，神策兵马使李晟，打破田悦。李希烈讨平梁崇义。幽州朱滔，也发兵助官军，攻

破李维岳。维岳之将王武俊，杀维岳以降。事已指日可定了。而朱滔王武俊怨赏薄，反助田悦。李希烈也反于淮西。于是弄得兵连祸结。公元783年，发泾原军（治泾州，如今甘肃的泾川县。）讨李希烈。打从京城过，兵士心上，以为必有厚赏；谁知一点没有；而且吃局又坏。军士大怒，作乱。德宗出奔奉天。（如今陕西的乾县。）乱军奉朱泚为主，进攻奉天。幸得浑瑊力战，河中节度（治蒲州，如今山西的永济县。）李怀光，也举兵入援。朱泚方才解围。德宗所用的宰相卢杞，是奸邪的。舆论都不以为然。怀光既解奉天之围，就奏参卢杞的罪恶。德宗不得已，把卢杞贬斥，然而心宝不以为然。怀光一想，这件事做得冒昧了。就也索性造反，和朱泚合兵。德宗不得已，再逃到梁州。（如今陕西的南郑县。）这时候，真是势穷力尽了。于是用陆贽的计策，“下诏罪己”。赦了李希烈，田悦，朱滔，李纳，（李正己的儿子。）王武俊，专讨朱泚。总算把长安收复，河中也打平，然而山东的事情，就到底虎头蛇尾了。

德宗从奉天还京后，一味信任宦官，注意聚敛，山东的事情，自然无心再管。传了个顺宗，只做了一年皇帝，就传位于宪宗。（参看第四节。）宪宗即位后，倒居然暂时振作。先是田承嗣死后，传位于侄儿子田悦。承嗣的儿子田绪，杀而代之。传位于兄弟季安。季安死后，儿子怀谏幼弱，军中推裨将田季兴为主，请命于朝。宪宗的宰相李绛，劝宪宗因而授之，而且厚赐其军。军士都欢欣鼓舞。于是魏、博一镇，归心朝廷。而淮西吴元济，（李希烈虽蒙朝廷赦罪，旋为其手下的将陈仙奇所杀。希烈的爱将吴少诚，又杀掉陈仙奇，替希烈报仇，朝廷弗能讨。少诚死后，牙将吴少阳，杀掉他的儿子而自立。传子元济，不但不奉朝令，还要出兵寇掠。）最为悖逆。平卢李师道（李纳传子师古，师古传弟师道。）成德王承宗，（王武俊传子士真，士真传子承宗。）都和他互相勾结。宪宗发兵讨吴元济，淮西兵既精，而境内又处处筑有栅垒，难攻易守。从公元864年用兵，到公元817年，还不能克。李师道屡次代元济请赦，宪宗不许。师道就派奸细，焚毁河阴转运院军储，刺杀宰相武元衡，又刺伤裴度的头。裴度仍坚主用兵，而且请自往督师。这一年十月里，唐邓节度使李愬，用降将的计策，乘雪夜袭入蒲州。执吴元济，送到京师，杀掉。明年，发诸道兵讨平李师道。卢龙节度使刘总，本以弑父自立，（朱滔死，军中推刘怦为留后。传子济，济子总，弑而代之。）心常不安。及是就弃官为僧。王承宗死后，他的兄弟承元，也束身归朝，肃代以后的藩镇，到此居然削平了。

然而公元820年，宪宗就死了。穆宗立，恣意声色，不问政事。宰相萧俛段文昌，又以为天下已平，不复措意于三镇。于是朱滔的孙子朱克融，乘机再据卢龙。成德将王庭凑，魏博将史宪诚，亦各据镇以叛。朝廷发兵攻讨，多观望不进；粮饷又匮乏；就不得已罢兵。于是再失河北，“迄于唐亡，不能复取”。河北三镇的平定，倒没有满三年。

穆宗后的河北三镇：

（卢龙）　朱克融　李载义　杨志诚　史元忠　陈行泰　张绛　张仲武　张直方（仲武子）　周綝　张允伸　张公素　李茂勋　李可举

李全忠（可举子）　李匡威（全忠子）　李匡筹（匡威弟，为李克用所破，克用代以刘仁恭。）

（魏博）　史宪诚　何进滔　何弘敬（进滔子）　何全皋（弘敬子）　韩允中　韩简（允中子）　乐彦桢　罗弘信　罗绍威（弘信子）

（成德）　王庭凑　王元逵（庭凑子）　王绍鼎（元逵子）　王绍懿（绍鼎子）　王景崇（绍懿兄子）　王镕（景崇子）　张为礼（镕养子）

第四节　宦官的专横

唐朝亡于藩镇，是人人知道的。其实藩镇之祸，还不如宦官之深。为什么呢？藩镇之中，始终抗命的，其实只有河北三镇。其余诸镇，虽也时时有抗命的事情，然而从黄巢作乱以前，显然拒命，始终不能削平的，其实没有。不过外权太重，中央政府，陷于威权不振的状态罢了。要是有有为之主，赫然发愤，原未尝不可收拾。然而从中叶之后，也未尝无有为之主，而始终不能振作，则实由于宦官把持朝局之故。宦官所以能把持朝局，又由于他握有兵权之故。所以唐朝宦官之祸，是起于玄宗，而成于德宗的。

唐初的宦官，本没有什么权柄。玄宗才叫宦官杨思勖出平蛮乱。又信任高力士，和他议论政治。于是力士“势倾朝野”。权相如李林甫、杨国忠，尚且交结他。至于太子亦“事之以兄”。然而高力士毕竟还是谨慎的。肃宗即位后，宠任李辅国。辅国因张良娣有宠，和他互相结托。后来张良娣立为皇后，又和辅国相恶。肃宗病重了。张皇后要想除掉李辅国，辅国竟勒兵弑后。代宗即位，乃阳尊辅国为尚父，而暗中遣人，把他刺杀。代宗又宠任程元振，鱼朝恩，一味蔽聪塞明，以致吐蕃入侵，兵锋已近，还没有知道，仓皇出走，几乎大不得了。然而这时候，宦官的兵权还不甚大。除掉他毕竟还容易，所以程元振、鱼朝恩，虽然威权赫奕，毕竟各伏其辜。

到德宗从奉天回来，鉴于泾原兵变时候，禁军仓促不能召集；不愿意兵权专归武将；于是就神策、天威等军，置护军中尉、中护军等官，以宦官窦文旸、霍仙鸣等为之。又置枢密使，令宦官宣传命令。宦官的势力，从此就深根柢固了。（参看上篇第三章第一节、第三节。）顺宗即位，东宫旧臣王伾、王叔文，居翰林中用事。引用韦执谊做宰相；杜佑做度支使；韩泰、刘禹锡、柳宗元等，参与谋议；要想减削宦官的权柄。派范希朝做神策京西行营使，以收禁军的兵权。而宦官遣人告诸将，“无以兵属人”。希朝到了奉天，诸将没一个人理他。兵权收不回来，就弄得一筹莫展。于是宦官借口顺宗有病，逼着他传位于太子，是为宪宗。王叔文等一班人，都遭贬斥。这是士大夫和宦官斗争第一次失败。宪宗即位，也信任宦官吐突承璀，教他带兵去征讨。宪宗太子宁早死，承璀要立丰王恽，而宪宗以恽“母贱”，立遂王宥为太子。宪宗晚年，吃了方士的金丹，躁怒无常，为宦官陈弘志所弑。并杀掉吐突承璀和丰王恽，而立穆宗。穆宗和敬宗，都是荒淫无度的。穆宗性尤褊急，左右动辄获罪，也为宦官刘克明所弑。立宪宗子绛王悟。枢密使王守澄，又杀掉刘克明和绛王，而立文宗。文宗即位之初，就用宋申锡做宰相，和他谋诛宦官。宦官诬以谋反，文宗不得已，把宋申锡贬斥。又不次擢用李训郑注，和他谋诛宦官。于是正陈弘志弑逆之罪，鸩杀王守澄。郑注先出镇凤翔，谋选精兵入京，送王守澄葬，乘势诛灭宦官还没到期，李训等就先动手。诈言左金吾殿后有甘露降，派宦官去看，想趁此把他们杀掉。谁知事机泄漏，中尉仇士良、鱼弘志，就劫文宗入宫，以神策军作乱。杀掉李训和宰相王涯贾餗，凤翔监军，也把郑注杀掉，（凡监军，都是宦官。）于是大权尽入宦官之手，宰相不过奉行文书而已。这是士大夫和宦官斗争第二次失败。文宗一子早死，立敬宗子成美为太子。文宗病重了，仇士良、鱼弘志矫诏立武宗为皇太弟。文宗崩后，武宗杀太子而自立。武宗还算英明。即位之后，渐次夺掉仇士良的权柄。然而武宗也没有儿子。武宗病重，中尉马元贽等定计，立宣宗为皇太叔，武宗死后即位。宣宗留心政治，唐朝人称为“小太宗”。然而也并没夺掉宦官什么权柄。宣宗长子郓王温，无宠。临朝时候，把第三个儿子夔王滋属托枢密使王归长。左军中尉王宗实，又靠着兵权迎立懿宗。懿宗也没立太子，病重时候，中尉刘行深、韩文约共立僖宗。僖宗死后，群臣要立他的长子吉王保。而观军容使杨复慕，又仗着兵权，迎立昭宗。昭宗即位之后，一心要除宦官。于是宦官倚仗着方镇之力，肆行叛逆。毕竟弄得朝臣也借助于方镇，以除宦官，这是士大夫和宦官第三次斗争，就弄得宦官灭而唐亦以亡。其事都见第五节。总而言之：中央的兵权和机务，都操在宦官手里；六七代的皇帝，都是由宦官拥立；这是历代所没有的。然而其初，不过起于君主一念之差；专制政体的危险，就在这等地方。

第五节　黄巢之乱和唐朝的灭亡

藩镇跋扈于外，宦官专权于内，唐朝的天下，自然是弄不好的了。

然而还借着流寇做个引线，才弄得四海分崩。

唐朝自经安史之乱，财政困难，税法大坏，（参看第二篇下第三章第五节。）百姓本已苦极不堪了。懿宗时，奢侈尤甚；加以对南朝用兵，赋敛更重。于是裘甫作乱于浙东，总算旋即敉平。（公元860年。）而徐、泗的兵戍守桂州的，又因及期不得代作乱。（公元868年。）推粮料判官庞勋为主，北陷徐、宿、滁、和等州，进攻泗州。朝廷令康承训讨之，承训奏请以沙陀兵自随，由朱邪执宜的儿子赤心，带着前去。及战，“所向无前”。居然把庞勋打平。于是赐赤心姓，名曰李国昌，用他做大同节度使。〔治云州，如今山西的大同县。旋又移镇振武（治旧时的单于都护府，地在阴山之南）。〕沙陀就得了地盘了。（徐州，如今江苏的铜山县。宿州，如今安徽的宿县。桂州，如今广西的桂林县。滁州，如今安徽的滁县。和州，如今安徽的和县。泗州，如今安徽的泗县。）

僖宗即位时候，还只有十二岁，一切政事，都交给宦官田令孜。这时候，山东连年饥荒，公元875年，濮州人王仙芝起兵作乱。明年，冤句人黄巢聚众应之。又明年，仙芝在荆南，给招讨使曾元裕打死。黄巢收其余众，从宣州（如今安徽的贵池县。）入浙东。掠福建，陷广州。旋以军士多疫，还陷潭州。（如今湖南的长沙县。）从潭州北陷鄂州，（如今湖北的武昌县。）东南陷饶（如今江西的鄱阳县。）信；（如今江西的上饶县。）仍趋宣州。由采石渡江；北陷东都，进攻潼关。这时候的神策军，都是富家子弟，贿赂宦官，窜名军籍。（借此以避赋役。）实际上并“不能操兵”。用以把持朝政则有余，真个要他去打仗，就不行了。于是多出金帛，雇穷人代行。也都是“不能操兵”的。如何敌得百战的流寇？于是潼关失守。田令孜早叫他的哥哥陈敬瑄（田令孜是宦官的养子，本姓陈。）去做西川节度使，预备危急时候，再演那玄宗幸蜀的故事了。这时候，就挟着僖宗，出奔成都。黄巢入长安，自称齐帝。（公元880年。）

僖宗出奔之后，宰相郑畋、王铎，先后统诸道的兵，以讨黄巢。诸军都不肯尽力；四方藩镇，也都袖手旁观；于是不得不再用沙陀的兵。

李国昌做了节度使之后，他的儿子李克用，就做沙陀兵马使，戍守蔚州。（如今山西的灵邱县。）蔚州的兵，杀掉防御使段文楚，推他为主，入据云州。朝廷就用李国昌做大同节度使，以为克用必不能拒敌父亲。谁知李国昌也想儿子得一个地盘。倒父子联兵反起来。给幽州节度李可举打败。父子都逃入鞑靼。（见下篇第二章第一节。）这时候，克用的族父李友金，替代北监军陈景思，说请赦李克用的罪，叫他来打黄巢。朝廷听了他。于是公元 882 年十一月，李克用带着沙陀、鞑靼的兵一万多人南来。连战皆胜。明年四月，就把长安收复。黄巢逃出潼关，去攻蔡州。节度使秦宗权，敌他不过，就投降了他，和他一同造反。公元 884 年，李克用又出关，把黄巢打死。于是历年的流寇，总算平定。然而李克用就做了河东节度使，沙陀竟进了中原了。

僖宗还京后，田令孜依然用事。垂涎着解州、安邑，两个盐池的利益，想把河中节度使王重荣，移到山东。重荣不肯。令孜就结合邠宁（治邠州，如今陕西的邠县。）朱玫、凤翔（治岐州，如今陕西的凤翔县。）李昌符去攻他。谁知王重荣是李克用的亲戚，克用发兵来救，朱玫、李昌符大败。就反和李克用合兵，杀进京城。僖宗逃到凤翔，又逃到兴元。（如今陕西的南郑县。）后来李克用、王重荣，又愿意归顺朝廷，李昌符也和朱玫不合，三人合力，把朱玫攻杀，僖宗才算回京。（田令孜逃到西川靠陈敬瑄。）

公元 888 年，僖宗死了，杨复慕拥立昭宗。昭宗颇为英明。这时候，李克用攻杀昭义军节度使孟方立。（昭义军，治刑州，如今直隶的邢台县。）并邢、洺（如今直隶的永年县。）磁（如今直隶的磁县。）三州。又北取云州。朱全忠和河北三镇，都请出兵攻他。昭宗想借此除掉李克用，也就出兵征讨。谁知道全忠和三镇的兵都不出，官军被克用杀得大败。只得把宰相崔濬贬谪，和他讲和。僖宗回京之后，李昌苻又作乱，遣李茂贞讨平之。就以茂贞为凤翔节度使。昭宗不要杨复慕带禁军，叫他去做凤翔监军。复慕走到兴元，造反。茂贞又讨平之。于是骄恣得了不得。

公元892年，昭宗发禁兵讨李茂贞，茂贞和邠宁节度使王行瑜，合兵拒命。把官军杀得大败。只得把事情都推在宰相杜让能身上，把他杀掉，和他们讲和，于是朝廷一举一动，都为行瑜、茂贞所制。还有镇国军（治华州，如今陕西的华县。）韩建，也和他俩结为一党。公元895年，三人一同入朝，竟把宰相韦昭度、李溪杀掉。听得李克用要举兵来讨，才各自还镇。而李茂贞的干儿子李继鹏，做了右军指挥使，又举兵作乱。昭宗逃到石门。（镇名，在如今陕西的蓝田县。）幸得李克用举兵，讨斩王行瑜，昭宗才得回京。公元896年，昭宗置殿后四军，派诸王统带。李茂贞本是和宦官一气的，就举兵犯阙。昭宗逃到华州。韩建也和宦官结连，把诸王一齐杀掉。李克用又派兵人援，才把昭宗送还。昭宗回京后，仍和宰相崔胤，谋诛宦官。公元900年，中尉刘继述，就把昭宗囚了起来（立太子裕为帝。）崔胤密结神策指挥使孙德昭，杀掉刘继述，奉昭宗复位。然而兵权毕竟还在宦官之手，于是乎不得不借助于朱全忠。

朱全忠，本名温，华州人。是黄巢手下的降将。唐朝用他做宣武节度使。（治汴州，如今河南的开封县。）这时候，黄巢虽灭，而秦宗权又强。如今的河南山东，给他剽掠得几乎没一片干净土。屡次发兵攻击朱全忠，全忠居围城之中，四无应援，而“勇气弥厉”。后来到底把秦宗权灭掉。又东灭朱瑄朱瑾，〔朱瑄据兖州（如今山东的南阳县），军名泰宁。朱瑾据郓州（如今山东的东阿县），军名天平。〕南并时溥，（据徐州。）北服河北三镇。西并河中，取义武，（治定州，如今直隶的定县。）夺据邢、洺、磁三州。连年攻围太原。李克用也弄得自顾不暇。北方的形势，就推全忠独强了。

崔胤要谋诛宦官，宦官挟李茂贞以自重；崔胤就密召朱全忠的兵。公元901年，宦官韩全诲等，见事机已急，就劫昭宗走凤翔。这时候，韩建已降顺了朱全忠。公元902年，朱全忠进兵围凤翔。明年，李茂贞抵敌不住，杀掉韩全诲等，把昭宗送到朱全忠营里。于是大杀宦官。回京城后，又杀掉八百多人。公元904年，朱全忠把昭宗迁到洛阳。就是这一年，把昭宗弑杀，立了昭宣帝。公元907年，就禅位于梁。

这时候，方镇割据的，便有：

淮南杨行密（唐朝的庐州刺史。公元886年，淮南节度使高骈，给他手下的将毕师铎囚了起来。招宣州观察使秦彦到扬州，把高骈杀掉。行密讨诛秦彦和毕师铎，据了广陵。旋秦宗权的将孙儒来攻，兵力甚厚。行密不能抵御，逃回庐州，又逃到宣州。孙儒发大兵把他围起。幸得孙儒军中大疫，行密趁此把他击斩。仍据广陵，尽有淮南之地。行密死后，子渥，又尽取江西。）

两浙钱镠（唐朝的杭州刺史。昭宗时，越州观察使董昌造反，钱镠讨灭他。公元896年，就做了镇海镇东两节度，尽有浙东西之地。）

湖南马殷（孙儒的裨将。孙儒死后，和刘建锋逃到湖南，攻陷潭州。公元895年，刘建锋给手下的人杀掉，推马殷为主，尽据湖南地方。）

福建王审知〔固始县人，哥哥王潮，做本县的县佐。寿州人王绪造反。攻破固始，用王潮做军正。这时候，秦宗权方强，问王绪要租税。王绪就带兵渡江，南入福建，据了汀（如今福建的长汀县）漳（如今福建的龙溪县）两郡。王绪虐，给手下人杀掉，推潮为主。进据泉州（如今福建的晋江县）。公元893年，福建观察使陈岩死了，王潮就进据福州。公元897年，王潮死后，王审知接续下去。〕

岭南刘岩（刘岩的哥哥刘隐，公元905年，做唐朝的岭南节度使。刘隐死后，刘岩接续下去。）

剑南王建〔王建是田令孜的养子，本来在神策军里。僖宗入蜀之后，田令孜用他做利州刺史（如今四川的广元县）。后来和田令孜陈敬瑄翻脸，公元893年，把成都攻破，敬瑄和令孜都被杀。公元987年，又攻杀东川节度使使顾彦晖，就尽并两川之地。〕

还有个虎踞河东的李克用。就变做五代十国之世了。

第三章　五代的兴亡和契丹的侵入

第一节　梁唐晋的争夺

从来读史的人，有一个谬论。就是说："唐朝有藩镇，所以兵强；宋朝削除藩镇，国内虽然治安，然而兵就弱了，就有辽金元之祸。"这句话，全是误谬了的。宋朝的事情，且待慢慢再说。唐朝的强，是在开元以前，这时候，何尝有什么藩镇？天宝以后，藩镇遍地都是了。然而请看上章第二节所说，唐朝的对外如何？岂但如此，就连一个小小的沙陀，也抵当不住，听他纵横中原；到后来并且连契丹都引进来。

军事是贵乎严肃的，贵乎能统一的；所以对外能战胜的兵，对内必然能服从命令；骄蹇不用命的兵，对外必不能一战。唐朝就是如此：中叶以后的藩镇，可谓大多数不听朝廷的命令了。然而打一个区区的草寇，还是不济事，还得仰仗沙陀兵。所以李克用一进中原，兵力就"莫强于天下"。然而李克用也不过是一个普通的北族，并不是有什么雄才大略的；所靠的就不过是兵力。所以兵力虽强，依然无济于事；到后来，居然"天下之势，归朱温者十七八"。然而沙陀这个种族，毕竟还有些朝气；唐朝这一班军阀，却早成了暮气了。朱温虽是个英雄，既包围在这种空气里，自然不免受些影响。所以朱温死后，儿子毫无用处，竟给李存勖灭掉。这话是怎么说？大凡在草泽英雄里，要出个角色容易；在骄横的军阀里，要出一个角色难。因为草泽英雄，是毫无凭藉的，才情容易磨练得出；军阀却是骄奢淫逸惯了的，他那个社会中，自然出不出人才来。

梁太祖篡唐之后，公元912年，给次子友珪所弑。第三子友贞，讨杀之而自立，是为末帝。先是公元908年，李克用死了，儿子存勖继立。李克用晚年，也有点暮气；存勖却是“新发于硎”。于是河北三镇及义武，皆为存勖所服。（李克用死的一年，魏博罗绍威也死了。梁兵便乘机袭取赵州，进攻镇州。成德王镕，和义武王处直联盟，求救于晋。李存勖为之出兵，败梁兵于柏乡（如今直隶的柏乡县）。幽州刘仁恭，为其子守光所囚。李存勖攻之，梁人救之，不胜。梁太祖既死，晋入乘机入幽州，把刘守光杀掉。公元915年，梁人所派的魏博节度使杨师厚死了。梁人想趁势把天雄军分为两镇。军人作乱，迎接李存勖，于是魏博也入于晋。）梁末帝性柔懦，更不是李存勖的对手。尝发兵攻魏州，又想出奇兵袭晋阳，都不成功。晋人却袭取梁的杨刘镇，（在如今山东东阿县境。）筑了德胜南北两城。（就在东阿境内。）梁人就只得“决河自固”。公元923年，李嗣源袭取郓州。（如今的东阿县。）梁朝的形势，更为紧急。梁末帝派勇将王彦章去攻郓州，又给李存勖杀掉。这时候，梁国的重兵，都在河外。李存勖用李嗣源的计策，发兵直袭大梁。梁末帝无法，只得图个自尽；于是梁朝灭亡。

李存勖以公元923年，自称皇帝，国号也叫做唐，是为后唐庄宗。灭梁之后，迁都洛阳。庄宗既是个沙陀，又是个军阀，干得出甚么好事情？灭梁之后，自然就志得意满起来。宠任伶人宦官；不问政事，赏赐无度。——五代十国，原算不得什么国家，不过是唐朝藩镇的变相。唐朝的藩镇，节度使的废立，是操在军士手里的；这时候，虽然名目变做皇帝，实际上自然还脱不了这种样子。庄宗把方镇上供的钱，都入之内府，以供私用；州县上供的钱，才拨入外府，以供国家的经费。内府“金帛山积”，而外府竭蹶异常。南（郊祭。）天赏赐不足，军士就都有怨心；军士心变，军阀的命运就完了。

公元925年，庄宗派宰相郭崇韬，带了他的儿子魏王继岌伐蜀。这魏王，是刘皇后所生。刘皇后本是庄宗的妃子，郭崇韬为他有宠，劝庄宗立为皇后，希冀他见自己的情，宫里可以得一个强援。谁知道刘后反听宦官的话？王建的儿子王衍，是很荒淫的。郭崇韬的兵一到，自然马到成功。然而川中盗贼大起，一时未能还兵。就有宦官对刘皇后说：郭崇韬起了异心，恐于魏王不利。刘皇后大惧。忙告诉庄宗，请他把郭崇韬杀掉。庄宗不听。刘皇后就自己下了一条“教”给魏王，叫他杀掉郭崇韬。中外的人，都莫名其妙，于是谣言四起。就在这谣言四起的时候：魏博的兵戍瓦桥关（在如今直隶的雄县。）而归的，就据着邺都作乱。庄宗派李嗣源去打。李嗣源的兵也变了，劫看李嗣源，把他送进邺城里。李嗣源想条计策，撒了一句谎，邺城里的叛兵，才再放他出来。李嗣源的女婿石敬瑭说：哼！这种糊涂的皇帝；你给手下的兵，劫进叛兵城里，再出来，还想没有罪么？不如索性反罢。李嗣源一想，不错，就派石敬瑭做先锋，直趋洛阳。庄宗想要拒他，手下的兵，没一个用命，就给伶人郭从谦所弑。于是李嗣源即位，是为明宗。

明宗也是沙陀人，是李克用的养子。这个人在军阀里，却比较的算安分些。在位八年，总算没十分荒谬的事情。公元933年，明宗死了。养子从厚立，是为闵帝。这时候，明宗的养子从珂镇凤翔，石敬瑭镇河东。闵帝想把他俩调动，从珂就举兵反。闵帝派五节度的兵去打他，都非降即溃。派自己的卫兵去迎敌，到陕州，（如今河南的陕县。）又迎降。于是闵帝逃到卫州，（如今河南的汲县。）被杀。从珂即位，是为废帝。废帝既立，又要把石敬瑭移到天平，石敬瑭也就造反，于是契丹来了。

第二节　契丹的兴起和侵入中国

契丹的祖宗，就是鲜卑宇文氏，已见第二篇中第三章第四节。这一种人，自为慕容氏所破，窜居如今的热河道境。后魏道武帝，又把他打败。于是“东西分背”。西为奚，东为契丹。奚人居土护真河流域，（如今的英金河。）盛夏徙保冷陉山。（在妫州西北。）契丹人居潢河之西，（如今的西剌木伦。）土河之北。（如今的老哈河。）奚众分为五部，契丹则分为八部。

古八部
- 悉万丹
- 何大何
- 伏弗郁
- 羽陵
- 日连
- 匹絜
- 黎
- 吐六千

唐时八部
- 达稽 唐以为峭落州
- 纥便 彊汗州
- 独活 无逢州
- 芬问 羽陵州
- 突便 日连州
- 芮奚 徒何州
- 坠斤 万丹州
- 伏 赤山州 匹黎州

按挈丹的部名，见于《魏书》的，《辽史》谓之古八部。其后尝为蠕蠕及高丽所破，部落离散。隋时，才复依托纥臣水而居，（即土护真河。）分为十部，逸其名。唐时，复分为八部。《辽史》说：这八部，“非复古八部矣”。然而据唐朝的羁縻州名看起来；则芬问就是羽陵，突便就是日连，芮奚就是何大何，坠斤就是悉万丹，伏就是匹絜；其余三部，虽不能断定他和元魏时何部相当，然而八部却实在没有变。《辽史》的话，是错误了的。

契丹盛强之机，起于唐初。唐太宗时，契丹酋长窟哥内附。太宗把他的地方，置松漠都督府，就以窟哥为都督，赐姓李。别部大酋辱纥主也来降，以其地为玄州。（八部也各置羁縻州。）这时候，奚人亦内附，以其地为饶乐都督府。两都督府，共隶营州。（如今热河道的朝阳县。）武后时，窟哥的后人李尽忠，和归城州刺史孙万荣（这是契丹的另一部。其酋长孙敖曹，以高祖武德四年来降。安置之于营州城旁，即以其地为归城州，万荣是敖曹的孙子。）同反。武后发几十万大兵，都不能讨定。到底靠突厥默啜，袭破尽忠之众。（这时候尽忠已死。）又借助于奚兵，才把万荣打平。契丹势力的不可侮，于此已见。然而经这次大创以后，契丹也就中衰。附于突厥。公元714年，（玄宗开元二年。）尽忠的从父弟失活才来降。于是奚酋李大酺，也叛突厥来归。唐朝就再置松漠饶乐两都督府，各妻以公主。公元718年，失活死，从父弟娑固袭爵。为牙将可突干所攻，逃奔营州。营州都督许钦澹，为他发兵，并且发李大酺的兵，去攻可突干，大败，娑固及李大酺都被杀。（于是奚衰而契丹独强。）可突干立娑固的从父弟郁干。公元722年，郁干死，弟吐干袭。又和可突干不协。公元725年，来奔。国人立其弟邵固。公元730年，为可突干所弑。公元734年，幽州长史张守珪，结契丹部长过折，过折斩可突干来降。即以为松漠都督，旋为可突干余党泥礼所弑。

辽太祖先世世系（据《辽史·太祖本纪赞》。）

雅里——昆牒——颏领——肃祖耨里思——懿祖萨剌德——玄祖匀德实——德祖撒剌的——太祖阿保机（《辽史·耶律曷鲁传》：曷鲁对奚人说："汉人杀我祖奚首，夷离堇。"这奚祖夷离堇，也是太祖的先世。我疑心就是可突干。）

遥辇氏九可汗（见《辽史·百官志》。）

津可汗　阻午可汗　胡剌可汗　苏可汗　解质可汗　昭古可汗　耶澜可汗　巴剌可汗　痕德堇可汗

雅里就是泥礼。（亦作涅里。）当时推戴他的人很多，（见《耶律曷鲁传》。）"让不有国"，而立迪辇阻里。（《辽史》说就是阻午可汗。）唐朝赐姓名曰李怀秀，拜松漠都督。公元745年，（天宝四年。）杀公主叛去。更封其酋李楷落以代之。安史乱后，契丹服于回纥。公元842年，（武宗会昌二年。）可汗屈戍（《辽史》说就是耶澜可汗。）才来降。咸通中，（懿宗年号，公元860年至公元873年。）可汗习尔，曾两次进贡。（《辽史》说就是巴剌可汗。）公元901年，（昭宗天复元年。）钦德立为可汗，是为遥辇氏的末主痕德堇可汗。

《辽史·地理志》说：辽之先世，是"有神人，乘白马，自马孟山浮土河而东；有天女，驾青牛，由平地松林泛潢河而下；至木叶山，二水合流，相遇，为配偶。生八子；其后族属渐盛，分为八部”。（木叶山，辽属永州，在如今热河道赤峯县东北境。）我颇疑契丹所谓八部，就是八子之后，而《辽史》所谓“皇族”、“国舅”，却出于八部之外，皇族是代表乘白马的神人，国舅是代表乘青牛的天女。所以隋时其众分为十部，而唐时松漠、玄州，亦在八部之外。皇族是大贺氏、遥辇氏、世里氏，是为三耶律。国舅是乙室已氏、拔里氏，是为二审密。大贺氏之衰，八部仅存其五。雅里就把这五部再分为八；（《五代史》载契丹八部是：旦利皆、乙宝活、宝活、纳尾、频没、纳会鸡、集能、奚嗢。）又析三耶律为七，二审密为五；共二十部。三耶律的分，大贺、遥辇，共析为六，而世里氏仍合为一，谓之迭剌部。所以其实力最强。遥辇氏做可汗的时候，实权仍在迭剌部手里。

契丹太祖之兴，据《五代史》说：契丹“部之长号大人。常推一大人，建旗鼓以统八部。至其岁久，或其国有疾疫而畜牧衰，则八部聚议，以旗鼓立其次而代之；被代者以为约本如此，不敢争。某部大人遥辇次立。（案这是误以氏族为人名。）时刘仁恭据有幽州，数出兵摘星岭攻之。每岁秋霜落，则烧其野草。契丹马多饥死。即以良马赂仁恭，求市牧地；请听盟约；甚谨。八部之人，以为遥辇不任事，选于其众，以阿保机代之。……是时刘守光暴虐，幽涿之人，多亡入契丹；阿保机又间入塞，攻陷城邑，俘其人民；依唐州县，置城以居之。汉人教阿保机曰：中国之王，无代立者。由是阿保机益以威制诸部而不肯代。其立九年，诸部以其久不代，共责诮之，阿保机不得已，传其旗鼓。而谓诸部曰：吾立九年，所得汉人多矣，吾欲自为一部；以治汉城，（在如今热河道围场县西南。）可乎？诸部许之。……使人告诸部大人曰：我有盐池，诸部所食。然诸部知食盐之利，而不知盐有主人，可乎？当来犒我。诸部……共以牛酒会盐池。阿保机伏兵……尽杀诸部大人，遂立不复代”。据《辽史》则太祖是做本部夷离堇，升为大迭烈府夷离堇，再进为于越；痕德堇可汗死，然后即位的。我颇疑所谓建旗鼓以统八部，就是夷离堇之职。至于共主，则自在八部之外，但看唐时松漠玄州，在八部之外可知。大贺、遥辇两氏的可汗，相承具有世次，断不得仅有八部公推的大人。迭剌部、夷离堇，就是后来的北南二大王院，总统部族军民之政，是很有实权的。居了此职，所以可图篡。（太祖以前，这一职，或须由诸部公推。所以大贺、遥辇两氏，虽无实权，世里氏还迟迟不能图篡。）

太祖的代痕德堇而立，事在公元960年。（《辽史》以明年为太祖元年。）当时既能招用汉人，又尽服北方诸部族。〔契丹所征服的部族甚多，具见《辽史·属国表》。——此外还有散见于《本纪》中的。其最有关系的，就是渤海（见第五章第一节）、黠戛斯（征服黠戛斯，则可见契丹的声威，已到漠北）、党项、沙陀、鞑靼（这三种人，在今山陕之北。党项，见第二篇下第二章第三节。自为吐蕃所破，跟吐谷浑同逃到中国的北边。鞑靼，见下篇第二章第一节）、回鹘、吐蕃（这在河西的回鹘，陇右的吐蕃）等等。〕于是契丹疆域："东至海；西至金山，（阿尔泰山。）暨于流沙；（甘肃新疆的沙漠。）北至胪朐河；（克鲁伦河。）南至白沟。"（这是取燕云十六州以后的事。以上几句话，据《辽史·地理志》。）就做了北方一个大国了。前此北族的得势，不过一时强盛，总还不脱游牧种人的样子。独有契丹，则附塞已久，沐浴汉人的文化颇深；而且世里氏之兴，招用汉人，也是其中一个原因；所以他的情形，又和前此北族，稍有不同。（自李大酺死后，奚人就弱，而契丹独强。终唐之世，契丹人崛强，而奚人常服从。契丹太祖绝后，奚人才服属契丹。后来又一部叛去，依妫州北山射猎，到太宗时才服契丹。）

契丹太祖，起初和李克用约为兄弟，后来又结好于梁，所以李克用很恨他。后唐庄宗时，契丹屡次入寇。这时候，周德威守幽州，弃渝关（如今的山海关。）之险，契丹就入据平州，（如今直隶的卢龙县。）然而和后唐战，总不甚得志。公元926年，契丹太祖死，次子德光立，是为太宗。立十年，而石敬瑭来求救。

石敬瑭造反之后，废帝派张敬达去攻他。石敬瑭便去求救于契丹。许赂以卢龙一道，及雁门关以北之地。部将刘知远（后汉高祖。）说：契丹是没有大志的。就要借他的兵，只宜许以金帛；不可为一时之计，遗将来的大患。敬瑭不听。契丹太宗听得石敬瑭求救，便自带大兵南下。把张敬达围了起来。废帝派幽州节度使赵德钧去救，德钧又怀挟异志，投降契丹。于是契丹太宗册石敬瑭为晋帝。挟之南下，打败后唐的兵。废帝自焚死。晋高祖入洛，就割幽、（如今的京兆。）蓟、（如今京兆的蓟县。）瀛、（如今直隶的河间县。）莫、（如今直隶的肃宁县。）涿、（如今京兆的涿县。）檀、（如今京兆的密云县。）顺、（如今京兆的顺义县。）新、（如今直隶的涿鹿县。）妫、（如今直隶的怀来县。）儒、（如今直隶的延庆县。）武、（如今直隶的宣化县。）云、（如今山西的大同县。）应、（如今山西的应县。）寰、（如今山西的马邑县。）朔、（如今山西朔县的西北。）蔚（如今山西的朔县。）十六州，送给契丹。从此以后，中国的形势，就如负疽在背了。（《辽史·兵志》“每南伐，点兵多在幽州北十里鸳鸯泊。……皇帝亲征，至幽州……分兵为三道，……至宋北京，三路兵皆会，……大抵出兵不过九月，还师不过十二月。若帝不亲征，则以重臣统率往还，进以九月，退以十月。……若春以正月，秋以九月，则不命都统，只遣骑兵六万，于界外三百里内，耗荡生聚，不令稳养而已”。观此，则辽人之侵宋，殆视为每岁当然之事。宋朝北边的所以凋弊，实由于此。而其所以然，则全由于幽州割让，北边无险可守（河东虽割云州，仍有雁门内险。受害便不甚深）。所以《辽史》说同，“宋惟”太宗征北汉，辽不能救。余多败衄。纵有所得，亦不偿失。良田石晋献土，中国失五关故也”。可见燕云十六州的割让，于中国关系极大。这种内争的武人，真是罪大恶极。）

然而石晋自身，也就深受其害。当石晋高祖时候，事契丹甚谨，内外诸臣，也有许多不忿的。高祖深知国力疲敝，不能和契丹开衅，始终十分隐忍。公元1005年，石晋高祖卒，兄子重贵立，是为出帝，出帝的立，侍卫景延广，颇有功劳。于是用他和高祖旧臣桑维翰，同做宰相。景延广这个人，是很冒昧的。立刻就罢对辽称臣之礼，对于辽人交涉，一味强硬。于是兵衅遂开。战争连年，虽亦互有胜负；然而这时候，国力既已疲敝，诸藩镇又各挟异心，到底难于支持。公元946年，晋将杜重威，叛降契丹。契丹兵就入大梁，把出帝捉去。（晋高祖入洛的明年，迁都于汴。）

明年，契丹太宗入大梁。然而这时候，辽人全不知治中国之法。一味想搜括中国的钱财，搬到本国去。于是派使者分路出去“括措财帛”。又用子弟亲信做诸州节度刺史，也全是外行，用了一班汉奸，做出许多荒谬的事情。又辽国的兵制，有一种“打草谷军”，是军行时，专出去剽掠的。既入中国之后，依然行用此法。于是叛者蜂起。契丹太宗没法，只得北还，行至滦城（如今直隶的滦县。）而死。先是契丹太祖的长子，名倍。太宗是次子。太祖后述律氏，喜欢太宗。于是灭掉渤海之后，封倍为人皇王，（太祖号天皇，述律氏号地皇后。）以镇其地。人皇王逃奔后唐。（废帝死时，把他杀掉。）于是太宗袭位。述律后第三个儿子唤做李胡，最为横暴。太宗死后，辽人怕述律后又要立他，就军中推戴世宗。述律后怒，叫李胡发兵拒战，兵败，乃和世宗讲和。〔后来述律后和李胡，又有异谋。世宗幽后于木叶山，把李胡囚在祖州（在如今热河道林西县境）。事情才算了结。〕

后汉高祖刘知远，也是沙陀人。石晋高祖南下，派他留守太原。契丹攻晋时，他按兵守境，好像是守中立的样子。辽太宗北还后，才在太原称帝。太宗死后，乃发兵入大梁。诸镇降辽的，都复来归。辽世宗因国内有难，无暇顾及南边，于是中国又算恢复。

第三节　周世宗的强盛和宋朝的统一

后汉高祖入大梁后，明年，就死了。子隐帝立。（公元948年。）高祖旧臣杨邠、（总机政。）郭威、（主征伐。）史弘肇、（典宿卫。）王章（管财赋。）分掌国事；隐帝厌为所制。公元950年，把杨邠、史弘肇、王章都杀掉。郭威方统兵防辽，隐帝又要杀掉他。郭威还兵，把隐帝攻杀。

高祖的兄弟刘崇，留守太原。本和郭威不协。这时候，郭威扬言要迎立他的儿子。（名赟。）刘崇就按兵不动。郭威旋出军御辽，至澶州，（如今直隶的濮阳县。）为军士所拥立，还大梁。是为后周太祖。差人把刘崇的儿子杀掉。于是刘崇称帝于太原，是为北汉。遣使称侄于辽，世宗册之为帝。（更名旻。）

公元954年，周太祖卒，养子世宗立。北汉乘丧，借辽兵来伐，世宗大败之于高平。（如今山西的高平县。）世宗是个奋发有为的人，于是富国强兵，立下了一个安内攘外的计划，就做了宋朝统一事业的根本。

五代时候的禁卫军，原是唐朝藩镇的兵；这种兵，用以胁制主将则有余，真个要他见仗则不足，我前面已经说过了。后唐庄宗、闵帝，废帝的相继败亡，也未必不由于此。周世宗从高平打仗回来，才深知其弊。于是大加简汰；又在诸州招募勇壮，以补其阙；同时又减裁冗费，整顿政治；于是国富兵强了。

这时候，辽世宗已死，穆宗继立。（公元951年。）沉湎于酒，不恤国事，国势中衰。然而北汉、南唐、后蜀等，还想凭借其力，以震动中原。（北汉本是靠辽立国的，南唐、后蜀，也特差使臣，和辽通问。）周世宗要想伐辽，就不得不先用兵于南唐、后蜀。

南唐李升，是篡吴得国的。（吴当杨渥时，兵权尽入于牙将张颢、徐温之手。公元908年，颢、温共弑渥，而立其弟隆演。温又杀颢。于是大权尽归于温。温出镇升州（如今江苏的江宁县，留子知训在江都辅政。为副都统朱瑾所杀。温养子知诰戡定其乱。代知训辅政。徐温死后，大权就归于知诰。公元937年，隆演的弟溥，禅位于知诰。复姓李，更名昪。国号叫作唐。）传子李璟，文弱不能有为，国势实弱。然南唐土地本大；李璟又乘闽楚之衰，把他吞并；（闽王审知，传子延翰，为弟延钧所弑。延钧袭位，更名璘。自以国小地僻，常谨事四邻。颇为安稳。公元935年，璘为其下所弑。子继鹏立，改名昶。公元937年，又遇弑。审知少子延曦立，延曦的兄弟建州刺史延政，和他相攻。公元944年，延曦为其下所弑，延政即位，还没有迁到福州。明年，给唐兵围起来，灭掉。马殷传子希声。希声传弟希范。湖南多产金银，又有茶利，国颇殷富。希范奢侈无度，重加赋税。才弄得民穷财尽。公元952年，希范卒，弟希广立。庶兄希萼守朗州（如今湖南的武陵县，以年长不得立，怨望庶弟希崇，又和他合谋。于是希萼入潭州，把希广杀掉。自立。又为希崇所囚，希崇把他安置在衡山（如今湖南的衡山县）。又有人奉以举事。崇惧，请兵于唐。公元951年，唐兵入潭州，希崇降。）于是颇有自负的意思。后蜀主孟昶，也是昏愚而狂妄的。（后蜀孟知祥，是后唐的西川节度使。明宗末年，安重海为相，和东川节度董璋不协。璋举兵反，明宗使石敬瑭讨之。知祥和董璋并力，敬瑭不能克，罢兵。公元931年，知祥攻杀董璋，兼有两川之地。公元938年，知祥卒，子昶继立。）都想交结契丹，以图中原，公元956年，周世宗遣兵伐蜀，取阶、（如今甘肃的武都县。）成、（如今甘肃的成县。）秦（如今甘肃的天水县。）三州。明年，自将伐唐，屡破其兵。尽取江北之地。公元958年，遣舟师入江。唐人只得割江北请和。称臣于周，奉其正朔。

公元959年，周世宗自将伐辽，取瀛、莫、易三州，置雄、（如今直隶的雄县。）霸（如今直隶的文安县。）二州，（自此中国和契丹，以瓦桥关为界。）遂趋幽州。辽将萧思温不能抗。请救于穆宗，穆宗沉湎于酒，又不时应。幽州大震。不幸世宗有病，只得班师。不多时，世宗死了。儿子梁王宗训立，是为恭帝。还只七岁。未几，就有陈桥驿（在如今河南开封县东北。）兵变的事情。

宋太祖赵匡胤，本是后周太祖、世宗两代的将，屡立战功。这一次事情，是和后周太宗的篡汉，如出一辙的。（大约竟是抄老文章。大凡人心看惯了一件事，很容易模仿，所以“恶例不可轻开”。）当时传言辽人入寇，太祖带兵去防他，走得不多路，就给军士所拥戴了。太祖既袭周世宗富强之余；而这时候，割据诸国又没一国振作的，统一的事情，自然容易措手。公元963年，先平定了湖南和荆南。（马希萼时，朗州将王逵周行逢，据州以叛。推辰州刺史刘言为主。南唐破潭州后，不久，仍为王逵等所得。受命于后周。后来王逵攻杀刘言，又为裨将潘叔嗣所杀。周行逢讨诛叔嗣平定湖南。公元962年，行逢卒，子保权年幼。行逢遗命，说衡州刺史张文表，一定要造反。若不能敌，可请命于朝。明年，文表果然袭取潭州，将攻朗州。朗州人就到宋朝请救。

南平高继兴，本梁将。公元905年，梁太祖用他做荆南节度使，有荆、归、峡三州。后唐庄宗灭梁，继兴入朝。唐封为南平王。继兴见庄宗政乱，知道不能久存。还镇后，遂谋自保之策。从此南平在实际上，就自立为一国。继兴传子从晦，从晦传子保融，保融传弟保勖，保勖又传保融子继冲，凡五世。宋朝派慕容延钊李处耘去救朗州，就假道于南平，把他袭灭。南平灭时，张文表已给朗州将杨师璠打平。而宋朝仍进兵不已，到底直逼朗州，把保权擒获。）公元965年，灭后蜀。（孟昶降。）公元969年，平南汉。（南汉刘岩死后，弟龚继立。极其侈虐。龚传子玢，玢传弟晟，皆耽于游宴，政治偾坏。晟传子鋹更为昏暴，而屡侵宋边，遂为宋所灭。）公元975年，灭南唐（南唐事中国最谨。公元961年，李璟卒，子煜立。宋以"征其入朝不至"为名，公元974年，派曾彬去伐他。明年，十一月，把他灭掉。）公元978年，吴越王钱俶遂纳土。（践镠传子元瓘，元瓘传子佐，佐传弟倧，倧传弟俶，凡五世。）只有北汉，倚恃辽援，宋朝攻他几次，未能得志。太祖和赵普，也因北汉捍御西北两面，（北指契丹，西则当时甘肃地方亦在化外。）所以姑置为缓图。到公元979年，（太宗太平兴国四年。）天下已定，太宗便大举伐北汉。分兵败辽援兵。于是北汉也灭掉。唐中叶后的分裂，到此才算统一。

宋朝的太祖、太宗，都可以算能祖述周世宗的人物。但是彼此的政策，似乎有一异点。周世宗之意，似乎是想先破辽，恢复幽州的。（对于以后，作何策划，无从揣测。）伐后蜀，伐南唐，不过是除掉后患，以便并力向前的意思。宋太祖、太宗，却是先平定内难，然后从事于辽。大约是"先其易者"的意思，原也不失为一种政策。但是辽当穆宗在位，实在是有隙可乘的时候。景宗初年，南边也未能布置得完密。（穆宗死于公元969年。已在太祖代周之后十年。）此时努力进取，颇较后来为容易。失此机会，颇为可惜。

还有宋太祖和太宗的继承，这件事，也是所以结五代之局的。据《宋史》说：太祖母杜太后死时，太祖和赵普，都在榻前受遗命。太后问太祖"汝知所以得天下乎"？太祖说："皆祖考及太后之余荫也。"太后说：“不然。正由周氏使幼儿主天下尔。汝百岁后，当传位汝弟”云云。太祖顿首受教。于是太后叫赵普，把这件事笔记起来，藏之金匮。太宗在太祖时，是做开封尹的。即位之后，就以秦王廷美为开封尹。征辽之役，德昭也从行。有一次，军中夜惊，失掉太宗所在，有人谋拥立德昭。太宗知之，不悦。失利而归，并太原之赏，也阁置不行。德昭为言。太宗怒曰：“待汝自为之，未晚也。”德昭退而自刎。公元981年，（太平兴国六年。）秦康惠王亦卒。太祖四个儿子，都没有了。又有人告秦王骄恣，将有阴谋。乃罢其开封尹，以为西京留守。时赵普和卢多逊，互相排挤。赵普失掉相位。就上疏自陈预闻顾命的事情；太宗又发见了金匮的誓书；于是再相赵普。把卢多逊和廷美两人，罗织成狱。多逊窜死崖州。（如今广东的崖县。）廷美房州安置，忧悸而死。太宗就传位于自己的儿子了。这许多话，自然不是这件事情的真相。“斧声烛影”等说，（出于李焘《长篇》。）也是“齐东野人”之谈。我说太祖篡周，太宗原是与闻其事的。当时一定早有“兄终弟及”的成约。杜太后遗命等话，都是子虚乌有的。这件事，也不过结五代“置君如奕棋”的局面罢了。

杜太后
- 邕王元济早亡
- 太祖
  - 滕王德秀早亡
  - 燕懿王德昭
  - 舒王德林早亡
  - 秦康惠王德芳
- 太宗
- 秦王廷美
- 夔王光赞早亡

五代系图中国已见前。后唐、石晋、后汉都是沙陀人。

(梁)(一)太祖朱晃—(二)末帝友贞

(唐)李克用—庄宗存勖
　　　　　—(二)明宗亶养子—(三)愍帝从厚
　　　　　　　　　　　　　—(四)废帝徒珂养子

(晋)—(一)高祖石敬瑭
　　—敬儒—(二)出帝重贵

(汉)(一)高祖刘知远—(二)隐帝承祐

(周)(一)太祖郭威—(二)世宗荣养子

辽系图

(一)太祖耶律亿原名阿保机—倍—(三)世宗阮—(五)景宗贤—(六)圣宗隆绪
　　　　　　　　　　　—(二)太宗德光—(四)穆宗璟

—(七)兴宗宗真—(八)道宗洪基—濬—(九)天祚帝淳

宋系图

赵弘殷—(一)太祖匡胤—德昭—惟吉—守度—世括
　　　　　　　　　　—德芳—惟宪—从郁—世将
　　　—(二)太宗光义—(三)真宗恒—(四)仁宗祯
　　　　　　　　　　—元汾—允让—(五)英宗曙—(六)神宗顼

—(七)哲宗煦
—(八)徽宗佶—(九)钦宗恒
　　　　　　—(十)高宗构

—令绘—子称—(十一)孝宗昚—(十二)光宗惇—(十三)宁宗扩

—令稼—子奭—伯件—师雅—希瓐—(十四)理宗昀
　　　　　　　　　　　　　　—福王与芮—(十五)度宗禥

—(十六)端宗昰
—(十七)恭宗显
—(十八)帝昺

第四章　北宋的积弱

第一节　宋初和辽夏的交涉

宋太祖专力平定国内，对于北方，是取守势的。〔史称太祖使李汉超屯关南（瓦桥关），马仁瑀守瀛州，韩令坤镇常山（如今直隶的正定县），贺惟忠守易州，何继筠镇棣州（如今山东的惠民县），以拒北狄。郭进控西山（卫州刺史兼西巡检），武守琪戍晋州（如今山西的临汾县），李谦溥守隰州（如今山西的隰县），李继勋镇昭义，以御太原。赵赞屯延州（如今陕西的肤施县），姚内斌守庆州（如今甘肃的庆阳县），董重诲守环州（如今甘肃的环县），王彦昇守原州（如今甘肃的镇原县），冯继业镇灵武，以备西夏。都待之甚厚；给他们的钱也很多；军中的事情，都得以便宜从事；由是二十年无西北之虞，得以尽力东南。〕到太宗时候，中国既已全定，就想乘此攻辽，恢复燕云。然而辽自景宗即位以后，已非复穆宗时的腐败；这时候，辽距开国未远，兵力还强；又有耶律休哥等良将；所以太宗北伐，竟无成功。

太宗既灭北汉之后，就进兵攻辽。克顺蓟二州，进攻幽州，兵势颇锐。已而辽将耶律休哥来援，王师败绩于高梁河。公元982年，辽景宗卒，圣宗立。年幼，太后萧氏同听政。专任耶律休哥以南边之事，形势益强。而太宗误听边将的话，以为辽女主当国，有隙可乘。公元985年，再命曹彬、潘美、田重进，分道北伐。彬出雄州，取涿州，为耶律休哥所败。潘美出雁门，取寰、朔、应、云四州，亦为辽将耶律色珍所败。太宗遂急召田重进还师。（田重进是出飞狐口的。）

从这两次以后，宋朝就不能进取。而契丹却屡次南侵。公元997年，太宗崩，真宗立。公元999年，辽圣宗自将入寇，至澶州。遣偏师渡河，掠淄、青。真宗自将御之，次于大名。契丹乃还。公元1004年，圣宗和太后，又大举入寇。到澶州，中外震骇。群臣多主张迁都。幸而宰相寇准，力主亲征。于是车驾渡河，次于澶州。辽人不意真宗亲出；这时候，圣宗和萧太后，亲在行间，用兵也不免偏于迟重些。前锋攻澶州，又不利；统军萧挞凛，中弩箭而死。于是用宋朝降将王显忠介绍，和中国议和。索价是要关南之地。磋议的结果，以岁币银十万两，绢二十万匹成和；辽主称真宗为兄，真宗称萧太后为叔母。

宋朝对于契丹，虽始终不能得志。然而从公元1004年成和之后，到公元1122年，再开兵衅，差不多有百二十年。其间只有辽兴宗初立的时候，看见国家富强，慨然有取关南之意，差刘六苻等来求地。（公元1042年。）宋朝遣富弼报之，弼力言用兵则利在臣下，言和则利在主上；反复开陈，兴宗才算取消用兵的意思。（这句话，是出于《辽史》上的，所以可信。）但增加岁币银绢各十万两匹。这一次，又争岁币用“纳”芋用“贡”字。据《宋史》说，是用纳字；据《辽史》说，则是用贡字的。没有第三者做证据，也无从判决其真假。总而言之，宋朝对辽朝的交涉，是始终处于弱国的地位的。然而言和甚久，实际上受害还不算利害。实际上受害最厉害的，倒在西夏。

西夏出于党项。始祖名拓跋赤辞，（大约是鲜卑人在党项中做酋长的。）唐太宗时归中国。他的后人，有一个唤做思敬的，讨黄巢有功。唐朝赐以国姓，用他做定难节度使，世有夏、（如今陕西的怀远县。）银、（如今陕西的米脂县。）绥、（如今陕西的绥德县。）宥、（鄂尔多斯右翼后旗。）静（如今米脂县北。）五州。宋太宗时，其后人李继捧入朝，尽献其地。继捧的兄弟继迁，叛走地斤泽。（在夏州东北三百里，如今怀远县境。）公元

985年，袭据银州，明年，降于辽。公元988年，宋人仍用李继捧做定难节度使，（赐姓名赵保忠。）想要招徕他。继迁请降，宋人也用为银州观察使。（赐姓名赵保吉。）旋继迁又叛，继捧也与之合。宋朝讨擒继捧，而继迁卒不能获。公元1002年，继迁陷灵州，改为西平府，迁居之。（元昊又改名兴州。）明年，陷西凉府。旋给吐蕃族潘罗支所攻，中流矢而死。（参看第四章第四节。）子德明立。使子元昊，西取河西。（这时候，河西为回鹘所据。）德明在位凡三十年，总算没有窥边。公元103年，德明卒。元昊嗣立，宋朝的边患就起了。

元昊是西夏一个豪杰，他是兼吸收中国和吐蕃两种文明的，（所以《宋史》说他“晓浮屠法，通蕃汉文字”。参看第二篇下第二章第三节。）所以即位之后，西夏的情形，就焕然丕变。（定官制，造文字，设立蕃学汉学，区划郡县，分配屯兵，具见《宋史·西夏本传》。）公元1039年，元昊举兵反。宋朝初令范雍、夏竦，分守鄜延、环庆和泾原、秦凤。旋用夏竦做陕西招讨使，韩琦、范仲淹两个，做他的副手。韩琦主张出兵，范仲淹主张坚守；两人议论不协，出兵的事情，就没有成功。西夏人来攻，韩琦的副将任福，倒大败于好水川。（在甘肃隆德县东。）范仲淹又擅和夏人通信。于是韩、范和夏竦都罢，用陈执中代他。后来又用韩琦守秦凤，王沿守泾原，庞籍守鄜延，范仲淹守环庆，也总是不能得利。公元1043年，元昊虽屡打胜仗，而国中也觉得困弊，才遗书庞籍请和。明年，和议成，宋朝封他为夏国王。岁赐银绢茶綵，共二十五万五千。元昊的反叛，虽也不过五年，然而宋朝用兵的耗费，和沿边的破坏，所受的损失甚大。陕西地方，元气差不多始终没有恢复。（西夏兼吸收中国和吐蕃的文明，立国有二百多年，规模很有可观。可惜记载极为阙略。《西夏纪事本末》一书，搜辑得还算完备。可以参考。）

西夏系图从（一）到（八）为定难节度使的传授

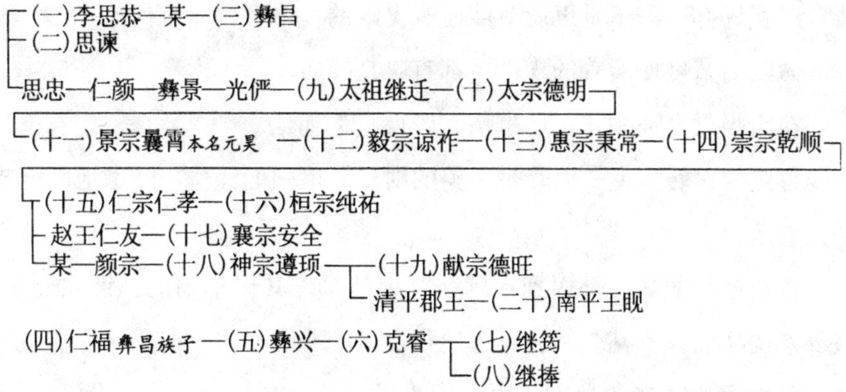

第二节　宋初的政策和后来腐败的情形

宋朝的对外，既如此失败，而内政也日即于腐败。原来宋初所患的；便是

禁军的骄横，

藩镇的跋扈。

禁军是承五代的余习，时时想把天子卖给别人。（这时候的天子，原是节度使变的。他们看了他，还和前此的节度使一样。卖一次，总有一班人得升官发财。）藩镇的所以跋扈：是由于他一个人常兼统数郡；既有兵权在手里，支郡（节度使所管而非其所治的，谓之支郡。）自然给他压倒。于是先把财政把持起来；地方上的款项，都用“留使”、“留州”的名目，开销净尽；只把一小部分“上供”给国家。这还是表面上服从中央的；和中央断绝关系的，就自然一个大钱也没有了。既有了钱，就再拿来养兵，以违抗中央政府。

宋太祖得天下之后，自然首先要除掉这种弊病。所以乾德初，就面讽带禁军的石守信等，解除兵柄；开宝初，又因藩镇王彦超等入朝，讽他们也把兵柄解除。（参看《宋史》诸人的本传。）这就是所谓“杯酒释兵权”。不至于时时怕“肘腋之变”；外面有兵柄的，又先去掉几个；事情自然就好办了。于是以后节度使有出缺的，就都用文臣代他。

命以前节度使所管的支郡，都直隶京师。

在诸州设立通判，一切事情，皆得直达朝廷。

各路皆设转运使，以管理一路的财赋。诸州的经费，除本地的开支外，悉送阙下。

各州精壮的兵，都送到京师，升为禁军。其留本州的，谓之厢军；大都老弱，而且不甚教阅，不过给役而已。

各处要兵防守的地方，再派中央的兵出去，一年一换，谓之“番戍”。

这种政策推行以后，中央集权的形势就很稳固；唐中叶以后的弊病，就都除掉了。然而日久便腐败起来。你道为什么？原来

（1）宋初务弱外兵。其后中央的军政，不加整顿，禁军也弄得很腐败。番戍原是叫兵士习劳的意思；然而不熟悉戍守地方的形势，以致遇有战事，毫无用处（西夏造反的时候，陕西屯兵数十万，然而缓急时候，仍旧要倚仗民兵。后来就大签乡民为兵，弄得十分骚扰）；倒反借此要索衣粮，看得出戍一次，是一个要钱的机会。又历代厢军升为禁军的很多；每遇荒年，又把招兵看作救荒的政策；于是兵数骤增。

开宝（太祖年号公元968年至公元975年）	三七八〇〇〇人
至道（太宗年号公元995年至公元997年）	六六六〇〇〇人
天禧（真宗年号公元1017年至公元1022年）	九一二〇〇〇人
庆历（仁宗年号公元1041年至公元1048年）	一二五九〇〇〇人
治平（英宗年号公元1064年至公元1067年）	一一六二〇〇〇人

（2）在财政上，宋初用度尚小；平吴、蜀、江南、荆南、湖南、南汉诸国，都颇得其蓄积；所以颇称富饶。后来兵多而官也多；真宗又因外交上的关系，去封泰山，祠汾阴，（这件事，散见于《宋史》寇准、丁

谓、王旦、王钦若诸人传中。然而并不是真相。据《宋史》说：澶渊之役，寇准主亲征，王饮若主迁都。和议既成，真宗颇优待寇准，寇准也自鸣得意。王钦若内怀惭愧，就对真宗说：澶渊之役，实在是："城下之盟"，寇准以陛下为"孤注"耳。真宗颇以"城下之盟"四字为耻，问他有什么法子，可以雪耻？王钦若说：只有封禅，于是妄言有天书降，就出去封泰山，祠汾阴。以封禅为雪耻的方法，真宗愚不至此。宋朝人素好说话，果然如此，断不能不起哄的；然而当时也并没有多少人反对，可知其中一定别有用意。《真宗·本纪赞》说："契丹，其主称地，一岁祭天，不知其几；猎而手接飞雁，鸨自投地，皆称为天赐。祭告而夸耀之。宋之诸臣，意者欲假是以动敌人之听闻，而潜销其窥伺之心欤？……"颇得当时的真相。）未必吓得倒敌人。而因此大兴土木，广营斋醮，财政的耗费，倒弄得一天大似一天；仁宗在位岁久，万事因循；更加以陕西的用兵，财政更形竭蹶。原来宋朝最为无名的费用，是"郊祀"、〔祭天时的赏赐。至道末，五百余万缗。景德（真宗年号公元1004年至公元1007年）七百余万缗。仁宗时，一千二百余万缗。〕"养兵"、"宗室吏员冗禄"〔真宗时，九百七十八万五千缗。仁宗时，一千二百万缗。治平视皇祐（仁宗年号），增十之三。元祐（哲宗年号）则一倍皇佑，四倍景德。〕三项，其数都日有加增。所以他的岁入，是：

至道末　　二二二四五八〇〇缗

天禧末　　一五〇八五〇〇〇〇缗

皇祐元　　一二六二五一九六四缗

治平二　　一一六一三八四〇五缗

天禧末的岁出，是一二六七七五二〇〇，还有盈余。治平二年的岁出，是一二〇三四三一七四，再加以非常出（临时经费。）一一五二一二七八，就不足一五七二六〇四七了。

（3）宋朝的政治，还有一种毛病，便是防弊太甚。不但削弱外官的权柄便对于中央的官，也是如此。唐中叶以后，因为宦官掌握兵权，枢密使一职，就渐渐尊重，前面已经说过了。（前篇第三章第一节本篇第一章第四节。）却到五代时，还相沿设立此官，改用士人，宋朝也是如此。又唐朝中叶以后，因财政紊乱，特设度支使一官，以整理财政，又因这时候，盐铁两项，都是入款的大宗，又特设盐铁使一官。宋朝都没有裁掉；于是合户部度支盐铁，为一个机关，谓之三司。就成一个“中书主民，枢密主兵，三司理财”的局面。宰相的权柄太小。（当时的人说：财已匮而枢密还是添兵；民已困而三司还是敛财；中书看着民困，而不能叫三司宽财，枢密减兵。造就是行政不统一的毛病。）而谏官的气焰却极盛。这个（一）者因宋初的君主，要想防制权臣，特借台谏以重权。（苏轼说：“历观秦汉，以及五代，谏诤而死，盖数百人；而自建隆以来，未尝罪一言者；纵有薄责，旋即超升。许以风闻，而无官长。风采所系，不问尊卑。言及乘舆，则天子改容；事关廊庙，则宰相待罪。故仁宗之世，议者讥宰相但奉行台谏风旨而已。）（二）者，也因为五代时候，风俗大坏，气节扫地，发生了一种反动力。宋朝的士夫，就多有“务为名高”、“好持苛论”的气习。喜欢求名，就遇事都要起哄，到后来就弄成一种群众心理的样子。好持苛论，便彼此不能相容，就弄得互相嫉忌，不免要用不正当的“竞争”、“报复”手段。——所以喜欢结党，喜欢排挤，喜欢标榜，喜欢攻击，差不多是宋朝士大夫，人人同具的气习。恭维自己的同党，便说得比天还要高；毁骂异党的人，就说得连禽兽也不如。叫后世读史的人疑惑，这时候，何以君子这样多，小人也这样多，其实谁也算不得君子，谁也不定是小人，不过是风气已成，人人为群众心理所左右。其中起哄得最利害的，就是英宗时所谓“濮议”，欧阳修有一篇文章，记这件事情，颇为穷形尽相。惜乎太长，不能抄录；读者诸君，可自己取来看一遍。〔宋朝的党祸，实在是从真宗时闹起的。当时王钦若和寇准，就互相排斥。读史者都说寇准是君子，王钦若是小人。天书一件事，似乎是王钦若等几个人弄出来的。其实寇准也并没反对，而且也上书献符瑞。可见得两派之争，其中并没甚政见的异同了。天书的事情，丁谓是其中一个有力的人物，因为丁谓是做三司使，全靠他筹了款来，然后封禅等事得以举行的。真宗末年，复相寇准。真宗的皇后刘氏，“警悟，晓书史”，颇与闻政事。真宗末年久病，事情更都是皇后管的。内侍周怀政，不知怎样，忽然想请太子监国（刘皇后无子；后宫李氏生子，刘后取为已子，叫杨淑妃抚养他；后来立为太子，这便是仁宗），去同寇准商量，寇准亦以为然。后来事情泄漏了，便罢寇准，代以丁谓。怀政忧惧，要想废刘皇后，杀掉丁谓，再相寇准，而逼真宗传位于太子。事情又泄漏了，于是诛怀政，贬寇准，诏太子开责善堂，引大臣决事，而后裁制于内。这件事情，据《东史》说：想叫太子监国，原是真宗的意思，不过对周怀政说及，而怀政出去告诉寇准的。然而羌无证据。若果如此，周怀政也不负多大的责任。何至于就想废皇后杀宰相呢？若本来周怀政和寇准毫无关系，废掉皇后，杀掉宰相，去请他来再做宰相，寇准又如何肯来呢？所以这件事，殊为可疑。寇准既贬，丁谓自然得法了。未几，真宗去世，丁谓和内侍雷允恭，去营视山陵。雷允恭误听人言，把皇堂移了一块地方。太后叫王曾去覆看。王曾就说他"包藏祸心，有意移皇堂于绝地"。借此把丁谓挤去。这种手段，殊不正当，而宋人非常赞美他。丁谓既善，代以王曾。后来吕夷简做宰相。吕夷简这个人，《宋史》上也说他不大正当的。然而也没甚显著的坏处。仁宗是李宸妃所生。当刘太后在日，始终自己没有知道。刘太后死后才有人时他说起。于是仁宗大恸，去易棺改葬。先是李宸妃死的时候（李氏本是顺容，疾急时，进位为宸妃），刘太后本要"用官人礼治丧于外"。吕夷简对太后说："礼宜从厚。"又对承办丧事的内侍罗索勋说："宸妃当用后服敛，以水银实棺。异时莫谓夷简未尝言也。"罗崇勋也听了他。及是，仁宗开棺验视，妃"玉色如生，冠服如皇太后"，乃叹曰："人言其可信哉。"（当时告诉仁宗的人，说宸妃是死于非命）待刘氏加厚。吕夷简这种事情，读史的人，不过说他有心计，能替刘氏打算，其实这等处，消弭掉无数无谓的风潮。不然，早就兴起大狱采了。仁宗即住之后，吕夷简仍做宰相。仁宗的皇后郭氏，因和尚美人、杨美人争宠。自己去批尚美人的颊。仁宗自起救之。误批上颊。仁宗大怒，要废掉郭后，吕夷简不曾反对。这时候，孔道辅做台长，率谏官范仲淹等力争。一时都遭贬谪。这件事，宋人也算他一件大事情的。西夏既和之后，仁宗用夏竦做枢密使。谏官欧阳修等攻之，说他是奸邪，竦才到京城，就罢去。代以杜衍。于是国子监直讲石介，就做了一首《庆历盛德诗》，以称美仁宗。杜衍之党，和夏竦之党，就互相指目为党人，大相攻击（欧阳修《朋党论》，就是作于此时）。公元 1043 年，仁宗以范仲淹为宰相，富弼为枢密使。范仲淹是王荆公以前一个有心改革的人。《宋史》上说他锐意裁抑徼幸，考核官吏。然而不便者多，不过几个月，就罢去。杜衍继为宰相。御史中丞王拱辰攻其婿苏舜钦，和他所引用的集贤校理王益柔。杜衍不自安，罢职而去。于是富弼、范仲淹、欧阳修等，也联翩辞职。拱辰大喜，说："吾一网打尽矣。"而夏竦又继为宰相。再以后的大事件，便是濮议了。以上党争的事情，一一详叙起来太繁。《宋史》中诸人的传，读者可自取参考。但是《宋史》的议论，全是一偏的。须得自出眼光，用精密的手段考校。

总而言之：宋朝的党争，不过是闹意气。并无甚真有关系的事情。却因此弄得政局不能稳静；无论什么人，都不能放手做事情；就奋勇去做，也四面受人牵掣，不得彻底；即使一时勉强办到，不久政局转变，也要给人家取销掉的。后来的王荆公，就是榜样。这个却贻害甚大。]

而其最可痛心的，就是民穷财尽。原来从藩镇擅土以后，就多用武人做地方官，管收税机关；又创设了无数麻烦的杂税。这种苛税，无有不是拣着地方上贫弱的人欺的（因为豪强的人，都是有势力，能和官府相结托的）。于是贫弱的人，就只得献其所有，以托庇于豪强；有产的人，就逐渐变为无产者。这么一来，豪强的力量更大了，就更可以兼并贫弱的人。而且干戈之际，田地总有荒废的；还有那贫弱之人流亡的；田地也都入于豪强之手。于是贫富就大为不均。宋朝的收税，是很宽的。每破一国，必把他所有的苛税废除，或是大加蠲减（累朝相承，又递有蠲减）。而且“一遇水旱徭役，则‘蠲除’、‘倚阁’一无虚岁。倚阁者后或凶歉，亦辄蠲之”。“畎亩转易，丁口隐漏，并兼伪冒”，也“未尝考按”然而历代开国之初，都有一种改良分配的政治。（譬如晋之户调，魏之均田，唐之租庸调制。）宋朝却丝毫未有。所以取民虽宽，只是优待了一种豪强兼并的人，贫民丝毫得不到好处。而且受豪强的压迫更甚。民间借贷的利率，春天借米一石，秋天就还他两石，还算是普通的，（见《宋史·陈舜俞传》。）司马光说当时穷民的情形，“稼一不登，则富者操奇赢之资，取倍称之息；偶或小稔，责偿愈急；税调未毕，资储罄然；谷未离场，帛未下机，已非己有。所食者糠籺而不足，所衣者绨褐而不完。直以世服田亩，不知舍此尚有可生之路耳”。（见《宋史·食货志》。）这种状况，真是言者伤心，闻者酸鼻了。还有一件，宋朝的税额虽轻，而税目和征收的方法，都很不佳良；所以国家收入虽少，人民的负担，并不见轻。（参看下篇第五章第五六节。）又有一种苛酷不堪役法，简直是绝掉人民的生机，社会的经济状况，就更不堪设想了。原来所谓“力役”，就是唐朝租庸调制里的所谓“庸”，“庸钱”既已并入两税，就不该再有所谓力役。然而从唐朝中叶以后，还是要按“人户等第”差充的。赋税无论重轻，总还有个数目；数目过大，表面上总还有些说不出来。这种差役的苦累，却是因办公事而赔贴，法律上无可告诉。（宋时差役的名目，是衙前，——主官物；里长、正、户长，——督课赋税；耆长、弓手、壮丁，——逐捕盗贼；承符、人力、手力、散从，——以供驱使；而衙前，里长，最为苦累，往往倾家不能给。）所谓人户的等第，是以丁口的多寡，和赀产的厚薄定的。于是百姓弄得不敢多种一亩田，多栽一株桑，也有自残以免役的，也有自杀以免子孙之役的。真是惨无人道。以上所说的话，还不过述得一个大略：若要仔细说起来，还有许多的情形。（读者请自取《宋史》的《食货志》看一遍。）总而言之：宋朝的百姓，是苦极不堪的。所以从澶渊议和以后，除掉陕西一隅，因西夏造反，连兵五六年外，此外并没有什么大干戈；而且朝廷也并没行什么害民的事情；然而海内的景象，已觉得憔悴不堪；财政上很觉得竭蹶，而察看民力，租税的负担，业已至于“不可复加”的限度。要想设法改革，一切弊窦，都是积重如山的。这样的一个国家，要想治理真觉得无可下手。惟其如此，我们读史的人，真不能不佩服神宗和王荆公的热心和勇气了。

第三节　王荆公的变法

然而变法的结果，不过弄得党争更甚，所创的法，也不过供给后来奢侈的君主、贪欲的宰臣，聚敛和妄作妄为之用。岂不可叹。王荆公是我国有数的政治家，怕也是世界有数的政治家。他一生的事迹，本书因限于篇幅，不能备详。近人新会梁氏，著有《王荆公传》一书，很为可看。读者诸君，务必取来细读一过。“高山仰止，景行行止”，这种伟大人物的精神和人格，是不可以不天天“心向往之”的。讲史学的人，总说历史有裨于修养，我说历史的有裨于修养，无过于看王荆公这一种人物的传记了。

神宗的用王荆公做宰相，事在公元1069年。到公元1074月，罢相。明年二月，再入相。又一年多而罢。继其后的，是韩绛、吕惠卿等。终神宗之世，行荆公的法不曾变。

当王荆公的时候，宋朝所亟待整理的，是财政与军政。然而荆公的眼光，不是专注于一时的。所以他的财政政策，大致在于宽恤人民，培养社会的富力；至于兵政，则想变募兵为民兵；还于这种眼前的急务以外，特注意于培养人才，而改良学校和选举。这是荆公内政上的政策。

荆公所创设的财政机关，是制置三司条例司。（神宗初令司马光等置局看详，裁减国用。光辞以不能。乃罢裁减局，但下三司共析。荆公执政后，才创设这个机关。）创设之后，对于支出一方面，则把一岁的用度，和郊祀大计，都"编著定式"。所裁省的冗费，计有十分之四。其余一切积极的政策，也都是从此议行的。

荆公对于民政上的设施，最紧要的，是青苗法和免役法。"青苗法"是陕西转运使李参所行。当春天播种时，叫百姓自己揣度，种田之后，能有多少赢余，官就酌量借钱给他，以做种田的资本；到谷熟后还官。荆公把这个法子，推行到诸路。用常平广惠仓的钱谷做本钱。（常平仓是汉朝耿寿昌所创的法子。丰收之年，仓里储蓄了米，到荒年发出来平粜；使岁有丰歉，而谷价常得其平；不至于荒年则吃米的人受累，丰年则种田的人吃亏。所以谓之常平。历代仿办的很多，也有就唤做常平仓的，也有另立广惠……名目的。但是常平二字，总算做这种仓的总名。南宋后，又有一种社仓，则用意与常平同，而办法小异。可参考《文献通考》的《市籴考》。）这是所以救济富人盘剥重利之弊的。"免役法"是改"差役"为"雇役"，令"乡户"各按等第，输"免役钱"。本来无役的人家，出"助役钱"。（其"额"，是按一县所须的数目均摊。又额外增取二分，谓之"免役宽剩钱"，以备水旱。）官用此钱，募人充役，不再"签差"。其整理赋税，最为根本的，是"方田均税法"。以东西南北各千步之地为一"方"。每年九月，县令委佐官分地计量。于每一方地的角上，立了一根木头，以作标识。测量既毕，则经界已正；

然后察看其土性的高下，以定赋税。（当时反对青苗的人，其理由是：（一）官放钱取息；（二）取息二分太重；（三）州县以多借出为功，不免押借；（四）有钱的人，不愿借，无钱的人，借了不容易还；银钱入手，良民不免浪费，何况无赖之徒？追收起来，州县就不免多事；（五）出入之际，吏缘为奸，法不能禁。（一）、（二）两说，都不足论（取息二分，较之当时民间借贷的利率，已经轻得多了）。（三）、（四）、（五）都是奉行不善之弊，不能怪到法的本身。青苗一事，读史的人，大都以为诟病，然而所谓害民的话，都出在反对党的口里。此外，在“反对荆公的《宋史》”里，竟也找不出什么证据来。可见当时奉行就是不善，也没有多大的弊病。反对雇役的理由是：（一）向来差役，固有因此破家的，也有全然不役的下户；现在一概要出钱，上户则便，下户则否。不知负担本该均平；况且免役钱亦视乡户等第，以定多少，并非是不论贫富，概令出同一的钱；还有向来无役的户，也出助役钱；如何得便于上户，不便下户？（二）户口升降失实。不知差役也要分剐人户等第的。户口的升降，和役法的为差为雇无关。此外理由尚多，更不值得一驳。总而言之，荆公所行的法，以免役为最完全合理。所以后来辗转变迁，而其法卒不能废。——差役之法，卒不能复。新会梁氏说：“直至今日，人民不复知有徭役之苦，即语其名，亦往往不能解。……公之此举，……实国史上世界史上最有名誉之社会革命，……”实非虚言。青苗原非完全合理之法，然在当时，确亦为救济贫民之一法。方田则荆公时推行不曾甚广。后来徽宗时候，虽然继续进行，恐怕有名无实。此外还有“市易”、“均输”等法，也是关于经济的行政，以其推行也不甚广，而本书篇幡有限，所以从略。读者可自取《宋史·食货志》参考。）

关于军事，则首先着手于裁兵，把不任禁军的，降为厢军；不任厢军的降为民。《宋史》上不曾明言其所裁之数，只说“所裁减者甚众”。（《通考》同。）其次则改掉从前番戍之制，置将统兵，分驻各路。（其置将之数，河北十七，府畿七，京东九，京西四，鄜延九，泾原十，环庆八，秦凤五，熙河九，淮南两浙江南东西路各一。荆湖北路一，南路二，福建路一，广南东路一，西路二，共九十二将。又有马军十三指挥，忠果十指挥，士军两指挥，与将并行。一将一指挥的兵数，史无可考；但知忠果十指挥，额各五百人；东南诸将的兵，有在三千人以下的。）又行保甲之法，以十家为一保，保有长；五十家为一大保，有大保长；十大保为一都保，有都保正，副。户有二丁的，以其一为保丁。保丁中每日轮派五人备盗。后来才教保长以武艺，教他去转教保丁。（荆公是主张民兵制度的。和反对党辩论的话，具见《宋史·兵志》。还有他上仁宗的书，也畅论此理，可以参看。当时还有“保马”之法，由官给民马，令其豢养，而免其租税的一部。又特置“军器监”，以改良军器，本书因限于篇幅，也只得从略。）

关于教育选举的改革，见下篇第五章第二节。

第四节 神宗的武功

神宗、荆公，所想膺惩的是辽、夏。但这两件事，都不是一时办得到的。于是先为伐夏的准备，而有恢复河湟之举。

唐宣宗时，虽然恢复河湟；然占据其它的蕃族，仍旧不少。大者数千家，小者数十百家，为一“族”，各有首领。内属的谓之“熟户”，不内属的谓之“生户”。其初，凉州的潘罗支，和青唐的唃厮罗，都能和西夏相抗。后来潘罗支之兄弟厮铎督，为元昊所并。唃厮罗死后，也国分为三。（潘罗支杀李继迁，已见前。不久，被蕃族附继迁的所杀。潘罗支，宋朝本曾授以朔方节度的名号，及是，遂以授其弟厮铎督。元昊复取西凉府，厮铎督和中国，就音信不通，想是给他征服了。唃厮罗初居宗哥城（在凉州西南五百里）后徙邈川（在如今西宁县的东南），又徙青唐（如今的西宁）。始终和元昊相抗。晚厮罗死后，第三子董毡嗣，遂据河北之地。长子瞎毡，别据河州（如今甘肃的导河县），次子磨毡角据宗哥城。）公元1070年，建昌军司理王韶，诣阙上平戎三策。说欲取西夏，要先复河湟。荆公颇善其言，用韶为洮河安抚使。于是王韶先克复武胜，建为熙州。（如今甘肃的狄道县。）旋破木征，取河州。以次降岷、（如今甘肃的岷县。）洮、（如今甘肃的临泽县。）宕、（在岷县西南。）叠，（在临潭之南。）开辟熙河一路。（董毡传子阿里骨，至孙瞎征，部落自相睽贰。哲宗元符二年（公元1098），王赡因之，取邈川，青唐。置邈川为湟州。青唐为鄯州。旋因蕃族反叛，弃之。徽宗崇宁三年（公元1104年），王厚又重取二州。）

夏元昊死于公元1051年，（仁宗皇祐三年。）子谅祚立。先是鄜州将种世衡，请进城延安东北二百里的旧宽州城，以逼西夏，朝廷许之。城既筑成，赐名为青涧。（如今陕西的清涧县。）就以世衡知城事。世衡死后，儿子种锷，继任下去。公元1067年，（英宗治平四年。）种谔袭取绥州，（如今陕西的绥德县。）朝议以为擅开兵衅，把种谔贬斥。这一年，谅祚也死了，子秉常立，还只有三岁。公元1069年，愿将所陷的塞门、（如今陕西安塞县北。）安远（如今甘肃通渭县境。）两砦，归还中国，以换取绥州。神宗也答应了他。谁知道夏人并无诚意，交涉不能就绪。于是改筑绥州城，赐名绥德。夏人就举兵入寇。神宗用韩绛做陕西宣抚使。起用种谔，杀败夏人，进筑了一个啰兀城。（在如今陕西米脂县北。）又进筑了许多的砦。不多时，夏人来攻，诸砦尽陷，并啰兀也不能守。于是再罢韩绛，斥退种谔。公元1081年，秉常给他的母亲囚了起来。神宗听种谔的话，（这时候，种谔已仍做了鄜延总管。）令陕西河东，五路进讨，约期同会灵州，不曾成功。公元1082年，侍中徐禧，新筑了一个永乐城，（在如今米脂县西。）夏人来攻，又败死，这两役，北宋丧失颇多。（但《宋史》说"官军，熟羌，义保，死者六十万"。恐怕也言之过甚。）于是仍许西夏讲和。〔元丰六年，公元1083年。神宗对西夏用兵，是失败的。然而决不如《宋史》所言之甚。只要看反对新法的人，并没指出什么陕西因用兵而受害的实据来，就可知道了。公元1086年（哲宗元祐元年），秉常死，子乾顺立。也只三岁。还了中国"永乐之俘"一百四十九人。当时朝臣，就把神宗时所得米脂（如今的米脂县）、葭芦（如今陕西的葭县）、浮图（绥德西）、安疆（在如今甘肃安化县东北）四砦，轻轻还了他。然而画界不定，侵寇仍不绝。于是知渭州章楶，请进城平夏（如今甘肃的固原县）以逼之。诸路同时，进兵，拓地。西夏毕竟国小，不能支持，介辽人以乞和。公元1087年（哲宗元祐二年），和议再成，从此终北宋之世，无甚兵争。〕

以上所述，是神宗以后，对于北方的兵事。还有对于南方的兵事，关系也颇大；如今撮叙其大略。

（一）沅水流域的蛮族，（参看第一篇第三章第二节。）就是黎族的正支。汉时谓之武陵蛮，隋时，汉族的疆域，进拓到如今沅陵地方，置了一个辰州。唐时，又进辟锦、（如今湖南的麻阳县）溪、（如今湖南的永顺县。）巫、（如今四川的巫山县。）叙（如今湖南的黔阳县。）等州。唐末，其地为群蛮所据。宋初，用徭人秦再雄，招降之。于是沅江的蛮族，分为南江和北江。（北江彭氏最大，南江舒氏，田氏，向氏最大。）而资江流域，又有梅山峒蛮。如今靖县地方，又有杨氏，号十峒首领。（酋长都是汉姓，大约是汉人王其中的。）梅山峒蛮，为患最甚。神宗用章惇经制蛮事。平梅山蛮，开其地为安化、新化两县。（今县名同。）又平南江蛮，置沅州。（如今湖南的芷江县。）而北江诸酋，亦愿纳土。徽宗时，又降十峒首领，置诚州。（如今的靖县。）

（二）黔江流域的濮族，在唐时，为东谢、（在如今贵州思南县一带。）牂牁、（汉朝的牂牁郡境。）西赵、（在东谢之南。）夷子（在东谢之西。）诸蛮。宋时，先有龙、方、张、石、罗五姓，神宗时，又有程、韦二姓，都通朝贡，谓之西南七蕃。其在长江流域的，则分属黎、叙、威、茂、泸五州。（其中惟黎州的三王蛮，系氐羌，余均濮族。）皆不侵不叛，只有居长宁、（如今四川的长宁县）宁远（如今四川屏山县附近。）以南的晏子，和纳溪（如今四川的纳溪县）附近的斧望个恕，颇为边患。神宗命熊本讨平他。后来又平定了如今重庆以南的地方，开建了一个南平军。（叙、威、茂三州的蛮族，徽宗时，内附置州的颇多。但都不久即废。参看第一篇第六章第六节，第二篇上第四章第四节，第四篇上第七章。西南诸族，就是如今总称为“高地族”的。鄙人自谓把他分析得颇清楚，读者诸君，务请留意，得了这一个纲领，去看别种书，可以较有把握。）

（三）安南之地，自唐以前，本来都属中国版图。五代时，才有人据其地独立。宋初，平岭表，据其地的丁氏，遣使入贡；太祖也因而封之。这大约是内地初平，不欲穷兵于远的意思。太宗时，丁氏为黎氏所篡，太宗发兵讨他，不能取胜；只得因其请和，授以官爵。从此以后，安南就独立为一国了（有三国的纷争，而朝鲜独立；有五代的纷争，而安南独立，正是事同一例，这都是军阀给国家的好处）。真宗时，丁氏又为李氏所篡。神宗时，其主乾德，遣兵犯边。连陷钦、（如今广东的钦县。）廉（如今广东的合浦县。）二州，和邕州。（如今广西的邕宁县。）公元1075年，神宗派郭逵去讨他，逵先恢复失地。明年，入其国，败其兵于富良江。安南请和。从此以后，对于宋朝，就始终臣服。〔安南的历史，中国史上所说的，都有些错误。现在根据日本人所著的《安南史》，述其大略如下。——这是根据安南人自己所作的历史的。安南之地，本来是唐朝的安南都护府。后梁末帝贞明中（公元915至公元910），土豪曲承美据其地，送款于梁，南汉伐执之，派杨廷艺领其地。后来杨廷艺给手下人杀掉。牙将吴权，自立为王（公元938）。传子昌笈，为权妃杨氏之弟三哥所篡。昌笈的兄弟昌文，废三哥，重立昌笈。昌笈死，昌文即位。境内大乱。昌文自己出兵讨伐，中箭而死（公元965）。诸州互相攻伐。公元970年，并于驩州刺史丁部领。始称帝，国号瞿越。部领爱少子项郎，欲立为嗣。项郎的哥哥丁琏。把项郎杀掉，部领就只得传位于琏。琏时，宋平南汉，琏遣使入贡。太祖以为静海军节度使，封交址郡王。后来为其下所杀。部领亦遇害。琏的兄弟璿立。公元980年，为大将黎桓所篡（太宗太平兴国五年）。太宗派海陆兵（海兵出广州，陆兵出邕州）去讨他，不利。桓亦遣使谢罪。公元986年，仍以为静海军节度，加安南都护，封京兆郡侯。公元993年，封南平郡王。真宗即位，进封南平王。公元1006年，黎桓死，次子龙钺立，为弟龙铤所弑。公元1010年，龙铤死，殿前指挥使李公蕴自立。真宗仍以其官爵授之（英宗时，改封安南国王）。传四世而至仁宗，始改国号曰大越。自太祖至仁宗，皆留心政事，制定法律，兼提倡孔教和佛教，称为安南的盛世。神宗、英宗两世，亦称贤主。高宗立，荒于游宴，安南始衰。将军郭卜作乱，都城为其所陷。渔家子陈承，以乡兵平卜，辅立高宗之子惠宗。惠宗无子，传位于女佛金，佛金嫁陈承的儿子炬（就是《元史》的陈日煚）。就传位于炬，于是李氏亡而陈氏兴。〕

安南李氏系图国号大越

(一)太祖李公蕴 公元1010年 —(二)太宗佛玛 公元1028年

└(三)圣宗日尊 公元1055年 ─┬(四)仁宗乾德 公元1071年

　　└崇宪侯—(五)神宗阳焕 公元1127年

└(六)英宗天祚 公元1138年 —(七)高宗龙翰 公元1176年 —(八)惠宗旵 公元1211年

└(九)昭皇佛金 公元1125至公元1226年

第五节 元祐绍圣的纷更和徽宗的衰侈

王荆公的变法，宋朝人把他骂得一佛不出世。然而实在无甚贻害于民之处。只要看当时，并无民愁盗起的现象，就可明白了。（荆公变法，关涉的方面太多。果真贻害于民，则全社会都受其骚扰，断没有不民怨盗起的道理。）然而宋朝人的党见，闹的太凶了。不论什么事情，都几乎只有意气，并无是非。当荆公行新法的时候，反对的人，便纷纷而起（其中最著名的，便是司马光、吕公著、韩琦、富弼、欧阳修、范纯仁、苏轼、苏辙等），无如神宗一概不听。公元1085年，神宗崩，哲宗立，还只十岁。太皇太后高氏（神宗的母亲。）临朝，用司马光、吕公著做宰相。于是旧党联翩而进。不到一年，就把荆公所行的新法都废掉。然而这时候，旧党之中，又分为洛、蜀、朔三党。（洛党以程颐为首。蜀党以苏轼为首。朔党以王岩叟、刘安世、刘挚、梁焘为首。）互相攻讦，纷纭扰攘，对于政治，其实并没有一定的主见。又大家都捧着一个太皇太后，"哲宗有言，或无应者"。于是哲宗积忿在心。公元1093年，太皇太后崩。杨畏、李清臣、邓润甫等，首创绍述之议。哲宗就罢范纯仁，起用章惇做宰相。而朝局又一变。当荆公执政的时候，反对的人虽多，却并未窜逐一人。（只有上流民图的郑侠，下狱远窜，乃荆公罢相一年中事。详见梁氏所著《王荆公传》。）元祐诸臣执政，才把行新法的吕惠卿、邓绾、蔡确等远窜。章惇执政之后，也就窜逐旧党诸臣，以为报复。甚至要追废宣仁太后，以有人阻挠，不果。公元1100年，哲宗崩，无子。太后要立徽宗。章惇说：以年则神宗诸子，申王为长；以亲，则哲宗母弟简王当立。太后不听。徽宗既立，章惇遭贬，以曾布为相。这时候，太后权同听政。颇起用元祐诸臣。然曾布本是助荆公行新法的。太后听政才七月，就归政。徽宗意亦倾向新法，却去引用了一个反复无常的蔡京。（司马光要复差役，限期五日，大家都以为难。这时候，蔡京知开封府，独能如约办到。司马光大喜。）于是曾布亦罢相。蔡京窥徽宗意旨所在，把元祐诸臣的姓名，亲写了一张党人碑，勒诸朝堂，其子弟都不得至阙下；于是新旧水火之势，格外无可挽回。而徽宗又荒淫无度，好大喜功，北宋的天下，就无可支持了。（当时就没有女真。内乱也要大起的。只看南渡之初，群盗的多便可知。）

蔡京是一个聚敛的好手，只要把《宋史·食货志》看一遍，便可见得当时：不论哪一项财源，都给他搜括净尽；不论哪一件政事，到他手里，就变做了聚敛的政策；以供给徽宗淫侈之用。（本篇势难备详，读者诸君，请取来自读一过。便可见得财政紊乱，是国家的致命伤。）于是设苏杭应奉局，派宦者童贯，到东南去监造御器。又命朱勔领花石纲，东南人家有好的花石，便运进京来。其骚扰，自然不言可知。于是在京城里造了一座万岁山，穷极奢侈。（到元朝攻金汴京的时候，金人把这山上的石头，用来供发炮之用。荼毒了无数生灵，其结果，还是拿来做杀人之具，真正可发一叹。）又相信道教，进用方士王老志、王仔昔、林灵素等，大营斋醮，费用也不可胜计。内政一方面，既已如此，对外又要讲武功。西南一方面，则招降蛮族，置了许多州县。西北一方面，又用王厚以开湟、鄯。（均见上节。）于是童贯借此机会经略陕西，和夏人开衅。每战，辄讳败为胜。教诸将多筑城堡，骗朝廷是新拓的土地。公元1120年，睦州人方腊作乱，连陷睦、（如今浙江的建德县。）歙（如今安徽的歙县。）二州，进陷杭州。童贯带兵把他讨平。就格外自谓知兵，要想趁辽朝败亡的机会，恢复燕云。北狩南渡之祸，就因此而起了。

第五章 北宋辽金的兴亡

第一节 女真和金室的起源

女真，就是现在的满族。他的起源，是很古的。他的名称，考据起来，也很有趣味。

这一族人：在最古的时候，称为肃慎。（亦作息慎、稷慎。）两汉时谓之挹娄。从南北朝到唐，谓之靺鞨。（亦作勿吉。）辽以后，称为女真。（避兴宗讳作女直。《大金国志》：“金国，本名珠里真，后讹为女真，亦作虑真。”宋刘忠恕说金朝娃朱里真。）到明末，才称为满洲。而据清朝人所说：则谓旧称所属曰珠申。近来日本稻叶君山著《清朝全史》，说：清朝改号称清以前，实曾自号其国曰金。至于满洲二字，则明人和朝鲜人，都书作“满柱”，乃最大酋长之称，既非国名，并非部族之名。我国人有自署心史的，著了一本《史料》，把这件事情，考核得很详细，实在已无可疑。（参看这两部书，和本书第四篇上第三章第一节。）我才悟到《魏书》称靺鞨的酋长，号“大莫弗瞒咄”，“瞒咄”两字，就是满族的异译，靺鞨两字，又是瞒咄的异译。至于挹娄，则是满洲语“叶噜”（亦作懿路。）的转音，乃是岩穴之义。是因其所居而名之，并非种族的本号。（见《满洲源流考》。）至于其种族的称号，则索慎、女真、珠申，原是一音的异译，几千年来，并没有改变。（现在东三省的索伦人，也就是这种人，把珠申又写作索伦了。）

这一族人，当三代以前，曾到中国来，贡其楛矢石弩。（见《史记·孔子世家》。）两汉时代，臣服夫余，所以不和中国交通。（据《后汉书》及《晋书》。）到南北朝时，分为七部。便是：

靺鞨
- 粟末部居最南与高接。
- 伯咄部在粟末北，《唐书》作汨咄。
- 安车骨部在伯咄东北。
- 拂涅部在伯咄东。
- 号室部在拂涅东。
- 黑水部在安车骨西北。
- 白山部在粟末东南。

《唐书》没有号室部，其余都同。又有思慕、（黑水西北，当在今龙江境。）郡利、（从思慕北行十日产，当在今嫩江境。）窟说、（从郡利东北行十日，当在今瑷珲附近。）莫曳皆、（从窟说东南行十日，当在今同江附近。）虞娄、（无考。）越喜、（在如今开原铁岭之北，北接宁安。）铁利（在图们江北岸。）等部。（靺鞨，渤海的释地，《韩国小史》，最为可据。《满洲源流考》，亦可参看。）拂涅、铁利、虞娄、越喜，时时通中国，而郡利、窟说、莫曳皆，都不能自通。粟末、黑水，都是如今的松花江（上源，称粟末，稍远便称黑水），所以《唐书》说：粟末等六部，“部间远者三四百里，近者二百里”。《金史》说“女真之地，有混同江，长白山，混同江，亦号黑龙江；所谓白山黑水者也”。尤其说得清楚。清朝人误把鄂嫩、克鲁伦两河，算作黑龙江的上源，于是《唐书》、《金史》之说都不可通。不自知其考古之粗疏，反疑心前史是错误，真是荒谬绝伦。

满族的开化，都是得高丽的力。（参看第四篇上第三章第一二节。）所以粟末靺鞨和高丽最近，就最先开化。当唐朝时候，建立了一个渤海国，地有五京，十五府，六十二州。（上京龙泉府，在如今宁安附近。中京显德府，在如今吉林东南。东京龙泉府，在如今海参崴附近。南京南海府，在如今朝鲜的咸兴。

西京鸭绿府，在如今辑安县附近。其余诸府州，不尽可考。）核其疆域，实在包括如今的吉、黑两省，朝鲜的咸镜道和平安道的大部分，俄国的阿穆尔沿海两州。一切制度文化，都以唐朝为模范。真不媿为海东文明之国。到五代时候，才给契丹太祖灭掉。（关于渤海的事情，可参看《唐书本传》和《韩国小史》。）前述靺鞨诸部落，《唐书》说："白山本臣高丽，唐取平壤，其众多入唐。伯咄、安车骨等浸微，无闻焉。惟黑水盛强，分十六落，跨水，称南北部。"从渤海盛强以后，这许多部落，都变做他国家的一部。渤海灭亡以后，依旧是黑水部出来反抗契丹，这便是金朝人。

金朝的部族，就是黑水女真。从渤海亡后，服属契丹。《金史》说：在南者系辽籍，谓之熟女真；在北者不系籍，谓之生女真。《大金国志》则说明熟女真在混同江之南，生女真在混同江之北。朝鲜史籍，则称熟女真为西女真，说他在白头山（就是长白山。）大干长岭之西，鸭绿江之北；生女真为东女真，在长岭之东，豆满江（图们江。）之西。（据《韩国小史》。）地位都相符合。

至于金朝的王室，则实在系出高丽。据《金史》说：金朝的始祖，名唤函普。来自高丽，年已六十余矣，居完颜部仆干水之涯。这时候，完颜部方与他部争斗，函普替他排难解纷；部人感激他，把部里一位六十多岁还没出嫁的姑娘嫁给他；生了两男一女，从此以后，就做了完颜部人。（可见前此还无意于久住。）朝鲜的史家，则说彼国的平州（如今的咸兴。）有个僧人，唤做金俊，逃入生女真。娶妻生子，为金之始祖。又有说平州有个僧人，唤做金幸。金幸的儿子，名唤克守。克守娶生女真之女为妻，生了个儿子，唤做古乙太师，（太师是辽朝人所加的爵号。生女真虽不系辽籍，也有受辽命，称太师的。见《大金国志》。）是金朝的始祖的。我说金朝的始祖，名字唤做什么，自然该以金朝人自述的话为准。然而函普究竟姓什么，《金史》不曾说出来。《金史》述金人所以称金的原因，共有两说：一说："国言金曰'安出虎'，以安出虎水源于此，故名金源。"一说：是太祖建国时候的诏书说："契丹名国，义取镔铁。镔铁虽坚，终亦变坏；惟金不变。”遂号国为大金。两说自相矛盾。我看“太祖下诏书的时候，金朝必久已称金，诏书上的话，不过是就固有的名称，加之以一种解释。安出虎水的名目，前此亦没有听见；怕函普本来姓金，安出虎水，正是因高丽的金氏，迁居于此，所以得名的。（乃水以部族名，非部族以水名。）至于《金史》上说金朝的王室为完颜氏，乃是从生女真之俗，用的女系”。这种推测，傥使不谬，则金朝的王室，简直是汉族的血胤了。为什么呢？因为朝鲜半岛的金氏，实在系出中国。（见第二篇下第一章第六节。以上兼据《韩国小史》。《韩国小史》载宋徽宗崇宁八年，金使裹弗失请和于高丽说：“昔我太师盈歌，尝言我祖宗出自大国，至于子孙，义当归附；今太师乌雅束，亦以大邦为父母之国。”政和时，金使如高丽修好，亦称高丽为父母之邦。）

金系图

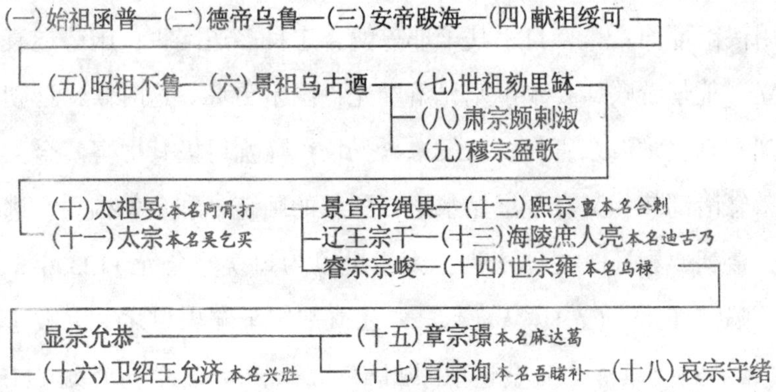

第二节　辽朝的灭亡

金朝的开化，起于献祖。（安帝，德帝两代，无事迹可见。）前此是穴居的，到献祖徙居海姑水，（《金史·本纪》下文又说：“自此遂定居于安出虎水之侧矣”。《始祖以下诸子传赞》则说：“再徙安出虎水。”安出虎水，是如今的阿勒楚喀河。海姑水当在其附近。）才知道“筑室”、“树艺”。至昭祖，乃渐以“条教为治”。辽人以为惕隐。“昭祖耀武，至于青岭白山（长白山。）入于苏滨耶懒之地，所至克捷”。(《韩国小史》说：苏滨，就是渤海的率宾府，金朝的恤品路；其地，从如今的兴京西南，跨过鸭绿江。耶懒，就是金朝的曷懒路；其地，从朝鲜吉州向南，直至咸州。）景祖之时，“自白山、耶悔、（未详。）统门、（图们的转音。）耶懒、土鲁伦（未详。）之属，至于五国之长，皆听命”。案所谓五国，就是《辽史》所谓五国部，有一个城，在朝鲜的会宁府。(徽宗所迁的五国城，就是这个城。）乃辽朝属境最远的地方。景祖替辽人讨平五国中的蒲聂部，受辽命，为生女真部族节度使。“始有官属，纪纲渐立。”景祖、世祖、肃宗、穆宗四世，皆尽力平定东方诸部族，一面借用辽朝的声威，一面又用外交政策，阻止辽兵入境，拒绝辽人要他“系籍”。到太祖手里，就和辽人交涉起来了。

契丹的国势，以圣宗时为最盛；兴宗时，亦尚可蒙业而安；道宗时，用佞臣耶律乙辛，自杀其子耶鲁斡，忠良多遭陷害，国势遂衰。天祚帝立，荒于游畋，委政于妃兄萧奉先，国事更坏。这时候，辽朝年年遣使到女真去求海东青，(一种名鹰的名目。）骚扰得极其厉害。金太祖就借此激怒诸部族；又有个星显水纥石烈部的阿疏，和金朝构兵，逃到辽朝去，金朝要索还，辽朝不肯；太祖也以为口实。公元1123年，起兵攻辽，陷宁江州。(在如今吉林东北。）辽遣都统萧嗣先讨之，大败于出河店。(在如今夫余县附近。）金遂取咸州。（在如今铁岭之东。）公元1115年，金太祖称帝，定国号曰金。

女真初起，部族很小，(初起时，甲兵未尝满千。太祖攻辽，诸路兵皆会采流水（如今的拉林阿)，只有二千五百人。出河店之战，兵始满万。然护步答冈之役，辽兵号称七十万，金兵仍不过二万。以后两路伐宋，每路也不过三万人。）说他就有取辽而代之之心，是决无之理。他所以起兵，大概因辽朝对于女真，控制颇为严密“《大金国志》说：契丹于宾州混（同江之北八十里筑寨，以控制生女真。又说：“契丹恐女真为患，诱豪右数千家，处之辽阳之南，使不得与中国往来，谓之曷苏馆。自咸州东北分界，入山谷，至涑末江（即粟末)，中间所居之女真。

隶咸州兵马司，谓之回霸。极东而野居者，谓之黄头女真。居涞末江之北，宁江州之东。……”所以当时辽朝控制女真，咸州宁江州，是两个要地。这两处既破，就轮到黄龙府了。）而所谓求海东青等的辽使，又一定十分骚扰。金朝从景祖做生女真部族节度使后，累代都和辽朝打交涉，辽朝的无能为，已经给他看穿。（当时女真有叛乱的，辽朝都不能定，都靠生女真部族节度使替他打定。）于是姑且起兵，想脱辽朝的羁軛。所以咸州、宁江州既下之后，就遣使与辽议和。（因他本来所求，不过如此。）以还阿疏和迁黄龙府于别地为条件。（黄龙府如迁去，女真的自由，就算完全恢复了。）辽人不答应。金太祖就自行用兵，攻破黄龙府。（公元 1115 年九月。）天祚帝闻之，自将兵七十万至駞门。（七十万自系虚数，然而为数必不少。）不意御营副都统耶律章奴谋反，想立兴宗次子耶鲁斡之子秦晋国王淳。天祚帝闻之，皇遽西归给金兵追到护步答冈，杀得大败。（駞门和护步答冈，都该离黄龙府不远。大概在如今艮岭县附近。）明年，渤海人高永昌据东京，又给金太祖打破。于是东京郡县，多降于金。金朝的疆域，差不多有如今的奉、吉两省了。

黄龙府既破，金朝已经心满意足；更加意外得了一个东京，自然更无进取之意。公元 1117 年，又差人到辽朝去议和。所要求的条件是：

（1）辽主册金主为皇帝。

（2）辽主以兄礼事金主。

（3）割让上京、中京、兴中府三路之地。

（4）纳岁币。

（5）以亲王公主，驸马，大臣子孙为质。

磋磨了许多时候。（3）（5）两条，都不要了。第（4）条也肯减少数目，只求册用汉礼，和第（2）条而已。然而辽人争执条文，议终不就。至公元 1120 年，兵衅再开，金兵就攻破上京。（在如今热河道开鲁县境。）

辽朝是一个泱泱大国，如何亡得十分快；而且极容易？这件事，读史的人，都有点疑心。原来辽朝的国家，是合三种分子组织成功的。便是（一）契丹、奚，（二）诸部族，（三）汉人。诸部族的瓦解，是很容易的；南边既然拥立了秦晋国王，就把所得到的中国地方都失去；再加以契丹诸部族，也未必都归心天祚，就弄得众叛亲离的了。公元1121年，辽朝的耶律余睹叛降金，（天祚的元妃，生秦王定。文妃生晋王敖鲁斡。敖鲁斡颇贤，为国人所归心。耶律余睹，是文妃的妹夫。元妃怕秦王不得立，诬文妃和耶律余睹谋立晋王，天祚赐文妃死，耶律余睹惧而降金。）金人因此尽知天祚的虚实。于是命世祖的儿子辽王杲做都统以伐辽。明年，克中京。（如今热河道的凌源县。）天祚帝这时候，还在鸳鸯泺打猎，（在如今直隶赤城县境。）为金兵所袭，逃到夹山。（在如今五原西北。）于是南京的人，拥立了秦晋国王淳，尽有燕云、平州、辽西、上京之地；天祚帝所有，不过沙漠以北，西南西北两招讨使而已。金人就进取西京。

漏屋更遭连夜雨，破船又遇打头风；辽人正弄得七零八落，却宋人又想恢复燕云了。原来宋徽宗本是个好大喜功之主，蔡京、童贯一班人，又是全不晓得轻重的，听得金朝打破辽人，就想借金人之力，以恢复失地。于是差燕人马政到金朝去，求“五代时陷入契丹汉地”。（公元1118年。马政是燕人，童贯使辽时，自言有灭辽之策。童贯就把他带归，引见徽宗，赐姓名为赵良嗣。《宋史》说：马政的使金，是约夹攻辽国的。然而《金史本纪》说：“……马政以书来，曰：克辽之后，五代时陷入契丹汉地，愿畀下邑。”并无夹攻之说。果使宋本约夹攻。金朝的复书，就不必再提起与宋夹攻之说了。大概童贯等本想不烦一兵，而得燕云的，这并不是有外交手段，不过是小人侥幸之心而已。）金太祖复书，约宋朝夹攻，谁得到的地方，就算谁的。于是约宋朝攻南京，金取中京及上京。公元1122年，童贯派兵攻辽，大败。这一年六月，辽秦晋国王死了，辽人立天祚帝的次子秦王定为帝，尊秦晋国王的妻萧氏为太后，同听政。童贯听得，又派刘延禧和辽国的降将郭药师去攻辽，又不胜。童贯大窘，就差人到金朝去，请金朝代攻燕京。这时候，金太祖正以西京郡县反侧，应辽王杲的请，亲自出师。就从蔚州攻破居庸关，直薄南京。萧太后和秦王定都逃掉，于是南京攻破，辽人五京皆破。天祚帝辗转山后，弄得无家可归。到公元1126年，给金朝人捉获，辽朝就此灭亡。金朝和宋朝的交涉，就此起了。

第三节　北宋的灭亡

金朝当初起的时候，并没有什么土地思想（他的灭辽，其实是辽人自己土崩瓦解，并不是金人真有多大的能力）。以区区东方一个小部落，一旦灭辽而有之，不但喜出望外，再求扩充，一时也有些难于消化了。所以南京虽系金朝所取，也不过敲几个钱的竹杠，就肯把来还宋。原来宋朝和金朝，是约夹攻契丹的。辽朝的南京、西京两道，本应当宋人自己去取。然而后来，全仗金人的力量攻下。于是金人一方面，只肯还宋燕京和蓟、景、檀、顺、涿、易六州；而宋朝则山后诸州外，还要要求营、平、泺三州。原来燕云十六州，自入契丹之后，颇有废置。这时候，在辽朝的南京道，除析津府外，有蓟、景、檀、顺、涿、易六州；（景州辽所置，在如今直隶的遵化县。）西京一道，除大同府外，有应、蔚、儒、妫、奉圣、归化六州，和武、朔二州；（归化州，就是旧时的武州。辽朝的武州，治如今山西的神池县。奉圣州，也是辽朝所置，在如今直隶的保安县。）都是五代时让给契丹的旧地。至于营、平二州，（见第三章第二节。）则系后唐时，契丹所攻陷，滦州（如今直隶的滦县。）系辽人所置，都和石晋所割的地无涉。宋朝起初和金立约，也只说“五代时陷入契丹汉地”，并没提起营、平、滦；南京既破之后，宰相王黼，就想兼得此三州，差马政到金朝去要求。金朝一定不答应。这时候，涿、易二州，是辽将郭药师带来投降的，已经是宋朝的地方，其余诸州，却都在金人手里。于是金人也提出强硬的抗议。说：

(1) 若宋朝定要营、平、滦三州，则并燕京而不与。

(2) 就使宋朝不要营、平、滦三州，单要燕京和六州，燕京的租税，也是要给金朝的；因为这地方是金朝所攻下。燕京的租税额，是每年六百万缗；现在金朝肯减取，只要一百万缗。

(3) 倘若宋朝不肯照此办法，就要把涿、易二州，都还金朝。

于是磋议的结果，宋朝答应：

(1) 岁输银绢各二十万两匹，又别输“燕京代税钱”一百万缗。

(2) 遣使贺金主生辰及正旦。

(3) 置榷场贸易。

公元1123年，五月，金人就把燕京和蓟、景、檀、顺之地来归。不多时，又还了应、蔚、儒、妫、奉圣、归化六州。这一年八月里，金太祖死了，太宗立。十一月，又以武朔二州来归。宋朝置为燕山府和云中府两路。

平州地方，金朝既不还宋，就建为南京，以辽降将张觉留守。就是这一年六月里，张觉据城叛降宋。宋人受之。十一月，给金朝打破，张觉又逃到燕山。金朝人来索取，宋朝无奈，只得杀掉张觉，“函首以畀金”。然金朝人仍以此为口实。公元1125年，十月，宗翰宗望（都是辽王杲的儿子。）分两道伐宋。

宗望从平州入燕山，宗翰从云中攻太原。这时候，童贯方驻兵太原，听得金朝人来，先拔步跑掉。幸得知太原府事张孝纯固守，所以河东一路，还可暂时支持。而河北一路，宋人以郭药师守燕山，又派内侍梁方平，带着卫士，拒守黎阳。郭药师既望风投降。明年正月。梁方平的兵也大溃，宗望遂渡河。这时候，徽宗业已传位钦宗，（隔年十二月。）金兵围汴京，由主战的李纲固守。虽然未必一时就破；然而四方来援的兵很少，（因为这时候已没有什么兵，参看下篇第四章第三节。）偶有来的，也遇敌辄败。于是只得和金朝讲和。其条件是：

(1) 宋朝输金五百万两，银五千万两，表段百万匹，牛马万头。

（2）尊金主为伯父。（《宋史·钦宗纪》作叔父，是错的。《高宗纪》也作伯父。）

（3）割太原、中山、河间三镇。

（4）以亲王宰相为质。

于是括京城里的金二十万两，银四十万两，先行交给金人。并以肃王枢为质。五月，宗望遂解围北还。这时候，宗翰还在太原，听得宗望讲和，也差人来“求赂”。大概金朝人的意思，以为每一支兵，都要得些利益，才算罢兵的。宋朝人的意思，则说业已讲和，如何又来需索。于是把他的使者捉起来。宗翰大怒，分兵攻破威胜军、（如今山西的沁县。）隆德府，（如今山西的长治县。）进取泽州。（如今山西的凤台县。）宋朝人说：这是背盟了。就诏三镇固守，而且派兵往援。这时候，辽朝的国戚萧仲恭，做了金朝的使臣，来到宋朝，也给宋朝人拘留住。萧仲恭的母亲，本是辽道宗的女儿。就骗宋朝人，说能替宋朝招耶律余睹，叫他叛金。宋人信了他，写了封信给余睹，封在蜡丸里，托萧仲恭带回。萧仲恭走到燕山，就把这蜡书献给宗望。金人以这两件事为名。八月，宗翰、宗望再举兵南下。九月，宗翰陷太原，从孟津渡河。宗望也渡河，替他会合。十一月，合围京城。闰十一月，城陷。钦宗自到金营请和。先是京城未被围时，金人差人来，要尽得两河之地。宋朝没法，只得答应他。叫聂昌使宗翰军，耿南仲使宗望军。聂昌到绛州，（如今山西的绛县。）给钤辖赵子清所杀。南仲走到卫州，（如今河南的汲县。）卫州人不纳，而且要杀掉他。南仲逃到相州。（如今河南的安阳县。）于是和议不成。京城既破之后，仍以割两河地成和。再差耿南仲和陈过庭出去割地，各地方的人，都不奉诏。公元 1127 年，二月，金人就掳徽、钦二宗，和钦宗的太子谌，以及后妃宗室等皆北去，而立宋臣张邦昌为楚帝。金人既去之后，张邦昌虽不敢做皇帝；然而宋朝人在北方，也始终站不住，就成了南渡之局了。

典藏

中国学术名著丛书

中国通史（下）

吕思勉

吉林出版集团股份有限公司

第三篇　近古史（下）

第一章　南宋和金朝的和战

第一节　南宋初期的战事

从南宋以后，又变作异族割据北方，汉族占据南方的局面了。其和两晋南北朝不同的，便是后者的结果，是汉族先恢复了北方，然后统一南方；前者的结果，却是占据北方的异族，为另一异族所灭，而汉族亦为所吞并。

从南宋到元，重要的事情，便是：

（1）宋南渡后的立国，及其和金朝人的交涉。

（2）金朝的衰亡。

（3）蒙古的建立大帝国，和它的侵入中国。

（4）元朝的灭亡。

如今且从第一项说起。

宋朝南渡之初，情形是很危险的，其原因：

（1）这时并无一支可靠的兵。当徽宗时候，蔡京等利用诸军阙额，“封桩其饷，以备上供”。北宋的兵力，本靠不住；这一来，便连靠不住的兵力，也没有了。（靖康时入援，以陕西兵多之地，竭力搜括，只得万五千人。）南北宋之际，大将如宗泽及韩、岳、张、刘等，都是招群盗而用之；既未训练，又无纪律，全靠不住；而中央政府既无权力，诸将就自然骄横起来；其结果，反弄成将骄卒惰的样子。

（2）这时候，到处盗贼蜂起。只要一翻《宋史·高宗》的《本纪》，从建炎元年到绍兴十一二年间（公元1127至1142年），天下二十六路，每路总有著名的盗匪数人或十数人，拥众十余万或数十万（这种数字，固然未必确实，然而其众也总不在少数），剽掠的地方，或数郡，或十数郡。其次也拥众或数万或数千。这都是徽宗时多行苛政，民不聊生；加以北方受了兵祸，流离失所的人，起而为盗，再去蹂躏他处的原故。（此外还有溃兵和团结御敌、号召勤王之兵，屯聚不散，而又无所得食，也变而为盗的。）

这样说，国家既无以自立，而又无以御外；倘使当时的金朝大举南侵，宋朝却用何法抵挡？然而南宋竟没有给金朝灭掉，这是什么缘故？

金朝本是一个小部落它起初，不但无吞宋之心，并且无灭辽之心，前篇已经说过了。所以灭辽之后，燕云州县，仍肯还宋。就是同宋朝开衅以后，金人所要的，也不过河北、河东，所以既得汴京之后，就拿来立了一个张邦昌。

金兵既退，张邦昌自然是不能立脚的，于是请哲宗的废后孟氏垂帘。（二帝北狩时，太子和后妃宗室都北行，废后以居母家得免。）康王构，本来是到金朝去做“质”的。走到半路上，为人民所阻，退还相州开大元帅府。及是，以孟后之令迎之。康王走到南京（归德府，如今河南的商丘县），即位，是为高宗。

高宗即位之初，用主战的李纲做宰相。这时候，宗泽招抚群盗，以守汴京；高宗就用他做东京留守，知开封府；又命张所招抚河北，傅亮经制河东。旋复罢李纲，召傅亮还，安置张所于岭南。宗泽屡疏请还汴京，不听；请留南阳，亦不报；李纲建议巡幸关中襄（湖北襄阳）、邓（河南邓州，今南阳），又不听。这一年十月里，就南走扬州。读史的人，都说高宗为黄潜善、汪伯彦二人所误。然而高宗不是十分无用的人（看下文便知），倘使恢复真有可图，未必怯弱至此。这时候的退却，大约因为汴京之守，不过是招用群盗，未必可恃；又当时的经略河北、河东，所靠的，不过是各处团结的民兵，也未必可靠之故（据李纲说：当时河东所失，不过恒代、太原、汾晋、泽潞。河北所失，不过怀、卫、濬、真定。其余地方的民兵，都还团结，为宋守御。当时派出的傅亮、张所，手下并没有兵，大约就是想利用这种民兵，以拒敌。然而这种兵，并不能用作正式军队，以御大敌的。后来取消经略河北、河东之议，大约为此。至于亟亟乎南走扬州，则大约因为金兵逼近，北方不能立足之故。）

金朝一方面，到这时候所要经略的，还不过河北、河东。对于此外地方的用兵，不过是剽掠主义。（也可以说是对于宋朝的膺惩主义。当时就使灭掉宋朝，大河以南的土地，金人也是不要的。）公元1127年，七月，宗望死了，代以宗辅（太祖的儿子，熙宗的父亲。）这一年冬天，宗辅东徇淄青，分兵入襄、邓、唐、蔡（这支兵，是逼高宗的。高宗所以不敢留居关中、南阳。）明年正月，因高宗还在扬州，而农时已届，还师。宗翰的兵，于公元1127年冬天，入陕西，陷同华、京兆、凤翔。明年，留娄室屯驻，自还河东。公元1128年七月，宋朝差王师正到金朝去请和，又以密书招诱契丹汉人，为金人所获。金太祖诏宗翰、宗辅伐宋。于是二人会兵濮州。十月，进兵（合两路兵以逼高宗。）明年二月，前锋到扬州。高宗先已逃到杭州。金人焚扬州而去。五月，宗弼（也是太祖的儿子）就再进一步，而为渡江之计。

宗弼分兵攻蕲（如今湖北的蕲春县）、黄（如今湖北的黄冈县），自将兵从滁（如今安徽的滁县）、和（如今安徽的和县）、太平（如今安徽的当涂县。）渡江，逼建康。先是公元1128年七月，宗泽死了，代以杜充。杜充不能抚用群盗，群盗皆散，汴京遂陷。高宗仍用他留守建康。宗弼既渡江，杜充力战，而韩世忠不救（见第二节。）杜充遂降。于是宗弼陷广德（如今安徽的广德县）、出独松关（在如今浙江安吉县西边），逼临安府（杭州所改。）高宗先已逃到明州（如今浙江的鄞县。）宗弼遣阿里蒲卢浑从越州（如今浙江的绍兴县）入明州。高宗从昌国（如今浙江的象山县）入海。阿里蒲卢浑也以舟师入海追之三百里，不及而还。于是宗弼"裒所俘掠"，改走大路，从秀州（如今浙江的嘉兴县）、平江（如今江苏的吴县）而北。到镇江，韩世忠以舟师邀之江中，相持凡四十八日，宗弼颇窘，旋因世忠所用的是大船，无风不得动，为宗弼用火攻所破，宗弼乃北还。这一次是金朝南侵的极点。从此以后，金人再有主张用兵的，宗弼便说“士马疲弊，粮储未足，恐无成功”，不肯再听他了。这是用兵的计划如此；宋朝人以为他给韩世忠一场杀怕了，不敢再说渡江，这是犯了夸大的毛病（参看第二节。）

以上所说，是宗辅的一支兵（金朝的左军。）其宗翰的一支兵（右军），则以打平陕西为极限。先是高宗既南渡，用张浚做川陕京湖宣抚使，以经略上游。公元1130年，张浚以金朝的兵，聚于淮上；从兴元出兵，以图牵制。金朝果然分了东方的兵力，用宗辅做西路的监军；宗弼渡江而北，也到陕西去应援。这一年九月里，战于富平（如今陕西的兴平县），浚兵大败，于是关中多陷。张浚用赵开以治财赋，刘子羽、吴玠、吴璘以任战守，和金人苦苦相持，总算拒住汉中，保守全蜀（这其间很有几场苦战，可参看《宋史》三人的本传。）

金人既不要河南、陕西，这几年的用兵，是为什么呢？这是利用他来建立一个缓冲国，使自己所要的河北、河东，可以不烦兵力保守。所以这一年九月里，就立刘豫于河南，为齐帝，十一月里，又畀以陕西之地。于是宋朝和金朝的战争，告一小结束，宋人乃得利用其间，略从事于内部的整理。

第二节　和议的成就和军阀的翦除

宋朝当南渡之初，最窘的是什么？便是

（1）盗贼的纵横；

（2）诸将的骄横。

如今且先说盗贼。当时盗贼之多，前节已说过，请读者自行翻阅

《宋史·高宗本纪》和岳飞、韩世忠、张俊等几个人的传，本书无暇一一详叙。其中最强悍的，是李成（据江淮湖湘十余郡）、张用（据襄汉）、孔彦舟（据武陵）、杨太（洞庭湖里的水寇。即杨幺）、范汝为（在福建）等几个人。都给张俊、岳飞、韩世忠打平，而孔彦舟、李成都降齐。

刘豫既然为金所立，就想自固其位。于是请于金，欲立其子麟为太子，以窥探金朝的意思，到底打算不打算永远保存他这齐国。金朝说：替我伐宋，能胜才许你。于是刘豫就利用李成、孔彦舟的投降，公元1133年十月，叫李成南侵，陷襄阳、唐、邓、随（如今湖北的随县）、郢（如今湖北的钟祥县）、信阳（如今河南的信阳县），岳飞把它恢复。刘豫又乞师于金。九月，挞懒（穆宗的儿子）带着五万人，和齐兵同寇淮西。〔步兵入淮东，韩世忠败之于大仪（镇名，在如今江苏江都县西。）骑兵入淮西，攻庐州（如今安徽的合肥县），岳飞派牛皋救却之〕。不多时，金太宗死了，金兵引还。先是宋朝很怕刘豫，至于称之为大齐。这一次，知道无可调和。于是高宗从临安进幸平江，起用张浚视师，颇有振作的气象。金兵既退，张浚仍竭力布置。公元1146年，分令张俊屯盱眙（如今江苏的盱眙县），韩世忠屯楚州（如今江苏的淮安县），刘光世屯合肥，岳飞屯襄阳。高宗又诏谕三军，说要亲征。刘豫闻之，便告急于金。金朝人的立刘豫，本是想他做个缓冲国，使河北、河东，不烦兵力守御的。如今反要替他出兵伐宋，如何肯答应呢？于是刘豫自签乡兵三十万，叫他的儿子刘麟（出寿春，犯合肥）、侄儿子刘猊〔自涡口犯定远（如今安徽的定远县）〕和孔彦舟〔自光州（如今河南的潢川县）犯六安（如今安徽六安县）〕三道入犯。刘猊到藕塘（镇名，在定远县东），为杨沂中所败。刘麟、孔彦舟皆引还。于是金人知道刘豫是无用的，并不能靠他抵御宋人。公元1137年，十一月，就把他废掉，而在汴京立了个行台尚书省。

于是和议开始了。和议在当时，本是件必不能免的事（参看《廿二史札记》卷二十六《和议》条。）然而主持和议的秦桧，却因此而大负恶名〔当议割三镇的时候，集百官议延和殿，主张割让的七十人，反对的三十六人；秦桧也在三十六人之内，金人要立张邦昌，秦桧时为台长，和台臣进状争之。后来金朝所派的留守王时雍，用兵胁迫百官，署立张邦昌的状，秦桧抗不肯署，致为金人所执。二帝北徙，桧亦从行。后来金人把他赏给挞懒。公元1130年，挞懒攻山阳（楚州），秦桧亦在军中，与妻王氏，航海南归。宋朝人就说是金人暗放他回来，以图和议的。请问这时候，金人怕宋朝什么？要讲和，还怕宋朝不肯？何必要放个人回来，暗中图谋？秦桧既是金朝的奸细，在北朝，还怕不能得富贵？跑回这风雨飘摇的宋朝来做什么？当时和战之局，毫无把握，秦桧又焉知高宗要用他做宰相呢？我说秦桧一定要跑回来，正是他爱国之处；始终坚持和议，是他有识力，肯负责任之处。能看得出挞懒这个人，可用手段对付，是他眼力过人之赴。能解除韩、岳的兵柄，是他手段过人之处。后世的人，却把他唾骂到如此，中国的学术界，真堪浩叹了］，真冤枉极了。请看当时诸将的情形：

> 给事中兼直学士院汪藻言：金人为患，今已五年。陛下以万乘之尊，而怅然未知税驾之所者，由将帅无人，而御之未得其术也。如刘光世、韩世忠、张俊、王燮之徒，身为大将，论其官，则兼两镇之重，视执政之班，有韩琦、文彦博所不敢当者；论其家，则金帛充盈，锦衣肉食；舆台厮养，皆以功赏补官；至一军之中，使臣反多，卒伍反少。平时飞扬跋扈，不循朝廷法度；所至驱虏，甚于夷狄；陛下不得而问，正以防秋之时，责其死力耳。张俊守明州，仅能少抗；奈何敌未退数里间，而引兵先遁？是杀明州一城生灵，而陛下再有馆头之行者，张俊使之也。……陛下……以……杜充守建康，韩世忠守京口，刘光世守九江，而以王燮隶杜充，其措置非不善也。而世忠八九月间，已扫镇江所储之资，尽装海船，焚其城郭，为遁逃之计（注意！后来邀击宗弼，元风不得动的，就是这海舶。因为要装栽资储，又要预备入海，所以不得不大。）洎杜充力战于前，世忠、王燮，卒不为用；光世亦晏然坐视，不出一兵；方与韩祀朝夕饮宴，贼至数十里而不知；则朝廷失建康，虏犯两浙，乘舆

震惊者，韩世忠、王燮使之也；失豫章而太母播越，六宫流离者，刘光世使之也。……诸将以负国家，罪恶如此；而俊自明引兵至温，道路一空，民皆逃奔山谷。世忠逗留秀州，放军四掠，至执缚县宰，以取钱粮；虽陛下亲御宸翰，召之三四而不来；元夕取民间子女，张镫高会。……燮自信入闽，所过要索千计；公然移文曰：无使枉害生灵，其意果安在哉？臣观今日诸将，用古法皆当诛……（按此疏上于公元1130年，即建炎四年。读者可自取一种编年史，把建炎三四年的兵事参考）

起居郎胡寅上疏言：……今之赏功，全阵转授，未闻有以不用命被戮者……自长行以上，皆以真官赏之；人挟券历，请厚俸，至于以官名队……煮海榷酤之入，遇军之所至，则奄而有之；阛阓什一之利，半为军人所取。至于衣粮，则日仰于大农；器械则必取之武库；赏设则尽出于县官……总兵者以兵为家，若不复肯舍者，曹操曰：欲孤释兵，则不可也，无乃类此乎？……诸军近者四五年，远者八九年，未尝落死损逃亡之数，岂皆不死乎……（参看第五章第三、五、六节。观此可知当时所有的税入，为诸将分割殆尽）

以上都见《文献通考》卷一五四。马端临也说："建炎中兴之后，兵弱敌强，动辄败北。以致王业偏安者，将骄卒惰，军政不肃所致。"、"张、韩、刘、岳之徒……究其勋庸，亦多是削平内难，抚定东南耳；一遇女真，非败即遁；纵有小胜，不能补过。"（韩世忠江中之捷，是乘金人不善用水兵，而且利用大船的优势，幸而获胜；然亦终以此致败。大仪之战，只是小胜；当时金人以太宗之死，自欲引归，和世忠无涉；参看《金史》便知。岳飞只郾城打了一个胜战。据他《本集》的捷状，金兵共只一万五千人；岳飞的兵，合前后的公文算起来，总在二万人左右，苦战半日，然后获胜，并不算什么稀奇。《宋史》本传，巧于造句，说"兀术有劲兵号拐子马，是役以万五千骑来"，倒像单拐子马就有一万五千，此外还有无数大兵，岳飞真能以寡击众了。以下又铺张扬厉，说什么"磁相、开德、泽潞、汾隰、晋绛，皆期日与官军会”，“自燕以南，金人号令不行”，真是说得好听，其实只要把宋、金二《史》略一对看，就晓得全是瞎说的。十二金字牌之召，《本传》可惜他“十年之功，废于一旦”，然而据《本纪》所载，则还军未几，就“诸军皆溃”了。进兵到朱仙镇，离汴京只四十多里，更是必无之事。郾城以外的战绩，就全是莫须有的。最可笑的，宗弼渡江的时候，岳飞始终躲在江苏，眼看着高宗受金人追逐；《宋史》本传，还说他清水亭一战，金兵横尸十五里，那么，金兵倒好杀尽了。——韩、岳二人，是最受人崇拜的，然而其战绩如此。至于刘光世，则《宋史》本传说他的话，就已经够了。依我看，倒还是张俊，高宗逃入海的时候，在明州，到底还背城一战。）这种兵，好靠着他谋恢复否？

然而既不能言和，这种兵就不能去；留着他又是如此；真是载胥及溺了。幸而当时有一个机会。

原来金朝的王位继承法（从太祖以前，只好说是生女真部族节度使的继承），是不确定的（把王位继承，看得是一件很重大的事情；除掉合法应继承的人以外，都有凛然不可侵犯的意思；这是君主专制政体，几经进化以后的情形。像女真这种浅演的国家，当然没有这种观念。）景祖就舍长子劾孙而传位于世祖；世祖、肃宗、穆宗，都是兄弟相及（《金史》说都是景祖之意。世祖、肃宗之间，又越掉一个劾孙）；康宗以后，又回到世祖的儿子（世祖共有十一个儿子，三个是做金主的）；太宗又传太祖的儿子；大约是只凭实际的情势，毫无成法可言的。那么，就人人要“觊觎非分”了。至于实权，这种侵略主义的国家，自然在军人手里。金初用兵，常分为左右两军。其初都元帅是辽王杲；左副元帅是宗望，右副元帅是宗翰。辽王死后，宗翰以右副元帅兼都元帅（宗翰就有不臣之心。）宗望死后，代以宗辅。这时候都死了。军人中老资格，只有宗弼和挞懒。而挞懒辈行又尊，和内里的宗隽（右相）、宗磐（太师领三省事，位在宗幹上），都有异志。干国政的宗幹、斜也，制不住他。这种人，自然是不关心国事的。于是宋朝利用这个机会，差王伦到金朝去，“求河南地”（公元1137年二月。）就是这一年，金朝把刘豫废了。十二月，王伦从金朝回来，说金朝人答应还二帝的梓宫，及太后，和河南诸州（把时间核起来，金朝人是先有还宋朝河南之意，然后废掉刘豫的。王伦的外交，也很为有功，不过《宋史》上也把他算作坏人了。）明年三月里，高宗就用秦桧做宰相，专意言和。十月里，王伦闻着金使萧哲、张通古来，许先归河南诸州，徐议余事。

- （一）景祖
  - 劾孙——撒改——宗翰
  - （二）世祖
    - （五）康宗
    - （六）太祖
      - 宗峻—（八）熙宗
      - 宗幹—（九）海陵庶人
      - 宗望
      - 宗弼
      - 宗辅—（十）世宗
      - 宗雋
    - （七）太宗—宗磐
    - 杲——斜也
  - （三）肃宗
  - （四）穆宗——挞懒

平心而论：不烦一兵，不折一矢，恢复河南的失地；这种外交，如何算失败？主持这外交的人，如何算奸邪？却不料金朝的政局变了：这是无可如何的事，也是不能预料的事；就能预料，这种有利的外交，也总得办办试试的；如何怪得办这外交的人？把河南还宋，宗幹本是不赞成的，但是拿这主持的人，无可如何。到后来宗弼入朝，形势就一变了。于是宗磐、宗雋，以谋反诛。挞懒以属尊，放了他，仍用他做行台尚书右丞相。谁想挞懒走到燕京，又有反谋。于是置行台尚书省于燕京，以宗弼领其事；而且兼领元帅府。宗弼遣人追杀挞懒，大阅于祁州（如今直隶的祁县），把到金朝去受地的王伦捉起来（公元1139年七月），发兵重取河南、陕西，而和议遂破。

宗弼人河南，河南郡县多降。前锋到顺昌（如今安徽的阜阳县），为刘锜所败。岳飞又在郾城（如今河南的郾城县）把他打败。宗弼走。还汴京。娄室入陕西，吴璘出兵和他相持，也收复许多州县〔韩世忠也进兵复海州〔如今江苏的东海县。张俊复宿（如今安徽的宿县）、亳（如今安徽的亳县）〕。这一次的用兵，宋朝似乎是胜利的。然而顺昌、郾城，宗弼是以轻敌致败，再整顿前来，就不可知了。陕西不过是相持的局面，并无胜利之可言。持久下去，在宋朝总是不利，这是通观前后，很可明白的。当时诸将的主战，不过是利于久握兵柄，真个国事败坏下来，就都一哄而散，没一个人肯负其责任了。所以秦桧不得不坚决主和。于是召回诸将。其中最倔犟的是岳飞，乃先把各路的兵召还；然后一日发十二金字牌，把他召回。公元1201年，和议成，其条件是：

> 宋称臣奉表于金（金主册宋主为皇帝。）
>
> 岁输银绢各二十五万两匹。金主生辰及正旦，遣使致贺。
>
> 东以淮水、西以大散关为界。

宋朝二十六路，就只剩两浙、两淮、江东西、湖南北、四川、福建、广东西十五路；和京南西路襄阳一府，陕西路的阶、成、秦、凤四州。金朝对宋朝，却不过归还二帝梓宫及太后。

这种条件，诚然是屈辱的。所以读史的人，都痛骂秦桧，不该杀岳飞，成和议。然而凡事要论事实的，单大言壮语无用。我且再引《金史》郦琼的一段话（见本传。按郦琼是刘光世部下。南渡诸将中，刘光世最骄蹇不用命。公元1144年，张俊做都督的时候，把他免掉，以大兵隶都督府，郦琼就叛降齐），以见当时倘使续战，到底能胜不能胜？

> 语同列曰：琼常从大军南伐；每见元帅国王（按指宗弼），亲临阵督战，矢石交集，而王免胄，指挥三军，意气自若……亲冒锋镝，进不避难。将士观之，孰敢爱死？……江南诸帅，材能不及中人；每当出兵，必身在数百里外，谓之持重；或习召军旅，易置将校，仅以一介之士，持虚文谕之，谓之调发；

> 制敌决胜，委之偏裨。是以智者解体，愚者丧师；幸一小捷，则露布飞驰，增加俘级，以为己功，敛怨将帅；纵或亲临，亦必先遁，而又国政不纲；才有微功，已加厚赏；或有大罪，乃置不诛。不即覆亡，已为天幸，何能振起邪？

和议既成，便可收拾诸将的兵柄了。当时韩、岳、张、刘和杨沂中的兵，谓之御前五军。杨沂中（中军）常居中宿卫。韩（后军）、岳（左军）、张（前军）、刘（右军）都驻扎于外。刘光世的兵降齐后，以吴玠的兵升补，四川离下流远，和议成后，仍用帅臣节制。对于韩、岳、张则皆授以枢府，罢其兵柄，其中三人被召入朝，岳飞到得最晚，不多时，就给秦桧杀掉。这件事，本书篇幅无多，且莫去考论它的是非曲直（但要注意的：据《宋史·张宪传》，则宪的谋还岳飞兵柄。并不是莫须有的事。）从三宣抚司罢后，他的兵，都改称某州驻札御前诸军，直达朝廷，帅臣不得节制。骄横的武人既去，宋朝才可以勉强立国了。我如今请再引《文献通考》所载叶适论四大屯兵的几句话（按四大屯兵。就是指韩、岳、张和吴玠的兵），以见得当时的情形：

> ……诸将自夸雄豪，刘光世、张俊、吴玠兄弟、韩世忠、岳飞，各以成军，雄视海内……廪稍惟其所赋，功勋惟其所奏；将版之禄，多于兵卒之数；朝廷以转运使主馈饷，随意诛剥，无复顾惜。志意盛满，仇疾互生……其后秦桧虑不及远，急于求和，以屈辱为安者，盖忧诸将之兵未易收，浸成疽赘，则非特北方不可取，而南方亦未易定也。故约诸军支遣之数；分天下之财，特令朝臣以总领之，以为喉舌出纳之要。诸将之兵，尽隶御前；将帅虽出予军中，而易置皆由于人主……向之大将，或杀或废，惕息俟命，而后江左得以少安……

看了这一段，也可以知道当时的措置，实在有不得已的苦衷了。总而言之，古人滥得美名，或者枉受恶名，原不同咱们相干，不必要咱们替他平反；然而研究历史，有一件最紧要的事情，便是根据着现代的事情，去推想古代事实的真相（根据着历史上较为明白、近情的事情，去推想糊涂、荒诞的事情的真相。）这么一来，自然见得社会上古今的现象，其中都有一个共通之点。得了这种原则公例，就好拿来应用，拿来应付现在的事情了。所谓“臧往以知来”，历史的用处，就在这里。倘使承认了历史上有一种异乎寻常的人物，譬如后世只有操、莽，在古代，却有禅让的尧、舜；现在满眼是骄横的军阀，从前偏有公忠体国的韩、岳、张、刘。那就人的性质，无从捉摸；历史上的事实，再无公例可求；历史可以不必研究了。

第三节 海陵的南侵和韩侂胄的北伐

绍兴和议成后，宋朝和金朝，又开过两次兵衅：一次是海陵的南侵，一次是韩侂胄的北伐。

金海陵是一个狂谬的人。乘熙宗晚年，嗜酒昏乱，弑之。从上京（会宁府，如今吉林阿城县南）迁都到燕京（公元1153年），后来又迁都于汴（公元1160年），想要灭宋，以统一天下。公元1162年，就发大兵六十万入寇。

金海陵兵分四路（一支从蔡州瞰荆襄，一支从凤翔攻大散关，一支从胶西走海路窥临安，海陵自将大兵，从涡口渡淮），声势颇盛。宋朝这时候，宿将只有个刘锜，叫他总统诸军。刘锜自守楚州，叫别将王权守淮西。权不战自溃；刘锜也老病，不能带兵，退守镇江；淮南尽陷。海陵到采石，想要渡江，形势甚险。幸而金朝内乱起来。海陵两次迁都，都大营宫室；又为伐宋起见，籍民为兵，大括民马，于是群盗大起。海陵却一味隐讳，有提及的人便获罪；于是群下亦相率不言；遂将群盗置诸不顾，依旧出兵伐宋，授甲时候，就有逃亡的。猛安完颜福寿等，跑到东京（辽阳）拥立世宗。海陵听得，要把所有的兵，尽行驱之渡江，然后北归。不期宋中书舍人虞允文奉命犒师，收王权的散卒，把他杀得大败。于是海陵改趋扬州，至瓜洲（镇名，在如今江苏丹徒县西），为其下所弑。金兵北还。宋人乘机收复两淮州郡。又东取唐、邓、陈、蔡、海、泗，西取秦、陇、商、虢诸州，兵势颇振。

公元1162年，高宗传位于孝宗。孝宗是个主张恢复的，起用张浚，做两淮宣抚使。张浚派李显忠、邵弘渊两人出兵。李显忠复灵璧（如今安徽的灵壁县），遂会邵弘渊复虹县（如今安徽的虹县），又进取宿州。显忠置酒高会，不设防备。金副元帅纥石烈志宁来援，显忠之兵，大溃于苻离（在宿县境内，事见《金史·志宁传》。《宋史》把败兵之罪，全推在邵弘渊身上，殊靠不住。）于是恢复之议，遂成画饼。金世宗初以承海陵骚扰之后，不欲用兵，但令元帅府防御河南。迁延年余，和议不成：就再令元帅府进兵，陷两淮州郡。公元1165年，和议成：（1）宋主称金主为叔父，（2）岁币银绢各减五万两匹，（3）疆界如绍兴时。

孝宗从和议成后，仍不忘恢复，尝教阅禁军，措置两淮屯田；惜乎积弱之势，不能骤振，而金又正当全盛，终于空存虚愿。公元1189年，孝宗传位于光宗，称寿圣皇帝。光宗后李氏，和孝宗不睦，宦者又乘间离间，光宗却也有病，不能常去朝见寿皇。这本算不得什么事情，而宋朝士大夫，一种群众心理的作用，却又因此表现，把他当作一个大问题，时时犯颜直谏。公元1194年，孝寿皇崩，光宗托病不出，叫儿子嘉王扩，出来主持丧事。于是宰相赵汝愚，托合门使韩侂胄，去白高宗的皇后吴氏，说：皇帝久病不出，人心惊慌，京城里的秩序，怕要保持不住，请他出来做主，叫光宗传位于嘉王，于是内禅之事遂成。嘉王即位，是为宁宗。这件事本来是无甚关系的，只因宋朝士大夫喜欢立名；找着一点事情，便要小题大做，反而弄得不妥帖（当时迫光宗内禅的理由，不过说是人心惊慌，秩序要保持不住。其实中国历代的百姓，和官府都没甚关系，何况朝廷？只要当“士大夫”的人少造几句谣言，就皇帝病一百年，秩序也不会乱的。）传位之事既成，其中却就有点功可居，就有点权利可争；于是政海上又起了波澜，赵汝愚反为韩侂胄所排挤而去，却又这时候“道学”

之论已盛（参看第五章第八节），韩侂胄虽能排去赵汝愚，然赵汝愚是道学中人，韩侂胄就要“不为清议所与”。于是想立点功劳，“以间执人口”，而伐金的事情又起。

金世宗以公元1189年殂，孙章宗立。北边的部族，叛乱了好几年。山东、河南，又颇有荒歉的地方。就有善于附会的人，对韩侂胄说，金朝势有可乘。韩侂胄这时候，已经有了成见，自然信以为真。于是用皇甫斌守襄阳，郭倪镇扬州，吴曦督四川，暗中做伐金的预备。初时还不敢显然开衅，只是时时剽掠金朝边境。到公元1206年，就下诏伐金。金章宗起初听得的宋人要和他开衅，还不相信，把入告的人，给了个杖戍之罪（所以这一次的兵衅，实在其曲在宋。）到边境屡次被掠，才命平章政事仆散揆，于汴京设立行省，调集河南诸路的兵，听其便宜行事。到宋人下诏伐金，金人也就举兵南下。这时候，金人的兵力，确已不济；然而宋朝的兵，无用更甚。屡战皆败，襄阳淮东西多陷（其间吴曦又以四川叛降金，宋朝更为吃紧。幸而金朝接应的兵，还没有到，就为转运使安丙所诛。）于是韩侂胄又想议和。派邱崈督视两淮军马，叫他暗中遗书金人。金人复书，要得韩侂胄的头。侂胄大怒，和议又绝。然而宁宗的皇后杨氏，又和韩侂胄有隙（宁宗皇后韩氏崩后，杨贵妃、曹美人俱有宠。韩侂胄劝宁宗立曹美人，宁宗不听。）于是趁此机会，叫他的哥哥杨次山，和礼部侍郎史弥远合谋，把韩侂胄杀掉，函首以畀金，和议乃成。韩侂胄固不足取，然而宋朝的举动，也未免太失体面了。这一次的和议，银绢各增十万两匹；疆界和两国君主的关系，仍如旧时。

第二章　南宋金元的兴亡

第一节　蒙古的由来

章宗以后，金朝的势力，也日渐衰微，蒙古就要崛起了。（1）蒙古到底是怎样一个种族？（2）本来住在什么地方？（3）为什么忽然强盛起来？关于这种问题，《元史》上头，一个字也没有，真是荒谬绝伦。

清朝的洪文卿说："蒙古就是《旧唐书》的蒙兀室韦（《新唐书》作蒙瓦），在望建河南。望建河，就是如今的黑龙江。"（《元史译文证补》卷二十七）这句话是不错的。但是蒙古人常自称为鞑靼（《元秘史》便如此，但写作达达。元朝逃到漠北，数传之后，仍自称为鞑靼），宋朝人的记载也早就称它鞑靼，这又是什么缘故？

室韦，《魏书》说："盖契丹之类；在南者为契丹，在北者号为室韦。"又说："其语与奚契丹同。"《唐书》说："鲜卑之别部。"又说："其语言，靺鞨也。"按现在满蒙的语言，相同的很多；室韦酋长，号为"余莫弗瞒咄"，分明是一句靺鞨话。《魏书》说，"其语与奚契丹同"，当是就其近于契丹者而言之，因此便把它认为契丹的同类；契丹是鲜卑，《唐书》就说他是鲜卑的别部，这是和契丹接近的结果。论其种族的本来，实在和靺鞨近，和鲜卑远（参看第二篇中第三章第四节，和本篇下第三章第一节。）

室韦的分布，当南北朝时候，是：

南室韦　在㮈水流域（《唐书》作猱越河，亦作那河。如今的嫩江。）

北室韦　从南室韦北行十日，依吐纥山而居。

钵室韦　从北室韦北行千里，依胡布山而居（吐纥山，胡布山，都该在如今的兴安岭山脉中。）

深末怛室韦　在钵室韦西南四日行，因水为号（屠氏《蒙兀儿史记》说：阿穆尔省结雅河，东源曰昔林木迪，译言"黄曲水"，是句蒙古话，就是深末怛的异文。）

大室韦　在深末怛室韦西北数千里（《魏书》说："径路险阻，言语不通"，这一定过兴安岭，入西伯利亚南境了。）

《唐书》所载部名更多，然而分布的地方，并无异同（《五代史》说分三部：一曰室韦，二曰黄头室韦，三曰兽室韦。《辽史》有单称室韦的，又有大小黄室韦。部名的多少，是由于中国和它交通有盛衰，因而所知有多少；亦许有时但举其大别，有时却详其分部；又中国人所指目的部落，和它实际的区分，也未必尽能密合。所以《北史》、《唐书》、《五代史》所举部族之数，多少悬殊，并无可疑。）质而言之，就是嫩江流域和黑龙江流域（包括鄂嫩、克鲁伦、什勒喀三条水。）

鞑靼又是什么？

> 《五代史》：鞑靼，靺鞨之遗种。本在奚契丹之东北；后为契丹所攻，而部族分散：或属契丹，或属渤海，别部散居阴山者，自号鞑靼。后从克用入关，破黄巢，由是居云代之间。
>
> 《黑鞑事略》：黑鞑之国，号大蒙古。沙漠之地有蒙古山；鞑语谓银曰蒙古。女真名其国曰大金，故鞑名其国曰银。
>
> 《古今纪要》：鞑靼与女真同种，皆靺鞨之后；其居混同江者曰女真，居阴山北者曰鞑靼。鞑靼之近汉者曰熟鞑靼，远汉者曰生鞑靼。生鞑靼有二：曰黑，曰白，皆事女真。黑鞑靼

至忒没真叛之，自称成吉思皇帝。又有蒙古国，在女真东北。我嘉定四年，鞑靼始并其名号，称大蒙古国。

《蒙鞑备录》：鞑靼始起，地处契丹之西北，族出于沙陀别种，故历代无闻焉。其种有三：曰黑，曰白，曰生（按生熟自指其距汉之远近，不得和黑白并列为种别，这句话是错的。）所谓白鞑靼者，颜貌稍细。所谓生鞑靼者，甚贫且拙，且无能为，但知乘马随众而已。今成吉思皇帝及将相大臣，皆黑鞑靼也。

综合以上诸说：则（1）鞑靼居地，在于阴山；（2）因其距汉的远近，而有“生”、“熟”之称；（3）又因其颜貌和生计程度，文明程度的不同，而有“黑”、“白”之别；（4）成吉思是黑鞑靼；诸说都无异辞。所不同的是：（5）鞑靼的种族，或说出于靺鞨，或说其出于沙陀。（6）又黑鞑靼，或说就是蒙古；或说鞑靼之外，又有蒙古国。

按“靺鞨为契丹所攻，部族分散”，《唐书》并没这句话。契丹当太祖以前，正值中衰时代，而渤海盛强，似乎不得远攻靺鞨。《满洲源流考》据《册府元龟》，“黑水酋帅突地稽，隋末率部落千余家内属，处之营州。唐武德初，以其部落置燕州”。说为契丹所攻的，就是这一支，应当不错。为契丹所攻后，别部散居阴山；后来沙陀也住到阴山来（见第三篇上第二章第五节），两种种族接近，血统自然不免混淆。或说它是靺鞨，或说它是沙陀，都不为无据。

至于蒙古，则就是《唐书》的蒙瓦室韦，在望建河之南；后来成吉思汗的兴起，在斡难、克鲁伦两河流域，断不得在阴山，如何会和黑鞑靼是一？若说别有蒙古国，为黑鞑靼所并，则其合并，在于何时？成吉思汗的兴起，又何以不闻先在阴山，后来才搬到漠北呢？然而蒙古人确又自称为鞑靼，这又是何故呢？按《元秘史》载成吉思汗先世的世系是：

孛儿帖赤那—巴塔赤罕—塔马察—豁里察儿蔑儿干—阿兀站孛罗温

撒里合察兀—也客你敦—挦锁赤—合儿出—孛儿只吉歹蔑儿干

脱罗豁勒真伯颜—都蛙锁豁儿
　　　　　　　—朵奔蔑儿干—别勒古讷台
　　　　　　　　　　　　　—不古讷台
　　　　　　　　　　　　　—不忽合塔吉
　　　　　　　　　　　　　—不合秃撒勒只
　　　　　　　　　　　　　—孛端察儿蒙合黑元史本纪的孛端义儿

合必赤把阿秃儿—蔑年土敦—合赤曲鲁克—海都

—伯升忽儿多黑申—屯必乃薛禅—哈不勒可汗
—察剌合领忽—想昆必勒格—俺巴孩其后为泰亦赤兀氏
—抄真斡儿帖该

把儿壇把阿秃儿—也速该把阿秃儿—成吉思汗

孛儿帖赤那，译言“苍狼”；其妻豁阿阑马勒，译言“惨白牝鹿”；乃是两个人名，《蒙文秘史》如此。《大典》本的《秘史》（就是如今通行的《元秘史》），乃明初人所译。译的时候，意在于考究蒙古的语言，而不在研究其历史；所以于人名的旁边，也但注其意义，而不表明其为一个人名。后来辑这本《元秘史》的人，不懂得蒙文，只把旁注的正文直抄下来，就变作“当初蒙古人的祖，是一头苍色的狼，和一头惨白色的牝鹿”，讹为狼鹿生人的怪谈了。孛儿帖赤那，和豁阿阑马勒，同渡腾吉思水，东至斡难河源之不儿罕合勒敦山。不儿罕合勒敦山，即今车臣、土谢图两部界上的布尔罕哈勒那都岭。腾吉思水，未详。《蒙古源流考》说：布尔特齐诺（孛儿帖赤那的异译），是土伯特智固木赞博汗的第三子（参看第二篇下第二章第三节。）因而有人说：蒙古王室，系出吐蕃。腾吉思水，就是西藏的腾格里池〔我从前作《蒙古种族考》一篇（登载在《大中华》杂志里），也持此说〕。然而《源流考》一书，全为表章喇嘛而作；其“援蒙古以入吐蕃”的话，全不足信。腾吉思究竟是什么水，究以阙疑为是。据我测度，不过在如今蒙古地方。孛儿帖赤那夫妇，渡此水而至不儿罕山，是鞑靼人北徙的事实。十传至孛儿只吉歹蔑儿干，其妻曰忙豁勒真豁阿。按“蒙古”二字，异译甚多：除新旧《唐书》作蒙瓦、蒙兀，已见前外，《辽史》则作盟古、萌古，《金史》作盟古，《契丹事迹》作朦古，《松漠纪闻》作盲骨子，《秘史》则全部皆作忙豁勒。“蒙古”二字，见于丘处机的《西游记》；因明时修《元史》，沿用此两字，遂变成定称（详见《蒙兀儿史记》卷一。）忙豁勒真豁阿，译即“蒙古部美女”。北徙的鞑靼部落，怕到这时候，才和室韦的蒙古部结婚；从此以后，就以蒙古自称其部，正和金世祖娶了完颜部的女儿，他子孙就算做完颜部人一样——因为这时候，所用的是女系。

《蒙鞑备录》又说：

> 鞑人在本国时，金虏大定间，燕京及契丹地有谣言云：鞑靼去，赶得官家没处去。虏酋雍（金世宗），宛转闻之，惊曰：必是鞑人，为我国患。乃下令：极于穷荒，出兵剿之。每二岁，遣兵向北剿杀，谓之“减丁”。迄今中原尽能记之。鞑人遁逃沙漠，怨入骨髓。至伪章宗明昌年间，不令杀戮，以是鞑人稍稍还本国，添丁生育。

因童谣而出兵剿杀，语涉不经。然世宗初年，北边有契丹人移剌窝斡作乱，扰攘数年，牵动得很大；频年出兵，亦非无据之谈。观此，可以知鞑靼人北徙之由；而且可知道鞑靼人和女真人，有很深的冤仇；后来成吉思汗南侵，守长城的白鞑靼，所以要做他的向导。

又拉施特《蒙古全史》所载蒙古人的起源，已见第二篇下第一章第四节。这一说，我已断定它就是突厥起源的异说。但是蒙古人为什么会把突厥的传说，拉来算作自己的历史呢？这也可见得元朝王室，一定系出鞑靼。因为鞑靼是靺鞨、沙陀的混种，沙陀却是突厥。

如此，可以断定元室是室韦、靺鞨、突厥的混种。

《元史》在《二十四史》里头，要算最为荒谬。元朝人自己著的历史，便是《元秘史》。但是大典本不全；蒙文本不易读，亦不易得（我只晓得杭县图书馆里有一部。）能看东文的，就看日本那珂通世的《成吉思汗实录》也好。这部书，就是《蒙文秘史》的日文译本。《元秘史》后来经修改了一次，把太祖“杀掉兄弟”，“给札木合打败”等事情，都删除掉。其汉文译本，便是《亲征录》。别有颁发亲藩的，就是拉施特著《蒙古全史》所据。《源流考》也是根据此书，不过又加了些“援蒙古入吐蕃”的话（参看第二篇下第二章第三节。）欧洲人所著的《蒙古史》，要以多桑所撰为最善。洪文卿的《元史译文证补》，所据的便是多桑、拉施特两人的书。惜乎洪氏这部书，本没做成功；现在所刻的，又不是他的全本。日本田中萃一郎，却有多桑《蒙古史》译本。近人武进屠氏，所著的《蒙兀儿史记》，虽未出全，而考核极精（上海商务印书馆有寄售。）至于柯氏的《新元史》已经奉大总统命令，加入正史之内，作为二十五史，当然也可供参考了。

第二节　蒙古征服漠南北

从回纥败亡以后，漠南北地方，久没有强大的种族（黠戛斯根据地在西北，所以虽破回纥，而未能代之占据漠南北。契丹兴于黄河流域，女真兴于松花江流域，在地文上，都不属于蒙古高原。）到蒙古勃兴，才再做出惊天动地的大事业。如今先得把漠南北地方，当时部族的情势，简明叙述于下：

（一）翁吉剌　（译名都以《秘史》为主，《元史亲征录》作弘吉剌，《源流考》作鸿吉剌）是蒙古甥舅之国。它的居地，在如今呼伦淖尔附近（《元史·特薛禅传》说：弘吉剌氏，居于苦烈儿温都儿斤，迭烈木儿，也里古讷河之地。屠氏说：如今的根河，发源后西流百余里，经苦烈业尔山之南。其北，有特勒布尔河，略与平行。苦烈业尔，就是苦烈儿。温都儿是蒙古话高山之谓。特勒布尔，就是迭烈不儿。也里古讷是额尔古纳的异译。）

（二）塔塔儿　就是鞑靼的异译。和蒙古世为仇雠。其分部，有主因，阿亦里兀惕，备鲁兀惕等（主因，就是朱邪的异译，可证其为鞑靼、沙陀的混种。）居地也在捕鱼儿海附近（如今的这里泊。）

（三）蔑儿乞 居斡儿洹（鄂尔坤）、薛凉格（色楞格）两水流域。分部有兀都亦惕、兀洼思、合阿惕等。

（四）兀良孩 《明史》作兀良哈，就是如今的乌梁海。西人说他容貌近土耳其人，当是突厥族。据《秘史》，当时游牧之地，也在不儿罕山。

（五）客列 （《元史·列传》作怯烈，《本纪》和《亲征录》作克烈，《源流考》作克哩叶特）本居欠欠州（亦作谦河，如今华克穆，克穆齐克两河会流之处。详见《元史译文证补》卷二十六），其部长默儿忽斯，生二子：长不亦鲁黑汗，次古儿罕。不亦鲁黑死后，子脱邻斡勒嗣。为古儿罕所攻，逃奔也速该（成吉思父），也速该替他起兵逐去古儿罕。于是脱邻斡勒建牙于土兀剌沐涟（土拉河）之上（客列，有人说就是康里转音，则亦属突厥族。）

（六）汪古 （《亲征录》作王孤）《辽史》作乌古，此族属白鞑靼，替金朝守长城，地在如今归绥县北（参看《元史译文证补》卷一。）

（七）乃蛮 （亦作乃满，又作乃马）据《元史·地理志》，本居吉利吉思（见下）。其部长亦难察可汗，生二子：长为塔阳可汗（《元史亲征录》作太阳汗），次为不亦鲁黑汗（《元史》不鲁欲罕，《亲征录》作杯录可汗。）兄弟不和，分国而治。塔阳居金山之阳（阿尔泰山），忽里牙速兀（乌里雅苏台河）、札八儿（匝盆河）二水之间，南近沙漠。不亦鲁黑居兀鲁黑塔黑之地，南近金山。

（八）斡亦剌 就是明代的瓦剌。其部族甚多，《秘史》统称之曰秃绵斡亦剌（“秃绵”亦作“土绵”，译言万。）散居如今西伯利亚南境。

（九）乞儿吉速 亦作吉利吉思，就是唐时的黠戛斯。居也儿的石河流域（额尔齐斯河。）

（十）失必儿 鲜卑的异译，据多桑地图，在乞儿吉思正北（应当在如今鄂毕河流域。）

这都是当时漠南北（包西伯利亚南部）的部族，从此望西，就是回纥种族了。

蒙古的渐强，在于察剌合领忽、想昆必勒格的时候。“领忽”，就是《辽史》“令稳”，“想昆”就是《辽史》“详稳”的异译（蒙古人名，都把官名、别号……牵合在一起。本书不能一一分别；欲知其详，可把前节所举各书作参考），都是契丹的北面部族官。到哈不勒，才有汗号；统辖蒙兀全部。哈不勒传位于俺巴孩。蒙古与主因塔塔儿有仇，因此上，俺巴孩为主因塔塔儿所袭执，送之于金，金人以“木驴”杀之（当时的一种非刑。）俺巴孩叫使者传令给自己的儿子合答安太石，和哈不勒汗第四个儿子忽都剌，叫替他报仇。于是部族会议，共立忽都剌为可汗。入金境，败其兵。金宗卫来讨，连年不能取胜。乃议和；割西平河（克鲁伦河）以北二十七团寨给蒙古；并且每年送他牛羊米豆。这时候，是公元1147年（宋高宗绍兴十七年，金熙宗皇统七年。）忽都剌可汗和合答安太石谋报主因塔塔儿的仇，前后十三战，竟不能克。只有乙亥年一役，成吉思汗的父亲也速该获其酋长帖木真兀格和豁里不花两人；而成吉思汗适生，于是就替他题个名字唤作帖木真，以作纪念（公元1155年，高宗绍兴二十五年。）忽都剌可汗死后，蒙古没有共主，又复衰颓。而也速该又适以此时死，成吉思汗就要大遭磨难了。

成吉思汗的母亲诃额仑，是斡勒忽讷惕翁吉剌氏。成吉思汗年十三岁时（公元1167年，宋孝宗乾道三年），也速该带着他到舅家去。途遇翁吉剌惕德薛禅，把他爷儿邀到家里；把自己的女儿孛儿帖，许字给成吉思汗。成吉思汗就留住丈人家。也速该独归，为主因塔塔儿人所毒杀。先是朵奔蔑儿干，娶豁里秃马敦部（拉施特说：在拜喀勒湖之东）的女儿阿阑豁阿（《元史·本纪·世系表》作阿阑果火，《源流考》作阿抡郭斡）为妻。生了两个儿子：一个名唤别勒古讷台，一个名唤不古讷台。朵奔蔑儿干死后，阿阑豁阿又生三子：一个唤作不忽合塔吉，一个唤作不合秃撒勒只，一个就是孛端察儿。别勒古讷台弟兄，疑心母亲和家里一个兀良孩的奴隶私通。阿阑豁阿说：天天夜里，总有个黄白色灰色目睛的人，来按摩我的肚子，光明直透到肚子里；所以生这三个儿子。你们看，这三个孩子，将来一定有个把贵的。后来蒙古人就称三个人之后为尼伦，意义就是“絜清”（不忽合塔吉之后为合答斤氏。不合秃撒勒只之后为撒勒只兀惕氏，孛端察儿之后为孛儿只斤氏，异译作博尔济锦，就是“灰色目睛”）；其余的支派为多儿勒斤，译义就是寻常人。也速该生时，虽统辖尼伦全部，同族忌他的人很多。也速该死后，就都离叛而去。泰亦赤兀氏，和成吉思汗龉龁尤甚，成吉思曾经给他捉去，几乎把性命送掉，后来幸而获免。

脱邻斡勒，是受过也速该好处的，所以相结为“安答”（蒙古话，可以交托东西的朋友。）成吉思汗娶孛儿帖后，拿她嫁妆里一件黑貂裘去送他，脱邻斡勒大喜，许以缓急相助。先是诃额仑原是蔑儿乞也客赤列都的妻子，也速该途遇着抢来。这时候，也客赤列都的哥哥脱黑脱阿，替他兄弟报仇，也约了邻部，来把孛儿帖抢去。成吉思汗又约着脱邻斡勒和札答剌部长札木哈（孛端察儿曾虏一孕妇，所生前夫的儿子，名唤札只剌歹，其后为札答剌氏），把孛儿帖抢回。札木哈本是成吉思汗的安答，于是两人同牧一处，一年多，又生疏了，迁徙到别处。札木哈约泰亦赤兀等十三部来伐，成吉思汗也分军为十三翼迎之（这时候，本从札木哈的部族，弃札木哈而从成吉思的颇多，所以分军为十三翼。）战于答阑巴泐渚纳（答阑译言平川。如今呼伦淖尔西南，有个巴泐渚纳湖。湖水东北出，为班朱尼河，注呼伦淖尔），成吉思汗大败。札木哈还兵时，捉到归附成吉思汗的部长，共用七十只锅子，把他煮死，诸部恶其残暴，归心于成吉思汗的，反而更多。

这时候，主因塔塔儿蔑古真薛兀勒图叛金，金丞相完颜襄讨之，至浯泐札（《金史·襄传》作斡里札，如今车臣汗右翼左旗的乌尔载河。）成吉思汗和脱邻斡勒帮助他，把蔑古真薛兀勒图攻杀。完颜襄大喜，授成吉思汗以札兀忽里之职（“札兀”，蒙古话，译言“百”；忽里和忽鲁，是同音异译。《金史·百官志》：“部长曰孛堇，统数部者曰忽鲁。”札兀忽里，大约是“百夫长”的意思），封脱邻斡勒为王。脱邻斡勒自此亦称王罕（犹言王汗。）王罕攻塔塔儿的时候，乃蛮亦难察汗乘机，把他的兄弟额儿客合剌送回

（本因和王罕不和，逃奔古儿罕的。）王罕还战不胜，逃到西辽。久之，复东归，走到半路上，大为饥困；差人告诉成吉思汗。成吉思汗自己去迎接他。把王罕败亡时来降的人都还他。于是王罕复振。攻破蔑儿乞，脱黑脱阿逃至巴儿忽真（在西伯利亚境。）翁吉剌等部共立札木哈为古儿罕，连兵来伐。成吉思汗击破之，翁吉剌部来降。不多时，不亦鲁黑和脱黑脱阿的儿子忽秃，泰亦赤兀部长阿兀出把阿秃儿，又连合诸部来伐。成吉思汗和王罕连兵逆之。忽然天降大雪，冷得不堪。诸部退到阔亦田之野（呼伦淖尔南边的奎腾河），不复能成军，遂大溃。成吉思汗自追泰亦赤乌，把他灭掉。

然而王罕的儿子你勒合桑昆，又和成吉思汗不合，举兵来袭。这时候，王罕兵势甚盛，成吉思汗乃暂时退避。后来出其不意，把他袭破。王罕逃到乃蛮界上，为其所杀。你勒合桑昆辗转逃到曲先（龟兹），为喀剌赤（客剌沙尔，焉耆的番名）部主所杀。于是客列部亦亡，漠南北的强部，只剩得一个乃蛮。乃蛮塔阳罕，差人去约汪古部长阿剌忽失的吉惕忽里（《元史·本纪》白达达部主阿剌忽思，《列传》作阿剌兀思惕吉忽里），同伐蒙古。汪古部却差人告诉成吉思汗。公元1204年，成吉思汗伐乃蛮。太阳汗出兵御之，驻营于康孩山（杭爱山）合池儿水（哈随河），脱黑脱阿，札木合等，都在营里。旋渡过斡儿洹河，战于纳忽山东麓（未详为今何山），乃蛮大败。塔阳罕被擒。其子古出鲁克，和脱黑脱阿，札木哈，都逃奔不亦鲁黑。蒙古进兵金山。明年，袭杀不亦鲁黑。脱黑脱阿逃到也儿的石河，为蒙古追兵所及，中流矢而死。札木哈逃入傥鲁山（唐努山），为手下的人所执献，给成吉思汗杀掉，古出鲁克逃奔西辽。

于是漠南北尽平。公元1206年，成吉思汗就大会诸部族于斡难河的上源，受成吉思汗的尊号（这是诸部族共戴成吉思为大汗。《源流考》说：成吉思奔札木合从牧时，诸部曾推戴为汗，这是蒙古本族的人，推他为本部族的汗。）

第三节　金朝的灭亡

女真初兴的时候，它的势力真是如火如荼，却到元朝一兴，就“其亡也忽焉”，这是什么缘故？

女真的部落，很为寡弱，已见前篇第五章第二节。他的部落，不唯寡弱，而且很穷。《金史·本纪》：“康宗七年，岁不登，民多流莩，强者转而为盗……民间多通负，卖妻子不能偿……”太祖收国二年，“诏比以岁凶，庶民艰食：多依附豪族，因为奴婢；及有犯法，征偿莫办，折身为奴者；或私约立限，以人对赎，过期则为奴者；并听以两人赎一为良。若元约以一人赎者，即从元约”。天辅二年六月，“诏有司禁民凌虐典雇良人，及倍取赎直者”。太宗天会元年，“诏比闻民乏食，至有鬻子者，听以丁力等者赎之”。这都是他本部族人。又太宗诏孛堇阿实赍说：“先皇帝以同姓之人，旧有自鬻及典质其身者，令官为赎。今闻尚有未复者，其悉阅赎之。”则并皇族也有鬻身为奴的了。这是为什么呢？我说，金朝人开化本晚，所居的地方又瘠薄，又累代用兵不息，这也无怪其然。然而金朝人却因此养成一种坚苦尚武的性质。《金史·兵志》说：

> 金兴，用兵如神，战胜攻取，无敌当世。曾未十年，遂定大业。缘其成功之速，俗本鸷劲，人多沉雄。兄弟子侄，才皆良将。部落保伍，技皆锐兵。加之地狭产薄，无事苦耕，可给衣食；有事苦战，可致俘获。劳其筋骨，以能寒暑。征发调遣，事同一家。是故将勇而志一，兵精而力齐。一旦奋起，变弱为强，以寡制众，用是道也。

《宋史·吴玠传》也说：

> 胡世将问玠所以制胜于璘。璘曰：璘从先兄，有事西夏。每战，不过一进却顷，胜负辄分。至金人，则更进迭退，忍耐坚久；令酷而下必死。每战，非累日不决，胜不遽追，败

不至乱；自昔用兵，所未尝见也。……

这不过随举两条；金朝兵强的证据，散见于各处的还很多；要是一一列举起来，怕要更仆难尽。这就是女真崛起的主要原因。

然而从进了中原以后，他这种优点，就都失掉了。原来女真的兵制，是分为千夫长、百夫长，千夫长唤作“猛安”，百夫长唤作“谋克”（女真是兵民不分的。猛安谋克，平时就是理民之官，谓之孛堇。其兼统数部的谓之忽鲁。）本来都是自己人。后来诸部族投降的，也都授以猛安谋克；汉人辽人也如此（平州叛后，金人晓得治部族的制度，不能施行于内地，才依中国官制，设制长吏）；这是因为本部族人少，不得不招徕他部族的缘故。到熙宗以后，又想把兵权都归诸本族。于是把辽人、汉人、渤海人承袭猛安谋克的，一概罢掉。南迁以后，又想用本族人来制驭汉人。于是把猛安谋克所统属的人户，搬到内地；括民田给他耕种。这种“猛安谋克户”所占的田，面积很广，纳税极轻；而且都是好田（《金世宗本纪》大定十七年，世宗对省臣说：“女真人户自乡土三四千里移来，尽得薄地，若不拘刷良田给之，久必贫。其遣官察之。”又对参政张汝弼说：“先尝遣问女真土地，皆云良田，及朕出猎，因问之，则谓自起移至此，不能种莳；斫芦为席，或斩刍以自给。卿等其议之。”其实以战胜民族，圈占战败种族的地方，哪里有不得良田之理？请问中原哪里来“不能种莳”，只好“斫芦”、“斩刍”的地方呢？这许多话，正是当时拘刷良田，以给猛安谋克户的反证。）然而他们的经济能力，很是薄弱的。得了这种好的家产，并不能勤垦治生。大抵是不自耕垦，尽行租给汉人。有“一家百口，陇无一苗”的，“有伐桑为薪”的。“富室尽服纨绮，酒食游宴；贫者多慕效之。”于是汉族长于殖产的好处，并没学到；本族耐苦善战的特质，倒先已失掉了。

金世宗是最想保存女真旧俗的。然而推翻海陵之后，也就定都于燕，不能还都上京。这大约因为当时的女真，都希望留居内地，不愿重还本土之故。大抵一个民族，总要往物质供给丰富的地方走的。众心难逆，金世宗虽有先见，却也无可如何。只要看下面一段文字，就晓得当时风气变迁的快了：

上谓宰臣曰：会宁乃国家兴王之地。自海陵迁都……女真人寖忘旧风。朕时尝见女真风俗，迄今不忘。今之宴饮音乐，皆习汉风，盖以备礼也，非朕心所好。东宫不知女真风俗，第以朕故，犹尚存之；恐异时一变此风，非长久之计。甚欲一至会宁，使子孙得见旧俗，庶几习效之（《世宗本纪》大定十三年。）

十三年，四月，乙亥，上御睿思殿。命歌者歌女真词。顾谓皇太子曰：朕思先朝所行之事，未尝𢡟亡，故时听此词；亦欲令汝辈知女真醇质之风。至于文字语言，或不通晓，是忘本也。二十五年，四月，幸上京。宴宗室于皇武殿。饮酒乐……上曰：吾来故乡数月矣！今回期已近，未尝有一人歌本曲者；汝曹来前，吾为汝歌。乃命宗室子叙坐殿下者皆上殿面听，上歌曲，道祖宗创业艰难，及所以继述之意。上既自歌，至“慨想祖宗，音容如睹”之语，悲感不复能声。歌毕，泣下数行……于是诸老人更歌本曲；如私家相会，畅然欢洽。上复续调歌曲，留坐一更，极欢而罢。其辞曰：……乃眷上都，兴帝之第。属兹来游，恻然予思。风物减耗，殆非昔时；于乡于里，皆非初始，虽非初始，朕自乐此；虽非昔时，朕无异视。瞻恋慨想，祖宗旧宇；属属音容，宛然如睹。童嬉孺慕，历历其处；壮岁纵行，恍然如故；旧年从游，依希如昨……

成吉思汗的伐金，上距海陵的南迁，凡五十八年。这时候的女真人，早已有名无实了。所以蒙古兵一到，就不免溃败决裂。公元1209年，成吉思汗伐夏。夏人请降。明年，遂伐金。先是金人于河套以北筑边墙，迤东北行，直抵女真旧地。汪古部所守的，就是这边墙的要隘。汪古部既归心蒙古，成吉思汗兵来，就导之入隘；而且借以放牧之地，恣其休息。于是蒙古士气倍壮。进攻西京，留守纥石烈执中弃城遁。蒙古破桓（在如今直隶独石县北）、抚（在如今直隶张北县北）二州。金独石思忠，完颜承裕，以兵四十万，拒战于会河堡（在如今直隶万全县西），大败。蒙古兵遂入居庸关，逼京城。金卫卒力战，乃退。公元1213年，卫绍王为纥石烈执中所弑，立宣宗。十月，成吉思汗自将伐金。至怀来（如今直隶的怀来县），执中使术虎高琪拒战，大败。蒙古兵遂围中都。高琪出战，又败。怕执中要加罪，就把执中杀掉。成吉思汗命右军攻河东，左军徇辽西，自率中军南掠山东。所过之地，无不残破；河北遂不可守。明年正月，成吉思汗还军，屯燕城北。金人把卫绍王的女儿嫁给他，请和，蒙古兵才退出居庸。蒙古兵退后，宣宗因河北残破，迁都于汴。成吉思汗说既和而又迁都，是有猜疑之心。又进兵伐金。围中都。金朝遣兵往救，都给蒙古人杀败。明年，五月，中都遂陷。中都陷后，倘使蒙古人以全力进取金人一定亡不旋踵，幸而有西征的事情，替他缓了一缓兵势。

公元1218年，成吉思汗拜木华黎为太师国王，经略太行以南，而自率众西征。从此到太宗南伐以前，金人仅得维持守势。金朝所受的致命伤，在于河北残破。唯河北残破故，得其地亦不可守，即无从努力于恢复（固然也未必能恢复。）而南迁以后，尽把河北的兵，调到河南，财政大为竭蹶。于是不得不加赋以足军饷；滥发钞票，以济目前之急（参看第五章第七节）；经济界的情形，就弄得更为紊乱。又因怕出军饷故，想叫兵士种田；于是夺了百姓的田，去给兵士耕种；兵士未必能种，百姓倒因此失业了。于是河南山东，也弄得所在盗起。又因宋朝罢其岁币，财政竭蹶之秋，看了这种损失，也颇有些在意。于是就想到用兵于宋，倘使侥幸胜了，不但可以复得岁币，而且还可以格外要求些经济上的利益（《金史》上说宣宗时用兵于宋的真原因是如此。）其结果，就弄得和宋朝开了兵衅。又不知为了什么原因，和夏人也开起兵衅来（连《金史》上也说不出它的原因来，只说是“疆场细故”。）于是格外弄得兵连祸结，不能专力对付蒙古了。公元1223年，宣宗死了，哀宗即位。才南请和于宋，西乞盟于夏。公元1225年，和夏人以兄弟之国成和；而宋朝人到底不答应。隔不到几年，蒙古的兵，也就来了。

公元1227年春，成吉思汗伐夏。这一年夏天，成吉思汗就死了。诸将遵汗遗命，等夏主安全出降，把他杀掉，然后发丧。公元1229年，蒙古太宗立。遵成吉思汗遗意，议伐金。这时候，金人尽弃河北，从潼关到邳州（如今江苏的邳县），立四行省，列兵二十万以守。公元1230年，太宗攻凤翔。明年，陷河中。叫拖雷假道于宋。宋统制张宣，把他的使者杀掉。拖雷就闯入大散关（在如今陕西的宝鸡县。）硬行通过宋境，从汉中经襄阳而北。公元1232年，正月，太宗从白坡（在河南孟津县境）渡河，叫速不台围汴。拖雷也北行与之会。金完颜哈达，移剌蒲阿，本是去抵御拖雷的兵的，听得汴京被围，撤兵北上；和拖雷的兵，遇于钧州的三峰山（在如今河南禹县。）大战三日夜，金朝的兵，毕竟大败。于是良将锐卒都尽。阌乡行省（如今河南的阌乡县。）和关陕总帅，撤兵东援，走到潼关，又为蒙古兵所追及，大败。于是外援全绝。幸而汴城守御甚坚，速不台连攻十六昼夜，还不能克。乃议和，蒙古退军河洛。不多时，金朝的卫卒，杀掉蒙古使者三十余人，和议又绝。这时候的汴京，饥窘已甚。金哀宗出走河北，派兵攻卫州，不克。公元1233年，退到归德。蒙古速不台再进兵围汴，金西面元帅崔立以城降，蒙古尽执金太后、后妃等北去。金哀宗逃到蔡州。这时候，宋朝和蒙古，又起了夹攻之议。这一年十月里，宋朝的孟珙、江海率师会蒙古的塔察尔围蔡。明年正月，城破。金哀宗传位于族子承麟，自行烧死，承麟也为乱兵所杀，金亡。

第四节　南宋的灭亡

金朝既亡之后，宋朝断无可以自立之理。因为这时候的蒙古，断没有不想向南方侵略，断没有不全并中国，就肯住手的。但是宋朝人的种种行为，也总不能辞“谋之不臧”之咎。

宋宁宗从杀掉韩侂胄之后，又任用了史弥远。宁宗无子，弥远就想援立皇太子，以自固其位。于是找到一个燕王德昭的九世孙与芮，先把他立作宁宗的兄弟沂惠靖王之后，再把他立为皇子，改名为竑。而把他的兄弟与莒，立作沂惠靖王之后，赐名贵诚。谁想这位皇子，却和史弥远不对。弥远大惧。公元1224年，宁宗死了，弥远就矫诏立贵诚为帝，更名昀。是为理宗。封竑为济王，出居湖州（如今浙江的归安县）。湖州人潘壬，起兵奉竑。竑知事不成，把他讨斩。史弥远仍旧把他杀掉。理宗却感激史弥远拥立之恩，格外一心委任他。

宋朝的罢金岁币，事在公元1216年。金宣宗命太子（哀宗）总诸军南侵。宋朝用赵方节制京湖，贾涉节制淮东军马，去抵御他。交战数年，互有胜负。这时候，山东群盗蜂起，多来降宋。宋人想借他的力量，以谋恢复，都厚抚之，却又没有力量驾驭他。于是群盗都骄横得不堪；而据楚州的李全，更为跋扈。公元1219年，金朝的益都府卒张林，复立府治（先是为蒙古所残破。）李全差人去游说他，张林就以京东东路诸州县来降。旋因与李全的哥哥李福不睦，叛降蒙古。而李全因张林之降，业已入据青州，蒙古人就把他围了起来。这都是宁宗手里的事情。

到公元1227年（理宗三年），李全因和蒙古大小百战，终不利，乃投降蒙古。这时候，张林已据了楚州，把李福杀掉。李全请于蒙古，复归楚州。其党大惧，杀张林以迎之。于是李全复据楚州，叛服于宋元二国之间。晓得临安守备空虚，大治舟师，颇有乘虚袭宋之意。公元1234年，赵葵才把他讨平。对付这许多内忧，已经出了一把大汗，自然就无力以对外了。

理宗既立之后十年，联合蒙古，把金朝灭掉。鉴于北宋约金攻辽，而卒亡于金的覆辙，这一次的外交，总应该谨慎行事了。却是不度德，不量力，金朝方才灭亡，武人赵葵、赵范（都是赵方的儿子），又创议收复三京。宰相郑清之，也附和他。于是派知庐州全子才攻汴（金将杀崔立以降），赵葵的偏将杨谊入洛阳。既得之而不能守，却反因此和蒙古开了兵衅。襄阳成都，都给蒙古兵打破了。幸而这时候，蒙古人并没来专心对宋。上流有一孟珙，把襄阳四川，都崎岖恢复。公元1241年，蒙古太宗死了，定宗到公元1246年才立，立后三年而死（公元1248年），又三年而蒙古宪宗乃立（公元1251年。）宋朝人就得偷安了好几年。

公元1257年，蒙古宪宗大举入寇，破东川。明年，二月，围合州（这时候的合州城，在如今四川合川县的钓鱼山上。）幸得守将王坚，坚守不下。七月，蒙古宪宗卒于城下。据宋朝人说：蒙古宪宗，是受箭伤死的。怕也有些影响，因为并没听得他有什么病。于是蒙古的兵，解而北归。然而这一次，蒙古兵的入寇，本是分两道的。宪宗攻四川；宪宗的兄弟忽必烈（就是世祖），攻湖北。宪宗的兵虽退，忽必烈却渡江围鄂州。又有兀良合台的兵，从交趾北来，破静江（如今广西的临桂县）、辰沅、潭州，北行以与之会。长江中段的形势，紧急万分。宋朝这时候，史弥远已死了，理宗却又任用了一个贾似道。贾似道这个人，是个少年放荡，薄有才名，而实在是银样蜡枪头的。自己带着诸军去援鄂，一筹莫展。差人到忽必烈军中去求和，情愿称臣纳贡，划江为界。这时候，忽必烈也想争夺汗位，就利用这个机会退兵（参看第四章第一节。）贾似道却把这些话都掩瞒了，而以大捷闻于朝。明年，元世祖自立于开平（如今的多伦县，后来以为上都。）公元1264年，定都于燕。这一年，理宗也死了，度宗即位。

元世祖既和贾似道成了和议，就要派人来修好。贾似道却因讳和为胜，把他的使者，都囚了起来。于是蒙古和宋朝的兵衅，就终无法解免。而宋将刘整，又因和贾似道不协故，降元。劝元人并力以取襄阳。公元1268年，元人就把襄阳围了起来。宋人竟无法救援。守到公元1273年，守将吕文焕，也因忿极了，就投降了元朝。明年，度宗崩，恭宗立。元朝就派伯颜总帅诸军入寇。伯颜攻陷鄂州，叫阿里海牙留守，自率大军东下。公元1239年，贾似道的大兵，溃于芜湖，元兵遂长驱入建康。伯颜分军为三：（一）阿里海涯，平定湖南北和江西。（二）阿术攻真扬诸州，以断宋淮南援师。（三）自率大军，从广德（过独松关），江阴（走瞰浦），平江，三道窥临安。公元1276年，诸关兵皆溃。谢太后使奉表称臣于元，不听。五月，遂和恭宗都北狩。

临安既陷，故相陈宜中，立恭宗的兄弟益王昰于福州。九月，元兵从明州江西，两路进逼。陈宜中奉益王走惠州。元遂取福州。明年，二月，元以北方有警，召诸将北还。宋人乘之，恢复广州、潮州。文天祥、张世杰，进取江西福建，旋败还（天祥被执。）公元1278年，益王卒于硇洲（在如今广东吴川县海中。）弟卫王昺即位，迁于新会的崖山（在如今广东新会县海中。）明年，元张弘范来袭，陆秀夫奉帝蹈海死，张世杰也舟覆于海陵山（在如今广东海阳县），宋亡。

第三章　蒙古的武功

第一节　大食盛强以后西域的形势

从来住居瘠土的民族，总想向物资丰富的地方侵略的；这也是自然之理。所以蒙古平定漠南北以后，也就想侵入中原；西征原非其始愿，却因种种的事情，引起成吉思汗的西征来；使蒙古几乎统一欧亚，这也是读史者很有趣味的事情。

唐中叶以前西域的情形，已略见第二篇下第二章第二节。这时候，大食日强。高宗时，灭波斯。玄宗以后，葱岭以西的地方，遂悉为所并。但是不及三百年，哈里发威权日替，东方诸酋，几于各各独立。又以其间互相吞并。于是他海尔、萨法尔、萨蛮、赛布的克斤、布叶、塞而柱克诸朝，相继而兴（这许多事情，都在西洋史范围里，本书不能详叙。洪氏和屠氏的书，都有《西域和报达补传》，亦可参考。）其从天山南北路，经过两海（咸海、里海）之北，以抵亚洲西境，则仍为回族所占据。其间又可分为三个区域：（一）伊犁河吹河流域。本西突厥故地。开元时，突骑施最强。至德后（唐肃宗年号，公元756年，公元757年），葛逻禄代之而兴（见《唐书·西突厥传》），元时谓之哈剌鲁。（二）两海之北，为康里人所据。大食历代的哈里发，爱其勇悍，多招之为兵。（三）天山南路。从回纥为黠戛斯所破后，次第侵入这个区域。至宋时，遂悉为所据。元时谓之畏兀儿（参看第三篇上第二章第二节。）

西辽始祖耶律大石，辽太祖八世孙。辽人立秦晋国王于南京，大石也与闻其事。南京破后，走归天祚。旋走到北庭，会十八部的王众。得精兵万余，率之而西，假道回鹘，西至寻思干（如今的撒马儿干。）塞而柱克遣兵来拒，大败之（《辽史》说忽儿珊遣兵来拒。案忽儿珊，是呼罗珊的异译，塞而柱克朝的都城。）又西至起儿漫（如今的克儿漫），群下册立大石为帝（公元1124年。）东归，定都于虎思斡耳朵（在吹河流域。）传三世，而至直鲁古（参看《辽史·本传》。）

塞而柱克朝，以公元1039年至公元1092年之间为最盛。其属地，西至小亚细亚半岛，东至喀什噶尔。公元1092年，其英主玛里克沙卒。子弟及诸将，互相纷争；属地分裂，势遂衰。玛里克沙有一个奴仆，唤作奴世的斤。玛里克沙很爱他，除其奴籍，叫他做花剌子模的部酋，“职视阃帅”。奴世的斤死后，子库脱拔丁谟罕默德嗣。乘塞而柱克朝衰微，也僭称花剌子模沙。死后，子阿切斯嗣。耶律大石既胜塞而柱克，又派兵去征花剌子模。阿切斯战败，被擒。立誓臣服，且约每年进贡，西辽才放了他。传子伊儿阿斯阑，孙塔喀施，都纳贡西辽，吞并东南近境。塔喀施死后，子阿剌哀丁谟罕默德嗣，以已国奉回教，西辽奉佛教，深以纳贡于异教之国为耻。恰好西辽纳了塔阳罕的儿子古出鲁克，就和他里应外合，以灭西辽（花剌子模，是个地名。就是《唐书》的货利习弥。《大唐西域记》作货利习弥迦。凡咸海西南，里海以东，阿母河下游的地方都是。成吉思汗西征时候，阿剌哀丁谟罕默德几乎统一葱岭以西。所以《元史》称他为西域王。洪氏的书，也沿用这两个字，称《西域补传》。然这两字，毕竟不妥。所以现在还是把花剌子模四字，做他的朝名。）

古出鲁克的逃到西辽，直鲁古妻之以女。古出鲁克却招集东方残众，和花剌子模内外夹攻，把西辽灭掉（公元1211年。）花剌子模先已取得寻思干之地，从乌尔鞬赤（如今基发的乌尔根赤）徙都之。这时候，又并有突而基思单（今译作土耳其斯坦），南并郭耳（亦突厥族在印度河外。）于是其疆域：南逾印度河，北至咸海、里海。西北至阿特尔佩占（如今波斯的亚塞尔拜然），西邻报达，赫然为西域一大国了。

然而花剌子模有兵四十万，都是康里、突厥人，和百姓不洽。王母土而堪哈敦，也是康里部酋之女。于是诸将靠着王母的声势，都十分骄恣。王母的权柄，也和国王相埒。“国虽大，本未固也”。西辽的百姓，都奉回教。西辽虽奉佛教（契丹是最信佛的），却也并不强他。乃蛮人本奉景教。古出鲁克娶西辽王女之后，又娶了一个西辽宰相之女。两女都奉佛教；古出鲁克信她们的话，也改奉佛教；而且剥夺起人民的信仰自由来；又收税甚苛；于是民心大怨。所以蒙古兵一来，两国就都土崩瓦解。

西辽和花剌子模，是当时西域的两个大国。其余有关系的部族，也得简单叙述如下：

（一）不里阿耳（译名都以较通行者为主。《秘史》作孛烈儿）就是如今的保加利亚。当时的居地，在里海之北，乌拉岭之西，浮而嘎河之东。（都城同名，距喀山二百五十里。）

（二）钦察（亦作乞卜察兀）在乌拉岭西，里海黑海以北。《元史译文证补》说：“俄书称其地曰波罗佛次，称其种人曰波罗拘齐；他国皆称奇卜察克，……相传有二解：一、谓突厥族派凡五，一为奇卜察克，与蒙古同属乌古斯汗之后。乌古斯汗与亦脱巴阿部战败，退至两河间。有阵亡将弁妇，怀孕临蓐；军行仓猝无产所，就空树中生子。乌古斯汗收育之，名以奇卜察克，义谓空树。越十七年，乌古斯战胜亦脱巴阿人，遂降其部。未久，复叛。乃命奇卜察克往牙爱克河（即乌拉河）亦脱巴阿，居中以镇抚之；因以名部。此拉施特哀丁与阿卜而嘎锡之言也。二、谓荒野平地之民，……语出波斯。俄之波罗物次同解。此近世西人之说也。”《蒙兀儿史记》据《元史·土土哈传》：“其先本武平北折连川按答罕山部族。自曲出徙居西北玉里伯里山，因以为氏。号其国曰钦察。曲出生唆末纳，唆末纳生亦纳思，世为钦察国主。”说钦察是东方族类，所以后来哲别速不台对他，有“我等同类”的话。则前一说似乎可据。

（三）阿罗思（《秘史》作斡鲁速）就是如今的俄罗斯。《元史译文证补》说："唐季，此种人居于俄今都森彼德普尔（按后来通译为圣彼得堡）之南，旧都莫斯科之北。其北邻为瑞典、挪威国。国人有柳利哥者，兄弟三人，夙号雄武。侵陵他族，收抚此种人，立为部落。柳利哥故居地，有遏而罗斯之名，遂以是名部。他西国人释之曰：遏而罗为摇艕声；古时瑞典、挪威国人，专事抄掠，驾舟四出。柳利哥亦盗魁，故其地有是称。……柳利哥建国，在唐咸通三年。其部初无城郭，至是建诺物哥罗特。……后嗣渐拓而南，迁于计掖甫，近邻黑海。行封建之制……"愚按《唐书》"驳马，或曰弊剌，曰遏罗支。直突厥之北，距京师一万四千里。马色皆驳，因以名国云。北极于海……人貌多似结骨，而语不相通"。遏罗支，就是遏而罗斯（驳马系他部族称之之词。）结骨，《唐书》说："其人皆长大，赤发，晳面，绿瞳"，正是白种人。然则遏而罗斯，本系北方部族之名。说他是摇艕的声音，怕未免穿凿附会了。

（四）阿速《元史译文证补》："……希腊罗马古史……谓里海以西，黑海以北，先有辛卑尔族居之（按就是鲜卑。）……厥后有粟特族（按《后汉书》作粟特，《后魏书》作粟也，也就是《汉书·陈汤传》的阖苏。）越里海北滨，自东而西，夺辛卑尔地……东汉时，有郭特族人，亦自东来……粟特族人，败溃不复振。晋时，匈奴西徙……郭特人西窜（郭特，今译通作戗特）……当郭特之未侵粟特也，有部落曰耶仄亦，居里海西，高喀斯山北（按今译通作高加索山。）亦东来族类，而属于粟特。厥后郭特匈奴，相继攘逐；独耶仄亦部，河山四塞，恃险久存。后称阿兰，亦曰阿兰尼，又曰阿思，亦曰阿兰阿思，皆见东罗马书（按《后汉书》作阿兰聊，《三国志注》引《魏略》作阿兰。）今按耶仄亦，即汉奄蔡，元阿速……明后始为俄罗斯所并，享国之久，可谓罕见……"（参看原书）

（五）撒耳柯思（《秘史》作薛儿客速，又作薛儿格速。）《元史译文证补》："在高喀斯山北……今俄南境端河滨，有部落曰端司科喀杂克，即《朔方备乘》等书之端戈萨斯。其人善驰骤；俄之突骑，悉出于此……

（六）木剌夷（《元史·太宗本纪》作木罗夷，《宪宗本纪》作没里奚，《郭侃传》作木乃兮，刘郁《西使记》作木乃夷。）天方教主摩诃末死后，教中的首领阿部倍壳尔，倭马尔，摩诃末的女婿奥自蛮、阿里，相继为哈里发。阿里死后，子哈山嗣。哈山死后，他的兄弟忽辛，应当嗣立，而为倭马亚朝所夺。教中的人，有不服的，别立阿里之后为伊玛姆。第五世伊玛姆于非而沙体，已经定以长子伊思马哀耳嗣位，后来又改立次子。十叶教人（阿里一派为十叶教），又有说“教主之位，帝鉴在兹，非可朝令夕改”的。于是推戴伊思马哀耳的儿子，是为伊思马哀耳一派。而同教的人，则称他为木剌夷，就是“舍正义入迷途的”意思。北宋中叶，教徒跑到波斯，占据里海南岸一带。其头目哈山沙巴哈，居于低楞（在里海西南滨。《元史·西北地附录》作低帘。）哈山沙巴哈的教规：“凡徒党，必应奉教，杀仇人。阴谋行刺，必致死乃已。”在头目所住的堡内，造了宫室苑囿，聚音乐佳丽于其中。拣十二到二十岁的青年，给他麻醉药吃了，带他到里面，说这就是天堂。再把他灌醉了送出去。以后便叫他去行刺。说不幸身死，就会到这天堂里的。所以都“踊跃用命，或为商贾，或为奴仆，不远千里，以行其志”（参看《元史译文证补·报达木剌夷补传》。）

以上都是蒙古西征以前，亚洲西北方的部族，再往西，就入于欧洲了。

第二节　蒙古的西征

从蒙古到西域，本来有两条路：一条是天山南路，一条是西伯利亚。成吉思汗既定漠北，就命忽必来征服哈剌鲁，畏兀儿部主亦都护巴而术阿儿忒的斤亦来朝。又命术赤平斡亦剌吉利吉思失必儿等部。这两条路，就都开通了。

成吉思汗伐金的时候，忽秃走到乃蛮界外，招集旧部，和古出鲁克两个人，都想趁此恢复旧业。公元1213年，成吉思汗回到喀鲁涟，派速不台追忽秃，哲别追古出鲁克。速不台杀败蔑儿乞于垂河，其酋霍滩奔钦察。哲别到垂河，宣言许人民信奉旧教。西辽旧境的人民，都叛古出鲁克而降。古出鲁克逃到撒里黑昆（如今新疆蒲犁县土名，色勒库尔的异译），为哲别所追杀。西辽旧地全定。蒙古的疆域，就和花剌子模相接（公元1214年。）

这时候，有西域商人，来到蒙古。成吉思汗因之，贻书修好于花剌子模，请保界通商。花剌子模王也答应了。后来又有西域商人，从蒙古回去。成吉思汗派人随行，去购买西域的货物，共有四百多人（都是畏兀儿人。）走到锡尔河边的讹打剌城。城主伊那儿只克（土而堪哈敦的兄弟），把他都捉起来，告诉花剌子模王，说是蒙古的奸细。花剌子模王就叫他尽数杀掉，只逃脱一个人。归告成吉思汗。成吉思汗大怒，“免冠解带，跪祷于天”。公元1219年，就起兵伐西域。

这一年五月，成吉思汗兵到也儿的石河。六月，进兵。哈剌鲁、畏兀儿和哈力麻里（在如今的伊犁，也是回族）的部酋，都率兵从行。号称六十万。花剌子模王，本来晓得蒙古是个大敌；又听得细作报告，说蒙古兵漫山遍野，心上有些惧怯。想要深沟高垒，听蒙古兵“饱掠扬去”。所以蒙古兵直走到锡尔河，并没抵御的人。九月，蒙古兵逼讹打剌。分军为四：

（一）窝阔台、察合尔，留攻讹打剌城。

（二）拙赤，扫荡西北一带。

（三）诸将托海等，分兵扫荡东南。

（四）成吉思汗和拖雷攻不花剌（《元史·本纪》作蒲华，如今的布哈尔），以断新旧两都的交通。

明年（公元1220年）五月，四军皆会，攻破寻思干。花剌子模王，先已遁去，派哲别速不台去追。王辗转逃到里海东南隅的小岛上，这一年十二月里，死了。子札剌勒丁（亦作札阑丁）嗣，南走哥疾宁（城名，在巴达克山西南，印度河东），这时候，成吉思汗已攻破巴惕客薛（亦作巴达哈伤，如今的巴达克山。）拖雷攻破呼罗珊，拙赤、窝阔台、察合台攻破乌尔鞬赤。除术赤留驻西北外，三子都和成吉思汗会兵。南逾印度固斯山。前锋为札剌勒丁所败，成吉思汗兼程前进。公元1221年，十月，在申沐涟河边（印度河）把他追上。札剌勒丁已经将要渡河，成吉思汗下令，即日进薄。四面把他围起。可他到底突围而出，从数丈的高厓上，策马跃入申沐涟，凫水而去。于是派将渡河追他。明年六月，成吉思汗自带大军东还。本来想从印度走西夏的；因为路不好走，又听说西夏反了，乃仍由原路而还。这是成吉思汗自己的大军。

其哲别、速不台二将，既将花剌子模王逼入里海中小岛之后，乘胜西北进，到钦察，叫他交出霍都来。钦察人不听。公元1221年，二将绕宽甸吉思海（里海），逾太和山（高加索山。）钦察、阿速、撒耳柯思，合兵来御。众寡不敌，又迫于险。乃以甘言诱钦察，说："我等同类，无相害意。勿助他族。"钦察引退。军既出险，打败阿速和撒耳柯思。出其不意，也把钦察打败。公元1222年冬，平撒耳柯思和阿速，又打败钦察的兵。霍滩逃到阿罗思，求救于他的女婿哈力赤王穆斯提斯拉甫。公元1223年夏，战于阿里吉河（名见《速不台传》，如今入阿速海的喀勒喀河）畔的铁儿山（名见《曷思麦传》，乃地名，非山名。）阿罗思大败，死掉六王，七十侯，兵士十死其九。列城都无守备，只等蒙古兵来了便乞降。幸而二将不复深入，仅平康里而还（哲别死在路上。）

以上所述，是成吉思汗手里的事情。成吉思汗东归后，札剌勒丁也回归旧地，图谋恢复。公元1230年（太宗二年），太宗遣搠马儿罕率兵三万人西征，诸城皆降。札剌勒丁逃入山中，为怨家所杀，花剌子模朝亡。公元1234年，以迤北诸部未服，命拔都（术赤长子）、不里（察合台长子，木阿秃儿的儿子）、蒙哥（宪宗）、贵由（定宗）等西征。诸王、驸马，及诸千户、万户，各以长子从行。是为"长子出征"（因为所征的都是强部，长子出征，则兵强而多。）以拔都为元帅，速不台为先锋（旋升为副元帅。）公元1235年，出兵。明年秋，速不台破不里阿耳，杀败钦察的兵。冬，入阿罗思，攻破莫斯科。公元1237年，破其首都务拉的迷尔，分兵徇下诸城。十月，还兵攻破钦察，钦察酋长霍滩，逃到马札儿（如今的匈牙利。）合丹（定宗的兄弟）平撒耳柯思。公元1238年，定宗攻破阿速的都城蔑怯思（《元史·太宗纪·昔里钤辖传》同。《定宗纪》作木栅寨，《土土哈传》作麦怯思，《拔都儿传》作麦各思。）这一年冬天，再入阿罗思。进攻孛烈儿（如今的波兰）和马札儿，打败孛烈儿的兵。明年春，入马札儿，攻破派斯特（如今的佩斯城。）分军西略，直到如今的威尼斯，欧洲大震。明年，太宗讣音至，乃还。从此以后，西域只有木剌夷和报达（大食都城。《元史·本纪》作哈塔，《秘史》作巴黑塔惕）未服。公元1252年（宪宗二年），宪宗命皇弟旭烈兀率郭侃等西征。公元1256年，旭烈兀至西域，平木剌夷。明年，围报达。又明年，把报达打破，哈里发木司塔辛杀掉。郭侃西行到天房（如今的麦地挪），降巴儿算滩（苏丹的异译。）下其城一百八十五。又西行，到密昔儿（如今的麦西），降可乃算滩。遂渡海，收富浪（如今的塞普洛斯岛），降兀都算滩而还，于是西域全定。

在历史上，蒙古高原的部族，本来较西域诸国为强（这是因为一居沃土，一居瘠土之故。）所以匈奴、突厥等，虽然失败于东，还能雄张于西。但是匈奴、突厥的西略，都在既失败于东方之后，不过做个桑榆之补。至于合东方的部族，并力西向，则自西辽大石开其端，蒙古却更进一步；而当时的西方，又没有一个真正的强部；所以成功大而且快。——突厥族雄张西域已久，蒙古西征，得到他的助力，也是成功的一个大原因。

第三节　蒙古和朝鲜日本

成吉思汗的侵金，是从居庸关进兵。虽然也一掠辽西，并没认真经营。何况女真故地？于是契丹人耶律留哥，起兵隆安（就是从前的黄龙府），掠取辽东之地，自立为辽王。定都咸平（如今奉天的开原县。）金朝的辽东宣抚使蒲鲜万奴，也据东京自立，公元1215年，耶律留哥入觐蒙古。蒲鲜万奴乘虚袭取咸平。留哥用蒙古兵还攻，万奴投降蒙古。后来转入女真故地，叛服金元之间，自号为东夏国。又有契丹遗族，名为喊舍，乘辽东之乱，起兵侵略。后来败入高丽。百济余族，有名唤杨水尺的，做他的向导。太宗派哈真去剿办，高丽以兵来会。于是蒙古、高丽，约为兄弟之国。公元1225年，蒙古使者札古与从高丽回来，道经鸭绿江，为盗所杀。蒙古说是高丽人杀掉的，公元1231年，派撒礼搭去伐高丽。高丽请和，蒙古许之。而置达鲁花赤七十人于其国。高丽的权臣崔瑀，把他尽数杀掉。而把国王搬到江华岛。于是二国兵衅复启。公元1232年，蒙古平蒲鲜万奴。高丽人洪福源，据着西京造反。兵败后，投降蒙古。又有赵晖、卓青等，以和州、永兴迤北，附于蒙古。于是轇轕愈甚。到公元1241年，和议乃成。高丽从公元1198年之后，大权为崔氏所握。到蒙古征服高丽之后，崔氏的势力才除掉。然而蒙古势力，从此弥漫全国。时时把它的地方，设立行省。高丽历代的王，都尚元朝的公主，也同化于胡俗。国王的废立，和一切内政，无不受蒙古的干涉，几乎不成为国。到元朝和高丽王氏，同时倾覆，朝鲜人才算恢复自由（蒙古和朝鲜的交涉，可参看《韩国小史》。蒲鲜万奴，屠氏的书有补传。）

蒙古帝国是喜欢侵略的，是有夸大的性质的。所以朝鲜既平，又想招致日本。这件事，是发起于高丽人赵彝的。元世祖听了他，先叫高丽人去招致他，后来又自派赵良弼去，日本人不听（日本此刻，是北条时宗执政。）公元1275年，就派忻都带着蒙古汉兵和高丽兵一万五千人前去伐他。攻破对马岛，陷壹岐，掠肥前沿海诸郡邑。舍舟登岸，杀到如今津佐原、百道原、赤阪一带，再回兵上船。因箭已用尽，又大风起，船多触礁，乃还。公元1281年，又命忻都、范文虎带着十五万兵东征。一偕高丽兵发合浦，一发江南，约会于壹岐、平户（《元史》作平壶）等岛。忻都兵先到对马，进攻壹岐。到宗像洋，和文虎的兵会合，泊于能古、志贺二岛。元将多苦航海，心力不齐，不肯即行进攻，于是移泊鹰岛（就是《元史》的五龙山），忽然又见了飓风的兆头。文虎心怯，拣了坚固的船先走。诸将都弃军而归。十万多人，落在岛上，受日本人袭击，死得只剩两三万人，给日本人掳去。把南人留做奴隶，汉人、高丽人和蒙古人，全行杀掉。这一次，全军十五万人，回来的不到三万。范文虎所带江南兵十万，回来的只有三个人。世祖还要再举，以群臣多谏，又适用兵于安南，遂尔不果。

第四节　蒙古和南方诸国

蒙古对于西南的经略，从宪宗时候起。宪宗即位，命皇帝忽必烈，南征大理。忽必烈从临洮西南行（临洮，如今甘肃的岷县），经山谷中，二千余里。到金沙江，乘革囊以济。大破大理的兵，其王段兴智出降［唐朝的南诏国，昭宗时，为其臣郑买赐所篡，改号大长和。后唐明宗时，又为其臣赵善政所篡，改号大天婴。不多时，又为其臣杨义贞所篡，改号大义宁。晋高祖时，段思平代杨氏改号大理，公元1075年，为其臣杨义所篡。有一个人，唤作高升太，起兵讨灭杨氏，迎立段寿辉。传子正明，避位为僧。国人皆奉升太为王（公元1087年），改国号曰大中。公元1095年，高升太卒，遗属他的儿子，仍立段氏之后。他的儿子，听了他的话。于是段氏仍王云南，改号后理国。公元1253年，为蒙古所灭。以其地设都元帅府，仍派段兴智一同安辑。元末之乱，段氏复据有其地。明兴乃为蓝玉、沐英所灭。以上据《续文献通考》］。忽必烈就进攻吐蕃，降其酋唆火脱（参看第四章第二节），于是班师，留兀良哈台经略其地。兀良哈台尽服大理的属地和倮㑩（参看第四篇上第七章第一二节），就和后印度半岛诸国，发生关系。

安南地方，本来是中国的郡县，五代时候，才自立为一国，前篇第四章第四节，已经说过了。却是其南部的象林县，当后汉末年，就独立为一国，是为林邑（如今安南的广和城。）唐肃宗时候，改号環王。南徙于占，因之亦称占城（如今安南的平顺城。）暹罗之地，古号扶南（参看第二篇下第二章第五节。）其东南的柬埔寨，谓之真腊。又因南北地势之不同，而有陆真腊（北）、水真腊（南）之分。唐太宗时，扶南为真腊所并。缅甸，则汉时谓之掸，唐时谓之骠，到宋时才谓之缅（亦称蒲甘。）

兀良哈台既定云南，遣使招谕安南。安南太宗（日煚。参看第三篇上第四章第四节）把他囚了起来。兀良哈台怒。公元1253年，发兵攻安南，破其都城。太宗逃入海岛。蒙古兵以热不能堪，班师。公元1261年，再差人去招谕。安南圣宗乞三年一贡，许之（圣宗名光昺，太宗的儿子），封为安南国王，置达花赤七十二人。安南人请取消，不许。公元1277年，圣宗的儿子仁宗（日烜）立。元朝怪他不请命，征他入朝。仁宗不听，但遣叔父遗爱来朝。公元1281年，蒙古立遗爱为安南国王，想要用兵纳他。先是蒙古差人到占城去，使者回来，说占城国王（名失黑咱牙信合八剌哈迭儿）有内附之意。封为占城郡王。公元1282年，元朝以占城国王孛由补剌省吾，前曾遣使来朝，称臣内属。叫唆都就其地设立行省。而王子补的，掌握国权，负固不服。公元1283年，蒙古发兵从广东航海伐之。打破他在港口所立的木城，入其大州。而占城仍不服。公元1284年，命阿里海牙奉皇子脱欢往讨。索性和安南挑衅，征他的兵粮。安南人答应输粮境上，而不肯助兵。蒙古人就向他假道。安南发兵来拒，蒙古兵击破之。公元1285年，转战到富良江。安南仁宗弃城而遁。蒙古兵入其都城，占城行省唆都亦来会。然而军疲粮尽，暑雨将作，疾疫发生，只得退还。为安南伏兵邀击，损失甚多。脱欢仅而得免（唆都战死。）公元1286年，立征交趾尚书省。用阿里海牙来阿八赤做左右丞。明年，再发大兵十万往伐。薄其都城。安南仁宗又走入海。蒙古兵据了他的都城，并无施展。向从海道所运的粮，却给安南人邀击，又遭飓风，损失甚多。只得退兵，又为安南人所邀击（来阿八赤战死。）蒙古人到此，也无法可施，只得因安南人来谢罪，掩耳盗铃的罢兵。

对于缅国，也曾用过两次兵。这时候的缅国，都城在忙乃甸（就是如今的蛮得勒。《明一统志》谓之马来，《圣武记》谓之蛮得。）公元1271年，元朝遣使招谕，缅国才内附。公元1277年，因缅国和金齿（在如今云南的保山县）构衅，云南行省，遣兵往伐。到江头（大约是如今的八莫），以天热还师。公元1283年，宗王相答吾儿等再率兵往征，攻破江头。明年，缅人遣使请和。公元1287年，缅王为其庶子所囚，并害其嫡子，云南王率诸军往征，到蒲甘。缅王奔白古，泛海到锡兰。元兵以粮尽而还。缅王还都，也遣使请降。公元1300年（成宗大德四年），又因缅王（的立普哇拿阿迭提牙）为其弟（阿散哥也）所弑，其子（窟麻剌哥撒八）逃奔京师。诏立为王，遣兵往问罪，亦不克而还。

蒙古的用兵，对于后印度半岛，要算最为不利（对于日本的用兵，失败的原因，不在陆上，又当别论。）这全是天时地利上的关系。大抵蒙古人的用兵，利于平原，而不利于山险；而南方的暑湿，尤非北人所堪；所以屡次失败。

至其对于海上，则宋朝时候，要算三佛齐和中国往来得最密（如今的苏门答剌。）三佛齐之南，有阇婆（如今的爪哇。）阇婆的西北，海行十五日而至渤泥（如今的婆罗洲。）这都是如今的南洋群岛。又有南毗，在大海西南，从三佛齐风飘月余可至，则似乎在印度沿岸。又有注辇，《宋史》说他到广州有四十一万一千四百里路，未免说得太远了。又说注辇的东南，二千五百里，有悉兰地。悉兰地，就是如今的锡兰岛，则注辇一定在印度半岛的西岸。《元史》说：海外诸国，以俱蓝马八儿为最大。马八儿，就是如今的麻打拉萨；俱蓝是马八儿的后障，怕就是《宋史》所谓注辇了。

元朝对于海外，世祖时，也曾几次遣使招谕。其来朝的，共有十国，就是：

马八儿　须门那　僧急里　南无力　马兰丹　那旺　丁呵儿　来来　急兰亦解　苏木都剌

这许多国，因为《元史》并不载其道里，位置，风俗，物产，和事迹；除马八儿和马兰丹（马六甲）、苏木都剌（苏门答腊），可以译音推求外，其余都无从强释为何地。至于用兵，则只有对瓜哇，曾有过一次。更请参看第四篇上第一章第一节。

第四章 元朝的衰亡

第一节 汗位继承的纷争

从成吉思称汗起，到世祖灭宋，不过八十年。蒙古几于统一亚洲大陆（只除前后两印度和阿拉伯三个半岛），而且包括欧洲的一部分。其中固然有许多原因，而（一）这时候，中国的衰弱（包括已入中国的金言之）；（二）西方大食的不振；称雄于西域的回族，又附从蒙古；实在是两个最大的原因。

蒙古是行封建制度的，而成吉思汗的四个儿子，分地尤大。就是：

术赤 分得咸海、里海以北之地。

窝阔台（太宗） 分得叶密立河（名见《定宗纪》，如今新疆的额米尔河）一带的地方。

察合台 分得昔浑河（锡尔河）一带。

拖雷 分得和林旧地。

这是成吉思汗打定西域以后分的。原来蒙古风俗，称幼子为“斡赤斤”，义谓“守灶”（就是承袭家产的意思），所以成吉思汗把和林旧业，传与拖雷。至于术赤所得的，是康里以西北诸部的旧地。太宗所得的，是乃蛮旧地，察合台所得的，是西辽旧地（这是那珂通世说的。）后来定宗宪宗两朝，两次戡定西域。其戡定西北一带，功在术赤的长子拔都；戡定西南一带，则功在拖雷的儿子旭烈兀。所以术赤的分地，是拔都之后为共主（西史称Km. of Kiptchak，亦称Golden Horde。参看《元史译文证补·拔都补传》。）花剌子模以南的地方，却归旭烈兀后人统辖［西史称Km. of Iran，窝阔台之后称Km. of Oghotai，亦称Naiman（乃蛮。）察合台之后，称Km. of Te Haghatai］。宋、金、夏、吐番、大理诸国的地方，和和林旧业，是归世祖直辖。

蒙古本来没有什么“汗”；忽图剌、哈不勒两世，才有汗号；后来又经中断；可见得就是“本部族的汗”，也是“无其人则阙”的。成吉思从和札木合分牧之后，才有汗号，这个大约是本部族的汗。平定乃蛮之后，诸部公推为成吉思汗。拉施特说：“成”是坚强的意思，“吉思”是多数的意思，犹之契丹的称“古儿汗”（“众汗之汗”的意思。）我疑心中国历史上所谓“大汗”，就是“古儿”、“吉思”……的意译。“古儿”、“吉思”……字样，是随各部族的语言而异的。至于其意义，则总是所谓“众汗之汗”。其但为本部族之共主的，则但称为汗（我又疑心《后汉书》以前所称北族的“大人”，就是“汗”字的意译。参看第四篇上第三章第一节。）看忽图剌汗之立，就可知道蒙古本部族的汗，是由本部族公推。看太祖的做成吉思汗，就可知道所谓“大汗”，须由各部族公推。所以成吉思汗死后，大汗的继承，也还得经这公推的手续。不过以当时的人的心思，所推举的，自然总是成吉思汗的儿子罢了。

这种公举的手续，是由宗王，驸马，诸大将等，公开一大会决定的（看下文唆鲁禾帖尼主议的事情，则后妃亦得与议。大约这种会议，是并没有一定的规则的），谓之“忽烈而台”。什么人有被选举权？自然并没有一定的规定；但是在事实上，一定要限于成吉思汗的子孙，这种观念，为人人所共认，也是可以推想而得的。

再者，从事实上看起来，前任大汗的遗命，对于后任大汗的被举，却极有效力。蒙古太宗之立，是由成吉思汗的遗命〔但这种遗命，并不是有权指定某人为继承的大汗；不过前任的大汗，有这一句话，后来的忽烈而台，在事实上，自然遵奉他的言语罢了。从法理上说，却像前任的大汗，推荐一个人给忽烈而台。蒙古既本无所谓汗，自然没有所谓汗的继承法。前此家族中的继承，只有所谓“斡赤斤”，但这是承袭产业的意思，全是私权的关系，和汗位继承，毫不相干。对于汗位继承等，却仍是长子易于被选。这个大约因为对内的统率，对外的攻战，长子都较为有力之故。观征讨西北的疆部，便要用“长子出征”的法子可知。所以成吉思汗的儿子，除去长子术赤，有不是自己生的嫌疑外（术赤是孛儿帖给蔑儿乞掳去之后。抢回来生的。大约实在不是成吉思汗的儿子。所以当时弟兄辈里，都有些外视他，察合台和他，尤为不对。曾经把这话，当面抢白过成吉思汗），就轮到太宗〕，所以当时的忽烈而台，并无异议。太宗以后，忽烈而台，推戴了定宗。定宗体弱多病，三年而殂。这时候，大汗的选举，自然不比部落寡弱的时候：（一）既无权力之可争；（二）而又有对外的关系，大家都肯顾全大局，举个众望允孚的人，自不免各自运动暗斗。却是太宗在日，既说失烈门可以君天下，又说宪宗可以君天下（当时大汗的话，对于后任大汗的被举，既然很有效力），自然就做了两方面的借口。于是定宗死后，太宗和拖雷的后人，就都希冀本房的人，当选为大汗（太宗后人一方面的候选人，自然是失烈门。但是定宗的长子忽察，也有希冀当选的意思。）但是，（一）太宗后人，多不惬众望。（二）而成吉思汗的把部兵分配给诸子时，拖雷以系“斡赤斤”故，所得独多〔当时的观念，把部兵（人民）也当作产业〕。功臣宿将，大半是他的旧部。（三）拖雷死后，宪宗和他的兄弟都年幼，一切事情，都是宪宗的母亲唆鲁禾帖尼主持。唆鲁禾帖尼，颇有才智，为部下所归向。（四）宗王之中，最有威望的是拔都，也和唆鲁禾帖尼联络。所以拖雷后人的势力，远比太宗后人为大。定宗死的明年（公元1249年），拔都召集忽烈而台于阿勒台忽剌兀（在如今新疆省精河县之南。）被召的人，说“会议非地”，大半不到。于是约明年春，再开会于客鲁涟（这才是合法的地点。）由唆鲁禾帖尼主议。太宗、定宗和察合台的后人都不到（联结以抵抗拖雷后人。）拔都到后，就创议推立宪宗（置阙席抵制于不顾。）又明年（公元1251），宪宗即位。太宗后人，就有反谋。于是宪宗杀掉定宗的可敦，和用事大臣，及失烈门的党羽七十人。谪失烈门为探马赤（后来忽必烈南征的时候，请令他随营效力。到宪宗自将伐宋，仍投之于水），把太宗分地，分封其后王（“众建诸侯而少其力”。）太宗的旧部，都另委亲王统带。蒙古的内争，到此就不能弥缝了。

宪宗死后，这时候的忽烈而台，自然是无公理可说的。于是世祖就索性破坏法律，自立于开平（宪宗两个兄弟，世祖开府漠南，阿里不哥留守漠北，权力地位，本是相等的。）于是阿里不哥也自立于和林，给世祖打败，公元1276年，乃降。而海都之变又起。海都是太宗的孙子，分地在海押立（在巴尔哈什湖东南），以不得继承大汗，心常不平，不过兵柄为宪宗所夺，无法可想。阿里不哥和世祖争持时，海都是附于阿里不哥的。阿里不哥既降，海都仍“自擅于远”。后来得术赤、察合台后王的援助，就公然和世祖对敌（察合台死后，孙哈剌旭烈兀嗣。定宗废之，而立察哈台子也速蒙哥。也速蒙哥死后，哈剌旭烈兀之妻倭耳干纳，摄治其地。阿里不哥自立，立察合台孙阿鲁忽。阿鲁忽死后，倭耳干纳立哈剌旭烈兀的儿子谟拔克来沙。拔都死后，子乌拉赤嗣立，不久而死，拔都的兄弟伯勒克嗣立。伯勒克死后，世祖令拔都的儿子忙哥帖木儿代之。世祖又令哈剌旭烈兀的儿子八剌回去，辅佐谟拔克来沙。八剌既至，废谟拔克采沙而自立。死后，察合台孙尼克伯嗣。尼克伯死，察合台四世孙托喀帖木儿嗣。不久又死。海都援立八剌之子笃哇，因之得其助力。忙哥帖木儿也附于海都。只有旭烈兀之子阿八哈，以和世祖同出拖雷，所以不附海都。时和术赤后王构衅，然而也不能钳制海都），西侵火州（如今广安城东的喀剌和卓），北犯和林。太祖诸弟的后王乃颜等，又和他联合（公元1287年，为世祖所破擒。）终世祖之世，常遣成宗和伯颜，戍守漠北。成宗即位后，武宗代之。公元1301年（成宗大德五年），海都死，子察八儿立。和笃哇构衅，笃哇愿与成宗夹击。武宗立后，遣兵把察八儿打败。公元1310年，察八儿穷蹙，来降。于是太宗后王封地，全入于察合台后王。积年的兵争，虽算戡定，然而从海都称兵以来，蒙古大汗和术赤、察合台、旭烈兀的后王，关系就几于断绝，此后再也不能恢复。蒙古大帝国，实在就此解纽了。

世祖和海都、阿里不哥的竞争，虽幸而获胜；然从世祖以后，汗位继承的竞争，依然不绝。世祖是第一个立太子的（依汉法，而完全破坏“忽烈而台”推举的制度），然而立了又是早死。世祖死后，诸王之中，也颇有觊觎汗位的。因为伯颜是“宿将重臣”，辅立成宗，所以不曾有事变。成宗太子德寿，也早卒。成宗末年寝疾，事多决于皇后伯岳吾氏。成宗死后，后欲立安西王阿难答，召之入都。然而这时候，武宗手握重兵，镇守北边，在实力上，实在不容轻视。于是和左丞相阿忽台合谋，想要断掉北道，然后拥立阿难答。右丞相哈喇哈孙，阳为赞成，而暗中遣人迎接武宗。又怕他路远，来得迟，先遣使召他的亲兄弟仁宗于怀州。仁宗既入都，杀阿忽台，执阿难答，和其党诸王明里帖木儿。武宗既至，就把二人杀掉，并弑伯岳吾后而自立。武宗既立，以仁宗为太子。武宗死后，仁宗即位。要立明宗为太子，旋又听了宰相铁木迭儿的话，立了英宗，而出明宗于云南。武宗的旧臣，奉之奔阿尔泰山（依察合台后主。）仁宗崩，英宗立。仁宗时，铁木迭儿有宠于太后（仁宗的母亲，《后妃表》作答吉，《传》作答己），既贪且虐，仁宗也拿他无可如何。英宗时，仁宗的太后死了，才把他罢斥。不多时，铁木迭儿也死了，英宗又追举其罪。其党御史大夫铁失惧，就结党密谋弑帝，而迎立泰定帝。泰定帝既立，诛铁失及其党，泰定帝是死在上都的，子天顺帝，就在上都即位，年方九岁，武宗旧臣燕帖木儿，时签书枢密院事。乃暗结死党，迫胁百官，署盟迎立武宗的儿子。于是一面遣人迎接明宗于漠北，一面又遣人迎接文宗于江陵。文宗先至，摄位以待明宗。燕帖木儿举兵陷上都，天顺帝不知所终。明宗即位和林，到漠南，文宗入见，明宗暴崩。于是文宗再即帝位。文宗弑兄自立，事后不免天良发现。遗属皇后翁吉喇氏，必须立明宗的儿子。文宗死后，燕帖木儿要立文宗的儿子燕帖古思。皇后不可，遣使迎立宁宗，数日而卒。燕帖木儿又要立燕帖古思，皇后仍不答应，于是把顺帝迎接进京。燕帖木儿怕他即位后，追举明宗暴崩故事，迁延不肯立他。恰好燕帖木儿死了，顺帝才即位。燕帖木儿的儿子唐其势谋反，伏诛。于是追举明宗暴崩之事，毁文宗庙。迁翁吉喇后于东安州（如今直隶的东安县），把燕帖古思也窜逐到高丽，燕帖古思死在路上（大约不是好死的。）这种置君如弈棋，诚然是历代罕见的现象。其中要注意的，便是成宗、武宗，其先都戍守北边；成宗靠伯颜辅立，伯颜正是和成宗同戍北边的大将；明宗、文宗的立，还是武宗的辅臣推戴他；元朝的君位，始终只是靠兵力争夺罢了。

元系图

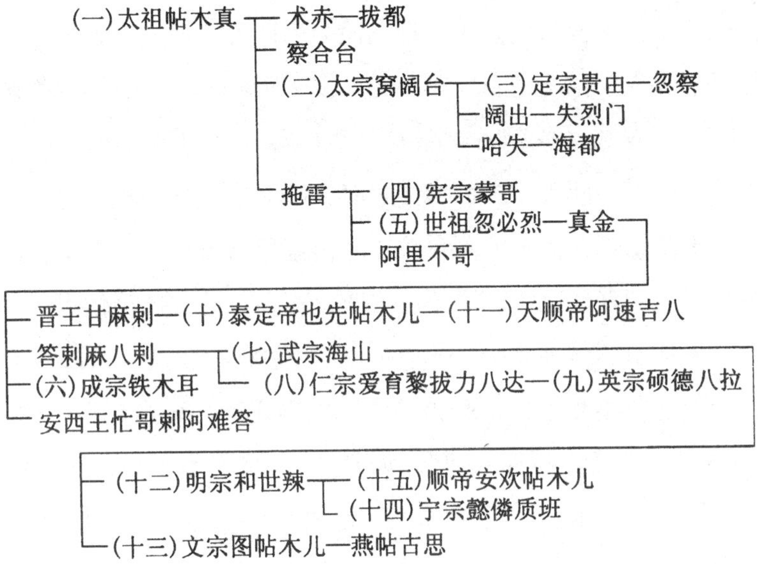

第二节　元朝的政治

蒙古人是始终并没懂得中国政治的。——而且可以算始终并没懂得政治。他看了中国，只是他的殖民地，只想剥削中国之人以自利。他始终并没脱离“部族思想”，其初是朘削他部族，以自利其部族；到后来，做了中国的皇帝，他的政策，就变作剥削百姓，以奉皇室和特殊阶级了（罗马人的治国，就是如此。始终是朘削殖民地，以庄严他的罗马。像中国历代一视同仁的思想，专以宣传文化为己任，要想教夷狄都“进于中国”，是根本上没有的。可见中国人这种“超国家”的精神，养成也非容易。可参看南海康氏《欧洲十一国游记》。）当蒙古太宗灭金之后，近臣别迭说：汉人无益于国，不如空其人，以其地为牧地。这种野蛮思想，真是中国人梦也做不到的，给耶律楚材力谏而止（后来又要分裂州县，以赐亲王功臣，也因楚材力谏而止。都见《楚材本传》。）然而到底把降人当作“驱丁”，虽儒者亦不免。他这时候的思想，非把中国人全数作为奴隶不可，后来虽因“增进自己的利益，事实上就不得不兼顾汉人的利益”，把这种制度除掉；然而平等的思想，毕竟是他所没有的。于是把人民分为四等：第一等是蒙古人，第二等是诸部族人，谓之色目，第三等是汉人（灭金所得），第四等是南人（灭宋所得。）权利义务，一切都不平等（参看第五章第一节和第二节。）他所喜欢的是工匠，所以攻打西域诸国时，敌人一拒战，城破之后，就要屠洗的，工匠却不在内。速不台攻汴时，也想城破之后，把全城屠洗。耶律楚材说：“奇巧之工，厚藏之家”，都在于此，才算住手。所看重的是商人（和王室贵戚大臣等交往的商人），所注意的，是聚敛的政策。太宗时，商贾卖货给皇室的，都得驰驿，太宗死后，后乃蛮真氏称制（定宗未立以前），信任西域商人奥鲁剌合蛮，叫他专掌财赋。至于把“御宝”、“宫纸”付给他，听凭他随意填发。又下令：奥鲁剌合蛮要行的事情，令史不肯书写的，就断他的手。这种行为，说到久经进化的民族耳朵里，简直是笑话。世祖要算略懂点政治的，所行的还是这种政策。先用一个阿合马特，次用一个卢世荣，最后又用一个桑哥，都是言利之臣（后来虽然把这些人除掉，然而在蒙古人眼光里，只是说他聚敛的法子不好，并不晓得这种聚敛的政策，在政治上是不行。其中卢世荣所行的政策，却又颇合理。）总而言之，蒙古人除掉聚敛之外，始终并没晓得什么叫做政治。

好大喜功之念，又是蒙古帝国所特有的。这是由于他脑筋里，完全没有“不尚武功”的思想。他虽入中国，脑筋里还是充塞了部族时代的“掠夺思想”。所以世祖灭宋之后，还要用兵于日本、南洋和后印度半岛；成宗时，又用兵于缅甸和八百媳妇（这一次，兵士和运饷的人，死掉好几十万。）其余诸帝的时候，没有什么兵事；不过因他们都运祚短促，继承之际，则纷争不绝，没有这余暇罢了。

对于宗教上的事情，就弄得更糟。喇嘛教的入蒙古，《元史》不载。据《蒙古源流考》，则其事还在世祖以前（《元史》的帝师八思巴，《源流考》作帕克巴。《源流考》说：库裕克汗死后，他的兄弟库腾，继为大汗。因患“龙魔侵祟”，延请帕克巴施治。遂于蒙古地方，大兴佛教。按库裕克汗，就是定宗。库腾是定宗之弟阔端，阔端并无继为大汗之事。《源流考》记蒙古的事情，很为疏舛。记喇嘛教的事情，自然也不能密合。但毕竟是他教中人自己说的话，总不得尽是子虚。）但是大尊崇他，总是起于世祖时候的。《元史》说：这是世祖统治吐蕃的政策，这句话，且勿论其真伪；就是真的，也是想利用人，反给人利用了去（参看第五章第一节。）元朝历代帝王，没一个不崇信喇嘛的。喇嘛教的僧侣，都佩“金字圆符”，往来中国和西蕃。所过之处，都要地方官办差。驿舍不够住，就到民间去借住。驱迫男子，奸淫妇女，无所不为。在中原的，就豪夺民田，侵占财物。百姓不输租税的，就投靠他，仗他包庇。内廷年年做佛事，所费很多（延祐四年所定的额：《元史》说：“以斤计者”，是面四三七五〇〇，油七九〇〇〇，酥二一八七〇，蜜二七三〇〇。他种东西，也就可推想而得了。）又因此奏释囚徒，谓之祈福；大奸巨猾，自然不免有和他通声气的。其中最骄横的如杨琏真加，至于发掘绍兴、钱塘的宋朝陵寝，和大臣塚墓，共计一百〇一所；杀害平民四人；受人献美女宝物无算；而且攘夺盗取财物：计金一七〇〇两，银六八〇〇两，玉带九条，玉器一一一件，杂宝一五二件，大珠五〇两，钞一一六二〇〇锭，田二三〇〇〇亩，包庇不输赋的人民，二三〇〇〇户，真是中国历史上，从来未有的事情。

元朝的政治，混乱如此；它的赋役，本不宽平；中叶以后，再加以钞法的败坏（参看第五章第七节），民困愈甚。顺帝以后，又加以各处的天灾，于是群雄并起，他在中原的宝位，就有些坐不住了。

第三节　元朝的灭亡

元朝的崇信喇嘛教，害得中国人总算够了。他又时时干涉高丽的内政，把许多公主硬揠给高丽国王，弄得历代的高丽国王，都成了“蒙古化”，“暴政亟行”，害得高丽人也算够了。却到后来，都自受其害。元顺帝是个荒淫无度的人，佞臣哈麻、雪雪等，就乘机引进西僧，教他以“房中之术”。于是百政俱废，而哈麻、雪雪等，却乘此弄权。一个乱源，就伏下了。他又娶了一个高丽微贱的女子奇氏，把他立为皇后。当元初时候，高丽人到元朝来当太监，颇有得法的。于是有一班人，争先恐后的“自宫以进”。奇皇后微时，曾经依靠一个人唤作朴不花的。到立为皇后之后，朴不花也就跟进宫来，做了阉人。于是第二个乱源，又伏下了。

公元1348年，台州人方国珍起兵，入海劫掠漕运。隔了三年，白莲教徒刘福通也起兵安丰（如今安徽的寿县），奉教主韩山童之子林儿为主。又有萧县李二，起兵徐州。罗田徐寿辉，起兵蕲州（如今湖北的蕲水县。）泰州张士诚，起兵高邮（如今江苏的高邮县。）定远郭子兴，起兵濠州。南方就成了四分五裂之势了。这时候，各行省征讨贼多无功。丞相脱脱，自请出兵。公元1352年，大破李二于徐州。公元1354年，围张士诚于高邮，士诚势已穷蹙了。脱脱和哈麻，原是一党，后来又有嫌隙。脱脱出兵之后，哈麻乘机谗脱脱于奇皇后，把他削夺官爵，窜死云南。于是朝廷征剿之势一松，革命军的势力就复盛。公元1357年，刘福通分兵为三：一军出晋冀，破太原，出雁门，以攻上都（后来这支兵，没在辽东。）一军出关中，陷兴元，巩昌，还攻凤翔。一军出山东，陷济南，北陷蓟州（如今京兆的蓟县），以逼大都。福通自挟韩林儿陷汴梁，声势颇盛。先是颍州察罕帖木儿，信阳李思齐，同起兵河南讨贼。及是陕西行省，求救于二人。二人连兵而西，打破贼兵。乘胜东定山西，进攻汴梁。刘福通挟韩林儿走回安丰。察罕就东平山东，围贼将田丰于益都，田丰差人把察罕刺死。察罕的儿子库库帖木儿，代总其军。攻破益都，杀掉田丰。黄河流域，几于肃清了。然而南方诸军，声势渐盛。徐寿辉攻破湖北江西，迁都汉阳。其将陈友谅，进取安庆（如今安徽的怀宁县），龙兴（如今江西的南昌县），把寿辉杀掉，自称汉帝。寿辉将明玉珍，因据重庆自立，其后遂割据四川。张士诚也据有浙西，徙居平江。明太祖初起兵从郭子兴，后来别为一军，攻破滁和二州；从采石渡江，破太平（如今安徽的当涂县）；据集庆（如今江苏的江宁县），长江流域，却全非元朝所有了。

奇皇后所生的儿子，名唤爱猷识果达腊，立为太子。奇皇后想废掉顺帝，等太子出来做皇帝，太子也想这个念头，哈麻、雪雪，都与闻其事的。脱脱既贬，哈麻为宰相，雪雪为御史大夫，就想实行了，不意事机泄漏，两人都杖死，然而奇后和太子，依然无恙。哈麻死后，太平继为宰相。奇后又叫朴不花去示意于他，要想行内禅，太平不答。于是奇后想个法子，又把太平去掉，搠思监为宰相。山西地方，本是察罕帖木儿所平定，却又有个孛罗帖木儿，驻军大同。想兼得晋冀，以裕军食。察罕不肯，两个人就争夺起地盘来，出兵相攻。陕西参政张良弼，也和察罕不协。察罕又和李思齐，连兵攻他。察罕死后，库库代统其军，还是如此。搠思监和库库是一党，而顺帝的母舅御史大夫老的沙，却和孛罗是一党。老的沙奏参搠思监和朴不花，皇太子便言于顺帝，革掉他的官职。老的沙逃到大同。搠思监等就诬孛罗谋为不轨。于是孛罗举兵犯阙，把搠思监、朴不花都杀掉，太子逃到兴州（如今热河道的承德县。）不多时，孛罗兵退了，太子复还大都，叫库库去讨孛罗。孛罗又举兵犯阙。太子迎战，大败，逃到库库军里。孛罗入京师，顺帝旋密遣勇士，把他刺杀（老的沙不久也被杀。）库库扈太子入京师，太子又使人谕意库库，要他用兵力胁顺帝内禅。库库不肯，于是太子和库库又不对。恰好诏封库库为河南王，叫他总统诸军，进平南方。而李思齐自以和察罕同起兵，不愿意受库库节制，反和张良弼连兵。库库进兵攻之，而库库手下的将貊高、关保等，又叛库库。于是太子乘此机会，叫顺帝下诏，削库库官爵，命太子总统天下兵马讨之。不多时，貊高、关保，都给库库打死，明兵又已逼近，元朝没法，只得恢复库库的官爵，叫他出兵抵抗，然而已是来不及了。

明太祖既据集庆之后，先平陈友谅，次定张士诚，旋降方国珍，韩林儿则先已为张士诚所虏，于是自淮以南皆定。公元1367年，命徐达、常遇春，分道北伐。胡美定闽、广，杨璟应取广西。明年，太祖即位金陵。徐达、常遇春，从开封、济南，合兵德州（如今山东的德县），北陷通州（如今京兆的通县），顺帝逃到应昌（在达里泊旁边。是元朝外戚翁吉剌氏的农土。元时，在漠北则和林，在漠南则开平、应昌，并称重镇。）这时候，库库帖木儿，还据着山西，李思齐也据着凤翔。明太祖再遣兵进讨。库库走甘肃，思齐降。公元1370年，再命徐达攻库库，库库奔和林。李文忠出居庸关攻应昌。恰好顺帝死了，爱猷识里达腊，也逃到和林。文忠获其子买的八剌，和后妃官属而还。捷奏至，颁《平定朔漠诏》于天下。这时候，还有一个明玉珍的儿子升，割据着四川。公元1371年，叫汤和、傅友德，把他灭掉。云南地方，还有个元朝的梁王把匝剌瓦尔密据着。公元1381年，也派傅友德、沐英、蓝玉，把他讨定。于是元朝的遗臣，只有一个纳哈出，还出没辽东。公元1387年，命冯胜、蓝玉，出兵征之，纳哈出降。就命蓝玉为大将，移军北征。这时候，库库帖木儿已死，爱猷识里达腊也死了（公元1371年。）子脱古思帖木儿嗣，蓝玉袭破其众于捕鱼儿海，获其次子地保奴。脱古思帖木儿和长子天保奴走和林，依丞相咬住，至土剌河，都为其下所弑。于是“部帅纷拏”，五传至坤帖木儿，都被弑。部帅鬼力赤自立，改称鞑靼可汗，蒙古大汗的统系，就此中绝了（以上据《明史》、《源流考》所载，和《明史》不同。见第四篇上第一章第三节。）

第五章　宋辽金元四朝的政治和社会

第一节　官制

魏晋南北朝隋唐的官制，和秦汉的官制大不相同，第二篇下第三章第一节，已经说过了。却是宋朝的官制，又和唐朝大不相同。这个变迁，都起于唐中叶以后。都是因事实变迁，而制度随着改变的。

其最显而易见的，便是中央政府。在唐朝时候，是合三省为相职；中书取旨，门下封驳，尚书承而行之（虽然后来实际上三省并不截然离立。）这时候，重要的政务，便都在六部手里。却是到后来，税法大坏，而又藩镇擅土，“王赋所入无几”。于是乎不得不舍“田税”、“丁赋”，而注重于他种税目。而“盐铁使”就做了财政上的重要机关（参看第六节。）又当经费竭蹶之秋，财政上的规划，关系甚大。而这时候的财政，又本是紊乱的。于是不得不别置一职，以从事于清厘，就又新添出一个“度支使”来（在唐朝大抵以宰相兼之，好比如今的国务总理兼财政总长。）到宋朝，便合“户部”、“盐铁”、“度支”为“三司”，专设一使，做了中央的财政机关了。又如“兵事”，本来是兵部专管的。“兵谋”则自然是天子和宰相，筹议于庙堂之上。却到后来，事实上又发生出一个“枢密使”来，一切政务，都要参与。这种官，最初是用宦官做的。这时候，兵权又都在宦官手里。于是枢密使和兵事，就关系独深。到后来，便渐次侵占了兵部的职权。于是“中书治民，三司理财，密院主兵”，就成了中央政府三个对立的机关了。

相职如此，其余一切官职，也都是如此。所以从秦汉的官制，变成隋唐的官制，是六部专权，九卿失职。从唐朝的官制，变迁成宋朝的官制，则是发生了许多临时特设的机关，而六部亦失其职（譬如户兵二部的职权，都在三司和密院。礼部的职权，则在太常礼仪院。工部的职权，则分属军器监，文思院等。）

所以宋朝的官制，有一特点，便是所谓“官”者，不过用之以“定禄秩”。至于实际任事，则全看“差遣”而定。——做这个官，便治这件事，也要另外“用敕差遣”的［用差遣治事，起于唐武后时候。其初先有“试官”，后来又有“员外”，这是因武后要以禄位收拾人心，所取的人太多，没有这许多官缺，可给他做的缘故。但是到后来，此风便相沿下去。于是有所谓检校（近乎加衔），摄（代理），判（以大官兼小官），知（兼任）等，到宋朝，便专用差遣治事］这种官制，看似错杂不整齐，却也有切于事实的好处。到神宗，才参照唐六典，改正官制。命“省、台、寺、监，各还所职”，是为元丰的新官制。元丰新官制，大抵以唐为法。然而唐朝的官制，本有两件不可行之处：其（一）相职分属三省，各不相涉，是事实上办不到的（所以唐朝从设政事堂以后，也不啻合三省为一。）其（二）则六部九卿等官，本来互相重复，其中就总有闲曹。所以元丰改正官制之后，仍不能不随事变迁。宰相不但不能三省分立，南渡以后，反多兼了一个枢密院〔宋初宰相，本称同平章事，另有参知政事，做他的副官。元丰新官制，仍以中书令，侍中，尚书令为相职。但因官高，实际不除人。以尚书右仆射兼中书侍郎，左仆射兼门下侍郎之职（这时候，三司的事情，都已归户部。枢密所管杂事，亦都还给兵部，专以本兵为务。枢密和兵部的关系，倒像现在参谋部和海陆军部的关系。）南渡以后，以左右仆射为丞相，改两省侍郎为参知政事。旋又径改左右仆射之名为丞相，而删去三省长官虚称，则仍回复到宋初的样子，和唐朝的制度，绝不相同了。而南渡以后，又时时发生所谓御营使，国用使等名目，往往以宰相兼之。则又和唐中叶以后，发生什么三司、枢密等等机关的情形相像。枢密院，南渡以后，每逢用兵，就用宰相兼。从开禧以后，遂为永制。总而言之，唐朝的官制，沿袭于隋。隋朝的官制，只是把南北朝的官制来整齐一整齐。

从唐中叶以后，久已不切于事实了。所以虽有人要墨守他，而在事实上，到底不能成功〕。六部属官，除户工二部外，南渡以后，尚有并省；九卿就更不必说了。

外官则取中央集权主义。宋初，召诸藩镇入京师，各赐以第；分命朝臣出守列郡，号为权知军州事（“军”字指兵，“州”字指民言。其本官高的，则谓之“判”），以后遂为定制。诸府州军监，都不设正官，只派文官朝臣出去治理，谓之知某某府事，知某某州军监事。就各县也不设县令，只用中朝官外补，谓之知某某县事，像是出一趟差似的。诸州又有通判，以为佐贰。长吏和通判，都得直接奏事。县令也由吏部殿最。这种制度，似乎比轻视外官，中央对于地方，有些漠不相关的样子要好一点。监司之官，国初本来没有。后来才于各路设转运使，名为总一路财赋，实则于各事无所不总。又怕他的权柄太大了，于是把提点刑狱一官，从转运使属下析出，以分其权。此外专管漕运籴买的，则有发运使。常平、盐茶、茶马、坑冶、市舶等等，也各设提举。〔但只是随事而设；有时这件事不办了，或者并归他机关管理，便可以省掉。总之，唐宋时候的使臣，是随事而设的，并没有一定的制度（譬如宋朝，到神宗时候，才认真办起事来，这时候所设的使臣就独多。）所以唐朝的道，宋朝的路，还不能认真算一个地方区划〕。

其为用兵而设的，则有安抚、宣抚、招讨、招抚、经略、制置等使，也是随兵事而设。南渡以后，岳飞、韩世忠、张俊，号称三宣抚使，其权力甚大。到秦桧同金人议和，才把三宣抚使废掉，以后惟四川地方，仍设一制置使（宋朝南渡以后的中央集权，四川是除外的，参看第六节。）又有总领财赋一官，起于张浚守四川时，命赵开经理财政。其后三宣抚司的兵，收为御前军，也各派总领财赋一员，又兼“专一报发御前军马文字”的职衔，则其权限，又涉及于军政上了（这也是为集权起见。）总而言之，宋朝这等官，都是随事而设的，并没有一定的制度。宋朝的外官，分为“亲民”、“厘务”两种：“亲民官”是用差遣的形式，派他出去代向来的地方官的。“厘务官”则专治一事，而直属于中央；好比现在的路，航，邮，电，不属于地方官，而属于交通部一样。这种办法，都是把向来地方官所兼管的事情，析出一部分来，归之于中央；所以宋朝能够中央集权。

辽之为国，是合耕稼、游牧两种民族而成。所以他的设官，也分为南北。“北面治宫帐，部族，属国之政，南面治汉人州县租赋，军马之事”。所谓“宫帐”者，“帐”则辽主所居，谓之御帐；此外又有皇族四帐，遥辇氏九帐，国舅二帐，和渤海帐，奚王帐，都各设专官（御帐官，好比中国侍御禁近之官。诸帐官则好比中国的王府官属。皇族是宗室；国舅是外戚；遥辇氏是前代君主之后；渤海奚王，都是大国，而奚王又是同种；这都是契丹的贵族。）“宫”则“辽国国法，天子践位，即置宫卫。分州县，析部族，设宫府，籍户口，备兵马。崩则扈从后妃宫帐，以奉陵寝。有调发，则丁壮从戎，老弱居守”，这是天子的禁卫军。诸宫官，好比隋唐时候的卫官。宋朝的殿前和马步两指挥司。“部族”则“部落曰部，氏族曰族”，就是“分地而居”谓之部，“合族而处”谓之族（其中有“族而部者”，就是因其同族，所以合居一处的。有“部而族者”，就是同居在一处，向来又算作一族的。有“部而不族者”，就是虽同居一地而非同族，有“族而不部者”，就是虽同族而不合居一处）这是契丹国里的游牧之民。“属国”则北方游牧之族，不直接归辽国治理的。但就其酋长，授以官名，按时或者不按时来通朝贡。有兵事时，也得向其征兵；诸国但随意出兵或助粮饷，并无一定的义务。有些像中国的土司。

北面的政府，是北枢密院，视兵部；南枢密院，视吏部；北南二大王院，视户部；夷离毕，视刑部；宣徽南北院，视工部；敌烈麻都，视礼部；而北南二宰相府总之（这都是北面官中，又分南北，和“汉人州县租赋军马之政”无涉，不可误会。）南面的官，亦有三公、三师、枢密院、省、台、寺、监、卫。外官则有节度，观察，防御，团练诸使，和刺史，县令。大概模仿中国的制度，无甚足述。又有一种头下州军，是宗室、外戚、大臣之家，自行筑城，而朝廷赐以州军之名的。这个好像古时候大夫的私邑，和普通的州军不同。

金朝的情形，又和契丹不同。契丹本来是个大部族，服属他的部族也多。金朝则自己是个小部族，用不着设官。别的部族，也没有归他统辖的。所以《金史本纪》说："生女直之俗，无书契，无约束，不可检制。"昭祖欲"稍立条教"，几乎给部众杀掉。景祖做了生女直部族节度使，才"建官属以统诸部"，然而他的官制也极为简单。《金史》说："其官长皆称曰勃极烈。"今据《金史》所载，不过都勃极烈（"总治官，犹汉冢宰"），谙版勃极烈（"官之尊且贵者"），国论勃极烈（"尊礼优崇，得自由者"），期鲁勃极烈（"统领官之称"），移赉勃极烈（"位第三曰移赉"），阿买勃极烈（"治城邑者"），乙室勃极烈（"迎迓之官"），札失哈勃极烈（"守官署之官"），昃勃极烈（"阴阳之官"），迭勃极烈（"倅贰之职"）等，寥寥数官而已（《桓赧·散达传》"国相雅达之子也。雅迭之称国相，不知其所从来。景祖尝以币与马求圆相于雅达，雅达许之。景祖得之，以命肃宗。其徒撒改亦居是官焉。"《百官志》"太祖以都勃极烈嗣位，太宗以谙版勃极烈居守。……其次曰国论忽鲁勃极烈。国论言贵，忽鲁。犹总帅也。又有国论勃极烈，或左右置，所谓国相也。"按"忽鲁"，就是"期鲁"的异译。"国论忽鲁勃极烈"并不是一个官名。所以移赉勃极烈，位居第三。盖言其居国论勃极烈，和忽鲁勃极烈之次。至于都勃极烈，谙版勃极烈，则系临时设置之官，并非常制。阿买勃极烈，要拓土渐广。然后有之。乙室勃极烈，亦要有了归顺的部族，然后用得着。移赉勃极烈，也总是事务繁了，然后添设的。然则金初之官，只有国论勃极烈和期鲁勃极烈而已。而这两者，又或许以一个人为之。所以《金史·百官志序》，误为一官。据此看来，金初设官的简单可想。）"其部长曰孛堇，统数部者曰忽鲁"，则不过是个称号（就固有的酋长，而加之以称号），算不得特设的官。只有都元帅府里的都元帅和左右副元帅，却是金朝行军时候的制度（后来改为枢密院。这枢密院，不是仿汉制设的，是把旧有的都元帅府改的。）其余的官，便都是模仿汉制设的（大率循辽宋之旧。金朝的模仿汉制设官，起于平州叛后，其颁定官制，则在熙宗时。）

元朝初起时候，官制也极为简单。《元史》说他只有万户以统军旅，断事官以治政刑（就是达鲁花赤。）到太宗，才立十路宣课司（这是因为蒙古人最讲究理财，所以特立此一官。其余则毫无措置。）凡金人之来归者，都就以原官授之（如行省元帅等），以致错杂得不堪。到世祖，才厘定官制。以中书省总政务，枢密院秉兵柄，御史台司黜陟（江南、陕西，都有行台。）其余也都模仿汉制。所特别的，便是（一）诸官或汉蒙并置，譬如翰林兼国史院之外，又别有蒙古翰林院等。（二）则关于宗教上的官，比别一朝注重。当时设立了一个宣政院，虽说为治理吐蕃起见，其实一大半，由于自己的迷信喇嘛（宣政院，掌释教僧徒，兼治吐蕃之境。遇吐蕃有事，则设分院往镇。其用人，“别自为选”。其为选，则“军民通摄，僧俗并用”。）（三）则关于工艺，设官甚多。大都和各路，都有诸色人匠总管府，此外又随处设局，如织造、绣、染、毡、皮货、窑、梵像、玛瑙、玉石、油、漆等，均各设专官（有人说：元朝这种设官，很有提倡工艺的意思，是历代所无。其实不然。元朝这种举动，不过是供给王室，于民间并没有什么影响。）（四）则关于理财的官，也较别一朝为详密（但看户部属官可知。）这是由于元朝始终没有脱离部落思想，总想损下以益上之故。而其影响最大的，就是于路，府，州，县之上，别设行省。明朝虽然把行省废掉，而各布政司的区划，都仍元行省之旧，遂致成了现在的一种庞大的行政区域（参看第四篇下第五章第一节。元朝的行政区划，是以省统路府，以路府统州县。但府亦有隶属于路之下的。州有在路府之下，而又统县的。又有与路府并列的。诸路府州县，都各置达鲁花赤，算作正官）

第二节　学校选举

学校选举制度，当宋朝时候，也起了一次大变迁。

中国的科举制度，有摧破贵族阶级之功，第二篇下第三章第二节，已经说过了。但是这种制度，也有个显而易见的毛病，便是“学非所用，用非所学”。简而言之，便是所治的，都是“无用之学”。唐朝的科举，得人最多的，是明、经进士两科。所以所谓无用之学，就是“诗赋”和“帖经墨义”。“经”是从前的人，不承认他是无用的。以为治经而无用，只是治经的法子不好罢了。至于诗赋的无用，却是无人能替他辩护。所以当时改革的法子，便是废掉诗赋，对于经，则改变其治法。这种主义，实行的便是王荆公。

王荆公是不赞成用“科举取士”，而赞成用“学校养士”的（他的理论，可看他仁宗时《上皇帝书》。）所以当他执政的时候，便从事于整顿学校，增广太学校舍，设立三舍之法。初入学的为外舍生，渐次升入内舍、上舍。上舍生得免礼部试，特授以官。这便是渐次以学校代科举的办法（徽宗崇宁时，曾办到罢科举而令天下的州县都立学。县学生升入州学，州学生升入太学。但是徽宗的推行新法，都是有名无实的；此法又行之未久，无甚影响。）但是学问和功名，本是两事，既然以利禄诱人，来的人当然都是志在利禄的，哪里有真希望“学以致用”的人，所以这种法子，行之到底没甚效果。

对于科举制度的改革，其要点是：（一）罢诸科而独存进士；（二）对于进士科，则废掉“诗赋”而改“帖经墨义”为大义。这便是明清时代科举制度的先河（参看第四篇下第五章第二节。）当时的进士科，共试四场：第一二场，试本经（各人所专治的经）和兼经大义，共十通。第三场试论一首，第四场试策三道。另立新科明法，试律令、刑统大义、断案，以待本应“诸科”试，不能改应新进士科的人（宋初的科举制度，和唐朝大略相同。除进士之外，其余总称为“诸科”。）

大义是自己可以发抒心得的，就要明白道理的人才能做，自然比专责记忆的“帖经墨义”好些。策论虽则旧时的进士科亦有，然而并不注重。学习诗赋，是最费工夫的，穷老尽气于此，自然没有工夫再研究别的学问。现在把诗赋废掉，注重策论，自然也比旧时好些。这都是理论上当然的结论。然而理论总不能与事实相符。因为还有别种原因掺杂在里头，科举的特色，便是（一）以利禄诱人（二）以言取人。为利禄所诱的人，当然只志在利禄；你又以“言”取他，他当然只要会“言”就够了。有学问才能的人，固然未必不会“言”；无学问才能的人，也未必就不会“言”。总而言之，要靠了“言”以判定人的有才能学问没有，本是极难的事。况且利禄之途所在，自然有人专力去研究，到后来，这“应考试的言”，就离开才能学问，而独立成为另一件事了。研究这种“言”的人，当然不必再发达才能，研究学问。到这时候，而要靠着“言”以判定人的才能学问，就简直是不可能的事。

当王荆公时候，科举制度，已经行了好几百年，这种趋势，早就成功了。荆公虽能改变所试的东西，却不能禁止人家，不把这一种“言”，离开才能学问而独立研究。所以到后来，来应科举的人，仍旧都只会发“应科举的言”（王荆公是注重经义的，又颁了一部自己所著的《三经新义》，应科举的，就都只会说《三经新义》的话），荆公也叹息道：“本欲变学究为秀才，不料变秀才为学究。”（秀才是隋唐时最高的科目。应这一科的人，非极有学问不可。因为实际上无人能应，其科目遂成虚设。学究就是只会做“帖经墨义”的）——这是科举制度根本上的毛病。历代要想“改革科举制度，以求真人才”的人很多，所以终于失败，其原因都在于此。

既然以言取人，而这种“言”，又是个个人都会发的，于是看卷子的人，颇觉为难，就要找个易于去取的法子。于是有“诗赋声病易考，策论汗漫难知”的议论。而且科举里头，要试诗赋，而大家又独看重试诗赋这一科，原是社会上崇尚文学的风气使然。这种风气未变，始终还是要影响到制度上。所以法行未几，就仍有改试诗赋之论。然而押牢了天下的人，都做诗赋，也是难的（大概南人长于诗赋，北人则否）；而诸科又猝不易复，于是公元1089年（元祐四年），把进士分为“诗赋”和“经义”两科，南渡后也沿其制（公元1143年，即绍兴十三年，曾并作一科。但到公元1161年，仍分为两科。）两科既分之后，做诗赋的人多，专经的人少，这是“看重应诗赋科的进士”的风气，还没有变的社会里，当然的结果。

还有一件事，在科举制度的变迁上，也颇有关系的便是“殿试”。

原来唐时的考试进士，本以考功员外郎主其事，后来因其望轻，被黜落的人，有哗闹的事，乃移于礼部。宋初还是如此。公元973年（开宝六年），知贡举李昉，被人攻击，宋太祖遂御殿重试。从此以后，礼部试之后，又有殿试，就成了常制。原来唐朝时候的科举，规则并不如后世之严。考官和士子，并不绝对禁止交通。固然有得以采取誉望的好处，然而私通关节，也是不免的。用科举摧破贵族阶级的功用，还不能十分完成。到有了殿试，情形就又迥然不同。所以宋太祖对近臣说："昔者科名多为势家所取，朕今临试，尽革其弊矣。"可见"科举制度的进化"，始终是望一条路上走的。

契丹的开科举，始于圣宗统和六年。其制度《辽史》不载。据《契丹国志》：则三年一开，有乡、府、省三试。圣宗时，分诗赋、法律两科。诗赋为正科，法律为杂科。后来改法律科为经义。《辽史·耶律蒲鲁传》："重熙中，举进士第。主试者以国制无契丹试进士之条，闻于上。上以其父庶箴，擅令子就科目，鞭之二百。"则契丹之设科举，是专以待汉人的（《天祚纪》说耶律大石登天庆五年进士第，或者后来此制在实际上，又成具文。）

女真却又不然。金世宗是很希望女真人保守质朴尚武的旧俗，而又很希望他的文化渐次进步的。太宗天会元年，就设词赋和经义两科，又有策试一科。海陵时，罢策试及经义，增设律科。世宗时，又恢复经义科，这都是所以待汉人的（又有经童科，年在十三以下，能背诵二大经三小经，又诵《论语》诸子及五千字以上者，为中选。凡应词赋、经义两科中式的，都谓之进士。应经童、律科中式的，则谓之举人。制举当章宗时也曾开过。所以合女真进士科算起来，金朝取士之科，共有七种。）大定十一年，添设女真进士科。初但试策。二十八年，于经内增试论一道。世宗又特设女真国子学，这都是所以保存他本族的文化的（金朝的科举，也是三年一开。由乡至府，由府至省，由省至殿廷，凡四试。皆中选，则授以官。其廷试被黜的，亦赐之以第，谓之"恩例"。特命及第的，则谓之"特恩"。）

元朝对于学校，颇为注重。当世祖时，即于京师立国子学。蒙古人、色目人和汉人，各有定额。又特立蒙古国子学，以教随朝蒙汉百官，和怯薛子弟。又立回回国子学。这是因为元起漠北，最初的文化，即系受之于回族，后来征服西域，和回族关系更深之故。——这种“回回学”里头，一定包含着许多西洋文化。可惜当时养成的人才，除供朝廷之用外，在社会上，也不曾发生什么影响（在国子学中，蒙古色目人和汉人，所享的权利，是不平等的。蒙古人试法最宽，及格的授六品官。色目人试法稍密，及格的授七品官。汉人则考试全用科场之法，而不过授从七品官。）诸路各设教授一人，学正一人，学录一人。府及上中州，都设教授一人。下州设学正一人。县设教谕一人。从南宋以后，私人所设的书院，颇为发达。元世祖至元二十八年，除诏诸路州县都立学外，又命儒先过化之地，名贤经行之所，与好事之家，出钱粟赡学者，并许立为书院（书院中掌教的，谓之山长。）诸路亦有蒙古字学，以教民间子弟。“回回学”之外，又有阴阳学和医学，各行省所在地，都设一儒学提举司，以统诸路府州县的学校。江浙、湖广、江西三省，有蒙古提举学校官。河南、江浙、江西、湖广、陕西五省，又有官医提举司。总之，元朝对于学校，是颇为注重的。其制度，也颇为完备。这种制度，在元朝固然未必有多大的效果，然而实在开明清两代学校制度的先声（参看第四篇下第五章第二节。）

其科举之制，则始于仁宗延祐二年。分进士为左右榜：蒙古色目人为右，汉人南人为左。蒙古人由科目出身的，授从六品官。色目人和汉人，递降一级（至元元年罢科举。六年复之。）每试三场：第一场，蒙古色目人，试经问五条；汉人南人，试明经经疑二问，经义一道。第二场，蒙古色目人试策一道，汉人南人，古赋、诏、诰、章、表内科一道。第三场，蒙古色目人无。汉人南人，试策一道。蒙古色目人，应汉人南人科目中选的，注授各加一等（这是仁宗时的制度，顺帝废而再复，小有改变。）也有乡会试及御试。

元朝的用人，是极为驳杂的。他不问哪一种人，只要有才具的就用。所以蒙古人和汉人、南人之外，色目人也蔚然成一阶级（当时回回人被用的最多。欧洲人被用的，当亦不少。马哥博罗等，不过是其中最著的），颇有立贤无方之风。这是由于蒙古人所征服的地方大，所接触的异族多，所以能够如此，但是入仕之途太广了，于铨政上，却也颇有妨碍。所以《元史·选举志》，说他“仕进有多歧，铨衡无定制”，“吏道杂而多端”，“纵情破律，以公济私”，“文繁吏敝”。大概当时最坏的，是所谓宿卫勋臣之家，和任职于宣徽中政各院的人，出身太优。至于工匠和书吏，原未尝不可任用，然当时所以任用之者，恐也未必十分得当。又诸王公主的“投下”，只要得了主人的保任，也都可以入官，这就真是弊制了。总而言之，“仕进有多歧，铨衡无定法”十个字，是他根本上的毛病。有了这十个字，就无论怎样，选政也弄不好了。

第三节　兵制

宋朝的兵制，已略见上篇第四章第二节。宋朝的兵，共分四种：便是一、禁兵，二、厢兵，三、乡兵，四、蕃兵。

乡兵、蕃兵，不是到处都有的。厢兵亦“罕教阅，给役而已”。所以可称为兵的，只有禁兵。但是禁兵到后来，“数日增而其不可一战也亦愈甚”，其弊已如前述。王安石起，欲以民兵代募兵。其初既厉行裁兵；后来募兵阙额，就收其费，以供民军教阅之用；所以民兵盛而募兵衰（保甲法行于熙宁三年，其后命诸保丁习武，而上番于巡检兵。六年，行之于永兴、秦凤、河北、陕西、河东五路。元丰二年，立府界集教法，先教保长以武艺，再教他去转教保丁，谓之团教法。行之于河北、河东、陕西三路。以民兵代募兵，是件极重大的事情。熙宁、元丰所行，原不敢说他有多大的效果。但是据章惇说：当时赏赐，都取封桩或禁军阙额的钱，不曾费部一文。阅艺分为八等，劝奖极优。所以仕宦有力之家，子弟欣然趋赴。引对的时候，所骑的都是良马，而且鞍鞯华楚。马上的事艺，往往胜于诸军。章惇的话，容或有偏袒于一方面之处。然而当时的教阅民兵，不曾多费掉钱，而且不是毫无效果，却是可以断言的。）元祐复古，又把民兵教阅和保甲废掉，于是民兵亦衰。当熙宁置将的时候，禁军之数，共有五十九万（《文献通考》卷一百五十四引《建炎以来朝野杂记》。）元丰以后，固然递有减省。蔡京秉政，又利用诸军阙额，封桩其饷，以充上供。童贯带兵，打了败仗，都讳不肯言，只说是军士逃窜。于是并仅存的将兵而亦寥寥无几了。所以金兵一人，简直丝毫不能抵御。

宋朝的兵制，也是取中央集权制度的。当时可称为兵的，既然只有禁军；而全国的禁军，又都隶属于殿前都指挥司，和侍卫亲军马步军都指挥司，谓之三衙，所以事权能够统一。南渡以后，立御前五军的名目：以杨沂中所带的为中军，张俊所带为前军，韩世忠所带为后军，岳飞所带为左军，刘光世所带为右军。刘光世的兵叛降齐后，以四川吴玠的兵升补。当时除杨沂中的兵，常居中宿卫。四川因路途太远，本不想中央集权外，韩、岳、张的兵，号为三宣抚司者，最为统一之梗。三人兵柄既解，才改其名为某州驻扎御前诸军。凡御前军，都是直隶朝廷的，不归三司节制。于是在事实上，御前军又变成前此的禁军，禁军又变成前此的厢军了。韩、岳、张、吴四人的兵，也谓之四大屯兵，其数共三十万。南渡以后的财政，颇为所困。

契丹的兵，共有六种，便是：一、御帐亲军。太祖征伐四方时，皇后述律氏居守。选四方的精锐，置属珊军二十万。太宗又置皮室军三十万（以后每帝皆有宫卫，所以御帐亲军，无须增置。）二、宫卫军。见第一节。三、大首领部族军。亲王大臣的私甲。四、部族军。五、五京乡丁。六、属国军。

乡丁是辽国的耕稼之民，战斗时不靠他做主力。属国是不直接属辽治理的；有事时虽可遣使征兵，而助兵多少，各从其便，也不能靠他做正式的军队。然则辽国正式的军队，就只有部族军（御帐亲军和宫卫军，是部族军属于君主的。大首领部族军，是部族军属于亲王大臣的。其所属不同，而其实际，则和普通的部族军无以异。）所以《辽史》说：“各安旧风，狃习劳事……家给人足，戎备整完。卒之虎视四方，强朝弱附……部族实为之爪牙云。”

女真初起时，部落极为寡弱。其时诸部之民，壮者皆兵。部长谓之孛堇。有警，则下令于本部，及诸部的孛堇征兵。诸部的孛堇，当战时，兵少的称为谋克，兵多的称为猛安（猛安谋克的兵，初无定数。太祖二年，始定以三百人为一谋克，十谋克为一猛安。）金初兵数甚少，太祖起兵后，诸部来归的，皆授以猛安谋克，即辽汉之民亦然。其意盖欲多得他部族的人，以为助力。此为金兵制的一变。熙宗以后，罢汉人渤海人承袭猛安谋克，专以兵柄归其本族。此为金兵制的又一变。

移剌窝斡叛后，把契丹的猛安谋克废掉，将其人分属于女真的猛安谋克。海陵迁都，把许多猛安谋克，都迁徙到中都和山东河间。这一班人，就不能勤事生产，而从前尚武的风气，又日以消亡。已见第二章第四节。宣宗南迁以后，尽把这一班人驱之渡河。括了河南的民田，给他们耕种。而且把他们的家属，都安放在京城里。几年之后，到底养不活他们，只得又放他们出去。以致军心愈乱，士气更为颓丧。而他们得到田的，也都不能种，白白的荒废了民业。金朝兵力的强。也见第二章第四节。但是南迁之后，不过几十年，就大变了面目。贞祐三年，刘炳上疏说：“往岁屡战屡衄，率皆自败。承平日久，人不知兵。将帅非才，既无靖难之谋，又无效死之节。外托持重之名，内为自安之计。择骁果以自卫，委疲懦以临陈。陈势稍动，望尘先奔，士卒从而大溃。”这种情形，竟和宋朝南渡时候无异。又《侯挚传》，上章言九事，说：“从来掌兵者，多用世袭之官。此属自幼骄惰，不任劳苦，且心胆懦怯。”则这种腐败情形，竟就是当初极精强的猛安谋克。至于签汉人为兵，则刘祁说：金之兵制，最坏的就在乎此。他说：“每有征伐及边衅，辄下令签军，使远近骚动。民家丁男，若皆强壮，或尽取无遗。号泣动乎邻里，嗟怨盈于道路。驱此使战，欲其胜敌，难矣。”女真兵既不可用，要借助于汉人，又是如此。金朝的天下，就终不能维持了。

元朝的兵制，最初只有蒙古军，和探马赤军。蒙古军是本部族人，探马赤军则诸部族人。入中原以后，发民为兵，是为汉军。平宋之后，所得的兵，谓之新附军。其辽东的纠军，契丹军，女真军，高丽军，云南的寸白军，福建的畲军，则都只守卫本地，不调至他方（《元史》说：“盖乡兵也。”。）其成兵之法：蒙古军和探马赤军。“家有男子，十五以上，七十以下，无众寡，尽签为兵。十人为一牌，设牌头。上马则备战斗，下马则屯聚牧养。孩幼稍长，又籍之，曰渐丁军。”（这是行举国皆兵之制，人民服兵役的年限极长）其平中原后的用汉军，则或以贫富为甲乙（户出一人的为“独军户”。合二三户而出一人，则以一户为“正军户”，余为“贴军户”），或以男丁论（常以二十丁出一卒。至元七年，十丁出一卒），或以户论（二十户出一卒。其富商大贾，则又取一人，谓之“余丁军”），都是一时之制（当时又取匠为兵，曰“匠军”。取诸侯、将校的子弟充军，谓之“质子军”——蒙语曰“秃鲁华军”。）天下既定，就把曾经当过兵的人，另定兵籍。凡在籍的人，服兵役的义务，都有一定的规定（贫不能服兵役的，把几户并作一户，谓之“合并”。极穷的，老而无子的，除其籍。“绝户”另用百姓补足。）其募兵，则谓之答刺罕军。又有以技名的，则为炮军，弩军，水手军。元朝的兵籍，是不许汉人看的。就枢密院中，也只有一两个长官，晓得实数。所以元朝的兵数，无人晓得。

其带兵的官，初时是“视兵数多寡，为爵秩崇卑”。长万夫的为万户，千夫的为千户，百夫的为百户。宿卫之士曰“怯薛歹”，以四怯薛领之（都是功臣的子孙，世袭。）世祖定官制，于中央设前后左右中五卫，各置亲军都指挥使，以总宿卫（但累朝仍各有怯薛。以致到后来，怯薛之数滋多，赏赐钞币。动以亿万计，颇为财政之累。五卫是仿汉制，设之以备官。四怯薛则系蒙古旧制。）外则万户之下置总管，千户之下置总把，百户之下置弹压，皆总之于枢密院。有征伐则设行枢密院，事已则废。

元朝镇戍之制，与当时的政治，颇有关系。《元史》说：

> 世祖混一海宇，始命宗王将兵，镇边徼襟喉之地。而河

洛、山东，据天下腹心，则以蒙古探马赤军，列大府以屯之。淮江以南，地尽南海，则名藩列郡，又各以汉军及新附等军戍焉。皆世祖与二三大臣所谋也。李毡叛，分军民为二而异其属。后平江南，军官始兼民职。凡以千户守一郡，则率其麾下从；三百户亦然。至元十五年，十一月，令军民各异所属如初。

国制，镇戍士卒，皆更相易置。既平江南，以兵戍列城，其长军之官，皆世守不易。故多与富民树党，因夺民田宅居室，蠹有司政事。

据此看来，可见得元朝的治中国，全是一种用兵力高压的政策。然而这种政策，总是不能持久的。所以《元史》说："承平既久，将骄卒惰，军政不修。而天下之势，遂至于不可为。"

第四节　刑制

宋朝的制度，是一切因唐之旧，至于事实不适，则随时改变；但是新的虽然添出来，旧的在名义上仍没有废掉。始终没统观全局，定出一种条理系统的法子来。官制是如此，法律也是如此。

唐朝的法律，分为"律"、"令"、"格"、"式"四种。宋朝也一切沿用。其有不合的，则随时加以"损益"。但是总有新发生的事情，非损益旧律所能有济的。则又别承认一种"敕"，和"所沿用的唐朝的律令格式"有同一的效力。——"敕"和"律令格式"冲突的地方，自然要舍"律令格式"而从"敕"。其实就是以"命令"或"单行法"，"补充"或者"更改"旧时的法律。而所谓"敕"者，亦时时加以编纂，谓之"编敕"。又有一司的敕，一路的敕，一州一县的敕，则是但行于一地方的。到神宗时就径"改其目"曰敕令格式。当时神宗所下的界说，是：

禁于未然之谓敕，禁于已然之谓令，设于此以待彼之谓格，使彼效之之谓式。

自此以后，迄于南宋，都遵行这一种制度（南宋以后的敕令格式，绍兴，乾道，淳熙，庆元，淳祐，共改定过五次。其余一司，一路，一州，一县的敕，时有损益，不可胜记。宋朝的法律，似乎太偏于软性些。）

契丹的法律，是定于兴宗时候的，谓之《新定条制》。《辽史》说：系“纂录太祖以来法令，参以古制”而成。刑有杖、徒、流、死四种。按《辽史》：“太祖神册六年，诏大臣定治契丹及诸夷之法，汉人则治以律令。”、“太宗时，治渤海人一依汉法。余无改焉。”、“圣宗统和十二年，诏契丹人犯十恶，亦断以律。”则兴宗的新定条制，仍是汉人和契丹诸夷异治的（《辽史》又说：圣宗时，“先是契丹及汉人相殴致死，其法轻重不均，至是等科之。”则其中又有不平等的地方。）到道宗清宁六年，才以“契丹汉人，风俗不同，国法不可异施。命更定条制，凡合于律令者具载之，其不合者别存之。”渐有向于平等的趋势。契丹的用法，本来是失之于严的。到圣宗时，才渐趋于宽平。但是到天祚时，仍有“投崖”、“炮掷”、“钉割”、“脔杀”、“分尸五京”、“取心以献”等种种非刑。这是由于契丹文化太浅之故。所以《辽史》说：“虽由天祚救患无策，流为残忍。亦由祖宗有以启之也。”

女真的旧俗，是“刑赎并行”（《金史》说：“轻罪笞以柳葼；杀人及盗劫者，击其脑杀之；没其家赀，以十之四入官，其六赏主；并以家人为奴婢，其亲欲以马牛杂物赎者从之。或重罪，亦听自赎，然恐无辨于齐民，则劓、刵以为别。其狱，则掘地深广数丈为之”。）太宗时，才“稍用辽宋法”。熙宗天眷三年，复取河南地，乃诏其民。“所用刑法，皆从律文”。皇统间，“诏诸臣以本朝旧制，兼采隋唐之制，参以辽宋之法，类以成书，名曰《皇统制》，颁行中外”。海陵时，屡次续降制书，与《皇统制》并行，世宗时，诏重定之，名《大定重修制条》。章宗时，又照唐律的样子，重修律令格式。并于律后“附注以明其事，疏义以释其疑”，名曰《泰和律义》。金朝的法律，似乎比辽朝进步些。但是他的用刑，也是伤于严酷的，而动以鞭挞施之于士大夫，尤其是一个缺点。《金史》说："金法以杖折徒，累及二百。州县立威，甚者置刃于杖，虐于肉刑。季年君臣好用筐箧故习，由是以深文傅致为能吏，以惨酷办事为长才。有司奸赃真犯，此可决也，而微过亦然。风纪之臣，失纠皆决；考满校其受决多寡，以为殿最……待宗室少恩，待士大夫少礼。终金之代，忍耻以就功名，虽一时名士，有所不免；至于避辱远引，罕闻其人。"可见用刑宽平，和养人廉耻的观念，不是浅演的民族所能有的。

元朝的情形，则又是一种。他的用刑，是颇伤于宽纵的。而其所以伤于宽纵，则大抵因政治废弛之故。按《元史》说："元兴，其初未有法守，百司断理狱讼，循用金律，颇伤严刻。"这所谓严刻，也不尽是金律害他的。只要看乃蛮皇后的旨意，奥鲁剌合蛮所出的主意，令史不肯宣传的断其舌，不肯书写的断其手，就可知道蒙古人的用刑，是怎样的了。"世祖时始定新律……号曰《至元新律》，仁宗时，又以格例条画，有关于风纪者，类集成书，号曰《风宪宏纲》。至英宗时，复……取前书而加损益焉……号曰《大元通制》。其书之大纲有三：一曰诏制，二曰条格，三曰断例。"亦用笞、杖、徒、流、死五刑，而笞、杖皆减十为七。《元史》说："……其君臣之间，惟知轻典之是尚……然其弊也：南北异制，事类繁琐。挟情之吏，舞弄文法，出入比例，用谲行私；而凶顽不法之徒，又数以赦宥获免。至于西僧岁作佛事，或恣意纵囚，以售其奸宄……识者病之。"可见得元朝用刑的宽纵，全是政治废弛的结果。至于"其君臣之间，惟知轻典之是尚"，则大约是受喇嘛教的感化，和纵囚祈福，同一心理。这种煦煦为仁的好处，实在敌不过"令西僧恣意纵囚，以售其奸宄"的坏处。要知刑罚是贵于"平"，固不应当"严酷"，亦不当一味"宽纵"的。又元朝因笃信宗教之故，当时的宗教徒，在法律上，也颇享些特权。看《元史·刑法志》所载下列两条可知：

诸僧，道，儒人有争，有司勿问，止令三家所掌合问。

诸僧人但犯奸盗诈伪至伤人命及诸重罪，有司归问。其自相争告，从各寺院住持头目归问。若僧俗相争，田土与有司约会。约会不至，有司就便归问。

又：

诸蒙古人因争及醉，殴死汉人者，断罚出征，并全征烧埋银。

这种不平等，则异族人据中国时代，怕都有之，不但是元朝了。

第五节　租税制度（上）

唐中叶以后的税法，和唐中叶以前，也起了一个大变迁。便是：唐中叶以前的税法，都是以丁税和田税为正宗；虽或注重杂税，不过是暂时之事（如汉武帝时代是。）平时国家固然也有杂税的收入，不过看作财源上的补助，国家正当的经费，并不靠此（汉人说县官只当衣食租税，便是这种思想的代表。）所以隋文帝能把一切杂税，全行免除（参看第二篇下第一章第一节。）——到唐中叶以后，其趋势却大异乎是，至北宋而新形势遂成。

这个由于：

一、唐中叶以后，赋役之法大坏（参看第二篇下第三章第五节）；又藩镇擅土，国家收入不足，不得不新辟租税之途。

二、因藩镇擅土，竞事搜括，其结果就添出许多新税来。

税目太简单，本是不合理的；专注意于贫富同样负担的丁税，和偏重农人的田税，更为不合理。能注重于此外的税目，诚然是进步的事。所可惜的，是当时所取的税目，未必尽良；征收的方法，又不甚完善罢了。现在且仍从田税丁税说起。

宋朝的田税和丁税，还是用唐朝两税之法。其名目有五便是：一、公田之赋（也唤作税），二、私田之赋（对于租而谓之税），三、城郭之赋（宅税、地税之类），四、丁口之赋，五、杂变之赋（杂变之赋，是唐以来于田赋外增取他物，后来又把他折作赋税，所以又谓之“沿纳”。）所赋之物，分为谷（以石为单位），帛（以匹为单位。丝线和棉，都以两为单位），金钱（金银以两为单位，钱以缗为单位），物产（藁秸、薪蒸，以围为单位。其它各物，各用他向来沿用的单位），四类。征收之期，则“夏税”从五月起，到七月或八月止。“秋税”从九月或十月起，到十二月或正月止。

这其中所当注意的，便是唐朝的所谓两税。已经把“租、庸、调二者所取之额”，包括在里头了。却是从唐中叶以后到宋，都另有所谓“力役”，这便是于“庸”之外再取“庸”。而又有所谓“杂变之赋”，则又是出于“包括租、庸、调三者之额的两税”之外的。所以这时候的税，实在远较唐初为重。

然而苦累百姓的，倒还不在税额的重轻上，而在其征收的方法上。征收的方法，第一足以累民的，便是“支移”和“折变”。“支移”是“百姓的输纳租税，本来有一定的地方的，却因他输纳的地方，官家未必要这样东西用；所不输纳的地方，却要用这样东西，于是叫百姓移此输彼”。“折变”是“百姓的纳税，应当纳什么物品，也有一定的。却是所输纳的物品，官家未必需用；所不输纳的，却反要用；于是临时改变他所输纳的东西”。“支移”看“户等”的高下，以定道里之远近。不愿支移的，便要另缴“道里脚价钱”。这简直是于纳税之外，又另课之以“运送的义务”。“折变”却说所取的物品，虽然改变，其“价格”要和原取之物相当的。其算法，是用征收的一个月中的“中价”计算。然而“支移”往往不能按“户等”的高下，叫富的人输送到远处，穷的人输送在近处；而且“脚钱”（就是道里脚价钱）本是所以代支移的，到后来往往支移之外，还要出脚钱。“折变”则计算价格，未必能公平，又往往只顾公家；阙乏了什么东西，便叫百姓改输，却不管百姓有这东西没有。又往往折了又折，几个转身以后，价格便大相悬殊。譬如西川起初，绢一匹=钱三百，草一围=钱二，于是输绢一匹的，叫他折输草一百五十围。到后来，却把草一围，估作钱一百五十文，再叫他改输钱。于是三百文的税，倒纳到二万二千五百文了。

其害人最甚的，尤莫如南宋的公田。原来宋朝从南渡之后，权要之家，占田甚多。其有籍没的，都募民耕种，即以“私租”之额为“官税”之额。然而私租之额，还有时而可以少纳，官税则不能了；而且还不免有额外的侵渔。韩侂胄死后，籍没他的田，合着其余籍没的田，置了一个“安边所”。收田租以供给外交上的费用（开衅以后，就用他去补助军费）。末年钞价大跌，又有人替贾似道划策，说莫如多买公田；公田所收的租很多，得了这一大宗入款，就可拿来维持钞价了。贾似道听了他的话，就去用贱价勒买。有价值千缗，而只给四十缗的。又要搭发“度牒”、“告身”。官吏争以多买为功，买来的不都是腴田，却硬押承种的人，也要出腴田的租额，浙西六郡的人，因此破产的不少。

辽朝的制度，因史文简略，无从详知。但知其田有“沿边屯田”、“在官闲田”和“私田”的区别。种屯田的，“力耕公田，不输赋税”（颇近乎古代的井田制度。）治“在官闲田”和种“私田”的，则都要“计亩出粟”。头下军州：唯酒税赴上京缴纳；市井之赋，均归头下。

金则官地输“租”，私田输“税”。租之制不传，但知其大率分田为九等。税则“夏税”亩取三合，“秋税”五升。又纳“秸一束”，计重十五斤。夏税从六月起，到八月止。秋税从十月起，到十二月止。也是用唐朝两税的法子。其猛安谋克户所输，谓之“牛具税”，亦名“牛头税”。“以每耒牛三头为一具。限民口二十五，受田四顷四亩有奇。岁输粟大约不过一石。”

户	丁税		地税
	丁	驱丁	
全科户	粟三石	粟一石	每亩粟一升
减半科户	一石		
协济户	一石		每亩粟三升

元朝则取于内地的，分丁税和地税，系仿唐朝的租庸调法（但两者不并纳。地税少而丁税多的，就纳丁税。丁税少而地税多的，就纳地税。）而其取

之，又有全科户，减半科户，协济户等等的区别（又有一种新收交参户，则第一年至第五年，减收其数，第六年才入丁税。）取于江南的，分夏税和秋税，仿唐朝的两税法（官田不纳夏税。）

役法的源起，和其扰民，已见上篇第四章第二节。司马光复差役之后，就旧党亦不以为然。于是诸役中的衙前，仍用坊场河渡钱招募，要不够才许签差。寻又变为招募。绍兴以后，讲究“推割”、“推排”之法。推割者，田产傥有典卖，税赋和物力，一并“推割”。“推排”则三岁一行，查考各户的资产，有无变更。这种办法，原想查明各户资产的多少，以定其户等的高下；按着户等的高下，以定其应役的重轻，是求公平的意思。但是这种办法，手续是很烦难的。而经手的吏，又要视贿赂的多寡，以为物力的低昂（纳赂多的，就说他资产少），所以仍没有良好的结果。公元1169年（孝宗乾道五年），处州松阳县，倡行义役。其法：由公众共出钱谷，以助输充的役户。此后各处仿行。凡行义役的地方，役法就没有什么扰害，这是因：一、役户既无破产之苦。二、官吏又不能借升降物力，以肆扰害。三、把一处地方应役的费，均摊在众人头上，既由人民自办，自然易得公平之故。可见人民自治的力量强，什么恶政治，都可以设法防止的。

辽朝的役法无可考。《马人望传》说：当时人所最苦的，是驿递马牛旗鼓，乡正，厅隶，仓司等役。至于破产不能给。人望“使民出钱，官自募役，时以为便”，则亦是行差役法的。金朝则分有物力的为“课役户”，无物力的为“不课役户”。京府州县郭下，都置“坊正”。村社则随户口多少为“乡”。置“里正”，以按比户口，催督赋役，劝课农桑。又置“主首”，以佐里正督察非违。置“壮丁”，以佐里正巡警盗贼（猛安谋克户，五十家以上，置“寨使”一人，掌同里正。）坊正里正，都出钱雇募。其钱数，则以该地课役户所出物力钱总额十分之三为准。此外如要签差，则先及富人。富力相等，则先及丁多之家。其役非一家之力所能任，而事之性质，又不可分的，则取以次的户协助他。

物力钱，也是计算人民的“田园”、“邸舍”、“车乘”、“牧畜”、“种植”、“藏镪”等等，以定其数的。金朝的征收物力钱，很为严酷。上自公卿，下至庶民，无一得免。甚至出使外国回来，说他受了“馈遗”，就要多征他的物力钱。其查察物力的法子，最初系“三年一籍”，后来变作“通检”，最后又变作“推排”。通检、推排，也是很骚扰的。

元朝科差的名目有两种：一种唤作“丝料”，一种唤作“包银”。“丝料”之法：每二户出丝一斤，输于官，谓之“二户丝”。每五户出丝一斤，输于“本位”，谓之“五户丝”（这是诸王，后妃，公主，功臣收的，但不得私征，仍由地方有司，代行征收给与。）“包银”之法：汉人每户出银四两，二两输银，二两折收丝绢等物。但其取之，亦因户而不同。此外又有“俸钞”：“全科户”输一两，“减半科户”输五钱。于是以合科之数，作“大门摊”，分为三限输纳（初限八月，中限十月，末限十二月。）

<table>
<tr><th colspan="2"></th><th>元管户</th><th>交参户</th><th>漏籍户</th><th>协济户</th></tr>
<tr><td rowspan="2">丝银全科户</td><td>甲</td><td>系官丝一斤六两四钱　包银四两</td><td rowspan="2">系官丝一斤六两四钱包银四两</td><td rowspan="2"></td><td rowspan="2">系官丝十两二钱　包银四两</td></tr>
<tr><td>乙</td><td>系官丝一斤　五户丝六两四钱　包银四两</td></tr>
<tr><td colspan="2">减半科户</td><td>系官丝八两　五户丝三两二钱　包银二两</td><td></td><td></td><td></td></tr>
<tr><td rowspan="2">只纳丝户</td><td>甲</td><td>上都隆兴等路系官丝十户十斤　每户一斤　大都以南等路十户十四斤，每户一斤六两四钱</td><td rowspan="2"></td><td rowspan="2">系官丝一斤六两四钱</td><td rowspan="2"></td></tr>
<tr><td>乙</td><td>系官丝一斤　五户丝六两四钱</td></tr>
<tr><td colspan="2">只纳钞户</td><td></td><td></td><td>初年一两五钱，以后每年增五钱，增至四两为止</td><td></td></tr>
</table>

此外“摊丝户”，每户科摊丝四斤。“储也速解儿所管纳丝户”，每户科细丝四斤。“复业户”，“渐成丁户”，第一年免科，第二年减半，第三年与旧户同。

总而言之，从租庸调变作两税之后，又于其外另取庸调一类的税，实在是叠床架屋的事。

第六节　租税制度（下）

田税而外，其余的租税，共有两种：一是官卖的东西，二是各种杂税。

官卖的东西，宋朝共有五种：便是盐、茶、酒、香、矾。

盐的被认为一种税源，由来最早。《管子》上，理论已经是很完备了（《海王篇》。）汉武帝曾行专卖之法，已见第二篇上。从三国到南北朝，盐也大都有税。然而这时候，在财政上，还不占重要的位置。隋文帝既定天下，把盐税全行豁除。唐初还是如此。高宗时，才听右拾遗刘彤的话，重行“禁榷”。但是这时候的办法，又和前此不同。前此的官卖，是直接卖给吃盐的人。这时候，却专卖给大商人，听他去零卖。这便是所谓“通商法”。然而这时候，盐税还是粗略的。到肃宗时候，第五琦做了盐铁使，才大变盐法。其法：于产盐之地，设立“盐院”。籍民煮盐，谓之“亭户”。煮就之后，堆积在盐院里，卖与商人。后世的盐法，大都以此为本（盐价本十钱一斗，第五琦骤加了一百文。德宗时，陈少游为盐铁使，又加了二百文，共卖三百十文一斗。第五琦去后，刘晏代之。初年盐税的收入，四十万缗，末年加到六百余万。天下之赋，盐利居半。顺宗时，李巽做盐铁使，初年也收六百余万，末年又加到三倍。）宋朝的盐，依出产的区域，分为“海盐”、“解盐”（解州、安邑两盐池）、“井盐”（四川）三种〔海盐、解盐，都由官卖（制海盐之民曰“亭户”，亦称“灶户”。制解盐之民曰“畦夫”。）四川井盐：大者曰“盐”，小者曰“井”。盐由官掌。“井”则听凭人民制造贩卖，只要纳税而已〕。亦行“禁榷”之法，又和“入中”、“刍粟”有关。

茶税，也是起于唐德宗时候的。当时不过就栽制的人，课之以税。文宗时，宰相王涯，改变茶法，才禁民栽制，把所有茶树，通统移植“官场”。官自焙制，卖与商人。就和第五琦的盐法一样。宋时，植茶之处，谓之“山场”。采茶之民，谓之“园户”。园户除岁纳若干的茶，作为租税外，其余的茶，一概由官收买（买茶的钱，是预给的，谓之“本钱”，但是往往不能依时发给。）在江陵（如今湖北的江陵县）、真州（如今江苏的仪征县）、海州（如今江苏的东海县）、汉阳军（如今湖北的汉阳县）、无为军（如今安徽的无为县）、蕲州的蕲口（如今湖北的蕲春县）设立榷货务六处，官收下来的茶，或送到榷货务，或就本场发卖。

“酒税”也起于唐德宗时候。五代时，相沿未废。宋时，州城内皆官置“务”自酿，其县镇乡闾，则或许民酿，而定其“岁课”。其法：愿酿酒的人，官须查察其资产，长吏和大姓，共同作保。岁课不及额，保人须负赔偿的责任。当招商承办的时候，傥有两人以上，同时愿办，自然先尽认课多的。因而每当承办的人换易的时候，可以招徕商人，令其出价竞争，这个谓之“扑买”。其初承酿的，都是有资产的人。国家看了这一笔收入，也不甚认真，不过拿来补助补助地方上的经费。南宋以后，财政竭蹶了，酒税的进款，各路也就看作认真的收入。州县不得不解上去。而这时候，承办的人，又往往纳不及额，就有酒已不酿，而向来所收的岁课，仍责州县收解之例。其结果，就至摊在众人头上去，变作一种赋税（参看《文献通考》卷十七水心叶氏《平阳县代纳坊场钱记》）。“曲”亦归官专卖。其初唯三京有之。天圣以后，北京亦然。官卖曲亦有一定的界限，不得阑出界外。南渡以后，赵开又立一种“隔槽”之法，官设了场，并豫备了酿酒的器具。人民要酿酒的，都叫他自备了米，到官场上来酿；而官收其税（每米一斛，收钱三千），当时收数大增。但是到后来，就有酿不足额，而强迫酿酒之家，叫他缴“一定的额的钱”的弊病（譬如向来酿米一斛的，现在就只酿半斛，也要缴足三千钱的税。）

矾的官卖，也是起于五代时候，而宋朝因之。管理鬻矾的机关，亦谓之“务”。有“镬户”，制造入官（亦有时“募民粥”，又有时候用作入中的预备）。“香”则南渡后才官卖。其制，《宋史》不详。又由市舶运来的东西，属于“香药”、“宝货”两种的，必须要卖给官，由官再出卖。天圣以后，常用他偿给入边刍粟的人。南渡以后，又时时用他称提钞价（参看第七节。）

“入中”是商人输钱于京师榷货务，官给以券到一定的地方，去取一定的官卖品。“入刍粟”，则商人纳刍粟于边郡，边郡给之以券，或到京师和其他积钱的地方去取钱，或偿之以官卖品。宋初，大抵以解盐为陕西之备；东北的海盐，为河东之备；东南的海盐，为河北之备。雍熙（太宗年号，公元984年至公元987年）以后，茶亦为边籴所资。真宗时，又益之以香药、犀齿。这种办法，是为收财利于中央，及减免运输的烦劳起见，原不失为一种巧妙的政策。然而官吏和商人，往往表里为奸，就生出许多弊病来。

真宗末年，以缗钱和茶和香药、犀齿，偿给入“刍粟”于西北边的人，谓之“三说”。于是西北边郡，专想招徕刍粟（这句话还是假的，其中一定还有别种弊病），不惜将刍粟的价格抬高（谓之“虚估”），国家偿给入刍粟的人的东西，就都变成贱卖了（据后来所计算，西北边得了价值五十万缗的刍粟，国家却费掉价值三百六十余万缗的茶。）又边郡收了刍粟，只顾发券，并不管国家现存的货物，共有若干。以致持了券，兑不到物品，券价大跌。入刍粟的，本是沿边的土人，得了券，并不自己去取物，都是卖给商人和京师的“交引铺”的。商人和交引铺，都要抑勒他的价钱，本得不到多少好处；券价一跌，更其反要折本，自然无人来入刍粟。于是国家虚费了许多官卖品，而边郡的刍粟，仍不充实。仁宗时，李谘乃议改茶法，行“贴射法”。宋初官卖的茶，本是除掉“本钱”，再加上利息，卖给商人的（譬如罗源县的茶，每斤官给园户本钱二十五文，卖给商人的价，是五十六文，则三十一文就是息。）这时候，就不给本钱，令商人和园户，直接卖买（但园户仍须把茶运到官场，商人就官场买之。）国家但收向来所取的“息”（譬如商人到罗源去买茶一斤，就得输息钱三十一文给国家），至于入刍粟于边郡的人，给券到京，一切都偿以现钱，谓之“现钱法”。这种办法的主意，在于国家“卖茶”和“买刍粟”，都以钱为价格的标准，不以茶与刍粟，做那“物物交易”的卖买。到后来，法又不行了。而且加之以盐，谓之“四说”。于是薛向出来，把入边刍粟废掉。边郡所需的刍粟，一概从京师运钱去和籴。这么一来，茶就和边备无关，而通商之议起。公元1059年（仁宗嘉祐四年），把向来息钱的半额，均摊在茶户身上，谓之“租钱”。茶户输租之后，听其自由卖买（唯建州腊茶，仍行禁榷），此为“嘉祐通商法”。历神宗、哲宗两朝，无甚改革。徽宗时，蔡京才重行禁榷。其法：产茶州军的人民，许其赴场输息，给与“短引”，在旁近州郡卖茶。其余的，悉令商人到榷货务纳金，银，缗钱，或沿边州军入刍粟。榷货务给之以“钞”。商人持着这“钞”，到茶场上去取茶。茶场发茶的时候，另给一张“长引”。“长引”上载明商人“所指的州军”（就是商人所要到的州军。）商人拿着这张“长引”，就可以一直到“所要去的州军”去。既到之后，再完纳一次商税。这是公元1102年（崇宁元年）的办法。公元1105年，又罢各茶场。令商人就京师或所在州县请给“长引”或“短引”，拿着“引”，自己向园户去买茶。南渡后，赵开总领蜀中财赋，所行的，也是这种法子。不过特立“合同场”，以稽察商人和园户的卖买罢了（这种法子，平心而论，自尚可行，不过蔡京的意思，在于聚敛，务以多收为功。茶税既重，而又废掉茶场，无以稽察商人和园户的卖买，私茶自然峰起。却又峻刑法以治之，所以害人。）

解池的“盐钞法”，亦为蔡京所变乱。先是“盐钞法”之行：积盐于解池，积钱于京师榷货务，积钞于陕西沿边州郡。入边刍粟的，得了券，或到京师取钱，或到解池取盐。当时愿得解盐的甚多。蔡京要行聚敛之策，就把解池盐钞，改在京师发卖。却又才发钞，就换钞；既换钞，又立个名目，叫人贴输钱；一共要出三次钱，才拿得到盐。有出了一次两次，以后出不起的，就把他所输的钱，全行干没。数十万金的券，顷刻都成废纸。做这卖买的人，有“朝为豪商，夕同流丐”，赴水投缳而死的。这简直是抢劫了。南渡以后，赵开所行的盐法，是和他所行的茶法一样的，而稽察得更为严密。

又有所谓“和籴”及“和买”：“和籴”是（一）什么地方丰收了，便派人去增价籴谷；（二）或者什么地方要米谷，而转运为难，便派人去设法收买（这种办法，其初大概是注重于边郡的，到后来才推广到内地。）“和买”则所买的是布帛。亦有预先给钱，随后输帛的，则谓之“预买”（“和籴”也有预给钱的，便是陕西所谓“青苗钱”。但是天圣以后，罢不复给。）这本是同百姓做卖买的事，并不是收税。然而到后来：便有（一）强买，（二）抑价，（三）不即给价，（四）给价不足，（五）但给“官告”、“度牒”等不值钱不能流通之物，（六）和籴则每石取“耗”，（七）预买则按户硬配，（八）或外加名目收钱，（九）或预买的帛，令折输钱，（十）或预付的钱，重取其息等等弊病，已不啻加重人民的负担。到南渡以后，就一概变为“折帛钱”，变成一种赋税了。

商税起于唐朝的藩镇。五代时，更为繁琐。宋朝虽尽力蠲除，毕竟不能废掉。其法：凡州县皆置“务”，关镇亦或有之。大的专官措置，小的就委“令”、“佐”兼理。税额分为“住税”、“过税”两种：“住税”取千分之三十，“过税”取千分之二十。所税的东西，随地不一。见于《宋史》的：有“耕牛”、“鱼鸡”、“果蔬”、“竹木”、“柴炭”、“力胜钱”（载米商船所出）、“典卖牛畜舟车”、“衣屦”、“布絮”、“谷粟”、“油面”等等。这种税，一望而知其为苛税。南渡以后，更其苛细。而且有时候，竟是讹诈的行为〔譬如（一）琐细的贸易，亦指为漏税。（二）空舟则说他是载货的舟。（三）食米指为酒米，衣服指为布帛等等。甚至行李亦指为货物。再甚就空身也要勒索。绕路避他，就更要拦截讹诈〕。

对外贸易，则北宋时的对辽、夏，南宋时的对金，都有互市。官设榷场而征其税。有时官亦“辇物与易”。王韶经略熙河时所设的市易司，则由官给本钱，纯粹为一种官营的业务。

而其和国用关系较大的，倒还要推海路的贸易。太祖开宝四年，于广州置市舶司。后来又于杭、明州置司。元祐时，又置于泉州和密州的板桥。其法：海船载货来的，先十税其一。而香药和宝货两种货物，则必须卖给官，由官再发卖。其出海的商人，则雍熙中曾诏诣两浙市舶司，请给官券，违者没入其“宝货”。

此外又有合了许多零碎的收入，以成一笔进款的，便是经、总制钱，月桩钱，板帐钱等。“经制钱”起于徽宗宣和末，陈遘经制七路财赋，收“印契”、“鬻糟”之类的钱，一共七种，以成为一种税入，因称为经制钱。“总制钱”则高宗在扬州时，四方贡赋不入，乃收两浙、江东西、荆、湖南北、福建、两广八路的税（如增加酒价和卖糟的钱，典卖田宅的税和牙税等），领以宪臣，收以通判。因绍兴五年，命参政孟庾提领措置，以总制司为名，就称这一笔钱为“总制钱”。“月桩钱”则绍兴二年，韩世忠驻扎建康。宰相吕颐浩、朱胜非，令江东漕臣，每月桩发大军钱十万缗而漕臣再摊派之于州县。所取的，也大概是这种不正当的收入。“板帐钱”，亦起于南渡以后。其不正当更甚。《宋史》说：“输米则增收耗剩，交钱帛则多收靡费。幸富人之犯法而重其罚，恣胥吏之受赇而课其入。索盗赃则不偿失主，检财产则不及卑幼。亡僧绝户，不俟核实而入官。逃产废田，不与消除而抑纳。他如此类，不可遍举。”大概这种苛税之兴，都是起于唐中叶以后，历五代而愈甚。宋朝虽说蠲除烦苛，毕竟没有蠲除得尽。而到后来，财政的困难，却和唐五代时相等，自然驾轻就熟，种种的苛税，同时并作了。所以我说：唐代的藩镇擅土，实在叫中国的税法，起一个大变迁。

金朝官卖的东西有：酒、曲、茶、醋、香、矾、丹、锡、铁、盐十种。而以盐为首。其法：亦由官卖之于商人，而给以“钞”、“引”，行盐各有界域。征商之制，亦有关税和商税（金朝的税法，大概是因仍于宋的，无甚特创的制度。）元朝的盐，以四百斤为一引，行盐亦各有郡邑。有由商卖的，亦有由官设盐铺的（大概是交通不便的地方，商人莫肯前往。）又有验户口多少，输纳课钞的（这种法子，也起于五代时候。其初是官把盐按户勒销。到后来，则并不卖盐，而这一笔钱仍旧要出，就变作一种赋税。再到后来，则出了这一笔赋税，而官仍旧要禁榷盐），则谓之“食盐地方”（对于食盐地方，则官卖盐之处，谓之“行盐地方”。）茶亦有引。长引一百二十斤，短引九十斤。后来除长引，专用短引。卖零茶的，则给以“茶由”。每由自三斤至三十斤，分为十等。于出茶地方，设立提举司七处。又于江州设立榷茶都转运司。酒曲和醋，亦都由官卖。

商税的制度，其详不可考见。据《元史》说：逮至天历之际，天下总入之数，视至元七年所定额，不啻十倍云，则其收数甚多（但是其中有一个钞价下落、物价腾贵的关系，须要除去计算。）对于海外的贸易，则元朝较宋朝，更为注意。市舶司共有七所（泉州，上海，澉浦，温州，广东，杭州，庆元，但亦时有罢复），世祖初定江南时，沿海地方，到外洋去贸易的，其货都十分取一，粗者十五分取一。出去的时候，和回来的时候，以及所到的地方，所买得的货物，都要由市舶司查验的。至元二十年，始定抽分之法。明年，卢世荣变法，官自具船给本，选人入番贸易。其所获之息，以十分为率。官取其七，所易之人得其三。而禁止人民到外国去卖买。世荣死后，这种法子，亦就废掉。

第七节　钞法

宋、金、元、明四朝，还有一件事情，和民生大有关系的，便是钞法。

中国的币制，在古代，本是“金铜并用”的。而金为“秤量制”，铜为“铸造制”，已见第一篇第九章第二节。这种制度，到汉朝还没有改。但是魏晋以后，黄金便大少了。金之所以少，前人都说由于写经造像的消耗（别种奢侈的用途，黄金总还在的。只有写经造像，却一消耗，就不能回复。）但是魏晋以后，贫富渐均（参看第二篇上第六章，第二篇下第三章第五节），金以散而见其少，也是一个原因。

古代的币价，对于物价，是很贵的。据李悝所推算，当时平民一家，终岁之用，不过一千五百个钱（其实这个还不过用钱币推算价格，未必所用的东西，一一都要用钱去买），如何用得到黄金？所以古代货币，虽说金铜并用，以我们所推想，可以晓得黄金并不在多数人手里流转（参看《建设杂志》二卷六号通信栏。）

然则当时的大宗贸易，是怎样的呢？难道一一辇着现钱去做卖买么？这也不然。大宗卖买，总有抵消推画……法子。所以《周礼》上头，就有“质剂”（《周礼》固然是伪书，也多用古书为据，不是凭空造出来的。就算他凭空造出来，也一定是按着汉代社会情形造的。那么，《周礼》上有“质剂”。就足以证明汉代社会，券据等类，业已通行很广。）况且当时代钱用的东西多着呢，——其最普通的就是帛。

但是这种办法，一定有许多单位不同的东西（如金、银、布、帛等），在社会上同时并行，当作货币用，于计算上也很为不便。倘使有一种东西，能专代表钱币的价格（它本身不另有价格），而又有“轻剂”之便，一定是众人所欢迎的。职是故，纸币就自然发生出来。

还有一件，中国历代的币制，是紊乱时多，整理时少。从汉到宋，只有汉朝的五铢钱，唐朝的开元钱，是受人欢迎的。此外就都是迫于无法，只得拿来使用。这两种钱，在社会上通行的时代，实在很短。就是这两种钱通行的时候，也还有别种恶钱，夹杂在里头（历代钱法，因限于篇幅，未能历举。简单些，可把《汉书》、《隋书》、《唐书》的《食货志》，看一遍做参考。）所以我们可以推想从汉到宋，社会上用钱的人，实在困苦万状。到五代，就更倒行逆施，有一两国，竟用起铁钱来（这是同重商主义的经济学家一样的见解，想借此防止钱币流出于国外之故。）宋朝不能厘革，于一定的区域中，仍旧听铁钱行使。其中四川，交通既不方便，初平的时候，除江南、四川外，又都不准行用铁钱。所有的铁钱，就都一拥而入

（江南后来却不行了。）而四川，以交通最不便的地方，使用这种最笨重的货币，于是数百年来扰乱中国经济界的钞法，就以此为发源地了。

宋朝的行用纸币，起于真宗时候。先时蜀人患铁钱太重，自行发行一种纸币，谓之“交子”。每一交计钱一缗，三年而一换，谓之一界（就是每三年，将旧的尽行收回，另发新的一次。）以富民十六户主之。后来富民穷了，渐渐的付不出钱来，以致时有争讼。转运使薛田，乃请于益州设立交子务，而禁其私造。于是民间自行发行的纸币，就变作官发的了。熙宁时，曾以此法推行于河东、陕西，旋即停罢。蔡京当国，才推广其行用的区域，又改其名为“钱引”。当时除闽、浙、湖、广外，全国通行。然滥造滥发，并没兑现的豫备。以致一缗只值钱十余文。纸币行用了不曾满一百年，已经闯下这么一场大祸来了。南渡以后，初时行用的，仍名交子。后来又有“会子”同“关子”（会子初仅行于两浙。后来亦但行于两淮、湖北、京西。关子则系末年所造。）亦系分界行使。但（一）既不能兑现，（二）而每界又不能按时收回。往往两界或两界以上同时行使，其价格也就不能维持，有时实在下落得无可如何，便用金，银，度牒，官告，香药等去收回，谓之“称提”，但亦总不能回复额面的价格（最新的一界，已不能维持额面的价格。再前两界的，其价格就更要低落。）然而宋朝的纸币，总还算是好的，金朝就更不堪设想了。

金朝的行钞，是海陵迁汴之后，户部尚书蔡松年所出的主意。印造一贯、二贯、三贯、五贯、及十贯五种，谓之“大钞”；一百、二百、三百、五百、七百五种，谓之“小钞”。与钱并行。以七年为“纳旧易新”之限。其初信用很好，商贾有拿着钱去买钞的，章宗大定二十九年，罢“七年厘革之限”。从此出多入少，价格就渐渐的跌落。最可笑的，恶货币驱逐良货币的法则，要彻底明白，原不容易。然而“铜钱和纸币，以同样的效力行使，人家一定要把钱藏起来”，这种事实，也是显而易见的。乃金章宗全不明白，反发“大定间钱至足，今民间钱少，而又不在官，何邪？”的疑问，于是立“人民藏钱”和“商旅赍现钱”

的限制。其结果，藏的人还是藏，销为器物的还是销，运出境的还是运，市面上仍是钱荒。兵兴以后，财政困难，一味的借造钞接济。钞价就一落千丈。承安二年溃河之役，至以“八十四车充军赏”。贞祐三年七月，改交钞之名为贞祐宝券，不多时，就“千钱之券，仅直数钱”（四年八月，高琪说的。）兴定元年，又改造一种贞祐通宝。以一贯当宝券千贯，四贯等于银一两。五年，又造兴定宝泉，一贯等于宝券四百贯，两贯等于银一两。元光二年，又立法，每银一两，价格不得超过宝泉三百贯。其跌落之快，也就可惊了。于是又立法：凡物价在银三两以下的，不准用银。三两以上的，须三分之一用银，三分之二用钞。然而仍旧是有名无实，至哀宗正大间，民间遂全以银市易（用银的始末，见第四篇下第五章第七节。）

元朝的钞法，又有一特别之点，便是他“不和铜钱相权，而和丝银相权”。因为这时候，社会上所存的钱，实在太少了。帛是社会上向来把他当货币用最广的。银则是新兴之物，最得大家信用的。这也是自然的趋势。中统元年，始造交钞，以丝为本。旋又造中统宝钞，分10、20、30、50、100、200、500、1000、2000九种。其价是：

$$中统宝钞1贯=交钞1两=银\frac{1}{2}两$$

又以纹绫织为中统银货，有一两，二两，三两，五两，十两五等，每一两的价，等于白银一两，没有发行。至元十二年，又造厘钞三种，是一文，二文，三文。因民不便用，十五年，就取消。

中统钞行之既久，物重钞轻。至元二十四年，改造至元钞。其价是：

$$至元钞1贯=中统钞5贯=银\frac{1}{2}两=金\frac{1}{20}两$$

我们可以晓得当时的金银比价，恰是十倍。中统钞行了二十八年，价格跌为五分之一。武宗至大二年，又造至大银钞。其价是：

至大银钞1两=至元钞5贯=银1两=金$\frac{1}{10}$两

仁宗即位，因为倍数太多，轻重失宜，罢去银钞。而中统至元二钞，“终元世盖常行焉”。

元朝的钞，离开铜钱，而和实物相权，共有五十二年。顺帝至正十年，丞相脱脱，议改钞法。铸至正通宝钱，和历代铜钱并用，是为钞法的一变。这时候，是：

中统钞1贯=至元钞2贯=钱1000文

有了钱可以相权，钞价应当涨起。然而《元史》说：“行之未久，物价腾踊，价逾十倍。”大约因名为相权，其实徒有虚名之故。又值海内大乱，“每日印造，不可数计。舟车装运，舳舻连接……所在郡县，皆物货相贸易。公私所积钞，人视之若弊楮。”元朝的钞法，就此无从收拾了。

历代的币制，虽不整理。究竟要添出铜钱，总不能像纸币那么快；货币价格的变动，就也不能像纸币时代那么快。宋、金、元、明四代的钞法，在正史的《食货志》上看来，也不过七八卷书；然而当时人民的财产，因此而受损失的，却不知凡几了。到了明朝，就成纸币的末运，而银两大行。这个留待下篇再讲。

第八节　学术风俗

从魏晋到唐，为老学和佛学发达时代。第二篇下第三章第六节，已经说过了。到北宋时，而这种学问的反动力又起。

魏晋时代的哲学，可称为“东汉末年，琐碎的考据，和前此妖妄不经的迷信，合而为一”的一个反动。再进一步，就索性研究到佛学。这种学问，原是很有价值的。然而走到极端，就未免太偏于“出世”。到两宋时代，就要再一变而为“入世”了。这种思想，来源也颇远，唐朝时候，有一个韩愈，做了一篇《原道》，所说的，便是这种意思，但是韩愈这个人，学问太浅了，所以建设不出什么事业来。

无论什么事情，总有个哲学上的根据。对于一种学问的反动，也必已尽量吸收这种学问的长处。所以宋学的起源，还得借重于道家之学。——就是中国最古的哲学，而为神仙家所窃取的（参看第二篇下第三章第六节。）

以通行数百年，支配人心，极有力量的宋学，而其起源，反借重于一张隐居华山的道士（陈抟）所传的《太极图》和《先天图》，岂非奇谈。这张图，前人所辩争，是“到底是儒家的？还是道家的？”的一个问题。我如今发现变相的道家（新神仙家），是本来一无所有的，他所有的都是窃取来的。这个问题，便没有辨争的必要了。

陈抟之学，一传而为种放、穆修，再传而为刘牧、李之才、周敦颐。刘牧撰《易数钩隐图》，敦颐撰《太极图说》。图书之学，就如日中天。李之才传其学于邵雍，撰《皇极经世书》。这一派学问中术数一派，就发达到极点。周敦颐之学，由二程而远传于朱晦庵，这一种学问中哲理一方面，也就推阐无余了。

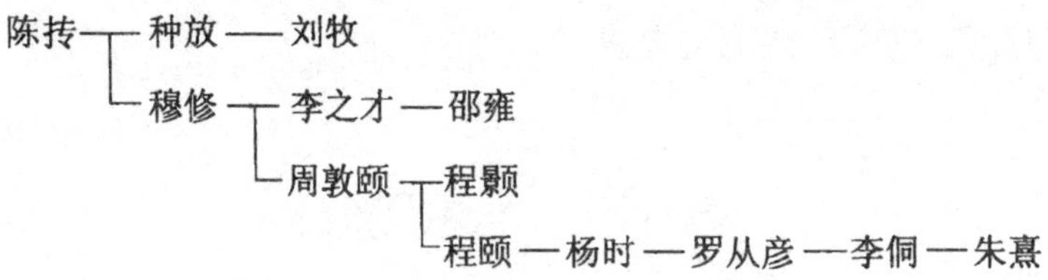

还有两种思想，也是北宋时学术的渊源。一则五代时气节坏透了，所以这时候的学者，都要讲究砥砺气节，孙复等是这一派。一则这时候国势衰弱，社会也凋敝极了。要想挽回国势，救济社会，就得讲究经世之学。胡瑗、范仲淹等，是这一派。这两派的思想，再参以性理的精微，把修己治人，打成一橛，便是张载一派。

朱熹的学问，总算是宋学的集大成。他既很讲究心性的精微，而于致用之学，以及孔门的经，也极意考究（朱子所注的经极多。除《四书集注》外，于《易》有《本义》，于《诗》有《集传》，《书》则蔡沈的《传》，是承朱子意思作的。于《礼》则有《仪礼经传通解》，于《春秋》虽没有书，然他所编的《纲目》，实在自以为继《春秋》而作的。）所以他的学问，可以代表（一）修已治人，一以贯之，和（二）承佛老之后的反动力，返而求之于儒的两种思想。前一种，是吸取魏晋到唐老学和佛学的精华，以建设一新儒学，革新儒家的面目。后一种，则系承佛老之学大盛之后，矫其过盛之弊，而还之于实用。这两种都是当时学术界上应有的思想。朱熹实在能够代表他，所以朱熹在宋学中，总可称为正统派。

但他所讲的格物致知："盖人心之灵，莫不有知；而天下之物，莫不有理；惟其理有未穷，故其知有不尽也。是以大学始教，必使天下学者，即其已知之理而益穷之，以求至乎其极，而一旦豁然贯通焉，则众物之表里精粗无不到，而吾心之全体大用无不明矣。"实在是空空洞洞，无从下手的。而且要把天下的物，格得"表里精粗无不到"，而后"吾心之全体大用无不明"，这种致知，也可以说永远没有达到目的一天的。所以有陆九渊一派出来，说即物穷理是"支离"，要先启发人本心之明，和他对峙。

从宋学兴起之后，学术思想界，起了一个大革命。"尽祧汉唐诸儒，而自以为直接孔门的心传"，是宋学的一个特色。因此就发生"道统"之说，把周、程、张、朱，直接孟子。到《元史》，就于《儒林》之外，别立《道学传》，把宋学和前此的儒学都分开了。

讲究砥砺气节，自然是一种好处。然而其弊，不免矫激沽名，就不免要树党相争。再加宋儒的议论，彻底太甚。于是论人则失之"苛刻"，论事则失之"负气"。往往有一种"只论是非，不论利害的偏见"，就是军国大事，也要拿来作孤注之一掷。加以这时候，对外失败，更足以激起国民的愤慨。就有像胡安国《春秋传》一派的议论（主张"尊王攘夷"），颇养成国民"褊狭"和"虚骄"的观念。

这种学术思想，固然是党争的灵魂。而学派的分歧，就更能赋之以形。北宋的党争，是从王安石变法以后，才大盛起来的。王安石不但是个政治家，亦且是文学者。当他执政的时候，他所著的《三经新义》，曾经立于学官。王安石和程颐，政见本是反对的。到徽宗时候，程门的高弟杨时，首先明目张胆，攻击王安石的学术。从此以后，程、王两家的学说，就立于正反对立的地位。南渡以后，秦桧是主张王安石之学的，赵鼎是主张程颐之学的。秦桧死后，曾经下诏：说“学术惟求其是，不必偏主一家”。然而学术界的趋势，毕竟不是一纸诏书所能防止的。酝酿到后来，到底成了庆元以后“伪学”之禁。

朱熹之学，虽然讲究心性，然而他于经世之务，和孔门的经，都颇留意。所以朱熹的学问，是颇为切实的，就是他的门徒黄榦、王应麟等，学问亦极切实（应麟著《困学纪闻》，是清代“考证学”的一个远源。榦续成《仪礼经传通解》，是江永《礼经纲目》、秦蕙田《五礼通考》的先河。）然而天下事，总不免于偏胜。像宋学这种专讲究心性的，到后来自然就流于空疏。周密《癸辛杂识》上说：

> 世又有一种浅陋之士，自视无堪以为进取之地；辄亦自附于道学之名，褒衣博带，危坐阔步，或抄节语录，以资高谈；或闭眉合眼，号为默识。而叩击其所学，则于古今无所闻知；考验其所行，则于义利无所分别。此圣门之大罪人，吾道之大不幸；而遂使小人得以借口为伪学之禁，而君子受玉石俱焚之祸者也。

可见空疏无具的风气，到南宋时已很盛了。

宋学的行于北方，是元以后的事情，其中最初提倡的是赵复，后来极著名的是金履祥、许谦等。都是程朱一派，只有个吴澄，是颇近于陆九渊一派的。

还有一件事，当两宋时代，史学颇为发达。司马光的《资治通鉴》，郑樵的《通志》，马端临的《通考》（虽有杜佑的《通典》在前，实不及此书之精），都是贯串古今的名著，为前此所未有的，这也是讲求经世之学的结果。

文学上，则因讲求理学，尊重实用故，性质近于质实，而不主张华藻。所以散文较骈文为发达。欧阳、三苏、曾、王等，都是有名的作家，这也是魏晋到唐的文学的一种反动力（参看第二篇下第三章第六节。）因崇尚质实的趋势，而白话文大为发达。在学术一方面，则应用之于语录上，以求不失真意。在文学一方面，则用之于小说和戏曲上，为文学界开一新生面。

北宋以后，印刷术的发达，是和中国学术的进步大有关系的。本书篇幅有限，不能备详。近人所著的《中国雕版源流考》，颇可参考。

第四篇　近世史（上）

第一章　明朝的对外

第一节　明朝的武功

明太祖既定天下，不知怎样，忽然想行起封建政策来。分封诸子于要地，各设传相官属，体制甚隆。虽然不干预地方政事，而各设护卫兵——从三千人到一万九千人——在实际上，便也颇有些势力。而燕王棣、晋王㭎，以守御北边故，并得节制诸将，权势尤重。

明初封建表（除靖江王为太祖的从孙外，余皆太祖的儿子）：

秦王樉	西安	楚王桢	武昌	宁王权	大宁
鲁王檀	兖州	沈王模	潞州	代王桂	大同
郢王栋	安陆	庆王㮵	宁夏	周王橚	开封
燕王棣	北平	潭王梓	长沙	韩王松	开原
湘王柏	荆州	唐王桱	南阳	辽王植	广宁
岷王楩	岷州	晋王㭎	太原	齐王榑	青州
谷王橞	宣州	蜀王椿	成都	肃王模	甘州
伊王㰘	洛阳	赵王杞	未之国	安王楹	平凉
静江王守谦	桂林				

太祖对于民治，颇为留心（参看本篇下第五章。）而猜忌特甚，诸功臣宿将，都坐谋反或株连诛死。所以一传之后，朝臣中已经没有什么

知兵的人。太祖太子标，早卒，立其子允炆为太孙。公元1398年，太祖崩，允炆立，是为惠帝。用齐泰、黄子澄之谋，“以法绳诸侯”。燕王棣就举兵反（棣初举兵的时候，建文帝派耿炳文、李景隆去讨他，都大败。棣遂陷德州，进攻济南。为都督盛庸、参政铁铉所败，进复德州。棣兵势颇沮。刚刚这时候，有人告中官奉使侵暴，建文帝诏所在的有司捕治。于是中官差人到燕去，说京师可取。燕王就决意举兵南下。陷徐、宿州，进陷泗州。东至扬州，都督佥事陈瑄以舟师叛附于棣，棣自瓜州渡江，攻京城，京城遂陷。）公元1402年，陷京城，惠帝不知所终（惠帝出亡之说，大约是有的，可看《明通鉴》辨证。）棣即位，是为成祖。改北平为顺天。公元1421年，迁都焉。而以应天为南京。

明朝当成祖时，国威最盛。曾北破蒙古、瓦剌，南并安南，又招致南洋诸国。从宣宗以后，就日即于陵替了。鬼力赤篡元大汗之统，自称鞑靼可汗，已见第三篇下第四章第三节。鬼力赤旋为知院阿鲁台所杀。迎立元后本雅失里于别失八里。（在如今迪化。）成祖遣邱福征之，败没。公元1410年，自将讨破之。本雅失里后为瓦剌马哈木所杀，阿鲁台来降。后复有叛意。公元1422、1424年，成祖两次亲征，击破之。公元1434年，阿鲁台亦为瓦剌脱欢所袭杀。

安南陈氏，以公元1399年，为外戚黎季犛所篡。季犛复姓胡，建国号曰大虞。旋传位于子汉仓。诡言陈氏后绝，为国人所推戴，请封于明朝。成祖封为安南国王。已而安南的旧臣裴伯耆来告难。老挝也送安南明宗的儿子，名唤天平的，来到中国。成祖切责黎氏，黎氏阳为谢罪，请迎接天平回去立他。成祖信以为真，谁知送到界上，给黎氏伏兵袭杀。成祖大怒。公元1406年，遣沐晟、张辅分出云南、广西讨之。明年，生擒黎季犛父子（送京师诛之。）求陈氏后不可得，就把他的地方，立了一个交趾布政司。安南从五代末，和中国分立，到这时候，差不多有四百五十年，又暂时列于内地。当太祖时候，颇注意于招徕四夷。成祖篡位，更疑心惠帝逃在海外，要派人去踪迹他。于是有郑和下西洋之举。公元1405年，郑和造了大船，带着海军三万七千人。多赍金帛，从苏州的娄家港出海（如今的浏河口。当时江苏泛海，从此出口），经福建达占城，遂遍历南洋诸国。“不服者威之以兵”。于是诸国都纷纷朝贡。和前后凡七奉使，三擒番长。后来奉使的人，还借着他的名字，以耸动外国。也可以算得有些建树的人。可惜《明史》郑和的传，非常简略。《外国传》里，对于南洋诸国的道里位置等等，也阙焉不详。如今就《明史》所载诸国国名，参以近人所考校，解释其今地如下。

吕宋　今同名。

合猫里　在菲律宾群岛中。

美洛居　如今的摩鹿加。

沙瑶　未详。

婆罗　如今的婆罗洲。

麻叶瓮　如今比利敦附近的岛屿。

交烂山　如今苏门答腊东方的比利敦群岛。

古麻剌朗　未详。

冯嘉施兰　未详。

文郎马神　未详。

宾童龙　如今柬埔寨的岬。

瓜哇（亦作阇婆）　如今的爪哇。

苏吉丹　瓜哇属国，当在其附近。

碟里　近爪哇。

日罗夏治　近爪哇。

三佛齐　如今苏门答腊的巴邻旁。

渤泥　如今苏门答腊的西北境。

满剌加　如今的马六甲。

苏门答腊，后改名哑齐。如今的苏门答腊。哑齐为其西北境。

苏禄　如今的苏禄岛。

西洋琐里　未详。

琐里　未详。

览邨　未详。

以下三国，《明史》说“在西南海中”，当系印度洋中岛屿。

淡巴　未详。

百花　未详。

彭亨　在如今马来半岛。

那孤儿　在如今苏门答腊西境。

黎伐　同上。

南渤利　在哑齐之西。

阿鲁（一名哑鲁）　如今的亚罗亚群岛（在苏门答腊、马来半岛之间）

柔佛　如今马来半岛南端。

丁机宜　同上。

巴喇西　未详。

古里　如今印度的科利库特尔。

柯枝　如今印度的可陈。

大小葛兰　如今印度的固兰。

锡兰山　如今的锡兰岛。

榜葛剌　如今的孟加拉国。

沼纳朴儿　榜葛剌西。

祖法儿　如今阿剌伯半岛的设黑尔。

木骨都束　如今非洲的东岸。

不剌哇　同上。

竹步　同上。

阿丹　如今的亚丁。

剌撒　在如今阿剌伯半岛马利尔拉附近。

麻林　未详。

忽鲁谟斯　如今波斯湾外的和尔木斯。

溜山　未详。《明史》说“在锡兰南，顺风七昼夜可至”。

以下四国，都应当在如今印度洋中。但不能确指其地。

南巫里

加异勒

甘巴里

忽兰丹　未详。

沙里湾尼　未详。

底里　《明史》说“地近沼纳朴儿”，或即特里。

千里达　未详。

失剌比　未详。

古里班卒　未详。

剌泥　未详。

白黑葛达　报达。

以上诸国，有当明初一通朝贡，后来就不来的。也有朝贡终明之世的。又间有招谕不服，威之以兵的。中国人到南洋去经商做工的，实在不少。《明史》虽无确实的记载，然而诸国传中，也隐约可见。惜乎限于篇幅，不能一一摘出详考。读者诸君，可自取原书披览。其在海外作“蛮夷大长”的，也大有其人。据《明史》所载：则有吕宋的潘和五，婆罗的王，瓜哇新邨的村主，三佛齐的梁道明、陈祖义。然而实际一定还不止此，不过都湮不传罢了（近人新会梁氏，著《中国殖民八大伟人传》，除根据《明史》外，又有得诸口碑的：戴燕国王吴元盛，昆甸国王罗大，柔佛的叶来，沙剌的嘉应人，共四人。）哥伦布的发现新大陆，事在公元1493年。上距郑和的航行南洋，凡八十八年。从此以后，西洋人接踵东航，南洋的形势，就一变了。所以明代和南洋的交通，要算是南洋诸国，对于我，畏威怀德最后的历史。

第二节　瓦剌的强盛

明朝的国威，虽以成祖时为最盛，而一切失当的措置，也起于成祖时，到后来就深受其累。先是太祖时，元朝大宁路（属辽阳行省）的北境来降。太祖即其地，分设泰宁、朵颜、福余三卫（如今热河、洮昌两道的地方。）三卫之中，唯朵颜地险而兵强。当时边外诸卫，都隶北平行都司。宁王权，居大宁以节制之（大宁，在如今热河道隆化县境。）成祖起兵，恐宁王议其后，袭而执之。又以兀良哈（如今的乌梁海）兵从征，颇得其力。即位之后，就改北平行都司为大宁都司，徙治保定。把大宁地方，送给兀良哈。于是明初所设的开平卫（元朝的上都），势孤援绝。宣宗时，不得不徙治独石。既不能控制漠南，又不能辅翼辽西。北边的形势，就大弱，这是明朝对于边防上最大的失策（参看第三章。）又安南地方，虽然一时为明朝所取，然而措置得也并不得法。——安南这时候，自立已数百年，一时不容易和中国融合。而成祖末年，奉使的中官，又颇有婪索的事情。于是交人黎利，乘机创乱。宣宗时，命王通、柳升讨之，大败。宣宗就弃掉其地。于是安南和中国，合并了不满二十年，又分立了。

所谓瓦刺，就是元初的干亦剌，如今译作卫拉特。元朝灭亡的时候，强臣猛可帖木儿据其部。猛可帖木儿死后，分而为三：其酋长：一名马哈木（成祖初年来降，封为顺宁王），一名太平（同上封贤义王），一名把秃孛罗（同上封安乐王。）成祖初年，来降，后渐桀骜。公元1503年，成祖曾亲征破之。后马哈木死，子脱欢强盛，杀太平把秃孛罗，并三部为一（又杀鞑靼的阿鲁台）。想要自立做可汗，手下的人不愿意，脱欢乃迎立元朝后裔脱脱不花，自为丞相。脱欢死后，子也先嗣，声势更盛。朵颜三卫之地，亦为其所胁服。先是太祖定制，内侍不得读书，不准和外廷交通。成祖起兵，因宦官密告京师虚实，才决意南下。南下的时候，宦官又多逃入北军，报告机密。成祖深以为忠。即位之后，就开书堂于内府，选翰林官入内教习。又命随诸将出镇。设京营提督，使之监军。立了个东厂，叫他刺探外事（参看《明史》卷九十五），于是宦官权势渐重。英宗即位，年方九岁，宠用司礼太监王振，一切事情，都委托他。王振特好用兵，叫王骥、蒋贵兴大兵去征麓川（见第八章第一节），已经弄得劳民伤财。公元1449年，也先入寇。王振又怂恿英宗亲征。到大同，知不能敌，急急班师，王振家在蔚州，起初要想邀英宗临幸其家，从紫荆关入。后来又变计走居庸关。到土木堡（在如今直隶怀来县的西边），为也先所追及，诸军大溃。英宗遂为也先所执（王振死于乱军之中。）这时候，群臣多主张迁都。幸而侍郎于谦，力持不可。以太后命，奉郕王监国。旋即位，是为景帝，遥尊英宗为太上皇。也先挟太上皇从紫荆关入，攻京城。于谦督率石亨等，力战却之。谦用重兵守宣府大同，也先屡入寇，都不得志。明年，遂奉上皇还。

也先既立脱脱不花，后来又互相猜忌，治兵相攻。脱脱不花为也先所杀，也先自立为可汗（公元1453年），旋又为阿剌知院所杀（公元1455年。）于是瓦剌部落分散。鞑靼部长孛来，杀阿剌，立脱脱不花的儿子麻儿可儿，号为小王子。麻儿可儿死后，众共立马占可儿吉思。为孛来所弑。鞑靼部长毛里孩，又杀孛来，更立“他可汗”。又有唤作斡罗出的，和毛里孩互相仇杀。先是鞑靼的入寇，或在辽东，或在宣府大同，或在宁夏、庄浪（如今甘肃的庄浪县），甘肃，去来无常，为患不久。英宗天顺间（公元1457至公元1464年），斡罗出才入据河套。和别部长李鲁乃合。宪宗成化间（公元1465至公元1487年），则孛来，小王子，毛里孩，先后皆至，为患益深。孛来死后，其患乃稍衰。又有一个唤作满鲁都的，继之而至，以别部长乩加思兰为太师（满鲁都乃乩加思兰之婿。）公元1473年，为王越所袭破。后来乩加思兰为其下所杀，满鲁都亦死，边境才渐渐安稳。总而言之：从宪宗以前，是个鞑靼、瓦剌，互相争夺的世界。北族自己不能统一，所以不能十分强盛，到达延汗出来，而形势又一变了。

第三节　蒙古的再兴

上节所记鞑靼、瓦剌的事情，都系根据《明史》。至《源流考》所载，则与此又异。《源流考》固然是疏舛百出的，然而除此以外，别无可据。这达延汗中兴的事情，就是现在的蒙族，所以分布成功如此状态的根源，又不能置诸不论。而《源流考》和《明史》，二者又无从折衷比附，所以现在不避重复，将《源流考》所记，略为叙述于左。

《源流考》记顺帝以后，蒙古大汗的世次。

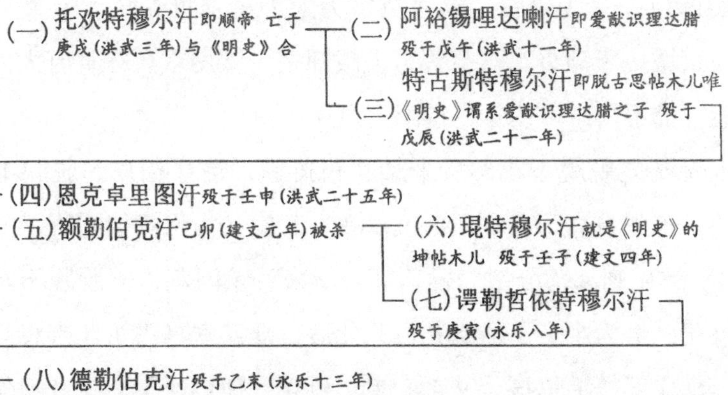

额勒伯克汗听了浩海达裕的话，杀哈尔古楚克，而取其妻洪郭斡拜济（洪郭斡，就是翁吉喇的异译。）洪郭斡拜济怨浩海达裕，谮杀之。而额勒伯克汗，又派浩海达裕的儿子巴图拉，管领四卫拉特。卫拉特的乌格齐哈什哈不服，汗与巴图拉议杀之。乌格齐哈什哈就弑汗，乙未年（永乐十三年），又杀巴图拉。这一年，乌格齐哈什哈亦卒，子额色库立。洪郭斡拜济归额勒伯克汗时，已经有了三个月的身孕。归额勒伯克汗四个月后，而汗被弑，又给乌格齐哈什哈抢去；三个月而生一子，名曰阿寨。又有一个乌格德勒库，是服役于巴图拉的。巴图拉叫他“负筐拾粪”，就取“负筐之义”，名之曰阿鲁克台（《明史》的阿鲁台。）乙巳年（仁宗洪熙元年），额色库卒，其妻萨穆尔福晋，把这三个人流放。

这时候，科尔沁阿岱台吉，已得蒙古遗众。三人同往依之。阿岱既得洪郭斡，遂即汗位（以事迹论起来，阿岱似乎就是《明史》的本雅失里。虽然年代相差，也不足疑；因为《源流考》的年代，本来很不可据的），以阿鲁克台为大师。伐四卫拉特，获巴图拉之子巴噶穆。阿岱以赐阿鲁克台，阿鲁克台取“覆于釜中之义”，名之曰托欢。戊午年（英宗正统三年），托欢以四卫拉特的兵伐蒙古，弑阿岱汗。这一年，托欢也死了，子额森（也先）立，自称可汗。明年，己未，阿寨的儿子岱总台吉即汗位。壬申（景帝景泰四年），伐卫拉特，战于吐鲁番之哈喇地方。额森差人说阿噶巴尔济，阿噶巴尔济叛岱总汗，岱总汗败死（以事迹论，岱总汗该就是《明史》的脱脱不花。）额森遂并杀阿噶巴尔济。他手下的人，怕蒙古人报仇，要索性杀掉哈尔固楚克。哈尔固楚克是额森的女婿，所以额森不肯。岱总台吉败亡时，蒙古勒克埒青吉斯年七岁，其母以之称乌珂克图汗。明年，为多伦土默特之多郭朗台吉所弑，众推摩伦台吉为汗（大约就是《明史》的孛来），又明年（景泰五年），为翁里郭特之摩里海王所弑（《明史》的毛里孩），国统中绝。到癸未年（英宗天顺七年），满都固勒（《明史》的满鲁都）才即汗位，杀摩里海。戊子年，满都固勒殁。隔了一年，庚寅（成化六年），巴图蒙克年七岁，才称达颜汗（这是继承蒙古本族大汗统绪），到四十一岁，甲子年（孝宗弘治十七年），又即汗位（这是仍做诸部族的大汗），又四年而殁（以上的纪事，始终用洪郭斡拜济一个人做经纬，很有传奇的性质。这种纪事，原不足信。然而述蒙古大汗的统系，毕竟比《明史》详尽些，杀也先的阿拉知院，《源流考》称为卫拉特右翼的丞相阿拉克。）

- 阿寨
  - 岱总台吉
    - 蒙古勒克埒青吉斯
    - 摩伦台吉
  - 阿噶巴尔济——哈尔固楚克——巴图蒙克
  - 满多固勒

达延汗
- 图鲁博啰特（早死）
- 乌鲁斯博啰特
- 巴尔苏博啰特
- 格埒森札赉尔

达延汗是个中兴蒙古的伟人。可惜他的事迹，《明史》和《源流考》，也都不甚详尽。但知他长子早死，仍留季子格埒森札赉尔守漠北（大约仍旧是把旧业给斡赤斤的意思），这便是后来喀尔喀四部之祖。以次子乌鲁斯做右翼，三子巴尔苏做左翼。乌鲁斯为满都固勒所杀。达延汗怒，叫巴尔苏攻破满都固勒。就用巴尔苏为右翼济农，自己和嫡孙卜赤，徙幕东方，是为插汉部（令译作察哈尔。）巴尔苏有二子：长名衮必里克图，嗣巴尔苏为右翼济农。次名阿勒坦，就是《明史》所谓俺答，统四卫拉特之众（衮必里克之后，为鄂尔多斯。阿勒坦之后为土默特。）衮必里克图早卒，其众皆归于俺答。所以嘉靖时候，俺答独强。公元1550（嘉靖二十九年）、公元1559、公元1563年三年，三次剽掠京畿。明朝竟无如之何。直到后来，俺答的孙子把汉那吉来降，——这把汉那吉，是幼孤而育于俺答之妻的。后来娶妻而美，俺答夺之。把汉那吉怒，遂来降。俺答之妻，怕中国把他杀掉，日夜哭泣，俺答才来请和。公元1570年（穆宗隆庆四年），封俺答为顺义王。这时候，俺答又受了喇嘛教的感化（见第六章第二节），就不再犯边。俺答传子黄台吉（改名乞庆哈），黄台吉传子撦力克。俺答所夺把汉那吉之妻，原是俺答的外孙女（襖儿都司的女儿），历配三主，掌握兵权；替中国捍边，甚为恭顺。神宗封为忠顺夫人。撦力克卒，孙小失兔立，号令不行，套部遂衰。而东方之插汉部转盛，就生出满洲和蒙古的交涉。

第四节　倭寇和丰臣秀吉

明朝和外国的交涉，还有一件“倭寇”，和万历时救援朝鲜的事情，也得略叙一叙（其和西南夷的交涉，因方便并入下篇里叙述。）日本自和元朝交兵后，就禁止国里的百姓，不准和中国交通。于是偷出海外，来做卖买的，都是些无赖的人，久之，遂流为海盗。元中叶后，日本分为南北朝。明初，南朝为北朝所并。其遗臣，有逃入海中的，也和海盗相合，于是其势渐盛。屡次剽掠中国和朝鲜的沿岸。然而这时候，其侵掠的主要地方，在于朝鲜，中国的受害，还不如朝鲜的深。日本从分裂以来，积苦兵戈，统一之后，沿海诸国，都想靠海外互市，弄几个钱。所以对中国朝鲜，贸易颇盛。从日本向中国，最近的海口，就是浙江。明初，也没有市舶司，以管理互市的事情。嘉靖年间，废司不设。和日本商人做卖买的，都是些贵官势家。欠钱不还，弄得日本商人，流落海外，不能回国，就都变作海盗。沿海的人民，也有依附他的。以海岛为根据地，“饥则入掠，饱则远飏”。沿海的强盗又“冒其旗帜”，到处劫掠。明初为防倭寇起见，沿海地方，本都设有卫所，备有战船。承平久了，“船敝伍虚”。临时募渔船征剿，毫无用处。于是倭寇纵横千里，如入无人之境。“浙东西，江南北”，沿海之地，无不被其侵掠。甚至溯江而上，直抵南京。明朝竟无如之何。直到公元1556年，胡宗宪总督浙江军务，捕诛奸民陈东平、徐海。明年，又诱诛盗魁汪直。倭寇失其耳目，势才渐衰。于是转掠闽广。到公元1563年，为总兵俞大猷、戚继光所讨平。然而沿海之地，已弄得凋敝不堪了。

倭寇之乱，只是一种盗贼的行为，原算不得日本国家的举动。却是隔不到三十年，日本的武人，又行起侵略政策来。原来日本从开国以来，世世和虾夷为敌。唐德宗时，日本拓地益广，就于东北边置征夷大将军。源氏平氏，世守其地。从宋朝以后，日本国王，都喜欢传位于子弟，自为太上皇，而又依旧要掌握政权。于是往往数上皇并立；或者一个上皇，握权数世，屡起纷争，总是借源、平二氏为助。其初平氏以外戚执政，后来为源氏所灭。源氏遍置“武职”于诸州，以守护“封土”，而总其权于征夷大将军。于是全国政权，尽归幕府，天皇不过徒有虚名而已（日本的天皇，所以能一系相传到现在，就是为此。）源氏自居镰仓，派家臣北条氏，守护京城。数传之后，又为北条氏所灭（当元世祖伐日本时，握日本政权的，就是北条氏。）元英宗时，日本后醍醐天皇，借北条氏家臣足利氏之力，把北条氏灭掉。旋又为足利氏所逼，退保吉野，足利氏别立一君，日本就分为南北朝。到明初，才统一。从源氏置“武职”以来，都是各据土地，子孙世袭，已成封建之势。足利氏初起时，要借将士之力，抵抗天皇，格外广行封建。到南朝既灭，而足利氏亦衰。其所封建的将士，各各据地相争。足利氏又“势成赘疣”。而足利氏的将士，又各有其将士，又要分裂相争。日本的政权，就入于“陪臣之臣”之手。全国分裂。明世宗时，织田氏的将丰臣秀吉，起而征讨全国，战无不胜，诸侯无不慑服。然而秀吉念乱源终未尽绝，就想把这班人送到国外，开一次战争，就有侵犯朝鲜的事情。

朝鲜的王室李氏，在高丽王氏时候，本是世代将家，太祖成桂，又以讨倭寇有名，因此取王氏而代之。开国之初，兵力亦颇强盛。李朝累世，皆极注意于文化，然武备实颇废弛。在高丽王氏以前，朝鲜半岛，佛教盛行，元朝时候，宋学才输入。朝鲜近世的文化上，很受些宋学的益处；然而也沾染了宋朝人的习气，好立门户，事党争。从明朝中叶时候起，直到公元1910年亡国为止，党祸竟不曾能够消灭，真是言之痛心了（参看本篇下第三章第三节。）公元1591年（神宗万历十九年），日本丰臣秀吉贻书朝鲜，叫朝鲜人替他做向导去伐明。这时候，朝鲜人分为东西二党。西党说日本人一定要来侵犯的，东党竭力反对。朝鲜宣祖，相信东党，毫不设备。明年，丰臣秀吉派小西行长带兵二十万攻朝鲜。从釜山登岸，直逼京城。朝鲜仓猝遣兵御之，大败。宣祖奔开城，旋又逃到平壤，又逃到义州，告急于明。明朝以宋应昌为经略，李如松为东征提督，率兵往援。如松战于平壤，大捷，尽复汉江以北之地。旋又轻进遇伏，大败于碧蹄馆（在坡州之南。）这时候，朝鲜人全国流离，饿莩载道，日本兵也没有粮饷；又平壤一战，晓得明兵非朝鲜兵可比，士气颇为沮丧，于是退军庆尚南道。而明朝从碧蹄馆一败，也觉得用兵没有把握，于是抚议复起（先是平壤未战以前，兵部尚书石星，募人使日本军。嘉兴人沈维敬，应募而往。及平壤战后，抚议遂绝。）及是，再差沈维敬前往。迁延到公元1597年，才派沈维敬去，封秀吉为日本国王。秀吉不受，反遣清正行长再发兵十四万去攻朝鲜。神宗大怒，下沈维敬于狱，以邢玠为总督，发兵救朝鲜。玠至，督诸军划汉江而守。相持到明年，丰臣秀吉死了，日本兵才退回去。这一次，明朝调兵运饷，骚动全国，竟其没有善策。然而朝鲜人从此以后，深深感激中国。到后来，虽然受清朝的兵力压迫，始终心向着明朝。清朝既经入关，朝鲜孝宗，还“训卒厉兵，欲伺其后”。到吴三桂举兵时，不幸孝宗短命死了。孝宗的儿子显宗，是个柔懦无能的人，不能继父之志。然而朝鲜士人之中，还有三上万言书，请“追先朝薪胆之志”的。肃宗时候，造了一个“大报坛”，以太牢祀明神宗（英祖时，并祭明太祖和毅宗。）模刻明成化中所赐印，为子孙“嗣位之宝”。正祖辑《尊周汇编》，尤“三致尊攘之意”。终李朝一朝，始终没用清朝的年号，奉清朝的正朔。天下最可贵的是人情！这种深厚的感情，在历史上遗传下来；将来中国人和朝鲜人，总有互相提携的一天的，历史上的年代长着哩，数十百年，算得什么？看的人请等着便了。

第二章 明朝的内治

第一节 宦官的专权

明朝的内治，差不多始终为宦官把持。太祖、成祖两朝，内治总算是清明的。仁宗在位，只有一年。宣宗时，北弃大宁，南弃安南，对外的不竞，就从此开始了。英宗立，宠任了一个王振，一切妄作妄为，其结果，就弄出土木之变。从成祖建立东厂，叫宦官刺探外事，宦官有了司法之权。王振专权时，也派他的义子马顺，管理镇抚司。有和他反抗的人，就叫镇抚司捕治，所以朝臣都拿他无可如何。英宗回国以后，本没有再做皇帝的道理。却是当英宗北狩时，朝臣有主张迁都的，也有主张坚守京城的。侍讲徐有贞，便是主张迁都最力的人。英宗回来之后，不免心怀惭愧。战将石亨，守京城有功，也因赏薄怨望。景帝初立英宗的儿子见深为太子，后来把他废掉，立了自己的儿子见济。偏偏见济又不争气，死掉了，景帝就久不建储。公元1458年，景帝有病。徐有贞、石亨等和内监曹吉祥相结，以兵闯入宫中，迎接英宗复位。废景帝，复为郕王，徙之西内，不多时，就死了，是为“夺门之变”。徐有贞旋为石亨所排挤，贬谪而死。石亨、曹吉祥都因谋反事泄，伏诛。英宗再做了皇帝。似乎他的行为，总应当改弦易辙了，却是依然昏聩，靠锦衣卫使门达逯、杲做耳目（石亨的反谋，系门达所举发。曹吉祥造反时，逯杲为其所杀。）因此英宗格外信任锦衣卫，锦衣卫就广遣校尉，到各处去侦探事情。弄得敲诈官吏，诬害平民，天下大受其害。公元1464年，英宗崩，宪宗立，诛门达，却又宠任了太监汪直。于东厂之外，别立西厂，派汪直领其事。缇骑四出，屡兴大狱；无赖校尉，布满民间，贻毒更不堪设想。公元1482年，才诛汪直，罢西厂。然而所信任的，仍是太监梁芳、方士李孜省，和尚继晓等一班人。公元1487年，宪宗崩，孝宗立，才把这三个人杀掉。刘健、谢迁、李东阳，相继秉政。把先朝弊政，极力厘剔。天下翕然。在位十八年，政治总算是清明的。到孝宗崩，武宗立，就又闹得不成样子了。武宗宠任太监刘瑾，于东西厂之外，别立内厂，派刘瑾主其事。武宗坐朝时，不知什么人，投了一封匿名书于路旁，数瑾罪恶。瑾就矫诏召百官三百多人，都跪在午门外，加以诘责，至于半日之久，然后把他们都送到监里，其专横如此。公元1510年，安化王寘𫔩，反于宁夏。遣都御史杨一清讨之，太监张永为监军。一清游说张永，回见武宗时，极言刘瑾的罪恶。武宗方才省悟，把刘瑾杀掉。又有个大同游击江彬，交结了内监钱能的家奴，以蹴鞠侍帝，极言宣府、大同景物之美。于是武宗自称镇国公朱寿，出游宣府、大同，又从大同渡河，幸延绥，南至西安，由西安到太原。于是人心惶惶，谣言蜂起。宁王宸濠，乘机反于南昌（公元1519年。）陷南康、九江，东攻安庆。幸而王守仁起兵赣南攻其后，仅三十五日而平，总算是侥幸万分了。武宗却丝毫不知反省，反借亲征为名，到南京去游玩了一趟。平心论之，武宗不过是一个纨绔子弟，倘使不做皇帝，也不过是个败家子，无甚大害及于社会。要是处境困厄，或者还能养成一个很有才干的人。却是做了个皇帝，就把天下弄得如此其糟（从古以来的皇帝，像这样的很多。）这也可见得君主世袭制度的弊害了。

第二节 权臣和党祸

武宗崩后，世宗即位。世宗的性质，是偏于严刻的。即位之初，用杨廷和为大学士，厘革武宗时的弊政。天下翕然，颇有想望太平之意。

旋因议尊本生父兴献王为皇考，而称孝宗为皇伯考，罢斥抗议的朝臣，而进用承顺意旨的张璁、桂萼。这件事，虽然没甚关系，然而从此以后，阿谀取容迎合意旨的人，就渐渐的得法起来。中叶以后，用严嵩为大学士。世宗颇好神仙，终日从事斋醮。一切政治，都置诸不问。又好以“明察自矜，果于刑戮”，就为严嵩所利用，故意激怒了他，以“入人罪”。于是大家都惧怕严嵩，没人敢和他反抗。严嵩就得以大权独揽。公元1550年，俺答大举入寇，直逼京城。严嵩以“辇毂之下，败不可掩，戒诸将勿与战”。于是虏兵纵横内地八日，掳掠的够了，方才飏去。世宗看见城外火光烛天，问是什么事？左右便以失火对。其蒙蔽如此。这时候，南有倭寇，北有俺答，用兵都连亘十余年；内地的政治，又是如此腐败；明朝的元气，就此大伤了。

公元1566年，世宗崩，穆宗立，张居正、高拱，相继为相，革除世宗时弊政。这时候，倭寇初平，俺答也请和，东南西北之民稍稍息肩。唯东方的插汉部又强盛，蓟、辽时被侵寇（参看第六章第三节。）高拱乃用戚继光守蓟镇，李成梁守辽东。继光守御甚严，成梁屡战破敌。于是东北边亦安静。公元1572年，穆宗崩，神宗立，年方八岁，张居正辅政。居正是个“综核名实”的政治家，要行严肃的“官僚政治”的。明朝从世宗以来，吏治败坏，已达极点。又累朝都好奢侈，国家财政，固极困难，人民生计，尤为凋敝。到处都盗贼窃发，民不聊生。居正乃“行官吏久任之法，严州县讳盗之诛。崇节俭以阜财，峻刑法以治盗，信赏必罚，号令严明”。一纸文书，虽“万里之外，无敢不奉行惟谨”。所以神宗初政，论史者称赞他有“起衰振敝”之功。然而神宗本不以张居正为然，不过迫于太后，无如之何。公元1582年，张居正卒，就追夺他的官爵，籍没其家。从此以后，做宰相的，一切都奉承意旨，纪纲废弛，仍旧和前此一样了。

神宗亲政以后，荒于酒色。中年以后，怠荒更甚，至于二十多年不视朝（这时候，鸦片初输入中国。有人说：神宗实在是抽了鸦片烟的，但是没有什么确据），官缺的也不补人。至于正旦朝会，朝廷之上，寥寥无几人（大凡结党攻讦，总是起于没有是非的时候。要是有比较清明一点的政治，朋党自然结不起来的。）神宗既然二十多年不视朝，一切章奏，自然是“留中不发”。于是言路互相攻击的人，无是非曲直可见，格外攻击得利害。而只要言路一攻，其人就自然引去，于是言路的势力，反而更重。这时候，又有在野的顾宪成等，讲学于无锡东林书院。颇“议论时事，臧否人物”。附和他的人很多，就中朝的人物，也有遥相应和的，于是党议复起。言路之中，分为齐、楚、浙三党；朝臣之中，又有所谓昆、宣党，互相攻击。而这时候，又适有所谓“三案”的好题目，就攻击得更为利害了。

神宗皇后王氏，无子。恭妃王氏，生皇长子常洛。贵妃郑氏，也生子常洵。帝宠郑贵妃，欲立其子。借口待中宫有子，久不建储。群臣屡以为言。公元1601年，才立常洛为皇太子。公元1615年，忽然有一个不知姓名的男子，持梃闯入东宫，击伤守门内侍。把他拘来审讯，他自言姓张，名差，是郑贵妃宫中太监刘成、庞保主使他的。于是众论哗然，很有直攻郑贵妃和贵妃的兄弟郑国泰的。后来事未穷究，但把张差、刘成、庞保三个人杀掉，就算完结。这个唤作“梃击之案”。

公元1620年，神宗死了，常洛即位，是为光宗。不多时，就病了。鸿胪寺丞李可灼进红丸一粒，光宗服之，明日而崩。于是东林党说这进红丸的事情，李可灼不能不负责任。也有人不以为然的，是为“红丸之案”。

光宗崩后，熹宗即位，时年十六。光宗的选侍郑氏，也住在乾清宫。御史左光斗上疏力争，选侍不得已，才移居哕鸾宫。是为“移宫之案”。

这所谓三案，本来不是什么惊天动地的事情。却是两党得之，都把它当作攻讦的好资料。事过之后，依旧彼此争执，互相攻击。这时候，大学士叶向高，颇左祖东林党人。吏部尚书周嘉谟，又多引用东林党。非东林党人恨之刺骨。熹宗也是个昏愚不过的，宠信乳母客氏，封为奉圣夫人。又宠任内监魏忠贤，非东林党就和他相结。御史崔呈秀更把东林党人的名字，都开给他，叫他“一网打尽”。于是魏忠贤自己提督东厂，先后杀掉杨涟、左光斗、魏大中、袁纪中、周朝瑞、顾大章、高攀龙、周顺昌、周起元、缪昌期、李应升、周宗建等十二人（这十二个人，谓之“前后六君子”。）都是东林党里，表表有名的。又毁天下书院；把东林党人的姓名，榜示天下。魏忠贤威势赫奕；至于各省督抚，都替他建立生祠；歌功颂德的，遍于海内，真是不成事体。直到公元1627年，熹宗崩，毅宗即位，才把魏忠贤除掉。然而明朝的国事，已经无可收拾了。

明系图

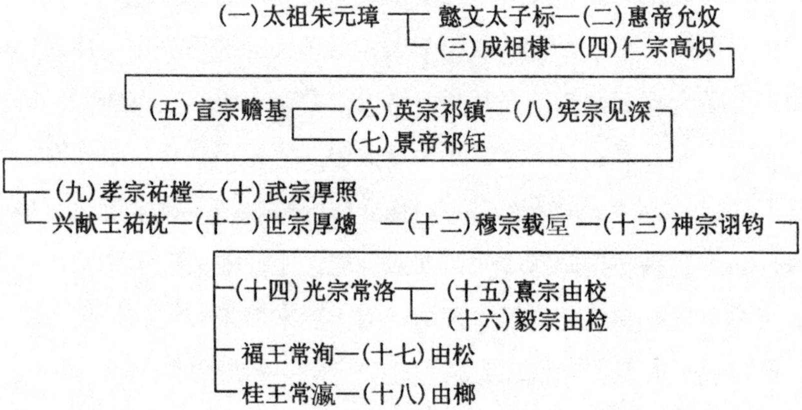

第三章　清朝的兴起

第一节　清朝的先世

肃慎族的缘起，已见第三篇上第五章第一节。从金朝迁都内地以后，它的本土，久已冷落了。却到明朝的末年，而有满洲人兴起。

满洲人的建号曰清，在公元1636年（明毅宗崇祯九年。清太宗天聪十年，即以是年为崇德元年。）在这一年以前，明人总当他国号满洲。清朝人自己，则说满洲二字，是种族之名，附会“曼殊”的音译（《满洲源流考》卷一“满洲本部族名。以国书考之，‘满洲’，本作‘满珠’，二字皆平读。我朝光启东土，每岁西藏献丹书，皆称曼殊师利大皇帝。《翻译名义》曰：曼殊，华言妙吉祥也。……当时鸿号肇称，实本诸此。”这话固然没人相信他。）明人也只当他就以种族之名为国名——前此实在未有国名——罢了，谁知据日本稻叶君山所考据《清朝全史》：则清朝人当建号曰清以前，实曾自号其国为金，见于朝鲜人的记载，和东三省的古刻的很多。现在沈阳城的抚近门，俗呼大东门，门上一块匾额，是清初的旧东西（从前曾经在外面加上一块新匾额，后来新的破了，旧的才发现出来），旁款还写着“大金崇德某年立”。这件事，竟是证据确凿，可无庸更加考证了。至于“满洲”二字，据朝鲜人的记载，实系“最大酋长”之称，明人初译为“满住”，后来才误作

“满洲”。清初对明人，自称我满住云云，实系说我大酋云云。明人却误以为自称其国家，就误以这两字为这种人的国名。到后来，清朝人也就将错就错地承认。这件事，详见于稻叶君山的《清朝全史》（中华书局有译本），和近人所著《心史史料》。总而言之，是件很明白的事情，竟可毋庸疑虑的。

清朝王室的缘起，据清朝人所自述，是：

长白……山之东，有布库里山。山下有池，曰布尔瑚里。相传有天女三：长恩古伦，次正古伦，次佛古伦，浴于池。浴毕，有神鹊，衔朱果，置季女衣。季女含口中，忽已入腹，遂有身……寻产一男……及长，母告以吞朱果有身之故。因令之曰：汝以爱新觉罗为姓，名布库里雍顺。天生汝以定乱国，其往治之……与小舠乘之，母遂凌空去。子乘舠顺流下，至河步，登岸。折柳枝及蒿为坐具，端坐其上。是时其地有三姓，争为雄长，日构兵相仇杀……有取水河步者，见而异之。归语众……迎至家。三姓共议……以女百里妻之……奉为贝勒……居长白山东俄汉惠之野（一作鄂谟辉）俄朵理城（一作鄂多理）。国号满洲，是为开基之始。越数世，不善抚其众，国人叛……族被戕。有幼子，名范察，一作樊察。遁于荒野。国人追之，会有神鹊止其首，追者遥望……疑为枯木，中道而返。范察获免，隐其身以终……数传至肇祖原皇帝，讳都督孟特穆……计诱先世仇人之后四十余人至苏克苏浒河虎栏哈达山下赫图阿拉……诛其半以雪祖仇，执其半以索旧业；既得，遂释之。于是肇祖居赫图阿拉地（王氏《东华录》卷一。王氏所根据的，是《清实录》）

其肇祖以后的世次则如下：

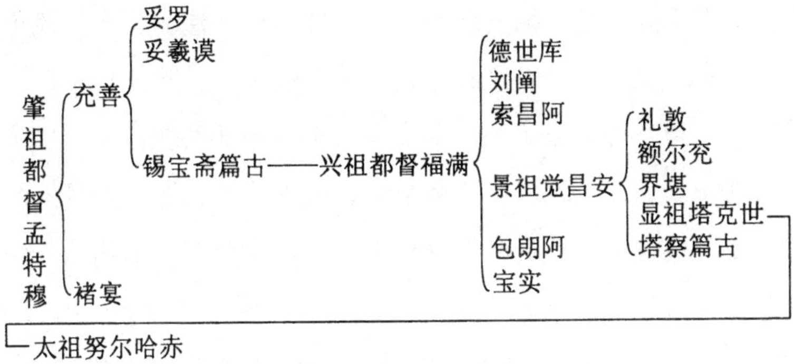

据稻叶氏所考据，则前述的一段神话，其中毫无事实。清朝的祖先，实在是明朝的建州女直。明初对于女真地方，所设的卫如下。

（一）建州卫。建州是渤海行政区域之名（属率宾府，见《唐书·渤海传》），《元一统志》谓之故建州，地在今兴京附近。

（二）海西卫。后来扈伦四部之地。

（三）野人卫。今吉黑二省的极东。

明初对于东北，疆理所至甚远。《明会典》（卷一〇九）：永乐七年，“设奴干于都司于黑龙江口”。清朝曹廷杰的《西伯利亚东偏纪要》（廷杰以光绪十一年，奉命视察西伯利亚东偏）说：“庙尔（黑龙江附近的市）以上二百五十余里，混同江东岸特林地方，有两座碑，都系明朝所立。一刻《敕建永宁寺记》，一刻《宣德六年重建永宁寺记》，均系太监亦失哈述征服奴儿干和海中苦夷的事情”。苦夷，就是如今的库页。可见如今的东海滨省和库页岛，当时亦在辖境之内。东南一带，铁岭卫的属地，亦到如今朝鲜的咸兴附近。

建州卫的建设，据《皇明实录》：事在永乐元年，其指挥使名阿哈出（后以从军有功，赐姓名曰李思诚。子释家奴，永乐八年，赐姓名曰李显忠。十年，始就建州居住。后以为朝鲜所迫，南徙婆猪江。英宗正统三年，又徙灶突山东南浑河上。婆猪江，《明史·朝鲜传》作泼猪江，就是如今的佟家江。灶突山，大概就是呼援哈达的意译，在兴京之西。）建州左卫，则据《明史》，设于永乐十年。

而《实录》又有“十四年二月，赐建州左卫指挥使猛哥帖木儿宴”一条，按朝鲜李氏的《龙飞御天歌（颂李朝开国之辞。）注》，有一段道：

> 东北一道，本肇基之地也，畏威怀德久矣。野人酋长，远至移兰豆漫，皆来服事……如女真，则斡朵里豆漫、夹温猛哥帖木儿、火儿阿豆漫、古论阿哈出、托温豆漫、高卜儿阏……

《元史·地理志》“辽阳等处行中书省所属合兰府水达达等路，土地旷阔，人民散居。元初，设军民万户府五、镇抚北边。一曰桃温（如今宁安东北的屯河），一曰胡里改（呼尔哈的异译。呼尔哈，也是河名，在如今的宁安），一曰斡朵怜，一曰脱斡怜，一曰孛苦江”。斡朵里，就是斡朵怜；火儿阿，就是胡里改；托温，就是桃温的异译。“移兰豆漫”，原注义为“三万户”；则夹温猛哥帖木儿，古论阿哈出，高卜儿阏，实在是元朝斡朵怜，胡里改，桃温三路的万户。夹温，古论，原注是猛哥帖木儿和阿哈出的姓。这个猛哥帖木儿和阿哈出，就是明朝建州左卫和建州卫的指挥使，无待赘言。

猛哥帖木儿，似乎就是“孟特穆”三字的异译。“都督”则清人称其酋长之名；明人授以指挥使的，女真部族中，都称之为都督，《皇明实录》所载，不乏其例。然则俄朵里城，也一定就是斡朵里的异译了（其地当在后来的三姓附近。所以《清实录》说雍顺往定三姓之乱。三娃在长白山北，不在其东。《清实录》的“东”字，怕是错误的。布库里雍顺的事情，大约是凭空捏造的，并没有神话的价值。）

据《龙飞御天歌注》，猛哥帖木儿姓夹温。然朝鲜《东国舆地胜览》，“会宁都护府”条下，说“斡朵里童猛哥帖木儿，乘虚入居之”，则猛哥帖木儿又姓童。又肇祖二子，充善，褚宴，《明史》作董山、童仓，（见下节。）董、童也似乎是姓。《明实录》：“万历十七年，九月，辛未，以建州夷酋童奴儿哈赤为都督佥事”，则太祖亦姓童。《东夷考略》又说奴儿哈赤姓佟。佟、童音近，而佟是辽东大族，似乎是夷人不知文字，误书作童的。“夹温”，有人说是“斡准”二字的转音，而又互倒。“斡准”，就是“爱新”，也就是《金史》安出虎水的“安出”。然则清室之先，似乎是爱新氏而佟姓，和金朝的王室，金氏而完颜姓，是一样的（参看第三篇上第五章第一节。本章所述，都据稻叶氏的《清朝全史》和近人的《心史史料》。所引各书，也都是据稻叶氏的书转引的。）

第二节　建州女直的盛衰

猛哥帖木儿，其初臣服朝鲜。朝鲜太祖，授以万户之职（世宗又升为上将。）公元1410年（永乐八年。朝鲜太宗十年），女真寇朝鲜的孔州（在会宁府河谷），朝鲜弃其地。后二年，明朝即于其地设立建州左卫（朝鲜大骇。前四九五年，才把会宁建为都护府，设兵守之。）公元1433年（宣宗宣德八年）冬，猛哥帖木儿为七姓野人所杀，并杀其子阿古（《明实录》。）子童仓（褚宴二字，是仓字的合音，童字是姓），弟凡察，挟卫印亡入朝鲜（何乔远《名山藏》。）据《明实录》，正统三年，童仓奏中，称凡察为“叔都督”。五年，又有“敕谕建州左卫都督”之文，则凡察似曾袭职为左卫指挥使（这个凡察，自然就是《清实录》的范察。据《清实录》，则其人当在肇祖以前。但是清朝当太祖以前，并无文字；世系事迹，仅凭口碑传述；自然不能没有错误。）然而董山（充善的对音）实在是应当袭职的人，明廷初则另铸新印给董山，命他嗣为建州卫指挥。后来又诏凡察把旧印还董山，缴还新印（夺其承袭。）凡察不听，乃分左卫置右卫，使董山以新印为左卫指挥使，凡察以旧印为右卫指挥使（这是姑息调停之策。）凡察死于公元1446至公元1450年之间（稻叶氏说），右卫情形如何，无可考证。董山则正统时，曾煽动北虏入寇。景泰中，巡抚王翱，遣使招谕，乃稍还所掠（黄道周《建夷考》。王翱之名，据《明史·列传》。）后来董山要求明廷，以一身兼三卫都督。又开抚顺关，许其互市（见《清朝全史》，大约是根据《明实录》的。）后又纠诸夷盗边。公元1466年（宪宗成化二年），都督武忠，前往招谕。檄调董山到广宁，把他杀掉（《建夷考》。）乃命赵辅以兵五万出抚顺，屠虎城（亦作古城。）朝鲜也从鸭绿江会兵，攻破兀弥府（在佟家江流域。《明史·朝鲜传》讹为九弥府），杀建州都督李满住（当系建州卫的指挥），及其子古纳哈出（《朝鲜史》。）先是奴儿干都司，于公元1438年（正统三年），退设于铁岭卫。建州左卫的地方，亦亡于朝鲜。明筑边墙，从山海关到开原，尽失今新民一带的沃地（这也是弃“朵颜三卫”的结果，参看前书第二节。）成化初年，又从开原到抚顺，转抵连山关都筑长栅。这一役以后，明朝拓地三百余里，直到如今凤城县的凤凰山，兵威又为之一振。

董山死后，建州部族，拥其子脱罗（《清实录》的妥罗），欲为之报仇。明朝赦之，许袭指挥使职。然脱罗仍纠海西兀者前卫犯边。公元1479年（成化十五年），再遣兵讨之，无功。然久之，脱罗也就无声无臭了。脱罗死在哪一年，无可考。据《清实录》，兴祖之名，亦冠以“都督”二字，则似乎袭为指挥使的，不是脱罗的儿子，而是脱罗的侄儿子。然兴祖亦绝无事迹可见。稻叶氏说：“建州左卫的统绪，实在到董山而中绝。以后入据左卫的，是另一部酋。”《心史史料》则据稻叶氏书载正德年间，建州左卫都指挥兀升哈（“兀升”是“爱新”的对音，“哈”是满洲语“人”之义）要求升职的一表，说“这就是兴祖。当时请求升职，或者明朝许了他，所以亦称为都督。这时候，女真人视明朝官职，想必甚重。所以特为他起谥，而且谥之曰兴”。这两说，也无从定其是非。总而言之：从董山、凡察死后，建州左右卫都衰，而海西强盛。

第三节　海西女直的南迁

然而这所谓海西者，其部族，并不是明初的海西女直，却反是明初的野人女直。其部族，明人称为忽喇温，清人则译作扈伦。本居黑龙江支流忽喇温河流域。正统时，南迁，逐前此的海西女直，而占其地。其部落共分为四，便是：

叶赫　其酋长姓土默特，当系蒙古分支。所居城，在今吉林西南三里山上。

哈达　居松花江流域，距开原四百余里。

辉发　在今辉发河流域。

乌拉　在松花江右岸。

这四部，约占今吉林省吉林、滨江两道，和奉天洮昌道的一部。叶赫、哈达，尤为强盛。叶赫酋祝巩革，强盛于弘治正德之间，后为哈达酋万汗出（即王台）所杀。其子仰家奴，逞家奴，徙居开原东北镇北关附近，日图报仇。而王台死后，四子相争［长虎儿罕、次互商（《清实录》作岱善）、次猛骨孛罗、次康古陆］，势颇积弱，叶赫攻之甚急。公元1583年，李成梁出兵，讨诛仰家奴和逞家奴。那林孛罗（《清实录》作纳林布录）继为叶赫、部酋，仍攻击哈达。公元1586年，亦为成梁所擒，久乃释之。自此叶赫哈达，皆服属于明。明人称哈达为南关，叶赫为北关，靠着他西捍蒙古，东拒建州。然而两部当此时，实在都已积弱不振了。

当公元1557年之后，建州右卫的都指挥使王杲亦强。其根据地，在今宽甸附近。又有一个王兀堂，也是女真部酋，居婆猪江流域。都频岁犯边。公元1573年，李成梁移险山六堡于宽甸等处（本在辽阳东二百余里。）明年，出兵攻破王杲。王杲逃奔王台，王台执而献之，为李成梁所杀。公元1579年，王兀堂亦为李成梁所破，从此衰微不振。而王杲之子阿台，欲为父报仇，附叶赫以攻哈达。李成梁出兵讨诛阿台，并杀清太祖的祖父叫场他失。按《清实录》说：

> 苏克苏浒河部图伦城，有尼堪外兰者，阴构明宁远伯李成梁，引兵攻古勒城主阿太章京。……阿太章京妻，乃礼敦。女景祖闻警，恐女孙被陷，偕显祖往救。城中人杀阿太章京以降。……尼堪外兰复构明兵，并害景祖、显祖。

阿太，即阿台。其死，见于《明史·李成梁传》。说："火攻古勒寨，射死阿台。"《成梁传》又说："杲部遂灭"，则建州右卫，实亡于此时。“叫场”，即“觉昌安”之对音。“他失”，即“塔克世”之对音。稻叶氏说：“据明人记录：叫场他失，实在是引导着李成梁去攻古埒城的。又一书说：叫场要说阿台归顺，亲入古埒城。阿台不从，而且把他拘留起来。围城既急，他失因父在城中，思往救护，军中误杀之。叫场也烧死城内。”稻叶氏又说：“《清实录》没有说太祖的母亲是什么人；只说显祖的大福金喜塔喇氏，是阿古都督的女儿；阿古都督是什么人，又不说起。今可断言便是王杲；所以太祖的妻兄纳林布禄，说太祖是王杲之裔。”

第四节　清太祖的兴起

清太祖初年，其势极弱。《清实录》说：

> 明害景祖、显祖，上闻之，大恸。往诘明边吏。……明遣使谢曰：非有意也，误耳。乃归二祖丧；与敕三十道，马三十匹；封龙虎将军；复给都督敕书（按这话是错误的，据《明实录》则万历十七年，才授太祖以都督佥事。）上谓使臣曰：害我祖父者，尼堪外兰所构也；必执以与我，乃已。明使臣曰：前因误杀，故与敕书、马匹，又与都督敕书；事已毕，今复过求，我将助尼堪外兰，筑城于甲版，一作嘉班。令为尔满洲国主矣。国人信之，皆归尼堪外兰。上同族宁古塔诸祖子孙，亦欲害上以归尼堪外兰。尼堪外兰又迫上往谢。上曰：尔吾父部下人也，构明兵害我祖父，憾不能手刃汝，岂反从汝偷生？人能百岁不死乎？

按《清实录》述景祖兄弟六人分居的情形说：德世库居觉尔察地，刘阐居阿哈河洛地，索昌阿居阿洛噶善地，包朗阿居屋麻剌地，宝实居章申地；唯景祖居赫图阿喇，为先世累传之故城。余五子各就居地筑五城，距赫图阿喇，近者约五里，远者约二十里。称为宁古塔贝勒（“宁古”，译言六；“塔”，译言个。）兄弟六人，所占的地方，不过如今兴京一县［与后来吉林的宁古塔（今之宁安）无涉］。当时建州左卫的衰微，可想而知。却是太祖初年，连这“宁古塔诸祖子孙”，还要分崩离析，其情形，就真岌岌可危了。

然而太祖毕竟是个人杰。公元1583年，居然以遗甲十三副，攻破尼堪外兰。尼堪外兰奔鄂勒珲（在如今龙江西南），筑城居之。公元1586年，太祖再攻尼堪外兰。尼堪外兰奔明边，明人非但不加保护，反将他执付太祖。并许岁赐银八百两，蟒段十五匹；开抚顺、清河、宽甸、叆阳四关互市。从此爱新氏就势成坐大了。

据《清实录》所载，当时女真部落的形势如下（扈伦四部，为海西卫地，已见前。满洲长白山，都是建州卫地。东海部则野人卫地）

满洲
- 苏克苏浒河（奉天那河县境）
- 浑河（兴京西北）
- 完颜（吉林敦化县境）
- 栋鄂（奉天通化县境）
- 哲陈（柳河之东）

长白山
- 讷殷（奉在长白县境）
- 鸭绿江（奉天辑安县境）
- 珠舍哩（奉天临江县境）

扈伦
- 辉发
- 哈达
- 叶赫
- 乌拉

东海
- 瓦尔喀（吉林延吉道东部）
- 虎尔哈（吉林依兰道境）

大凡民族的强盛，总是从统一同族起的。清太祖之兴，也是如此。太祖从起兵攻尼堪外兰以后，就尽力于统一同族。至公元1588年，而满洲五部皆服。公元1593年，扈伦四部，长白山二部（珠舍哩，讷殷。鸭绿江先已归服）和蒙古的科尔沁、锡伯、卦勒察九国，连兵三万来伐，太祖大败之，遂灭珠舍哩、讷殷。公元1597年，灭辉发。这时候，哈达酋那林孛罗，仍与叶赫酋互商互攻。公元1599年，太祖与叶赫攻灭哈达。于是明亡其南关。而公元1605年，巡抚赵楫，又奏弃险山六堡之地，宽甸平野，尽为女真射猎之区。满洲的形势，就更强盛了（乌拉灭于公元1617

年。东海部则到清太宗时才收服。）

然而这时候，清太祖对于明朝，表面还颇为恭顺（公元1615年，明朝责令太祖退出开原之地，太祖还听令的。）公元1616年，突然以七大恨告天，起兵伐明，陷抚顺，围清河，两方就公然开了战衅了。

第五节 辽东西的战争

清太祖的攻明，是出于明朝人之不意的；所以颇为手忙脚乱。就用杨镐做经略，发兵二十万，分四路以伐清。三路皆败，清太祖遂陷开原、铁岭，灭叶赫。明朝用熊廷弼为经略，招集散亡，分守城堡；别选精兵为游徼；形势渐固。熹宗立，又代以袁应泰。应泰长于吏事，而非将才。这时候，蒙古大饥，诸部都入塞乞食。应泰说不急招抚，一定要为敌人所用，于是招降了许多蒙古人，分布辽沈。却又驾驭无方，诸蒙人都奸淫掳掠，无所不为。居民大怨，多有潜通满洲的。公元1621年，清人陷辽沈，应泰死之。辽河以东大小诸卫城七十余，一时俱下，辽西大震。清太祖从赫图阿拉移居辽阳。后五年，又移都沈阳。

辽沈既陷，明朝再起用熊廷弼。建“三方布置”之策：以陆军守广宁，海军驻天津登莱，而经略居山海关节制之。而广宁巡抚王化贞，为大学士叶向高、兵部尚书陈鹤鸣所信任，言无不听，廷弼拥经略虚号，麾下并无一兵。这时候，有辽阳都司毛文龙，渡海到皮岛（如今大孤山西南的海洋岛），编岛民为兵。暗通清镇江堡（在凤城县东南一百二十里）军人，袭杀其守将。化贞遂张皇以奇捷入告。从八月到十一月，共出兵五次，都无功。公元1622年，清兵陷西平堡（在广宁县境，东距辽河二十里），化贞遣将救之，大败，仓皇走入关。清兵遂陷义州，城堡降者四十余。诏逮廷弼、化贞俱论死。以王在晋为经略。

先是兵部主事袁崇焕，尝单骑出关，察看形势。扬言“与我兵马钱粮，我一人足以守之”，朝臣颇壮其论。及是，崇焕监军关外。王在晋要退守山海关，崇焕要守宁远。大学士孙承宗，亲往察看，以崇焕之议为是。于是罢王在晋，以孙承宗代为经略。承宗使崇焕筑宁远城，拓地二百余里。旋又分守锦州、大小凌河、松山、杏山诸要隘，拓地又二百余里。辽西之地，几于全复。

公元1625年，魏忠贤之党，排去孙承宗，代以高弟。弟性恇怯，尽撤关外守备入关。袁崇焕誓以死守宁远，不去。明年，清太祖大举攻宁远。崇焕死守，太祖也猛攻。崇焕发西洋大炮，“一发决血渠数里。再进再却，围遂解”。《清实录》说：“太祖谓诸贝勒曰：予自二十五岁以来，战无不胜，攻无不克，何独宁远一城不能下邪？不怿者累日。”据朝鲜使者在城中所见，则说太祖这一役，实在身负重伤（见《清朝全史》第十二节。）这一年七月里，太祖就死了。

太宗立，公元1627年，五月，大举攻锦州、宁远，又不克。这一次，明朝人称为“宁锦大捷”，战绩也一定很有可称的。不过现在，总不能尽知其真相罢了（这时候，锦州的总兵，是赵率教。）

宁锦捷后，魏忠贤又使其党劾袁崇焕不救锦州为暮气。于是罢袁崇焕，代以王之臣。旋熹宗崩，毅宗立，再起袁崇焕。这时候，毛文龙据皮岛，颇为骄纵。崇焕自己往诛之，而抚定其兵。毅宗表面上虽不说什么，心上却有点怪他“专杀”。公元1629年，清兵从喜峰口入，陷遵化，逼京城。崇焕入援，和清兵战，胜负未分。清太宗纵反间计，毅宗先已有了疑心，就把袁崇焕下狱杀掉。清兵攻山海关，不克。破永平（如今直隶的卢龙县）、迁安、滦州，留兵守之而还。明孙承宗踵而攻之，四城皆复。这时候，明朝对于辽西，兵力还厚。太宗乃以其间征服朝鲜。毛文龙死后，其部将孔有德、耿仲明、李九成等走登州。公元1631年，清人攻大凌河。登莱巡抚孙元派有德等前去救援。走到半路上，粮尽了。士卒造反，劫有德等回据登州。后为官军所围，九成死。有德和仲明，逃到旅顺，给总兵黄龙杀败。有德、仲明降清。引清兵还攻旅顺。黄龙械尽自杀。广鹿岛（今图作光禄岛）副将尚可喜降。（公元1633年。）公元1637年，清兵遂陷皮岛。于是明人在海上的势力也消灭，再不能牵制清人了。其在陆路上：则一面绕过山海关，从长城北口进兵，以蹂躏畿辅山东（公元1636，公元1638，公元1639—1640三年，都大举深入）；一面攻击辽西。公元1641年，清太宗大举攻锦州。明蓟辽总督洪承畴，率兵十三万往援。战于松山，大败。明年，松山破，承畴被擒，锦州亦陷。于是关外重镇，只有一个宁远了。然而明朝死守着山海关，清朝到底还不敢深入。而明朝人又有“开门揖盗”之举，这四百余州的山河，就又要请女真人来管理三百年了。

第四章　明朝的灭亡

第一节　流寇和北都陷落

明朝的民穷财尽，是久矣的事情了。武宗时，江西、湖广、广东、四川，就盗贼蜂起。而山东盗刘六、刘七，剽掠畿南和山东、河南、湖广、江西、安徽等省，为患尤深。后来幸而削平。世宗时，北有俺答之寇盗，南有倭寇之侵扰，海内更弄得凋敝不堪，到处民愁盗起。张居正当国，盗贼总算衰息。神宗亲政以后，纲纪依旧废弛。又信任中官，派他到处去办矿："以阻挠诬官吏，以盗采陷富豪"，"良田美宅，则指为下有矿脉"，"勘无所得"，也要勒派百姓取偿。又派中官到各省去做税使，不论水路旱路，隔几十里，就要立一个局。到处收奸民为爪牙，肆行敲剥。又立了个"土商"的名目，无论"穷乡僻壤"，"鸡猪盐米"，都要勒捐。这个骚扰，更可以算得无微不至。至于田赋，则武宗正德九年，因建造乾清宫故，始加征一百万。世宗嘉靖三十年，因边用故，又加江南、浙江赋一百二十万。清兵既起以后，万历四十六、四十七、四十八三年，共增赋五百二十万；崇祯三年，又加赋一百六十万两，共六百八十万，谓之辽饷。后来又加练饷、剿饷，先后共加赋一千六百七十万。人民负担之重如此，而事情却没一件不是越弄越坏；明朝这个天下，自然是无从收拾了。

崇祯初年，陕西大饥，流寇始起。明朝命杨鸣鹤总制三边以剿之。公元1631年，陕西略定，流寇入山西。张献忠、高迎祥、李自成为之魁。朝廷乃改命曹文诏节制山陕。到公元1633年，山西几于肃清，而他们又流入河南、湖广、四川。命陈奇瑜总督诸军以讨之，明年，蹙流寇于车箱峡（在如今陕西的安康县），其势已如瓮中捉鳖了。而陈奇瑜信了他们假投降的话，把他们放了出来。他们出峡，就纵兵大掠。于是逮陈奇瑜治罪，代以洪承畴。流寇南窜，陷凤阳。旋又分道，迎祥、自成从河南，献忠从湖北，共入关。乃命卢象升专办东南，洪承畴专办西北。公元1636年，迎祥为陕西巡抚孙传庭所擒，自成走甘肃；献忠也为卢象升所败，走湖北，又为左良玉所扼，伪降，其势颇衰。而公元1638年，清兵又从墙子岭（在迁安县北），青山口（在抚宁县北）分道入犯，陷近畿州县四十八。明年正月，南陷济南，诸将皆撤兵入援（卢象升战死）。五月，张献忠就复叛于谷城。李自成亦走河南。献忠旋为左良玉所败，入川。自成亦走郧阳境。公元1640年，自成再攻河南。这时候，河南大饥，“民从之者如流水”，其势遂大盛。明年，陷河南府，东攻开封。陕西派兵往救，不胜。先是六部尚书杨嗣昌，主张加练饷、剿饷以平流寇，到这时候，饷加了，其势反日盛一日。嗣昌觉得说不过去，只得自出督师。刚刚张献忠又想东犯，从四川走到郧阳。晓得杨嗣昌的军械、粮饷，全在襄阳，用轻兵出其不意，把襄阳袭破。嗣昌弄得无法可想，只得图个自尽。公元1643年，李自成陷潼关，孙传庭战死。自成遂陷西安，明年正月，在西安僭号。出兵陷太原。分军出真定，攻直隶，而自引兵从大同、宣府攻居庸关。守将迎降，自成遂攻京城。三月，京城陷，毅宗吊死在煤山上。

第二节 福唐桂三王的灭亡

这时候，明朝守山海关的是吴三桂。听得京城被围，带兵入援，到丰润，京城已经攻破了。李自成捉了吴三桂的父亲吴襄，叫他写信，招吴三桂来投降，三桂已经答应了。后来听得爱妾陈沅（亦作陈圆圆），被掠，大怒，走回山海关。李自成自己带着大兵去攻他，吴三桂就投降清朝。

毅宗殉国的前一年，清太宗也死了。世祖立，年方六岁。郑亲王济尔哈朗、睿亲王多尔衮，同摄国政。这时候，济尔哈朗方略地关外，听得吴三桂来降，忙疾驱到离关十里的地方，受了他的降。和吴三桂共击李自成，大破之，李自成逃到永平。清兵追入关，自成向西逃走，仍回到西安。五月，多尔衮入北京，十月，清世祖就迁都关内。

先是北京的失陷，明朝福王由崧、潞王常淓（毅宗的从父），都避难到南京。毅宗殉国以后，太子也杳无消息，于是“立亲”、“立贤”的问题起（“立亲”则当属福王，“立贤”则当属潞王。）当时史可法等（可法以兵部尚书，督兵勤王，在浦口），都主立潞王。而凤阳提督马士英，挟着兵威，把福王送到仪征，大家不敢和他争执，只得把福王立了。士英旋入阁办事，引用其党阮大铖。阮大铖是阉党（魏忠贤的党），为公论所不齿的，久已怀恨于心。于是当这干戈扰攘的时候，反又翻起党案来，朝廷之上，纷纷扰扰。而福王又昏愚无比，当这国亡家破的时候，还是修宫室，选淑女，传著名的戏子进去唱戏；军国大事，一概置诸不管；明朝的局势，就无可挽回了。

清朝当打破李自成之后，肃亲王豪格和都统叶臣，就已分兵攻下河南、山东和山西。世祖入关之后，又命英亲王阿济格，带着吴三桂，尚可喜，从大同边外攻榆延。豫亲王多铎和孔有德攻潼关。李自成从蓝田走武关，清兵入西安，阿济格一支兵，直把李自成追到湖北。自成在通城县，为乡民所杀。多铎一支兵，就移攻江南。

明朝这时候，上流靠着一个左良玉（驻武昌）做捍蔽；下流则史可法给马士英等挤出内阁，督师江北。可法分江北为四镇：命刘泽清驻淮北，以经理山东。高杰驻泗水，以经理开（开封）、归（归德。）刘良佐驻临淮（关名），以经理陈、杞。黄得功驻庐州，以经理光、固（光州、固始。）而诸将争权，互相仇视。可法把高杰移到瓜洲，得功移到仪征，然诸将到底不和。公元1645年三月，多铎陷归德，进攻泗州。可法进兵清江。高杰也进扎徐州，旋单骑到睢州总兵许定国营里。这时候，定国已和清朝通款，便把高杰杀掉，降清。高杰的兵大乱，可法忙自己跑去，抚定了他。而左良玉又因和马士英不协，发兵入清君侧。朝廷连催史可法入援。可法走到燕子矶，左良玉已病死路上，手下的兵，给黄得功打败了；可法又回到扬州，则清兵已入盱眙。可法檄调诸镇来救，可没有一个人来的。可法力战七昼夜，扬州陷，可法死之。京口守兵亦溃。福王奔黄得功于芜湖。清兵入南京，遣兵追福王，黄得功中流矢，阵亡，福王被擒。清兵入杭州而还（七月。）

于是兵部尚书张国维奉鲁王以海（太祖十四世孙）监国绍兴（六月。）礼部尚书黄道周，亦奉唐王聿键（太祖九世孙）称号于福州（闰七月。道周旋从广信出兵衢州，至婺源，为清兵所败，被执，不屈死。）清朝既据南京，旋下剃发之令，于是江南民兵四起，也有通表唐王的，也有近受鲁王节制的。然皆并无战斗之力，“旬日即败”。公元1646年，清命肃亲王豪格和吴三桂定川、陕，贝勒博洛攻闽、浙。豪格入四川，与张献忠战于西充，献忠中流矢阵亡。其党孙可望、李定国、白文选、刘文秀等，溃走川南。旋入贵州，清兵追到遵义，粮尽而还。博洛渡钱塘江，张国维败死，鲁王奔厦门。唐王初因何腾蛟招抚李自成的余党，分布湖南北；而杨廷麟也起兵江西，恢复吉安；要想由赣入湘。然为郑芝龙所制，不能如愿。到博洛攻破浙东，芝龙就暗中和他通款，尽撤诸关守备，清兵入福建。唐王从延平逃到汀州，被执，旋为清兵所杀。

唐王既死，大学士苏观生（唐王派他去招兵的），立其弟聿鐭于广州。兵部尚书瞿式耜等，亦奉桂王即位于肇庆。博洛派李成栋攻广东。十二月，破广州。聿鐭、观生皆自杀。成栋进陷肇庆，桂王走桂林。清朝又派降将孔有德、尚可喜、耿仲明攻湖南。金声桓攻江西，吉安陷，廷麟殉节。何腾蛟退守全州。公元1648年，金声桓、李成栋，以江西、广东反正。何腾蛟乘机复湖南，川南、川东亦内附，清大同守将姜瓖亦叛，于是桂王移驻肇庆，共有两广、云、贵、江西、湖南、四川七省之地。清朝就派吴三桂定川、陕，郑亲王济尔哈朗会孔有德等攻湖南，都统谭泰攻江西，金声桓、李成栋、何腾蛟都败死。公元1650年，清兵复陷广州。明年，孔有德陷全州，进攻桂林。瞿式耜也败死（这时候，姜瓖已死，吴三桂已攻陷四川。）桂王避居南宁。差人封孙可望为秦王，请他救援。于是孙可望派兵三千，保护桂王，驻跸安隆（如今广西的西隆县。）派刘文秀出叙州，攻重庆、成都。李定国攻全州、桂林。孔有德败死，吴三桂逃回汉中。于是明事又一转机。定国旋遇袭，失桂林，退保南宁。文秀进攻岳州，也大败于常德。然而清朝因为这一班人，都是百战之余；而云南、贵州，地势又非常险阻，于是派洪承畴居长沙，以守湖南；尚可喜驻肇庆，以守广东；李国英驻保宁，以守川北；其余的地力，暂时置之度外了。而桂王又因孙可望跋扈，召李定国入卫。定国把桂王迎接到云南，和刘文秀合兵。公元1657年，孙可望攻之，大败，遂降清。洪承畴因请大举。公元1658年，承畴从湖南，三桂从四川，都统卓有泰从广西，三路出兵。九月，三路兵会于平越，合兵入滇。定国扼北盘河力战，不能敌，乃奉桂王居腾越，而伏精兵于高黎贡山（在腾越之东。）清兵从云南、大理、永昌，直追向腾越，到高黎贡山，遇伏，大败而还。于是李定国、白文选奉桂王人缅（刘文秀已死。）公元1661年，清兵十万出腾越，缅人执桂王付三桂。明年，为三桂所弑，明亡（白文选为三桂所执。李定国不多时，也病死于缅。）

第三节　郑氏和三藩

然而这时候，东南还有个台湾郑氏，未曾平定。先是鲁王入海之后，石浦守将张名振奉之居舟山。时明遗臣张煌言，也起兵浙东。公元1649年，名振和煌言合兵攻吴淞，不克。而舟山反为清兵所袭取。乃同奉鲁王赴厦门，依郑成功（名振旋死，把军事都交给张煌言。鲁王和唐王是不睦的。郑成功是感激唐王的人，所以不肯推戴鲁王，然而和张煌言很为要好）。郑成功是郑芝龙的儿子。芝龙原是海盗，受招降的。当唐王时代，暗中通款于清。成功力谏，不听。清兵入闽，芝龙迎降。成功退据厦门。练海陆兵，屡攻福建，清兵入滇的时候，郑成功也大举，从崇明入长江，以图牵制。破镇江，攻南京，清廷大震。旋为清总兵梁化凤所袭破，乃收军入海（张煌言分兵从芜湖攻皖南，闻成功败，收兵从浙东出海而还），克台湾而据之（参看下篇第一章第一节。）务农，练兵，定法律，建学校，筑馆以招明之遗臣。渡海附之者如织，天南片土，依然保存着汉族的衣冠。

清朝的平定南方，所靠的，实在是明朝几个降将。其中金声桓、李成栋，皆先降而复叛。孔有德封定南王，死后，国除。尚可喜封平南王，王广东。耿仲明封靖南王，死后，儿子继茂袭爵，王福建。继茂死，仍以其子精忠袭爵。吴三桂封平西王，王云南。三藩之中，三桂功最高，兵亦最强。——原来清朝也不过关东一个小部落，倘然没这班人替他效劳，要想完全吞灭中国，是做不到的。并吞中国，既然是借重这班人，到后来，自然成了“尾大不掉”之势。但是三藩之中，也只有吴三桂的兵，是真强的而且是身经百战；然而这时候，也有些暮气不振，耿、尚二藩，就更不必说了。而欲以西南一隅，摇动天下于既定之后，所以到底无成。

公元1673年。先是尚可喜因年老，把兵事都交给自己的儿子尚之信，后来就为其所制。这一年，尚可喜用谋士金光之计，上疏请归老辽东，想借此脱身，部议答应了他。吴三桂、耿精忠不自安，也上疏请“撤藩”，以觇朝意。当时朝臣都知道答应了他，一定要造反，没一个人敢做主，圣祖独断许了他。这一年十一月，三桂就举兵反。三桂初意，要想走到中原，然后突然举事的。而巡抚朱国治，把他逼得很急，以致不得不发。既发之后，有人劝他：“弃了云南，率众北上。”三桂也暮气深了，不能听。叛旗既揭，贵州首先响应。明年，攻陷湖南。四川、广西和湖北的襄阳，亦均响应。清朝派守四川之兵，既然不能抵御。驻扎荆州的兵，也寸步不能进。公元1675年三月，耿精忠亦全据福建。于是三桂亲赴常、澧督战，派一支兵出江西，攻陷三十余城，以联络耿精忠，一支兵从四川出陕西。清朝的提督王辅臣，据宁夏叛应三桂。于是甘肃州县，亦多陷，声势颇振。但是三桂想自出接应王辅臣，不曾来得及（辅臣以公元1676年六月，兵败降清），而清兵反乘此攻破江西（进攻长沙为三桂所击却），耿精忠既为清兵所攻，又和郑成功的儿子郑经不睦，郑经也乘势攻击他，两面受敌，亦复降于清。公元1677年，尚之信又以苦三桂征饷，降清。于是三桂的兵势，又日蹙。乃以公元1678年八月，称帝于衡州，以图维系众心。不多时，三桂死了，诸将共立其孙世璠，居于贵阳。吴三桂手下的将士，自然不是吴世璠能驾驭的，其中又起了内讧。于是清兵从湖南、广西、四川，三路而进，连战皆克。公元1681年，入云南，世璠自杀。先是清朝已杀掉尚之信，这时候，又杀掉耿精忠。三藩就全削平。福州、广州等处，都分置驻防。清朝的势力，此时就真能控驭全国了。

郑成功卒于公元1662年，子经立。耿精忠叛清的时候，郑经举兵攻他，取漳、泉和汀州、邵武。精忠降清之后，和清兵合力攻他。公元1677年，取得之地复失。公元1679年，郑氏将刘国轩复攻漳、泉。为清闽浙抚督姚启圣、水师提督万正色所败，并失金门、厦门。三藩平后，清朝颇无意用兵于台湾；拟照琉球之例，听其不剃发，不易衣冠，而为外臣。而姚启圣不可；提督施琅，原是郑氏的降将，尤其想灭掉郑氏，以为己功。公元1681年，郑经卒。侍卫冯锡范，构成功之妻董氏，杀掉他的长子克臧，而立其次子克塽；事皆决于锡范，众心大离。公元1683年，施琅就入台湾，把郑氏灭掉。

第五章　清朝的盛世

第一节　满洲内部特殊势力的消灭

清朝以区区一个小部落，居然能入主中原二百余年，远非元朝所及。这是什么缘故？其中固然也有许多原因，而君主的能够总揽大权，也是其一端。

原来未开化的部族，“天泽之分”，本不如久经进化之国之严。而一朝开创之初，宗族之中，又总是个个人都想觊觎非分的。倘使拥兵相争，始终不能得一个解决，那就祸乱相寻，没有安稳的日子了。元朝就是个适例，清朝却不是如此。

清太祖共有十六个儿子。其中唯长子褚英，在明万历中，犯罪被杀，此外都到太宗时还在。又有太祖的兄弟舒尔哈齐的儿子，都是身经百战，手握兵权的。其中最有权势的，是太祖的次子代善（大贝勒）、第五子莽尔古泰（三贝勒）、第八子太宗（四贝勒）和舒尔哈齐的儿子阿敏（二贝勒）并称为四贝勒。太祖死后，是四大贝勒，同受朝拜的。可想见满洲此时，并没一个共主。天聪四年（崇祯三年。参看第三章第五节），太宗入关，取永平等四城，留阿敏守着。这四城在当时是无可守的。孙承宗来攻，阿敏弃城而归。太宗就乘机宣布他的罪状，把他幽禁。天聪六年，莽尔古泰死了，亦追举其罪状。于是四贝勒之中，除太宗外，只剩一个代善。代善是个武夫，太宗不甚忌他。莽尔古泰死的前一年，已经取消和太宗并坐之礼。可见这时候，太宗的权力，已渐渐的稳固了。太宗于诸王中，最亲信的，是太祖第九子多尔衮。太宗死后，多尔衮辅立世祖，年方六岁，多尔衮代摄国政。征伐之事，则归阿敏的兄弟济尔哈朗（郑亲王。）到入关后，多尔衮才夺去济尔哈朗的事权，而代以自己的兄弟豫亲王多铎。世祖入关之后，多尔衮的声势，是很为赫奕的。当时他的称号，是皇父摄政王。群臣章奏，都径用摄政王旨意批答。一切符信，也都收入府中。顺治七年十二月，摄政王死了，诏臣民都易服举哀，追尊为义皇帝，庙号成宗。明年二月，近侍苏克萨哈，发其生前罪状，济尔哈朗从而证成之。乃追夺尊号，并籍其家，诛其党谭泰等。

多尔衮死后，世祖就亲政。亦颇聪明，于治法多所厘定。公元1661年，世祖卒。子圣祖嗣，还只八岁，索尼、苏克萨哈、遏必隆、鳌拜同为辅弼大臣。鳌拜专权横恣，遏必隆亦附之，索尼不能禁，只有苏克萨哈，和他争持，为鳌拜所害。公元1678年，圣祖阴选力士，为布库之戏（角力之戏。）乘鳌拜入见，把他捉住，幽禁起来，而诛黜其党。从此圣祖就大权独揽了。

然而宗室诸王的特殊势力，还没有铲除掉。圣祖共有二十三子，直郡王胤禔最长，而非嫡，嫡长子理密亲王胤礽，以公元1675年（康熙十四年），立为太子，诸王之中就大起阴谋。而胤禔和第八子胤禩，运动尤力。诸王各有党羽。圣祖亲征噶尔丹时，太子留守京师，尝有贤名。其后忽“窥伺乘舆，状类狂易”，公元1708年（康熙四十七年），把他废掉，旋得胤禔令蒙古喇嘛用术厌魅状，乃复立胤礽为太子。把胤禔拘禁起来。而太子复位之后，狂易如故，旋又废掉幽禁。圣祖自此异常愤懑，不再说及立太子的问题，群臣有以为言的，都获罪。公元1722年，圣祖死，世宗立。世宗之立，据他自己说，是他的母舅隆科多，面受圣祖遗命的。但据另一种传说则是圣祖弥留时，召隆科多入内，亲写“皇十四子”四字于其掌内。世宗撞见了，硬把“皇十四子”的“十”

字拭掉。这话虽无确据，然观圣祖第十四子胤禵，当康熙末年，曾任抚远大将军，柄用隆重，则其说似非无因（参看第六章第四节。）世宗初立，以胤禩为廉亲王，和怡亲王胤祥，同理国政，而安置胤禟于西宁。胤禟和胤禩，仍有密谋。胤禟并用西洋人穆经远，另造新体字通信。公元1726年，乃把这两个人都拘禁起来。并改胤禩的名字为阿其那，胤禟的名字为塞思黑（满洲话，译言猪狗），屏之宗籍之外。不多时，两个人就都死了。而胤䄉（圣祖第十子）、胤禵，亦遭监禁。胤禵在西宁，是和年羹尧共事的（参看第六章第四节），所以世宗也忌着羹尧。羹尧时兼督川陕。公元1725年，世宗把他调做杭州将军，旋即把他杀掉。还有一个岳钟琪，是年羹尧出征青海时，调他做参赞大臣的。也借口他征讨卫拉特，顿兵不进，逮到京城论死。高宗即位，才释放回里。隆科多是世宗即位之际，与闻密谋的。初时把他推崇得极为隆重，命群臣章奏，都要书写舅舅隆科多。年羹尧得罪时，世宗硬指他为徇庇，从此种种寻他的短处。公元1727年六月，也把他拘禁起来。从此以后，和诸王有关系的人，大略都尽了。原来清初诸王的所以有权（一）则因他们和内外诸臣交通，极为自由。（二）则清初的所谓八旗兵，有上三旗（正黄，镶黄，正白）、下五旗的区别。上三旗为禁卫军，亦称内府三旗。下五旗则为诸王的护卫。所以他们都是有兵权的。到世宗，才禁止宗藩和外官交通。又借口胤禩擅杀军士，把诸王府的卫兵都撤掉。从此以后，他们就都无拳无勇，无甚可怕了。

大凡北族的灭亡，总是由于内溃。而其内溃，则总是由于宗室之中，相争不决的。这是自从匈奴以后，都是如此。本书篇幅有限，未能一一列举。读者请把匈奴、突厥、薛延陀等等的事情，一加考校，自然见得。其互相争而能够终定于一的，就可以暂时支持。辽金两朝的初叶，就是其适例。清朝从太宗到世宗，累代相承，总算把骄横的宗室压服。其部族，就可以保得不至于内溃了。

清系图

(一)太祖努尔哈赤—(二)太宗皇太极—(三)世祖福临—(四)圣祖玄烨—(五)世宗胤禛—(六)高宗弘历—(七)仁宗颙琰—(八)宣宗旻宁

(八)宣宗旻宁—(九)文宗奕詝—(十)穆宗载淳

(八)宣宗旻宁—醇亲王奕環—(十一)德宗载湉

醇亲王奕環—醇亲王载沣—(十二)溥仪

第二节 清朝对待汉人的政策

至其对于汉人，却又是怎样呢？清太祖时候，排汉的思想，是很厉害的，当时得了汉人都拿来分给满人做奴隶。到太宗时才加以限制，把其余的汉民，另行编为民户。因为他们和满人同居，时时受满人的欺侮，就把他们分开，另选汉人治理。太祖最恶儒生，得到了都要杀掉。太宗则举行考试（天聪三年），考取的，还赏给布帛，减免差徭。这都是明知国力不足，不得不抚用汉人，所以政策随着改变的。

但是到入关之后，还不免有野蛮的举动，其中扰害最甚的，就是籍没明朝公、侯、伯、驸马、皇亲的田，以给旗民和禁隐匿满洲逃人两件事。因此破家致死的很多。其尤激起汉人反抗的，就是剃发之令。

案辫发之俗，由来很久。古书上或写作“编发”，或写作“被发”，其实都是一音之转（《论语》：“微管仲，吾其被发左衽矣。”《皇疏》：“被发，不结也。礼：男女及时，则结发于首，加冠笄为饰。戎狄无此礼，但编发被之体后也。”则被发，就是俗话所说的拖辫子。《汉书·终军传》“解编发，削左衽”。颜师古注“编读曰辫”。）《汉书·匈奴传》文帝送匈奴单于“比余”一具。颜师古注，说是“辫发之饰”。又《隋书·突厥传》载启民可汗上书，说辫发之俗，由来已久，一时未能解去。可见北族自古皆然。至其形状，则稻叶君山《清朝全史》说：

> 综合宋代之纪事，则蒙古人之辫发：前头与左右两侧皆留

发，他尽开剃。其前头所留之发，如今南方支那妇人之前发，仍然垂下。两侧所留则辫之，余端垂下。此见之竹崎季长《蒙古袭来之绘词》。图中蒙古人皆两辫，但不见留有前头之发耳。

稻叶氏又说：据《金国记录》，太宗天会七年，有“削发令”，不如式者死。但其施行之范围，唯限于官吏。蒙古则不然，无论为公人，为私人，皆一般强行辫发（按朝鲜人当元代，也都有辫发的。可参看《韩国小史》。）他引洪武元年的《皇明实录》。

诏使复冠如唐制。初元世祖自朔漠起而有天下，尽以胡俗变易中国之制。士庶咸辫发椎髻，深襜胡帽，无复中国衣冠之旧，甚至易其姓名，为胡名，习胡语，俗化既久，恬不知怪。上久厌之，至是悉令复旧衣冠，一如唐制。士民皆以发束顶。其辫发，椎髻，胡服，胡言，胡姓，一切禁止。于是百有余年之胡俗，尽复中国之旧。

则汉族人除掉辫发，实际还不过二百七十七年（洪武元年至顺治元年，公元1368年至公元1644年）。如何又碰上满洲人，来强行起辫发令来呢？清兵入北京，是五月初三。明日，即下剃发之令。到二十四日，又听民自由。江南既下之后，又下令强行起来。京畿之内，限十日，外省限文到之后十日，尽行开剃。倘有不遵，即行处死。于是江南民兵，蜂起反抗。其结果，就酿成嘉定屠城等惨剧。按稻叶氏书又载世祖迁都之后，对于南方的檄文，有“尔明朝嫡胤无遗，势难孤立。用移大清，宅此北土……其不忘明室，辅立贤藩，戮力同心，共保江左，理亦宜然，予不汝禁”云云。则清朝初入北京之后，还承认明朝自立的。到既下江南之后，才断然有并吞中国的意思。所以辫发令即强行于此时。

清朝这种行为，断无可以持久之理。汉人所以都为其所压服，全是吴三桂等一班军阀，为虎作伥。然而福、唐、桂三王灭亡之后，实权也还不全在满人手里。只要看当时吴三桂的用钱、用兵，兵部、户部，都不能节制。用人也不由吏部，另称西选。西选之官半天下，就可知道西南半壁，差不多完全不在北廷手中了（顺治八、九年间，岁入在14000000两左右。兵饷在13000000左右。而三藩之饷，即已占9000000。）直到三藩平定之后，汉人才真为满人所压服。

然而一味用高压政策，也是不行的。所以从圣祖以后，对于汉族，也颇取怀柔的手段。一面尊崇明太祖，封建其后，以减少汉族的反感（圣祖南巡，每过南京，必向明太祖陵致祭。世宗雍正二年，又封明后朱之琏为一等侯。）一面开博学鸿词科（康熙十七年），纂修巨籍（可参看下节），以网罗人才。一面表章程朱，尊崇理学，想唤起汉人尊君之心。一面又大兴文字之狱，焚毁许多书籍，以摧挫他们的气焰（清朝文字之狱，大的有好几次。其一，是庄廷珑之狱。廷珑是湖州富人。明朝的朱国桢，曾著了一部《明史稿》，明亡之后，稿藏于家。后来朱氏的子孙穷了，把稿子抵押给庄廷珑。廷珑替他补全了崇祯一朝的事实，要想刊刻，未成而死。他的父亲胤城，遂替他刻完了。为归安知县吴之荣所告。廷珑戮尸，并杀其弟廷钺。列名书中的人，和失察的官吏，死掉七十多人。其二，是戴名世之狱，戴名世，桐城人。所著《南山集》，多采同县方孝标的《滇黔纪闻》，中多涉及吴三桂处。事发，孝标戮尸，名世弃市。替他刊刻的尤云锷，收藏板本的方苞都坐罪。以上是康熙时的事情。其三，是汪景祺之狱。景祺，浙江人。著《西征随笔》。颇议论康熙时的朝政。世宗就坐他个“大逆不道”的罪名，把他杀掉。妻子和“期亲”都遣戍。五服以内族人，皆斥革拘管。其四，是查嗣廷之狱。雍正四年，查嗣廷典试江西。以“惟民所止”命题。世宗说他是把雍正两字，截去了头。嗣廷死于狱中，仍戮尸枭示，儿子亦坐死，家属都遣戍。其五，是陆生柟之狱。生柟广西人，著《通鉴论》十七篇。中有论君权太重，及封建制度，万世无弊等语，被杀。其六，是曾静、吕留良之狱。吕留良，字晚村，浙江人，尝讲学于家。湖南人曾静，见其所评时文中，有论井田，封建的话，颇以为然。叫自己的门徒张熙，去找他的儿子吕毅中，把他的遗稿取来。后来诸王布散谣言，曾静以为有隙可乘，叫张熙到四川去见岳钟琪，劝他造反，为钟琪所举发。世宗把吕留良剖棺戮尸，曾静、张熙，却免死拘禁。到乾隆初，亦被杀。以上是雍正时的事情。其七，是胡中藻之狱。胡中藻，鄂尔泰的门生。著有《里磨生诗钞》。高宗摘其中字句，指为有意谤毁。下狱，凌迟处死。鄂尔泰的侄儿子鄂昌，高宗说他诗中称蒙古为胡儿，沾染汉人习气，也勒令自裁。其八，是徐述夔之狱。徐述夔。浙江举人，高宗时已死。高宗亦摘其诗句，指为怀挟异志，剖棺戮尸。杀其二子。其九，是王锡侯之狱，王锡候，江西举人。因刻了一部《字贯》，怨家讦发他，说是删改《康熙字典》，亦被拿问。巡抚以下，都得失察的处分。以上是乾隆时的事情。“禁书”起于乾隆三十九年。本说以五年为限，后来屡次展限，到五十三年，仍有很严厉的谕旨，勒令各处销毁。据当时刑部所奏，共烧毁二十四次，五百三十八种，一万三千八百六十二部。）这种政策，是康、雍、乾三朝一贯的。他们想把这种刚柔并用的政策，压服汉族。——然则到底曾收多少效果呢？我敢说是丝毫的效果也不曾收到。请看下篇第四章第五节，自然明白。至于清朝所以能享国长久，还靠康雍两朝，政治总算清明的力量。请看下节。

第三节　顺康雍乾四朝的政治

当明朝末年，中国的社会，是凋敝得不堪的。世祖入关之后，即罢免“三饷”。又定《赋役全书》，取民之数，都照万历中叶的旧额。其时虽各处用兵，军费浩繁，总算始终没有加赋。圣祖亲政，又裁撤十三衙门，罢诸种织造。宫中用度，更为省俭。

圣祖是个聪明特达的君主。他乐于求学，勤于办事。于天文、地理、律历、算术……学问，多所通晓。又颇能采用西洋的学问（见下篇第一章第二节。）而尤其相信理学，佩服程朱。他尝说：“昔人每曰：帝王当举大纲，不必兼亲细务。予心殊不谓然。一事不谨，则贻四海之忧；一时不谨，则贻千百世之患……故予之莅政，不论巨细，即奏章之内，有一讹字，必加改正，而后发出。”这几句话，固然不免有几分矫饰；然而他能励精图治，确是实在的。他又说：“明季宫中一日之用，万金有余。今朕交付于内务府总管，应付之银，一月仅五六百两。并一切赏赐，不过千金。”又说：“所有巡狩行宫，不施采绘，每处所费，不过一二万两。较之河工岁费三百余万两，实不及百分之一。”这种话，固然也不免有过情之处，然而他能俭于用财，也确是真的（圣祖于康熙二十三、二十八、三十八、四十二、四十四、四十六年，尝六次南巡，所过确未闻有多大的扰累。）

所以当三藩平后，国内已无战事，政治亦颇清明，百姓就得以休养生息。——原来中国的人民，勤苦治生的力量，是很大的。只要没有天灾人祸去扰累他，他的富力，自然一天一天会增加起来。就财政上头，也看得出他的反映。当三藩乱时，清朝的财政，还是入不敷出的。乱平之后，收入便逐年增加。到公元1709年（康熙四十八年），国库里就有了五千万两的储蓄了。圣祖是主张藏富于民的，于是下诏：令三年之内，将全国钱粮，通行减免一次。公元1712年，又命以后征收钱粮，即以康熙五十年所收为定额。以后新生的人丁，永不加赋（参看下篇第五章第五节。）这种办法固然是疏节阔目；朝廷不甚诛求，行政官吏，也就无所凭借以作弊，百姓可以得到许多好处。然而圣祖晚年的政治，也不免流于宽纵些。即如各省欠解的钱粮很多，也都没有认真查追。吏治长此因循，不但财政，一切政治，都要受其影响。世宗即位，就一变方针，而以严肃为治。首先盘查各省的库款，追缴欠解的钱粮。又把征收时的“火耗”，化私为公（“火耗”是因赋税征银，官吏把百姓所缴的碎银，熔铸大铤，然后起解，所生的一种消耗。官吏借此名目。多取于民，其数目也颇为可惊。）对于盐课，关税，也竭力整顿，都得到很大一笔收入。国家财政基础，就更形巩固。雍正年间，国库余款，曾积至银六千万两。末年虽因用兵消耗，高宗初即位时，仍有二千四百万两。公元1782年，国库又积到七千八百万两。这就是清朝财政极盛的时期了。

世宗的治法，是极端主于严刻的。当圣祖时候，群臣颇有结党相争之风。而居南书房的高士奇，以文学家世，为人所依附的徐乾学，和居言路的许三礼、郭诱等，声势尤其赫奕。世宗深恶朋党，尝御制《朋党论》，以儆戒诸臣。又设立军机处，以分内阁之权。把六科改隶都察院，以摧折言路的气焰。另设奏事处，令奏事的不必尽由通政司。机要事情，并许直达御前，以防臣下的壅蔽。这种大权独揽，真有“一人为刚，万夫为柔”的气概。然而鄂尔泰、张廷玉分党相争，仍旧没有免掉。世宗为对付诸王起见，多设密探，以为耳目。此后遂至刺探朝臣的隐私，格外弄得朝臣都惴惴不自保，只知道小心谨慎，以求免祸。高宗的明察，不及世宗。而一副“予智自雄”的神气，却是如出一辙，动辄严词驳诘，有类骂詈。又时时要用不测的恩威，使得臣下恐惧，“待大臣以礼”之风，是丝毫没有的。所以到后来，全剩了一班“阿谀取容之士”，没有一个“正色立朝之臣”。这是清朝政治的短处。

还有一件，康雍乾三朝，对于文化事业的尽力，也颇可一述的。御制或敕撰的书籍，是历代都有。国家搜罗书籍，把他校勘珍藏，更是历代都有的［考校经籍的历史，颇可以见得历代学术的派别，文化的升降（质而言之，就是有学术史的一部分的价值），也是颇有趣味的事情。简单一点，可以把汉、隋、唐、明各史的《经籍》、《艺文志》，《文献通考》的《经籍考》，以及清朝的《四库总目》浏览一遍］。其中官纂的巨籍，要推明朝的《永乐大典》为最。清朝康熙时的《图书集成》，也是照这部书编纂的。都是“类书”的体例。高宗时的《四库全书》，却是“丛书”的体例。这种书籍，编纂固未必尽善（譬如《永乐大典》，本是类书的体例。然而后来有许多编得极草率的，并不将全书按内容分析，编入各类，却把一部书硬抄入某一类之内，不管他内容合不合。这竟是笑话了。四库馆开时，对于各处送来的书，有予以“著录”的，有仅予存目的，其中去取，也未必尽当。当时曾从事于“辑佚”，把已亡之书，尚存于《永乐大典》中的，搜集出来。固然辑出许多紧要的书，也有许多紧要的，并没有辑出来。）然而清朝人毕竟靠了《永乐大典》辑出许多佚书来，《四库全书》，则现在大略完全的，还有四部（北京文渊阁，圆明园文源阁，奉天文溯阁，热河文津阁，谓之内廷四阁。扬州文汇阁，镇江文宗阁，抗州文澜阁，谓之江浙三阁。文澜颇有散亡，文渊、文溯、文津三阁的书，则还大都完好。）于保存文化上，究竟有很大的价值。

以上所述，都是内治一方面的事情。还有康雍乾三朝的武功，也是极有关系的，请于以下三章，述个大略。

第六章　近代的蒙回藏

第一节　种族和宗教的变化

中国地方，除内地十八省和关东三省外，可以大体为两个高原（参看第二篇下第三章第二节。）便是：

一、蒙古新疆高原。

二、青海西藏高原。

其中蒙古高原，向来是游牧民族占据的。新疆高原，即游牧（行国）、耕稼（居国，即城郭之国），民族错居，而大部分是城郭之国。其民族：则占据蒙古高原的，是匈奴、柔然、突厥、回纥（其实可称匈奴、丁令两种人。因为柔然所用的，都是丁令之众；突厥、回纥，又都是丁令的分部。参看第二篇下第一章第一、二、三节。）占据新疆高原的，是塞种和氐、羌（第二篇上第四章第二节。）其占据青海西藏高原的：则系氐、羌和藏族；而印度阿利安人，侵入其南部的雅鲁藏布江流域（第二篇下第二章第二、三节。）这些话，前文都已说过了。却是到近世，起了一个大变化。便是：

1.从回纥为黠戛斯所破，迁入天山南路，而丁令种族，占据了新疆高原。

2.从回纥败亡之后：黠戛斯没有能够占据漠南北；契丹的实力，也只及于漠南的一部分；蒙古高原，就多时没有强大的民族。直到蒙古人兴起，才尽为所据（蒙古是鞑靼、鞑靼的混种。然其种族，究当以鞑靼为主。所以近世，可算是肃慎种族极兴盛的时代。）

3.从蒙古人兴起之后，新疆高原，也为所征服。虽没有能将本来的民族——回族——融化（这因回纥也是大族之故），而在近世，蒙古高原和新疆高原的历史，也发生极密切的关系。

4.青海西藏高原，向来和别处地方，关系较少。却是近世，喇嘛教大行；而又适值蒙古人勃兴之际，于是在政治上，则蒙古征服西藏；在宗教上，则西藏征服蒙古，而蒙古高原和西藏高原的历史，也就发生极密切的关系。

5.当此时代，蒙古人又侵入青海，就使蒙、藏两高原，历史上的关系，更加一层密切。

6.在近世，喇嘛教大行于青海、西藏和蒙古高原，——其余波并及于关东三省。——而新疆高原，则仍为天方教流行之地。

更简而言之，则是：在种族上（一）蒙古高原的回纥人，侵入新疆高原。（二）关东三省的靺鞨人，——蒙古——侵入蒙古、新疆、青海高原。在宗教上：则（一）起于阿剌伯半岛的天方教，侵入新疆高原。（二）起于印度地方的佛教传入西藏、青海和蒙古高原。这种变化，也算得重大而可惊了。除1、2两条，前文业经说明外；其3、4、5、6四条，分别说明之如下。

第二节　黄教的盛行和天山南路的回教

蒙古人的信仰喇嘛教，已见第三篇下第四章第二节；但是到明朝，喇嘛教又另开了一个新派。喇嘛教的入西藏，事在公元747年（唐玄宗天宝六年。）其初祖，名巴特玛撒巴斡（见《蒙古源流考》。）从此以后，喇嘛教的势力，日盛一日，竟兼握西藏政教两权（吐蕃赞普的统系，也不知绝于何时。）推原其故：则吐蕃本不是什么统一的国家；当从印度侵入的勃窣野氏（《唐书》吐蕃赞普的姓）强盛的时候，暂时能统一青海西藏高原。到后来衰弱了，各地方的酋长，自然要现出独立的形势。而当这时候，喇嘛教既已盛行，1.诸喇嘛自然有篡部酋之位的，2.诸部酋也一定有入教为喇嘛的，3.诸喇嘛也自然有直接辖众的机会；不知不觉之间，政教两权，就自然混合了。从蒙古征服西藏以来，极其崇信僧侣。喇嘛的势力，自然更加增长（西藏政教的所以合一，就是政权所以从部酋而移入于喇嘛之手，史无可考；以上是我据臆见推想的话。）

喇嘛教是佛教中的“密宗”。这密宗，是要讲究“显神通”的；和西藏人民信仰的性质相合，所以易于盛行。但是到后来，就弄得只剩了迷信，别无所谓教义。甚至以“吞刀吐火”，诳诱流俗，发生出许多弊病来。于是黄教乘之而起。黄教的始祖宗喀巴，以公元1417年（明成祖永乐十五年），生于西宁卫。入雪山修苦行，别创一教。以旧教衣尚红色，就黄其衣冠以示别。所以人称他为“黄教”，而称旧派为“红教”。红教不禁娶妻，所以法王能生子袭衣钵。黄教却不然。于是宗喀巴遗言：他的两大弟子达赖、班禅，世世以“呼毕勒罕”（译言转生），普度众生。宗喀巴以公元1479年（明宪宗成化十五年）示寂。达赖一世敦根珠巴，本来是吐蕃王室之裔，世为藏王，舍位出家，传宗喀巴衣钵，所以兼有了西藏政教之权。二世根敦错，始置“弟巴”等官，以理政务，而自己专理教务。三世锁南坚错，始得蒙古诸部尊信。公元1579年（明神宗万历七年），俺答和他的孙儿子黄台吉入藏，迎接锁南坚错到青海漠南去布教。锁南坚错劝俺答勿得好杀。俺答也劝他交通中原。于是从甘州贻书张居正，请入贡。居正以闻，许之，是为中国和黄教交通之始。四世云丹坚错便是俺答的曾孙，教义直推行到漠北。漠北因离西藏较远，就自奉宗喀巴第三大弟子哲布尊丹巴的后身，居于库伦。这便是现在外蒙的所谓活佛了。五世罗卜坚错，其教并行于满洲。袁崇焕和满人相拒的时候，就有喇嘛往来其间。崇焕也利用他，做传达国书等事情。公元1637年（崇祯十年），太宗始因卫拉特的使者，贻书达赖、班禅。达赖、班禅，也覆书报使。公元1652年（清世祖顺治九年），清世祖就把达赖迎接到京城，封为西天大善自在佛。于是清朝人利用喇嘛教以抚绥蒙、藏的机缄又开。从宗喀巴降生以后，到此，凡二百三十六年，喇嘛教的势力，可谓极磅礴郁积之势。而其和蒙、藏两高原民族的关系，也可谓复杂极了。

蒙古的侵入青海，起于公元1509年（明武宗正德四年。）其酋长名亦不剌、阿尔秃厮。后阿尔秃厮为明朝所攻，遁去。而亦不剌和他的党羽卜儿孩，仍相继据有其地，役属番人。公元1559年（明世宗嘉靖三十八年），俺答和他的两个儿子宾兔、丙兔，袭取其地。留宾兔、丙兔守之，自此青海地方，为套部所有。漠南和西藏的交通，大为方便。这也是喇嘛教盛行于蒙古的原因。

天山南路，在元时，均属察合台后王，明初既定甘肃，于其西设安定（汉婼羌国地）、阿端、曲先（酒泉县西南）、罕东（在安西县境）诸卫，均隶西宁。又设赤斤（在嘉峪关西三百四十里）、沙州（唐朝时沙州）二卫，隶肃州。再向西，就是哈密卫（新疆的哈密县。）后来土鲁番强（新疆的吐鲁番县），哈密为其所并。并据罕东、赤斤。而曲先、安定二卫，则为亦不剌、阿尔秃厮所破。自是甘肃无复屏蔽，边患颇深。当这时候，分王天山南路各城的，还都是察合台的后裔。到后来，回教徒和卓木的后裔得势，而形势又一变。和卓木是回教教主摩诃末的后裔。当帖木儿强盛时（见下篇第二章第一节），也极其相信回教。于是回教教徒，多聚集撒马儿罕和卓木以教主之后，尤是尊重。和卓木有两个儿子：长名加利宴，次名伊撒克（加利宴之后为白山宗，伊撒克之后为黑山宗），迁居到喀什噶尔，也极得人民信奉。其后遂渐代察合尔后王，握有南路政教之权。这是近世天山南路回教兴盛的一因。然而当这时候，蒙、藏的交通既开，天山南路，介居其间，自不得不发生关系。而天山北路，又来了一个野心勃勃的卫拉特，其波澜就愈扩而愈大了。

第三节　卫拉特的盛强和清朝征服蒙古

从元顺帝退出中原以后，漠南北的历史，简直是蒙古和瓦剌——卫拉特——斗争的历史，已见前第一章。达延汗之兴，蒙古人总算恢复其势力。而卫拉特亦仍不失其为大部。从明朝末叶以后，蒙古人尊信了喇嘛教，犷悍好杀的性质，渐次变化，其势颇流于弱；而卫拉特转强。当清初，卫拉特四部分布的形势如下：

四卫拉特	和硕特（太祖弟哈布图萨尔之后，为其部长）	乌鲁木齐
	准葛尔（额森之后）	伊犁
	杜尔伯特（额森之后）	厄尔齐斯河
	土尔扈特（元臣翁罕之后）	塔尔巴哈台

从明中叶以后，黄教虽行于西藏，但红教的法王（红教法王，称萨迦胡土克图，萨迦，即释迦之转音，胡土克图，译言后身），仍居札什伦布，保有其势力。而拉克达城的藏巴汗，为之护法。公元1643年（崇祯十六年），西藏弟巴桑结，始招和硕特的固始汗（亦作顾实汗），入藏，袭杀藏巴汗。于是和硕特部徙牧青海，兼据喀木，干涉藏事，就开了西藏和卫拉特部的关系（固始汗奉班禅居札什伦布，是为达赖、班禅分居前、后藏之始。）

当和硕特部之强，准噶尔部长浑台吉，也同时蚕食近部。把土尔扈特逐去（土尔扈特移居窝瓦河流域，准噶尔遂与喀尔喀接壤），又胁服杜尔伯特。浑台吉死后，子僧格立，为异母兄所杀。僧格的同母弟噶尔丹，从西藏回来，定乱自立（公元1673年，清圣祖康熙十二年。）噶尔丹在西藏，和桑结要好。而固始汗的儿子达颜汗，和桑结不协。于是公元1677年，桑结又暗召噶尔丹，袭杀达颜汗，于是准噶尔统一卫拉特四部，势大张。这时候，喀什噶尔的白山、黑山两宗，方互相争斗。白山宗亚巴克，败走拉萨。公元1678年，噶尔丹又以达赖喇嘛之命，破黑山党，而立亚巴克为喀什噶尔汗。于是从伊犁徙牧阿尔泰山，以窥蒙古。公元1684年，故意差人去侮辱土谢图汗。土谢图汗果然大怒，把他杀掉。公元1688年，噶尔丹率众三万，往袭喀尔喀。喀尔喀三汗（车臣、土谢图、札萨克图）部众数十万，同时奔溃，都走漠南降清。

清朝同蒙古的关系，起于太祖时的九国之师（见第三章第四节。）这时候，察哈尔的林丹汗强盛，颇凭陵诸部。于是东方的科尔沁等部，就归附于清。林丹汗之妻，是叶赫贝勒锦台什（明朝人称为金台吉）的孙女，所以林丹汗和清朝不协。明朝人就厚给岁赐，叫他联合诸部，共御满洲。后来林丹汗陵轹诸部不已，土默特也乞援于清。公元1638年（崇祯十一年），清太祖会合蒙古诸部，出其不意，袭击林丹汗。林丹汗走死青海的六草滩。明年，其子额哲，奉传国玺降清。漠南蒙古遂平。然对于漠北，还没有什么主从的关系。

到这时候，清圣祖忙受了喀尔喀的降，发粟振济。而且把科尔沁的地方，借给他放牧。公元1690年，噶尔丹入寇。清圣祖分兵两路，出古北、喜峰二口迎敌。自己也亲幸边外。噶尔丹破清兵于乌珠穆沁，进至乌兰布通（在辽河南，离赤峰七百里），为清兵所败，退据科布多。公元1695年，又以兵三万，据克鲁伦河上流。于是圣祖派将军萨布素，以满洲科尔沁兵出其东。费扬古调陕甘兵出宁夏，攻其西。车驾亲出独石口。明年四月，渡瀚海，指克鲁伦。噶尔丹夜遁，至昭莫多（在库伦东），为费扬古所败，退居塔米尔河（鄂尔坤河的支流。）又明年，圣祖幸宁夏。命萨布素、费扬古分兵深入。这时候，噶尔丹的伊犁旧地，已为僧格的儿子策妄阿布坦所据。阿尔泰山以西尽失，回部青海亦叛。连年用兵，牲畜和精锐的兵，死亡殆尽。闻大兵出，遂自杀。阿尔泰山以东平，喀尔喀三汗，依旧回到漠北。

第四节　清朝平定西藏

噶尔丹才平，而策妄阿布坦又起。从准部强盛以后，土尔扈特，已为所逐；杜尔伯特，亦为所胁服；只有和硕特部，虽然达延汗为噶尔丹所袭杀，究竟还据有青海，势力足以相敌。策妄阿布坦就注意于此。

西藏的第巴桑结，是个狡黠不过的人。暗中招噶尔丹袭杀达颜汗之后，藏事已大权在握。公元1682年，达赖五世卒，桑结秘不发丧，而矫达赖命请封。公元1694年，封为图伯特国王。当噶尔丹侵喀尔喀的时候，圣祖叫桑结劝噶尔丹罢兵，桑结反嗾使他入寇。乌兰布通之役，桑结的使者，又代噶尔丹乞和，让噶尔丹乘间遁去。公元1696年，圣祖得到厄鲁特的俘虏，才尽知其事，于是赐书切责。桑结无法，才奏称："达赖五世，死已十六年，转生已十五岁；今年十月里，就要去迎立他。仍请暂守秘密，免得诸部听得达赖死了要骚动。"圣祖也答应了他。这时候，圣祖正传檄西北，叫诸部协擒噶尔丹。策妄阿布坦，业已出兵；桑结的使者，在路上遇着他，又叫他不要动。桑结又叫青海诸部，到察罕陀罗海去会盟，意甚叵测。刚刚这时候，达延汗之孙拉藏汗，又图干涉藏事。因议立新达赖，和桑结意见不合。公元1705年，把桑结杀掉。奏废桑结所立达赖六世，而别立伊西坚错。诏封拉藏为翊法恭顺汗。而青海诸蒙古，又说伊西坚错是假的，白奉里塘的噶尔藏坚错为六世达赖，把他迎接到青海，请赐册印。诏暂居西宁的塔尔寺，以图调停。而策妄阿布坦的事起。

策妄阿布坦蓄意吞并和硕特，先假意和他交欢。娶拉藏汗的姐姐为妻，又把自己的女儿，嫁给拉藏汗的儿子丹衷，把丹衷招赘在伊犁。公元1716年，以送丹衷夫妇归国为名，遣将策零敦多布，率兵六千，从和阗逾昆仑山，突入拉萨。袭杀拉藏汗，把伊西坚错，幽囚起来。于是圣祖派年羹尧备兵成都，皇十四子胤禵，驻兵西宁。恰好西藏也承认青海所立的达赖为真。于是公元1720年，西宁、成都，两路出兵。策零敦多布，由旧路逃去。新达赖入藏。于是以拉藏汗旧臣康济鼐、颇罗鼐，分掌藏务。

藏乱平后两年，而圣祖崩，世宗即位。固始汗嫡孙罗卜藏丹津，暗约策妄阿布坦为援，诱青海诸部，盟于察罕陀罗海。游牧喇嘛二十万，同时骚动。公元1723年，十月，世宗派年羹尧、岳钟琪去打他。明年，二月，钟琪乘青草未生，出兵掩其帐。获其母及弟妹。罗卜藏丹津逃奔准噶尔。于是置办事大臣于西宁，以统领青海的厄鲁特蒙古。

第五节　清朝平定卫拉特

青海西藏平后，准部的声势已衰。然而要犁庭扫穴，却还早着哩。公元1727年，策妄阿布坦死，子噶尔丹策零立。朝议欲一举而覆其根本。公元1729年，诏傅尔丹屯阿尔泰山，岳钟琪屯巴里坤，豫备出兵，策零自言愿执献罗卜藏丹津，于是缓师一年。而策零却出兵犯巴里坤。公元1731年，傅尔丹信间谍之言，出兵袭准部于和通泊，大败。准部就从乌鲁木齐、厄尔齐斯河两路攻喀尔喀。土谢图汗所属的额驸策凌，为元太祖十八世孙图蒙肯之裔。愤喀尔喀衰微，自练精兵一支，颇为强桿。及是，与准噶尔兵接战，大破之。于是进策凌爵为亲王，使之独立为一部。是为三音诺颜部（图蒙肯是个热心护持黄教的人。三音诺颜的名号，是达赖喇嘛赏给他的，译言“好官人”。）喀尔喀就有了四部了。明年，准噶尔再发兵袭击策凌，又为策凌所败。又明年，准部遣使乞和。世宗也下诏罢兵。公元1737年（高宗乾隆二年），定以阿尔泰山，为准部和喀尔喀游牧的界限。

公元1745年，噶尔丹策零卒，次子策妄多济那木札尔立（因为“母贵”。）公元1750年，其姐夫赛音伯勒克弑之，而立策凌长子剌麻达尔济（外妇所生。）部众有想立策凌少子策妄达什的。剌麻达尔济把他杀掉，并杀小策零的儿子达什达瓦。所谓大小策凌者，世为准部家将。从土尔扈特北徙之后，杜尔伯特的属部辉特，徙居其地。丹衷之妻改嫁辉特部长，生子，名阿睦撒纳，就做了辉特的部长。于是大策凌的孙儿子达瓦齐，和阿睦撒纳合兵，攻杀剌麻达尔济。达瓦齐自立，又和阿睦撒纳相攻。公元1784年，阿睦撒纳来降。明年，高宗派班弟和阿睦撒纳出北路，永常和降人萨拉尔（达什达瓦部下）出西路。五月，到伊犁。达瓦齐逃到乌什城，为城主所执献，并获罗卜藏丹津。

于是高宗想仍杜尔伯特、和硕特之旧。以辉特补土尔扈特，以绰罗斯特代准噶尔。仍为卫拉特四部，各封降人为汗，令如喀尔喀之例，为外藩。而阿睦撒纳想兼统四部，不肯奉诏。高宗诏班弟杀之。班弟为大兵已撤，不敢动手；只催他入觐，想到半路上害他。阿睦撒纳乘机逃去。伊犁复叛，班弟兵败自杀。又扰攘了两年。到公元1757年，兆惠和成衮札布，才两路出师。这时候，卫拉特诸部内讧，又痘疫大行，阿睦撒纳不能抵御，逃入俄境，病死。俄人把他的尸首送还。兆惠又留剿余党，到公元1760年才还。卫拉特的户数，共有二十多万。这一次，死于天痘的，十分之四；死于兵戈的，十分之三；逃入俄国和哈萨克的，也十分之二；存者不及十一，人称为“卫拉特的一浩劫”。

于是在伊犁、乌鲁木齐、塔尔巴哈台，各用满兵驻防。并令汉兵屯种，而在伊犁设立一个将军以节制之。

准部既灭之后，土尔扈特来归，而乌梁海（就是从前的兀良哈）亦尽入版图。分其地为唐努乌梁海、阿尔泰乌梁海、阿尔泰淖尔乌梁海三部。分隶于定边左副将军，和科布多参赞大臣。

第六节 清朝平定回部

准部既亡，清朝的兵力，就及于天山南路。先是噶尔丹破黑山宗而立白山宗，策妄阿布坦又排斥白山宗而代以黑山宗。白山宗玛罕木特，想据叶尔羌自立。策妄阿布坦把他擒获，囚在伊犁。玛罕木特有两个儿子：长名布罗尼特，次名霍集占，就是向来的史家，称为大小和卓木的。清兵初入伊犁。阿睦撒纳想得回部之援，把布罗尼特放回，而且借兵给他。布罗尼特就尽定天山南路。霍集占则留居伊犁，掌管北路的回教。清兵再定伊犁，霍集占也逃回去，清朝差人前往招抚，为其所执。公元1758年，兆惠移兵南征。以兵少，被围于叶尔羌。富德前往救援，亦被围于呼拉玛（在叶尔羌东边三十七里），到底以援至得出。后来清兵聚集渐多，而大小和卓木，偏信在伊犁时的旧人；又用兵之际，税敛甚重同，诸城解体。公元1760年，兆惠打破喀什噶尔（大和卓木所居），富德打破叶尔羌（小和卓木所居），大小和卓木逃到巴达克山，为其城主所杀，函首以献。于是天山南路亦平。设参赞大臣，驻喀什噶尔。大城设办事大臣，小城设领队大臣，以治军。各城皆设伯克以治民（以回人为之。）公元1763年，希哈尔以巴达克山杀大小和卓木，发兵灭之。乌什的回民，也想图响应，为将军明瑞所定，于是把参赞大臣移驻乌什。

葱岭本来是东西交通唯一的要路；从回教盛行以后，天山南路和葱岭以西的关系更深；所以从回疆平定之后，葱岭以西诸国，到清朝来朝贡的就很多。现在约举其名如下：

巴达克山（以下七部，清朝的书，都称他为城郭回部）

克什米尔（《唐书》的个失密，亦称迦湿弥罗）

乾竺特（即坎巨提，亦作喀楚特）

博罗尔（就是铂米尔，《唐书》作波谜罗。唐朝于其地置羁縻州名巴密）

敖罕（亦作浩罕。所属有敖罕、纳木干、玛尔噶朗、安集延四大城，窝什、霍克占、科拉普、塔什干四小城，故称敖罕八城。安集延城的人，来中国经商的最多，故中国亦通称其人为安集延）

布哈尔

阿富汗

哈萨克（共分三部：左部鄂尔图玉斯，俄人称为大吉尔吉思。中部齐齐玉斯，俄人称为中吉尔吉思。西部乌拉玉斯，俄人称为小吉尔吉思。小吉尔吉思，就是黠戛斯的音转。哈萨克和布鲁特，都准每年一次，到乌鲁木齐互市。哈萨克三年一贡，布鲁特则每年进马。哈萨克的部长，清朝曾各授以王公台吉的称号。布鲁特的头目，也由将军大臣奏放）

布鲁特（分东、西两部，俄人称为喀喇吉尔吉思）

这许多部落到英俄势力扩张之后，都为其所并。事见下篇。

和卓木是教主的后裔，虽然一时失败，回部对他的信仰，是不会减弱的。清朝初定回疆的时候，以回众强悍，颇加意抚恤。租税则四十取一。办事和领队大臣，都慎选满员中贤明的人。回民遭大乱之后，骤得休息，亦颇相安。朝廷就渐不在意，用起侍卫和在外驻防的满员来，都“黩货无厌”，而且要“广渔回女”。于是大和卓木的孙儿子张格尔，于公元1820年（仁宗嘉庆二十五年），乘机导敖罕入寇，陷喀什噶尔、英吉沙尔、叶尔羌。诏杨遇春以陕甘兵进讨。明年，恢复诸城。张格尔走出边。遇春设计诱他入寇，把他擒住。朝廷遂诏敖罕执献张格尔家属，敖罕不听，乃绝其贸易。于是敖罕又借兵给张格尔的哥哥摩诃末，叫他入寇。直到公元1831年，才算议明：中国仍许敖罕互市，敖罕则代中国监守和卓木一族，不许他来扰乱。

第七节　清朝征服廓尔喀

蒙、藏、准部和回疆，都已平定。却还有一件，对于廓尔喀的兵事，也是因西藏而起的。

廓尔喀，就是唐朝的泥婆罗。弃宗弄赞曾娶其公主；中国使臣于玄策，又曾调其兵攻印度的叛臣阿罗那顺，均已见前（第二篇下第二章第三节。）泥婆罗和西藏，是极接近的。虽没有什么记载可凭，却可以推想其历代的交通，都不曾断绝。当清朝时候，泥泊尔分为三部，推加德满都为盟主。公元1767年，为其西邻的廓尔喀所并，仍以加德满都为首都。

公元1780年，班禅六世入都，祝高宗七旬万寿。赏赐甚多，诸王公的布施，也有好几十万。班禅害了天痘，死在京城里。明年，丧归札什伦布。他的哥哥仲巴，把所有财宝，通统占据了起来。借口他的兄弟舍玛尔巴，是信红教的，一个大钱也不曾分给他。舍玛尔巴，因此大愤，逃入泥泊尔。又有班禅部下的丹津班珠尔，因受了刑罚，也逃入其地。劝他的酋长拉特木巴珠尔入寇。

公元1790年，廓尔喀入西藏。侍卫巴忠等，不敢抵敌。私许以岁币银一万五千两讲和。又缴不足额。明年，廓尔喀再入西藏，驻藏大臣保泰，把班禅移到前藏。廓尔喀在札什伦布，大肆剽掠。分兵一半，载所掠而去。一半仍留屯界上。事为高宗所闻，诏福康安、海兰察出兵。公元1792年，二月，把他留屯的兵赶掉。六月，分兵三路攻入其国。六战皆捷。离加德满都，只有一天路程。福康安志得意满，挥羽扇出战，自比诸葛武侯。为廓尔喀所袭击，大受损失。乃因其请和，许之而还。自此廓尔喀定五年一贡，算作清朝的属国。

自经此战以后，政府晓得听西藏自由和人家交通，不大便利，乃扩大驻藏大臣的权限。在仪制上，和达赖、班禅平等。把军政、财政的权柄，渐次收归掌握。并且虑及达赖、班禅继世之际，不免纷争。就想出掣签之法，颁发“金奔巴”（译言瓶）两个：一个放在西藏的大昭寺里，一个放在北京的雍和宫里。达赖、班禅和各大胡土克图，继承之际，遇有纷争，就把名字写在签上，放入瓶中，以抽签之法定之。从此以后，清朝对于西藏的管束，就觉得更为严密了。

第七章　近代的西南诸族

第一节　湘黔的苗族

西南诸族的分布，和历代开拓的次第，已略见一、二、三篇（第一篇第六章、第二篇上第四章第四节、第三篇中第四章第四节。）但是更进一步，希图竟其全功的，却在元明清三朝。三朝的政策，是一贯的："就诸族的土地，设立郡县的名目，即以其酋长为长官，实际上仍是世袭。但是继承之际，或须得中朝的认可，或须得其新任命。"这种政策，唐宋以前，也是有过的。但是从元明以后，才格外励行得出力。单是把他的地方，设立一个郡县的名目，而授其酋长以长官，至多则干涉其继承，这种办法，原不能收开拓的实效。明清两朝，所以能把这些地方渐次开拓，全靠他能把旧有的长官废掉，把他这地方，改成真正的郡县。这就是所谓"改土归流"。原来把这各族的地方，设置路府州县，元朝时候很多。明朝也是如此。除土府州县外，又有"宣慰"、"宣抚"、"安抚"、"招讨"、"长官"诸司的名目，这种总称为"土司"。遇有机会，便把土酋废掉，改设普通的官吏，是为"流官"。所以谓之"改土归流"。这便是元明清三朝，对于这些地方一贯的开拓的政策。但是话虽如此，仍不免用过好几次兵。如今且从沅水流域说起。

沅水流域的开拓，已见第三篇上第四章第四节。从宋开安化、新化二县，沅、诚二州之后，湖南全境，不曾开拓的，只有辰沅道北境，和湖北施南道南境连接的一隅。明时，才开辟施州、永顺、保靖之地。

清康熙时，开辟凤凰、乾州二厅。雍正时，增辟永绥、松桃二厅，又改永顺为府。于是沅水流域，几于完全开辟。其初土民“畏吏如官，畏官如神”。官吏因之，颇为侵暴。而汉人移居其地的又甚多，土地尽为所占。于是苗民生计穷绝，公元1795年，就起而反抗。调四川、云南、湖南、两广的兵，好几十万，才算勉强把他镇定（这是由于这时候军事的腐败，参看第九章第二节。）而这时候，川楚教民又起事，官军都调到北边去，苗乱依旧不平。后来有一个好官，唤作傅鼐的，来总理边务。乃修碉堡，创屯田，把汉民训练做兵，叫苗人侵掠不能得利，然后出钱买收他们的军器。又设立学塾，教化他们。从此以后，苗族就渐渐的向化了。

苗族的分布，是从沅江的下游，而渐进于其上游的。所以从辰沅向西，自镇远、平越以达贵阳。从此再向西南，到安顺、普安一带，以及从平越向东南，到都匀、榕江一带，也都是苗族分布之地。贵州一省，介居湘蜀滇桂之间。这四省的边界上，也都是蛮族所分布，所以开辟独晚。明初，元时所置的思州来降。太祖将其地分设思州、思南两土司。后来这两司互相仇杀，乃于公元1413年（永乐十一年），分其地为八府，四州，设立布政司和都指挥司，自此贵州才列于内地。

其在贵阳附近的土酋，以安氏（居水西），宋氏（居水东）为最大。附近各土司，都分归其统辖。后来宋氏衰而安氏独盛。天启时，和永宁土司奢氏（永宁，如今贵州的闻岭县）同叛。明朝为之大费兵力，到公元1628年（崇祯元年），才把他讨定。自此贵阳以西南都定。其贵州东南一带，则苗人分布的地方，面积之广，几达二千里，谓之苗疆。而以古州（榕江）为中心，环列的苗寨，有一千三百多座。清朝雍正年间，鄂尔泰兼做了云贵两省的督抚，创议“改土归流”，才任张广泗招降他们（贵州其余地方的土司，则派哈元生去招降。）后来鄂尔泰、张广泗都去了，继任的人措置不善，苗人就又起而反抗（公元1735年。）世宗派哈元生、张明等去平抚，久而无功。高宗即位，仍派张广泗经略其事。公元1736年，才把苗人蹙到丹江、都匀、台拱三县间的牛皮大箐里，把他打平。

这一次，一共烧毁苗寨一千二百余座，所释而不攻的，不过三百八十多座，杀戮也是很惨的。

第二节　滇黔的濮族和金川

濮族的分布，以黔江、金沙江、大渡河流域为中心，前面亦已说过。从元以后，其最有关系的，就是贵州的播州，和云南的乌撒、乌蒙、东川、镇雄四土府。

播州，就是如今的遵义县。当元明时，其辖境极广，北边直到娄山关，南边要到如今平越县附近。其酋长杨氏，也由来甚久。原来播州还是唐朝所置的州，僖宗时，为南诏所陷。有一个太原人，姓杨，名端，应募攻复其州。从此杨氏就世据其地，元时以其地为宣慰司。明初，杨氏率先归附，仍以原职授之。播州的地方，三面邻蜀，当交通之冲。而兵尤骁勇，屡次调他从征，总是有功的。万历初，宣慰使杨应龙，性喜用兵，因为犯了罪，为疆吏所纠劾，就发兵造反。官军讨之，屡败。直到天启初年，调川、滇、湖南三省的兵，然后把他讨平。于是分其地置遵义、平越二府，分隶黔、蜀（清朝遵义改属贵州。）黔江流域，就完全开辟了。

云南一省，唐宋两朝，都为大理所据。到元朝灭掉大理，才入中国版图，已见第三篇下第三章第四节。但是把他认真开设郡县，还是明朝的事情。明初仍多用土官。就使正印是流官，也一定要用土官做他的佐贰。到后来，才逐渐“改土归流”。其间大抵是和平进行的。只有乌蒙、乌撒、东川、镇雄四土府，在明朝隶属四川。其地距成都太远，节制不到。而又居川、滇、黔三省之间，颇为腹心之患。清初，乌撒土府已废。其余三府，还是隶属四川。公元1726年，鄂尔泰创议“改土归流”，世宗知其才可用，就把三土府改隶云南。才把他改设昭通、东川两府。明朝时候，云南的疆域，是很广的。所辖的土司，西南抵今缅甸，东南亦达今老挝，和安南接界。后来措置得不甚得法，实力所及，西不过腾冲，南不过普洱。从此以外，就都为安南、缅甸所吞并。其事别见下章。清初，云南西南部的土司，还有和“江外诸夷”勾结为患的，鄂尔泰也把他次第改流。澜沧江以东的地方，总算完全平定。

其兵力花得最多的，就要推四川的金川。金川，也是明初的土司。后来分而为二：东名攒拉，译言小金川，就是如今的懋功县；西名浞浸，译言大金川，就是如今的理番县属的绥靖屯。其种族，大概是古代的氐、羌。地势极险，而又多设“碉堡”，实在是难攻易守的。清朝乾隆年间，大金川酋长莎罗奔，夺了小金川酋长泽旺的印，这时候，张广泗做四川总督，发兵攻之，久而不克。高宗代以纳亲，亦无功。公元1749年，又以傅恒代纳亲，莎罗奔才算投降。然而用兵已经三年了。后来莎罗奔死，其子郎卡嗣立。郎卡死，子索诺木继之。和泽旺的儿子僧格桑相联合，就又举兵反抗。公元1772年，高宗用桂林做四川总督，和尚书温福，分兵两路进攻。桂林屡战不利，高宗把他撤掉，代以阿桂，把小金川打破。僧格桑逃到大金川。清军逼令大金川交出，大金川不听，又移兵去攻他。明年，小金川又叛，温福被杀。高宗又添派丰伸额、明亮做阿桂的副手。这一年，十月里，再把小金川打定。又节节苦战，到公元1776年，才算把大金川打平。金川地不满千里，人不满五万，而清朝为着他，用了五年兵，兵费花到七千万（打天山南路，还只用掉三千万。）这种牺牲，也总算得巨大而可惊了。

第三节　两广的粤族

广西地方，入中国的版图，远较贵州为早。然而实力所及，也不过东北一部分；其东南一带，则自唐以来，以邕管（如今的邕宁县）为控扼之地，此外就都是粤族的据地了。从宋朝开辟诚州之后，才从诚州“创开道路，达于融县，南抵浔江诸堡”。然后中国的势力，直达于郁江流域。徽宗崇宁间，就招纳了左右江四百五十余峒，分置州县，总称为黔南路。然而实力实在不足，以致“夷獠交寇，洞蛮跳梁，士卒死者十七八”，只得仍旧废掉。元明以来，才把这地方渐渐的开辟做郡县，而其间最费兵力的，共有四处：一是桂林的古田（如今广西的永宁县。）据其地的酋长，本来有韦、闲、白三氏。后来都为韦氏所并，屡次为患，明朝的孝宗、武宗、世宗、穆宗四朝，都对他用兵，然后把他打定。二是平乐的府江。从此西至荔浦，溪峒共有千余处。徭壮靠他做据地，四出劫掠。西南直到迁江、来宾，所有各溪峒，也都和他相应。交通上头，起了很大的障碍。穆宗、神宗两朝，屡次用兵。又“刊山通道，增置楼船，缮修守备”。这一条交通的动脉，才算保住。三处是浔州的大籐峡。这地方两山夹江，其中有“大籐如斗，延亘两崖”，好像是天然的桥，徭壮在上面走来走去，很为便利。其地势又最高，走到山顶上一望，好几百里的地方，都如在目前。这种地方，真是难攻易守了。而籐峡、府江之间，又有一座力山。其险更甚于籐峡。住在力山的壮人，善造药矢，着人即死，大籐峡则为蓝、胡、侯、槃四姓所据。靠着天险，“居则遮断行旅，出则堕城杀吏”，为患很深。成化年间，命韩雍、赵辅发兵去攻他。深入其阻，把大藤砍断，改峡名为断籐峡。从此壮人失险，不敢再远出为患。然剽掠沿岸的事情，终不能免。正德年间，王守仁又发兵攻讨一次。到嘉靖年间，又为患，又命蔡经督师讨平之四处是梧州的岑溪。酋长姓潘。万历年间，有名唤积善的，拥兵为患。也派戚继光带着大兵去，然后讨定。以上都是邕桂间的地方。其邕州以西太平府（如今的崇善县）的黄氏，和龙州的赵氏，泗城（凌霄县）的岑氏（蒙古人），也都靠着兵力，然后平定。

还有广东的琼州岛，是后汉时，才开辟为珠崖、儋耳两郡的。《后汉书》说：“其渠帅贵长耳，皆穿而缒之，垂肩三寸。”和哀牢夷相同（《后汉书》：“哀牢人皆穿鼻儋耳；其酋帅自谓王者，耳皆下肩三寸，庶人则至肩而已。”）。可证其亦为粤族。历代虽多隶版图，然开辟的地方，都在沿海，中央的黎母山，仍为黎人所据。以地势论：则彼高而我下，地味则彼腴而我瘠，形势则彼聚而我散，所以历代未能开发。从元明以后，大举戡定，共有四次：（一）在公元1291年（元世祖至元二十八年），发兵犁其穴，勒石五指山。（二）在公元1540年（明世宗嘉靖十九年。）（三）在公元1600年（神宗万历二十八年），都发大兵渡海。（四）在公元1890年（清德宗光绪十六年），提督冯子材亦提兵深入，从海边到黎母山，开成十字路，从此黎人失险，就不复能为大患了。

总而言之，对于西南诸族的用兵，要算元明清三朝，最为剧烈。这不尽由办理的不善，却反可视为开拓的进步。原来开拓进步了，移居的人就多。移居和往来的人多了，就不免发生冲突。冲突发生了，有时不免要用兵。这也是无可如何的。开拓这么大的土地，而用兵不过如此，牺牲总还不算大。

第八章　近代的后印度半岛

第一节　平缅麓川的灭亡和缅甸建国

后印度半岛地方，地势的平坦，交通的便利，都以红河流域为最；湄公河和湄南河流域次之；而伊洛瓦底江上流，则地势颇为崎岖；所以开化的先后，也就因此而定。然而伊洛瓦底江上游的人民，实际上颇为强悍。所以到近世，缅甸和暹罗、安南，就并列为大国了。

明初，永昌以外，最大的土司，要推平缅、麓川。如今保山以西的潞江安抚司，腾冲以西的南甸、平崖、划达，以及缅甸北境，伊洛瓦底江右岸的孟拱、孟养，左岸的八莫、孟密等，都是其地。其南，如今蛮得勒、阿瓦一带为缅甸，又其南为洞吾，又其南为古剌（如今的摆古——亦作白古。）其在普洱以南的为车里，车里以南为老挝，老挝以南为八百媳妇。观此，可知明代云南的疆域，实在包括伊洛瓦底江流域，和萨尔温河、湄公河上流。

平缅、麓川，在元代，本分为两个宣慰司。明太祖始命平缅酋思伦发，兼统麓川。后为部酋刀幹孟所逐，逃到中国。太祖为发兵讨平幹孟，乃得还。于是分其地：设孟养、木邦、孟定、潞江、干崖、大候、湾甸诸土司。伦发卒，子行发立。行发卒，弟任发立。想恢复旧境，就举兵犯边。公元1441年（英宗正统六年），命王骥、蒋贵将大兵讨之，任发逃入孟养，为缅人所执。子机发，仍据麓川为患。命王骥、蒋贵再出兵讨之。先是任发逃走时，明朝命木邦、缅甸，有能捉到他的，就把平缅、麓川的地方赏他。缅人既捉住任发，就想要求明朝给了他地方，才把任发献出来。明朝不曾答应。于是缅甸也帮着思机发，列兵来拒。王骥、蒋贵把他打败。然而缅甸终不肯交出任发，而机发也仍旧据着孟养。公元1446年，缅人才把任发来献。明年，再叫王骥带着十三万兵去攻机发，机发逃去（后来亦给缅甸捉住，景帝时候，把他送来，杀掉。）王骥兵才回来，部众又拥戴任发的小儿子，名字唤作禄的。王骥晓得麓川毕竟不能用兵力打定，就和他立约，许他居住孟养；而立石于金沙江，说“石烂江枯，尔乃得渡”，遂班师。这一役，明朝连出了三次大兵，其结果，反默认把金沙江以外弃掉，真是天大的笑话。然而思氏给明朝屡次大举，一种恢复统一的运动，始终没有能成功。伊洛瓦底江流域统一之业，就让给缅甸了（伊洛瓦底江流域的民族，本来很为强悍。平缅、麓川，地最大，又最近边。太祖的乘机把他分裂，似乎不是无意的。）

缅甸地方，当明初，本分设缅中（洪武二十七年）、缅甸（永乐元年）两宣慰司。宣宗以后，入贡的只有缅甸，而缅中遂不复见。思任发、思机发两代，都给缅甸人擒献，所以思氏怨恨缅甸。嘉靖中，思禄的儿子思伦，和木邦、孟密攻破缅甸。把他的酋长莽纪瑞杀掉，莽纪瑞的儿子，名唤莽瑞体；他的母亲，是洞吾酋长的女儿，就逃到洞吾。洞吾酋长，把他养做儿子。于是莽瑞体就承袭了洞吾的基业。这时候，葡萄牙人初来东洋，莽瑞体雇他做兵，把古剌灭掉。孟密、木邦、潞江、陇川（宣抚司，王骥所立）、干崖诸土司，次第归附。于是平缅、麓川旧地，殆悉为所并。只剩一个孟养，瑞体发大兵攻之，思氏的酋长名字唤作个的走死，思氏遂亡。公元1529年（嘉靖八年），莽瑞体卒，子应里袭。公元1531年，入侵。明将刘健、邓子龙大破之。明年四月，出兵直抵阿瓦（先是江西人岳凤，在陇川经商。陇川宣抚使多士宁，用为记室，而且妻之以妹。岳凤反和莽瑞体相结，杀多士宁而据其位。莽瑞体的跋扈，有许多是岳凤所教。这一次，把岳凤杀掉），定陇川而归。于是暹罗乘势攻击缅甸，莽应里的儿子机挝，就为暹罗所杀。缅甸国势骤衰，明朝的西南边，就无复边患。然而附近缅甸诸部，依然依附着他。缅甸建国的规模，到此就确立了。

第二节　清朝和缅甸的交涉

明桂王逃奔缅甸的时候，缅甸酋长，名唤布达剌（莽瑞体的曾孙。）把他迎接到国里；合了诸土司的兵，共拒清朝。清兵沿伊洛瓦底江而下，直逼阿瓦。这时候，葡萄牙人，侨寓阿瓦的颇多，都帮着缅甸人守御。清兵不能攻破，只得退还。而缅甸人怕清兵再来，都抱怨布达剌。布达剌的兄弟怕剌都木，趁势把布达剌杀掉，窃据王位。就把明桂王执送吴三桂。缅甸从此以后，内乱相继。古剌乘机自立。公元1686年（康熙二十五年），借荷兰人之助，攻破阿瓦，把缅甸酋长底布里杀掉，遂并缅甸全境。乾隆初，有一个人，唤作麻哈祖的，起而恢复故国，乘势灭掉古剌。公元1754年，缅甸酋长莽达剌，又为锡箔江夷族所杀，木梳土司雍籍牙，起而平定其乱。取阿瓦，灭古剌。雍籍牙的儿子孟驳，又吞并了阿剌干，攻灭了暹罗，国势又蒸蒸日上了。

从缅甸强盛以来，澜沧江以外诸土司，几于尽为所并。清初，云南边外，只靠着茂隆、桂家两个银厂做屏蔽（茂隆银厂，在普洱边外，属大山土司。桂家是明桂王的遗民。所经营的银厂，名唤波龙。两厂所聚的人，都有好几万。）公元1760年，茂隆厂主吴尚贤，为云南官吏所诛。厂众都散。不多时，桂家亦为缅甸所灭。公元1765年，缅遂侵沿边土司。官军三路皆败。诏罢总督吴藻，代以杨应琚。应琚到了云南，刚好缅甸兵退去。就张皇说缅甸可取，其实毫无方略。公元1767、公元1768两年，和缅甸相持，屡次败北。诏代以明瑞，和参赞大臣额勒登额，分兵两路进讨。额勒登额顿兵不进，明瑞败死。诏磔额勒登额，以傅恒为经略，阿桂、阿里衮为副将军。更调索伦、吉林兵，健锐火器营，和广东水师。公元1769年，陆军夹着澜沧江，水师则在江中，顺流而下，三路皆捷。然而走到老官屯（在孟养南边），经略已因水土不服，害病。攻打老官屯，又不能破。

只得因缅人请和，许之而还，缅甸人明知清朝无能为，竟就不来朝贡，清朝也拿他无可如何。后来暹罗郑氏复国，缅兵屡为所败（缅人徙都蛮得勒。）公元1786年，郑华又受封于中国，缅甸才惧而请和，诏封其酋孟云为缅甸国王（孟驳卒，子赘角牙立。孟驳弟孟鲁，弑而代之。国人又杀孟鲁，而立雍籍牙少子孟云。）

第三节　黎莫新旧阮的纷争和清朝讨伐新阮

安南黎氏的建国，已见前第一章。公元1527年（嘉靖六年），黎氏为其臣莫登庸所篡。后来明朝前去诘问，莫登庸急了，只得入镇南关，“囚首徒跣，请举国为内臣”。于是明朝赦其罪，削去国号，把他的地方，建立一个都统司，而以莫登庸为使（公元1539年。）

黎氏之亡，遗臣阮淦，立其后于老挝，是为安南庄宗。公元1533年，复入西都。自是安南之地，黎、莫二氏并立。公元1592年，安南世宗入东京，灭莫氏。明朝说莫氏是中国的“内臣”，仍立其后于高平，而且要讨伐安南。安南大惧，世宗只得也仿照莫登庸的办法，入关受都统使之职，明朝才算罢休。公元1666年（康熙五年），清朝册封黎氏为安南国王，而高平莫氏，亦仍受都统使之职。公元1674年，安南乘三藩之乱，清朝顾不到南边，把莫氏灭掉。请两贡并进，许之，一场对中国的外交，也总算了结。

先是安南庄宗复立之后，以婿郑检为太师。而阮淦子潢，因和郑氏不协，南镇顺化。自是郑氏世执政权。世宗死后，郑检的儿子松，废掉太子，而立其弟敬宗（公元1599年，明万历二十七年。）阮潢举兵讨之，不克。就自立为广南王。自此广南对于安南，不过名义上称臣，实际则完全独立。广南的立国，以西贡为重镇（因其濒湄南河下流，最富饶。）乾隆时，阮潢的八世孙福屿，置副王以镇之。后来福屿杀其长子，而传位于次子福顺。西贡家族阮文岳、文惠、文虑弟兄三人，借此起兵。攻破顺化，福顺走死。而这时候，郑松的五世孙郑森，恰好也废其嫡子栋，而立庶子榦为后。郑森卒，栋仍废榦而自立。郑榦就遣使乞师于新阮。公元1786年，阮文惠入东京，郑栋自杀。文惠留其将贡整守东京，自还西贡，而贡整又想扶黎拒阮。文惠还兵把他攻杀，安南末主维祁遁去。其臣阮辉宿，保护着他的妻子，逃到广西（公元1786年。）事闻，高宗命两广总督孙士毅出兵。公元1788年，十月，士毅和提督许世亨出镇南关。十一月，到富良江。杀败了安南的守兵，遂入东京。黎维祁出谢。士毅承制，封为安南国王。这时候，孙士毅十分得意，听了阮文惠来降的假话，想把他捉着回来，算作功劳。不肯退兵，又不仔细提防。明年，正月初一日，就为阮文惠所袭，许世亨战死。兵士回来的，不到一半。高宗大怒，再命福康安出兵，恰好阮文惠也怕中国再举，遣人乞降。高宗就掩耳盗铃地许了他，而把黎维祁编入旗籍。

第四节　暹罗的建国

暹罗，隋以前称为赤土（第二篇下第二章第五节。）后来分为暹和罗斛两国。暹国事实无考。罗斛王孛罗隆亚，以公元640年建国（唐太宗贞观十四年。暹罗人现在用这一年纪元。）是为暹罗第一朝。后来史乘阙略，事迹也无甚可考。公元1364年（元顺帝至正六年），罗斛王参烈勃罗达怡菩提，把暹国合并，号为暹罗斛国。定都于今犹地亚。参烈勃罗达怡菩提卒，子参烈昭毗牙立，为伯父参罗多罗禄所篡。入贡于明，明太祖封为暹罗国王。从此遵中国之命，以暹罗为国名。莽体瑞强盛的时候，把暹罗攻破，暹罗王自己吊死，太子给莽体瑞掳，去而第一朝亡。公元1603年（明神宗万历三十一年），有一个名唤孛罗逊昙的，又据地自立，是为第二朝。暹罗之制，常立正副两王；王位或传弟兄，或于诸子中任意择立一个；以致常启纷争。明熹宗时，日本人山田长政，流寓暹罗。暹罗王用他做将，攻破六昆（就是现在的六昆，当时是独立的），又打破缅甸和吕宋来侵犯的兵，就用他做宰相。长政劝王定立储之法，颇想图个长治久安。而长政行政大严，国人不悦。起兵废王，长政亦兵败而死。有一个唤作扶拉约扶拉参的，定乱自立，是为第三朝。第三朝建立之后，四十多年，而为缅甸孟驳所灭。缅人征税甚苛，暹人又群起反抗。第三朝的宰相郑昭，原是中国潮州人，以公元1778年（乾隆四十三年），复国自立。是为第四朝。旋为前王余党所弑。华策格里，本来是暹罗人。郑昭早年，把他收做干儿子，后来又把女儿嫁给他。这时候，正用兵柬埔寨，还兵定乱自立，公元1786年，入贡，受封于中国。其表文自称郑华，大约是袭前王的姓，而以自己名字译音的第一字做名字的。这就是现在暹罗王朝的祖宗。

第九章　清朝的中衰

第一节　乾隆时的衰机

清朝的国运，乾隆时要算极盛，而衰机亦伏于此时。原来所谓八旗兵，它的种类，是很杂的，它的程度，也是很低的。在关外的时候，虽然以勇悍著闻，而入关之后，它的性质，就起个急剧的变化。当吴三桂举兵时，八旗兵已经不可用了。而谋生的能力，又是没有的。到后来，生齿繁殖，就反生了一个生计困难的问题（清初旗兵的饷银，比绿营加倍。居京师和在外省驻防的，所占的都是肥美之地。然而并不能耕种，都是典卖给汉人。饷银入手，顷刻而尽，往往预借到一两年。初入关的时候，旗民奉亲王府之命，四出经商。又或以卖人参为名，到处骚扰。因此就禁止他们，不准经营商业。旗户欠债很多，圣祖曾代他们还掉。又屡加赏赐，也不久即尽，并不能经营事业。乾隆初年，曾行移垦的法子，把他们移殖于拉林河阿勒楚喀等地方，不久，就多数逃走了。）旗兵如此，其绿营兵也承平岁久，实不可用。高宗颇以十全武功自夸（平金川，定伊犁，服廓尔喀各两次。并定回部，安南，缅甸，台湾），其实天山南北路的平定，一半是适值天幸。安南、缅甸、廓尔喀三役，都弄得情见势绌，掩耳盗铃。金川之役，尤其得不偿失。嘉道以后，内忧外患，纷至沓来，就弄得手足无措了。

高宗是个侈欲无度的人。他明察不及世宗，而偏喜欢师心自用。并不能学圣祖的克勤克俭，而形式上偏事事要模信圣祖（譬如开博学鸿词科等。）三次南巡，所至供帐无艺，国家的元气，被他斫丧的不少。而最荒谬的，就是任用和坤。和坤是个满洲官学生，应役在銮舆卫，扛舁御轿。有一次，高宗出行，在路上，忽然发见缺少了仪仗，高宗大怒，厉声问："是谁之过与？"左右都震慑，没一个人敢对答。和坤便说："典守者不得辞其责。"吐首洪亮，高宗异之。又和他说话，奏对都称旨。由此从侍卫、副都统，超迁到侍郎、尚书。拜大学士，在军机处行走。子丰绅殷德，尚了公主。声势赫奕。至于公然令内外奏事的，都要另具副封，送到军机处。和珅是个贪渎小人，除掉要钱之外，一无所知的，既然揽权，就要纳贿。各省官吏，不得不都苛取之于下属，辇着巨金去事奉他。下属无法，只得再刻剥之于人民。于是吏治大坏。当时发觉的赃吏，赃款动至数十万，实为前此所未有。——不发觉的，还不知凡几。加以这时候，民间的风气，也日趋衰侈。看似海内殷富，实则穷困无聊的人，也不知凡几。内乱之起，就处于必不能免之势了。

以财政论，乾隆中叶后，国库的剩余，有了七千八百万，也不为不多。然而从乾隆末年乱起以后，国库的储蓄，就逐渐销耗。加以康雍时代，吏治清明，一切政治，都费用较少，嘉道以后，情形就大不相同（譬如清初河决一次，所花的钱，不过百余万。道咸后便动辄千万。）财政日渐竭蹶，也是清朝由盛而衰的一个大关键。

第二节　嘉庆时的内乱

清中叶的内乱，起于乾隆末年。先借湖广的苗乱，做个引子，其事已见第七章第一节。这一次，蔓延的区域，虽不很广，而调兵运饷，业已所费甚巨。乃事未平而教民之事起。

白莲教，起于元朝时候。有人说他们的秘密组织，含有别种宗旨在里头，然而无可详考。就他们暴露于外的行为看起来，总只算他一种邪教。却是他的传授，从元到清，绵延不绝。公元1775年（乾隆四十年），教首刘松，因事泄被擒，遣戍甘肃。然其徒刘之协等，仍密赴各处传教。诡奉河南鹿邑县的王发生，称为明后，潜图不轨。公元1793年，事泄，同党都被擒获，而刘之协逃去。于是河南、湖北、安徽三省大索，骚扰不堪，反而做了激成变乱的近因。公元1796年（仁宗嘉庆元年），教徒起事于湖北，刘之协、姚之富和齐林之妻王氏等为之魁。而冷天禄、徐天德、王三槐等，又起于川东。自此忽分忽合，纵横川东北、汉中、襄、郧之境。官军四面剿击，直到公元1799年，糜饷已七千万，依旧毫无寸效。推原其故，约有数端：

（一）则这时候的官军，腐败已甚。将帅也毫无谋略。教民势极为飘忽，而官军“常为所致”。又每战，辄以乡勇居前。胜则冒他的功劳，败则毫无抚恤。教民也学着官兵，以被掳的难民挡头阵。胜则乐得再进，败则真贼亦无所伤。

（二）高宗以公元1795年，传位于仁宗。然仍自为太上皇，管理政事。和绅也依然握权，他是只晓得要钱的，带兵的人，不得不克扣军饷去奉承他。于是军纪益坏。——当时往军中效力，算件好差使。去了一趟回来，没有不买田置宅，成为富翁的。

（三）教徒兵势既如此其盛，人民被剽掠的很多，都弄得无家可归，于是逼上梁山。所以虽有死伤，其数不减。

公元1799年，太上皇死了，和珅也伏诛（他的家财，据薛福成《庸庵笔记》所载，共一百零九号。已估价的二十六号，共值银二亿二千三百八十九两。未估价的八十三号，照此推算，又当八亿两有余。近人说：甲午、庚子两次的赔款，和珅一人的家产，就足以清偿。法国路易十四的私产，不过二千万两，不及他四十分之一。）于是局面一变。仁宗乃（1）下哀痛之诏，（2）惩办首祸的官吏。（3）优恤乡勇，（4）严核军需，（5）许叛军悔罪投诚，（6）又行坚壁清野之法。命川、陕、湖北、河南，协力防堵。再用额勒登保、杨遇春等，往来剿杀。其势才渐衰。到公元1802年，十二月，六股教徒，总算平定。其余众出没山林的，则到公元1803年七月，才算肃清。而遣散乡勇，无家可归的，又流而为盗。直到公元1804年九月，才算大定。这一次的乱事，首尾九年；用去军费二万万两；教徒一方死的数十万；官军和乡勇良民，就并无确数可考了（关于川楚教徒详细的战情，可参看《圣武记》。）

当西北闹教民起事的时候，东南亦有所谓“艇盗”。其事亦起于乾隆末年，阮光平既得安南，因财政困难，就招沿海亡命，供给他兵船军械，又诱以爵赏，叫他入海，劫掠商船，广东海面，就颇受其害。后来内地的土盗，亦和他勾通，一发深入闽浙。“土盗倚夷艇为声势，夷艇借土盗为耳目。我南则彼北，我北则彼南。我当艇寇，则土匪乘机剽掠，我剿土盗，则夷艇为之援应。夷艇既高大多炮，土匪又消息灵通”。剿抚毫无效果，朝廷因急于平教民，又无暇顾及东南，于是为患愈深。公元1802年，安南旧阮复国，禁绝海盗。夷艇失援，都并于闽盗蔡牵。仍以海岛为根据，和陆地的土匪交通，令其接济饷械，为患闽浙。这时候，浙江水师提督李长庚，颇善水战。乃自造大船三十艘，名为霆船（巡抚阮元，率官商捐出钱来，到福建去造的），入海把他打败。蔡牵就和广东海盗朱濆联合，为患闽粤。公元1804年，朝廷用长庚总统闽浙水师，屡战皆胜。而前后做闽浙总督的，都和他不合，遇事掣他的肘。公元1807年，长庚战死南澳洋面。朝廷仍用其部将王得禄、邱良功。公元1808、1809两年，先后把朱濆渍、蔡牵打死。公元1810年，两广总督百龄，又剿粤海余党。海面才算肃清。

川楚教民定后，不满十年，北方又有天理教民之乱。天理教，本名八卦教。其教徒布满直隶、河南、山东西。而滑县李文成、大兴林清为之魁。林清贿通内监，打算于公元1813年，驾幸木兰秋狝时，袭据京城。未到期而事泄，滑县知县强克捷，捕文成下狱。教徒就攻破县城，杀掉克捷，把文成救出，长垣、东明、曹县、定陶、金乡，同时响应。而曹县、定陶，县城均被打破。林清使其党潜入京城，乘夜分犯东西华门。太监刘得才、杨进忠，替他领道。阎进喜等为内应。攻入门的，约有百人。幸而发觉尚早，关门搜捕了两天一夜，才算搜捕干净。林清亦被获于黄邨。河南、山东的教民，也总算随时平定。这一次乱事，蔓延得不算广，时间也不算长。然而内监都交结起事教徒做内应来，当时人心摇动的程度，就真可怕了。

以上所说，不过是荦荦大端。此外小小的变乱，还有好几次。社会的现状，既已很不安宁，政治上业已没有法子可以维系，而外力又乘之而入，于是清中叶以后种种的波澜，就层见叠出了。

第四篇　近世史（下）

第一章　中西交涉的初期

第一节　西人的东来

欧亚的交通，本来有好几条路：其一，从西伯利亚，越乌拉山脉，而至欧俄。其二，从蒙古高原，经俄领中央亚细亚，而至欧洲。其三，从印度经伊兰高原、小亚细亚，而入欧洲。其四，就是由地中海入黑海，出波斯湾，到印度洋的海路了。

中国和欧洲，古代的交通，已略见第二篇上第四章第二节。此后直接的往来颇少。到元朝兴起以后，欧洲和中国的交通，才频繁起来。这时候欧洲的商人，也有从西伯利亚南部到和林的。也有从天山南路到大都的。而海路的交通，亦极繁盛。黑海沿岸的君士但丁、克里米等，在当时，都是重要的商埠。却是土耳其兴后，欧亚两洲交通的枢纽，为其所握。从西方到东方，不得不别觅航路。而这时候，又适值西人航海事业勃兴之时，就酿成近世西力东渐的历史了。

西人的东航，共分两路：其一是绕过非洲的南端，到东洋来的，这便是葡萄牙。公元1500年（明孝宗弘治十三年），始辟商埠于印度的加尔各答和可陈。公元1510年（武宗正德五年），略取西海岸的卧亚。进略东海岸及锡兰，据摩鹿加、爪哇麻六甲。公元1517年（正德十二年），就到广东来求互市。当时的官吏，虽然允许了他，还只在海船上做交易。到公元1563年（世宗嘉靖四十二年），才得租借澳门为根据地。

其先寻得西半球，再折而东行的，便是西班牙。公元1492年（弘治五年），哥伦布发现新大陆。公元1520年（正德十五年），麦哲伦环绕地球一周。公元1565年（嘉靖四十四年），始进据菲律宾群岛。建马尼剌于其地。当时中国的人民，前往通商的极多。

继葡、西而至的，是荷兰和英吉利。而其势力，反驾乎葡、西之上。荷兰人以公元1596年（神宗万历二十四年），航抵爪哇和苏门答腊，旋设立东印度公司。于好望角和麦哲伦海峡，都筑砦驻兵，在航线上，就颇有势力。公元1684年（熹宗天启四年），进据台湾。后来台湾为郑氏所夺，而荷兰又夺了葡萄牙的锡兰（公元1658年，清世祖顺治十五年），和西里伯（公元1660年，顺治十七年。）清圣祖灭郑氏时，荷兰曾发兵相助。因是得特许，通商广东。又日本人当时，因严禁传教故，连西洋人的通商，也一概拒绝。只有荷兰人，却向不传教，仍得往来长崎。于是东洋的贸易，几为荷兰人所垄断。

英吉利的航行印度，起于公元1579年（万历七年），公元1660年（万历二十八年），创设东印度公司于伦敦。明年，航抵苏门答腊、爪哇、摩鹿加。渐次同荷兰、葡萄牙竞争。公元1613年，进抵日本的平户。公元1635年（崇祯八年），也到澳门来求互市。葡萄牙人不愿意他来，开炮打他。英吉利人也还击，把葡人炮台打毁。葡人才告诉中国官吏，许他出入澳门。然而英国在中国的贸易，毕竟为葡人所妨碍。其在日本的贸易，也为荷人所排斥。只有在印度，却逐步得势，凌驾其它诸国之上。

以上所述，是西人从海路东渐的情形。还有一条路，却是从陆上来的。

俄罗斯本来行的是封建政体，从给蒙古征服以后，仍分为无数小国，服属于钦察汗。而梯尤爱耳、莫斯科二公最强。元仁宗时，梯尤爱耳公叛。莫斯科宜万一世，代蒙古人，把他征服。于是受命于蒙古，得统辖其余的小侯，威势日盛。公元1462年顷，宜万三世，就叛蒙古而自立。

先是拔都建国之后，把东部锡尔河以北的地方，分给他的哥哥鄂尔达。从此以北，而抵乌拉河，则分给他的兄弟昔班。欧人就他所居宫帐的颜色，加以区别。称拔都之后为金帐汗（拔都居浮而嗄河下游的萨莱），鄂尔达之后为白帐汗，昔班之后为蓝帐汗［亦称月即别族（Usoeg）］。昔班的兄弟脱哈帖木儿的后人，住在阿速海沿岸，称为哥里米汗。金帐汗后嗣绝后，三家之裔，都要想入承其统，争夺不绝。宜万三世叛时，钦察汗阿美德（白帐汗后裔），号令只行于萨莱附近。公元1470年（明宪宗成化六年），阿美德伐俄，战败阵亡，钦察汗统系遂绝。后裔据窝瓦、乌拉两河间，又分裂为大斡耳朵（Orda）、阿斯达拉干（Astrakan）两国。这时候，萨莱北方的喀山，为哥里米汗同族所据；和西方的哥里米汗，咸海沿岸的月即别族，都薄有势力。俄人乃和喀山、哥里米两汗同盟。公元1502年（明孝宗弘治十五年），哥里米汗灭大斡耳朵。公元1532年（明世宗嘉靖三十一年），俄人灭喀山。公元1534年，灭阿斯达拉干。哥里米附庸于土耳其，到公元1783年（清高宗乾隆四十八年），亦为俄所灭。

月即别族，还有在叶尼塞、鄂毕两河间的，西史称为失必儿汗（Sibir。）俄人既兴之后，收复了可萨克族，叫他东侵，击破失必儿，东略西伯利亚之地。公元1587年（明神宗万历十五年），始立托波儿斯克。自此托穆斯克（公元1604年，万历三十二年），叶尼塞斯克（公元1619年，万历四十七年），雅库次克（公元1632年，明毅宗崇祯五年），鄂霍次克（公元1638年，崇祯十一年），相继建立。公元1639年，直达鄂霍次克海，又想南下黑龙江。清俄两国的冲突，就要从此发生了。

第二节 基督教初入中国的情形

基督教最初传到中国来的，是乃斯脱利安派（Nestorian。）唐人谓之景教。高宗曾准他于长安建立波斯寺（因为赍其经典而来的，是波斯人阿罗本），信徒颇多。武宗时，毁天下寺院，勒令僧尼还俗。景教也牵连被禁，从此就衰歇无闻（当时教徒，建有一块大秦景教流行中国碑。唐后没于土中，到明末才出土，现在仍在长安。）元世祖时，意大利教士若望高未诺（Monte Corvino），受罗马教皇尼古拉斯第四的命令，从印度到中国来。得世祖的许可，在大都建立加特力宗的教堂四所。信教的亦颇不乏，但都是蒙古人，所以到元亡之后，便又中绝。

公元1580年（明神宗万历八年），利玛窦（Matteo Ricci）来到澳门，在肇庆从事传教。他深知道在中国传教，不是容易的事情；而又晓得一切实际的科学，是中国人所缺乏；颇想借此以为传教的手段。于是首先译述《几何原本》（还译述他种书籍。）当时的士大夫，颇有和他往还的。公元1599年，始入北京，以圣像和时表，献于神宗。交结朝臣颇多，很有佩服他学问的人，也间有信他教义的。公元1607年，利玛窦再入北京，贡献方物，就得神宗赐以住宅。明年，并准他建造天主堂。四五年之后，信徒就有了二百余人。李之藻、杨廷筠、徐光启等，热心研究西洋科学的人，都在其内。

公元1610年，利玛窦死了。南京一方面，反对的声浪大起。公元1616年，朝廷就下令禁止传教。把在京师的教士，都逐回澳门。后来和满洲开衅，需用铳炮，很为迫切。而这时候的大炮，尤卓著效力，教禁就得因此而解。公元1622年（熹宗天启二年），熹宗派人到澳门，命罗如望（Jodnnes de Rocha）、阳玛诺（Emmanuel Diaz）等，制造铳炮。明年，并召用艾儒略（Julio Aleni）、毕方济（Fianciscus Sambiaso）等。而鼎鼎有名的汤若望（Adam Schall），不多时亦来到北京。这时候，明朝所用的大统历，又疏舛了。于是汤若望就受命，在所设四个历局的东局里，从事测验。公元1641年（崇祯十四年），新历成。公元1643年，八月，“诏西法果密，即改为大统历法，通行天下。未几国变，竟未施行”。多尔衮入关后，汤若望上书自陈。公元1645年（顺治二年），即用其法为时宪历。并令汤若望管理钦天监。教士在此时，可谓大得胜利了（参看《明史》第三十一卷。）

不道清世祖死后，而反动力又起。原来明朝的钦天监里，本有一班反对西法的人。只因测验得不及他准，无可如何。清初虽仍用汤若望，而这种反对的势力，还没消灭。世祖死后，就利用这朝局变动的机会，旧时钦天监里的人员杨光先，首先出头，攻击新法。并诬各省的教士，要谋为不轨。于是把汤若望等，都囚禁起来。各省教士，亦多被拘禁。教堂亦被破坏，即用杨光先为监正，复行旧法。学新法的监官，和同教士往来的官员，获罪的也不少。这实在是明末以来对于西教西学的一个大反动力（汤若望死于康熙五年。）

然而在历法上，旧法不如新法的精密，是显而易见的，圣祖又是个留心历象的人。于是派员考察，知道杨光先等所说的话，都是诬妄。公元1669年，就革杨光先之职，再用南怀仁（Ferdinandus Verbiest）为监正。

圣祖是个留心格物的人，深知西洋科学的长处。公元1689年之后，并且引用徐日升（Pereira）、张诚（Gerbillon）、白进（Bouver）、安多（Antonius），叫他们日日轮班，进讲西学。遇有外交上的事务，也使这班人效劳（参看下节。）又叫他们去测绘地图，名为《皇舆全览图》。中国向来的地图，都不记经纬线，粗略得不堪；有经纬线的，实在从这一部图起；而且各处的大城大镇，都经过实测；在比较上，是颇为精密的（从这一部图以后，中国还没有过大规模认真实测的地图。）又因西洋算法的输入，而古代的“天元一术”，得以复明。这件事，在清朝的学术界上，也颇有影响。

教士的科学，虽然受一部分人的欢迎；然而他的教义，要根本上受中国人承认，是不容易的。所以不至惹起重大的反动，则因此时传教的方法，全和后来不同。不但这班教士，都改中国装，学中国话，通中国文字；连起居饮食，一切习惯，无不改得和中国人相同。而且从利玛窦传教以来，就并没禁人拜孔子，拜天，拜祖宗。他们的一种解释，说：“中国的拜孔子，是尊崇他人格；拜天，是报答万物的起源；拜祖先，是亲爱的意思；都没有什么求福免祸的观念。”——所以和中国旧有的思想和习惯，觉得不大冲突。

但是从康熙中叶以后，传教的情形，就要生出一种新变化来了。原来印度的旧教徒，本是受葡萄牙人保护的。中国的传教事业，属于印度的一部分，自然也是受葡萄牙的保护。而法兰西盛强以后，想夺葡萄牙人的保护权，就自派教士到中国来传教。公元1688年（康熙二十七年），到北京，于是葡萄牙人所专有的保护权，就被他破坏了。

后来别一派的教士，又上奏罗马教皇，说前此传教的人，容认中国拜祖宗……为破坏基督教之义。公元1704年（康熙四十三年），罗马教皇，派铎罗（Tourmon）到北京来，干涉其事。铎罗知道此事不可造次，再三审虑之后，到公元1707年才用自己的名义，把罗马教皇的教书，摘要发表。命不从教皇命令的教士，即行退出中国。圣祖大怒，把铎罗捕送澳门，叫葡萄牙人把他监视。葡萄牙人，正可恶不受他保护的教士，受此委托，可谓得其所哉。把他监视得十分严密，铎罗就幽愤而死（公元1710年。）当把铎罗捕送澳门的时候，圣祖又同时下令：命教士不守利玛窦遗法的，一概出境。公元1717年，又命一切外人，不得留居内地。世宗即位之后，因教士有和诸王通谋的嫌疑（参看上篇第五章第一节），除在钦天监等处任职者外，亦均不准在内地居住。又改天主教堂为公所，禁止人民信教。从此到五口通商以前，形式上迄未解禁。但在乾隆时候，奉行得并不十分严厉。川楚教民起事后，当局对于“教”的观念，格外觉得它可怕可恶。公元1805年（嘉庆十年），御史蔡维钰，疏请严禁西洋人刻书传教。刚又碰着广东人士陈若望。代西洋人德天赐，递送书信地图到山西，被人发觉，下刑部严讯。德天赐监禁热河营房。陈若望和其余任职教会的汉人，都遣戍伊犁。教会中所刻汉文经卷三十一种，悉数销毁。从此以后，对于传教的禁止，就更形认真。其所以然，固由中国人的观念有变化；亦由公元1742年（乾隆七年），罗马教皇发表教书，对于不遵依1704年的教书的教士，都要处以破门之罚；于是在中国的教徒，都不得再拜祖宗，和中国人的思想，大为冲突之故。

第三节　中俄初期的交涉

西伯利亚本是一片混茫旷漠之场。清初俄人的东略，只是几个可萨克队，替他做先锋。俄国国家的实力，还并顾不到东面。第一个组织黑龙江远征队的，是喀巴罗甫（Knabaroff。）公元1649年，（顺治六年），从伊尔库次克出发。明年，攻陷黑龙江外的雅克萨城。继喀巴罗甫而至的，是斯特巴诺（Stepanof。）公元1658年，为宁古塔章京沙尔瑚达所杀。而叶尼塞知事泊西库湖（Parnkoff），亦以公元1656年，组织远征队。公元1658年，筑砦于尼布楚河口。公元1660年，亦为宁古塔将军巴海所败。然隔了几年，俄人仍占据这两城，互相犄角。

这一班远征队，只能为剽掠的行动，绝不能为平和的拓殖。当时俄国政府，既无力援助他，又不能约束他，弄得很招土民的怨恨；而其结果，远征军仍时陷于穷境。公元1670年（康熙九年），圣祖贻书尼布楚守将，诘问他剽掠的原因，责令他退出。俄人知道不能和中国抵敌，公元1675年，差人到北京，表明愿意修好通商的意思。先是俄人在黑龙江沿岸剽掠时，土酋罕帖木儿，逃到中国来，怨中国人遇之太薄，公元1667年，仍逃入俄境。及是，圣祖与约：能不剽掠我边境，交还罕帖木儿，则可以修好，俄人一一答应，然实际都不履行。而且仍在黑龙江左岸，筑城置塞。

于是圣祖知战事终不可免。公元1682年，命户部尚书伊桑阿，赴宁古塔造大船。筑墨尔根、齐齐哈尔两城。置十驿以通饷道。以萨布素为黑龙江将军，预备出征。公元1685年，都统彭春，以水军五千，陆军一万，渡黑龙江，击败俄人，毁坏雅克萨城。而俄将图耳布青（Alexei Tolbusin），仍即在原处再行建筑。公元1686年，萨布素亲自出兵攻击，俄人竭力死守。这时候，俄国军备单薄，围城半月，城中能战斗的，只有一百五十人，危在旦夕。幸而和议开始，圣祖传命停止攻击。雅克萨城，才得免于陷落。

俄人这时候，正当丧乱之后，又和波兰、土耳其构兵，断无实力顾到东方，所以很希望同中国媾和（剽掠黑龙江沿岸的土人，也是俄国政府很不愿意的，不过无法禁止这一班远征队。）公元1655（顺治二年）、1656、一六六九（康熙八年）、1670、1676年，连派使臣到中国来，要想修好通商。无奈都因“正朔”、“叩头”等问题，弄得不得结果。公元1686年，俄国又派全权公使费耀多罗（Feodor Alexeniiuch Golovin）到东方来，和中国协议，先遣人来报告起程和到着的日期，并请约定协议之地。公元1688年（康熙二十七年），圣祖亦派内大臣索额图、都统佟国纲、尚书阿尔尼、左都御史马齐、护军统领马喇、督捕官张鹏翮等为钦差大臣，以教士徐日升、张诚为通译，前往开议。明年六月四日，与俄使会于尼布楚。这时候，中国使臣的扈从，已有精兵万余。圣祖又命都统郎坦，发兵一万，从爱珲水陆并进，以为使臣的后援。八月八日，初次开议。俄国使臣，要以黑龙江分界，中国使臣不许。迟之多日，到二十三日再会议，又不成。二十五日，教士居间调停，亦无效。于是和议决裂在即。而这时候，俄国的兵力，断非中国之敌。二十七日，俄使乃表示让步，续行开议。九月九日，议成。两国的疆界：东自黑龙江支流格尔必齐河，沿外兴安岭至海。凡岭南诸川，入黑龙江者，都属中国，岭以北都属俄。西以额尔古讷河为界，河南属中国，河北属俄。两国的臣民，持有护照的，均许其入境通商（这一年，俄大彼得才亲政，以后俄的情形，也就和前此不同了。）

俄国希望同中国通商，也由来已久。公元1567（明穆宗隆庆元年）、公元1619（明神宗万历四十七年）两年，就遣使前来。因无贡物，不许朝见。公元1655（顺治十二年）、公元1656、公元1661、公元1670（康熙九年）年所派各使，则或以商人兼充，或以商人为副。大抵肯跪拜的，中国就许其朝见。不肯的，就不许。而带来的货物，则总许其发卖。公元1636年的使臣，系荷兰商人。一切都依朝贡的礼节，居然得允许通商。但是还没有确实的办法。从《尼布楚条约》定后，两国的通商就明订在条约上了，然而依旧不能实行。于是俄帝彼得，又派德国人伊德斯（Iaes）到中国来。康熙三十二年，到北京议定，此后俄商，每三年许到北京贸易一次。人数以二百为限。寓居京城里的俄罗斯馆内，共准滞留八十日，其货物并得免税。中俄通商的事情，到此才有个明确的办法。其土谢图汗与西伯利亚接境处，则人民互相贸易，由来已久。至此亦仍准其岁一互市。然在北京的贸易，因为管理的官吏所诛求，不甚发达。其在土谢图汗境内，则因并无官员管理，纷扰颇甚。而蒙人逃入俄境的，俄人又均不肯交还。到后来，土谢图汗就请于朝廷，要绝其贸易。而天主教士在京师的，亦和俄国人不协，撺掇圣祖，把俄人赶掉。公元1722年（康熙六十一年），朝廷就下诏，命所有的俄人，概行退出国境。于是中俄的通商关系，又复中断。

不多时，俄国女主加他邻第一，又派使臣拉克青斯奇来，请议通商和俄蒙边界事宜。公元1727年（雍正五年），到北京。朝廷也愿意同他开议。而以和外国使臣在京城议约，是从来所无之事。仍叫他退回恰克图，再派内大臣策凌色格，侍郎图理琛去和他开议。是为《恰克图条约》。俄蒙交界：自额尔古讷河岸，到齐克达奇兰，以楚库河为界。自此以西，以博木沙奈岭为界。而以乌特地方，为两国中立之地。俄商仍得三年一次到北京贸易，而人数加至三百人，留居的期限，亦展至三年。到公元1737年（乾隆二年），才取消北京的贸易，专归并恰克图一处（此后交涉，每有葛藤，清朝就以停止互市为要挟的手段。乾隆三十年、三十三年、四十四年、五十年，共停市四次。五十年停得最久，到五十七年才复开。又计立条约五款。）

第四节　西南最初对待外人的情形

清朝和外国人交涉，是自尊自大惯了的，——也是暗昧惯了的。打破他这种迷梦的第一声，便是五口通商之役。这一次的交涉，弄得情见势绌；种种可笑，种种可恨，种种可恼，从此以后，清朝在外交界上，就完全另换了一番新局面了。这种事情，其原因，自然不在短时间内。若要推本穷源论起来，怕真个“更仆难尽”。且慢，我且把西人东渐以后，五口通商以前，清朝对西洋人的交涉，大略叙述出来。这虽是短时间的事情，却是积聚了数千年的思想而成的。真不啻把几千年来对外的举动，缩小了演个倒影出来。读者诸君看了，只要善于会心。也就可以知道中国外交失败的根源在什么地方了。

清朝的开海禁，事在公元1685年（康熙二十四年），于澳门、漳州、定海、云台山四处，都设立税关。公元1757年，又把其余三处停罢了，外人来通商的，只许在澳门一处。这时候，外商自然觉得有点不便。然而其所最苦的，却还不在此。你道最苦的是什么？

一、收税官吏的黑暗。浮收的税，要比正额加几倍。这还是税则上有名目的东西，其无名目的东西，就更横征暴敛，没个遮拦。

二、卖买的不自由。当时的外国商人，不但不准和人民直接做卖买，并不准和普通商人直接做卖买。一切货物，都要卖给“公行”（一种由商人所组织而为国家所承认的中买机关）里头，再由公行卖给普通商人。

三、管束外商章程的无谓。这种章程，是公元1659年，因总督李侍尧之奏而定的。说起来更可发一笑，当时的外国商人，除掉做卖买的时候，不准到广东。而做卖买的期限，一年只有四十天。又定要住在公行所代备的商馆里（嘉庆时候，定了通融办理的章程，每月初八、十八、二十八三天，准带着翻译，到花园里去走走。）以前则简直硬关在商馆里的。而到商馆里来的外商，又不准携带家眷，出外不准乘坐轿子。要进禀帖，也得托公行代递，不得和官府直接。万一公行阻抑下情呢？也只得具了禀帖，走到城门口，托守城的人代递，不准入城。这许多章程，不知道为的是什么。

公元1793年（乾隆五十八年），英国派了个大使马戛尔尼（Earl of Macartney）来，请求改良广东通商章程。并许英人在舟山、宁波、天津三处通商，于北京亦设立货栈，销卖货物。这时候，正直高宗八旬万寿，朝臣就硬把他算做来庆祝万寿的。赏赐了一席筵宴，许多东西。而于其所请之事，下了两道敕谕给英王，则一概驳斥不准。

公元1816年（嘉庆二十一年），英国再遣阿姆哈司（Amherst）前来，这时候，西洋人到中国来，是只准走广东的。阿姆哈司从天津上岸，中国已以为违例。偏偏他的行李又落后。因国书未到，要请暂缓觐见。中国人就疑心他并没带得表文，立刻逼着他出京。但是虽没有许他觐见，仍赏赐英王珍玩，对于使臣，也加以抚慰，令其驰驿从广东回去。在清廷，还算是恩威并济的意思。

北京一方面，既已如此。而广东一方面，又起了一番新轇轕。原来从公元1843年（道光十四年）四月以前，英国对中国的通商，也在东印度公司专业权的范围内的。公元1831年（道光十一年），广东总督，因东印度公司的专业权，将次取消，命公行通知公司，希望其解散之后，也派出一个大班来，以便处理各事。公元1833年，英王任命拿皮楼（Napier）为主务监督。而中国人仍当他是大班，不许他和官府直接，要用禀帖，和公行转呈。争论多时，拿皮楼便坐了一只船，硬闯入广东，要见总督。总督说他不遵约束，发兵把商馆包围起来。而且停止了英国人的通商，断绝了他们的粮食饮水。英国人没法，只得婉劝拿皮楼，回了澳门。不多时，拿皮楼便死了。继任的两个人，都很软弱，不大敢同清朝人开交涉。四五年间，倒也平安无事。公元1837年，英国把主务监督废了，派义律为领事，又要求进城。这时候，邓廷桢为广东巡抚，颇明白事理，就奏请准其进城。然而要求一切公事，和中国官府直接，仍办不到。于是义律报告本国政府，说要同中国通商，非用兵力强迫不可，而这时候，适又有一个鸦片问题发生，两国的战机，就勃发而不可遏了（这一节叙事，请参看《清朝全史》。）

第五节　五口通商

鸦片烟输入中国，是很早的。《开宝本草》（宋太祖开宝时，命刘翰、马士等所修，名《开宝新本草》。后以“或有未允”，又令翰等重加详定，是为《开宝新详定本草》）上头，就有它的名字了。但这时候，只是当作药用。吸食的风气，怕是起于明末的。公元1729年，便是清朝的雍正七年，已经有了禁令。但这时候，输入的数目还不多（大概是葡萄牙输入的。）公元1793年（乾隆五十八年），英国东印度公司，得了垄断中国贸易的特权；孟加拉又是鸦片烟产地；输人就日多一日。当公元1729年，每年不过二百箱左右；公元1821年（道光元年），增至四千箱；公元1828年，增至九千箱；公元1839年，又增至三万箱。

公元1838年，（道光十八年），宣宗派林则徐为钦差大臣，驰往广东海口查办，并节制广东水师。明年二月，则徐逼英商缴出鸦片20263箱（每箱一百二十斤，共约直银五六百万两。）悉数在虎门焚毁。奏请定律，洋人运鸦片入口的，分别首从，处以斩绞。又布告各国，商船要具“夹带鸦片，船货充公。人即正法”的结。当时在广东，商务最盛的，是英、美、葡三国。葡、美都答应了，义律却不肯应允。则徐就又下令沿海州县，绝掉英人的供给，义律无法，托葡萄牙人出来转圜，愿留“船货充公”四字，但求删“人即正法”一语，则徐仍不许。于是中国虽然许英商具了结，照旧通商，而义律却禁止英国的船，不准到广东去。一件交涉，依然搁在浅滩上。而这时候，偏又有几个英国的水兵，到香港去，把一个中国人，名唤林维喜的打死，中国人要英人交出罪犯来。英人说：已经在船上审讯过，定了他监禁的罪了。两国又起出冲突来。十一月，就又停止英国人的贸易。

公元1840年，二月，英国议院里，赞成了英政府用兵。调印度和喜望峰的兵一万五千人，叫加至义律统带前来。五月，以军舰十五只，汽船四艘，运送到澳门。广东发兵拒敌，把他的杉板船，烧掉两只。义律转攻厦门，又寇浙江。六月，把定海打破。这时候，各疆臣怕负责任，都怪着林则徐，相与造作谣言，说广东的事情，弄得决裂，其中是别有原因的。朝旨也就中变，派两江总督伊里布到浙江去视师，并且访问

“致寇之由”。又谕沿海督抚：“洋船偿或投书，可即收受驰奏。”义律来时，本带着英国宰相巴马斯（Lord Palmerston）给中国首相的书函，其中所要求的是：

一、赔偿英国货价。

二、开广州、厦门、福州、定海、上海五口通商。

三、中英交际的礼仪，一切平等。

四、赔偿英国兵费。

五、不因英船夹带鸦片，累及居留英商。

六、尽裁华商经手浮费。

叫他战胜之后，即行投递。义律攻破定海，就把这封信送到宁波府衙门里。宁波府说：要送到北洋，才有人能收受呢。于是义律径赴天津，把这封信送交直隶总督琦善。琦善奏闻，朝廷说：这件事，是在广东闹出来的，仍得在广东解决，叫义律回广东去守候。于是革林则徐两广总督之职，用琦善署理。义律也回到舟山，和伊里布定休战之约。

十月，琦善到广州。他不合把林则徐所设的守备，尽行裁撤。谈判既开，琦善答应赔偿英国烟价六百万元，义律又要求割让香港，琦善不敢答应。十二月，义律进兵，陷沙角、大角两炮台。琦善不得已，烟价之外，又许开放广州，割让香港。于二十八日，签定草约（公元1841年1月20日。）

而朝廷闻英人进兵，大谓不然。公元1841年，正月，以奕山为靖逆将军，杨芳、隆文为参赞大臣，前赴广东。江督裕谦为钦差大臣，赴浙江视师（伊里布回江督本任。）二月，英人陷横当、虎门各炮台，水师提督关天培战死。原有的大炮三百多尊，林则徐所买西洋炮二百多尊，尽落敌人之手。三月，奕山到广东。四月初一，发兵夜袭英人，不克。明日，英兵再进攻。至初五日，城西、北两面炮台，尽为英人所占。全城形势，已在敌军掌握之中。奕山不得已，再定休战条约。于烟价外，先偿英人军费六百万元，尽五日之内交付。将军带着所有的兵，都退到离城六十里的地方驻扎。

而英国一方面，也怪义律的草约，定得忒吃亏。说赔偿烟价，既已不够；“商欠”军费，更无着落。英国人住居中国，也无确实的安全保证，于是召还义律，代以璞鼎查（Sir Henry Pottinger。）七月，攻陷厦门。八月，攻舟山。总兵王锡朋、郑国鸿、葛云飞，同时殉难。裕谦时守镇海，提督余步云守甬江口，英兵登陆，余步云逃走，裕谦兵溃自杀。九月，朝廷以奕经为扬威将军，进兵浙江。怡良为钦差大臣，驻扎福建。牛鉴为两江总督。公元1842年。正月，奕经攻宁波、镇海、定海，皆不克。三月，英撤宁波、镇海的兵，进迫乍浦。四月，乍浦失守。五月，英兵陷吴淞，提督陈化成战死。英人连陷宝山、上海。六月，陷镇江。七月，逼江宁。朝廷不得已，以耆英、伊里布、牛鉴为全权大臣，赴江宁同英人议和。七月二十四日（公元1842年8月29日）和议成。是为《南京条约》。其中重要的条款是：

一、赔偿英国军费六百万元，商欠三百万，鸦片价六百万。

二、开广州、厦门、福州、宁波、上海五处为通商口岸，英国得派领事驻扎。英商得自由携眷居住。

三、割让香港。

四、中英交际，一切仪式，彼此平等。

于是《中美条约》（公元1844年六月），《中法条约》（同上年九月），相继而成，中国在外交上，就全然另换一番新局面了。

五口通商一役，种种的经过，都是不谙外情当然的结果，无足深论，所可惜的，当时别种方面，虽然屈从英国人，禁烟一事，仍旧可以提出的。——当义律到天津投书的时候，津海道陆建瀛，就主张把禁烟一层，先和他谈判。而当时议约诸人，于此竟一字不提。倒像英国的战争，专为强销鸦片而来；中国既然战败，就不得不承认他贩卖鸦片似的。于是中国对于鸦片，既无弛禁的明文；而实际上反任英人任意运销，变作无税的物品。直到公元1859年（咸丰九年），《天津条约》订结之后，才掩耳盗铃的，把他改个名目，唤作洋药，征收关税。

第六节 英法兵攻破京城和东北的割地

五口通商之役，看似积年的种种交涉，得了一个解决；其实不然。这种对外的观念，都是逐渐养成的，哪里会即时改变呢？所以条约虽定，仍生出种种的轇轕来。

五口通商之后，四口都已建有领事馆。唯广东人自起团练，依旧不准英国领事进城。这时候，两广总督是耆英。知道广东的民气，不是好惹的，而英国人又是无可商量的。于是一面敷衍英国领事，请他暂缓入城，一面运动内用，以为脱身之计。公元1847年，耆英去职。徐广缙为两广总督。叶名琛为广东巡抚。这两个，都是“虚骄自用”的。公元1849年，英领事乘坐兵舰，闯入广东内河。广东练勇，同时聚集两岸，有好几万人，呼声震天。英国人倒也吃了一惊。徐广缙就乘此机会，和他商议，同英国的香港总督另订了几条《广东通商专约》，把入城一事，暂缓置议，载入约中。就把这件事张皇入奏。宣宗大悦，封徐广缙一等子，叶名琛一等男，又批了些“朕览奏之下，欣悦之情，难以言喻”、“难得我十万有勇知方之众，利不夺而势不移”、“应如何分别嘉奖，并赏给匾额之处，即着徐广缙酌度情形办理，毋任屯膏”的话。于是徐广缙、叶名琛，洋洋得意，自以为外交能手，朝廷也倚重他，算外交能手了。

公元1852年（文宗咸丰二年），徐广缙去职，叶名琛代为总督。公元1856年九月，有一只船，名唤亚罗（Arrow）的（这一只船，本是中国人所有。船主也是中国人。但曾在英国登记，而这时候，登记的期限，又已满了），载着几个海盗，停泊广东。中国水兵，上去搜捕，把英国的国旗毁掉。领事巴夏礼（H.S.Parker）大怒，就发哀的美敦书给叶名琛，叶名琛置诸不理，却又毫无防备。巴夏礼就发兵攻陷省城。然而巴夏礼并未得到他政府的许可，这件事究竟是不合的，所以旋即退去。而广东人民群情激动，把英、法、美的商馆，尽行烧掉。巴夏礼就报告本国政府请战。第一次在议会里，没有通过。巴马斯把议会解散，第二次，主战论就占胜了。刚刚这时候，广西地方，又杀掉两个法国教士。法皇拿破仑三世，也是个野心勃勃的，就和英国人联合，派兵前来。公元1857年，十一月，把广州打破，叶名琛掳去（后来死在印度。）从此以后，广州就为英法两国所占，直到公元1860年和议成后才交还。

这时候，俄、美两国也想改订通商条约。于是四国各派使臣，致书中国首相，托两广总督何桂清转达。中国这时候的政府，有一个观念，便是什么事情都不愿意中央同外人直接，都要推给疆吏去办。——这个虽有别种原因，还是掩耳盗铃，遮盖面子的意思，居其多数。因为这时候，实力不足，同外国人交涉，明知没有什么便宜，推倭给疆吏，面子上觉得好看些。——于是说俄国的事情，要和黑龙江将军商办，英、法、美三国的事情，交给广东总督办理。偏又外国人不满意和中国的疆吏交涉，四国使臣，仍旧联翩北上。公元1858年，二月，到了天津。朝廷没法，只得派直隶总督恒福和他开议。却又没派恒福做全权，遇事总要奏请，自然不免迟滞。英、法两国，也有些有意寻衅。四月，就攻陷大沽炮台。朝廷没奈何，再派大学士桂良、沙花纳做全权大臣，到天津开议。英、法两国，各定了新约。其中紧要的英约是：

一、开牛庄、登州、台湾、潮州、琼州五处为通商港。洪杨乱平后，汉口至上海，长江沿岸，再开三处做通商港（后来开了汉口、九江、镇江。）

二、偿军费、商亏各二百万两。

三、中英两国互派公使。

四、英人得携护照至内地游历。

五、英人犯罪，由英国领事审判。华人欺压英人，由中国地方官惩办。其两国人民争讼，由中国地方官会同英国领事审理。

六、《南京条约》之后，输出入货，系直百抽五。现因物价低落，课税要谋减轻，由两国派员，另定新税则。经此次协定之后，关于通商各款，十年一改。商船在一五〇吨以上的，每吨课银四钱。以下的，每吨课银一钱。

《法约》开琼州、潮州、台湾、淡水、登州、江宁六口。——江宁俟洪杨平后，实行开放。天主教徒，得自由入内地传教。其军费、商亏之数，各较英国减半。而三、四、五、六四款，则与《英约》大致相同。并且订明将来中国若把更优的权利许与别国时，法国得一体享受。

于是于沿海之外，开放及于内河。而且"领事裁判权"、"协定税率"、"最惠国条例"，都从此而开其端。这一次条约的损失，真是巨大而可惊了。

草约既定，言明一年之后，到天津来交换。朝廷鉴于这一次的事情，就命僧格林沁在大沽口设防。公元1859年五月，英法两使，走到大沽。僧格林沁叫他改走北塘。英法两使不听，乘兵船硬行闯入。僧格林沁便命炮台发炮。把英国的兵船，打坏四只。英、法两国上岸的兵士，非杀死，即被擒。两使狼狈，逃到上海。朝议以为经过这一次，英法两国，一定要易于就范些了，就下了一道上谕，说："该夷狂悖无礼，此次痛加剿杀，应知中国兵威，未可轻犯。"把去年的约废了，叫他派人到上海来重议。公元1860年，六月，英法兵在北塘登岸，攻大沽炮台后路。大沽炮台失陷了。僧格林沁退守通州。英法兵进攻天津。朝廷又命大学士桂良、直督恒福，前往议和。

一、于八年条约之外，又开天津为商港。

二、偿两国的军费，改为八百万两。

三、英法两使，各带随从数十人，入京换约。

清廷靠着僧格林沁的大兵，还在张家湾，不肯批准，英法兵就进逼北京。清廷再派怡亲王载垣前往议和。于是巴夏礼到通州去会议。到第二次会议的时候，有人对载垣说："英使衷甲将袭我。"载垣大惧，忙去告诉僧格林沁。僧格林沁便发兵把巴夏礼捕获，拘禁起来。英法遂进兵。战于张家湾，僧军大败。副都统胜保，从河南来，"红顶花翎，骋而督战"，给英法兵注目了，一枪打下马来，兵亦大溃。

清廷罢载垣，改派恭亲王奕䜣，命以全权与英法议和。八月初八日，文宗逃往热河。二十二日，法兵占据圆明园。——明日，英兵续至。这时候，奕䜣已将巴夏礼放还。英法致书奕䜣，说二十九日不开门，就要炮击京城。奕䜣不得已，如期开门，把他们迎入。而与巴夏礼同时监禁的人，又瘐毙了十几个。英人大怒，一把火，把圆明园烧掉。奕䜣胆小如鼠，不敢出来。还靠俄公使居间，力保英法两国人，决不给他吃眼前亏，奕䜣才出来了。九月，十一日，和英法议定条约。除承认《天津条约》外，又开天津做通商港（英法同）改赔款为八百万两（英法同）；把九龙半岛割给英国。《法约》中又准教士在各省租买田地，建造房屋（参看第三章第四节。）

当尼布楚定约时，俄人还并不深知道东方的情形（当时把库页当作半岛，黑龙江虽有口子，也不能航海的。）直到公元1847年，俄皇尼古拉一世，派木喇福岳福（Muravief）做东部西伯利亚总督，才锐意经略，他的朋友聂念尔斯可（Nevelsky），同时做贝加尔号船长。又锐意在沿海一带探险。于是建尼科来伊佛斯克于黑龙江口。公元1858年，俄人派布哈丁（Putiatin）到天津，同中国订结条约。同时又派木喇福岳福到爱珲，和黑龙将军奕山订约。木喇福岳福要求以黑龙江为两国之境。奕山不允。木喇福岳福持之甚坚，且以开战相恫吓。奕山遂为所慑，把黑龙江以北送掉。到恭亲王同英法议和的时候，俄使伊格那替业幅（Ignatief）为之居间调停，借此自以为功，又要求中国改订条约。于是这一年十二月里的《北京条约》，就又把乌苏里江以东的地方送掉了。——俄国的海军根据地，就从尼科来伊佛斯克而移于海参崴（参看《清朝全史》）

第二章　咸同时的大内乱

第一节　太平军

五口通商以后，清朝的纸老虎，给人家都看穿了。从秦汉以后，中国历史上，有一公例："承平了数十百年，生齿渐渐的繁起来；一部分人的生活，渐渐的奢侈起来；那贫富也就渐渐的不均起来；这种现象，一天甚似一天就要酿成大乱为止。大乱过后，可以平定数十百年，往后就又是如此了。"（这是由于生产方法和生产社会的组织，始终没有变更的缘故）清朝从乾隆以后，恰好到这时代了。虽然有川楚教民……乱事，社会的心理，还没有厌乱。借宗教煽诱愚俗，也是历代都有的。从西人东渐以后，黄河、长江两流域，都还没大受他的影响。独广东和西洋人接触最早，受他的影响最多。兼且上层社会中人，和固有的文化，关系较深，受外教的影响较难，下层社会却较容易。合此种种，就造成了洪杨的乱事了。

洪秀全，花县人。和同县冯云山，都师事广东朱九涛。九涛死后，秀全别创一教，谓之"上帝教"。以耶和华为天父，基督为天兄，自己则为基督的兄弟。说像基督教，又不像基督教，殊属不直一笑（其教会称三合会。）公元1836年，秀全和云山，到广西去布教。就和桂平杨秀清、韦昌辉、武宣萧朝贵、贵县石达开、秦日纲等相结识。公元1847、公元1848两年，广东、西大饥，群盗蜂起，百姓都结团练自卫。久之，渐和上帝教中人龃龉，互相仇杀（凡团练，都是比较有身家的。上帝教中人，都是贫民。）公元1850年，六月，秀全等乘机起事于桂平县的金田村。

这时候，文宗初立。派固原提督向荣，云南提督张必禄去打他，都无功。必禄旋病死。公元1851年，八月，秀全陷永安。立国号曰太平天国。自称天王（杨秀清、萧朝贵、冯云山、韦昌辉，为东、西、南、北四王。石达开为翼王。）九月，向荣围之，不克。明年，二月，秀全突围走阳朔，围桂林。四月，北陷全州。浮湘江入湖南。江忠源以乡勇扼之，秀全等舍舟登陆，攻陷江华、永明、嘉禾、蓝山诸县。萧朝贵独率一军，取道安仁、攸县、醴陵，北犯长沙，为官军所杀。秀全闻之，悉众而北。攻长沙，不克。旋北陷岳州，掠船渡江。十一月，陷汉阳，十二月，陷武昌。公元1853年，正月，弃武昌，沿江而下。连陷九江、安庆、太平、芜湖。二月，遂陷江宁。

秀全北出的时候，向荣也跟着北来，扎营于江宁城东，是为江南大营。琦善又带着直隶、陕西、黑龙江的兵，进扎扬州，是为江北大营。洪秀全看了，若无其事。派林凤翔出安徽，陷凤阳，由归德攻开封，陷怀庆，西北入山西，又回到直隶（后来这支兵，被僧格林沁打败，逼到独流镇，灭掉。）胡以晃、赖汉英泝江而上，再陷安庆、九江、武昌、汉阳，并南下岳州、湘阴。这时候，曾国藩以侍郎丁忧在籍，创办团练，又听了江忠源、郭嵩焘的话，在衡州练起水师。公元1854年，正月，出兵打破洪杨的兵。七月，湖南肃清。八月，会湖北兵克武昌，遂复汉阳，进攻九江。洪杨军分兵出上流，再陷武昌以牵制之。国藩分兵围九江，自赴南昌，筹划战守。这时候，江西州县，几全为洪杨军所占。国藩孤居南昌，一筹莫展。江南大营，又以公元1856年六月，为洪杨军打破（向荣退守丹阳病死），洪杨军势大振。

这一年，十一月，官文、胡林翼攻破武昌。从洪杨军起，武昌三陷，汉阳四陷。这时候，胡林翼竭力经营，才屹为重镇。向荣死后，和春代将，用荣旧部张国梁，尽力搏战。公元1857年，十一月，克镇江、瓜洲。明年，三月，就逼近江宁扎营。而秀全从起事之后，把大事付托杨秀清。秀清渐渐的专起权来。秀全与韦昌辉同谋，杀之。旋又杀昌辉。石达开不自安，独领一军西上，不再回江宁。太平军的军势，就渐渐的衰弱了。

公元1858年，春夏间，太平军只据得江宁、安庆，做个犄角之势。于是官文、胡林翼，会筹进取。叫陆军攻皖北，水军攻安庆，想两道并进，会攻江宁。谁想十月里，李续宾进攻皖北，和陈玉成战于三河集，大败。续宾死了，攻安庆的都兴阿，也只得撤围而退。于是陈玉成攻破扬州（太平军中，杨秀清死后，李秀成是个后起之秀，居中调度。）先分兵攻闽、浙，以分官军的兵力。公元1859年，三月，并力攻破江南大营。苏、松、常、太皆陷（和春、张国梁，先后都死。）于是官军进取之势，又一顿挫。

诏以曾国藩为两江总督。时国藩方围安庆，以兵事属其弟国荃，自己驻兵祁门，太平军围而攻之，形势甚为紧急。公元1861年，十一月，胡林翼命曾国荃攻破安庆，官军的形势，才复有转机。于是曾国藩分兵：命左宗棠、鲍超肃清江西；多隆阿攻安庆以北；曾国荃平定沿江要隘。公元1862年（穆宗同治元年），多隆阿陷庐州，陈玉成走死。五月，曾国荃以兵二万，深入围金陵（彭玉麟带着长江水师，做他的后援。）李秀成见事急，南攻杭州，以图牵制。国藩乃荐左宗棠巡抚浙江，沈葆桢巡抚江西，带李鸿章自往淮、徐募兵，以攻苏、松。八月，江宁大疫，曾国荃的兵，罹病的很多。李秀成等猛攻之，一连四十六日，竟不能破。于是官军的气焰益张，太平军无可挽回了。明年，四月，国藩攻破雨花台、九洑州。十月，城外要隘略尽，李秀成入城死守。公元1864年，三月，诸军遂合围。六月，城破，洪秀全先已服毒而死。秀全的儿子福瑱，逃到江西，为官军所执。其石达开一股，从和洪秀全分离后，从江西入湖南，又入广西，攻击湖广交界。公元1861年，人四川。明年，为总督骆秉章所擒。其余太平军的余党，有分扰各处的，也旋即平定。

太平军初起时，以区区岭南的穷民，乘间北出，不一年而攻取江宁，震动全国；后来兵锋所至，几及了一十六省（除陕、甘二省），攻破了六百多城，其中不可谓无才。他初起的时候，发布“奉天讨胡”的檄文，也总应当得几分汉人的同情。又这时候，外人方厌恶满洲政府的顽固，对于太平军，也颇有表同情的。太平军要想成功，实在不是没有机会。但是当时民族的自觉，势力颇小。而君臣之义，却颇有势力（曾国藩生平，带这种色彩，颇为浓厚。他所作《陈岱云妻墓志铭》说：“民各有天惟所治，焘我以生托其下，子道臣道妻道也，以义擎天譬广厦，其柱苟颓无完瓦。”正是这种思想的表现。大概他们看了这种阶级社会里头的道德，是维持社会所必需。当时的人的思想，自只如此。后来的人，抱民族主义的，说他为什么要做满洲的奴隶？已经可笑了。抱政治思想的，又说他为什么不把满洲政府推翻，好把政治彻底改良？这更陷于时代错误。推翻王室，改良政治，这件事，在大家都抱着君主思想的时代，谈何容易办到。况且曾国藩等，何尝知道彻底改良政治来？以练兵造船……为自强，正是这班中兴名将的政策。）太平天国的政治，都带有西教的色彩，尤易为一般人所疾视。而且他初起兵时，军纪严肃，军中的重要人物，也都是朝气。后来始起诸王，互相屠戮。洪秀全也渐渐荒淫、一切军事、政事，都出于他的兄弟仁福、仁达之手，日益腐败。奸淫抢掠的事情，也一天天多了，自然人民就反对他。这是太平军所以失败的原因。

第二节　捻军

捻军是山东游民，相集为捻，并没有什么大略。然而他的行兵，很为飘忽，当时没闹成流寇，也算是侥幸的。“捻”字的名称，不知其起源。其聚起事，也起于咸丰初年。公元1853年，洪秀全既据江宁，捻军乘机，也占据宿州、寿州、蒙县等地，横行于山东、河南、安徽之间，官军屡为所败。公元1860年，英法联军入北京，官军防守稍疏，捻军又乘机出济宁，大掠山东。诏僧格林沁攻之，僧格林沁攻破雉河集，杀其头领张洛行。有一个凤台生员，名唤苗沛霖，占据寿州。同太平军和捻军，都暗中交通，亦为僧格林沁所击斩，捻势少衰。然而其党既多，朝廷方注意太平军，又没有多大的兵力，终不能一举平定他。

公元1864年，太平军的首领陈得才，北入河南，和捻军相合，于是捻势复盛。张总愚（张洛行的侄儿子）、任柱、牛洛江、陈大喜等，各拥众数万，出没河南、安徽间。旋大举入湖北。襄阳、随州、京山、德安、应山、黄州、蕲州，都遭兵祸。江宁既破，太平军余党，又与捻合，其势愈甚。朝廷仍派僧格林沁去打他。公元1865年，四月，在雷州败死。诏以曾国藩总督直隶、山东、河南军务（李鸿章做两江总督，替他筹划饷械。）国藩知道捻军多马，步军不能和他驰逐的。又知他一味追剿，势必成为流寇。于是练马队，设黄河水师。又创“圈制”之法，用重兵扼守徐州、临淮、济宁、周家口。筑长堤以扼运河。捻军来扑，大败。于是分为两股：张总愚等一股入陕西，是为西捻。赖汶光等入山东，谓之东捻。公元1866年，国藩回两江总督任，李鸿章替他剿捻。又命左宗棠办理陕甘军务。鸿章仍守国藩成法，严防运河。把东捻逼到海州，打平，西捻初据渭北，左宗棠扼渭水拒之。捻从延绥渡河，南窜山西。陷卫辉，入直隶。宗棠带兵追剿，李鸿章也渡河来会。捻军用马队到处冲突，官军不能合围。又行坚壁清野之法，叫各处的百姓，都筑寨自守。公元1868年，五月，才把他逼到运河马颊河之间，打平。

第三节 回事

太平军和捻军之乱，可谓遍及十八行省了，却不料回民起事于西北隅，其牵动更大。

回族的杂居秦陇，是从唐朝时候起的，到元朝而更盛。汉族的同化力虽大，而回民所信的宗教，是深闭固拒的，一时也拿他无可如何（汉、回的隔阂，民族上的关系小，宗教上的关系大。）因宗教不同故，感情不甚浃洽，往往至于争斗。以民风论，则回强而汉弱。而在政治上，则官吏往往“袒汉抑回”，回人积怨深了，遇有机会就要爆发。官吏怕闹出大事来，又只管糊涂敷衍；名为招抚，实则为其所挟制。于是回民又怨恨官吏，又看不起他们，遇事就更易于爆发。

咸丰末年，陕西因设防之故，多募回勇。公元1862年，捻军入陕西。回勇溃散，有劫掠汉民者、汉民集众抵御，杀掉两个回勇，回民就集众，声言复仇。刚刚有云南的叛回，逃到陕西来。就鼓动当地回民反抗，骚扰汉民村镇。甘回白彦虎等，乘机占据灵州的金积堡。川人蓝大顺，又从四川逃到陕西，与陕回联合。朝命多隆阿往讨，把蓝大顺打死。而多隆阿也身受重伤，死在营里。左宗棠督办陕甘军务，又因追剿捻军，顾不到陕西。陕回声势遂益盛。公元1868年，捻军既平，宗棠乃回军陕西。这时候，延、榆、绥各属，游勇散卒，到处骚扰。都和甘回相连合。白彦虎驻扎宁州属下的董志原，四出攻打。宗棠先把陕西肃清。公元1869年，分兵三支：一支从定边攻宁夏、灵州。一支从宁州攻环庆，一支从宝鸡攻秦州，自帅大军，进攻平凉。公元1871年，七月，黄河以东，次第平定。公元1873年，九月，河西亦平，白彦虎逃出关。

当陕回反抗时，派人四出鼓动。于是回酋妥得璘，就起兵占据乌鲁木齐，自称清真王。汉民徐学功，也起兵和他对抗，把他打败。而和卓木的子孙又来。

张格尔死后，遗族仍在浩罕，已见第六章第六节。回事既起，张格尔的儿子和卓布苏格，乘机借了敖罕的兵，入据喀什噶尔。公元1867年，其将阿古帕柏夏废而代之，尽有南路八城。妥得璘死后，阿古柏复尽取其地。徐学功抵敌不住，只得请求内附。于是阿古柏定都阿克苏。一面托徐学功介绍，向清朝求封册。一面又通使英俄，求其承认。俄人竟和他订结通商条约，英国的印度总督，也派人前往聘问。英公使又代他向清朝求册封。天山南北路，简直不像中国的了。当时朝议，以阿古柏声势浩大，而用兵繁费，也有主张弃天山南路的。左宗棠坚持不可。公元1875年（德宗光绪元年），三月，以左宗棠督办新疆军务。明年，三月，宗棠进据巴里坤、哈密，以通饷道。六月，克乌鲁木齐，平定北路。公元1877年，克辟展、吐鲁番，扼南路之吭。——阿古帕柏夏，本是个敖罕的将，和俄人拒敌，很为有名的。这时候，天山南路既不能保，而敖罕又于前一年为俄罗斯所灭，弄得无家可归，就服毒而死。儿子伯克胡里和白彦虎退守喀什噶尔。宗棠再进兵，二人皆弃城奔俄。天山南路亦平。

云南回民，起事于公元1855年，亦因汉、回之积不相能，因细故而激变。这时候，中原多故，朝廷不暇顾及西南；而云南兵又出平贵州之苗。回众一时纷纷而起，遂至不能平定。其中著名的回酋，要推占据大理的杜文秀、曲靖的马连升为最。又有马德升，盘踞省城之中。内结各营将校，外结黔西苗民，巡抚徐之铭，为其所挟制。之铭不得已，反挟回人以自重。朝廷也无可如何他。公元1863年，朝廷派潘铎署理总督，为回兵所害。这时候，滇局几于不可收拾。后来代理布政使岑毓英，看破回酋马如龙，知道他和其余诸回酋，是不和的（先是杜文秀起兵时，专靠回教徒马先，替他主持军谋。后来文秀又和马先不和。公元1859年，文秀叫马先带兵去攻击省城，马先就投降官军。这时候，云贵总督是张亮基，受了他的降，又用他的族人马如龙做总兵。）一意抚慰他，和他协力。先定省城，次克曲靖，斩马连升。公元1872年，进攻大理，杜文秀服毒自杀。明年，才算把云南打定。

这一次的回事，蔓延的区域极广，声势也很浩大。虽然幸而平定，而因此引起俄法的交涉，就弄出无限的纠葛。其事都详见下章。

第三章　藩属的丧失

第一节　英俄的亚洲侵略和伊犁交涉

历史上的匈奴、蒙古，都是从亚洲西北部，侵入欧洲的。却从俄罗斯兴起，而亚洲西北部，反受其侵略。历史上的印度，是常受西亚高原侵略的。却从英吉利侵入印度，而西亚高原，亦反受其侵略。而且英人的东侵从海，俄人的东侵从陆，本来是各不相谋的。乃英人从印度西北出，俄人从两海之间东南下，而印度固斯山一带，就做了两国势力的交点。这也可谓极历史上的奇观了。当英人侵入印度，俄人侵入两海之间的时候，也正是清朝平定天山南北路和征服西藏之时。三国的势力，恰成一三角式的样子。乃英俄两国的势力步步扩充，而清朝的实力，则实在不能越葱岭一步，就弄成后来日蹙百里的局面了。

要晓得英俄两国对于亚洲的侵略，却不可不晓得帖木儿（Timur。）帖木儿，是蒙古王室的疏族。当元末，钦察、察合台、伊儿三汗国既衰之后（参看第三篇下第四章第一节），起兵平定中亚，定都于撒马儿干（《明史》即以其都城之名称之为撒马儿干。）尽服钦察、察合台、伊儿三汗国。又打败新兴的土耳其，一时威势甚盛。帖木儿死后（公元1402，明成祖永乐二年），国多内乱，势渐衰。明中叶后，月即别族（见第一章第一节）南定中亚，建布哈尔（Bokhard）、基华（Chiwa）两汗国，而帖木儿六世孙巴拜尔（Zdhir Udiu Baber），侵入印度，建蒙兀儿朝（都特里。）至其曾孙亚格伯（Akbar），尽并西北中三印度，赫然为南亚一大国。明朝末年，德干高原诸国，共结麻剌他同盟（Maratha）以抗之。原有的阿富汗地方，又为波斯所夺，蒙兀儿朝渐衰。英人到印度，起初原不过想通商。后来印度内乱日甚，英国商务，时时受其妨碍，乃抽税练兵，欲以自卫，再进一步，就利用印度人的内乱，时时干涉他。屡次易置他的酋长，而取得其收税之权，以为报酬。印度的政权，就渐渐入于英人之手。而蒙兀儿朝和麻剌他同盟，还是内讧不已。英人先助麻剌他诸国，以攻蒙兀儿朝。公元1858年（清文宗咸丰八年），蒙兀儿朝亡。英人又渐次用兵于麻剌他。于是一个赫赫的印度，竟给英吉利人的一个东印度公司灭掉（公元1857年，清文宗咸丰七年，英国人始收印度公司的政权，归于国家，置印度总督以治其地。公元1877年，清德宗光绪三年。英国维多利亚女王，乃兼印度王号。）于是巴达克山、博罗尔、乾竺特，次第入于英人的势力范围。哲孟雄亦为英所并。而西藏一方面，形势就日急一日了（参看上篇第六章第六节。巴达克山，从阿富汗兴起以后，名义上为其属地。公元1879年，即光绪五年，阿富汗为英之保护国。博罗尔，本为中英俄三国间隙地。公元1895年，即光绪二十一年。英俄派员画定界线，遂为所占。乾竺特，当光绪初年，薛福成和英国外务部商定，选立头目之际，由中英两国，会同派员。还是个两属之地。后来英人借口他本是克什米尔的属部，时时干涉其内政。而且筑一条铁路，直贯其境。中国就也无从过问了。哲孟雄的属英保护，系公元1890年，即光绪十六年《印藏条约》所承认。只有廓尔喀到公元1908年，即光绪三十四年，还到中国来朝贡。）

俄人的侵略中亚，起于道光时。这时候，哈萨克、布鲁特，都已折而入于俄。俄国就和基华、敖罕接壤。哈萨克等，本游牧部落，时时侵入基华、敖罕境内，俄人借此与二国时起交涉。而俄商道经二国的，又时时被掠，遂至时开兵衅。至公元1873年（同治十二年），布哈尔、基华，皆变为俄之保护国。俄人以其地置土耳其斯单、萨喀斯比斯克二省。敖罕则于公元1876年（光绪二年），为俄所灭。俄人以其地置费尔干省。

因这许多国，先后灭亡，新疆的形势，遂成赤露。先是乾隆年间，俄人曾自到喀什噶尔贸易。公元1758年，高宗下令驱逐。公元1850年（道光三十年），俄人又要求开放喀什噶尔，清廷不许。明年（咸丰元年），伊犁将军奕山，和俄人订结条约，许其在伊犁和塔尔巴哈台，试行贸易。咸丰十年的《北京条约》，又许喀什噶尔，亦援照伊犁塔城的例。妥得璘乱后，俄人借守御为名，占据了伊犁（当时俄人以为中国一定无力平定天山南北路的，谁知道中国竟平定了。）向他索回，他便要索还保守的费。朝廷派崇厚去议。公元1879年（光绪五年），议定草约：许赔偿俄国人五百万卢布的款子，准俄人在嘉峪关、吐鲁番设立领事。天山南北路，都准俄人无税通商。还要在张家口设立行栈，准俄人从张家口到天津，从天津到其余各通商口岸，贩卖货物。而还中国的，不过伊犁一空城，四面险要，尽行占去。朝论大哗，朝廷乃革崇厚的职，派曾纪泽去重议。磋商了多时，才加赔款四百万卢布，把伊犁附近的地方，多争回了些。然而肃州、土鲁番，都准俄国人设立领事。天山南北路，也准俄国人无税通商。俄人势力的扩大，也就可惊了。清朝到这时候，也知道西北的形势紧急了，公元1884年，就把新疆改为行省。

第二节 安南和缅甸、暹罗的丧失

西北一方面的交涉，方才了结，而西南一方面的交涉又起了。

先是旧阮灭亡的时候，嘉隆王阮福映，遁居海岛。旋又逃入暹罗，由法教士百多禄悲柔（Pigneux de Retaine）介绍，求援于法。乘新阮之衰，夺取顺化。公元1802年（嘉庆七年），遂灭新阮，统一安南。请封于清朝，公元1804年，封为越南国王。嘉隆王以公元1820年卒，明命、绍治、嗣德三世，皆和法人不睦，屡次虐杀法教士。公元1859年，法人以兵占西贡，公元1862年（同治元年），越人割下交趾六州以和（边和、嘉定、定祥、永隆、安江、和仙。）太平军败后，其余党遁入越南，分为黄旗军和黑旗军，黑旗军以刘永福为首领，尤强。新阮复国之后，即以顺化为首都。对于东京一方面，实力不甚充足，永福就据了红河上流，买马招兵，屯粮积草，一面招人开垦，几年之间，居然开辟了六七百里的地方。越南派兵去攻他，总不得利，就只得和他讲和。这时候，云南回事方炽，提督马如龙，忽然想到托一个法国商人久辟酉（Dupuis），运输粮械。发了护照给他，许他通航红河，这件事，本是妨害越南主权的。久辟酉既得护照，就不顾越南人的阻止，一味强硬通行，越南人无法，只得去和法国所派的西贡总督交涉。公元1874年，西贡总督乃命久辟酉退出，而乘机逼越人订约。（一）声明越南为独立自主之国。（二）且许法人以航行红河之权，以为报酬。然越南人从同法国订约之后，依旧到清朝来朝贡。而且东京一方面，实在是越南人权力所不及（全在黑旗军手里。）而越南人虽为法国兵力所迫，心上仍存一排外的念头，很想联合黑旗军，击退法人，以致红河仍旧不能通航。公元1882年，法国就发兵占据河内。刚刚这时候，嗣德王又死了。大臣阮其祥，连废了佚国、瑞国二公，而立建福王。法人乘机，以兵逼顺化。明年，立条约二十八条，以越南为保护国。

清朝非但不承认越南为法国的保护国，而且并没承认越南为独立国。于是一面派兵出镇南关，帮助黑旗军，驱逐法人。一面由驻法公使曾纪泽，对法国提出抗议，要求其撤退东京方面的兵。而法国也强硬答复，申言若在东京遇见中国兵，开战的责任，须由中国负之。公元1884年（光绪十年），三月，中法兵在东京方面，发生冲突。法军占领北宁，我兵退守红河上流。这时候，曾纪泽主张强硬对付，而在总署里的李鸿章，殊不欲多事。乃在天津和法国订结条约，承认越南归法保护，且撤退中国的兵。驻扎谅山的兵，还没得到撤退的消息，法国到要来收管谅山了。两军又起冲突，法军大败，死伤颇多。就要求中国人赔偿损失一千万镑，中国也不答应，于是战端再开。法提督孤拔（Admiral Courdet），以海军攻台湾。刘铭传扼守基隆，法军不能克，乃转攻福建。把中国的兵船，打沉了十二只，又将福州船厂轰毁，然孤拔旋病死。而陆军攻击镇南关的，又大为冯子材所败，子材直追到谅山。法军屡战不利。公元1885年，乃再和中国订结条约。法允不索赔款，而中国承认法越所订一切条约，越南的宗主权，就此断送掉了。

缅甸的西界，是阿萨密和阿剌干，再西，就是英领的孟加拉了。公元1781年（乾隆四十六年），缅酋孟驳卒，子孟云嗣，吞并阿剌干之地。阿剌干人谋独立，缅人攻之，侵入孟加拉，才和英国人龃龉。后来阿萨密内乱，求援于缅，孟云借赴援为名，占据其地。阿萨密又求救于英。公元1824年（道光四年），英缅开战。缅人大败，割阿萨密、阿拉干、地那悉林以和。嗣立数主，皆和英人不睦，屡次虐杀英商民。公元1852年（咸丰二年），英缅再开战。缅人大败。英人占据白古，乃总名前后所得地为英吉利缅甸，以属印度。缅人失了南出的海口，伊洛瓦底江两岸，贸易大减；国用日蹙，屡谋恢复，公元1885年，为英人所灭。

后印度半岛三国中，只有暹罗，最为开通。公元1851年（咸丰元年），自进而与英、法、美订约通商，且务输入西方的文化。英国既灭缅甸，想占据湄公河上流，以通云南。法国也借口湄公河以东之地，曾属安南，要求暹罗割让。暹罗人不肯。法国就进兵河上，逐其守兵。又封锁湄南河口，进逼其都城曼谷。公元1893年（光绪十九年），暹人乃割湄公河左岸地，及河中诸岛属法，并允右岸二十五粁以内，及拔但邦、安哥尔两州，不置戍兵。英人怕法人势力太盛，和法人协商，以湄公河为两国界限。湄南河流域为中立之地。萨尔温江以东，马来半岛诸部，为英势力范围。拔但邦、安哥尔、赖脱诸州，为法势力范围。后来又订约，以湄南河为两国势力范围的界限。

藩属既然尽失，自然要剥床及肤了。原来英法的窥伺西南，也由来已久。公元1873年，英使再三要求，许英人派员入藏探险，中国不得已，答应了他。公元1875年，英国就派员从上海经长江，走云南入西藏。到腾越，为土人所杀。于是公元1876年，李鸿章和英使在芝罘订结条约，除开宜昌、芜湖、温州、北海、重庆诸口岸外，仍准英人派员入藏。到中法战后，中国和法国，订结条约。许在劳开以上，开通商口岸两处。并允南数省筑造铁路，必须聘用法人。公元1887年，总署和法公使订立界约五条、商约十条，开了龙州、蒙自、蛮耗三处，并允中国关于南部及正南部，不论和哪一国订立条约，法人均得利益均沾。英并缅甸之后，中国承认了；并许派员会勘滇缅边界，另订边境通商专约；而乘机要求英人取消派员入藏，英人也答应了。到公元1894年，驻英公使薛福成，和英外部订立《滇缅界约》和《通商条约》，允许英人在蛮允，中国人在仰光，各设领事。孟连、江洪两处，中国允不割让他国；而英人许中国人在伊洛瓦底江，自由航行。谁知公元1895年，奕劻和法公使订立《中法界约》和《通商续约》，竟轻轻的把江洪割给法国了。——并以河口换蛮耗，而加开思茅。云南、两广开矿，矿师必聘法人。越南铁道，得延长至中国境内。于是英人责中国背约。公元1897年，又和中国订立条约。以腾越或顺宁代蛮允。于思茅得设领事，并许在云南境内，筑造铁路，和缅甸的铁路相接。

越南系图（据日本牧山清武藤虎太、长谷川贞一郎同编《万国读史系谱》）

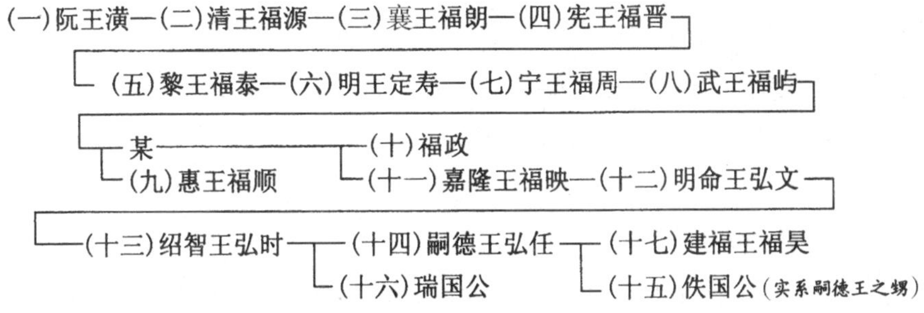

第三节　中日甲午之战和朝鲜的丧失

以上两节所说，都是清朝丧失藩属的事实。案《清朝全史》第七十八章说：法国订约申明越南为独立国时，本要把他做保护国的。

安南全权大臣尚书黎循……曰：保护国者，内攻外交，不能自专之谓也。我安南自古迄今，均为独立国，无受制他国之事……法少将裘普列诘之曰：……然则朝贡于清廷者，果何说邪……黎循与阮文祥辩之曰：……是不过一时权宜之计……况吾国使臣往复，亦只进方物；而内政外交，初不受清朝干预，尤可为独立自治之证。裘普列乃削去“法国保护”等字，而代以独立之名。吾人征两国全权之辩难，则“清国对于外藩宗主权之实质及意义”，可以推测而知。据安南全权之言，则中国之宗主权，不过全盛时代，粉饰帝王之威仪……然竟谓清朝历代对于外藩之用意，止于如斯，则又不然。试一检视康熙、雍正、乾隆间之上谕，可知清国视此等属国，为其屏藩……屏藩云者，所以免中国本部边境，受直接之侵蚀耳……（据中华书局译本。）

中国对于外藩宗主权的实质及意义，是否如此？这个问题很大，不是一时能决断的。而因藩属丧失，以致中国边境，受直接的侵蚀，则确是事实。而朝鲜的丧失，关系尤大。现在要明白中国丧失朝鲜的真相，却不可以不略知道朝鲜近世的历史。

朝鲜人的好事党争，已略见上篇第一章第四节。却到近世，党争和外戚之祸，并为一谈，就为患更烈。

（二三）英宗吟
|
庄献王恒
- （二四）正宗算—（二五）纯祖玜—翼宗旲—（二六）宪宗奂
- 恩彦君䄄—全溪大院君璜—（二七）哲宗升
- 恩信君禛—南延君球—宣兴大院君昰应—（二八）李太王熙

朝鲜外戚之祸，起于纯祖时。纯祖即位（公元1801年，清仁宗嘉庆六年），年方十一岁，太后金氏临朝，金氏始执政权。纯祖晚年，命子旲摄理国政，旲妃赵氏，亦颇干预政事。由是金、赵二氏互争。旲死在纯祖前。纯祖死后，昊的儿子宪宗立（公元1834年，清宣宗道光十四年。）金后仍垂帘，而实权颇入于赵氏之手。宪宗没有儿子，死后，金氏定策，迎立哲宗（公元1848年，道光二十八年），权势复盛。哲宗亦没有儿子，死后，宪宗之母，决策迎立李太王（公元1863年，穆宗同治二年。）朝鲜称国王之父为大院君，大院君向来没有生存的。宪宗之母，因为决意要立李太王，就破坏这个先例，而且授昰应以协赞大政的名目。后来赵氏又和他不协。大院君的哥哥，昰应的儿子载冕，亦要排斥大院君。李太王的妃闵氏，又要想参预政权，大院君孤立无助。公元1873年（同治十二年），只得称疾罢政，闵氏代执政权。然而实际上，大院君决不是甘心退让的。

日本丰臣秀吉的平定国内，亦已见上篇第一章第四节。秀吉死后，二传而为德川氏所灭。德川家康，为征夷大将军，颇讲求文治。日本自幕府专权以来，人不复知有王室，及是，读书的人多了，“尊王”之论渐盛。从西人东渐以来，日本人很可恶他传教。德川氏得政以后，始终守锁国主义。咸同之间，英、俄、美等国，遂次第以兵力强迫日本人通商。幕府是执掌政权的人，知道势不可敌，只得虚与委蛇。而全国舆论，颇多不以为然，于是“攘夷”之论复起。当时列藩之中，颇有主张“攘夷”的，王室亦以“攘夷”为然。于是“尊王”、“倒幕”、“攘夷”，并为一谈。处士的运动大起，列藩也渐渐的不受幕府节制。公元1864年（同治三年），大将军庆喜，就只得奉还政权。朝廷要令其纳土，庆喜举兵拒命。旋为王室讨败，复降。幕府既亡，诸藩亦相继纳土。封建之制，至此变为郡县，就可以设法图治了。——“攘夷”之论，其初虽极愤激。后来也知其势不可行。幕府既倒之后，遂转而一变方针，以成“维新”之治。

琉球自明以来，即两属于中日间。日本废藩置县之后，把他的王废掉，以其地为冲绳县（公元1879年，光绪五年。）中国和他交涉无效，亦遂置之，是为日本夺我藩属之始。

西学的输入朝鲜，事在明末。是由中国间接输入的。朝鲜人颇为欢迎，而亦不悦其传教。于是信教有禁，而对于西学则否。哲宗时，见英法联军，攻破中国京城，大惧。自是锁国之志渐坚。公元1866年（同治五年），俄国派兵舰到元山津求通商。有人献议于大院君，说法远俄近，不如联法以敌俄，大院君颇以为然。乃派人到中国，招还从前赶去的法教士，后来主意又变，把他尽数杀掉。驻北京的法公使，以此诘责中国。中国说：朝鲜的内政外交，中国向不干预。法使就自己发兵六百，兵船七十，前往问罪，攻破江华。朝鲜发兵抵敌，法兵大败。公元1871年，美人又以兵船五只，溯航汉江，亦被朝鲜人拒却。大院君由是志得意满。十年之中，杀掉教徒二十多万。从丰臣秀吉死后，日本仍和朝鲜通好。哲宗时，朝鲜持锁国主义，而日本人和欧美通商，朝鲜人颇疑心他，由是交聘中断。日本维新后，差宗重正前往修好。朝鲜人因他国书换了样子，拒而不受。日本又差花房义质前往，花房义质着的是汉装，朝鲜人格外不悦，把他严词拒绝。日本人大怒，西乡隆盛等，遂唱征韩之议，事情没有成功。当美国兵船受朝鲜人炮击时，亦来诘问中国。中国人说：朝鲜的内政外交，中国向不干涉。于是公元1872年（同治十一年），日本差副岛种臣到中国来，问总署道：中国人对美国人说：朝鲜的内政外交，中国向不干涉，这话真的么？总署说真的。公元1875年（光绪元年），日本军舰走过汉江，江华岛的兵，开炮打他。日本差人质问朝鲜。这时候，朝鲜闵氏握权，渐变其锁国主义。李鸿章也对他们说：一味锁国，是办不到的。不如利用各国的力量，互相牵制。因而劝他同日本修好，朝鲜就和日本订约十二条。约中申明朝鲜为独立自主之国，同日本往来，一切礼节，尽皆平等。并得派公使驻朝鲜。于是朝鲜新进之士，颇有想仿效日本，变法自强的。而在朝的人，不以为然。新旧两党的争持，就权舆于此了。后来朝鲜又想练兵，请了个日本中将做教授。因而裁汰旧兵。公元1883年（光绪九年），被裁之兵作乱，奉大院君为主，袭击日本使馆，把聘请来的陆军中将杀掉。闵妃逃到忠州山中，教朝鲜王求救于中国。李鸿章派吴长庆带兵前往镇定，把大院君提来，囚在保定（三年之后释放。）于是朝鲜又和日本订约六条，修好续约两条，许日本驻兵京城。大院君去后，闵氏仍执政权。新进之士，忿激更甚。朝鲜国中，就分为“事大”、“独立”两党：事大党要倚赖中国，拒绝日本。独立党则想引日本为同调。公元1884年，独立党金玉均、洪英植等作乱。攻王宫，害闵妃。这时候，吴长庆还在朝鲜，代他讨定。这一次的事情，日本公使竹添进一郎，颇有和乱党通谋的嫌疑。列国舆论，大不谓然。日本不得已，把他革职召回。明年，日本差伊藤博文到中国来，和李鸿章在天津订约，约明中日两国驻扎朝鲜的兵，同时裁撤。以后如要派兵，必须互相照会。中国和日本，对于朝鲜，就立于同一的地位了。哲宗时，忠清道人崔福述，创立“东学党”，以兴东学，排西教为名，颇有妨害治安的行为，朝鲜人把崔福述杀掉。而其余党，遍布于全罗、庆尚、忠清诸道，到底不能禁绝。公元1894年（光绪二十年），东学党作乱，朝鲜求救于中国。中国派兵前往，乱事已平。同时照会日本，日本亦派兵前往。于是中国要求日本人撤兵，日本人不肯，而要求中国人共同改革朝鲜内政，中国亦不答应。两国的交涉，就由此而决裂了。

日本人同中国人的交涉，起于公元1874年（同治十三年。）因为有几个日本人，航海遇风，漂入台湾，为生番所杀。日本人诘责中国。总署说：生番是化外之民，请你自去问他。日本就发兵入台湾。中国也在福建备兵，打算渡海。日本人有些胆怯，就渐渐的软化了，以抚恤了事。这一次，却是处心积虑，打算来同中国开衅的了。而李鸿章仍一味托大，靠着英俄调停，以为可以无事。战端一开，事事皆落人后。胜负之数，就不待言而可决了。谈判既无头绪，日本兵就据朝鲜京城，令大院君主国事（六月二十一日。）我国的兵，则叶志超守公州，聂士成守成欢驿。马玉昆、左宝贵、卫汝贵的兵，还没有到。日本一面令海军击沉我国运械的高升船，一面发兵攻击聂士成。聂士成退走公州，和叶志超都退到平壤。和马玉昆、左宝贵、卫汝贵等续到的兵合。八月，日军陷平壤，左宝贵死之。诸军退渡鸭绿江。海军亦败于大东沟（入旅顺修理。旋退到威海卫，自此蛰伏不能出。）日军渡鸭绿江。宋庆总诸军守辽东，屡战皆败，九连、安东、宽甸、凤皇城、岫岩，次第陷落。宋庆退守摩天岭。日本第二军，又从貔子窝登陆。十月，陷金、复、大连，攻旅顺。宋庆把摩天岭的防御，交给聂士成。自率诸军往援，不克。旅顺陷落，日军遂陷海城，宋庆把大军分布从山海关到锦州的路上。日兵乃分扰山东。十二月，陷荣城。明年正月，攻破威海卫。海军提督丁汝昌，以军舰降敌，而自己服毒身死。山东巡抚李秉衡，从芝罘退守莱州。日军遂陷文登、宁海。二月，日本一、二两军，并力攻辽东。营口、盖平皆陷。辽阳、奉天，声援全绝。日本舰队，又南陷澎湖，逼台湾。中国不得已，以美公使调停，派张荫桓、邵友濂到日本去议和，给日本人拒绝。乃改派李鸿章前往，定和约于马关，其重要条款是：

1.中国认朝鲜为独立国。

2.割辽东半岛和台湾、澎湖。

3.赔偿日本军费二万万两。

4.开沙市、重庆、苏州、杭州为商埠，并许日本人于内河通航。

条约既定，俄德法三国，出而干涉。日本不得已，才许中国把银三千万两，赎还辽东。台湾人推巡抚唐景崧做总统，总兵刘永福主军政，谋独立。不多时，抚标兵变，景崧逃走，日兵遂陷台北。永福据台南苦战，到底不敌，内渡，台南亦亡（中日战争，姚锡光所著《东方兵事纪略》，颇为翔实。可以参考。）

第四节　教士保护权的变迁和德据胶州

藩属完了，就真正要剥床及肤了。光绪一朝的朝局（内而练兵，外而交涉），差不多是李鸿章一个人主持的（参看第四章第二节。）所以中日之战，有人说：日本人不是和中国打仗，简直是和李鸿章一个人打仗。李鸿章半世的心力，都花在练兵和交涉上头（虽然也举办别样新政，只是为达强兵的目的的手段。）忽然给一个"向来藐视他为小国的日本"打败，如何不气？就一心想报仇，就不免有些急不择路了。公元1896年，俄皇尼古拉二世行加冕礼，李鸿章前往道贺。就和俄国人订结密约，许俄人筑造东省铁道，并许租借胶州湾为军港。密约不曾宣布，而意外的变故又起了。原来中国对于传教徒（1）身体、（2）财产、（3）宗教上惯例的执行的切实保障，都规定在公元1858年（咸丰八年）的《中法条约》上。这条文中所规定的，是"欧洲教士"，不是法国教士，所以以后欧洲到中国来传教的教士，都由法公使独任保护之责（游历内地的"照会"，也都由法使馆发给。遇有教案，总是法公使独当交涉之冲，中国人颇以为苦。）其中尤甚的，就是公元1870年，即同治九年的天津教案。这件事，因有个拐匪，在天津被破获而起。当时"教党迷拐幼孩，挖眼剖心"的谣言大盛，人民就群起而焚毁教堂，并且把法国领事丰大业打死。这时候，曾国藩做直隶总督，和法公使交涉。法公使要把天津知府、知县偿命，国藩不答应。交涉的结果，乱民正法的十五人，军流的二十一人，天津知府张光藻、知县刘杰都遣戍。这件交涉，并没丧失别种权利，比后来的交涉，究竟还强些。而当时的人，还沸沸扬扬，大不以曾国藩为然，这件交涉的结果，国藩的名望，几乎为之大减，——而北京陷落之后，法国人又在京城里造了一个教堂，以为《天津条约》的纪念。其影子，恰恰落在清朝的皇宫里。日曜日祈祷唱歌之声，在宫里也听得逼真。孝钦皇后觉得心上很多感触，要想除去了他，而又无法可想。警敏的德国公使，不知怎样，把这件事打听到了。就对李鸿章说：教士是得教皇管的，要想他拆掉教堂，只要和教皇交涉就得了。李鸿章一想，不错。历来教案的交涉，都很受法公使刁难，倘使换了和罗马教皇交涉，教皇是没有兵船，没有大炮的，就不至于如此棘手了。就派赫德手下的一个英国人，去见教皇。运动他派公使到中国来。教皇听得东方最大最古的中国，传教的事务，一旦归他直辖，如何不喜欢呢？然而法国不以为然。教皇是没有兵船，没有大炮的。在欧洲，也要靠法国的保护，如何敢十分违拗法国的意思？此事就成为画饼。然而德国人要想破坏法国人“这种专有的保护权”的念头，始终未息。这时候，德国恰有两个教士，在山东传教。公元1887年（光绪十三年），德国铁血宰相俾斯麦，就起而自任保护之责，以后德国教士游历的照会，就在德使馆领取。关于德国的教案，也要和德国人直接交涉了。公元1897年（光绪二十三年），山东杀掉两个德国教士，德国就以兵舰闯入胶州湾（这件事情，欧洲的舆论，有说他是海盗行为的。）明年春，订租借九十九年之约。

胶州湾突然给德国人占去了，俄国人却怎样呢？就和中国人再行订约，租借旅顺、大连湾。东省铁路，并得造一支路，以达旅顺。英国人也租威海卫以为抵制。法国又以兵船突入广州湾，然后议租借之约。而筑路、开矿等事，又纷纷而起。中国人到此，也就不能不醒了。

第四章　清朝覆亡和民国的兴起

第一节　革新的原动力

中国的变法，来源是很远的。原来从秦朝统一以后，直到西力东渐以前，二千多年，中国社会的状况，没什么根本的变更。而从中古以来，屡次受外族的征服，到清朝入关，这种现象，已反复到第五次了（五胡、辽、金、元、清。）而治化的不进，民生的憔悴，还是一言难尽。物穷则变，到这时候，中国思想界，便要起一个根本上的变动了。——便是对于向来社会的组织，根本怀疑。却是这时代，闭关独立，并没有外国的情形，可资比较；怀疑于当时的社会组织，要想从根本上改革，求一种参考的资料，就只得求之于古。所以当明末清初的时候，社会上就发生了两种思想。

一、觉得向来支配社会的义理（社会上人人承认的），并无当于真理。向来所视为天经地义的道理，到此便都要怀疑。如黄梨洲的《明夷待访录》、《原君》等篇，就是这种思想的代表。这是精神上的。

二、其在物质上，则觉得当时所行的治法，彻底不妥，无可修改；欲图改善，非从根本上变革不可。就有极端复古之论。当时主张封建的人，便是这一种心理。顾亭林的《封建论》，便是这种思想的代表（吕晚村、陆生枏等，也是主张封建的。）封建原是不可复的事情，然而至于疑心到郡县，几乎要主张封建，就真可算是对于当时的社会组织，根本怀疑了。

有了这一种趋势，就是没有西力东渐的事实，中国的社会，慢慢儿也要生根本上的变动的；不过变得慢些，又不是现在这种变法罢了。

宋学在当时，是支配全国人心的。东汉以来儒家的道理，虽不和宋学一样，究竟还同宋学相近。清朝时候，因人心都有上述的趋向；始而汉学发达，对于宋朝人的话怀疑；继而汉学之中，又分出今文和古文，对于东汉之学也怀疑。至于疑心到东汉之学，定要追求到西汉；就有许多义理，和现社会所行，是格不相入的；人心上就生了极端的变动了。

至于具体的办法，要提出方案，却不是一时办得到的事情。恰好这时候，西力东渐，和西洋人的社会，渐渐的接触多了，关系密了；始而认识他的社会，和我们组织不同；继而认识他那种组织，我们实在不可不仿效，于是改革之事，就起了轩然大波。

所以近世的改革事业，来源是很远的，蓄势是很久的。这种变动，不发则已；一发之后，就如悬崖转石（看得他似乎也有顿挫，其实算不得什么），非达到目的不止。所以现在正是个变动的时代；正是个变动了，方在中途的时代。要讲什么保存国粹，什么变动得不可太快，都是白说掉的话。——这个无关于是非，且亦无所谓是非，只是大势如此（本节请和第五章第八节参看。）

第二节　咸同光三朝的朝局

但是虽然如此，变革之初，总还是发端于政治上。那么，我们要讲近世中国的变革，就不得不托始于戊戌政变；要明白戊戌政变，就不能不晓得咸同光三朝的朝局了。

文宗即位之初，颇为振作。这时候，承五口通商屈辱之后，主持和议的人，颇不为清议所与。而国家经过这一次大创，当时议论政治的人，也觉得有刷新的必要（自然不是要效法西洋。）文宗于是把耆英、穆彰阿等斥退，前经贬谪的林则徐等起用。又下诏求直言，通民隐（当时应诏陈言的很多。）总算有振作的意思，而且是能顺从当时舆论的趋向的，所以海内翕然，颇有望治之意。无如前此的乱源，种得太深了，一时间收拾不来。即位之初，太平军就已起事。连年用兵，未能平定。英法交涉，更为棘手。就此弄得心灰意懒，抱着个“且乐主人”的观念，就不免纵情声色。于是载垣（怡亲王，胤祥之后）、端华（郑亲王，济尔哈朗之后）、肃顺（端华的兄弟），一面引导他游戏，一面结党揽权。这三个人，也不是绝无道理的近幸。其中肃顺尤有才具。恭亲王和这三个人的起仆，咱们也只认他是满洲亲贵，争夺政权的事情，用不着替他分什么是非曲直。况且恭亲王究竟是个无能为的人。倘使当时争夺的结果，肃顺等获胜，后来的内政外交，许反要好些。兴科场之狱以立威等，自然是他的坏处，也只是手段之拙。这种事情，在君主专制时代，是历来权臣公共的罪恶，不能因此一笔抹杀。军机处的权柄，渐渐的移于宫中，暗中就只在这三个人手里（端华、肃顺始末，请参看薛福成的《庸庵笔记》。）

文宗从公元1860年逃到热河之后，就没有回京，明年死了。载垣、端华、肃顺等，就矫遗诏，自称辅政大臣（当时辅政大臣，共有八人。）禁遏在京王公，不叫他们奔丧（这就是忌恭王前去的意思。）然而在京留守的恭王，也不是没人附和他的。当时的政治中心，就分为两处：一处在热河，以载垣、端华、肃顺等为中心；一处在北京，以恭亲王为中心。

文宗正后钮祜禄氏（孝贞后），无子。妃那拉氏（孝钦后）生穆宗，当时还只八岁，就有御史董元醇，奏请太后垂帘，派近支王公辅政。而恭亲王也乘机走到热河，“得间独见”两太后，密定回銮之策。恭亲王先行，肃顺护送梓宫，两宫和载垣、端华，另从间道入都。到京之后，趁他猝不及防，把他两个捉下。肃顺也被执于途。旋杀肃顺，赐载垣、端华死。两宫同时垂帘听政，而以恭亲王为议政大臣。

清朝的歧视汉人，虽不如元朝之甚。然而从道光以前，汉大臣实在没有真握大权的。关于兵权，尤不肯轻易落在汉人手里。当时有大征伐，带兵的总是满人。却到文宗时候，满人实在不中用了。军机大臣庆祥，就竭力主用汉人。肃顺虽然专横，却极爱才。胡林翼的巡抚湖北，曾国藩的总督两江，都是他所保荐（左宗棠在湖南巡抚骆秉章幕里，被人参劾，几乎大不得了，也靠肃顺一力保全。）恭亲王虽和他是政敌，而这种宗旨，也始终没有改变（以事势论，却也无从改变。）到底能平定太平军、捻军和回部，号为中兴。然而从此以后，满洲的朝廷，就不过抱着一个空名，寄居于上，实际上并没有什么维系天下的能力了（当时满洲政府，也未尝不忌这班人。所以太平军才平，就把湘军遣散。然而湘军才散，淮军又起。以后内政外交的重心，仍旧集中到李鸿章身上。）因中央政府的没有实力，以后并且渐渐地变成"外重"的趋势。

其在宫廷之内，则孝贞皇后本是个庸懦不堪的人。虽然垂帘，不过徒有虚名。一切实权，都在孝钦手里。穆宗虽是孝钦后所生，却和孝钦不甚协。关于国事，孝贞后差不多全不过问。至于家事，却偏要问问信。公元1872年，穆宗年已十八岁了，就有大婚问题发生。孝贞后主张崇琦的女儿，孝钦后主张凤秀的女儿。两宫相持不决，乃命穆宗自择。穆宗拣了崇琦的女儿，孝钦不悦，禁止他到皇后宫里去。穆宗郁郁不乐，就此出去"微行"，因而传染了病。公元1874年，死了（明年，皇后绝食自杀。）

清朝当世宗时候，定"储位密建"之法。皇帝将拟立的儿子，亲自写了名字，密封了，藏在乾清官最高处正大光明殿匾额之后。高宗时，又定立嗣不能逾越世次。从高宗的儿子一辈起，以"永、绵、奕、载、溥、毓、恒、启、焘、闿、增、秩"十二个字命名。穆宗是载字辈的人，死后无子，应当在溥字辈中选立。然而一者，孝钦不愿意做太皇太后。二者，德宗的母亲，奕譞的福晋，是孝钦的妹子。三者，德宗年只四岁，便于母后专权。于是孝钦就决意选立了德宗。两宫从公元1873年穆宗大婚之后归政，到此不满两年，却又垂起帘来了。

孝钦本不是十分安分的人（当穆宗时候，便宠任了太监安得海，违反祖制。叫他到山东去。这时候，山东巡抚是丁宝桢，颇为骨鲠，就把他捉住，奏请正法，孝钦无如之何。）然而当穆宗初年，乱事还未平定，不敢十分怠荒。又孝贞是文宗的嫡后，虽然不懂得什么事，孝钦总有些碍着他。到德宗初元，乱事已定，自谓中兴之业已成，便不免有些骄侈。公元1881年，孝贞后又死了，格外肆无忌惮。于是乘中法之战，罢恭亲王，而反命军机处有什么事情，同个幼稚无知的醇王商办。又宠太监李莲英，修颐和园。一切用度，都十分奢侈（当时的海军，固然练得不好，然而海军衙门经费，都给孝钦用掉，以至不能整顿，也是失败的一个大原因），就不免政以贿成。用人行政，都渐渐的腐败起来了。德宗于公元1889年大婚，孝钦循例归政；然而实际上，什么事情，都还要参与，德宗毫无实权。德宗是个英明的君主，加以这时候，外交迭次失败；至中日之战，而形势大变；更加以俄订密约，德据胶州，形势更为紧急，不得不愤然英断，以定变法之计。而戊戌、庚子种种的变故，就要相因而至了。

第三节　戊戌政变和庚子之乱

从戊戌以前，中国人对外的认识，可分为四期：

一、教士的译著书籍，是从明朝就起的。然而除掉天文、算学之外，竟毫不能得中国人的注意。——便看见了，也不信他。譬如纪昀修《四库总目》，对于艾儒略的《职方外纪》，提要上就疑心他是说的假话，世界实在没有这么大。——这个是毫无认识的时代。

二、到五口通商之后，而中国人始一警醒。于是有魏源所著的《海国图志》，江上蹇叟所著的《中西纪事》等出来。对于外国的情形，稍稍认识。然而这时代，所抱着的，还是闭关的思想；所讲求的，还是把守口岸，不给洋人攻破等等法子。这是第二个时代。

三、太平军的平定，在清朝一方面，实在借用一部分的外国兵力的。其事起于公元1860年，上海为匕首党徒刘丽川所陷。法兵助官兵收复县城。这时候，英人久经组织义勇团，以为保卫租界之计。各处富人，聚集上海的颇多，也共同集赀，与外国人合筹保卫之法。于是美人华尔（Ward）、白齐文（Burgevine），始募欧洲人一百，马尼亚人二百，组织成一队，名曰常胜军。华尔死后，戈登（Charles George Gordon）代为统带。克复太仓、昆山，并随李鸿章攻克苏州。中兴诸将，亲眼看见过外国兵的，知道中国的兵力，确非其敌。于是乱平之后，就要注意于练兵。设船政局，制造局，开同文馆，广方言馆，选派幼童留学美国，以至兴办铁路、汽船、电报等事，都是如此。这是第三个时代。

四、这种办法的弱点，经中法之战而暴露出来，中日战后，更其尽情暴露。当时自然有一班比中兴名将时代较后，和外国接触较深，知道外国内情较真实的人，但是这种人，在中国社会上，不易为人所认识。到中日之战，中国人受了一个大大的刺激，而当时主张变法的康有为、梁启超等，又是长于旧学，在中国社会上，比较的容易被人认识的人。变法的动机，就勃发而不可遏了。

康有为是一个今文学家，他发明《春秋》三世之义（据乱世，升平世，太平世），说汉以来的治法，只是个小康之法，孔门另有大同之义。所以能决然主张变法（可参看康氏所著《春秋董氏学》。）清朝一代，是禁止讲学的；所以学士大夫，聚集不起来。却到了末造，专制的气焰衰了，人家就不大怕他。有为早岁，就到处讲学。所以他门下，才智之士颇多，声气易于鼓励。

有为是很早就上书言事的。中日之战，要讲和的时候，有为亦在京都，联合各省会试的举子，上书请迁都续战，并陈通盘筹划变法之计，书未得达。嗣后有为又上书两次。德占胶州时，有为又上书一次，共计五次只有一次达到，德宗深以为然。中日战后，有为创强学会于京师，要想聚集海内有志之士，讲求实学，筹划变法之计。旋为御史杨崇伊所参，被封。其弟子梁启超等，乃设《时务报》于上海，倡言变法之义。大声疾呼，海内震动，一时变法的空气，弥漫于士大夫之间了。

德宗亲政以后，内受孝钦后的钳制，外面则有不懂事的恭亲王，从同治以来，久已主持朝政，遇事还得请教他。其余军机大臣孙毓汶等，也都是顽固不堪。只有大学士翁同龢，是德宗的师傅，颇赞助变法之议。公元1898年，恭亲王死了，德宗乃决计变法。四月，下诏申言变法自治之旨，以定国是。旋擢用康有为、梁启超等，自五月至七月，变法之诏数十下，然而给一班顽固的人把持住了，一件事也办不动。八月初六日，孝钦后突然从颐和园还宫，说德宗有病，再行临朝。说新党要谋围颐和园，把康有为的兄弟康广仁、杨锐、刘光第、林旭、谭嗣同、杨深秀六个人杀掉。有为、启超逃走海外，于是把一切新政，全行推翻（参看近人所著《戊戌政变记》。）

太后阴有废立之意，密询各督抚，各督抚都不赞成。外国公使，也表示反对之意。太后要捕拿康、梁，而外国照国事犯例保护，不肯交出。康有为立保皇会于海外，华侨响应，也时时电请圣安，以阻止废立。太后骂报馆主笔，都是“斯文败类，不顾廉耻”，要想概行禁绝，而在租界上的，又办不到。于是太后痛恨外国人，就起了一个排外之念。太后立端郡王载漪的儿子溥儁为大阿哥，原是预备废立的。虽然一时不能办到，而载漪因此野心勃勃。当时满大臣中，像荣禄、刚毅等，又存了一个排汉的念头（荣禄说：练兵本不是打外国人，是为防家贼起见。刚毅说：宁可把天下送给外国人，不要还给汉人。）汉大臣徐桐等则顽固不堪（徐桐至于疑心：除英、俄、德、法、美、日等几个强国外，其余的外国，都实无其国。都是一班新党，造了骗骗人的。）朝廷上头，布满了腐败污浊的空气，恰又有一个义和团，顺应他们的心理而发生，就要演出古今未有的怪剧了。

义和团怎会得大臣的信任？究竟是堂堂大臣，怎会信任起义和团来？其中也有个缘故。中国自和外国交涉以来，种种的吃亏，自然是不待言而可知的了。有些不愤，想要振作图强，原也是人情。然而图强的方法，却就很难说了。“蹈常袭故”之世，“读书明理”的人，尚且想不出一个适当的法子来，何况处前此未有的变局，再加以揎拳勒臂的，又是一班毫无知识的人？专制之世，人民毫无外交上的常识，是不足怪的。却又有一种误解，很以一哄的“群众运动”为可靠。像煞交涉的吃亏，是官吏甘心卖国，有意退让的。倘使照“群众运动”的心理，一哄着说：“打打打！”、“来来来！”外国人就一定退避三舍的了。这种心理，不但下流社会如此，就号称读书明理的人，也多半如此（在庚子以前，怕竟是全国大多数的心理。）所以总说官怕外国人，外国人怕百姓。这便是相信义和团的根源。至于义和团的本身，则不过是个极无智识的阶级中人，聚集而成。只要看他所打的旗号“扶清灭洋”四个字，是说的什么话——做盗贼也要有做盗贼的常识，倘使会说兴汉灭满，就够得上做盗贼的常识了。说“扶清灭洋”，就连这个也够不上。

义和团是起于山东的。公元1899年，毓贤做山东巡抚，非但不加禁止，而且颇加奖励；于是传播大盛，教案时起。毓贤旋去职，袁世凯代为巡抚，痛加剿击。义和团都逃入直隶，直隶总督裕禄，又非常欢迎他。载漪、刚毅、徐桐等，就把他召入辇毂之下，称为义民。于是义和团大为得意，公然设坛传习，焚教堂、杀教士、拆铁路、毁电线，甚至携带洋货的，亦都被杀。京津之间，交通断绝，外国公使向中国政府诘问，中国政府，始而含糊答应，继而董福祥以甘军入都，于是公然下诏，和各国同时宣战。又下诏各省督抚，尽杀境内外人（幸而两江总督刘坤一，湖广总督张之洞，联合各省，不奉伪命；且和各国领事，订保护东南的条约。所以东南得以无事。）派董福祥的兵，会同义和团，攻击各使馆。从中也有暗令缓攻的，所以没有攻破。而德公使克林德、日本书记官杉山彬，都被戕。不多时，英、俄、法、德、美、日、意、奥八国的联兵到了，攻破大沽。聂士成拒敌天津（这时候，义和团骚扰得更不成样子了。聂士成痛加剿击，义和团大恨。士成和联军交战，义和团反从而攻其后。直隶总督裕禄，是深信义和团的，又遇事掣士成的肘，士成恨极，每战辄身临前敌），战死了。裕禄兵溃自杀。巡阅长江大臣李秉衡，发兵入援，也兵溃而死。太后和德宗，从居庸关走宣化，逃到太原，旋又逃到西安。联军入京城。又派兵西至保定，东至山海关，以剿击义和团。直隶省中，受蹂躏的地方不少。京城被荼毒尤酷。

这时候，李鸿章方做两广总督。乃调他做直隶总督北洋大臣，和庆亲王奕劻，同为全权议和（鸿章死后，代以王文韶。）外人要求惩办罪魁，然后开议。于是杀山西巡抚毓贤；黜载漪爵，遣戍新疆；褫董福祥职；刚毅先已自尽，仍追夺其官；其余仇外的大臣，也分别议罪。明年，和议成：

1.赔款四万五千万两。——金六千五百万镑。

2.派亲王大臣，分赴德、日谢罪。

3.许各国驻兵京城，保护使馆。使馆界内，不准中国人居住。

4.拆毁天津城垣，和大沽口炮台。

5.各仇教州县，停止考试五年。

这一年八月里，太后和德宗就回銮。回銮之后，自觉得难以为情了，乃再貌行新政，以敷衍天下。然而这种毫无诚意的变法，又哪一个信他呢？

第四节　满蒙藏的危机（上）

庚子之变，所闯下来的祸，还不止以上所说的呢！原来关东三省，是清朝的老家（其实也算不得他的老家，因为辽东西本来是中国的郡县。）清朝入关以后，还想把他保守着（倘使老家给汉人占据起来，他就无家可归，真正在中原做了客帝了。）而东三省的形势，和蒙古的关系，又很为密切的。所以想把这两处，通统封锁起来。关东三省中，只有少数的“民地”。此外就都是“旗地”和“官地”，汉人出关耕垦，是有禁的。蒙古亦有每丁的私有地，和各旗公共之地，都不准汉人前往垦种。就汉人前往蒙古经商的，也要领了票据，然后可往。且不得在蒙古住满一年，不准在蒙地造屋。他的意思，无非怕汉蒙联合，要想把汉蒙隔绝了，满蒙却联结一气，以制汉人，然而这种违反自然趋势的命令，到底敌不过汉族天然拓展之力。当康熙时，山东的人民，已经陆续的向关东移住了。康熙时禁令，是极严的，终究是有名无实。到乾隆时的上谕，就说："这件事，朕也明晓得了。现在内地人满，而关东地旷，一定厉行禁令，不准他去，又岂是帝王之道呢？朕也就默认了他罢。"——难道高宗没有满汉的界限么？不是，他满汉界限的色彩，浓厚得很呢！不过明知道这种禁令，厉行也无益，落得解除掉罢了。汉人移殖关东的，共有三种：一种是因山东东部，土地瘠薄，人民渡海而往的。这种人，大约沿奉、吉两省的官道，自南而北。一种是犯流刑的人，在关东成家立业的。一种是咸同离乱之际，出长城到蒙古东部，从蒙古东部而入吉、黑的。乾隆时，默认禁令的解除，嘉道以后，并偶有官自开放，招汉民前往开垦的事。因汉民移住的多了，并且渐渐的设立起州县来（最早的长春厅设于嘉庆初年。）移住蒙古的，则是太平军、捻军兴起，然后大盛的。原来蒙古人有了土地，不大会利用。把地租给汉人而收其租，却是很有利益的。所以清朝虽替他保护土地，禁止汉人前往开垦。而蒙古王公，却有私占公地，招汉人前往开垦的。就蒙民，也有愿将土地租给汉人的（到后来，又说土地给汉人占去了，蒙人就穷了，其实汉人何尝白占他的土地来。）所以从咸同以后，内蒙近边之处，也逐渐开辟。到后来，到底至于设立厅州县。

这种封锁的政策，虽然不能阻止汉人的自然移殖，毕竟把汉人的移殖，阻止得缓了许多。现在蒙满之地，还是弥望荒凉，都是这种封锁政策的罪恶。倘使当初不存一"联合满蒙，以制汉人"的谬见，早早把满蒙开放，设法奖励汉人的移殖，到现在，就不敢说和内地一样，怕总比现在的情形，充实的加倍不止。决不会有后来抱着满蒙这么一大片的地方，反忧其"瓠落而无所容"的患害。不但如此，汉官昏聩，到底也比什么将军副都统等清楚些（就使官都昏聩，幕里也总有明白的人。）倘使早早招徕汉人，设置州县。沿边的情形，也总要比较好些。像公元1856、1860两年，一举而割掉几千万方里的地方的事情，怕不会有吧？总而言之，从古以来，只听见“移民实边”，没听见“限民虚边”，清朝这种政策，“实在是限民虚边”的。到后来，反又忧其“边之不实”，不知这“边之不实”，是谁弄出来的。所以谋“独占土地”（以及“世界上一切利源”），总是最大的罪恶。

闲话休提，言归正传。从东省铁路成后，俄人借名保护，沿路驻兵。一种侵略的势力，业已赫然不可侮了（以哈尔滨为陆上的中心，称为“东方的莫斯科”。以旅顺为东方舰队根据地。）偏偏庚子这一年，伪诏排外的时候，黑龙江将军奕山，又遵奉维谨，和俄国人开起兵衅来。攻哈尔滨，不克。攻阿穆尔省，又不克。俄人反举兵南下，连陷爱珲、齐齐哈尔，奕山死之，因据吉林、奉天省城，挟将军以令全省。辛丑和议成时，俄人借口与中国有特别关系，不肯置议。回銮以后，要索中国政府，另订特约，被日、英、美三国阻止。这时候，各国相继撤兵。俄人迫于公议，无可如何，公元1902年三月初一日，和中国订撤兵之约。以六个月为一期：第一期撤奉天，第二期撤吉林，第三期撤黑龙江的兵。到第二期，就并不实行，反把已撤的兵调回。这时候，俄人在东三省的势力，炙手可热。日本人乃提出“满、韩交换”，要求俄国人不干涉朝鲜，日本人亦不干涉满洲。俄国人不听，于是日俄开战。——在中国地方交战，中国人反宣告中立。——其结果，俄人败绩。旅顺、奉天俱给日人打破，东洋和波罗的海舰队，也都给日人打败了。乃以美国的调停，议和于朴茨茅斯。其结果：

一、将东省铁路支线，自长春以下，割归日本。

二、将库页岛的南半，割与日本。

三、旅顺大连，转租于日。

四、认日本独立经营朝鲜。

从此以后，就发生南、北满的名词。东三省的北半，属于俄人的势力范围，其南半，日本人就视为禁脔了。至于朝鲜，则日俄战后，名为改为立宪（改国号曰韩），实则日本人即置统监于其国，尽夺其一切政权。公元1910年，韩王派代表到万国平和会，陈诉日本的行为，日本人就迫韩王让位于其子，不多时，就宣布日韩合并。

日俄战后，日本派小村全权到北京，和中国订立《满洲善后协约》。由中国承认：将旅顺、大连转租于日，及长春以下的铁路割归日本，并订“附约”十一款。

（一）开凤皇城、辽阳、新民屯、铁岭、通江子、法库门，（二）长春、吉林、哈尔滨、宁古塔、珲春、三姓，（三）齐齐哈尔、海拉尔、爱珲、满洲里为商埠。

日人所设安奉军用铁道，改为商用铁道。——除运兵归国十二个月不计外，以两年为改良工事之期。工竣以后十五年，中国得以收买。

中日合设公司，采伐鸭绿江材木。

于是日本设立南满洲铁道株式会社。——资本二亿元。其一亿，由日政府投资；以已成铁路和附属财产充之。其又一亿，名为听中日人共同投资，其实中国人全无资本。——以租借地为关东州，设立都督府。

《满洲善后协约》，订立于公元1905年十一月二十六日。附约中订明以十二个月为日本运兵归国之期；则其工事着手，应在公元1906年年底。乃日本直到公元1909年，才要求派员会勘线路。由邮传部派交涉使与日人会勘。会勘既定，日人要求收买土地。政府委其事于东三省总督锡良。锡良忘了该路路线，日本业与部派人员勘定，忽主张不准改易路线。交涉就起了龃龉。日本遂取“自由行动”的手段，即时动工。中国无如之何，只得由锡良和巡抚程德全，与日人补结《协约》。而所谓“满洲五悬案”，也同时解决。“满洲五悬案”是：

一、抚顺煤矿。日人主张为东清铁道附属事业。中国人说在铁路路线三十里以外。日本人说：《东清铁路条例》，准许俄国人采矿，本没限定里数；而且俄国人所采的矿，大抵在三十里以外。

二、间岛问题。图们江流域长白山附近的中韩国界，清朝康熙年间，两国共同派员勘定。规定西以鸭绿江，东以图们江为境界。于长白山（朝鲜人谓之白头山）上，立有界碑。图们江北，中国曾设立敦化县和珲春厅，而人民甚为寥落。同治年间，朝鲜咸镜道人民，越江开垦。光绪年间，乃于其地设立延吉厅，课其租税。日本既以朝鲜为保护国，突于公元1907年，由统监府派宪兵，设理事官于其地。

三、新法铁路。从新民府到法库门的铁路，中国拟借英款修造，日本说是南满铁路的平行线，出而抗议。

四、东清铁路营口支路。系许俄人筑造东清铁路支线（哈尔滨旅顺间）时，暂时敷设，以运输材料。东清支线成后，即行撤去。转租后，中国要求日本。日本怕中国人另行经营，以致营口与大连竞争，抗不肯撤。

五、吉会铁路。满铁会社设立后，屡次要求新奉、吉长两铁路，须借该会社的款项。公元1907年，外务部和日使——林权助——订立新奉、吉长两路借款的契约。日人又要求把吉长路延长到延吉与朝鲜会宁府的铁路相接。

以上各问题，经过交涉之后，都成为悬案。安奉铁路自由行动时，日人致中国《最后通牒》说："限于不妨碍工事，仍望谈判。"并希望"同时以妥协的精神，解决其余诸悬案"。于是公元1909年七月，外务部和日使订立各种协约。

一、承认日人开采。——并烟台煤矿。

二、两国仍以图们江为界。中国仍准韩民在江北垦地居住。——该韩民应服从中国法权，归中国地方官管辖裁判。但日本领事或委员，得以到堂听审。日本统监府派出人员，于约成后两月内，完全撤退。开龙井村、局子街、头道沟、百草沟为商埠。

三、中国应允要敷设时，先和日本商议。

四、允许日本于南满铁路限满之日，一律交还。

五、将来将吉长铁路廷至会宁时，其办法与吉长路一律。至应何时开办，则由中国政府酌量情形，再与日本商议。

这所谓满洲五悬案，差不多全照日本的意思解决，当第三个问题解决时，中国要求将来筑造锦齐铁路时，由锦州经洮南至齐齐哈尔，日本不反对。日本也要求昌图洮南间的铁路，归日本承造。其结果。双方把意旨记入会议录中。诸约发表后，英美诸国资本家，颇热心借款。中国因想把该铁路，索性延长到爱珲——锦爱铁路。日本也坚持昌洮线的敷设权，以为抵制。并且嗾使俄国，出而反抗。于是锦爱铁路之议又中止。而这一年十二月里，美国人有“满洲铁路中立”的提议，向中、英、法、德、俄、日六国，提出通牒。其办法是：

由各国共同借款于中国。俾中国赎回东三省各铁路。其管理之权，在借款未还清以前，由各国共同行使。限于商业运输，而禁止政治军事上的使用，使满洲在事实上，成为中立地带。

此项提议，反以促成日俄两国的联合。日俄两国密商后，提出抗议。英国是附和日本，法国是附和俄国的；德国的关系比较浅薄；美国陷于孤立的地位，提议就全然失败了。

第五节　满蒙藏的危机（下）

“支离东北风尘际，漂泊西南天地间！”东北一方面，既然因日俄的竞争，而弄得如此。西南一方面，却还有因英俄竞争，而引起的“轩然大波”呢。原来西藏地方，因地势上的关系，人家本称他为秘密国。清朝对于他，也是取封锁政策。其原因，自然是在政治上。而西藏人所以赞成他的政策，则另有一种隐情。原来西藏地方，最需要内地的茶。都是由特权阶级买了，再卖给西藏人民的。一出一入之间，可以获利无算。倘使对于印度，自由通商，因运输上的关系，川茶的生意，定要为印茶所夺。所以西藏的特权阶级，也抵死持着闭关主义。英人的注意西藏，却由来已久。公元1780年，班禅喇嘛人京贺高宗万寿，印度总督就派人去和他商议印藏通商的事情。班禅说这件事情，须进京之后，奏过皇上，方能决定。后来班禅死在京里，这件事情，也就搁过了。

西藏的邻国，有一个廓尔喀，又有一个哲孟雄。廓尔喀和西藏的关系，前已说过了。至于哲孟雄，则据说：他的国王，本是从西藏来的（其时约当清初。）历代的王妃，都求之于西藏的贵族。人种、风俗、政教，全和西藏相同。上流社会的话，就是西藏话。其关系可谓密切了。公元1835年，英国人才给他年金三百镑，收买他首府附近的土地，作为殖民地。公元1860年，又增加年金一二〇〇镑，获得筑造铁路之权。一方面又再三要求中国，许其派人到云南、西藏间，测勘商路。中国不得已，于公元1873年答应了他。明年，英人玛加理等，由上海经汉口到云南。又明年，走到腾越，为土人所杀。英公使遂乘机要求，迫中国订立《芝罘条约》（光绪二年，李鸿章和英使在芝罘订结的），丧失了许多权利，而附约中仍许英人入藏探测。其后英人要实行，西藏人竭力抗阻。中国觉得交涉棘手，趁认英国并吞缅甸的机会，才于条约上将此事取消——公元1886年。明年，西藏人又派兵到哲孟雄。在哲孟雄和印度交界处，建筑炮台，以阻止英人入哲，并且劝哲王搬到西藏。公元1889年，印度人把西藏的兵打破，逐出哲孟雄境外，并迫西藏人释放哲王回国议和。西藏人无法，只得应允了他。于是英国人在哲孟雄设立统监。又向总理衙门交涉，要求派员会议哲孟雄和印藏通商问题。公元1890年，驻藏帮办大臣升泰，和印度总督订立条约：承认哲孟雄归英保护，而印藏通商问题，则说后日再议。到公元1893年，才订立《藏印续约》，开亚东关为商埠。然藏人延不实行，印藏间的通商，仍然没有进步。而俄国人在西藏的势力，反而有着进步。

原来俄国人，从占据中亚之后，就野心勃勃，更想南下；英人怕其危及印度，也要竭力预防。于是阿富汗成为英国的保护国（公元1879年，光绪五年），波斯也成为两国的争点。西藏介居其间，自然也不得安稳了。西藏人的思想，是比较简单的，因此容易被人笼络。俄人知道他是这样，就阳为尊崇黄教，以笼络他。西藏人信以为真，和俄国的感情，一天天好起来。两方之间，遂至互通使聘。公元1902年，达赖十三世何旺罗布藏吐布丹甲错济塞汪曲却勒朗结，又派使如俄，俄人接待他，极为隆重。英人大惧。恰好日俄开起战来了。公元1904年，英国就派兵入藏，直逼拉萨。达赖逃奔青海。英国人和班禅订立和约：

开江孜、噶大克、亚东为商埠。

赔偿军费五十万镑。——合卢比七百五十万。

撤废从印度到江孜、拉萨的炮台山寨。

西藏承认下列五事，非得英政府的许可，不得办理：一、把土地租卖给外国人。二、西藏一切事情，都不得受外国干涉。三、不得允许外国派遣官员及其代理人入境。四、铁路、道路、电线、矿产，或别项权利，都不得许给外国或外国人。五、西藏一切进款，以及银钱、货物，不得抵押给外国或外国人。

英人要求驻藏大臣有泰签约。有泰电告外务部：外务部复电，令其万勿签字（于是只有西藏代表的官吏，同英国人签了约），一面和英国交涉。到公元1906年，才把此项交涉，移到北京办理。四月二十六日，由外务部侍郎唐绍仪，和英国全权公使萨道义，订结《藏印续约》六条。把《英藏条约》，算作此约的《附约》。约中声明："英国不占西藏的土地，干涉西藏的政治。中国也不许别国占据西藏的土地，干涉西藏的政治。"、"《附约》中所谓'外国'及'外国人'，中国不在其内。"赔款本定七十五年还清；未还清时，英国得驻兵春丕。其后印督申明："减为二百五十万卢布，分二十五年还清。前三年赔款付清，并且商埠开办，已满三年后，英国人即行撤兵。"这时候，赔款已由清廷代为付清。英国的兵，也就于这一年十二月内撤退了。

西藏问题喘息方定，蒙古的警告，又传来了。原来日俄两国，同美国“满铁中立”的提议，反得了接近的机会。公元1910年6月，两国订立《协约》。表面上说是“满洲现状被迫时，两国得以互相商议”。据说，暗中还有秘密的条件。便是：“日本并韩，俄不反对；而俄国在蒙新方面的举动，日本也予以承认。”《协约》成立后，未及两个月，韩国就被并了。到明年正月里，俄国就突然向外务部提出条件。

公元1881年《中俄条约》第十款，许“俄国在内外蒙古贸易，依旧不纳税”。并许“俄国人民，在伊犁、塔尔巴哈台、喀什噶尔、乌鲁木齐和天山南北两路其余各城，贸易暂不纳税。俟将来商务兴旺，再由两国议定税则。”第十五款又说：“关于通商各款，每十年修改一次，倘或未改，便仍照行十年。”第一次、第二次期满，都没有改。到公元1911年，又是应该修改之期了。我国就于公元1910年的冬天，向俄国人表示要修改的意思。谁料明年正月，俄国公使，就突然提出下列的条件：

> 国境百里以内，一切物品都为无税贸易。——中国向俄国提出的主张，系以百里内的产品为限。
>
> 俄人于蒙古、新疆，均得自由移住；且一切贸易，都不收税。
>
> 俄人于科布多、哈密、古城三处，设立领事。
>
> 伊犁、塔尔巴哈台、库伦、乌里雅苏台、喀什噶尔、乌鲁木齐、科布多、哈密、张家口等处，俄国亦有设立领事馆之权；俄国人，有购地建屋之权。

而且同时声明：“中国倘不全数承认，便要取自由行动。”二月初十，居然提出最后通牒，以二十八日为最后的期限。这时候，中国的舆论，颇为激昂。报纸上有许多筹划同俄国人开战的话。然而自然是“徒为壮语”。到二十七日，政府就不得已，全数承认了。

这种无理的要求的提出，固然由于这时候的俄国政府，以侵略为怀；又欺清朝政府软弱，乐得虚声恫吓，取得权利。然而其中也有个原因。原来清朝对于蒙古，是取封锁政策的，不准汉人移殖的（见上节），无如蒙古王公，大多数不能理财。穷得不得了，便把土地向汉商抵借款项。这件事，本是违犯清朝禁令的。俄人却看作清朝政府，借此取得蒙古的土地。曾有俄人著书说："中国政府，用这种政策，六七十年后，全蒙古的土地，都要到汉人手里了。"其实清朝政府，哪有如此远大的计划？俄人却疑心生暗鬼，便也取同样的手段，借款给蒙古人。这都是庚子以后的事情。光、宣之间，给中国政府发觉了、不免大吃一惊。忙代蒙人把债还了，土地赎回。俄国人虽然无可如何，却总想"限制中国人经营蒙古，而自己却在蒙古取得广大的权利"。所以有这一项要求的提出，和后来趁蒙古人宣布独立，和他结约，限制中国人派兵殖民的举动。其实清朝政府，脑筋里哪曾有过"殖民"两个字？而且满清政府，还是禁止汉民移殖的。其结果，联蒙制汉的计划，依然并无效果。却把满蒙空虚着，"慢藏诲盗"，以致引强敌侵进来。"谁生厉阶，至今为梗？"、"封锁"、"猜防"的罪恶，这可以算作"明效大验"了。——关于库伦独立，和西藏达赖背叛的事情，因为方便上，搁到下一篇里再叙；还有两件交涉上较为重要的事情，却附带叙在这里。

其一是英国占据片马。英国从占据缅甸之后，公元1894和公元1897两年，两次和中国订立《滇缅界约》。然仅划定北纬二十五度三十五分以南的境界；自此以北，《约》中规定，俟将来再行核定。公元1905年，迤西道和英国驻腾越的领事，曾经会勘一次，依然没有结果。而片马一地，系从缅甸通西藏、四川的要路；滇越铁路，倘然取道于此，尤觉平坦。英国就突然于公元1910年十二月，派兵驻扎。中国和他交涉，英国人总说并无占据之意，然而始终延不撤兵。这件事情，如今正在交涉，还没结束。

其二是关于中葡澳门划界的事情。欧洲人和中国通商，以葡萄牙人为最早。当明朝中叶时候，葡萄牙人所出入的口岸甚多，然而其人颇有暴行，以致到处被中国人斥逐。到嘉靖三十六年，才纳贿于广东官吏，求租现在的澳门半岛，为晒晾船货和屯积货物的地方。官吏贪贿，允许了他。然而因人民与葡人冲突，以致酿成事端，也是官吏所惧的。到万历元年，就想出一个法子来，就澳门半岛狭处，筑造围墙，限制葡人，出入必由此路，当时原是防闲管理的意思。然而围墙以外，中国人就不啻置诸不问了。然而这时候，葡人还按年缴纳租金。直到五口通商以后，中国国威坠地，葡人就并租金而不纳了。光绪年间，总署因广东贩运烟土的人，多借澳门为护符而漏税，要想取得缉私之权，竟不惜断送澳门，以为交换。公元1887年，派税务司金登干到葡京，和葡人商订条约，预立节略四条，其中第二条：中国许葡萄牙人永远居住管理澳门。第三条：非得中国允许，葡萄牙人不得将澳门转让他国。不多时，总署和葡国全权，在北京订立《中葡条约》五十四条。对于预立节略中的这两条，彼此均无异议。并订明："俟两国派员妥为会订界址，再行特立专条。其未经定界以前，一切事宜，俱照依现时情形……彼此均不得有增减改变之事。"然而其后"会订界址，特立专条"的事情，始终未能办成。而葡萄牙人却屡次越界侵占。公元1908年。日本船二辰丸，秘载军火，在澳门附近的海面，为中国捕获。葡人竟声言该处并非中国领海（后来由中国军舰，向二辰丸谢罪；并赔偿损失，收买其军火。）于是澳门划界的事情，中国更觉得其切要。公元1910年，中国派云南交涉使高而谦，葡国派海军提督玛喀多，在香港会商，相持不决。后来把交涉移到北京。适值葡国革命，事又中止。这件事情，就到如今仍为悬案。而去年（1921）五月，又有澳门葡兵，凌侮中国的人，以致中葡冲突，葡兵大杀华人的事情。

以上所述，都不过关系大局的事；其余小小不幸的交涉，还不知凡几。国权丧失愈多，国势危险愈甚，民心的愤激，也日甚一日，这也是胜清颠覆的一个大原因。而铁路借款一事，竟直接做了亡清的导火线。

第六节 清朝的末运

中国人民的反对清朝，可以说有两种思想。

一、民族思想：汉人的民族思想，古代较为淡薄的。所谓“用夷礼则夷之，进于中国则中国之”，所以排斥异族，只因为其文化程度较低之故。然民族思想，古虽然淡薄，究竟不能绝无。而从赵宋以来，屡次受异族的蹂躏，所谓有激而成，民族的思想，转觉比以前浓厚了些。宋朝人讲《春秋》，把“尊王攘夷”算作根本的大义，就是其证据。清朝的政治，比元朝为清明，而其歧视汉族，实在较元朝为盛（譬如康、雍、乾三朝，极惨酷的文字狱，就是元朝所没有的。）明末一班志士，抱“故国之思”、“遗民之痛”的，实在大有其人。如顾炎武、黄宗羲、王夫之等都是。事虽无成，而恢复之念，实在未尝或忘。所以酝酿到后来，到底有曾静运动岳钟琪之举。又前清时代，遍布各处的会党，相传都有明末的遗民，参加组织，以图恢复之举的，其说也未为无因。其事既为志士一致的怀抱，这种精神，自然容易传播到后来。乾隆中叶以后，看似这种思想，业已消亡，实则不过一时潜伏，根子还在里头，有触即发的。

二、民本思想：这种思想，在中国历史上，也由来很久。中国人看着皇帝，本来当他是公仆，好就承认他，不好就可以把他赶掉；这种道理，差不多是人人承认的。不过在实际上，限制君权以成立宪，或除去君主而成共和，则不曾想得到办法罢了。一旦和西洋人接触，看到他的政治组织，合于中国人固有理想的，自然易于激动。

因此故，庚子以后，立宪、革命两种思想就大盛。——立宪论是专在政治方面着想，要想保存君主的；革命论也有专就政治方面着想，主张推翻君主的；又有兼抱民族主义，要想推翻清朝的。

清朝人自然是赞成立宪的，但是其初，还没有爽爽快快就答应人民立宪，直到日俄之战，俄国败了；于是“日以立宪而强，俄以专制而败”的议论大盛，乃有派五大臣出洋考察宪政之举（公元1905年六月，所派的是载泽、戴鸿慈、徐世昌、端方、绍英五人。走到车站上，给革命党吴樾，放了一个炸弹，折回。旋改派李盛铎、尚其亨代徐世昌、绍英前往。）考察的结果，一致赞成立宪。当时各疆臣中，也多主张立宪的，于是公元1906年七月，下诏预备立宪，以改革官制为入手办法。公元1908年八月，又下诏，定预备立宪的期限为九年。

以中国人民本思想蓄积之久，一朝觉悟，原不是区区君主立宪所能满足的。况且清朝也并没有实行君主立宪的诚意（却又不是一味专制，硬和人民反对；不过是毫无实力，既不能强，又不能弱；看舆论倾向在哪一面，就把些不彻底的办法，来敷衍搪塞罢了。）而从戊戌以后，所行的政治，又事事足以激起人民的反对，庚子以后，更其急转直下。孝钦、德宗死后，朝廷一方面，并“似有若无的中心”而亦失掉，所以爆发得更快。

德宗崩于公元1908年十月二十一日，由孝钦下诏：以载沣之子溥仪，承嗣穆宗，兼祧德宗。载沣为摄政王，监国。明日，孝钦也死了（这件事，是否真是如此？抑或实系孝钦先死？现在却无从断定。）当戊戌变法的时候，德宗颇有收回大权之意，以其事谋之于袁世凯，袁世凯知道事不能成，以密谋告荣禄。于是有孝钦幽囚德宗，推翻新政之举。所以德宗一面的人，和袁世凯原是势不相容的。但是这时候的朝廷，并无实力，并没有尽翻戊戌之案的能力，只把个袁世凯罢掉（连党禁都没有开。）但是清朝从咸同以后，实已名存实亡。全国的势力，移于湘淮军手里，后来湘军既废，淮军独存，内政外交的重心，就聚集于李鸿章身上。再后来，淮军又渐变为练军。练军之中，鼎鼎有名的，便是一个袁世凯。而淮军系中，也并没有什么杰出的人。勉强求一个可以传授李鸿章的衣钵的，也还是袁世凯。所以袁世凯在当时，颇足以代表几分“清朝从咸同以后靠以支持的”那种势力。这种势力，固然也是过去的势力，终究不能倚仗他的。袁世凯对于清朝，可以算是怀挟异志的人，清朝要想靠他，也未必始终靠得着。然而骤然把他去掉了，反任一班昏聩无知的亲贵出来胡闹，就更下了一道催命符了。

清朝末年，鉴于革命论的昌炽，歧视汉族之心，自然也是有的。但是亲贵专权的大原因，究竟还在这一班亲贵愚昧无知上头，不自知其毫无实力，而还想把持朝权。载沣本是个昏聩糊涂的人，摄政以后，他的兄弟载洵、载涛，都颇喜揽权。人民上书请速开国会，不听。再三请愿，才许把九年的期限，改为五年。而请愿代表，都遭遣散。东三省的代表，且给民政部和步军统领衙门硬送回籍。这时候，人民对于立宪渴望正盛，而政府所行的事情，偏和立宪的趋势相反。第一次改革官制后，十一部的尚书，满族占其七（那桐、溥颋、溥良、铁良、寿耆、荣庆、载振。）第二次改革官制，设立内阁，以奕劻为总理大臣，那桐为协理大臣。其余十部，满人又占其七（善耆、载泽、阴昌、载洵、绍昌、溥伦、寿耆。）人民以皇族组织内阁，不合立宪制度，上书请愿。各省谘议局，也联合上书，清朝竟置之不听。又这时候，中央一班人，鉴于前清末年，外权颇重（不知道是由于中央政府的无能为，积渐而致的，不是顷刻可变。要想中央集权，却又不知集权之法，误以压制施之人民），于是用一盛宣怀，硬行铁路国有的政策，置舆论之愤激于不顾。而革命之祸，就因之激起了。

光绪三十三年六月的内阁：

军机处	奕　劻	载　沣
军机大臣	世　续	鹿传霖
外务部尚书	吕海寰	
民政部尚书	善　耆	
陆军部尚书	铁　良	
度支部尚书	载　泽	
吏部尚书	陆润庠	
礼部尚书	溥　良	
学部尚书	荣　庆	
法部尚书	戴鸿慈	
农工商部尚书	溥　颐	

邮传部尚书	陈　璧	
理藩部尚书	寿　耆	

宣统末年的内阁：

内阁总理大臣	奕　劻	
内阁协理大臣	世　续	徐世昌
外务部大臣	邹嘉来	
民政部大臣	桂　春	
陆军部大臣	阴　昌	
海军部大臣	载　洵	
军谘府大臣	载　涛	
度支部大臣	载　泽	
学部大臣	唐景崇	
法部大臣	廷　杰	
农工商部大臣	溥　伦	
邮传部大臣	盛宣怀	
理藩部大臣	善　耆	

要讲铁路国有这件事情，还得牵连而及于当时的两宗借款。原来从甲午之战以后，列强对于中国，竞谋扩张势力和攫夺利益。其手段，则以筑造铁路、开采矿山为最要；而二者之中，则筑造铁路为尤要。当时中国和外人订约，大抵把“借款”、“筑造”、“管理”三件事，并为一谈。一条铁路，借哪一国的款项，同时就请他筑造，就把这铁路和一切产业做抵押；而且造成之路，还请他管理。于是铁路所到之处，就是外国权力所及之处；把势力范围，弄得十分确定。说句可怕的话，简直就是瓜分的先声。后来中国人渐渐的觉悟了，于是已经和外国订约的铁路，收回自办；即未经和外国订约的铁路，筹划自筑的声浪也大盛。——而且这不仅是对外的关系。以中国幅员的广大，交通的不便，在图行政的灵活和经济的开发上，从速建筑铁路，也有很强的理由。所

以在胜清末年，筹筑铁路，成为当时最有力的舆论。而练兵，兴学，改革币制，振兴实业……也都是当时舆论所竭力鼓吹的。要创办这许多事情，自然免不了利用外资。在外人一方面，投资于中国，自然是很有利的事情；而且在政治上，投资多的，自然在中国所享的权利也多些。而在中国，议论外交的人，也说要招致外国到中国来投资：一者，可以借此振兴中国的产业；二者，外国人投资多，使得他有所顾忌，且可互相牵制，借以避免他们政治上的侵略。而在当时，人民企业的能力，实在也还幼稚。即如铁路，各省纷纷闹赎回自办，或者开办，其实除浙路外，都没有多大的成绩。于是又有铁路宜于国有的议论。再加上满清末造，忽而要振起威权，挽回外重的心理，就酿成清末的借款和铁路政策（参看第五篇第三章第一节。）

盛宣怀在清末的官僚里头，本是以通知“洋务”著名，而且以惯办开矿和铁路……事情出名。到末年组织内阁，便用他做了邮传部尚书。先是公元1910年九月里，度支部尚书载泽，以改良币制为理由，和美国公使，订立借款预约七条。美国人招呼英法德日加入。其结果，英法德都加入了，而日本却没有。旋以四国提出财政顾问的条件，谈判中止。而日公使伊集院，靠着正金银行主任小田切万寿的助力，和盛宣怀成立铁道公债一千万元（公元1911年2月24日。）以江苏折漕一百万两作保，利息五厘，指京汉路余款付给。——这时候，日本所负外债之数，为十四亿四千七百万。此项借款，日本合十五家的银行，劝全国的资本家应募，还仅得其半。其又一半，毕竟转募之于英法比三国。则其承借的理由，不全在经济上可知了。于是四国也放弃财政顾问的条件。三月十七日，和载泽订立改革币制和东三省兴业借款一千万镑（合华银一亿元。）利息五厘，实收九五，期限为二十五年。以东三省烟草税、酒税、生产税、消费税，及各省新课盐税作抵。由四国银行团，平均承受。此项借款，颇有引四国投资于东三省，以抵制日俄两国之意。旋以日俄两国抗议，未几就武昌起义，只付了垫款四十万镑，却做了民国时代善后大借款的前身。同时还有一笔借款，却是直接关于粤汉、川汉铁路的。原来粤汉铁路，当初曾经和美国合兴公司，订立借款草约。其后因该公司逾期未办，乃废约收回自办。这件事，张之洞在湖广总督任内，很出些力。后来就做了粤汉、川汉两路的督办大臣。张之洞和英、美、德、法四国的银行，订立借款草约。预定借款六百万镑。以偿还合兴公司的旧欠，和筑造两路。还没有订正约，张之洞却死了。到盛宣怀做了邮传部尚书，就把这笔借款成立（后来银行没有交款），其事在四月二十二日；而铁路干线国有的上谕，却下于其前一日。

铁路干线国有的政策，平心而论，原亦未可厚非。但是政策虽未可厚非，行之也要得其人。当时一班亲贵，揽权用事，谁知道铁路政策是什么一回事？又谁知道振兴实业，改革币制……是什么一回事？看他们揽权攘利，一味胡闹；假使清室不亡，这几宗借款，竟尔成立，所办的事业，也一定要破产，而贻国民以巨累的。但是当时人民的反对，也并不是顾虑及此。不过清室积失人心，国民愤郁已极，不觉一触即发罢了。当时上谕既下，川、鄂、湘三省人民，争持颇烈。政府便把“业经定为政策”六个字，严词拒绝。湘抚杨文鼎，川督王人文，代人民奏请收回成命，都遭严旨申饬。而且嫌王人文软弱，改派赵尔丰入川，用高压手段，拘留保路会代表，人民环请释放，又开枪击毙多人。而且以人民谋叛，捏词诬奏。于是革命党人在湖北运动起事，总督瑞澄，又穷加搜戮。而八月十九日的一声霹雳，就惊天动地的震动起来了。

第五章 明清两代的政治和社会

第一节 官制

明清两代的官制，也是沿袭前朝的。其中最特别的是：一、内官的无相职，二、外官的区域扩大，级别增多。

明太祖初年，本来仍元制，设立中书省，以为相职的。十三年，因宰相胡惟庸谋反，废去中书省。二十八年，并谕群臣："……以后嗣君，……毋得议置丞相。臣下有奏请设立者，论以极刑。"这时候，天下大政，都分隶六部，而天子以一人总其成（倒像共和时代，废掉内阁制而行总统制似的。）但是这种办法，须天子英明，方办得到。后嗣的君主，都是庸懦无能的，或者怠荒不管事，其势就不可行了。于是殿阁学士，就起而握宰相的实权。殿阁学士（中极、建极、文华、武英四殿。文渊阁及东阁"以其授餐大内，常在天子殿阁之下……故亦曰内阁"），本是文学侍从之臣，管"票拟"、"批答"等事，不过是前代翰林学士之流（诏诰的起草，在唐朝，本是中书舍人的职事。后来翰林学士，越俎代庖，本是件越职侵权的事情。明初既废掉宰相，殿阁学士，起而承此职之乏，却是势极自然的。）但是其责职，终究不过在文字上而已。所以太祖时，尚不过预备顾问。成祖时，解缙等居此职，才参预起机务来。仁宗时，杨荣、杨士奇，都以东宫师傅旧臣，领部事而又兼学士之职，其地位才渐次隆重。以后累朝，什么事情，都和内阁学士商量，其权限愈扩而愈大。到世宗时，夏言、严嵩，就都赫然变做真宰相了。但是实权虽大，在名义上，终不过是个文学侍从之臣，好比天子的书记官一样，并没有独立的职权。明朝一代，弄得有权臣而无大臣（神宗时代，张居正颇以宰相自居，时人已大不谓然了。）君主的无所畏惮，宦官的能够专权，未始不由于此。所以黄梨洲发愤说：有明一代，政治之坏，自高皇帝废宰相始（见《明夷待访录》。）清初以文华殿、武英殿、文渊阁、体仁阁大学士各一人，协理大学士二人，为相职。康熙中，撰拟谕旨，都由南书房翰林。所以这时候，高士奇等一班人，颇有权势。雍正用兵西北，说是怕军机泄漏，乃特设军机处于隆宗门内。选阁臣和部院卿贰，兼摄其政，谓之军机大臣。另简部曹和内阁中书等，管理拟稿编纂等事，谓之军机章京。从此以后，枢务都归军机处了。

六部在明朝，都以尚书为长官，侍郎贰之。其下有郎中员外郎，分设许多清吏司，以办一部的事务。这是庶政的总汇。清朝：尚书，满汉各一。侍郎，满汉各二。又于其上设管理部务的大臣（吏、户、兵三部和理藩院都有。因最初设部的时候，原系以贝勒管理，后来虽设尚侍，吏、户、兵三部，都沿袭未废。管部大臣，清初兼用亲王、郡王。后来以权太重，但用大学士），以致尚侍的权柄，亦不完全。理藩院虽名为院，亦设尚侍，官制和六部相同，但所用都系满蒙人。五口通商以前，西洋各国的交涉，也都是由理藩院办理的。咸丰十年，才特设总理各国事务衙门，派王大臣管理。光绪二十七年，改为外交部。有管部大臣一，会办大臣一，尚书一，侍郎一，又有左右丞及左右参议。派公使驻扎各国，起于光绪元年。其初系以京卿出使，仍留原职。后来才独立为一官，隶属外务部。分头二三等。平时所派，大概是二三等；遇有特别事务，才派头等。又有总副领事和领事，驻扎各国，以保护侨民。光绪三十二年，改设外务、吏、民政（以新设的巡警部改）、度支（以户部改，财政处税务处并入）、礼（太常寺、光禄寺、鸿胪寺并入）、学（以新设的学务处改，国子监并入）、陆军（以兵部改，练兵处，太仆寺并入）、农工商（工部改，商部并入）、邮传、理藩（理藩院改）、法（刑部改）十一部。除外务部外，都设一尚书，两侍郎，不分满汉。宣统元年，又增设海军部谘议府。尚书都改为大臣。而将吏、礼部并入内阁。裁军机处政务处，另设总协理大臣，以图设立责任内阁。

明清两朝，都察院的权最重。明制：有左右都御史、左右副都御史、左右佥都御史、及十三道监察御史（清十五道。）在外则巡按、清军、提督学校、巡监、巡漕等事，都以委之。而巡按御史，代天子巡守，权最重。总督巡抚，本系临时派遣的官。后来因与巡按御史，不相统属，所以巡抚常派都御史，总督亦兼都御史。清朝则左都副御史，都满汉并置。右都副御史，但为在外督抚的兼衔（六科给事中，掌谏诤及稽察，在明代亦为有实力的官。清朝雍正时，使给事中隶属都察院，遂失其独立的资格。）

大理寺与刑部、都察院，并称三法司，明清两代都同。翰林院本系文学侍从之官，明朝从天顺以后，非进士不入翰林，非翰林不入内阁；所以翰林院的位置，骤觉崇高。詹事府本东宫官，清朝不设太子，此官但为翰林院升转之阶。宗人府管理皇族，在明代关系本不甚重要。但在清代，宗室觉罗系一特别阶级，专归宗人府管理。凡宗室觉罗议叙，专归宗人府，议处亦由宗人府会同刑部办理，所以宗人府亦颇有关系。历代中央各官，大半为奉君主一人而设。清朝则此等官署，虽亦俱有，而实际上供奉天子的事情，大部分在内务府。又太监亦是为内务府管理的，所以又兼历朝内侍省之职。

外官则明初改路为府。府之下为县。州则属州同于县，直隶州同于府。其上设布政、按察二司，布政司掌民政，按察司掌刑事。也是行的两级制，而上有监司之官。但是元朝的行省，区域本嫌太大（这本不是认真的地方区划。）明初虽废去行省，而布政司所管的区域，却沿其旧，以致庞大而无当。又布政司的参政参议，按察使的副使佥事，都分司各道，遂俨然于府县之上，添设一级（道的名目很繁。在明时，最普通的，是“分巡”、“分守”和兵备。《明史》说：“明初制恐守令贪鄙不法，故于直隶府州县设巡按御史，各布政司所属设试佥事。已罢试佥事改按察分司四十一道，此分巡之始也。分守起于永乐间，每令方面官巡视民瘼，后遂定右参政、右参议分守各属府州县。兵道之设，仿自洪熙间。以武臣疏于文墨，遣参政副使沈固、刘绍等往各总兵处整理文书，商榷机密，未尝身领军务也。至弘治中，本兵马文升，虑武职不修，议增副佥一员，敕之，自是兵备之员盈天下”。）而明朝所遣总督巡抚，本是随时而设的，在清代又成为常设之官，其权力远出于两司之上，就不啻更加一级而成五级了。

清朝对于东三省，治法颇为特别。奉天系陪都，设府尹，又有五部（除吏部。）府尹但管汉人，旗人的民刑诉讼，都归五部中的户、刑二部；而军事上则属将军（其初盛京将军，尝为兼管府事大臣，后改于五部中简一人为之。）光绪二年，乃以将军行总督事、府尹行巡抚事。吉、黑但有将军副都统。末年乃设东三省总督，改为行省制。

对于蒙古、新疆、西藏，亦用驻防制度。新疆于中俄伊犁交涉后，亦改为行省；而蒙、藏则始终未能改省。对于外蒙古的驻防，有定边左副将军和参赞大臣，驻扎乌里雅苏台。科布多参赞大臣、帮办大臣，驻扎科布多。对于青海、蒙古，则有西宁办事大臣，驻扎西宁；而对内蒙古和西套蒙古，无驻防。凡蒙旗都置札萨克，唯内属察哈尔、土默特无札萨克，直接归将军副都统管辖。对新疆，有伊犁将军，统辖参赞、领队、办事、协办诸大臣，分驻南北路各城。对西藏，有驻藏办事大臣一人，帮办大臣一人，分驻前后藏。宣统三年，裁帮办大臣，设左右参赞。左参赞与驻藏大臣，同驻前藏；右参赞驻后藏。

第二节　学校选举

中国选举之法，从唐到清，可以称为科举时代。这时候的选举，并非没有别一条路，而其结果，总是科举独盛。

明初是学校、科目、荐举，三途并用，而太祖看得学校很重。其制：国学名国子监（南、北二京俱有。）肄业于国子监的，谓之“监生”，而其中又有举监（举人）、贡监（生员）、荫监（品官子弟）、例监（损赀，起景帝时）之分。

府州县皆立学，府置教授一，训导四，生员四十人。州置学正一，训导三，生员三十人。县置教谕一，训导二，生员二十人。其增广于定额之外的，谓之增广生员。前此所设，得食廪膳的，谓之廪膳生员。后来增广亦有定额，更于定额之外增取，附于诸生之末的，谓之附学生员。生员入学，初由巡按御史布按两司和府州县官。英宗正统元年，专置提学官，以三年为一任。三年之中，考试两次。一次第其优劣，分为六等，谓之岁考。有科举的年份，又考试一次，取列一二等的，得应乡试，谓之科考（生员之额既多，初入学的，都称附学生员。岁科两考，名次高的，才得为廪膳增广生员。）士子不曾入学的，通称为童生。明朝立学最盛，府州县之外，诸卫所亦皆立学。又应科举的，必须先在学校毕业，而学校起家，可以不由科举。太祖时候，对于国学，极为注重。“司教之官，必选耆宿。”规则亦极完备。国学诸生，皆令其分赴诸司，先习吏事，谓之“历事监生”。洪武二十六年，尝尽擢国子生六十四人为布政、按察两使及参议副使佥事等官，其为四方大吏的尤多。而台谏之选，亦出于此。就常调的，亦得为府州县六品以下官。然“一再传之后，进士日益重，荐举遂废，而举贡日益轻……迨开纳粟之例，则流品渐淆。且庶民亦得援生员之例以入监，谓之民生，亦谓之俊秀。而监生益轻”。于是同处太学之中，而举监、贡监、荫监等，和援例监生，出身又各不相同。而举人生员，亦都不愿入监，国学就有名无实了。这个自由于科目之势，积重已久。所以明太祖一个人的崇重学校，不能挽回。

其科举之制亦是，但有进士一科。初场试四书义三道，经义四道（《易》、《书》、《诗》、《春秋》、《礼记》五经。）二场试论一道，判五道，诏、诰、表内科一道。三场试经史，时务策五道。子、午、卯、酉之年，在直省考试，谓之“乡试”，中式的谓之“举人”。明年，到京师去，应礼部的考试，谓之“会试”（都分三场，所试如上所述。）中式的更由天子廷试（对策），分一、二、三甲。一甲三人，谓之“状元”、“榜眼”、“探花”，赐进士及第。二甲赐进士出身。三甲试同进士出身。其经义的格式，略仿宋朝的经义。然有两特别之点：一、须“用古人语气为之”，二、“体用排偶”（所以谓之“八股”。）这种奇怪的文体，也有个发生的缘故。因为考试时候，务求动试官之目。然应考的人多，取录的人少。出了题目，限定体裁，无论怎样高才博学的人，也不敢说我这一篇文章，一定比人家做得好。而又定要动试官之目，就只有两种法子：第一种办法，是把文章做得奇奇怪怪，叫试官看了，吃其一吓，不敢不取。二是把文章做得很长，也是吓一吓试官的意思。——这两种毛病，是宋朝以来就极盛的。要限制这种弊病，就于文章的格式上，硬想出种种法子：第一种办法，就是所以预防一的弊病。第二种办法，则是所以预防二的弊病的［因为要代古人说话，就是限定了，只准说某时代某一个人的话。其所说的话，就有了一定范围，自然不能十分奇怪。散文可以任意拉长（所谓“汗漫难知”），骈文却不容易］。然而文体却弄得奇怪不堪了。

清朝的学校选举制度，大抵沿明之旧。所不同的，则二场不试论判，及诏、诰、表，而于头场试四书文三篇，五言试帖诗一首。二场试五经文三篇。三场试策五道（乡、会试同。殿试策一道。）此外康熙十八年，乾隆元年，曾举行博学鸿词科。光绪二十九年，又曾举行经济特科，则系前朝制科之类（参看第三篇下第三章第二节。）

明清的科举制度，有可评论者两端。其一，学校科目，历代都是两件事。明朝令应科目的必由学校，原是看重学校的意思。然其结果，反弄得入学校的，都以应科举为目的，学校变成科举的附属品。——入学校的目的，既然专在应科举，而应科举的本事，又不必定要在学校里学；则学校当然可以不入。到后来，学校遂成虚设。生员并不真正入学，教官也无事可做。其二，唐宋时代的科举，设科很多（参看第二篇下第三章第二节，及第三篇下第五章第二节），应这时代的科举，一人懂得一件事就行了。这是可能的事情。从王荆公变法之后，罢“诸科”而独存

“进士”，强天下的人而出于一途，已经不合理了。然而这时候，进士所试的只是经义、论、策。经义所试的，是本经、兼经。一人不过要通得一两经，比较上还是可能的事情。到明清两朝，则应科举的人：一、于经之中，既须兼通《四书》、《五经》。二、明朝要试论、判、诏、诰、表，清朝要试试帖诗，这是唐宋时“制科”和“诗赋进士科”所试的事情，一人又要兼通。三、三场的策，前代也有个范围的（大抵时务策居多。）明清两朝，则又加之以经子，更其要无所不通。这种科举，就不是人所能应的了。法律是不能违反自然的。强人家做不能做的事情，其结果，就连能做的，人家也索性不做。所以明清两朝的科举，其结果，变成只看几篇《四书》文，其余的都一概不管；就《四书》文也变成另外一种东西，会做《四书》文的人，连《四书》也不必懂得的。于是应科举的人，就都变做一物不知的。人才败坏，达于极点了（戊戌变法，曾废八股，以策论经义试士。孝钦垂帘之后，仍复八股。辛丑回銮，又废八股，试策论经义。公元1905年，遂废科举。其事无甚效果，不足论。）

第三节　兵制

明朝的兵制，和唐朝的府兵，最为相像。其制：系以“卫”、“所”统兵，而以“都督府”和“都司”，统辖“卫”、“所”。——凡“都司”，都属于“都督府”，但“卫所”亦有属“都督府”直辖的。其编制：以百二十人为一百户，千二百人为一千户，五千六百人为一“卫”。中、左、右、前、后五军“都督府”，设于京城。有左右都督、同知、佥事。“都司”有都指挥使，卫有卫指挥使。千户所有正副千户。百户所有百户，每百户之下，设总旗二名，小旗十名。自卫指挥使以下，官多世袭；其军士亦父子相继。凡“卫”、“所”的兵，平时都从事于屯田；有事则命将统带出征；还军之后，将上所佩印，兵亦各归卫所。统率之权，在于都督府；而征伐调遣，则由于兵部。天子的亲军，谓之“上直卫”。此外又有南、北京卫，都以卫所之兵调充。凡此，都和唐朝的兵制，极相像的。但是后来，番上京师的“三大营”，既然腐败得不堪；而在外的卫所，亦是有名无实。

清朝的兵制，则初分“旗兵”、“绿营”，后来有“勇营”，再后有“练兵”。末年又仿东西各国，行“征兵”之制。

“旗兵”分满洲八旗、蒙古八旗、汉军八旗。满洲八旗太祖时就有。其初但分正黄、正白、正红、正蓝四旗。后来兵多了，才续添出镶黄、镶白、镶红、镶蓝。蒙古、汉军八旗，则均系太宗时所置。每旗置都统一，副都统二。凡辖五参领，一参领辖五佐领，一佐领辖三百人。入关之后，八旗兵在京城的，谓之禁旅八旗，仍统以都统副都统。驻守各处的，谓之驻防八旗，则统以将军副都统。八旗兵都系世袭，一丁受饷，全家坐食。其驻防各省的，亦都和汉人分城而居。尚武的风气，既已消亡，而又不能从事生产。到如今，八旗生计，还成为一个很困难的问题。

“绿营”则沿自明朝，都以汉人充选，用绿旗为标帜，以别于八旗，所以谓之“绿营”。皆隶于提督、总兵。总兵之下，有副将、参将、游击、都司、守备、千总、把总、外委等官。提镇归督抚节制。督抚手下，亦有直接之兵，谓之督标、抚标，其兵有马、步之别。

乾隆以前，大抵出征则用八旗，平定内乱，则用绿营。川楚教民起后，绿营旗兵，都毫无用处，反借乡兵应战。于是于绿营之外，另募乡民为兵，谓之“练勇”。太平军起后，仍借湘淮军平定。于是全国兵力的重心，移于勇营（勇营的编制，以百人为一哨，五哨为一营。马队以五十人为一哨，五哨为一营。水师以三百八十八人为一营。）法越之役，勇营已觉得不可恃，中日之战，更其情见势绌了。

于是于勇营之外，挑选精壮，加饷重练，是为“练军”。各省绿营，亦减其兵额，以所省的饷，加厚饷额，挑选重练。

练军之中，最著名的，为甲午战后所练的武卫军。分中、左、右、前、后五军，都驻扎畿辅。而其改练新操最早的，则推湖北的自强军

（张之洞总督湖广时所练。）

征兵之制，实行于公元1907年。于各省设督练公所，挑选各州县壮丁，有身家的，入伍训练，为常备兵。三年，放归田里，谓之续备兵。又三年，退为后备兵。又三年，则脱军籍。其军官之制，分三等九级。上等三级，为正副协都统，中等为正副协参领，下等为正副协军校。

水师之制，清初分内河、外海。江西、湖南、湖北战船，属于内河。天津、山东、福建战船，属于外海。江、浙、广东，则两者兼有。以水师提督节制之。太平军起后，曾国藩首练水师，以与之角逐，遂成立所谓长江水师，而内河水师亦一变。事平以后，另练南、北洋海军，而外海水师之制亦一变（从前《广智书局》出有夏氏所著《中国海军志》一册。于清代海军沿革，叙述颇详，可供参考。又甲午以前海军情形，亦散见《东方兵事纪略》、《中东战纪》两书中。）

火器沿革，见《明史》卷九十二，和《清朝全史》第十四、第三十七两章。文长不能备录，可自取参考。

第四节　法律

明清两朝的法律，也是一贯的。日本织田万说：

> 支那法制，与国民文化同生。悠哉久矣，唐虞三代，既已发布成文法（《尚书·舜典》之“象以典刑”云云，即当时成文法制定之证。）至编纂法典，在春秋战国时代。魏李悝作法经六篇，是为法典之嚆矢。秦商鞅改法为律，汉萧何据之，成律九章……尔后历朝皆有刑律之编纂；至于后世，益益完备……至行政法典，起原何时，殊难确定。要其大成，端推唐代。唐作《六典》，载施政之准则，具法典之体裁，为后代之模范。以视汉以来之所谓律，所谓令，所谓格，所谓式者，大有殊焉（《六典》作于开元十年，经十六年而始成，为卷三十。曰六典者，理典，教典，

礼典，政典，刑典，事典也。）明及清之会典，以之为蓝本焉。

由是观之，支那古来，即有二大法典：一为刑法典，一为行政法典。清国蹈袭古代遗制……用成《大清律》及《大清会典》二书：二书所载，为永久不变之根本法，其适用之界限颇宽。且其性质以静止为主，不能随时变迁。故于法典之外，为种种成文法，以与时势相推移。详其细目，以便适用；而补苴法典之罅漏……（《清国行政法》，据法学研究社译本。）

这几句话，于中国法律的沿革，说得很为清楚。便是：一、中国历代的所谓法典，只有行政法、刑法两种。二、而这两种法典，只有唐、明、清三代编纂的较为整齐。

法律要随时势为变迁。中国历代，变更法律的手续太难；又当其编纂之始，沿袭前代成文的地方太多，以致和事实不大适合，于是不得不补之以例。到后来，则又有所谓案。法学家的议论大抵谓“律主于简，例求其繁”，“非简不足以统宗，非繁不足资援引”，“律以定法，例以准情”。这也是无可如何之势。但是例太多了，有时“主者不能遍览”，人民更不能通晓，而幕友吏胥等，遂至因之以作弊。这正和汉朝时候，法文太简，什么“比”同“注释”等，都当作法律适用，弊窦相同（参看第二篇上第八章第五节。）都由法律的分类，太觉简单，不曾分化得精密的缘故。

明朝的刑法，就是所谓《大明律》，“草创于吴元年，更定于洪武六年，整齐于二十二年，至三十年，始颁行天下”（详见《明史》卷九十三。）当草创之初，律令总裁官李善长说：“历代之律，皆以汉《九章》为宗，至唐始集其成，今制宜遵唐旧。太祖从其言。”所以《明律》的大体，是沿于《唐律》的。其诸律的总纲，谓之名例律，冠于篇首。此外则分吏、户、礼、兵、刑、工六律。其刑法，亦分笞、杖，徒、流、死五等。五刑之外，又有充军和凌迟。凌迟以处大逆不道者。充军分极边、烟瘴、边远、边卫、沿海、附近各等。又有“终身”

和“永远”之别。

清朝的法律，编纂于顺治三年，全以《明律》为蓝本，名《大清律集解附例》。康熙十八年，命刑部：“律外条例，有应存者，详加酌定，刊刻通行。”名曰《现行则例》。二十八年，御史盛苻升奏请以现行则例，载入《大清律》内。诏以尚书图纳、张玉书等为总裁。至四十六年，缮写进成，“留览”而不曾“发布”。雍正元年，诏大学士朱轼、尚书查郎阿等续成之。至五年而全成，名曰《大清律集解附例》。高宗即位，命律例馆总裁三泰等，更加考正。五年，纂入定例一千条，公布施行。自此以后，合律和条例为一书，遂称为《大清律例》。条例五年一小修，十年一大修，有律例馆，附属于刑部。届修纂之年，则由刑部官吏中，任命馆员，事终即废（参看《清国行政法》第一篇第二章。）其律分为名例、吏、户、礼、兵、刑、工七大目。刑分笞、杖、徒、流、死。五刑之外，又有凌迟，充军，与明同。而凌迟之外，又有枭示。较充军更重的，则发至黑龙江等处，给戍兵为奴，谓之发遣（充军分附近、边卫、边远、极边、烟瘴五等。）

司法的机关，除各级行政官都兼理刑狱外，在内则刑部、都察院、大理寺，并称为三法司。刑部受天下刑名，都察院司纠察，大理寺主驳正。明清两代，都是如此。亦系慎重刑狱之意。

而明朝最野蛮的制度，则系镇抚司、锦衣卫、东西厂，并起而操刑狱之权，其略已见上篇第二章第一节（详见《明史》卷九十五。）清朝时候，对于八旗，本来不设治民之官，所以其刑狱，亦由将军副都统兼管（八旗包衣，由内务府审理。）外藩如蒙古等的诉讼，则各由该部长自理。不服上诉，则在理藩院。这个都可称为特别审判。

五刑之制，定于隋代。虽然远较秦汉时代的法律为文明，而比诸近世的法律，则尚不免嫌其野蛮。且如裁判制度，诉讼手续等，亦觉其不完备。所以从海通以后，各国借口于我国的法律不完，遂都在我国施行领事裁判权。末年有改良法律之议。乃将枭示、凌迟删除，军遣、流、徙，改为做工。笞、仗，改为罚金。又编订《刑律》、《民律》、《商律》和《刑民事诉讼法》，且拟改良审判制度。然均未及实行（参看第一节。）

第五节　赋税制度（上）

明初赋役的制度，却较历代为整齐。这个全由于有“黄册”和“鱼鳞册”之故。明朝田赋，仍行两税之法。分为夏税、秋粮。其征收之额：官田每亩五升三合五勺，民田减二升，租田八斗五合五勺，芦地五合三勺四杪，草塌地三合一勺，没官田一斗二升。役法：民年十六为成丁；成丁而役，六十而免。役有以户计的，谓之甲役。以丁计的，谓之徭役。出于临时命令的，谓之杂役。亦有力役、雇役的区别。黄册的编造，起于洪武十四年。“以一百十户为一里，推丁粮多者十户为长。余百户为十甲，甲凡十人。岁役里长一人，甲首一人，董一里之事。先后以丁粮多寡为序，凡十年一周，曰‘排年’。在城曰坊，近城曰厢，乡都曰里，里编为册，册首总为一图。鳏寡孤独不任役者，附十甲后为畸零。僧道给度牒。有田者，编册如民科，无田者亦为畸零。每十年，有司更定其册，以丁粮增减而升降之。册凡四：一上户部，其三则布政司、府县各存一焉。上户部者册面黄纸，故谓之黄册。”鱼鳞册之制，则起于洪武二十年。“黄册以户为主，详具旧管、新收、开除、实在之数，为四柱式。鱼鳞图册，以土田为主，诸原坂、坟衍、下隰、沃瘠、沙卤之别毕具。鱼鳞册为经，土田之讼质焉。黄册为纬，赋役之法定焉。”

黄册是有田有丁的，一查黄册，便可知道这一家有多少丁，多少田。而田的好坏，以及到底是谁所有，又可把鱼鳞册核对。据此以定赋役，一定可以公平的了。但是到后来，鱼鳞册和黄册，都糊涂不堪（鱼鳞册甚且没有。黄册因要定赋役之故，不能没有，然亦因和实际不合，不能适用。有司“征税编徭”，乃自为一册，谓之“白册”。）据了鱼鳞册，找到了田，因无黄册之故，无从知田为何人所有。白册上头，载了某人有田，某人无田；某人田多，某人田少，也无从考核其到底是否如此。因为无鱼鳞册，不知其田之所在，无从实地调查之故。于是仍旧弄得穷的人有税而无田，富的人有田而无税。“无税的田”的税，不是责里甲赔偿，便是向穷民摊征。而国课一方面，也大受影响。历代承平数世，垦田和岁入的数目，都要增加的，独有明朝，则反而减少（洪武二十六，即公元1393年，天下垦田8507623顷68亩。弘治十五，即公元1502年，反只4228058顷。）于是有丈量之议，起于世宗时，然实行的不过几处。神宗时，张居正当国，才令天下田亩，通行丈量，限以三年毕事。于是“豪猾不得欺隐，里甲免赔累，小民无处粮”，赋税之制，总算略一整顿（但是明初量地的弓，本有大小之不同。这一次，州县要求田多，都用小弓丈量，人民亦受些小害。）其役法，则弄得名存实亡而后已。案力役之法，本来不大合理。与其课以力役，自不如课以一种赋税，而官自募役之为得当。但自唐宋以来，除王荆公外，总不能爽爽快快，竟行募役。而到后来，辗转变迁，总必仍出于雇役而后已，这也可见事势之所趋，不容违逆的了。明初的役法，本来是银差、力差（银差即雇役），各从其便的。当时法令甚严，“额外科一钱，役一夫者，罪至流徙”，所以役法还算宽平。后来法令日弛，役名日繁，人民苦累不堪。于是有“专论丁粮”之议。英宗正统初，佥事夏时，行之于江西，役法稍平。神宗以后，又行“一条鞭”之法。总计一州县中，人民应出的租税，和应服徭役的代价，一概均摊之于田亩，征收银两。而一切差役，都由官自募。这便竟是普加一次田赋，而豁免差役了。主张田税和差役，不可并为一谈的人，不过说“徭役应当由富人负担的，有田的人，未必就是富人。所以力役的轻重，应当调查人户的贫富另定”。然而贫富的调查，决难得实，徒然因此生出许多扰累来。倘然征税能别有公平之法，不必尽加之于田亩，自然是很好的事情。若其不然，则与其另行调查人户的贫富，以定力役，还勿宁多征些田税而免除力役，让有田的负担偏重一点，因为倘使不然，徒然弄得农民的受害更甚。

鱼鳞册和黄册是一种良法，一条鞭则出于事势之自然，所以都为清代所遵循。清朝户口之法，其初系五年一编审。州县造册申府，府申司，司申督抚，督抚以达于部。以一百十户为一里，推丁多者十人为长。十户为一甲，甲系以户，户系以丁（民年六十以上“开除”，十六以上“添注”。）计丁出赋，以代力役，都和明制相同。康熙五十二年，诏嗣后滋生人丁，永不加赋；丁赋之额，一以五十年册籍为准。雍正间，遂将丁银摊入地粮。于是乾隆初，停五年编审之制，民数凭保甲造册（保甲之法：以十户为一牌，十牌为一甲，十甲为一保，各有长。每户发给印单，令其将姓名、职业、人数，都一一书写明白。）每年十一月，随谷数奏报（八旗户口，三年一编审。由将军、都统、副都统饬属造册送部。）田税亦分夏税、秋粮。当编审未停以前，州县亦有黄册和鱼鳞册，用一条鞭法征收。编审停后，就只剩一种鱼鳞册了。清朝征税之制，又有一种“串票”，写明每亩应征之数，交给纳户，以为征收的凭据。其法起于顺治十年。初用两联，官、民各执其一。因为奸胥以查对为名，向纳户收回，以致纳户失掉凭据，就可上下其手。康熙二十八年，改为三联。官、民与收税的人，各执其一。编审停后，造串票仅据鱼鳞册。因为丁赋业经摊入地粮，征收只认着田，所以无甚弊病。

又历代赋税，都是征收实物（明初所征收的名目还很多。见《明史》卷七十八。）英宗正统三年（公元1438年），始令折征金花银，从此遂以银为常赋了（清朝漕粮省分，有本色、折色之分。折色征银，本色征米。无漕粮处，一概征银。）这也是税法上的一个大变迁。其理由都在币制上，可参看第七节。

又明朝时候，浙西地方，田赋独重。其原因：起于宋朝南渡之后，豪强之家，多占膏腴的田，收租极重。其后变作官田遂以私租为官税（参看第三篇下第五章第五节。）有元一代，这种弊窦，迄未革除。张士诚据浙西时，其部下官属，田产遍于苏、松等处。明太祖攻张氏时，苏州城守颇坚。太祖大怒，尽借浙西富民之田，即以私租为税额。而司农卿杨宪，又以为浙西地味膏腴，加其税两倍。于是一亩之赋，有收至两三石的（大抵苏、松最重，嘉、湖次之，杭州又次之。）邱濬《大学衍义补》说：江南之赋，当天下十分之九。浙东、西当江南十分之九。苏、松、常、嘉、湖，又当两浙十分之九。负担的不平均，可谓达于极点了。从建文以后，累次减少（宣宗时，周忱巡抚江南，所减尤多。）然浙西之赋，毕竟仍比他处为重。以与张士诚一个人反对，而流毒及于江南全体的人民，这种政治，真是无从索解了。

第六节　赋税制度（下）

田税而外，蔚为大宗的，就是盐、茶两税。明代的盐，亦行通商法，而两淮、两浙的盐，则又兼行入中法。谓之“开中”，其初颇于边计有裨。后因滥发盐引，付不出盐，信用渐失。孝宗时，乃命商人纳银于运司，给之以引。而以银供给边用，谓之银盐法。清代的盐：则由户部发引，商人纳课于运库或道库（盐法道），然后领引行盐。引地各有一定，商人亦均世袭，就变成一种商专卖的样子（这种引谓之正引。有时引多商少，则另设票售之于民，谓之票引。票引是没有地界的，商人亦系临时投资。）国家为要收盐税起见，保护这几个商人专卖，已不合理。而且（一）其初定制的时候，是算定什么地方要多少盐，然后发引的。所以引数和一地方需盐之数，大略相当。到后来，户口多了，盐便不够销。——或因特别事故，户口锐减，则又不能销。（二）什么地方吃什么盐，初时也是根据运输的状况定的，后来交通的情形变了，而引路依然，运输上也不利益。（三）因盐不够销之故，商人借官引为护符，夹带私盐，销起来总要先私而后公，于是官盐滞销，而国课受其影响。（四）而且商人的得盐，有种种费用，成本比私盐为重，运输又不及私贩的便利。所以就商人夹带的盐，也敌不过私贩的盐，何况官盐？（五）私贩既有利可图，就成无赖棍徒的巢窟，于产盐和邻近产盐地方的治安，大有妨害。

（六）私销既盛，不得不设法巡缉。然实利之所在，巡缉是无甚大效的。其结果，反弄得巡缉之徒，也扰害起人民来。（七）保护部分人专利，使人民都食贵盐等根本上的不公平，还没说着，其流弊业已如此。这种违反自然状况的税法，是不可不根本改革的。茶亦行通商法。明代尝设有茶马司，由官以茶易西番之马，禁止私运。初时也很有成效。后来私茶大行，价较官茶为贱，番人都不肯和官做交易，遂成为有名无实的事情。清代之茶，无官卖之事，但对蒙、藏，仍为输出之一大宗（通商以后，丝茶亦为输出之大宗。其事甚长，非本篇所能尽，故不论。）

此外杂税尚多。在明代，大抵以税课司局收商税（三十取一），抽分场所科竹木柴薪、河泊所取渔课。又有市肆门摊税、塌房税（官设的货栈）、契税等。明代此项杂税，大抵先简而后繁。随时随地，设立的名目很多，就《明史》也不能尽举。清代牙税、契税，是通十八省都有的。此外芦课、矿课、渔课、竹木税、牛马牲畜税等，则随地而设，都由地方官征收。

商业上，内地的通过税，明朝本来就有的。宣宗时，因钞法不通，于各水陆冲衢，专一设关收钞，谓之钞关（参看下节。）其初本说钞法流通之后，即行停止的，然此后遂沿袭不废，直到清朝，依然存在。清朝的关，有常关、海关之分。常关专收内地的通过税。有特派王大臣监督的（京师崇文门左右翼），有派户部司员监督的（直隶的张家口、山西的杀虎口），有由将军兼管的（福州闽海关），有由织造兼管的（苏州浒墅关、杭州南北新关），各省钞关税，由督抚委道府监收。后来离海关较近之处，都归并洋关管理。洋关则各关都有税务司，其上又有总副税务司，都以洋人充之，由海关道监督。光绪三十二年，又特设督办税务大臣，以董其事。税额：洋货进口，土货出口的，都值百抽五，为进出口正税。土货转运别口的，值百抽二点五，为复进口半税。洋货转运别口的，在三十六个月以内免税，逾期照正税一样完纳，为复进口正税。洋商运货入内地，和入内地买土货的，都值百抽二点五，为内地半税。税则列入约章上，成为协定税率，是中国和外国人交涉以来，最吃亏的一件事。《辛丑和约》，曾订明裁厘之后，加税至一二点五，但到如今没有实行。厘金起于洪杨之时，本说事平之后即行裁撤。其后借口地方善后，就此相沿不废。各省都由布政司监督，委员征收。有分局，有总局，一省多者百余处，少亦数十处。层层阻难，弄得商贾疾首蹙额。其实国家所得的进款，不及中饱的一半，可谓弊害无穷（税厘制可参看第五篇第八章第四节。）

第七节　币制的变迁

明清两代币制的变迁，也得略论一论。在这两代，可称为“钞法废坏，银两兴起”的时代。

明初，承钞法极弊之后，也颇想仍用铜钱；但是这时候，铜钱业已给钞币驱逐净尽了，要用铜钱，不得不鼓铸。而要鼓铸，则（一）要多大的一笔费用，国家一时颇难负担。（二）责民输铜，人民颇以为苦。（三）私铸颇多。（四）而商贾也有苦铜钱太重，不便运输的。于是乃仍用钞，分一贯、五百、四百、三百、二百、一百，六种。其定价，系钞1贯=钱1000=银1两=金1/4两。一百文以下，即用钱。行之未久，钞价便已跌落。于是添造小钞，禁用铜钱。成祖时，又禁用金银。然到底不能维持。价格跌落，至于只有千分之一二。到公元1428年，即宣宗宣德三年，到底至于停造新钞。然而已出的旧钞，还无法收回。于是想出种种法子来收回它。其收回之法，可总括为两种：一种是添设新税目。一种是旧有的税，加增税额。本来征收别种东西的，也一概收钞。收回了，都一把火烧掉。这种临时加增的负担，很有许多就变做了永久的。这要算我国民受“宋、金、元、明四朝政府滥发纸币”最后之赐了。

从此以后，钞币虽然还有这样东西，实际上已不行用。然而铜钱一时鼓铸不出许多。——就铸得出，也嫌其质重而值轻。用布帛等做货币的习惯，从钞币行用以后，倒又已破坏了，一时不能恢复。而“银”就应运而兴。

钞法既坏，铜钱又无，银作为货币，是一种天然的趋势。所以《金史》上说：金哀宗末年，民间就但以银市易了（元朝的行钞，亦用银相权。）但是元朝和明朝的初期，朝廷还在那里行钞。所以银的作为货币，还没有发达完全。到钞法已废之后，这种趋势，就日甚一日了。田税征银，已见第五节。其余各方面的用银，见于《明史》的，今再略举如下：

> 宪宗成化十六年，公元1480年。正月，户部奏准扬州、苏、杭、九江等处船料钞二贯，收银一分。
>
> 孝宗弘治元年，公元1488年。奏准凡课程：除崇文门、上新河、张家湾，及天下税课司局，仍旧钱钞兼收外，余钞关及天下户口食盐钞，一贯折收银三厘。钱七文，折收银一分（按这都是为收钞起见，临时增设的税。现在钞已收尽，故改而征银。）
>
> 七年二月，命弘治六、七年户口盐钞，仍折银解京。
>
> 武宗正德元年，公元1506年。五月，户部奏准将明年应征旧欠户口食盐钱钞，及崇文门分司商税钱钞俱折银。
>
> 十四年九月，令各处钞关，并户口食盐钱钞，俱折收银。
>
> 世宗嘉靖八年，公元1529年。直隶巡按魏有本，奏请钞关俱折银。从之。

从此以后，银两便变做“通行天下，负有货币资格”之物了。所可惜的，终明清两朝，都未能使银进为铸造货币，以成为本位货币；仍旧听他以秤量货币的资格，与铜并行。以致弄成无本位的神气。

清朝对于铸钱，颇能实行前人“不爱铜不惜工”之论（其鼓铸，在世祖时候，就颇认真的。户部设局，名曰宝泉。工部设局，名曰宝源。各省亦多设局，即以其地为局名。初时铸钱，每一枚重一钱，后加至一钱二分，又加至一钱四分。雍正二年，乃定以一钱二分为常制。欲知其详，可把清朝所修的《皇朝文献通考》做参考。）亦知银、铜二者，不能偏废。乾隆时，屡有上谕，责令各省官民，满一贯以上，便要用银。但是货币是量物价之尺，就是价格的单位。价格的单位，同时不能有两个的。银两是一种天然之物，要使天然之物和法律上认为货币的铜钱，常保一定的比价，是件不可能的事情。倘使这时候，能悟到银两与银币不是一物；把银也鼓铸成一种货币；且单认银为货币，而把铜钱认为银币的辅助品；中国就早可进为银本位之国；本位观念既已确立，就再要进而为金本位，也容易许多了。惜乎清朝顺、康、雍、乾四朝，对于币制，都很有热心整顿，始终没想得穿这一步，以致不但本位不立，而且银两需用既广，而实际上专用秤量量法，也觉得不便殊甚；到和外国交通以后，墨西哥的银币，就成为一种商品而输入了。这是“钞币废而银两兴”（而且中国自古是专用铜币的，到这时代，才可以称为银、铜并用）的时代中的得失。至于中国现在，究应进为金本位，抑应废金用纸，径与货物相权？那是另一个问题（是很大的问题），不是本书所能兼论的。

第八节　学术思想的变迁

明清两代，学术思想的变迁，关系极大。这种变迁，起于明末，而极盛于清朝乾嘉之时；道咸以后，又别开异境，就和最近输入的西洋思想相接触。要论这件事情，我先得引近人的几句话。他说：

> 综观二百余年之学史，其影响及于全思想界者，一言蔽之曰：以复古为解放。第一步复宋之古，对于王学而得解放。第二步复汉唐之古，对于程朱而得解放。第三步复西汉之古，对于许、郑而得解放。第四步复先秦之古，对于一切传注而得解放。夫既已复先秦之古，则非至对于孔孟而得解放焉不止矣（《改造杂志》三卷三号梁启超《前清一代中国思想界之蜕变》。）

原来中国学术，可分为六个时期：

一、先秦时期。此时期可称为创造时期。中国一切学术，都从上古时代逐渐发生，至春秋战国而极盛（参看第一篇第十章第一节和第三节。）

二、两汉时期。此时期可称谓经学时期。因此时期之人，对于学问，无所发明创造；只是对于前一期的学问，抱残守缺，而所抱所守的，又只得儒家一家。此时期中又可分为两时期：前汉的今文学，是真正抱残守缺，守古人的遗绪的；后汉的古文学，则不免自出心意，穿凿附会，但其尊信儒家则同（参看第二篇上第八章第六节。）

三、魏晋时期。东汉时代的学问，不免流于琐碎，又不免掺入妖妄不经之说，渐为人心所厌弃。由是思想一转，变而专研究古代的哲学（这种哲学，是中国古代社会公有的思想，由宗教而变成哲学，存于儒家、道家书中，而魏晋以后的神仙家，亦窃取其说以自文的。合观第一篇第十章第一节和第三节及第二篇下第三章第六节自明。）

四、南北朝隋唐时期。这时期可称为佛学时期。中国古代的哲学，虽然高尚，究竟残缺不完。印度人的思想，则本来偏于宗教和哲学方面。这时代，佛教以整然的组织，成一种有条理系统的哲学而输入，自然受人欢迎（参看第二篇下第三章第六节。）

五、宋元明时期。这一派的学术，可谓对于佛学的反动力，因为佛学太偏于出世之故，但其学问，实在带有佛教的色彩不少（参看第三篇下第五章第八节。）

六、晚明有清时期。这时期可称为“汉学”时期，便是现在所要论的。

原来中国人的学问，有一个字的毛病，便是“空”。所谓空，不是抱褊狭底现实主义的人所排斥的空，乃是其所研究的对象，在于纸上，而不在于空间（譬如汉朝人的讲经学，就不是以宇宙间的事物为对象，而是以儒家的经为对象。）这是由于尊古太甚，以为“宇宙间的真理，古人业已阐发无余；我们只要懂得古人的话，就可懂得宇宙间的真理”的缘故。

这种毛病，是从第二期以后，学术界上通有的毛病。但是学术是要拿来应付事物的。这种学术，拿来应付事物，总不免要觉其穷。于是后一期的学术，起而革前一期的学术的命。第五期的学术，是嫌第四期的学术，太落空了，不能解决一切实际的问题而起的。然而其实第五期的学术，带有第四期的学术的色彩很多；而且仍旧犯了“以古人之书为研究的对象”的毛病，既不能真正格明天下之物之理，又不能应付一切实际的问题。到后来，仍旧变为空谈无用。明朝时候，王学出，而其落空也更甚。这种学术的弊坏，达于极点，而不可不革命了。所以清代的汉学，乘之而起。汉学虽亦不免以古人的书为对象；但（一）其所“持为对象的古人的书”，是很古的，很难明白的。要求明白它，不得不用种种实事求是的考据手段。因为用了这种手段，而宇宙间的真理，也有因此而发明的（考据古书，本是因为信古书而起，然其结果，往往因此而发现古书的不可信。）（二）其所持为对象的，是第一期人的书（传注虽是汉人的书，实际上都是第一期人的遗说。）“以古人之书为对象，而不以宇宙间的事物为对象”的毛病，是第二期人才有的。第一期人，还是以事物为对象。看他的书，好比看初次的摄影一样，究竟去事物还近。（三）而且“考求宇宙间事物”的精神，和实事求是的精神，原是一贯的。这是经过汉学时代之后，中国人易于迎接西洋人科学思想的原理。

这一期学术之中，又可分为三小期：

第一小期，最适当的代表人物，是顾炎武。炎武的特色，在于（一）博学。他于学问，是无所不窥的。看他所著的《日知录》，便可以知道。（二）实事求是。无论讲什么学问，都不以主观的判断为满足，而必有客观的证据。看他所著的《日知录》、《音学五书》，便可知道。（三）讲求实用。与炎武同时几个明末的大儒，都是想做实事的，不是想谈学问的。所以他们讲学问，也带有实用的色彩。看顾炎武所著的《天下郡国利病书》，便可以知道。与炎武同时的黄宗羲、王夫之、颜元、刘献廷等，都带有这种色彩。夫之僻处穷山，其学不传。黄宗羲之学，是偏于史的，其后浙西一隅，史学独盛（其最著的，如万斯大、万斯同、邵晋涵、全祖望、章学诚等。）献廷的书不传，又他所研究的学问［如想造根本楚音的新字母等（见全祖望《鲒埼亭集·刘继庄传》）］和当时社会上流行的学问，相去的太远了。颜元是专讲实行的，凡是书本上的工夫，他一概不认为学。主张研究兵、农，身习六艺。这一派学问，在当时的环境中，也不甚适于发达（因为专制的时代，不容人民出来做事。中国社会是静的，也不欢迎出来做事的人。）所以到后来，专讲做实事的颜元一派消灭了，讲一种特别的学问的刘献廷一派也不传。因为当时的思想，带有一种复古的趋势之故（见第四章第一节），于后世的事情，无暇分其精力去研究，而都并其力于考古之一途。于是史学等也不甚发达，而清朝人的学问，遂集中于经。继炎武而起的，是著《古文尚书疏证》，以攻东晋晚出《古文尚书》之伪的阎若璩，著《易图明辨》，以攻宋以后盛行的河洛图书的胡渭等（参看第三篇下第五章第八节。）这一派人的学问，是"博采的古人的成说，求其可信者而从之"，不一定薄宋而爱汉，可称为"汉宋兼采派"。

第二期的人物，可分皖、吴两派。皖派起于戴震，其后最著的，为段玉裁、王怀祖、王引之。王氏之后，为最近的俞樾、孙诒让。吴派则惠周惕、惠士奇、惠栋，三世相继。其后著名的，如余萧客、江声、江藩、王鸣盛、钱大昕、汪中等。这一派的特色，在于专标汉儒，以与宋儒相对待。原来研究学问，有两种法子：其一是胪列了许多证据，以主观判断其真伪。其二是不以主观下判断，而先审查这证据的孰为可信。譬如东门失火，咱们人在西门；听得人述失火的原因和情形，各各不同。拣其最近情理的一种信他，是前一种法子（这是汉宋兼采派。）且不管他所说的话，谁近情，谁不近情，先去审查各个传说的人，谁是在东门眼见的，谁的说话，是素来诚实的条件，以为去取的标准，是后一种法子（这是纯正的汉学。若绝不问人。单是坐在屋子里，凭虚揣度，便变成宋学了。）把这两种法子比较起来，当然后一种更为谨严，所以循进化的公例，第一期的汉宋兼采派，当然要进为第二期的纯粹汉学派。这一期可称为清代学术的中坚。前此亡佚的经说，都在这一期中辑出。汉人的传注，有不明白的，在这一期中，都做成了新疏（除《左氏》、《小戴记》外，《十三经》清儒都有新疏。）清朝人的学问，经学而外，最发达的是小学，在这一期中，也焕然大明。讲考据最切要的工夫，使古学复明最紧要的手段，是校勘和辑佚。到这一期而其法大备。又推治经之功，以旁及诸子，且及于史，真能使古学灿然复明。近人以清朝的汉学，比欧洲的文艺复兴，这一期当然是清代学术的中坚了。

第三期与第二期，同是汉学，然可对第二期的古文学而称为今文学。汉朝人的经学，有今文和古文两派。（已见第二篇上第八章第六节。）既然复古，要复得彻底。以“东门失火，在西门判断传说，先审查传说的人，谁是在东门眼见的，谁的说话，是素来诚实的等等条件”为例，当然今文的价值，比古文大。所以第二期之后，又有这一期，也是当然的趋势。这一派的学问，发生于武进的庄（存与）、刘（逢禄），而传衍于仁和之龚（自珍）、邵阳之魏（源），播之于近代的王闿运、皮锡瑞、廖平。而康有为创孔子托古改制之说，直追寻到儒家学说的根源。且可见得社会是进化的，古代并不比后世好（好的话，是改制者所托。）实在对于几千年来迷信古人的思想，而起一大革命（康氏最尊信孔子。然所尊信的，是托古改制的孔子，不是“祖述尧舜宪章文武”的孔子，便是既得解放后的尊信，不是未得解放前的尊信。这一点，不能与其余迷信者流，等量齐观。）

第六期的学术，如剥蕉抽茧，逐层进步；至于此，则已图穷而匕首现了。而西洋的思想。适于此时输入。两种潮流，奔腾澎湃，互相接触，就显出一种“江汉朝宗”、“万流齐汇”的奇观。

清朝的学术，在别一方面的，要论起来，也还多着呢。因不足以代表一时代的思潮，所以不再详论。

第五篇　现代史

第一章　从武昌起义到正式政府成立

第一节　武昌起义和各省光复

中国人所以怀疑帝制和反对清朝的原因，在前一篇里，已经说明了（第四章第一节和第六节。）其中图谋革命最早的，就要推前大总统孙文。他在光绪十八年，已经在澳门组织兴中会，图谋革命。公元1891年（光绪十七年），在广州起事，不成，走到英国。给驻英公使龚照屿，把他骗到使馆里，拘禁起来，旋因英国人交涉，得以释放。于是孙文遍历南洋群岛和美洲的旧金山等处，竭力鼓吹，信从的人渐多。公元1904、1905两年，因留东学生，极一时之盛。孙文亲自到日本，从事鼓吹。公元1905年，就和黄兴等组织同盟会，以为实施革命的团体。这一年，起兵攻镇南关，夺取炮台；明年，又攻云南的河口；都因军械不继，退去。公元1911年，黄兴起事于广州。未及期而事泄，党人仓促攻督署，死者七十二人，都丛葬在黄花岗。这要算图谋革命以来最壮烈的一举了（关于辛亥以前革命事业的进行，可参看《孙文学说》的附录。）

辛亥八月十九日（阳历十月十日），先是革命党人，在湖北运动举事。原约八月十五日夜起义，后来展期到二十五日。而十七日事泄，机关多处同时被破。宪兵彭楚藩、刘汝夔、杨宏胜三人，都被清鄂督瑞澂所害，遂改于是夜起义。工程营先发，辎重队继之，先取火药局，直扑督署。瑞澂和统制张彪都逃去，于是武昌光复。众推黎元洪为中华民国军政府鄂军都督。

二十三、四两日，派兵渡江，连克汉口、汉阳。照会各国领事，请其转呈政府，确守局外中立。并申明：

一、以前清政府所定条约，军政府概认其有效。——但此后再与清政府订约，军政府概不承认。

二、承认各国的既得权。

三、赔款外债，照应由各省如数摊还。

四、各国倘以军用品助清，军政府概须没收。

领事团即宣告中立，旋各国都承认我为交战团体。

清廷得武昌起义的消息，即以荫昌督师，并命萨镇冰以海军赴鄂。二十三日，起袁世凯为湖广总督。

九月初六日，命荫昌俟袁世凯到后，即行"回京供职，"以冯国璋统第一军，段祺瑞统第二军，都归袁世凯节制。

九月初七日，清军陷汉口。我军以黄兴为总司令，守汉阳。十月初七日，汉阳陷。而其时各省都次第光复。

地名	光复日期	民军都督	光复状况
长沙	九月初一	正焦大章、副陈作新——谭延闿	焦陈本会党首领，和新军合力光复，旋为新军所杀，推谭延闿为都督。
九江	九月初二	马毓宝	毓宝本新军标统。
南昌	九月初十	吴介璋	介璋本新军协统。后彭程万自称奉孙文委任，为赣军都督。吴介璋就让了他。旋彭又他去，马毓宝到南昌，就赣军都督之任。
西安	九月初四	张凤翙	新军于初一起事，初二攻克满城。
太原	九月初九	阎锡山	锡山本新军协统，清巡抚陆钟琦被杀。
云南	九月初九	蔡锷	蔡锷系新军协统，和统带罗佩金、唐继尧等同起义。

地名	光复日期	民军都督	光复状况
上海	九月十三	陈其美	先据闸北警局，次据制造局，旋定吴淞口。
苏州	九月十四	程德全	德全本清巡抚，宣布独立。
杭州	九月十四	汤寿潜	十五日，民军与旗营开战，旗营旋即降伏。
安庆	九月十八	朱家宝——孙毓筠	家宝系清巡抚，由谘议局宣布独立，推为都督。旋他去，由孙毓筠继任。
福建	九月十八	孙道仁	道仁系新军统领。总督松寿自尽，将军朴寿被杀。
广东	九月十九	正胡汉民、副陈炯明	将军凤山，于初四日被炸身死。十九日，谘议局宣布独立。举巡抚张鸣岐为都督，张不受，遁去，乃改举胡陈。
广西	九月十六	沈秉堃	秉堃本清巡抚，旋去职，以陆荣廷代。
山东	九月二十三	孙宝琦	宝琦系清巡抚，由保安联合会举为都督。十月初四日，孙又取消独立。后孙去职，由胡建枢代为巡抚。十一月底，蓝天蔚率北伐队克烟台。至一九一二年二月，胡建枢乃与民军议和。——时民军都督为胡瑛。
成都	十月初七	蒲殿俊——尹昌衡	四川民军和官军冲突最久。外县以次先下。至十月初七，乃举蒲殿俊为都督。至十八日，改举尹昌衡。赵尔丰于十一月初三日被杀。
甘肃	十一月十八		新军三标一营起义，总督长庚被囚。
奉天于九月二十二设立保安会，推东三省总督赵尔巽为会长，谘议局议长吴景濂为副会长。只有直隶、河南、吉林、黑龙江四省，未曾宣布独立。			

只有提督张勋，还在南京负固，于是苏浙两省，联军进攻。十月十二日，南京就克复——程德全移驻南京。

而停泊镇江、九江的海军，亦于二十二、二十五两日，先后反正。清廷听得陆钟琦死了，以吴禄贞为山西巡抚。禄贞屯兵石家庄，以清兵陷汉口后，纵火焚烧，截留运往战地的军火，禄贞旋于九月十七日遇刺。而驻兵滦州的张绍曾，又发强硬的电报，请清廷立宪。

清廷先已罢盛宣怀（九月初五日。）下罪己诏，开党禁（初九日。）九月十一日，罢奕劻等，以袁世凯为内阁总理。十三日，宣布十九信条。因其中第八条："总理大臣，由国会公选，皇帝任命。"第十九条："第八……条，国会未开以前，资政院适用之。"于是十八日，资政院选袁世凯为总理，摄政王旋退位。

第二节　临时政府的成立和北迁

当南京未克复时，江苏都督程德全，浙江都督汤寿潜，公电沪军都督，提议"请各省各派代表，在上海开一会议"。其资格系：一、由各省谘议局各举一人，二、由各省都督府各举一人。有两省以上的代表到沪，即行开议；续到的随到随加入。沪督赞成了。于是以苏、浙都督府代表的名义，通电各省，"请即派员到沪，组织临时政府"，并请"公认伍廷芳、温宗尧为临时外交代表"。各省复电，多就近派本已在沪的人为代表，所以代表齐全得很快。九月二十五日，开第一次会议。议决定名为"各省都督府代表联合会"。二十七日，以黎都督亦有通电，请各省派代表到武昌，组织临时政府。议决："会所以上海为宜"，电请武昌派代表到沪与会。三十日，议决："以武昌为中央军政府，以鄂军都督执行中央政务。"并请"以中央军政府名义，委任伍廷芳、温宗尧为民国外交总副长"。十月初三日，议决："各省代表，同赴武昌，组织临时政府。"初四日，又议决："以一半赴湖北，一半留上海，为通信机关，以便联络声气。"赴湖北的代表，于初十日，在汉口开会。十三日，议决《临时政府组织大纲》二十一条。

临时大总统，由各省都督府代表选举之。以得票满投票总数三分之二以上者为当选——代表投票权，每省以一票为限。（第一条）

参议院以各省都督府所派参议员组织之（第七条）……每省三人……其派遣方法，由各省都督府自定之（第八条）……未成立以前，暂由各省都督府代表会，代行其职权……（第十六条）

十四日，得南京光复的消息，就议决："以南京为临时政府设立的地点。各省代表，限七日内齐集南京。有十省以上的代表到了，即开临时大总统选举会。"就是这一天，留沪的代表，忽而票举黄兴为大元帅，黎元洪为副元帅。明日，又议决大元帅的职权。即以大元帅主持组织中华民国临时政府，武昌各代表，通电否认。旋武昌各代表，齐集南京。二十四日开会，议决："于二十六日选举临时大总统。"

先是：初十日，武昌的民军，由英领事介绍，与清军停战三日。三日期满之后。又继续停战三日。十五日，袁世凯电汉口清军，停战期满之后，再继续十五日；而派唐绍仪为代表，与黎都督——或其代表人讨论大局。

二十五日，浙江代表陈毅从湖北到南京。报告"唐绍仪已到汉口，黎都督的代表，业经和他会晤。据唐绍仪说：袁世凯也赞成共和。"于是议决：缓举临时大总统——承认上海所举大元帅、副元帅。于《临时政府组织大纲》上，追加"临时大总统未举定以前，其职权由大元帅暂任之"一条。二十七日，黄兴辞职，推荐黎元洪为大元帅。公决"以黎为大元帅，黄为副元帅；由副元帅代行大元帅职权，组织临时政府。"又于《临时政府组织大纲》后，追加"大元帅不能在临时政府所在地时，以副元帅代行其职权"一项。先是袁世凯派唐绍仪为代表后，各省代表，亦议决以伍廷芳为民军代表。而以北方不认山、陕在停战范围之内，我军复电不认。旋商明，清廷对山、陕，民军对四川，各不增加兵力与军火。乃定议：从十月十九起，到十一月初五，停战十五日。以汉口为议和地点。而伍廷芳以在沪任外交代表，不能到汉。乃改以上海为议和地点。

十月二十七日，唐绍仪到上海。二十八日，开第一次会议。伍廷芳提议："十九日停战后，湖北、山西、陕西、山东、安徽、江苏、奉天，均须一律停战，不得进攻。要电致袁内阁，得了确实的回复，方能开议。"唐绍仪答应了。十一月初一日，袁内阁回电到了。开第二次会议。展长停战期限七日（十一月初五到十二日。）伍廷芳提出："必须承认共和，方可开议。"唐绍仪电达北京，请召集国会，议决国体。初九日，内阁奏请召集宗支王公开御前会议，对于国体问题，由民意决议的话，也承认了。初十日，开第三次会议。议定"开国民会议解决国体，从多数取决。决定之后，两方均须依从"。十一日，开第四次会议，议定"国民会议，以每省为一处，内外蒙古为一处，前后藏为一处，每处选代表三人组织之——每人一票：倘某处代表到会的不满三人，仍有投三票之权"。十二日，开第五次会议。伍廷芳提出，"国民会议，以上海为开会之地；开会日期，定于十一月二十日"。唐允电达袁内阁。

初六日，孙文到上海。初十日，江苏、安徽、江西、浙江、福建、湖北、湖南、广东、广西、四川、云南、河南、山东、山西、陕西、奉天、直隶，十七省代表，开临时大总统选举会。孙文以十六票当选。这一天，是阳历十二月二十九日。于是通电各省，改用阳历。以十三日为中华民国元年一月一日。孙文即于此日就职。

于是唐绍仪以交涉失败，打电报到北京辞职。袁世凯打电报给伍廷芳，说："唐代表权限所在，只以切实讨论为范围。"现在国民会议各条，"均未先与本大臣商明，遽行签定。其中实有……碍难实行各节。嗣后应商事件，即由本大臣与贵代表直接电商……"伍廷芳复电，说："唐代表签定各约，不能因其辞职而有变动。而且往返电商不便，请清内阁总理，亲自到上海来面商。"袁世凯又打电报来，说：国体问题，"现正在商议正当办法，为什么南京忽然组织政府？设国会议决为君主立宪，该政府暨总统，是否立即取消？"

伍廷芳复电说："这是民国内部的事情"，"若以此相诘，请还问清政府，国民会议未决以前，何以不即行消灭？……设国会议决为共和，清帝是否立即退位？”于是和议停顿，而北方将士，亦多倾向共和。段祺瑞等联电赞成共和，并说要带队入京，和各亲贵剖陈利害。

于是由袁世凯和民国商定了优待满、蒙、回、藏各族和清室的条件。而清帝于二月十二日退位。

先是临时总统就职后，各省代表，又于正月初三日，选举临时副总统。黎元洪以十七票——全场一致当选。又修改《临时政府组织大纲》，原文第二十条：“临时政府成立后，六个月以内，由临时大总统召集国民议会。召集方法，由参议院议决之。”这时候，于“国民议会”之下，加入“制定民国宪法”六个字。从临时政府成立后，各省代表会，就依《临时政府组织大纲》，代行参议院职权。旋各省所派参议员，陆续都到。于正月二十八日，开参议院成立大会，《临时政府组织大纲》第二十条：“临时政府成立后六个月以内，由临时大总统召集国民议会。”这时候，因为来不及，乃将《临时政府组织大纲》修改，成为《临时约法》。由临时大总统，于三月十一日公布。第五十三条：“本约法施行后，限十个月内，由临时大总统召集国会，其国会组织及选举法，由参议院定之。”第五十四条：“中华民国之宪法，由国会制定。宪法未施行以前，本约法之效力，与宪法等。”

当清帝尚未退位时，孙文曾提出最后协议条件，由伍代表转告袁世凯。其中重要的三条是：一、袁世凯须宣布政见，绝对赞同共和。二、孙文辞职。三、由参议院举袁为临时大总统。而清帝《退位诏》中，又有“……即由袁世凯以全权组织临时共和政府，与民军协商统一办法……”的话。清帝既退位，袁世凯电告临时政府，绝对赞成共和。于是十三日，孙文向参议院辞职，并荐举袁世凯。十四日，参议院以二十票对八票，议决临时政府，移设北京。十五日，开临时大总统选举会，袁世凯以十七票——全体一致当选。黎元洪亦辞副总统职。二十日开会选举，黎仍以十七票全场一致当选。便是十五日这一天，参议院覆议临时政府地点，忽又以十九票对七票，可决仍设南京。于是派蔡元培汪兆铭到北京，欢迎袁世凯来就任。二十九日夜，北京兵变。三月初一日，天津、保定又兵变。初六日，参议院就议决，许袁在北京就职。袁命唐绍仪到南京组织新内阁，接收交代事宜。孙文遂于四月初一日去职。初五日，参议院亦议决移设北京。

南京临时政府阁员：

陆军总长	黄兴
海军总长	黄钟英
外交总长	王宠惠
司法总长	伍廷芳
财政总长	陈锦涛
内务总长	程德全
教育总长	蔡元培
实业总长	张謇
交通总长	汤寿潜

唐绍仪内阁阁员：

陆军总长	段祺瑞
海军总长	刘冠雄
外交总长	陆征祥
司法总长	王宠惠
财政总长	熊希龄
内务总长	赵秉钧
教育总长	蔡元培
工商总长	陈其美
农林总长	宋教仁
交通总长	梁如浩

案《临时政府组织大纲》第十七条：“行政各部如下：一外交部，二内务部，三财政部，四军务部，五交通部。”后来修改时，将这条删去。

第三节　大借款、宋案和赣宁之役

参议院移设北京后，于一九一二年八月，将《国会组织法》和《参众两院选举法》议决。初十日，由临时大总统公布一九一三年正月初十日，明令召集国会。四月初八日，国会正式成立。

唐绍仪于一九一二年六月十五日辞职，由外交总长陆征祥代理。二十九日，任命陆为总理。第一次在参议院提出阁员，未能同意。第二次提出，才通过了。内务、陆、海军三部仍旧。财政周自齐，司法许世英，教育范源濂，农林陈振先，工商刘揆一，交通朱启钤。而陆已称病不出，乃以内务赵秉钧暂代。九月二十四日，任命赵为总理，阁员都照旧。“宋案”起后，赵秉钧也称病不出，以陆军段祺瑞代理。国会开后，熊希龄乃出而组阁。其阁员：外交孙宝琦，内务朱启钤，财政熊自兼，陆军段祺瑞，海军刘冠雄，教育汪大燮，司法梁启超，农林张謇，交通周自齐，当时称为“人才内阁”，又有人称他做“第一流内阁”。《新约法》成立。改行总统制以前，内阁的更迭如此。

现在要说“赣宁之役”（“二次革命”）了。这一役的内容，自然是新旧之争。其导火线却是（一）俄蒙事件，（二）大借款，（三）宋案。俄蒙事件，在下一章叙述。现在却先叙述大借款和宋案。

当武昌起义后，外交团协议，由各国银行代表，组织联合委员会，监督中国盐税和海关的收入，以为外债的担保；并议决对于南北两军，都不借款。所以当时两军军费，都很支绌，这也是战争缩短的一个原因。其间借款，只有“维持北京市面借款”七十万镑，由清资政院议决；度支部大臣绍英，于一九一二年一月二十九日（辛亥十二月十一），和奥国瑞记洋行签订。这事还在外交团决议以前。

临时政府成立之初，财政自然是很困难的。于是发行军需公债一万万元，有奖公债五千万元。又将苏路公司、招商局等，用私人名义，向外国银行抵借款项，再行转借与政府。其中唯用汉冶萍公司向日本抵借五百万元一款，因参议院反对取消。唐绍仪任国务总理后，向四国银行团，以将来大借款为条件，请其垫款三百万元，以为收束南京政府组织北京政府的费用。北京政府成立后，唐又向四国团商借六亿元，以为（一）统一中央和各省的行政，（二）解散军队，（三）改良货币，（四）振兴实业的费用。四国银行团怕日俄两国不在团内，终究不妥，又向日俄劝诱加入。日俄两国以“四国承认满蒙为其特殊势力范围”为条件。四国不肯答应。而唐绍仪亦以四国团要求中国“以后不得向他银行借款”，斥为垄断，宣言“中国有自由选择借款的权利”。于是以京张铁路为担保，于三月十四，四月初六，先后向华比银行借得1250000镑，四国提出抗议。政府不得已，允许将来大借款成立，把比国的借款还掉。

这时候，日俄两国，业已加入银行团，四国变为六国。五月初二日，唐绍仪要求从五月到十月，垫款八千万两。因银行团要求用外人监查，借款中止。旋由财政总长熊希龄和银行团交涉，银行团开出条件：一、在财政部附近，设立检查所，由银行团与财政部各选委员一人，监督借款用途。二、各省解散军队，须由中央政府派遣高级军官，会同税务司办理。政府把这条件提出参议院，参议院不肯承认；舆论尤其大哗，交涉又停顿了。

而从日俄两国加入之后，六国银行团就在伦敦开一会议。因（1）日俄两国，提出“借款不得用之满蒙”；而（2）四国方面，提出“发行公债，各由本国的银行承当”；至五月十五日，会议遂决裂。旋又移到巴黎开会，议决：（1）另由外交上解决（2）俄得在比利时，日得托法国共同引受银行发行债票。又议决：关于特定问题的用途，有一国提出异议时，即可作废。于是各国的意见，大略一致。乃先订立基础条件——六月十九日。随即电告北京银行代表，于二十四日，向中国政府提出条件：

一、借款的总额，为六万万元；于五年内陆续支付。

二、英以汇丰，法以汇理，德以德华，美以花旗，俄以道胜，日以正金银行为代表。

三、由六国团选出代表，监督借款的用途。

四、对于盐税，须设立特别税关——或类似税关的机关——监督改良。

五、在此借款期内，中国不得更向六国团以外的银行借款。

财政总长熊希龄，对于监督盐税，绝对反对；但愿聘用外国技术人员。又要求减少借款的总额，而同时减轻其条件。请银行团从六月到十月，每月垫款六百万。银行团不允。熊希龄旋辞职，赵秉钧兼署财长。八月初五日，函告银行团，决计向别的银行商议。旋周学熙任财政总长。外国银行，对于汇丰等的垄断，不满意的也很多。于是驻英公使刘玉麟，和英国克利斯浦公司，成立借款一千万镑，于八月三十日，在伦敦签字。六国团又出而反对，电知本国各分银行，不替中国汇兑。十月十五日，周学熙命长芦运使，于长芦税项下，每月取出克利斯浦借款利息，存在天津麦加利银行。三十日，与庚子赔款有关系的各国公使，忽然由意使领衔，出而抗议，说：盐税系庚子赔款的担保，不能移作别用——其实当辛丑定约时，盐税只有12000000两。后来加价，加课，到公元1911年，已增至47500000两。以赔款余额为担保，辛丑后久有其事，使团并没反抗。中国政府，虽然据此答复，然因需款紧急，毕竟不得已，俯就其范围。于是取消财部命令。《克利斯浦借款合同》第十四条："在债票全发行以前，中国政府，如欲借款，克利斯浦公司有优先权——但条件须与他银团相同。"亦由中国予以赔偿，将此条取消。十一月三十日，以大总统命令，委任周学熙为办理借款专员，和六国团磋商，到十二月下旬，条件大致就绪。二十七日，赵总理和周总长，出席参议院，报告条件。正拟签字，而银行团借口巴尔干半岛发生战事，金融紧急，要求把五厘利息，改为五厘半。于是签字问题又搁起。而1913年三月二十日，美国总统威尔逊，又命本国银行退出团外，六国又变为五国。

美国的退出，五国团颇疑心他有单独行动的意思。又银行团因豫备借款给中国，买进现银已颇多。

而自“宋案”发生后，中国政府，也急欲成就借款。于是旧事重提，一切渐就妥洽。于1913年四月二十六日，在北京签约。借入的数目，是25000000镑，利息五厘，期限四十七年。盐务收入，除担保前债尚未还清者外，全数作为担保。将来海关收入的余款，亦尽数作为本借款担保。于北京设盐务署；内设稽核总所，由中国总办一员，洋会办一员主管。产盐地方，设立稽核分所，设经理华员一人，协理洋员一人。盐税都存银行，非由总会办会同签字，不能提用。本利拖欠，逾“展缓近情”的日期后，即将盐政事宜，归入海关管理。至于用途，则于审计处设立稽核外债室，任用华、洋稽核员，以资稽核。

大借款的经过大略如此。而既签字后，却引起一段政府和议院的冲突。原来民国时代，政府借款，当立约签字之先，总把交涉情形，报告参议院，求其同意。而此项大借款，则于签字后，咨交议院查照。《咨文》说：“查此项借款条件，业于1911年十二月二十七日，由国务总理暨财政总长，赴前参议院出席报告，均经表决通过，并载明参议院议事录内，自系当然有效。相应咨明贵院查明备案可也。”而议院方面，则说：当时所表决，只是办法的大体，“所以示交涉的范围”。所以政府所提出，只有第二、第五、第六、第十四、第十七条，其余各条，但注明“普通条件”字样，并没有条文。议员也就说普通条件，毋庸逐条表决，不曾再事追求。倘使正式议决借款合同，岂得如此？于是有主张将合同咨还政府的。而七月初，又发见政府于四月二十日，曾借奥国斯哥打军器公司款项三百五十万镑；不但合同没有交议，并且全没有令国会与闻。遂于七月初五日，提出弹劾政府案，其后这件事情，也始终没有结果。

至于“刺宋案”，则发生于公元1913年三月二十日。农林总长宋教仁，从下野后，仍为国民党中有力的人物（民初政党的情形，见第四节。）这时候，宋教仁的议论，说：总统非举袁世凯不可，而内阁则必须由政党组织。这一天晚上，突然在沪宁车站遇刺，二十二日身死。旋捉获凶手武士英和主使的应桂馨。政府命江苏都督程德全、民政长应德闳查究。四月二十六日，程、应电呈总统，并通电全国，宣布所获证据。则主使应桂馨的，又系国务院秘书洪述祖。于是舆论哗然，都说这件事和政府有关。就做了“二次革命”直接的导火线。

先是南京政府交代后，孙文即行下野；黄兴为南京留守，不久亦呈请撤销。而长江流域，安徽都督柏文蔚，江西都督李烈钧，湖南都督谭延闿；南部则福建都督孙道仁，广东都督陈炯明，都系民党。七月十二日，李烈钧在湖口起兵，称为“讨袁军”。于是安徽、湖南、福建、广东，先后俱起。黄兴于十四日入南京，陈其美亦起兵于上海。政府先已令李纯扼守九江，郑汝成保卫上海制造局，和海军总司令李鼎新，互相犄角。又以倪嗣冲为安徽都督，龙济光为广东都督，张勋为江北宣抚使。李纯于七月二十五入湖口，八月十八入南昌。柏文蔚于八月初七日出走，倪嗣冲于二十九日入安庆。黄兴于七月二十九出走；八月初八日，何海鸣又入南京，张勋直到九月初一，才入南京。上海方面的民军，于七月下旬，屡次进攻制造局，不利。八月初二日，政府军反攻。到十三日，民党并弃吴淞炮台。龙济光于八月初四入广东。而湖南于八月十三日、福建于九月初九日，取消独立。

第四节　正式总统的举出和国会解散

《临时约法》本将制定宪法的权，付与国会。国会开会后，于七月中，组织宪法起草委员会，从事起草。到“赣宁之役”以后，就有先举总统，后定宪法的议论。九月初五日，众议院以二一三对一二六票，可决先举总统。十二日，开两院联合会。决定由宪法起草委员会，将宪法的一部分的《总统选举法》起草。十月初四日，以宪法会议的名义公布，就是所谓《大总统选举法》。初六日，开大总统选举会。第一、二次，袁世凯得票都最多，而都不满四分之三。第三次，就袁世凯、黎元洪两人决选。总票数七〇三，袁得票五〇七，以过半数当选。这一天，有许多自称公民团的人，包围议院，追令当天将总统选出。明天，又开会选举副总统。出席的七一九人，黎元洪以六一一票当选。袁于初十日——国庆日就职。

先是美国、巴西、秘鲁，都于四月八日——国会开幕日，承认中华民国。日本、奥斯马加、葡萄牙、荷兰，于选举正式总统的当天承认。西班牙、墨西哥、德意志、俄罗斯、意大利、法兰西、瑞典、英吉利、丹麦、比利时，都于其明日承认。

《临时政府组织大纲》所采系总统制，《临时约法》则所采系内阁制。而任命各部长（国务员），及派遣外交专使（大使），须得参议院同意，则两法相同。正式总统选出后，宪法起草委员会，仍从事于起草。十月二十四日，袁世凯派委员八人，到会陈述意见，给起草委员会拒绝——因会章只许国会议员旁听。明日，袁世凯通电各省都督民政长，反对《宪法草案》。其要点：

一、宪法起草委员会，以国民党议员居多数。

二、《宪法草案》第一条，国务总理的任命，须经众议院同意。第四三条，众议院对国务员为不信任的决议时，须免其职。

三、第八七条，法院受理一切诉讼（临时约法第四十九条。法院依法律审判民事诉讼及刑事诉讼；但关于行政诉讼及其他特别诉讼，别以法律定之。）

四、第五章，国会委员会由参众两院选出四十人组织之。会议以委员三分二以上出席，三分二以上同意决之。而其规定之职权：（一）咨请开国会临时会。（二）闭会期内，国务总理出缺时，任命署理，须得委员会同意。（三）发布紧急命令及财政紧急处分，均须经委员会议决。

五、第一〇八、一〇九条，审计员由参议院选举。

限电到五日内电复。十一月初四日，又发出第二次通电。其中要点：

一、第二二条：参议院以法定最高级地方议会，及其他选举团体选出之议员组织之，无异造成联邦。

二、第二六条：两院议员，不得兼任文武官吏，但国务员不在此限。

三、第四四条：参议员审判被弹劾之大总统、副总统及国务员。

四、消除《约法》大总统制定官制、官规之权。

五、第六五条："紧急教令"，须经国会委员会议决发布。又须于次期国会开会后七日内，请求追认；国会否认时，即失效力。

六、第六七条：海陆军之编制，以法律定之。

七、第七一条：大总统依法律得宣告戒严；但国会或国会委员会认为不必要时，应即解严。

当时各都督、民政长、镇守使、师、旅长，纷纷电京，也有主张解散国民党，撤销国民党议员的；也有主张撤销草案，解散宪法起草委员会的；也有主张解散国会的。而总统又即于四日下令，说查获乱党首魁与乱党议员往来密电，饬将京师国民党本部，及各地方国民党机关解散。"自湖口……倡乱之日起，凡国会议员之隶籍国民党者，一律追缴议员证书、徽章。"旋又下令，省议会也照此办理。

民国初元政党
- 国民党
  - 同盟会——国民党
  - 统一共和党
- 进步党
  - 共和建设讨论会——民主党
  - 统一党
  - 宪友会——国民协进会
  - 民社

国民党议员既被撤销后，国会就不足法定人数。原令虽说："……由内务总长行令各该选举总监督暨选举监督……查取……候补当选人，如额递补。"旋又因倪嗣冲等电请，下令将"隶籍国民党之各项议员候补当选人……一体取消"。递补一节，就无从办起。各都督民政长，呈请将残余议员遣散。总统遂据以谘询政治会议。

政治会议，本名行政会议。系熊希龄组阁后，拟定大政方针，要想法子实行，令各省行政长官，派员来京组织的。适值国会解散，就改为政治会议。加入国务总理，各部总长，蒙藏事务局举派人员，大总统特派人员和法官两人，于十二月十五日开会。1914年正月初四日，就据政治会议的呈复，停止两院议员职务。

当国会尚未解散时，总统谘询政治会议，说："现在两院对于增修约法事件，势难开议。昨据副总统兼领湖北都督事黎元洪等电称：'历考中外改革初期，以时势造法律，不以法律强时势。美为共和模范，第一次《宪法》，即因束缚政府，不能有为，遂有费拉德费亚会议修改之举……现在政治会议，已经召集，与美国往事，由各州推举之例正同。请大总统咨询各员以救国大计等语。'……国会现状，一时断难集议……增修约法，程序究应如何……"1914年正月初十日，政治会议呈请"特设造法机关"。总统又以"此种造法机关，究应如何组织？应用何种名称？其职权范围如何？及议员选派方法……如何？"再行咨询。二十六日，政治会议议决《约法会议组织条例》。即据以选举议员，于三月十八日，正式开会。

约法会议开会后，将《临时约法》修正，名为《中华民国约法》。于五月初一日公布施行——《临时约法》即于本约法施行日废止。其《大总统选举法》，亦经约法会议修正，于十二月二十九日公布。

约法会议所修正的《约法》，设立参政院，以"应大总统之咨询，审议重要政务"，其组织："参政五十人至七十人，由大总统……简任……"、"院长一人，由大总统特任。副院长一人，由大总统于参政中特任……”

五月二十四日，参政院成立；并令其代行立法。——政治会议，即于是日停止。

各省省议会从取消国民党籍议员后，各都督民政长，又电称：“一般舆论，佥谓地方议会，非根本解决，收效无期。与其敷衍目前，不如暂行解散。”二月初三日，令交政治会议议决，旋据呈复：“统一国家，不应有此等庞大地方会议。应即一律解散。”、“将来应否组织别种议事机关，应以地方制度如何规定为断。请俟制定地方制度时，通盘筹划，折衷定制。”于三月二十八日，据以解散各省省议会。

其地方自治：1914年二月间，先因甘肃、山东、山西、湖北、河南、直隶、安徽等省民政长电称，“各属自治会，良莠不齐”，准其取消。旋又下令：将各地方各级自治会停办，而“着内务部将自治制，重行厘订”。京师地方自治，本定为特别制度，这时候，也下令取消，由内务部一并厘定，汇案办理。

《新约法》将《临时约法》的内阁制废除，改为总统制，以“大总统为行政首长，置国务卿一人赞襄之”。于是五月初一日，废国务院官制，于大总统府设改事堂，以徐世昌为国务卿——阁员：外交孙宝琦，内务朱启钤，财政周自齐，陆军段祺瑞，海军刘冠雄，司法章宗祥，教育汤化龙，农商张謇（章宗祥兼代），交通梁敦彦。外省官制，亦大加改革。改都督为将军，民政长为巡按使。

其司法机关：各都督民政长，亦电请分别裁撤，亦交政治会议讨论。先是司法总长章宗祥拟有设厅办法六条，亦交政治会议，并案讨论。旋据呈复：一、各省高等审、检两厅和省城已设的地方厅，照旧设立。二、商埠地方，应酌量繁简，分别去留。三、初级各厅，概与废除，归并地方。四、于各道署附设分厅。三月十五日，下令照所拟办法办理。

第二章　俄蒙英藏的交涉

第一节　俄蒙交涉

满清末年的中俄交涉，已见前篇第四章。清朝的末年，也知道边境地方的岌岌可危，颇要想法子整顿。然而既没有实力，又没有真能办事的人。要想整顿，而没有真能办事的人，于是所办的事情，不免铺张表面；或且至于骚扰地方，激起当地人民的反抗。于是又想施用高压手段。没有实力而想用高压手段，就不免色厉而内荏，格外足以招致藩属的叛离。果然，外蒙由杭达亲王做代表，和俄国人勾结，就由活佛于八月二十一日，宣布独立，把办事大臣三多，驱逐出境。九月初五日，蒙兵又攻陷呼伦贝尔。

这时候，革命军已起，清政府如何顾得到外蒙，只好置诸不论不议之列。而俄国于十一月间，向外务部提出要求。

一、承认俄国从库伦到俄境的筑路权。

二、中蒙订约，申明：1.中国不在蒙古驻兵，2.殖民，3.允许蒙人自治。

三、中国在蒙古改革，须得先同俄国商量。

外务部也置诸不复。

民国初元，扰扰攘攘，也没有人去问蒙古的信——虽然有遣使宣慰等议论。十月二十七日，俄国全权参赞廓索维慈，和库伦订立《协约》。俄国帮助蒙古，保守自治制度；编练国民军，不许中国人派兵到蒙古和殖民，而蒙古人则允许以俄人以《附约》（《俄蒙商务专条》）上的权利。那《附约》上所载的权利，重要的是：

一、俄人得自由居住移转，经理商工业和其他各事。

二、俄人通商免税。

三、俄国银行，得在蒙古设立分行。

四、俄人得在蒙古租地，或买地，建筑工厂、铺户、房屋、货栈和租地耕种。

五、俄人得在蒙古经营矿业、森林业、渔业。

六、设立贸易圈，以便俄人营业居住。

七、俄人得在蒙古设立邮政。

八、俄国领事，得使用蒙古台站——私人只须偿费，亦得使用。

九、蒙古河流，流入俄国的，俄人在其本支流内，都可航行。

十、俄人得在蒙古修桥，而向桥上的行人收取费用。

十一、由俄国领事（或其代表），与蒙官组织会审委员会，审理俄蒙人民事上的争论。

同时向中国、日本、英国，发出通告。中国接到此项通告后，舆论大哗，一时征蒙之论颇盛。外交总长陆征祥，从1912年十一月起，到1913年七月止，前后和俄人磋议过二十多次。七月初七日，将最后《草约》提出国会。众议院（进步党多数）通过，参议院（国民党多数）否决。赵内阁倒后，熊内阁成立。孙宝琦为外交总长，继续和俄人磋议。俄人坚持，《草约》的精神，不能改变。十一月五日（取消议员资格的明日，国会已不足法定人数），孙宝琦和俄使库朋斯齐，签定如下的条约。

一、俄人承认中国在外蒙古的宗主权。

二、中国承认外蒙古的自治权。

三、中国对外蒙古，不派兵，不设官，不殖民——惟可任命大员，偕同属员卫队，驻扎库伦。此外又得酌派专员，驻扎外蒙古各地方，保护中国人民利益。俄国除领事署卫队外，不驻兵；不干涉外蒙古内政；不殖民。

四、中国声明按照以前各款大纲，及一九一二年十月二十一日《俄蒙商务专条》，明定中国和外蒙古的关系。

五、凡关于俄国及中国在外蒙古的利益，暨各该处因现势发生的各问题，均应另行商订。

另以照会申明：1.俄国认外蒙古为中国领土的一部分。2.关于外蒙政治、土地、交涉事宜，中国允许和俄国协商，外蒙亦得参与其事。3.正文第五款所载随后商订事宜，由三方面酌定地点，派委代表接洽。4.自治区域，以前清库伦大臣、乌里雅苏台将军、科布多大臣所管辖的地方为限——划界事宜，按照声明文件第三款所载，日后商定。

因第五款的缘故，我国派毕桂芳、陈箓，和俄国库伦总领事亚历山大密勒尔，和外蒙古的委员，会商于恰克图。从1914年九月起，到1915年六月初七，订立《中俄蒙协约》。其中重要的条件是：

外蒙古无与各国订结政治、土地国际条约的权，而有与外国订结关于工商事宜的国际条约的权。

中国驻库伦大员，卫队以二百人为限。其佐理员分驻乌里雅苏台、科布多、恰克图的，以五十人为限。

俄国库伦领事卫队，以五十人为限。他处同。

划界问题，由三国另派代表，协同办理。

其呼伦贝尔，亦经俄人要求，于这一年十一月初六日，订立改为特别地域的条约：

一、呼伦贝尔为特别地域，直属中华民国政府。

二、呼伦贝尔副都统，由总统择该地三品以上的蒙员，直接任命；有与省长同等的权利。

三、呼伦贝尔军队，全用本地民兵组织。倘有变乱，不能自定，中国通知俄国后，得以赴援，但事定后即须撤兵。

四、呼伦贝尔的收入，全作为地方经费。

五、中国人在呼伦贝尔，仅有借地权。

六、将来筑造铁路，借款须先尽俄国。

七、俄国企业家，和呼伦贝尔官宪，订结契约，经过中俄两国委员审查者，中国政府，应即予以承认。

内蒙王公，内向之心颇坚。曾于公元1912年，在长春组织蒙旗会议，政府派阿睦尔灵圭和东三省宣抚使张锡銮，吉林都督陈昭常莅会。其后诸王公又组织蒙古联合会，发表宣言——曾经译登外报：

……内蒙古……及科布多、乌梁海、青海、新疆各盟，均赞成共和……惟外蒙古活佛……勾结……三数王公，妄称独立……实则外蒙四部落，其迤西两部各旗，并未赞同。质言之，只是库伦附近各旗与活佛之所为；在蒙古全体中，尚不及十分之一……乃库伦伪政府，近与俄国擅订《协约》，竟捏称蒙古全体，殊可怪诧。本会系内外蒙古各盟旗王公组织而成；本会会员，各有代表各盟旗土地、人民之责；并未承认库伦伪政府，有代表蒙古之资格。伪政府如有与外国协商订约等事，无论何项条件，何项条约，自应一律无效。

虽有这项宣言，初不能发生什么效力。库伦独立后，曾经派兵南犯内蒙，经热河、绥远、山西派兵协力击退。内蒙古部落，亦间有叛离的，特如科尔沁右翼前旗的乌泰，攻破镇东、洮南，经奉、黑会剿镇定。而东札鲁特的巴布札布，毕竟引起1916年郑家屯的交涉。

郑家屯本哲里木盟之地，于公元1913年改为辽源县。当1916年袁氏帝制失败后，日人在南满，颇有阴谋。其时，亡清的肃亲王善耆，住居大连，日人颇助其活动。又以军火供给巴布札布，并在辽源擅行设置警察署。巴布札布，前曾侵犯热河，经都统姜桂题派兵击退。这一年七月里，又率大队蒙匪，侵犯突泉，为第二十八师冯麟阁所败。日人忽然说南满铁路附近，不能作战，阻止奉军追袭。时二十八师驻扎郑家屯。八月十四日，郑家屯日警，和中国驻军冲突。日本即要求二十八师和其余的中国兵，一律退出郑家屯外三十里。日本旋派兵将郑家屯占据。蒙匪遂于这时候，退至郑家屯附近的郭家店。日本和奉天督军张作霖交涉，要求许蒙匪退回蒙境，不加讨伐。张作霖不得已允许。而蒙匪退却之际，日军又夹杂其中；名为监视，实则意甚叵测。张作霖通告日本，揭破其阴谋，说情形如此，不得不加讨伐。而进兵之际，蒙匪中忽然升起日本国旗，致为中国炮弹所穿。日本又借此将军队调集朝阳坡，并有"直冲奉天"的议论。无如奉军即行退去，以致无所施其技。而郑家屯事件，毕竟由中国处罚军官，表示歉意，方才了结。

第二节　英藏交涉

从公元1906年《藏印续约》订立之后，清政府自觉其对于西藏权力的薄弱，而亟思改弦更张，也和其对于蒙古一样。公元1905年，驻藏帮办大臣凤全给藏番杀害。政府以赵尔丰为边务大臣，并命四川提督马维祺，出兵讨伐。这一役的结果，把现在的川边地方，全行戡定，逐渐设置县治。

先是英兵入藏，达赖出奔，本有到俄国去的意思。后来听见俄国的兵，给日本打败了，就此作为罢论。滞留在西宁几个月，跑到库伦。明年，从库伦回来，依旧滞留在西宁一带。清朝颇想笼络他，劝其入朝。于是达赖于公元1908年四月到北京，恢复出逃时所革西天大善自在佛封号，并加诚顺赞化名号。十月，德宗、孝钦都死了，达赖乃回藏。赵尔丰的经营西藏，达赖甚不谓然。1909年十二月到拉萨，就嗾使藏人反抗。赵尔丰派钟颖带兵一千五百人，于1910年进入拉萨。十六日，达赖逃奔印度，要求印度总督干涉。印度总督含糊答复。达赖没奈何，回到大吉岭。清朝得他逃亡的消息，便下诏，把他废掉。

然而清朝末年的驻藏大臣联豫，所带军队，颇无纪律。把枪弹都卖给藏番。于是藏番军械，颇为充足。革命的消息，传到拉萨，驻藏清军，以为从此没有法律了，就随意剽掠。藏人大怒，群起反抗。其结果，清朝军队都被逐。达赖乘机回拉萨，宣布独立。并嗾使藏番内犯。巴塘、里塘，先后失陷，并进攻打箭炉。四川都督尹昌衡（政府旋以为征藏军总司令），出兵征讨；云南都督蔡锷，也发兵会攻。七月，在里塘、巴塘中间，把藏番打败，藏番退回。而川、滇兵亦因粮械两乏，不能进取。八月十七日，英使朱尔典，向外部提出抗议，要求中国对西藏：不干涉内政，不改省，不驻扎多兵；而且说英国还没有承认中华民国，倘使中国不容纳英国的意见，英国唯有和西藏直接交涉。政府怕事实上生出困难，只得改为安抚（征藏军总司令，改为川边镇抚使），而且恢复达赖的封号。又承认英国的要求，派陈贻范和英藏两方的代表，共同会议，以解决对藏问题——此项会议，以公元1913年十一月十三日，开始于大吉岭，后来又移于印度的西摩拉。

蒙古有内外，西藏是没有内外的。而英国人对西藏的要求，差不多全抄俄国人对于蒙古的办法，强要立出内外藏的名目来，陈贻范不肯承认。英人又以和西藏直接交涉相恫吓。陈贻范不得已，于一九一四年四月二十七日，与英人签定《草约》。其大旨是：

> 英国承认中国对于西藏的宗主权，中国承认外藏的自治权。中英都不干涉西藏的内政，中国不改西藏为行省。
>
> 彼此不派兵，不驻官，不殖民——但中国得派大员，驻扎拉萨；卫队以三百人为限。英国驻扎拉萨的官的卫队，不得超过中国官的卫队的四分之三。
>
> 内外藏的界限，暂用红蓝线画于本约所附的地图上。

此项条约，把中国在西藏的权力，骤然缩小，和在外蒙丝毫无异。而其尤为紧要的，则系所谓内外藏的界线。

原来康之与藏，本不能并为一谈（参看第四篇第二章第二、第三节。）旧界系以江达以东为康，以西为藏。所以雍正四年会勘划界案内，于江达特置汉藏两官。清末改康为川边，其境域，亦系东起打箭炉，西至江达。经四川总督赵尔巽、边务大臣赵尔丰、驻藏大臣联豫会同划定，于江达立有碑记。公元1912年，尹昌衡改江达为大昭府；将硕督、嘉黎、恩达、察隅、柯麦五县，划归管辖；曾经内务部颁布在案（以上据四川省议会1919年通电。）然则姑无论西藏本无内外；即欲强分为内外，而所谓内外藏者，亦应统限于江达之西。乃英国人之所谓藏者，几于包括川边，分割青海；还要在其中画分内外，把外藏的范围，扩充得极大。陈贻范第一次提出的让步案：是怒江以东，完全归中国治理。怒江以西，至江达，保存前清旧制，不设郡县。第二次：将中国治理之界，让至丹达以东。第三次：让至怒江以东。第四次：但求青海保存原界，巴塘、里塘等地方，仍归中国治理；而把怒江以东，德格、瞻对等地方，都划为特区。但英使始终不听，先后提出修正案两次，仅允将金川、打箭炉、阿敦孜等地，由内藏划归中国——但瞻对、德格，仍属内藏——白康普陀岭、阿美马顶岭东北之地，划归青海。陈贻范屡次交涉无效，只得就英使原提出的草案所附地图的红蓝线，略加伸缩，竟于草约签子（按：内外藏的界线，当时所划，究竟如何，因此项文件，全未公布，吾人至今不得而知。本节和第六章第二节所述，都系依据外交部一九一九年九月五日的通电，和当时各省争执的电报，以及中外报纸，近人著述。总仅能得其大略，读者谅之。）

政府得陈贻范的报告，大惊，急电令不得在正约签字。五月初二日，政府通告英使，说："草约虽可同意，界线万难承认。"自此此案由政府和英使朱尔典直接交涉。政府于六月十三日，对英使提出四条。其中关于内外藏界线的，是：

内藏界线：应自英京东经八十六度，北纬三十六度起。循昆仑山脉东行。至白康普陀岭，南行。循阿美马顶岭，向东南斜行。至打箭炉，近北纬三十度，西折。至巴塘之宁静山，沿金沙江南下，向西南斜行。至门工，复沿怒江下游，上至当拉岭。西行，至英京东经八十六度，北纬三十六度，即昆仑山麓为止。

外藏境界：自门工起，沿怒江下游，上至当拉岭。北行，至英京东经八十六度，北纬三十六度，即昆仑山麓为止。此线以西，为外藏自治范围。

按照此条件，业将青海的西南一部分和川边的大部，划归内藏。至于真正的西藏，则全归入外藏自治范围。然英使仍说和《草约》所拟，相去太远，不能承认。七月初三日，英藏委员，竟将正约签字。

到1915年六月，外交部和英使协议。我国方面，又提出最后的让步案：

一、打箭炉、巴塘、里塘各土司所属之地，归四川省治理。

二、察木多、八宿、类乌齐各呼图克图，及三十九族土司所属之地，皆划入外藏。

三、昆仑山以南，当拉岭三十九族，察木多、德格土司以北，及青海南部之地，皆划入内藏。但内藏改名康藏。

四、云南、新疆的省界，依然如旧。

英公使置诸不复，此项问题，一时遂成为悬案。

第三章　五月九日的国耻

第一节　五口通商以来外交上形势的回顾

俄蒙、英藏的交涉，已述如前。然而这还不算外交上最险恶的形势；外交上最险恶的形势，到日本占领青岛，提出二十一条要求而极。今要说明此事，且先回顾五口通商以后，外交上形势的变迁。

从五口通商以后，外交上的形势，可以分做几个时期。五口通商以后，可以称为强迫通商时期。从这一役以前，中国人从未在条约上确认外国人的通商；即或有时许之，而随时撤销之权，仍操之于我。如恰克图的中俄通商，屡次停闭是。乾隆五十七年的《互市条款》，开口便说："恰克图互市，于中国初无利益。大皇帝普爱众生，不忍尔国小民困苦；又因尔萨那特衙门吁请，是以允行。若再失和，罔希冀开市。"仿佛允许通商，出于中国特惠的意思——到这一次，才以对等的资格，和外国订结条约，许其通商。从此以后，便负有条约上的义务，通不通不由得我片面作主了。所以从大势上说，自此以前，可以说是外国人极要和中国通商，而中国人很不愿意的时代。酝酿复酝酿，毕竟出于用兵力强迫。这一役，可以算是外国人强迫中国通商，达到目的的时代。第二期，可以称为攫夺权利开始时代。便是咸丰八年、十年两次的条约。这两次条约，轻轻地把"领事裁判"、"关税协定"、"内河航行"，都许与外国了（教士到内地传教，吾人原不敢以小人之心度人，说这是外国借此来侵掠中国的；然而在事实上，却开出后来无穷纷争之端。）而且定下最惠国的条款，使后来丧失一种权利给一国，便是丧失一种权利给一切国；纷纷的要求，无不有所借口。所以说中国一切丧权失地的交涉，都是于这一次开其端。第三期，可以说是藩属及边境侵削时代。从俄国割黑龙江以北、乌苏里江以东之地起，而法国灭越南，而英国灭缅甸，而俄国并吞葱岭以西诸回部，而英国灭哲孟雄，而日本并吞琉球；而从日本起，各国相继认朝鲜为独立；而英法且进一步，而觊觎及于云南、广西，都是一线相承的运动——如此，“剥床及肤”，到甲午之战，日本割台湾，强迫偿款二万万两而极。

自此以后，外交上的形势，骤然紧急。而德国租借胶州湾，而俄国租借旅顺、大连湾，而英国租借威海卫，而法国租借广州湾。而且进而攫夺铁路、矿山，要求某某地方不割让，以划定其所谓“势力范围”。什么叫作势力范围？唉！这个名词，原是欧人分割非洲时所用；质而言之，就是某一处地方，视为禁脔，不准别国人染指罢了。而其施之于我国，则首从要求某某地方不割让起。“要求某某地方不割让”，在我国人看了，很难了解。这是我的地方，割让给人家，与你何干？何劳越俎代谋？且何得有如此好意？殊不知在我国人看了，这宣言不割让，是毫不要紧的事情，而且几于是毫无意义的事情。我的地方，我本不愿割让，再宣言一句何妨？而在他人视之，这一句话，便是他的禁脔的保证书。某某地方不割让，起于光绪二十年《中英滇缅续约》第五款，“孟连、江洪，不得割让与他国”，其意系指法国而言。偏偏明年的《中法续议界务专条》，又将江洪一部，割让与法国。于是英国来相诘责。乃于1897年，与英国续订条约五款。申明残余的江洪和孟连，仍归中国；而又申明不得割让。于是法人要求我宣言海南岛不割让与他国。明年，又要求我宣言，和越南接壤各省，不得割让与他国。英国亦要求我宣言，长江流域诸省，不得割让与他国。日本亦于光绪二十五年，要求我宣言，福建省不得割让与他国。此项宣言不得割让之地，外人遂视为“势力范围”。于其中攫夺种种权利。倘使实行瓜分，这便是豫先划定的境界线，免得临时冲突。攫夺权利的手段，最紧要的，便是铁路（因为不但经济，便是和政治、军事，关系也很大。）借外款筑造铁路，原是不要紧的事情。便是借外国技术、人才，也并不要紧。却是前清末年的筑路，借某国的资本，便请某国建筑；筑成了，便请该公司管理；并且总是即以该路为抵押。如此，筑路便成为攫夺权利最好的手段。中国的筑造铁路，起于开平和津沽之间（为运煤起见）；其后东展至山海关，西展至北京；这都是甲午以前的事。在甲午以前，筑路的阻力很大。甲午以后，却渐渐的变了，于是有筑芦汉、津镇两大干线之议。而芦汉一线，遂成为各国争夺的起点。其时争中国路权的，英、德、美为一派，俄、法、比为一派。芦汉铁路的终点汉口，是在长江流域（英国势力范围）之内。倘使由俄法出面承修，一定大为英人所反对；所以改由比国出面（契约成于光绪二十四年五月初九日。）然而其内容是俄国，谁不知道？当契约未成之先，英国已严重抗议，然而卒不能阻其成功。于是英人起而要求（1）津镇、（2）河南到山西、（3）九广、（4）浦信、（5）苏杭甬五路。同时俄人要求山海关以北的铁路，全由俄国承造。英国的汇丰银行，就捷足先得，和中国订定了从牛庄到北京的铁道的承造契约。于是英俄两国，鉴于形势的严重，于光绪二十五年三月十九日，在圣彼得堡换文，英国承认长城以北的铁路归俄，俄国承认长江流域的铁路归英。同时英德由银团出面，在伦敦订立条文。英承认山东和黄河流域，为德国势力范围（但除外：一、山西，及二、山西的铁道，可与正定以南的京汉相接，并再展接一线，以入于长江流域。）德国承认山西省、长江流域及江以南各省，为英国势力范围。同时将津浦铁路瓜分。而胶济铁路的入于德，滇缅铁路的归于英，以及滇越和从越南到龙州，龙州到南宁，百色的铁道的入于法，更不必说了。如此，各国自由处分中国。而中国人，可怜大多数还全不知道。日后倘使竟要用兵力瓜分中国，这势力范围，固然就是预先划定的境界线；即或不然，而各于其所谓势力范围之内，把利益攫夺净尽，也岂非无形之瓜分。

所以这第四期，可以称为势力范围时代。

在这种严形重势之下，当时中国固然毫无抵抗之力；然而在各国间，却也不能绝无问题。便是“这种敲骨吸髓的政策，在身受之的中国，固然再没人来爱惜；然而在敲之吸之的各国，是否就竟能均平分赃，更无冲突呢？”这恐怕也未必能。于是“开放门户”之说起。“开放门户”这四个字，近来几于人人耳熟能详。然而这四个字，到底怎样讲法呢？说中国人的门户，没有开放么？从五口通商以后，久已门户洞开了，尚何待于开放？然则这四个字，到底该怎样讲呢？原来中国是好一片商场，外国人大家都希冀望来做卖买的。假使中国人把门户关闭起来，固然是外国人之所惧；倘使对于各国，或开或闭，亦是外国人之所惧。好在税率协定了，最惠国的条款，彼此都有了，中国更如何能关闭门户？更如何能于各国之间，有所厚薄？然而中国人虽无力将门户关闭，或将门户或开或闭，而外国人在中国，既然划定了势力范围，倘使即于其范围之中，行关闭门户之策，却又如何？所以“开放门户”的一名词，当然是继“势力范围”这名词而起的。这名词的使用，起于英人。1898年十一月，英国旅华商人，虽经通过一议决案，要求“政府对于在中国有利益各国，订立契约，维持在中国商务上的机会均等”。这时候，美国的海约翰，正是驻英大使。旋回国为国务卿。1899年九月二日（光绪二十五年七月二十八日），通牒英、德、俄、法、意、日，要求在中国有势力范围的各国，承认三个条件。

一、各国对于中国所获之利益范围，或租借地域，或别项既得权利，互不相干涉。

二、各国范围内的各港，无论对于何国入港的商品，皆遵照中国现行海关税率赋课（自由港不在此例）；其赋课的关税，归中国政府征收。

三、各国范围内的各港，对于他国船舶所课的入港税，不得比其本国船舶所纳的为高。各国范围内各铁道，对于他国货物所课的运费，不得比其本国的运费为昂。

这项通牒，意思是很容易明白的。即中国对各国的税率，是协定的；而又有最惠国条款。姑无论其不重，即使重，也是各国一律。税关虽用外国人，然其主权仍在中国政府。倘使各国在其势力范围内，而可攘夺中国的收税权，那就别国在中国条约上所得协定税率和最惠国的条款的权利，都给他取消了。至于铁道的运费，其关系尤为易见。欧战前德国的在山东，现在日本的在南满，岂不是他本国的货物，都可享廉运和其他种种利益么？果然如此，最惠国条款的利益，又不啻取消了。如此，中国的门户，就给有租借地和势力范围诸国关闭了。以前所要求得的协定税率、最惠国条款等利益，而今安在？在有租借地和势力范围诸国，在其租借地和势力范围内，原可以妨碍别国而谋独占；其无租借地及势力范围之国却如何？所以此议虽发生于英国，而实行提出的，却是美国。即有租借地和势力范围各国，因互相妨碍故，而至于互相冲突。其结果，势必和平破裂，而远东且成为龙拏虎攫之场。中国固然糟极了，各国又有何利益？这话固然很难希望有租借地和势力范围的各国彻悟，然而其无之之美国，当然要提出“门户开放”主义，却是不足怪的。当这时候，所谓“开放门户”的意义，原不过如上所述。中国领土的保全不保全，还未必是提议者意计所及。然而既要实行门户开放，就不得不连带而及于“领土保全”。为什么呢？倘使中国的领土变更，地图变了颜色，那各国在条约上获得的利权，就当然消灭，自不待言了（日本并韩，即其明证。所以当庚子年，俄国占据东三省的时候，英德便在伦敦订结《协约》。）这时候，英方有事于南非，所以联德以牵俄，说：一、中国河川及沿海诸港，无论何国人贸易及其他正当经济上活动，皆得自由开放。英德势力可及之处，相约守此主义。二、维持中国领土不变更。此项协约，虽经通知各国，求其同意。日、美、法、奥、意五国，亦皆承认。唯俄国主张“限于英德势力范围，不适用于东三省”。德国因关系较浅，承认俄国的主张。英国则反对，而日本也赞成英国。1902年一月三十日，日英同盟成立，申明尊重中国及朝鲜的独立。俄国联合法国，发表宣言书（三月二十日）说：因第三国侵略，或中国骚扰，致两国利益受侵犯时，两国得协力防卫——此所以对抗英日同盟，然宣言书中，亦表示赞成保全领土、开放门户的宗旨。日俄战后议和。申明：俄于满洲，不得有与机会均等不相容的利益；日本在满洲，与列国执共同一般的态度。以至1907年六月一日的《日法协约》，七月三十日的《日俄协约》，1908年十一月的《日美照会》，都申明保全领土及开放门户。即1907年八月三十一日的《英俄协约》（此《协约》系解决波斯、阿富汗、西藏方面的问题的），其关于西藏方面，亦订明“保全西藏领土，各不干涉其内政”。1905年八月十二日的《日英续盟》，删去韩国独立字样，而仍订明保全中国独立与领土完全，及列国商工业机会均等等。1911年七月十三日《第三次盟约》，此条仍无变更。所以这时候，可以说是第五期，开放门户，保全领土得各国赞成的时代。

然而话虽如此说，而从日俄战后，日本在东三省一切举动，大有得步进步，旁若无人之概（参看前篇第四章第四节。）美国因之，有“满铁中立”的提议。其结果，反促日俄的接近。于是1910年七月四日（宣统二年六月七日），日俄《第二次协约》发表。表面只说“满洲现状被侵迫时，两国得以互相商议”，而暗中另结秘密协商，即：“日并韩，俄不反抗。俄人在新疆、蒙古方面，有何举动，日本承认之，或且加以援助。”于是八月二十三日，日本就并吞韩国。而明年，俄国就有关于蒙、新方面的强硬要求。而《第二次英日盟约》，虽然申明“保全中国领土”，而同时英国也取得“日本承认英国在印度附近的必要处分”一条，以为交换。到这时候，自然也要利用。所以后来英国对西藏的交涉，事事模仿俄国在蒙古的交涉。这便是前章俄蒙、英藏的交涉所由来。到这一步，开放门户，保全领土，几乎是一句空言了。再加以欧战起后，欧洲诸国，都自顾不暇，而日本人益得发挥其“大亚细亚主义”。所以这时候，可称为第六期，均势破坏时代。而五九国耻，便是这时代中最痛心的一个纪念。

第二节　日占青岛和二十一条的要求

公元一九一四年，欧洲大战，中国于八月初六日，宣告中立。日本借口“履行《英日同盟条约》，维持东亚平和”，八月十五日，对德发最后通牒。要求：

> 一、德国舰队，在日本、中国海洋方面的，即时退去；如不能退，立即解除武装。
>
> 二、将胶州湾租借地全部，以还付中国的目的，于一九一四年九月十五日以前，无偿、无条件，交付日本官宪。

限八月二十三日答复。届期，德国无复；日本遂向德国宣战。英军从劳山湾上陆，日军从龙口上陆。十月三十一日，向青岛开始总攻击。十一月初七日，青岛降。

日本对德发最后通牒时，事前并未同中国商量，事后才由日使日置益，告知外部。旋代理公使小幡又向外部声明：“此举系为履行《英日同盟条约》，维持东亚和平起见，决不占中国的土地。”中国于九月初三日，宣告中立。划莱州、龙口和接近胶州的地方为战区，并与日本约，以潍县车站以东为界，日兵不得越界而西。日兵于九月初三日，从龙口上岸，就占领城镇和邮电机关征发物件，役使人民。二十六日，占潍县车站。十月初六日，派兵到济南，占领胶济铁路全线和铁路附近的矿产。政府抗议。日本说：“胶济铁路公司，由德政府直接管辖，系德国国有的公司，就是胶州租借地延长的一部。”青岛降服后，将海关人员，尽行驱逐，文件财物，全行押收。中国据1899年四月十七日《青岛设关条约》和1905年《修订条约》“海关由德国管理；而海关人员，由中国自派”抗议。日人置诸不理。中国要求日本撤兵。日本于1915年一月十八日，由公使日置益，径向袁总统，提出五号二十一条的要求：

第一号

（一）承认日后日德政府协定德国在山东权利，利益让与的处分。

（二）山东并其沿海土地及各岛屿，不得租借、割让与他国。

（三）允许日本建造由烟台——或龙口——接连胶济路的铁路。

（四）自开山东各主要城市为商埠——应开地方，另行协定。

第二号

（一）旅顺、大连湾、南满、安奉两铁路的租借期限，均展至九十九年。

（二）日本人在南满、东蒙，有土地的所有权及租借权。

（三）日人得在南满、东蒙，任便居住往来，经营商工业。

（四）日人得开南满、东蒙的矿。

（五）南满、东蒙：1.允他国人建造铁路，或向他国人借款建造铁路；2.以各项课税向他国人抵借款项，均须先得日本政府的同意。

（六）南满、东蒙，聘用政治、财政、军事各顾问、教习，必须先向日政府商议。

（七）吉长路管理经营事宜，委任日政府。从本条约画押日起，以九十九年为期。

第三号

（一）将来汉冶萍公司，作为合办事业。未经日政府同意，该公司一切权利产业，中政府不得自行处分，并不得使该公司任意处分。

（二）汉冶萍公司各矿附近的矿山，未经该公司同意，不得准公司以外的人开采——此外凡欲措办，无论直接间接，恐于该公司有影响的，必先经该公司同意。

第四号

（一）中国沿岸港湾及岛屿，概不租借或割让与他国。

第五号

（一）中央政府，聘日本人为政治、财政、军事等顾问。

（二）日本人在内地设立寺院、学校，许其有土地所有权。

（三）必要地方的警察，作为中日合办——或由此等地方官署，聘用多数日人。

（四）由日本采办一定量数的军械。或设中日合办的军械厂，聘用日本技师，并采买日本材料。

（五）接连武昌与九江、南昌的铁路，及南昌、杭州间，南昌、潮州间铁路的建造权，许与日本。

（六）福建筹办路矿，整理海口——船厂在内——如需用外资，先向日本协议。

（七）允许日人在中国传教。

并且要求中国严守秘密；倘或泄漏，日本当更索赔偿——英美两国，向日政府质问条件；日本答复，把第五号全删，其余亦只举出轻的。

中国以陆征祥、曹汝霖为全权委员，于二月初二日，与日本开始会议。旋日使日置益，因坠马受伤，陆、曹二人，都到日使馆里去，就日使床前会议。至四月十七日，会议中止。二十六日，日使提出《修正案》二十四条，声言“系最后修正案。倘使中国全体承认，日本亦可交还胶济”。中国政府，亦于五月初一日，提出《最后修正案》，说明无可再让。初七日，日本对我发出最后通牒。“除第五号中关于福建业经协定外，其它五项，俟日后再行协商；其余应悉照四月二十六日《修正案》，不加更改，速行承诺。以五月九日午后六时为限。”

五月初九日午前，中国政府，即答复承认。

美国政府，于五月十三日，向中日两国政府，发出同样的通牒。申明："中日两国政府，无论有何同意，或企图，如有妨碍美国国家及人民在中国条约上之利益，或损害中国政治上、领土上之完全，或损害关于开放门户、商工业均等之国际政策者，美国政府，一律不能承认。"

而中国陆征祥与日使日置益，于五月二十五日，订结条约二十一条。

第四章　帝制复辟和护法

第一节　帝制运动

1915年八月，总统府顾问美国博士古德诺，著论论君主与共和的利弊，刊载于北京报纸。旋杨度等发起筹安会（杨度为理事长，孙毓筠为副，严复、刘师培、李燮和、胡瑛为理事），说“从学理上研究君主、民主，在中国孰为适宜？”通电各省将军、巡按使、都统、护军使，各省城及上海、汉口商会，请派代表来京。旋各省旅京人士，组织公民请愿团，请愿于参政院代行立法院。要求变更国体——《新约法》第六十七条：“立法院未成立以前，以参政院代行其职权。”九月二十日，参政院据《新约法》第三十一条第七款，建议于大总统，请于年内召集国民会议，为根本上之解决。十二月初二日，参政院议决《国民代表大会组织法》。初八日，公布施行由各代表投票决定国体。初十日完竣。共一九九三票，全数主张君主立宪。于是由国民代表大会委托参政院为总代表，于十一日，推戴袁世凯为皇帝。袁氏申令，“既经国民代表大会全数表决……本大总统自无讨论之余地，唯……望另行推戴”。即日晚间，参政院再为第二次的推戴。十二日，申令允许。十九日，设立大典筹备处。三十一日，改明年为洪宪元年。

先是云南都督蔡锷，解职入京，任经界局督办。这时候，密赴天津，从日本经越南到云南。二十三日，督理云南军务唐继尧，巡按使任可澄，电请袁氏取消帝制。限二十五日上午十时答复。届时无复，遂宣告独立，通电各省，说："……尧等志同填海，力等戴山。力征经营，固非始愿所及；以一敌八，抑亦智者不为。麾下若忍于旁观，尧等亦何能相强。然……长此相持，稍亘岁月，则鹬蚌之利，真得渔人；箕豆之煎，空悲轹釜。言念及此，痛哭何云。而尧等与民国共存亡，麾下为独夫作鹰犬；坐此相持，至于亡国；科其罪责，必有所得矣。"一九一六年正月初一日，云南设立都督府，推唐继尧为都督，戴戡（贵州巡按使，时率黔军随蔡锷入滇）、任可澄为左右参赞，定军名为护国军。以蔡锷为第一军长，李烈钧为第二军长。二十七日，贵州独立——推刘显世为都督。

袁世凯派卢永祥带着第十师驻扎上海，刘冠雄带北军入福建。令原驻岳州的曹锟，扼要进扎，安徽倪嗣冲，也派兵到衡岳，又派张敬尧带第七师的一旅和第三师的全师入川；而命驻赣北军第六师长马继增，带兵一旅，李长泰带着第八师，做他的后援（后来马继增留防湘西。李长泰到四川，还没打仗，帝制就取消了。）龙觐光带着广东、西两省的兵，从广东去打云南。

一、二月间，蔡锷和张敬尧的兵在四川叙、泸一带相持。而广西将军陆荣廷，于三月十六日独立。广东各县，民军纷纷起事。四月初五日，龙济光亦宣告独立。浙江军队，于四月十一日独立——将军朱瑞出走。巡按使屈映光为都督；旋辞职，由吕公望继任。陕北镇守使陈树藩，于五月初九日在三原独立，分兵三路攻西安。十七日，将军陆建章出走。四川第一师长刘存厚，在永宁独立，和滇军联合。成都士民，要求将军陈宧独立。陈宧电劝袁氏退位，不听，于五月二十三日，宣布与袁政府断绝关系；旋亦改称都督。湖南零陵镇守使望云亭，于四月二十七日，宣布独立。湘西镇守使田应诏，亦在湘西独立。民党起事的，又分占各县。将军汤芗铭，于五月二十九日，亦宣布独立。山东则吴大洲占据周邨，居正占据潍县——北军于五月二十三日，退出潍县。唯江苏、江阴炮台的戍兵，于四月十六日独立；同时民党在吴江、震泽、平望等处起事，都未有成。

先是1915年十月二十八日，日、英、俄三国，劝告袁氏展缓举行帝制。十一月初一、十二日，法、意两国，亦为同样的劝告。十五日，五国公使，又提出第二次劝告。1916年正月，派周自齐为特使，赴日本祝贺日皇即位大典。十六日，日公使请周氏延期启行。二月二十三日，袁氏下令缓行帝制，停办大典筹备处。三月二十二日，下令取消帝制。以徐世昌为国务卿，段祺瑞为参谋长。黎元洪前此封为武义亲王，这时候，仍恢复其副总统。由三人电请护国军停战商善后。护国军复电，要求袁氏退位。并通电，恭承副总统黎元洪为大总统。这时候，江苏将军冯国璋，主张联合未独立各省，公议办法，再与西南接洽。通电说："四省若违众论，固当视同公敌；政府若有异议，亦当一致争持。"正在江宁开会，而袁氏于六月初六病殁；遗命以副总统代行职权，于是黎元洪于七日就职。

第二节　对德宣战和复辟

黎元洪就职后，于六月二十九日，下令恢复《临时约法》，召集国会。七月初六日，令各省督理军务长官，改称督军；巡按使改称省长。于是各省相继取消独立。先是西南宣言承黎元洪为大总统后，以"黎……未能躬亲职务；《大总统选举法》五条二项，副总统缺任，由国务院摄行；……国务院……非俟大总统任命，经国会同意后，不能组织"；乃暂设一军务院，直隶大总统；设抚军若干人，用合议制，裁决度政。对内命令，对外交涉，皆以军务院名义行之。并声明俟国务院成立时，即行裁撤。军务院于五月初八日，组织成立。到七月十四日，亦宣布撤销。八月初一日，国会开第二次常会。九月初一、初四日，众院及参院，先后通过国务员——总理兼陆军段祺瑞，外交唐绍仪，财政陈锦涛，海军程璧光，内务孙洪伊，教育范源濂，交通许世英，农商张国淦，司法张耀曾。十月三十日选举冯国璋为副总统。先是已将《天坛宪法草案》（即公元1913年宪法起草委员会所拟；因在天坛起草，所以称为《天坛宪法草案》），由原起草委员，草定理由书；于九月二十日，重开宪法会议。

1917年二月初二日，德国政府照会列国，使用无限制潜艇战争。初三日，美国和德国绝交，并劝中国一致。初九日，中国对德提出抗议，申明无效即绝交——同时咨复美国政府，申明愿取一致行动。

先是袁世凯未死时，冯国璋邀集未独立各省代表，在江宁开会；会议未完而袁世凯死。长江巡阅使张勋，就邀各代表，到徐州开会。时为六月九日，到会的有京兆、直隶、山西、河南、安徽、热河、察哈尔、奉天、吉林、黑龙江各代表。九月，又组织各省区联合会，亦在徐州开会。其时外间纷传府院有意见，内阁有动摇的风说。各省区屡有函电拥护内阁。副总统冯国璋，亦有一长电。1917年正月，徐世昌入都调和。其结果，免掉内务总长孙洪伊，而陆军次长、国务院秘书徐树铮亦辞职。三月初四日，段祺瑞请电令驻扎协约国公使，向各该国政府，磋商和德国绝交条件。黎总统不允。段祺瑞辞职赴津，旋经黎总统派人挽留，于六日回京。电即照发。初十日，德国答复："潜艇政策，碍难取消——但愿商议保护中国人民生命、财产的办法。"这一天，众院以三三一对八七，十一日，参院以一五七对三七，通过对德绝交。十四日，由大总统布告。段祺瑞召集各省区督军、都统，在京开军事会议。于四月二十五日开会。其中亲到的：江西督军李纯，安徽省长倪嗣冲，湖北督军王占元，直隶督军曹锟，山东督军张怀芝，山西督军阎锡山，河南督军赵倜，福建督军李厚基，吉林督军孟恩远，察哈尔都统田中玉，绥远都统蒋雁行。

派代表到会的，则有：江苏督军冯国璋，浙江督军杨善德，湖南督军谭延闿，云南督军唐继尧，贵州督军刘显世，陕西督军陈树藩，甘肃督军张广建，新疆督军杨增新，奉天督军张作霖，黑龙江督军毕桂芳，热河都统姜桂题。

一致主张对德宣战。

五月初一日，国务会议议决对德宣战。初七日，咨送众议院。初十日，众院开委员会讨论。有自称公民团的，聚集好几千人，向议员请愿通过。议员有被殴的。旋外交总长伍廷芳，司法总长张耀曾，农商总长谷钟秀，海军总长程璧光，提出辞呈。十九日，众议院开会，议决阁员零落不全，宣战案应俟内阁改组后再议。

这一天晚上，各督军分呈总统和国务总理，说："日前宪法会议二读会及审议会通过之宪法数条，内有：众议院有不信任国务员之决议时，大总统可免国务员之职，或解散众议院；唯解散时须得参议院之同意。又大总统任免国务总理，不必经国务院之副署。又两院议决案，与法律有同等效力等语……破坏责任内阁精神，扫地无余……其它钳束行政，播弄私权，纰缪尚多，不胜枚举……考之各国制宪成例，不应由国会议定……我国欲得良妥宪法，非从根本改正，实无以善其后……唯有仰恳大总统……毅然独断，如其不能改正，即将参、众两院即日解散，另行组织……"二十一日，各督军和代表，多数出京；陆续赴徐州开会。

二十三日，黎总统下令免国务总理段祺瑞职，以外交总长伍廷芳代理。旋由国会通过，于二十八日，任命李经羲为总理。二十九日，倪嗣冲宣告"与中央脱离关系"，并扣留津浦铁路火车，运兵赴津。于是奉天、陕西、河南、浙江、山东、黑龙江、直隶、福建、山西，先后与中央脱离关系。六月初二日，各省在天津设立军务总参谋处，以雷震春为总参谋。雷震春通电说："出师各省，意在巩固共和国体，另订根本大法；设立临时政府，临时议会……"

六月初一日，黎总统令："安徽督军张勋……迅速来京，共商国是……"初七日，张勋在徐州带兵五千起程。初八日，到天津。电请即日解散国会。十二日，伍廷芳辞职，江朝宗代理，下令解散国会。十四日，张勋、李经羲入京。各省先后通电，取消与中央脱离关系的宣言。

二十一日，天津总参谋处取消。议员于十九日通电，解散命令无效。

七月初一日晨三时，张勋在京拥清帝溥仪复辟。初二日，黎总统在日本使馆，发电，请冯副总统代理职务，以段祺瑞为国务总理。初四日，冯、段电告出师讨贼。段祺瑞在天津组织讨逆军，以段芝贵、曹锟为司令，分东西两路进讨。十二日下午三时，我军复京城，张勋奔荷兰使馆。

冯副总统于初六日在南京宣告代理大总统职务。十四日，黎总统通电辞职。冯代总统于八月初一日入京。十四日，布告对德宣战。

第三节　护法战争和南北议和

先是国会解散后，广东督军陈炳焜，广西督军谭浩明，宣告“国会未复以前，军民政务，暂行自主；重大政务，迳行秉承元首，不受非法内阁干涉”。张勋败后，国会本可恢复；却又有人主张民国已经中断，可仿初建时的例，召集临时参议院。于是海军总司令程璧光，第一舰队司令林葆怿，于七月二十一日，宣言“拥护《约法》，恢复国会，惩办祸首”，于二十二日，率舰队开赴广东。云南督军唐继尧，于八月初一日通电，主张：

一、总统应仍复职；否则应向国会辞职，照《大总统选举法》第九条第二项办理。

二、应即召集国会。

三、国务员非得国会同意，由总统任命，不能认为适法。

四、称兵抗令之祸首，应照内乱罪，按律惩办。

并说“在宪法未成立以前，《约法》为民国之根本法……愿悉索敝赋……以拥护约法者，保持民国之初基于不坠”。

八月二十五日，国会议员，在广州开非常会议。三十日，议决《军政府组织大纲》，“设大元帅一人，元帅二人”、“临时约法之效力未完全恢复以前……行政权由大元帅任之”，“……对外代表中华民国”。设立外交、内政、财政、陆军、海军、交通六部。各省督军，赞助军政府的，都任为都督。九月初二日，选举孙文为海陆军大元帅，唐继尧、陆荣廷为元帅。

北方则冯代总统于九月二十九日下令，说：“……《国会组织法》，暨《两院议员选举法》……现在亟应修改，着各行省蒙、藏、青海各长官，仍依法选派参议员，于一个月内，组织参议院；将所有应行修改之组织、选举各法，开会议决。此外职权，应俟正式国会成立后，按法执行。”其后参议院于十一月初十日开会。《修正国会组织法》、《两院选举法》，于1918年二月十七日公布。

这时候，两广、云贵，完全为护法省分。四川督军蔡锷，因病辞职后，由罗佩金代理。重庆则熊克武为镇守使，宗旨亦于南方为近。广东龙济光，是反对南方的，给滇军李根源打败，从广州湾入京。福建虽由北方所派的李厚基为督军，而民军几占全省之半。陕西亦有民军起事——由于右任等率领襄阳的襄郧镇守使黎天才，荆州的湖北陆军第一师长石星川，亦都和南方表示同情。北政府以傅良佐为湖南督军，而零陵镇守使刘建藩，即在永州独立。衡山宝庆都响应。傅良佐以第八师师长王汝贤为总司令，第二十师师长范国璋为副司令，攻入衡山。又派十七师三十四旅旅长朱泽黄，攻入宝庆。旋粤桂联军援湘——谭浩明、程潜为司令——恢复衡山、宝庆，并进取衡阳、湘潭。傅良佐退守岳州。北政府将傅免职，以王汝贤代理。旋湘粤桂联军入长沙，王汝贤亦走岳州。十一月十八日，直督曹锟，鄂督王占元，苏督李纯，赣督陈光远，联电愿任“鲁仲连之职”。请“即日先行停战……俾得熟商方计”。于是段祺瑞辞总理和陆军总长，王士珍代理总理。旋倪嗣冲、张怀芝和山、陕、豫、闽、浙、奉、黑诸省，热、察、绥三区和上海护军使（卢永祥）三省剿匪督办（张敬尧）各代表，于十二月初三日，在天津开会。对西南一致主战，反对调停。由各代表认定出师数目，要求中央下令讨伐。1918年，正月二十七日，湘粤桂联军复岳州。北政府以曹锟为两湖宣抚使，第一路总司令，张怀芝为湘赣检阅使，第二路总司令，张敬尧为攻岳总司令。三月初一日，段祺瑞再任国务总理。十八日，北军入岳州。二十六日，入长沙。

这一年五月十日，两院联合会修正《军政府组织大纲》。以两院联合会选出的政务总裁，组织总裁会议。各部总长，都称为政务员；以政务员组织政务院。以政务院赞襄总裁会议，行使中华民国军政府的行政权——若执行《约法》上大总统的职权，则以“代理国务院摄行大总统职务”的资格行之。旋选出孙文、唐绍仪、唐继尧、伍廷芳、林葆怿、陆荣廷、岑春煊七人为总裁。于六月五日，宣告成立（孙文、唐绍仪未就职。）十九日，推定岑春煊为主席总裁。

六月十二日，国会议员宣告在广州继续开正式国会。旋因到会议员不足法定人数，于七月十二日，援《议院法》第七条，开会后满一个月尚未到院者，应解其职的规定，解参议员五十一人，众议院一四七人的职。又于八月十二日，依同条但有不得已故障，报告到院时，得以院议延期至两个月为限的规定，解参议员五十八人，众议员六十九人的职（以后陆续解职的还不少。）都将候补议员递补，凑足法定人数开议，并续开宪法会议。

七月十二日，冯国璋下令召集新国会。八月十二日，临时参议院闭会，新国会开会。初四日，选举大总统。徐世昌以四三六票中的四二五票当选——次日，选举副总统，以不足法定人数延期，遂始终未能选出。

十月初十日，徐世昌就职。

十月初八日，国会在广州开两院联合会，议决：“依《大总统选举法》三条二项，大总统任满前三个月，国会议员须自行集会，组织总统选举法，行次任大总统之选举。现值国内非常变故，次任大总统之选举，应暂缓举行。自一九一八年十月初十日起，委托军政府代行国务院职权，依《大总统选举法》第六条之规定，摄行大总统职务。”

徐世昌就职后，段祺瑞辞职，以钱能训为国务总理。二十三日，总理及各部总长通电岑春煊等，请罢战议和。十一月二十四日，徐总统下令："前方在事各军队……即日罢战，一律退兵。"一九一九年二月初六日，北方派朱启钤等十人，南方派唐绍仪等十人为代表，开和平会议于上海。这时候，陕西民军，尚与陈树藩交战。南方说须停战后，乃可议和。十三日，徐总统下陕西停战令，乃于二十日开议。旋南方代表得陕西民军电说，十四到二十一日，陈树藩依然进攻。二十八日，提出停战和撤换陈树藩的条件，限四十八小时答复。

北方代表电京后，届期没有答复。三月初二日，唐绍仪等通电停止和议，北代表对政府提出总辞职。北政府派张瑞玑到陕西去监视。三十日，徐总统下令宣布，据张瑞玑报告，陕西实已停战。于是由李纯等调停，于四月初九日，续开和议。至五月初十日，得欧洲和会山东问题，依日本意思解决的电报（参看第七章第一节。）十三日，唐绍仪提出：

一、否认欧洲和会决定山东问题的条件。

二、取消中日间一切密约，并处罚缔结此等密约的关系人。

三、取消参战军、国防军，及其他一切类似的军队。

四、各省督军、省长，罪情显著的，一律撤换。

五、由和平会议宣告一九一七年六月十二日黎元洪解散国会的命令无效。

六、由和平会议选出国内声望显著的人，组织政务会议，监督履行和平会议议决的条件，至国会能完全行使职权的日子止。

七、和平会议已议定或审查而未决定的各案，分别整理决定。

八、执行以上七条，则承认徐世昌为大总统。

于是和议破裂；南北代表，各电政府辞职。南政府没有允许，而北政府允许了。八月十二日，北方改派王揖唐为总代表（其余九人仍旧），南方声明否认，和平会议，从此就没有再开。

第五章　南北分裂后的变故

第一节　皖直战争

从张勋复辟失败，中华民国恢复之后，北方则黎总统辞职，由冯副总统代理。召集参议院，修改《国会组织选举法》，产生新国会，选举徐世昌为总统。南方则主张护法。南北用兵，既彼此莫能相尚；和议又不能成。而北方又有皖直之战，接着又有直奉之战。南方亦有粤桂之争，和1922年粤军和北伐军的争阅。其余各省，亦莫不日寻干戈。这真是我中华民国的不幸了。今依次略述其事。

当我国和德、奥宣战以后，便成立参战事务督办处，以段祺瑞为督办。然对于欧洲，始终未能出兵。而1917、1918两年所借日本的债颇多（日本寺内内阁时代。）而其中《济顺高徐路垫款契约》，承认日本人合办胶济铁路，且附以"欣然同意"的复文，尤为国民所不满（参看第七章第一节。）

又这时候，安福俱乐部，党势颇盛；在议院中固占多数，在政府中亦有势力。亦为国民所不满。

1918年二月，俄、德议和后，德人势力，弥漫俄境。反对列宁的捷克军队，势颇危急。于是协约国有出兵俄境，共援捷克之议。中国亦于其间，与日本成《军事协定》。又借参战借款二千万元，练成参战军三师四混成旅。上海南北和会，南方代表，虽要求取消《协定》，解散参战军，取消参战借款，未能达到目的。其后欧洲业已议和，而中日仍将军事协定延长。改督办参战事务处为督办边防事务处，仍以段祺瑞为督办。这时候，外蒙有内向之议，又以徐树铮为西北筹边使。

1920年四、五月间，署第三师长吴佩孚，将驻防衡山的军队撤回。旋曹锟请免安福三总长职（交通曾毓隽，财政李思浩，司法朱深），和西北筹边使徐树铮。七月四日，免徐职，以边防军归陆军部直辖。初八日，段祺瑞组织定国军。初九日，免曹锟四省经略使职；直隶督军，革职留任。并去吴佩孚第三师长署职。十四到十七日，定国军与直军，在高碑店等处冲突，定国军大败。二十日，段祺瑞自请取消定国军，免去官职。二十一日，裁撤督办边防事务处。所辖边防军，由陆军部接收，分别遣散——西北军名义撤销，兵亦遣散。八月初三日，解散安福俱乐部。初九日，靳云鹏署国务总理。

先是湖南地方，从南北开始和议后，就划定防线。北方以张敬尧为湖南督军，吴佩孚驻扎衡山。吴佩孚撤防后，南军以赵恒惕为总司令，趁机进取。六月初一日，张敬尧走岳州。二十六日，又从岳州走嘉鱼。驻防湘西的冯玉祥亦撤退。湖南全省，遂为南军所占。

当皖、直军在直隶冲突时，驻扎山东的边防军第二师马良亦和驻扎德州的商宝全冲突，占据德州。旋因皖军败，马良弃军而去（八月初七日，命令将马良褫职。长江上游总司令湖南督军吴光新，为湖北督军王占元所拘留。）七月十六月，命令将吴光新免职；长江上游总司令裁撤；所辖军队，由王占元收束。长江巡阅使安徽督军倪嗣冲，病在天津。九月十六日，下令免职。以张文生署安徽督军，李纯为长江巡阅使。十月初二日，裁长江巡阅使；以李纯为苏皖赣巡阅使，齐燮元为副使。

第二节　军政府的绝续和北方下统一令

皖直战后，北方于八月初一日，撤去王揖唐（旋于初七日褫职通缉），以李纯为南北和会总代表。十月十二日，李纯自戕。

先是滇军第六军军长李根源，统带第三、第四两师，驻扎广东。云南督军唐继尧，令其解职。将三、四两师，直隶督军。并令李根源秉承参谋部长李烈钧办理。而广东督军莫荣新，电令滇军各师旅团长，仍归李根源统辖。这时候，李烈钧的兵，驻扎在北江一带。于1920年二月间，就和莫荣新起了冲突。唐继尧派唐继虞为援粤总司令，率兵东出。旋由岑春煊等调和，滇粤两军，于三月二十五日停战。

1919年八月初七日，孙文在上海，曾电广东参、众两院，辞去总裁职务。当滇、粤军冲突时，外交兼财政部长伍廷芳，亦前赴上海。四月初八日，军政府免伍廷芳职，以温宗尧为外交部长，陈锦涛为财政部长。六月初六日，改派温宗尧为南北议和总代表。

先是国会续开常会之后，因莫荣新不发经费，又派兵围搜两院秘书厅。于是1919年十一月二十四日，两院联合会议之后，都纷纷离去广州。1920年四月，参议院议长林森，副议长王正廷，众议院议长吴景濂，副议长褚辅成通电：

> ……岑总裁春煊，自就任后，即……阴谋苟和……三月真日，致电唐总裁继尧，竟以北方数省督军提出解决时局之办法五条，征求同意。其条件：首列解散国会，创造省议会联合会。次为西南取销自主……即相继离粤，另择地点，继续开会。

又电：

> 军政府之职权行使，依《军政府组织大纲》，由国会选举总裁七人，组织合议制之政务会议行之。兹孙总裁文、唐总裁绍仪驻沪，亦无代表出席；唐总裁继尧，于二月已准其列席政务会议之代表赵藩辞职；伍总裁廷芳，又于三月二十九日离粤；是自三月二十九日始，政务会议，已不足法定人数。所有免伍廷芳外交、财政部长等职，及其他一切事件，概属违法行为，当然不生效力。至军政府外交、财政两部，只认伍廷芳为合法之部长；一切外交、财政事宜，仍应由伍总裁兼部长负责。

而留粤议员，于五月初四日，补选熊克武、温宗尧、刘显世为总裁。六月初三日，孙文、唐绍仪、伍廷芳、唐继尧宣言：

……兹已共同决议。移设军府……自今以后，西南护法各省区各军，仍属军政府之共同组织。对于北方，仍以上海为议和地点；由议和总代表，准备开议。

国会议员，旋移到云南开会。于七月初十日，宣告成立。八月初七日，开参、众两院联合会，撤去岑春煊总裁职务，补选刘显世为总裁。

当1916年龙济光离粤之后，孙文曾和广东省长朱庆澜商量，请其把省长直辖的警备队，拨若干营，归陈炯明统带。朱氏允拨二十营。旋朱氏辞职，陈炳焜继任，把这二十营调开，分驻在各处。陈炳焜去后，莫荣新继任，才拨二十营归陈炯明，改称粤军。1918年，陈炯明带着去援闽，驻扎漳泉一带。1920年八月十七日，陈炯明率兵回粤。从潮州向惠州。九月二十四日，把惠州占领。于是各处民军蜂起。警察厅长魏邦平，亦要求莫荣新退出。莫荣新遂于十月二十九日，退出广州。三十日，陈炯明入城。先七日（十月二十四日），岑春煊、林葆怿、陆荣廷、温宗尧通电……解除军府职务。莫荣新亦于二十六日通电。“于本月敬日起……宣布取销自主。”于是徐世昌于三十日下令：

……据军政府首席总裁岑春煊电称：……于即日宣言引退，收束军府。所有案件，咨请查照办理。一面分电各省，迅速取消自主。由中央分别接管……并盼依法选举国会，迅行发表各等语。复据陆荣廷、林葆怿电同前情……着责成国务院暨主管部院，会商各该省军民长官，将一应善后事宜，迅速妥筹办理。

同日令：

……着务部依照一九一二年八月十日公布之《国会组织法》暨《参议院议员选举法》、《众议院议员选举法》，督同各省区长官，将选举事宜，迅速妥筹办理。

这就是所谓“旧法新选”。

三十一日，军政府政务总裁孙文、唐绍仪、伍廷芳、唐继尧，通电：

……和会正式之机关，并未废止……北方苟有诚意谋和，决无有舍正式公开之和会，而与一二……逃窜之余，辄为取消自立之说……伪统一之宣布……绝不承认。

十一月初一日，粤军司令陈炯明，初二日，湖南督军谭延闿，亦通电否认岑莫宣言。

孙文、唐绍仪、伍廷芳旋回粤。于二十九日，再开政务会议，继续执行职务。

第三节　赣豫陕的战事和川湘鄂之争

1920年皖直战后，靳云鹏出而组阁。这时候，正值西南内讧，北方趁此下统一之令。然而其结果，西南一方面，弄得如上节所述。至于旧法新选：则1921年二月初九日，浙江督军卢永祥，首先通电反对。湖北王占元，江西陈光远，对于卢氏，都表示赞成。福建李厚基，则主张展缓两月。其结果，选出的只有苏、皖、鲁、晋、甘、新、奉、吉、黑、蒙、新十一省区。其事遂等于暗葬。

筹办统一的情形如此，而财政又非常困难。原来民国从欧战以前，可称为借外债以资挹注的时代。从欧战以后，1917、1918、1919三年中，则专借日本债。这时候，并日债而亦无可借。而各省对中央的解款，从1916以后，便一天一天地不能如数。于是专恃内债为生活。而内债的信用，也大有动摇之势。而中交两行的钞票，又因帝制时曾一度停止兑现，以致价格跌落，始终没有能回复。靳内阁乃发行整理金融公债，以收回中央两行过剩的钞票。设立内债基金，以维持内债的信用。然而到期的内外债，在二万五千万元左右。这固然只得和债权者商量，请其延期；或者发新债以换旧债。然而中央的收入，只有盐余（八千万，除扣还外债二千万，划归西南二千万）尚剩四千万可靠。而军费、政费的支出，也超过一万万。这非实行减政裁兵，总是无法可想。靳内阁于是立出（1）以1912年的预算为预算；（2）中央政费，每月限定五百万的第一步救济方法。一面召集财政军事会议（三月初五日），以图与各省共谋解决。一面设立减政委员会（四月初一日），筹划减政的办法（参看第八章第一节、第二节。）

然而极目中原，正是烽火连天的时候。先是李纯死后，有起用张勋为苏皖赣巡阅使的消息。三省人民，一致反对。十二月初三日，以王士珍为苏皖赣巡阅使（始终没有到任），齐燮元署江苏督军。1921年一月二十六日，特派张勋督办热河林垦事宜。四月初三日，下令严禁复辟谣言。

当吴佩孚撤防后，驻防醴陵、萍乡的北军师长张宗昌，退驻袁州。奉天督军张作霖，接济以军费十万，张宗昌于是自称援湘总司令。在袁州一带，招募兵士，役使人民。江西督军陈光远，请中央将张宗昌召回。中央派王占元调停，又派师景云调停，都无效。其结果，1920年一月底，张宗昌的兵，同陈光远的兵冲突，张宗昌败走汉口。

河南第一师师长成慎，于1920年被裁，任为将军府将军。其所属团长孙会友，仍带兵驻扎彰德。1921年四月十四日，成慎、孙会友，起兵反对河南督军赵倜。十六日，占据汲县，南下，占据新乡县北的潞王坟。由第三师长吴佩孚，毅军统领宝德全，会同赵倜，将成慎、孙会友击败。

先是1920年九月初九日，曹锟、张作霖在天津会议。靳总理、吴佩孚等都到。1921年三月初一日，鄂、湘、赣、川、滇、黔六省，立联防之约，五省各派代表，在武昌签字。四月十六日，曹锟、张作霖都到天津，旋靳总理亦到。二十五日，王占元也到天津。据外报消息，说："当时议定：东三省、内外、蒙古和热、察、绥三特别区域的事，归张作霖担任。直、鲁、豫、陕、甘、新六省的事，归曹锟担任。长江流域和川、湘、滇、黔的事，归王占元担任。”这时候，蒙古已扰乱得半年了。于是五月二十五日，特任阎相文署陕西督军。三十日，以张作霖兼任蒙疆经略使；热、察、绥三区，都归节制。

陈树藩向中央提出：补发历年军费；将陕西各军，改编为数师；交卸延缓两个月等条件。于是驻扎德安的第七师长吴新田，从老河口，经荆紫关入武关。驻扎信阳的第十六混成旅长冯玉祥，从潼关直抵华阴。七月初六日，陈树藩退出西安。明日，阎相文入城。八月二十日，阎暴卒。以冯玉祥署理陕西督军。十月，吴新田移驻汉中。1922年，陈树藩自称西北自治后援军总司令，攻取石泉汉阴。吴新田进兵克复，并攻取洋县、西乡。陈树藩退入四川。

而广东、广西，亦于六月杪开战。七月十六日，六省联防，再加入广西为七省，代表仍会集于武昌。先是1920年十一二月间，湖北屡有兵变之事。1921年六月初四日，宜昌兵变。初七日，武昌王督直辖的第二师又变。当公元1917年的时候，军政府任谭延闿为湖北督军兼省长。1920年十一月二十三日，谭延闿宣布军民分治；废督军，辞去省长，把军政交给第一师长赵恒惕，以总司令的名义主持；而由湖南省议会选举林支宇为省长。1921年三月初六日，林支宇辞职，由省议会公举赵恒惕兼任。

到武昌兵变以后，在湘鄂籍军官，组织湖北自治军；湘省也组织援鄂军；于七月二十九日，攻入湖北。八月初，连占蒲圻、通山、通城一带地方。初九日，下令，免王占元。以萧耀南为湖北督军，吴佩孚为两湖巡阅使，孙传芳为长江上游总司令。吴佩孚以张福来率第三、第二十四两师当前敌，自与海军第二舰队司令杜锡珪，乘军舰督战。二十八日，北军陷岳州。九月初一日，赵恒惕和吴佩孚在英国军舰上定约休战。岳州由北军驻扎，到湘省公布省宪之日撤退——其后湘省于1922年一月一日，公布省宪。驻扎岳州的客军，于1922年六月二十二日，奉令撤退。前敌总指挥张福来，于七月二十至二十七日，将各军实行撤退。

当湘鄂交战的时候，川省亦发兵攻入湖北，占领巴东秭归，进围宜昌。吴佩孚也派兵往援。九月十三日，吴佩孚自到宜昌，把川军打退。

中原之多故如此，而财政问题，又始终无法解决。第二次天津会议，靳总理也曾到场。当时有将交通部的特别会计，改为一般会计之说。旋由交通部发特种支付券五百万元，以维持内阁政费。然内阁仍于五月十四日改组。改组之后，财长李士伟旋辞职，由次长潘复代理。十一月初五日，潘复辞，由农次高凌蔚代理。十八日，靳云鹏辞职，由颜惠庆代理。十二月十四日，任命梁士诒为国务总理。明日，任命各阁员。

	一九二〇年八月初九日	一九二一年五月十四日	一九二一年十二月二十五日
国务总理	靳云鹏	同左	梁士诒
外交总长	颜惠庆	同左	同上
内务总长	张志潭	齐耀珊	高凌蔚
财政总长	周自齐	李士伟	张弧
陆军总长	靳云鹏	蔡成勋	鲍贵卿
海军总长	萨镇冰	李鼎新	同上
司法总长	董　康	同左	王宠惠
教育总长	范源濂	同左	黄炎培
农商总长	王乃斌	同左	齐耀珊
交通总长	叶恭绰	张志潭	叶恭绰

叶恭绰本系劝办实业专使，叶既入阁，乃以曹汝霖为之。又以陆宗舆为市政督办。

第四节　直奉战争

当梁士诒组阁之日，正值华府会议开会之时。我国和日本在会外交涉鲁案。当时对于胶济铁路，我国拟自行筹款赎回，日本主张由我借日款收赎，因此交涉非常棘手。

而财政亦非常紧急。原来从1915年以后，政府屡次将盐余向本国银行抵借款项。从1915年起，到1920年底止，共计有四千余万。1920年年底，还款愆期。一九二一年三月，本国银行团宣言：不再借债给政府。然而银行之中，有贪重利的，还有新组织的银行，依然承受此项借款。到1921年年底，总数已达七千万左右。而以盐余向外国银行抵借的，亦达三千余万。外国银行的欠款，由盐余项下按月照扣；约计三十多个月，便可扣清。而本国银行的欠款，却是无着。于是周转不灵，市面颇起恐慌。对政府有债权的银行，乃于1922年一月十三日，组织盐余借款联合团，向政府索债。二十六日，与财政总长签定合同。由政府发行公债券九千六百万元；以八四发行；六年半期，九厘息，以偿还前次的债务。第一年在盐余项下扣基金一千二百万元；第二年以后，则扣二千四百万元。倘使关税增至值百抽五后，关余增加，即将关余移作此项公债的基金，而将盐余腾出以充政费。其条例于二月十一日公布。

吴佩孚于一月五日，电攻梁士诒。说：

> ……筹款赎路……行将定议。梁士诒……突窃阁揆，日代表……顿翻前议。一面由东京训令驻华日使，向外交部要求借日本款，用人由日推荐……梁士诒……不经外部，径自面复；竟允日使要求，借日款赎路；并训令驻美代表遵照……

十二日，又电攻梁：

> ……首以市政督办畀……陆宗舆；以市政所属建筑财产，抵押日本借款一千万元……以盐税作抵，发行九千万公债，以二千万还日本借与边防军之款……

其时沪绅电江苏省长督军，说："前闻交通部由某司长擅订契约，用日本技师，以日本电料敷设沪宁汉长途电话……近悉部令又促进行。"……吴佩孚等亦据以通电。而又有梁士诒、张弧发行盐余库券一千四百万元，允废引岸，许外人管理缉私之说。

这时候，江苏、江西、湖北、陕西、河南、山东诸省督军、省长，都通电攻梁。各师旅团长，这样的通电也很多。十九日，直鲁豫巡阅副使吴佩孚，江苏督军齐燮元，省长王瑚，江西督军陈光远，省长杨庆鋆，湖北督军萧耀南，省长刘承恩，山东督军兼省长田中玉，河南督军赵倜，省长张凤台，陕西督军冯玉祥，省长刘镇华电总统：请立罢梁士诒，否则"唯有与内阁断绝关系，遇事直接元首"。

一月二十五日，梁士诒请假，由颜惠庆代理。

东三省巡阅使奉天督军张作霖，于三十日电总统说"事必察其有无，情必审其虚实……应请钧座将……梁士诒关于胶济路案，有无卖国行为，其内容究竟如何，宣示国人"。

先是奉天当公元1918年时候，便派兵入关，在军粮城设立总司令部——说是打算由津浦路南下，前往湘鄂，助曹锟征南的。1920年，皖直战时，张作霖于七月十三日，通电助直，派兵入关。定国军败后，又陆续添派，共有两师多人。这时候，又借口换防，陆续增兵。旋将入关的兵，定名为镇威军。通电"以武力促进统一"。其东路在马厂一带，中路在固安一带，西路在长辛店一带。直军也分兵三路抵御。四月二十七日，两军冲突。到五月初四日，奉军西路大败，中、东两路，也陆续败退。张作霖退守滦州。五月十九日，退守山海关。热河汲金纯的兵，与毅军冲突。于三十一日，悉数退出热河。

五月初五日，梁、张、叶以构煽罪，褫职，交法庭依法讯办。初十日，免张作霖职。裁撤东三省巡阅使，调吴俊升署奉天督军（冯德裕署黑龙江督军，袁金铠署奉天省长。六月十八日，任王永江为奉天省长。）十一日，裁蒙疆经略使。五月十五日，免张景惠，二十九日，以张锡元为察哈尔都统。三十日，以谭庆林帮办察哈尔军务。二十九日，免汲金纯，以王怀庆为热察绥巡阅使，兼热河都统。米振标帮办军务。

先是四月中，河南督军赵倜的兄弟赵杰，把军队调集中牟。吴佩孚也在郑州车站集兵，并调驻扎湖北的军队赴河南。赵倜旋把赵杰的暂编第一师师长免去。五月初六日，赵杰攻第八混成旅靳云鹗于郑州。这时候，冯玉祥适通电出关，陕西第一师胡景翼亦赶到。先后援郑。十日，赵杰的兵溃退。十一日，免赵倜，以冯玉祥为河南督军，刘镇华署陕西督军。十月三十一日，特派冯玉祥为陆军检阅使，裁撤河南督军。派张福来督理河南军务善后事宜。

五月十四日，令：山东督军田中玉，电呈张宗昌在青岛附近，招集土匪，希图扰乱。褫职严缉。

东三省方面，新任的督军、省长，都没就职。五月二十六日，张作霖、孙烈臣、吴俊升通告："从五月初一日起，东三省一切政事，与东三省人民，自作主张；并与西南及长江同志各省，取一致行动；拥护法律，扶植自治，铲除强暴，促进统一。"六月初四日，奉天省议会代表吉黑两省议会，举张作霖为奉吉黑联省自治保安总司令，孙烈臣、吴俊升为副司令。

第五节　北方黎徐的更迭和南方广州之变

当北方直奉战争时，南方又有北伐之举。

国会于1920年七月初十日，在滇开成立会之后，本拟在云南组织政府。旋八月十七日，开两院联合会，议决国会军政府，都移设重庆。议员先后赴重庆。十月十四日，又发布宣言，告别川省父老，另觅地点开会。1921年一月十二日，在广州开两院联合会。四月初七日，再开非常会议，议决《中华民国政府组织大纲》。依大纲第二条，选举总统，投票的二二二人，孙文以二一八票当选。

孙文于五月初五日就职。其军政府，由孙文、唐绍仪、伍廷芳、唐继尧、刘显世五总裁通电，即于是日撤销。任命伍廷芳为外交总长；陈炯明为内务兼陆军总长，又兼广东省长粤军总司令；唐绍仪为财政总长；汤廷光为海军总长；李烈钧为参谋总长。然孙文仍宣言：倘然徐世昌舍弃非法总统，自己也愿意同时下野。

政府既组织成立，旋以陈炯明为援桂军总司令，进攻梧州，于六月二十一日占领。同时李烈钧也平定桂林一方面。七月十六日，陆荣廷弃南宁，奔安南。九月三十日，粤军入龙州。广西平定。

八月初十日，国会开非常会议，通过北伐请愿案。十月十五日，孙总统出巡广西。二十三日，到南宁，和陈总司令会晤。十一月十五日，到桂林，自此在桂林筹备北伐。1922年四月，孙总统下令，将大本营移设韶关，回兵广东。十六日，到梧州，二十二日到广州。陈炯明辞职，走惠州。孙总统任伍廷芳为省长；陈炯明为北伐军总司令、陆军总长。旋以驻粤北洋舰队，有通北嫌疑。密令温树德等以广东兵舰，于二十七日收复。五月初二日，以温树德为海军舰队总司令，海圻舰长。又令陈炯明办理两广军务，肃清匪患；所有地方军队，均归节制调遣。五月初四日，以海陆军大元帅名义，下北伐令。以李烈钧为中路，许崇智为左翼，黄大伟为右翼。二十六日，北伐军复南安。六月十二日，复赣州。

五月二十八日，孙传芳通电说："广东孙大总统，原于护法；法统既复，责任已终……北京徐大总统，新会选出；旧会召集，新会无凭，连带问题，同时失效。所望我两先生……及时引退。"二十九日，齐燮元也有电劝徐总统引退。六月初二日，徐总统令："本大总统现因衰病辞职，依法应由国务院摄行职务。"于是曹锟、吴佩孚和齐燮元等十五省区督军省长、京省各议会、教育会、商会，电黎元洪：请"依法复位"。初六日，黎氏通电，说：

> ……诸公所以推元洪者，谓其能统一也……毋亦……症结固别有在乎？症结唯何？督军制之召乱而已……督军诸公，如果力求统一，即请俯听刍言，立释兵柄。上至巡阅，下至护军，皆刻日解职，待元洪于都门之下，共筹国是。微特变形易貌之总司令，不能存留；即欲划分军区，扩充疆域，变形易貌之巡阅使，亦当杜绝……

初十日，又通电："顷接曹吴两巡阅使、齐督军、冯督军、田督军、阎督军、萧督军等先后来电，均表赞同……一言坚于九鼎，片语重于千金。宁复执久待之前言，贻从生之后患……谨于本月十一日，先行入都，暂行大总统职权，维持秩序……"又电："……法律问题，应由国会解释……俟国会开会，听候解决……"

先是四月间，参议院议长王家襄，众议院议长吴景濂在京宣言："根据约法，继续行使国会职权，续开宪法会议"。直奉战后，曹锟、吴佩孚等通电征求恢复国会意见。旋议员在天津设第一届国会继续开会筹备处。六月十三日，黎总统令："公元一九一七年六月十二日解散国会令，兹撤消之。"八月初一日，国会开会，宣言继续1917年第二期常会。

国会开会后，黎总统因1917年请冯副总统代行职权时，未克正式辞职。于七月五日咨议院："补完公元一九一七年七月间国会正式辞职手续。"旋众议院咨，称："八日常会，提出报告。佥以大总统系由总统选举会选出，此项辞职咨文，非本院所能收受；应将原咨退还。"十二日，总统又咨两院："查总统选举会，依法系由国会议员组织……应请俟国会议员人数迄三分之二以上时，定期开会公决。"

当黎总统复职时，除西南护法省分和东三省外，各省区长官都表示赞成；唯浙江督军卢永祥、省长沈金鉴通电，说："河间代理期满，即是黄陂法定任期终了。"苏、皖、浙、赣、闽、鲁联合同志会理事李烈钧等宣言说："正式国会，固在广州……伪政府既倒，南方固……有正式政府。"林森等国会议员三百六十人，亦通电："国会职责所在，誓不承认。"孙总统宣言：

> ……直军诸将，为表示诚意服从护法起见，应首先将所部半数，由政府改为工兵，留待停战条件。其余半数，留待与全国军队同时以次改编。直军诸将，如能履行此项条件，本大总统当立饬全国罢兵，恢复和平，共谋建设。若……唯知假藉名义，以涂饰耳目……本大总统深念……以前祸乱之由，在于

姑息养奸；决为国民一扫凶残，务使护法戡乱之主张，完全贯彻……

当孙总统回广州后，在桂粤军，亦先后反粤。五月十九日，都抵广州。六月十五日，诸军攻总统府。通电："合吁孙中山先生，实践与徐同退之宣言。"孙总统乘兵舰，停泊黄埔。七月初九，移泊沙面。八月初九日，乘英舰赴沪。陈炯明复出任粤军总司令。八月二十八日，广东省议会举陈席儒为广东省长。粤军围攻总统府后，北伐军回军攻粤，不胜，而江西复为北军所占。

国会一方面，亦有"民六"、"民八"的争论。民八议员，说："……1917年国会之分子，既依据院法变更，已在广州自由行使职权，复于公元1919年，续开宪法会议。现在若欲促成宪会，只能继续八年……召集……"民六议员则说："广州开会，只能认为护法手段，不能认为适法行为……查《国会组织法》第十五条：两院非各有总议员过半数出席，不得开议。《议院法》第六条：新到院议员，应将当选证书，提出本院审查。第十三条议员缺额，由院通知国务院，依法递补。广州非常国会，当初开议时，即未依组织法第十五条之规定。按之违法行为，自初无效之原则，不但解除议员职名，不生效力；即民七、民八国会之名义，法律上亦不能成立。至其递补分子，既无当选证书，又非依法序补……根本即不能认为有议员资格……广州非常国会，自一九一七年十月起，迄一九二二年六月止，连续开会，计已四年零七个月；益以北京民二、民五两次开会十九个月，均已满六年以上。若非从黄陂复位，撤销民六……解散……令时接算，不独众议员任期三年，早经届满；即参议员任期六年者，其议员资格，亦不存在；更何有恢复之余地乎……"——此系民六议员陈铭鉴二百零九人致孙中山的快邮代电。因九月初五日，有民八议员若干人，要出席议会，被民六议员阻止；当时报载孙中山致曹锟、吴佩孚电：有"……护法议员，竟拒绝出席两院，未免不符……恢复法统之初意……"所以有此快邮代电。旋由孙寓秘书处，发出《负责声明》。说：“……中山先生……绝无致曹、吴电如陈铭鉴等所援引者……抑尚有言者：已除名之议员，决不能因中山先生无此电文，遂自鸣得意。彼辈当日除名，合法与否……应还问诸彼辈拥为议长之吴景濂；因当……时为议长者，亦吴景濂也……以国民道德言之：1917年以来之战争，原于护法……护法之目的，在于国会恢复。为国民者……生命财产，丧失无算……彼辈身为议员，当国民……喋血以争……则缩颈事外，并开会时之报到，亦有所惮而不敢；甚至有卖身失节，以自绝于国会者试问今日，适从何来，遽集于此？即无起而斥之者，独不内愧于心乎……”此项问题，甚难解决。

第六节　各省的纷扰

南北争持的大局，略如上几节所述。还有几省，在大局的争持上，参加较少，而其性质略偏于一隅的。咱们现在，也得叙述其大略如下：

在北方几省里，最安稳的要算山西。山西从光复以后，就是阎锡山做都督，直到现在，还是他做督军。公元1917年，又兼了省长。他对于政治，极为注意，从兼了省长以后，便揭橥他的“用民政治”——“用民政治”的意义，他自己说：“鄙人尝谓我国后世政治，只求安民，不求用民。其善者，以无事不扰为主；故其民知依人，而不知自立；知保守，而不知进取……”然则“用民政治”，便是和从前“与天下安”的治法相反。定出六政［1.水利，2.蚕桑，3.种树，4.禁烟，5.天足，6.翦发］、三事［1.造林，2.种棉，3.牧畜］为施政的第一步。教育、实业，都定出《逐年进行计画案》。又设立区、村、闾的制度（一县之中，分为三区至六区。区之下有村，村有村长、村副。村以一百户为准。不满一百户的，则联几村为一村，叫作“联合村”。村之下有闾。一闾二十五家，亦有闾长），拟定村自治进行的办法——第一期，用官力消除莠民。第二期，用民力救济穷乏。第三期，确立村范。第四期，实行村自治。他说：“一、二、三期，总还免不了官力的帮助；到第四期，便可一切交给人民了。”现在他竭力整顿村范，已经走到第三步了。

甘肃的督军是张广建，也做了多年，1920年十二月二十七日，宁夏护军使马福祥，甘边宁海镇守使马麒，凉州镇守使马廷勷，导河镇守使裴建准，甘州镇守使马麟，忽然通电，说：张广建贿诱奸人，捏电汉回世仇，和他脱离关系。三十一日，政府以绥远都统蔡成勋为甘肃督军。未到任前，着平凉镇守使陆鸿涛护理。以马福祥为绥远都统。1921年一月七日，裁宁夏护军使，以马鸿宾为宁夏镇守使。甘肃人旋说甘省不能供给客军，阻蔡到任；请将陆鸿涛真除，马鸿宾和其余四镇守使，又于五月二十四日电中央反对。直到1922年五月十三日，才把陆氏真除。

长江下游，江苏省较为安稳。安徽则有新旧安武军的对峙。旧安武军，是倪嗣冲所属。新安武军，本名定武军，属于张勋。张勋失败后，倪嗣冲署安徽督军，该军亦归节制，称为新编安武军。直皖战后，张文生做了安徽督军，该军仍归节制——但皖北镇守使殷恭先，海州镇守使白宝山所统，亦系该军的一部分。新安武军，本系直接陆部，饷项亦由部发给。1921年二月初一日，因部中饷项，不能按时发给，张文生商由安徽协助。由院部核定，安徽每年认拨七十万元。1922年二月底，张文生说军饷无着，下令各县局，命将所收税款，都径解蚌埠督署。统带旧安武军的皖南镇守使马联甲，亦饬皖中南一带县局，收款径解芜湖镇守使署。这一来，安徽的人发急了，便要和他们算账。据安徽人算：张文生从1921年二月初一日起，到1922年二月底止，军饷实在还多支了六十四万多元。于是情愿自行筹出兵费，要求中央，把安徽的兵裁减。中央因旧安武军，业已编成正式的军队，而新安武军，则还是三百人一营的旧制；在编制上殊不相宜；且军纪极坏；又且该军是张勋的旧部，现在所以总还有人想起用张勋，无非这一支兵还在之故，所以决计将该军裁撤。十月初七日，裁安徽督军缺，派马联甲督理安徽军务善后事宜。十一月十三日，又派李玉麟监察安徽裁兵事宜。现在驻扎徐州的新安武军，马队三营，步队五营；驻扎宿县、涡阳、蚌埠、濉溪口等处新安武军，步队五营，炮队三营，业于十一月十七、二十两日，先后裁遣。当时马联甲之意，主张只裁新军；省长许世英，主张并减旧军兵额，双方颇有争执。

江西一省，从李纯去后，便是陈光远代为督军，1922年南军北伐后，陈光远离去南昌，南政府派谢远涵为省长。北政府因调和南方起见，亦任命谢远涵为省长。然又命蔡成勋督理善后军务事宜，蔡保李廷玉为省长，中央不许。九月初十日，李廷玉就省长任。通电说："以帮办善后名义，维持现状。"十月十四日，仍将省长印送还督署。谢远涵也始终没有到任。

以上都是属于北政府的省份（其事迹已见前此各章的，都不复述。）浙江一省，却有些似独立非独立。浙江督军卢永祥，唱联省自治的议论最早（参看下节。）1922年六月十六日，通电实行废督裁兵。由地方团体及全体军官，公推卢永祥为军务善后督办，于二十日就职。宣言合法政府成立以前，不受何方面干涉。善后时期，本定六个月，十一月初三日，又由全体军官通电，说："……时局混沌，尚无解决……当矢初衷，贯彻宗旨。"

福建地方，本和广东相联接，然却始终在北政府治下。该省自公元1914年以后，即系李厚基为督军。臧致平带着福建陆军第二师，驻扎厦门。延平则有奉军第二十四混成旅王永泉驻扎。1922年夏，李厚基去臧致平，以高全忠为第二师长。七月二十一日，徐树铮将所著《建国诠真》，分寄各处。九月，北伐退回的许崇智、李福林、黄大伟，进兵建邵。二十九日，王永泉对李厚基独立。十月初二日，徐树铮在延平，设立建国军政制置府，自任总领。通电："尊重……段祺瑞……孙文，为领袖国家根本人物。"十二日，王许军入福州。十八日，徐树铮任王为福建总抚。北京政府，于初十日，任命萨镇冰会办福建军务。十五日，又任萨为省长。二十四日，以李厚基为讨逆军总司令，萨镇冰为副司令。高全忠为援闽陆海军总指挥。命令说："除徐树铮一犯，罪在不赦外；其余胁从等，但能悔悟自拔，概免株连。"而孙文亦任许崇智为东路讨贼军总司令，第二军长；黄大伟为第一军长；李福林为第三军长。三十日，徐树铮通电，说：福建总抚之责，本系"总军抚民，治理全省"，而于其下"分设军政、民政、财政三署"；现因福建人反对，改设军、民两署。督军改称总司令，咨任王永泉为之。又咨任林森为福建省长。十一月初二日，徐树铮离闽。闽人公举林森为省长，王永泉的总司令，亦由闽人加以公举。李厚基奉讨逆总司令之命后，乘船到厦门。十一月七日，第二师要求李离厦，李复他去。而北政府又于初九日，特派刘冠雄为福建镇抚使。当时福建属南属北，抑系独立，尚在不明的状态。

其不属北政府诸省，内部也不免扰攘。而川、滇、黔三省，关系较多；广西则常和广东发生关系。

四川当袁氏帝制，陈宧独立后，袁政府又任命第一师师长周骏为将军。周骏自重庆发兵攻陈宧，陈宧败走。旋蔡锷、刘存厚，逐去周骏。六月二十四日，政府以蔡锷督理四川军务，兼巡抚使。九月十三日，蔡锷因病请假（后于十一月初八日病故），委罗佩金代理。而政府以戴戡为省长。1917年四月，刘存厚与滇、黔军冲突。戴戡被戕，罗佩金退走川南。政府初以第一师师长周道刚为督军，旋即改命刘存厚。1918年，熊克武合滇军赵又新、顾品珍，共攻刘存厚，刘存厚走陕南。熊入成都，称靖国军总司令。于是将四川军队，次第编为八师——第一师但懋辛，第二师刘湘，第三师向传义，第四师刘成勋，第五师吕超，第六师石青阳，第七师颜德，第八师陈洪范。1920年，三、五、六、七师攻熊，熊退至保宁，诸军推吕超为总司令。熊克武旋入陕南，联络刘存厚。刘存厚派二十一师田颂尧，二十二师唐廷牧，及川北边防军赖心辉援熊。熊克武以但懋辛为第一军军长，刘湘为第二军军长，反攻成都。刘成勋自称第三军军长，及第八师陈洪范（本属刘存厚的独立旅长）都发兵相应。吕超等退至叙泸。于是刘存厚自称靖川军总司令，进驻成都。十二月三十日，北政府下令：善后事宜，责成该省督军刘存厚办理。而以熊克武为省长，刘湘为重庆护军使。熊克武及刘湘，都通电否认。旋熊、但联兵向成都，刘存厚再走陕南。熊克武亦下野。1921年二月初八日，但懋辛，刘湘，通电：合法统一政府未成立以前，川省取自治态度。对南北不为左右袒，不许外省军队侵入。而刘存厚所属的邓锡侯田颂尧及刘斌，意图恢复，引兵向成都，与刘成勋等冲突，后来退入保宁。于是各军在重庆设立联合办事处。刘湘被举为总司令兼省长。于七月初二日，在重庆就职。联合办事处，即于是日取消。其时川军又重行编制，划分防区。共有十师九混成旅，而陈遐龄和赖心辉的边防军，还不在内。一五六师，第二混成旅，属一军，但懋辛为军长，防地在川东北。二四九师，三四六混成旅，属二军，刘湘为军长，防地在川东南。七师，五七混成旅，属三军，刘成勋为军长，防地在川西。唐廷牧系中央二十二师，与第八师陈洪范，从第八师分出的第一混成旅刘文辉；及败后改编为第三师的邓锡侯，第八混成旅的田颂尧，第九混成旅的刘斌，均不属何军。

因川中的争阋，又引起滇，黔的事变。1920年，吕超等的攻熊克武，系与滇，黔军相结。及川军反攻后，滇军顾品珍等，退回云南。1921年二月初七日，顾军到云南离省百里的地方。初八日，唐继尧出走。初九日，顾入城，自称滇军总司令，唐继尧旋走到香港。十二月，唐由香港，经广东到柳州，带领在桂滇军回滇。顾品珍出兵拒战，兵败被杀。1922年三月二十四日，唐继尧入云南省城。

其黔军在川的总司令卢焘，亦于1920年十月，退回贵州。十一月初十日，贵阳兵变。十三日，刘显世通电："在川黔军，已悉数撤回；责成卢焘节制整理，即日退休。"（刘显世旋走云南，就政务总裁职，后随唐继尧离滇）二十二日，卢焘通电：代刘显世为总司令，与西南一致，实行军民分治。师长袁祖铭走湖北，因王占元的援助，在湖北组织定黔军。后来又到广东，假道湘西回黔，于一九二二年五月初九入贵阳。八月十二日，被举为省长。

而四川一、二两军，亦于1922年七月间，又发生冲突。先是刘湘于1921年援鄂之后，以第九师长杨森为第二军军长。1921年四月间，川中各军，在成都组织联合办事处，拟于五月十六日，宣布成立。十四日，刘湘辞省长职，其议遂暂缓。七月十九日，二军攻一军。于是其余诸军，在成都开军事会议，公推刘成勋为川军总司令，组织联军。以但懋辛为前敌总指挥，邓锡侯为北路总指挥。八月初八日，攻入重庆。二军军官，先于初二日公举刘湘为靖卫军总司令，以辖二军。杨森则逃到宜昌。旋由各军公举刘成勋兼权民政，召开军事及民政善后会议。

广西一隅，从粤军返旆后，情形亦极为复杂。其中较有力的军队，是在南宁的桂自治军，由林俊廷统率。又刘震寰的桂军，则驻扎梧州。滇军张开儒、朱培德，本说假道北伐。自孙中山离粤后，北伐无从说起；而袁祖铭入黔后，卢焘亦率兵入桂与滇军会合，现在驻扎柳州。沈鸿英的兵，从粤军入桂时，离桂入湘，后因与湘军冲突，又移驻江西，近亦假道湘中回桂。南政府所任的省长马君武，久已离桂。北京则任命张其锽为省长，陆荣廷为边防督办。尚未知将来若何变化。

只有湖南一省，1921年援鄂之役，虽然元气颇伤；然自实行省宪后，内部较为安稳，见下节。

第七节　裁兵废督和自治的潮流

以上各节所述近年来扰攘和分裂的状态，也算得够了。但是统一和平建设的运动，也并不是没有，请再听我道来。

从南北和会停顿以后，统一两字，虽然呼声很高，却总没有具体的办法。1921年湘鄂战后，正是华府会议将开，外人警告我速谋统一，而我国民也渴望统一的时候。九月初一，张绍曾从汉口发出通电，主张于华府会议开会以前，在庐山开一国是会议。其办法：分为国民会议，和国军会议。国民会议：由各省议会及各法团联合，公推代表三人，蒙、青、藏各推二人，以制定国宪，解决时局。国军会议：陆军由省区军各公推三人，海军全体公推六人，蒙、青、藏亦各推二人，议决兵额军制及豫备裁兵等问题。国军会议议决之件，须经国民会议通过。当时曹锟、吴佩孚、张作霖等，都通电赞成；然后来竟就暗葬了。

而上海一方面，却又有国民所发起的国是会议。原来这一年十月里，全国教育会和商会的联合会，都在上海开会，因而就开商教联合会，发起国是会议。于1922年三月十五日，在上海开会，议决其组织：一、各省省议会，二、各省或特别区教育会，三、各总商会，四、各省或特别区农会，五、各省或特别区总工会，六、各律师公会，七、各银行公会，八、各报界公会（二、三、五都包含华侨团体），各推出代表三人，定名为“中华民国八团体国是会议”。五月二十九日，开第一次正式大会。旋组织国宪起草委员会。制成了《国宪草案》，分送各方面。

联省自治的潮流，也颇有风发云涌的趋势。原来从晚近以来，省的实权，颇为庞大。民国建立时的各省代表联合会，亦系由各省派出代表组织而成，颇像美国独立时的大陆会议。所以一时很有主张联邦论的人。当时的两大政党，国民党是主张联邦的，进步党则反之——当时的舆论，赞成联邦的颇少。国会第一次解散后，国民党人，在民间鼓吹联邦制颇力。国会恢复后制宪，因而有宪法规定省制的争论。后来国会又被解散了。而进步党的议论，却也渐渐的趋向联邦，舆论逐渐趋一致。于是湖南就首先实行。湖南于一九二〇年十一月十五日，开省宪会议，至一九二一年四月二十日闭幕。完成《省宪法》、《省长选举法》、《省议会组织法》、《省议会议员选举法》、《县议会议员选举法》、《法院编制法》六种草案。旋于一九二二年正月初一日，将宪法公布。继湖南而起的为浙江。1921年六月十五日，宪法起草委员会开会。六月三十日，起草毕。七月二十三日，开省宪法会议。九月初九日公布。云南从唐继尧回滇以后，亦召集一个法制委员会，订成了《云南省政府暂行组织大纲》，说待民选省长选出后，即时实行。

北京政府，从公元1914年取消自治之后，日久未能恢复。1917年曾提议恢复，依旧没有实行。后来颁布了一种《县自治法》。1920年，因鉴于各省自治潮流，曾有令内务部修改市乡自治制和拟定省参事会暂行法。1921年一月一日，又令内务部组织地方行政会议（各省省长派一人，省议会推举一人；特区长官派一人。）共议决《省参事会条例》、《县自治法施行细则》、《县议会议员选举细则》、《市自治制》、《乡自治制》五种。其《市乡自治制》，于七月初三日，以教令公布。1922年七月初一日，黎总统令：

> 地方自治，原为立宪国家根本要图；只以频年多故，大法虚悬，各省望治孔殷，往往亟谋自治……现在国会业已订期开议，将来制定宪法，所有中央与各省权限，必能审中外之情形，救偏畸之弊害。俟宪典告成，政府定能遵守，切实施行。俾得至中至当之归，允符相维相系之义。国家统一前途，实嘉赖之。

废督裁兵，国民久有此议。当事者第一宣言的，则为浙江督军卢永祥（一九二〇年四月二十一日。）其继起表示赞成的，则为鲁督田中玉，陕督陈树藩。而首起实行的，则为云南督军唐继尧。于1920年六月初一日，宣布解除督军职务，将云南督军一职废除，以云贵川联军总司令名义，保卫地方。而谭延闿去湖南时，也申明废除督军，由赵恒惕以总司令名义，维持军务；陈炯明回粤后，亦不称督军而称粤军总司令，都已见前。至于实行裁兵的，却只有一个新疆的督军杨增新。因华会中各国劝我裁兵，自动的将省内军队，裁去十九营。而且声明：“此外如有可裁者，仍当察酌办理。”

第六章 最近的蒙藏

第一节 蒙古的取消独立和再陷

内地的情形，大略说过；现在又要说到蒙古的事情了。原来蒙古从独立以来，虽名为承认中国的宗主权，而实权实在俄人手里，这是无可讳言的。1917年三月，俄国革命，一时顾不到蒙古，而蒙古反大受俄国兵匪的侵掠。从1912年到1916年，蒙古人借了许多俄债。这时候，俄国已无债可借，蒙人财政，颇难支持。又蒙人有所谓黄人和黑人，黑人系札萨克所辖的人民；黄人则直属于活佛或葛根（次于活佛的喇嘛）的人民，谓之沙毕。活佛对黑人，课税颇重；而沙毕则概不负担。又蒙古王公，本有其兄弟相及之法；而活佛则往往任意指派不当承袭的人。所以各旗王公和人民，主张内向的，渐居多数。

中国所派的驻库大员，第一人系陈箓，不两月而去职。继其后的为陈毅。1919年六月十三日，又派徐树铮为西北筹边使。十一月十七日，外蒙王公喇嘛等，合词请愿“……情愿取消自治……前订《中俄蒙三方条约》及《俄蒙商务专条》并《中俄声明文件》……当然概无效力。其俄人在蒙营商事宜，将来俄新政府成立后，应由中央政府负责，另行议订……”由陈毅电呈。二十二日，下令封活佛为外蒙古翊善辅化博克多哲布尊丹巴呼图克图汗。二十四日，外交部即照会驻京俄使，声明取消《中俄蒙三方条约》、《俄蒙商务专条》及《中俄声明文件》。并将蒙古取消自治，照会各国公使。十二月初一日，令徐树铮以西北筹边使督办外蒙善后一切事宜。取消原设办事大员和佐理员。初二日，又以徐为册封专使——1920年二月十五日，徐又兼张恰铁路督办。

外蒙自治取消后，呼伦贝尔各旗总管，亦于十二月二十一日，请副都统贵福，呈请东三省巡阅使张作霖、黑龙江督军孙烈臣、转呈中央，取消特别区域（1915年中俄会订《呼伦贝尔条件》当然无效。）1920年一月二十八日，下令允许，并由外交部通知俄使和各国公使。直皖战后，筹边使和张恰铁路督办都裁撤。派陈毅为镇抚使。因拟订镇抚司官制……迁延数月，迄未到库。而俄旧党却于其间，运动库伦，背叛中国。

原来这时候，正是俄旧党在西伯利亚失败的时候（参看第七章第四节。）其党分为数部，而恩琴占据后贝加尔一带；谢米诺夫匿居大连，替他筹划军械。

边防军未解散时，全数有三师四混成旅；而驻扎蒙古的，只有褚其祥一旅，高在田一团。1920年十一月，俄旧党攻库伦。褚、高把他击退。因为怕活佛和俄旧党勾通，就把他迎入镇抚司署。旋陈毅到库，把活佛放还。1921年二月初一日，俄旧党再攻库伦，先把活佛劫去。高在田先分防后地。褚其祥兵力既单，军粮又罄；初二日，同陈毅突围走叨林，初四日，恩琴陷库伦。

先是政府以张景惠为援库总司令，邹芬为援库副司令。然援兵开到库伦的，只有十六师的袁天顺骑兵一团，步兵一营。鏖战不胜，亦即却回。于是恩琴分兵四出。三月十一日，陷叨林。十三日，陷乌得。十九日，陷恰克图。二十五日，陷科布多。七月中，俄旧党又西出，陷阿尔泰，道尹周务学死之。五月三十日，政府以张作霖为蒙疆经略使；所有一切剿抚计划，付以全权，便宜行事。其热河、绥远、察哈尔……各都统……一并归该经略使指挥节制……

六月二十七日，苏维埃外交委员长翟趣林，以旧党根据库伦，反对俄新政府，要求中国派兵会剿。七月六日，由中国谢绝。而远东共和国，业已派兵攻击恩琴。一面令其驻京代表阿格勒夫，向我国申明，不能不出兵。目的达到，即行撤退。于七月初五日，入库伦。恩琴逃到呼伦贝尔。八月二十五日，为远东军捕获，后来把他枪毙。库伦、恰克图，尽为远东军所占。先是政府于三月三十一日，褫夺陈毅官职，以李垣代理。这时候，遵照远东驻京代表的声明，就令李垣去接收库、恰。当时俄人颇想占据，所以未得要领（参看第七章第六节。）其阿尔泰，新督杨增新，于九月中旬，与俄红军会兵克复。当出兵之前，订有《临时条约》，声明为一时的共同动作；目的达到，俄军即须撤退。后来俄人总算照约履行。1922年，俄代表越飞来后，中国和他交涉库伦的事，也并无头绪。而外蒙却派代表来京，历述倾向中央之意，并请派大兵收复库伦。政府于九月初七日，派那彦图为外蒙宣慰使。

第二节 六年后的英藏交涉

民国初年的中英藏交涉，绵亘四年，毕竟成为悬案，已见第二章第二节。而1917年秋间，因四川内部有战事，藏人复趁机内犯。其时川边镇守使是陈遐龄，兵力单薄，又没有后援。遂至类乌齐、恩达、昌都、贡觉、同普、德格、白玉、登可、石渠、瞻化等，相继失陷。不得已，听从英副领事窦锡麦调停。于1921年十月间，由军统刘赞廷，与藏人在昌都订立停战之约。暂时划界：由盐井南方大索、德化、里塘、甘孜、瞻对、章谷、康定、丹巴、炉定、稻城等地属汉，类乌齐、恩达、昌都、同普、柯邓、石渠等地属藏。停战期限，系属一年。

1919年五月，英使说停战期限将满，到外交部催开会议。五月三十日，和八月十三日，由外交部与英使会议两次。我国方面，仍根据1915年的条件，主张打箭炉、巴塘、里塘属川。察木多、八宿、类乌齐三十九族属外藏。瞻对、德格及昆仑山以南、当拉岭以北之地归内藏。英陆提出两种办法：

一、取消内外藏名称。将打箭炉、巴塘、里塘、瞻对、冈拖地方，划归中国内地。德格以西，划归西藏。

二、仍用内外藏名称。将打箭炉、巴塘、瞻对、冈拖，作为内地。昆仑山以南，当拉岭以北，作为内藏（中国不设官，不驻兵。）德格归外藏。

外部于九月五日，通电有关系各省，征求意见。旋经各省复电反对。其理由：一、1918年停战所定驻兵之界，不能认为根据。二、康、藏不得并为一谈。三、新疆、青海的边境，尤其不能牵混。而阁议亦先已于八月十六日，决定此问题的停议。英使于十二月初三日，又要求开议，中国亦未应允。1920年一月二十日，英公使照会外部，谓五月三十日，贵部请开的拉萨中英藏会议，英藏都无异议，但更须加入印度委员云云。二月初六日，外交部声明中国政府并没有要开拉萨会议的意思，贵使的话，系属误会。到1921年一月十五日，英使又到外交部，说：中国把西藏交涉延宕，而暗中命甘肃督军遣使招徕达赖，殊属不合。当经外交部以英使对于此事无权过问，拒绝。二月中旬，我国提出（一）哲孟雄会议，不经我国承认的条件，不能作为标准；（二）仍以我国1915年提出的各条件为标准；（三）会议形式，依照中俄蒙会议之例等条件。英国政府，又不认可。中国政府，乃主张暂缓会议，先定一种暂行办法。由中国将藏边乱事平定，并改革川边各土司的内政，然后解决藏案。英国又要限制我平乱的区域；并反对改革土司内政，以致此问题仍无着落。

而1920年岁底，因川、滇军之争，陈遐龄与刘赞廷，亦相冲突。藏番又趁机入犯。到1921年三月间，刘赞廷被陈遐龄的兵击败，退入云南。后为顾品珍擒获（参看第五章第六节。）臧番于三月间犯昌都，被守兵击退。五月间，又犯巴塘、里塘。陈遐龄正出军讨伐，而因防地洪雅，为第八师陈洪范所占，退军雅州（参看第八章第六节。）

后来华府会议开会，我国代表，和英国代表接洽，请于华会终了后，会议藏事，英国不甚愿意。1922年正月间，驻英公使电外部，说英外部大臣对藏事，允酌量让步。然其条件，仍有西藏内政外交，完全自主；英国得修理西藏铁路等。外部当电驻使驳覆。从此以后，亦没有正式交涉。达赖喇嘛于一月间派使来京，表示愿服从中央之意，九月间又遣使重来。然而川边尚且空虚，靠着区区达赖的信使，能否维持此一发千钧的西藏，正又是一个问题了。

第七章 最近的交涉

第一节 巴黎和会的失败

最近的外交，要算参与欧洲和会和华府会议两件事，最为重要。原来从欧战开始，而远东情势一变，我国外交上的情势也一变；从欧战终了，而远东情势又一变，我国外交上的情势也又一变。

当我国参与欧战时，协约各国对我提出希望条件：一、多招工人赴欧。二、多运原料品。三、与德、奥人商务，一律断绝。四、德、奥人寄居中国的，严行取缔。五、德、奥两国租界，移交协约国管理。六、没收德、奥的船舶，借给协约国使用。七、南、北从速调和。八、海关德、奥人，一律解职。我国答复，除第五项声明，由我国管理外，余悉承认。同时我国也对协约国提出希望条件：一、海关税率，实行值百抽五。二、庚子赔款，无利息延期五年。三、为取缔德、奥人的原故，得协约国同意后，可不受《辛丑条约》："天津二十华里内，中国军队，不得通过"的约束。除俄国对二只允延期三分之一外，协约国亦都承认。

中国参战，本用不着通知日本；而日本于中国对德提出抗议，声明无效便要绝交的时候，却遣其公使到我国外交部说：日本赞成中国的抗议；然而如此大事，中国竟不通知日本，甚为遗憾，以后希望中国政府注意。同时和英、俄、法、意交涉说："日本承认中国参战，各国却要保证日本接收德国在山东的权利；及已经日本占领的赤道以北诸岛屿。"各国都承认了——所以后来和会中承认日本所拟山东条件时，美国上院议员反对的说："协约国一面劝诱中国加入战团，一面私约将中国的权利作为交换品。"日本又派子爵石井菊次郎为全权特使，到美国去商议对德作战事宜。于1917年十二月初二日，和美国国务卿蓝辛氏互换照会：

……美、日两政府，承认领土相接近的国家之间，发生特殊的关系。因而美国政府，承认日本在中国，有特殊的利益；尤以与日本接壤的地方为甚。特中国领土和主权的完全，美政府信赖日本屡次的保障。日本虽因地理位置的关系，有上述的特殊利益；然对他国通商，不至与以不利的偏颇待遇。又不至漠视中国从来的条约上给与他国商业上的权利……

当中国参战后，四面的空气是如此。而中国对于参战，却又因南北纷争的缘故，除曾招募大批华工赴欧外；派兵的议论，虽然也有，始终没有能见诸实行。于是协约国各公使，于1918年十月十三日，对我提出参战不力的觉书。这时候，德、奥、土各国，对协约国早已订定休战的条约（土国十月三十日，奥国十一月初四日，德国十一月十九日。）而参战不力的觉书，忽于此时提出，也就有点奇怪了。1919年一月二十一日，中国政府，派陆征祥、顾维钧、王正廷、施肇基、魏宸组为全权代表（王正廷系南方政府所派驻美代表，北方政府，就加以任命），前赴巴黎，参与和会。

于此有一件事情，要得补叙一补叙。1917年十月初一日，日本天皇下第一七五号谕旨，于青岛设立行政总署；坊子、张店、李郚、潍县、济南，都设分署；受理山东人民的诉讼，抽收捐税。并于署内设立铁路科，管理胶济路及其附近矿产。中国抗议，日本置诸不理。到1918年，日本对我国驻日公使章宗祥提议说："把胶济铁路归中日合办；济南到顺德，高密到徐州的铁路，借日款建筑；则日本允将军队除留一部分于济南外，其余悉行撤回青岛；警察及民政署，亦一概撤退。而且先垫十足的款项二千万元。"于是章宗祥于九月二十八日，与日本订立《济顺高徐预备借款契约》。当时章氏复日本外务省的照会（日本称为《山东善后协定》），说：

敬启者：接奉贵翰……提议关于山东省诸问题：……

一、胶济铁路沿线之日本军队，除济南留一部队外，全部均调集于青岛……六、胶济铁路所属确定后，归中日两国合办。七、现在施行之民政，撤废之。中国政府……欣然同意。

到欧战将终的时候，英美两国，又有统一中国铁路的议论。大旨是："各国各自取消其势力范围。把在中国获得的铁路权放弃，由各国共同借债与中国，以便还清旧债。而此诸债权国，对于中国的铁路上，建设一种共同的新权利。"（参看第八章第三节）

欧洲和会，于一月十八日开幕。先是美国总统威尔逊，于1918年一月八日，提出和平条件十四条（其中第一条说：和平条约，须用公开的方法决定。此后无论何事，不得私结国际盟约，外交事件，均须公开。第四条：立最确的保障，缩小武备，到足以保护国内治安的最低额。第十四条：组织国际联合会。其宗旨：为各国相互保障其政治自由。国无大小，一律享同等的利权。）后来各国都承认为议和的基本条件。所以我国对于和会，颇有很大的希望。然而开会以来，英、美、法、意、日就另组所谓最高会议。一切事情，颇为最高会议所垄断。

我国代表，作成希望条件：一、撤废势力范围，二、撤回外国军队巡警，三、裁撤外国在中国所设立的邮政局和有线、无线电台，四、取消领事裁判权，五、归还租借地，六、归还租界，七、关税自立。并取消《对日二十五条条约和换文的陈述书》，一并提出和会。各国说：这不是和会权限所能议；当俟万国联合会行政部能行使职权时，请其注意。

二十七日，最高会议开会，讨论处置德属殖民地的方法。日代表把青岛亦列入其内。是日的会议，由法国外部，知照我国代表。王正廷、顾维钧出席。日本代表要求将德国在山东的权利，无条件让与日本。顾、王二氏，于二十八日，提出详细《说帖》，要求由德国直接交还中国，争持甚烈。其后和会因事停顿，到三月中，五国才再开会议。于是日本对美国及英属地的排斥黄人入境，提出《人种平等案》。同时意国因要求亚德里亚海东岸的阜姆，归意国领有，威尔逊不答应，意代表退出和会。日本代表，亦向新闻记者说：倘使《人种平等案》和山东权利继承问题，不能通过，日本也要退出和会。英、法、美自然都有怕和会决裂的意思。于是四月二十二日，四国再开最高会议，招我国代表出席（陆征祥、顾维钧赴会。）威尔逊朗诵英、法两国和日本，关于山东的《秘密换文》。英相路易乔治说：当时德国潜艇战争，甚为剧烈。英国战船，多在北海；地中海方面，要日本帮助，因此不能不允许。威尔逊又诵读1915年五月《中日条约》的大要和章宗祥与日本外务省的换文。问：为什么有1915年五月的条约？我国代表说：是出于强迫。又问一九一八年九月欧战将停，日本决不能再压迫中国，为什么还有欣然同意的换文？路易乔治说：英国对于德国在山东的权利，转移于日本，受换文的拘束，不能不维持日本。对于1915年五月的条约，却没有维持日本的义务。究竟照《中日条约》实行，或照《中德条约》，将德国所享权利，移转于日本，二者于中国孰为有利？中国代表说：两种办法，都不能行。乔治见局势弄僵，乃唱议将这件事情，交英、法、美三国专门委员核议。

此项消息传到我国，舆论大为激昂，于是有五月初四日，北京专门学校以上学生，停课要求惩办曹汝霖、陆宗舆、章宗祥之举。风声所播，到处学校罢课，商店罢市。到二十六日，上海学校罢课；六月初五日，商店亦罢市。又有铁路工人将联合罢工之说，形势甚为紧急。政府乃于初十日，将曹、章、陆罢免——时曹为交通部长，章为驻日公使，陆为造币厂总裁。

当三国专门委员核议时，英、法两国委员，都左袒日本。我国代表，知完全达到目的，已无可望。乃致一说帖于三国专门委员，提出：一、德人在山东权利，由德人移让英、法、意、美、日，由英、法、意、美、日交还中国。二、限日本于一年后交出青岛。三、偿还日攻青岛兵费。其额，由英、法、意、美议定。四、中国自行开放青岛的让步案。专门委员核议的结果，以依据《中德条约》，由日本继承德国在山东的权利，为较有利于中国，即据此造成《报告书》。而美国委员，另递一节略于威尔逊，说《中日》、《中德》两约，都不很通用；不如用中国所提的让步办法。

四月二十八日，四国会议开议。日本撤回《人种平等案》。对于山东问题，提出：一、不侵中国主权，将青岛交还中国。二、开青岛为商港，设立共同居留地。三、胶济铁路，归中日合办。四、铁路警察用中国人；但聘日本人教练。五、济顺、高徐二路，日本有借款权。六、青岛和铁路沿线的日兵，全部撤退。三十日，四国会议依日本意思，将德国在山东的权利，让与日本的条文，插入《对德和约》中。便是和约的一五六、七、八三条。德国根据1898年三月六日的《中德条约》，及其他关于山东省一切《协约》所得的权利、特权、铁路、矿山、海底电线、国有动产、不动产，一概让与日本。

中国代表，向和会提出保留案；声明中国可以在和约上签字，但关于《山东条项》，须保留另提。始而要求于《和约》内山东条项之下声明保留，不许。继而要求于《和约》全文之后，声明保留，不许。又继而要求于《和约》之外，声明保留，不许。再改而要求不用保留字样，但声明而止，不许。最后要求临时分函声明，不能因签字有妨将来的提请重议，不许。二十八日，和约签字；我国代表拒绝签字，不出席会场；而发电报告北京政府，说：

> ……不料大会专横至此……若再隐忍签字，我国……将更无外交之可言。

《对德和约》，既未签字，乃由大总统于九月十五日，以布告宣布“对德国战争态度，一律终止”。

其《奥约》，则由专使于九月初十日签字。

国际联盟会，由美国提出后，旋经各国同意，将其条约插入和约中，作为全约的一部。该条约的宗旨，在于减缩军备，避免战事，保持世界的和平。其大致办法：系以加入各国的代表所组织的代表会（每国代表，至多三人。每国各有一议决权），英、法、意、美、日和其他四国的代表所组织的行政部和秘书处（秘书长由行政部委任，但须得代表会的同意。秘书员由秘书长委任，但须得行政部的同意），为执行机关。行政部须拟定减少军备的计划（以国防及执行国际义务必需之数为度），以备各政府采用。此项计划，至少十年修改一次。既经采用该计划后，非经行政部的同意，不得超过。联盟国的一员，被侵略时，各联盟国须遵行行政部所拟的方法，以保全其领土和政治独立。联盟国间互起争议时，须经仲裁法庭裁判，或行政部（亦得请求移交代表会）审查。其不遵的，联盟国得施以相当的膺惩。对于非联盟国，亦得加以邀请，请其承受临时会员的义务。无论何项战事，或以战事胁迫他国，均得采适当的办法，以维持世界和平。联盟国间的条约和国际契约，均须向秘书处存案，由秘书处从速公布。联盟国公认彼此间有与本约不相容的国际义务和秘密接洽，都自然为本约所废止。此后不得缔结此项条约。在未加入以前的，须从速设法解除。行政部筹拟设立国际经常法庭。照该约的规定，凡签字于和约的，都当然为联盟国的一员。我国虽未签字于《德约》，而业经签字于《奥约》，所以仍为该会会员之一。

欧战和约，旋经英、意、法、日等国，次第批准。唯照美国法律，和约须得上院三分之二的同意，方能批准。后来美国上院，对于和约，共提出保留案十四起，声明："此项保留案，须得五强国中的三国的承认和保证，作为原约的附件，和原约有同等的效力，方可批准施行。"山东问题，亦是其中之一——原案申明不与同意，而且保留美国对于中日因此项条件而起争端的完全自由行动权。

于此还有一件事情，须得叙述一叙述，便是山东交涉，在巴黎和会失败后，各地方人民，颇起排斥日货的风潮——然而所焚毁的，都是华商已买的日货，日商并无直接损失。日本公使，屡次要求中国政府取缔。中政府也曾为此下过命令。1919年十一月十六日，福州青年会学生，经过安乐桥。日侨无故向其凶殴，并有使用武器的。其结果，并弄得和福州市民冲突，巡警亦有的受伤。日人旋又逃入顺记番菜馆，将大门关闭，由楼上将器具掷下。督军李厚基，派兵破门而入，捕获日人七名，中有日领事署警察长陆军少将一名。在中亭街捕获三人，身畔亦都有凶器。此事的曲在日本，人人皆知。乃日人反派兵舰二艘到福州；并且派兵登陆，进城游行。后来双方派员调查，日人一方面，实在无理可说。不得已，乃将领事撤换；抚恤中国受伤的人和顺记番菜馆；由日本向中国道歉。然中国对于日本，也申明对于人民排货惋惜的意思。此事称为“福州事件”，又称为“闽案”，也是因山东问题而起的一个枝节。

第二节　华府会议的参与

《对德和约》，既经英、法、意、日等国，相继批准后，日本公使小幡，于1920年一月十九日，致牒外部，说：“日本依《媾和条约》一五六至一五八条的规定，继承胶州湾的租借权和德国在山东的一切权利。1915年五月二十五日的《中日条约》，规定日后日本向德国协定权利利益的让与，中国概行承认。同日《交还胶州湾的换文》中，说战事终了，胶州湾全由日本处分时于左列条件之下，交还中国……特提议从速开始交涉。”这时候，我国舆论，都主张提出国际联盟。四月初十日，日本又提出第二次通牒。外交部于五月二十二日答复，说：“《对德和约》，我国未曾签字，未便依据该约，径与贵国开议。”又说明全国人民对于本问题态度的激昂。末说：“目前情状，胶济环界内外军事设施，没有继续保持的必要。胶济沿路保卫，应从速恢复战前状态。此节与交还青岛问题，截然两事；想必不执曾否开议，以延缓实行之期。倘果愿将军事设施收束，自当训令地方官，与领事接洽办理。”日本说："处理此问题的根本原则，中日间已有条约。中国政府以为便于商议之时，日政府便允与商议。铁路沿线警备，俟中国巡警队组织完备后，由中日各该官宪，协定交替手续撤退。至于胶济环界内军事设施，日本所以要交涉，正是为此。只要交涉完成，这个问题，就不解决而自解决了。"交涉到此就告停顿。

1921年，美国为筹议限制军备和远东问题，发起华盛顿会议。于八月十三日，正式照会外交部，请中国参与。中国于十六日表示赞成。

九月初七日，小幡向外交部提出《交还青岛的节略》九条，称为《山东善后处置案大纲》。中国于十月初五日，答复拒绝。日本于十月十九日，又加以驳复。并申明：中国政府，若更能反省，再示欲开交涉之意，日本政府亦必应之。中国于十一月初三日答复，要求日本再加充分的考虑。

华府会议，我国于十月初六日，派施肇基、顾维钧、王宠惠、伍朝枢充全权代表。该会议于十一月十四日，正式开会。其中限制军备委员会，由英、法、意、美、日五国代表组织；远东问题委员会，由中、英、法、意、美、日、葡、荷、比九国代表组织。远东问题委员会开会之后，吾国代表，首先提出大纲十条。旋经美代表罗德，提出四大原则。

一、尊重中国的主权独立和土地上、行政上的完全。

二、给与中国以极完全而无障碍的机会，以发展并维持稳固有力的政府。

三、用全力确立各国在中国的工商业机会均等的原则而维持之。

四、不得利用现状，攫取特殊的权利。

经一致通过，认为讨论各问题的标准。旋又提出"关税自主"、"废除领事裁判权"、"撤销外邮"、"撤退驻兵"、"撤销外国无线电台"、"维持中立"、交还租借地等案。而山东问题，亦即在会外解决。华府会议所成条约，共有八种。《中日鲁案条约》外，便是英、法、美、日《四国太平洋条约》（《四国协定》），《五国海军条约》、《五国潜艇毒气条约》、《六国海底电线支配条约》、《九国中国关税条约》、《九国条约》（《九国协定》。）而罗德四原则和许多有关中国的问题，都包括在《九国条约》中，和我国关系最大。

《九国条约》第一条：列举《罗德四原则》。第二条：说缔约国不得缔结违背此项原则的条约。第三条：为适用门户开放，机会均等主义，不得在中国要求优先权或独占权。第四条：缔约国不得相互约定，创设势力范围，或实际上排他的机会。第五条：中国全部的铁路，不得自行，或许他国"对于各国为差别的待遇"。第六条：中国不参加战争时，应尊重其中立权。《关税条约》，见第八章第四节。

此外关于中国的事情，还有许多议决案：

（A）撤退外国驻兵案。未经条约允准的，如日本在汉口的驻兵，各国允即行撤退。其经条约允许的，如各国在北京的驻兵，允于中国要求时，训令其驻在北京的代表，会同中国政府所派代表三人，共同调查；报告各关系国政府，再行斟酌。

（B）撤废领事裁判权案。议决闭会后三个月，各国各派代表一人（中国亦在其内），组织委员会，考察在中国的领事裁判权的现状和中国法律司法制度、司法行政的情形。于一年内报告各关系国。并得向中国政府提出改良司法意见书——但中国政府得自由承诺拒绝其一部或全部。非署名国在中国有领事裁判权的，亦得于组织委员会以前，委美国通告各署名国加入。

（C）关于中国的条约公开案。议决以前所立条约、协约、换文、他之国际协定、以自国国民为当事者与中国所结契约，限事情之所许，从速提出本会议总事务局，移牒于参加各国。以后订立的，应于订立后六十日内，通知署名国及加入国。与中国有条约关系，而未参加本会议的，可招请其加入。

(D)撤废在中国的外国邮政局案。除租借地及条约特别规定者外，于(一)中国邮政业务之有效的管理，(二)中国政府，保证外国人邮政总办的地位，并保证对于现在邮政无变更之意的条件下，赞成撤废。于一九二三年一月一日实行。

(E)撤废外国在中国的无线电台案。因一九一年九月七日国际议约规定所设立，及由事实上外国使馆所设立，以收发官电为限——但其他一切电信有故障，由中国交通部以公文证明时，得暂收发私电。由条约或中国政府特许的外国政府或人民所设无线电台，以收发其条约或条件所规定的电报为限。其未经条约或特许者，由中国政府买收。

(F)中国铁路统一案。于在华铁路之扩张，与其既得适法的权利两立的最大限度，使中国政府，得于其所管理的铁路网，统一诸铁路。中国政府，因此需用外国财政技术时，应即许之。

(G)希望中国裁兵案。并非有意干涉中国内政；不过以友谊的关系，谋中国的利益，及一般通商利益，甚望中国树立强固政府。又本会议的精神，在于减少世界军备，以减轻人民负担；本于同一的精神，希望中国的裁兵。

还有关于中东铁路的决议案，见第四节。

交还租借地案，未能议决，仅由各国声明。法国代表声明：愿与各国共同交还。日本代表说：胶州湾应另案措置。旅顺、大连，则目下无放弃其“合法取得，并经不少牺牲的重要权利”之意。该处系满洲的一部分，与日本土地密接；日本于经济生活及国防安全上，均有切己的关系。此项事实，曾被承认；当国际银团组织时，英、法、美三国，均曾给与保证。英代表说：九龙为香港地位之保障，不独为英国的利益，并与全世界有关系；当另以一种精神考虑之。威海卫的取得，系抵拒他国在华的经济控制权，维持势力平衡。倘山东问题能得协定，情愿归还中国；唯须参加于计划中而行之。

各国驻华军队，在北京、黄郇、廊房、杨村、天津、军粮城、塘沽、芦台、唐山、滦州、昌黎、秦皇岛、山海关等处的，系根据《辛丑条约》。现在天津有英、法、意、美、日、荷、比七国的军队。上海亦有英、法、意、美、荷、比六国的军队。日本除胶济沿线，另案交涉；中东铁路沿线，与西伯利亚撤兵问题相关外，其南满铁路沿线的驻兵，借口于根据光绪三十一年的满洲《善后协约》（按该《约》说：俄国允将满洲铁路护卫兵撤退；或中俄两国另商别项办法时，日本南满守兵，亦一律撤退。现在中东路守备，已由我国收回；所以照条约，我国实有要求日兵撤退的权利），及胡匪的不靖，不肯撤退。唯乘辛亥革命时派驻汉口的兵，于七月二日，实行撤回。

取消领事裁判权一节，因外国拟派员来华调查，一时颇有积极整顿之意。1922年一月一日命令："……司法制度……应行刷新整顿者……着司法部切实计划，拟具筹备纲要，分期举办……而筹备之要，首在储才。此项人才，非娴习本国法律，无以利推行；非深通各国法律，无以资参证。应由驻外公使，就留学各国法律科毕业生中，悉心遴选，切实搜罗，择其堪胜审检之任者，酌加保荐；依法甄拔，从优录用。其甄拔办法，即由司法部拟定，呈候核定施行。至司法讲习所，亦为练习司法人才而设，应即继续开设。又因现在暂行的民刑律，已成陈旧。当东省设立特别法院时（见第四节），司法部曾将法律馆修订的《民刑事诉讼法》改称《民刑事诉讼条例》，先后呈请公布，于特别法院区域内施行。"1922年一月六日，又奉令："自七月一日起，全国一律施行。"

旋又以承审员由县知事选用，"与自辟僚属无异，难冀其独立行使职权"。拟逐渐改设审判厅，提出，在阁议通过。至外国派员来华调查一节，以一时筹备难周，经政府电令驻美公使，商请美国政府，转商各国政府，展期到1923年秋间，再行派员来华。当时有关系各国，已都答应展期了。

外国在华邮局：从前德国共有十七处，对德宣战后，已全部封闭。

俄国有二十八处，停止俄国使领待遇后，亦全部封闭。现在上海有英、法、美、日四国邮局。福州、厦门、汕头、烟台、天津、汉口，有英、法、日三国邮局。广州、宁波，有英、法两国邮局。北京有法、日两国邮局。海口、威海卫、喀什噶尔，都有英国邮局。西藏有英国邮局三处。梧州、北海、昆明、蒙自、重庆，都有法国邮局。山海关、塘沽、济南、胶州、苏州、杭州、镇江、南京、芜湖、九江、沙市、长沙，都有日本邮局；而在东三省的，尚不在内。无线电台：北京公使署，日、美两国都有。天津，法、美、日三国都有。上海，法国有三所，英、美各有两所。此外法国在广州湾，美国在唐山，俄国在哈尔滨，日本在汉口、济南、青岛、秦皇岛、大连、满洲里等处，均各有一所。至于铁路统一的问题，因为与借款有连带关系，一时亦尚未议及。

收回租借地问题：除胶州湾另案办理外。威海卫：英使于1922年四月十四日，向外交部提出“行政权交还中国，市政由中英派员管理，仍准英国舰队在威海卫避暑……”问题。十六日，照会外部，请合组委员会，赴威调查，以为交收的准备。同日，政府派梁如浩督办接收事宜。威埠公民，亦组织协会，从事调查，以辅助政府所不及。委员会于十月初二日开会。广州湾则法国政府，电令驻华法使，侦查英国对于交还威海卫的意见，俾得以参照其办法。

第三节　鲁案的解决

山东问题，日本要求直接交涉，经国民一致反对，外交部于一九二一年十月初五、十一月初三两次拒绝后，决意在华府会议提出。英美两国代表，怕中国提出山东问题，于大会进行有碍；乃出而调停，劝我国及日本，在华盛顿会议之外，开始交涉，英美各派两人列席旁听。我国代表，主张无论交涉得有解决与否，均须报告大会。此项交涉，于十二月初一日开始。因胶济铁路，我国主张即时收回，款分六期交付（交涉解决后，九个月，付第一期款。其余五期，以六个月为一期。）日本要求我借日款赎回；会计、技术人员，均须聘用日本人。至二十一日，交涉停顿。1922年一月四日，经英美调停，再行开议。初五日，又停顿。十一日，第三次开议。两国意见，仍彼此相左。二十日，英美提出具体调停条件：劝我发十五年期的国库证券，将胶济路收回。五年之后，随时得将证券全数偿还（但须于六个月之前，预行通告。）而派日本人为车务总管及总司计。两国代表，各电本国政府请示。二十七日，再开谈判。三十一日，订成条约二十八条（全文见《东方杂志》十九卷第五号。）其大略办法：

胶州租借地，归还中国。其移交行政权和公产——并处理其他相同的事务，由中日各派委员三人，组织一联合委员会办理（第一、第二条。）

公产除日本建造领事馆所需和日本人民团体所需（包括公学、祠庙墓地等），无偿交还中国——唯日本政府所买得、建造，或曾加修理、加造的，中国应除去使用折价外，给与偿价（第五、第六、第七条。）

胶济沿线的宪兵及军队，于本约签字后三个月内撤退；至迟亦不得过六个月。青岛的卫兵，移交时同时撤退；至迟不得过移交后三十日（第十、第十一条。）

海关归还中国。一九一五年八月初六日中日重设青岛海关的《临时条约》作废（第十二、第十三条。）胶济路及其支路，与其附属产业，日本应交还中国；由中国偿以实价。此项实价之中，包括德国遗下时的定价五三四〇六一四一金马克；加上日本管理期内修理加造之数（减去使用折价。）由中日各派委员三人，组织铁路联合委员会，办理估价和移交。移交至迟不得过本约有效后九个月。偿价用国库券，于移交完竣时，交付日本。国库券的期限为十五年，以铁路财产收入作保。五年后无论何时，得为全部或部分的清偿（唯须于六个月前通知）；未还清前，选派日本人一名为车务总管，又一名为总司计（第十四、十五、十六、十七、十八、十九条。）

高徐、济顺的经营，让归国际财团。烟潍铁路，用中国资本自造时，日本不要求并归国际银行团办理（第二十一条，附录五。）

淄川、坊子、金岭镇三矿，由中国政府，许与中日合组的公司。但日本投资，不得超过中国的资本（第二十二条。）

中国政府宣告开放胶州租借地（第二十三条。）

盐业由中国给价收回。中国允以平允条款，允许沿该岸线的盐，输一定量数与日本（第二十五条。）

海底电线：青岛、烟台间，青岛、上海间，都为中国所有；唯此两线中，为日本政府利用之以接连青岛、佐世保间的一部分除外。青岛、济南的无线电台，移交中国；由中国给以偿价（第二十六、二十七条。）

此约订立后。国务院于六月初七日发令，任王正廷为联合委员会委员长。胶济路由中国派警接防，日兵分期撤退。自四月十四日起，到五月六日撤完。委员会所议事件，分为第一部、第二部。第一部所议各问题，草约于十二月初一日签字，其大略：

租借地定十二月初五日交还。日本驻兵，尽交还后二十日内撤尽。

日本官许出租的地，期满后照同一条件，续租三十年。三十年后，仍得续租；唯须按照《胶澳商埠租地规则》办理。

公产：除去日本领事、团体所需用者外（以《附图》所定界址为限），其余概行交还。

青岛、佐世保间海电，无偿交还中国。青岛一端，由中国运用。佐世保一端，由日本运用。

盐业：从公元1923年起，以后凡十五年，每年输出日本，最多三万五千万斤，最少一万万斤。许胶州所产的盐，自由输出朝鲜。

盐业和公产的偿价，共日金一千六百万元：其中二百万元付现款；一千四百万元，付十五年期的国库券，年利六厘。此项国库券，除以关盐余为担保外，又须提出别项确实担保，从速与日本公使协定。将来整理外债时，此项国库券，应尽先列入整理案内。

矿山：设立中日合办的公司。资本各半，由日本政府，将淄川、坊子、金岭镇各矿，移交该公司办理。该公司应偿日本政府日金五百万元。俟红利超过八厘时，将超过额的半数付给。不附利息。

海关交还中国，但日人许用日文接洽。

唯关于外人的土地所有权（此项土地，在日人手中者，有七千余亩；在欧洲人手中者，有一千余亩），作为悬案。

第二部铁路问题：日本初索偿价七千万元，后减至四千余万。当时中国已允出三千余万，日犹不允。

至青岛日邮，则业于十二月初一日撤废。

胶济路：当攻击梁士诒时（参看第五章第四节），直系各督军省长，多提倡集资赎回，商教联合会，亦组织救国赎路集金会。梁士诒和交通部，因亦通电促国民集金赎路。交通部并呈请总统，于一月二十三日下令："胶济路决由人民筹款赎回，定为民有铁路，永属民业。"三月十九日，又以指令公布《胶济路民有办法大纲十四条》。

其二十一条问题：我国代表，于1921年十二月十四日，在远东问题委员会提出，经日代表抗争，未得结果。二月四日，又在大会提出。日代表宣言：

……与会国而欲提出从来的损害，以求会议重行研究及考虑，日本代表团必不能赞成……但《中日条约》及《换文》成立后，事势已有若干变迁，故日本代表团宣言：将建筑南满、东蒙的铁路借款权和以此等地域内的租税为担保的借款权，开放与国际财团共同经营。此项条约中，关于南满洲的政治、财政、军事、警察事项，中国约定聘用日本顾问或教练员，日本并无坚持之意……日本保留原提案中的第五项，现豫备撤回此项保留……

中国代表仍声明：

……因下述种种理由，《中日条约》及《换文》，当加以公正之审查而图废弃之（一）中国要求交互之让与，而日本并未提供任何物件；《协定》所引出的利益，完全为片面的。（二）协定的要点，破坏中国和他国的条约。（三）协定和此次会议所通过的《关于中国的原则》，不能相容。（四）协定已引起中日间历久的误解，设不废弃，将来必至扰乱两国的亲善关系；且将障碍“召集此会所欲获得者”的实现……

美国国务卿休士，亦声明：

币原男爵以日本政府名义发表的重要声明，使余得以申言美国政府的地位。此事于一九一五年五月十三日，美政府致中国及日本政府的同一照会中（参看第三章第二节），已经声明……此项声明，乃与美国对华关系之历史的政策相一致者……现在仍维持不变。兹……信对于日本政府所宣言……可解释为抛弃南满洲及东部内蒙古的建筑铁路，及以地方收入担保的财政业务的一切独占权。此外一九一五年五月二十五日条约中，关于南满洲及东部内蒙古第二、三、四等条，中国政府允给日本人民以租用南满洲之土地权，以充建筑、贸易、制造业及农业之用；并在南满洲居住旅行，经营任何种类的实业及制造业；并可与中国人民共同经营东部内蒙古的农业及相仿的实业等；美国政府，对于此等容许，当然不能视为有独占的意义；且将以中美条约中最惠国条款，而为美国人民，要求中国增给种种利益。余更声明：《中日条约》的效力问题和美国对华条约的权利问题，完全不相关。因美国所有的权利，早经美国确实申言也……

案日本原提出五号二十一条的要求：到后来，第一号四条，就是关于山东问题的，已另案解决。第二号七条，其中第五、六两条，经日本抛弃。第五号七条，亦经日本撤回。其余八条，就是关于旅、大两港和南满、安奉、吉长三铁路的租借经营期限，南满、东蒙经营农、工、商、矿业的权利，和汉冶萍公司问题，这真是生死存亡的大问题；日本的有无侵略野心，就看这几条能否取消为断；中国的受日人侵略与否，也就看这几条能否取消为断。人都知道南满和东蒙的关系重要，却不知道区区一汉冶萍公司，其重要乃与之相等。

煤、铁是国防工业的命脉，日本所产都不多，差不多全是仗外国供给。现在中国煤、铁矿，入于日本人手中的，已经很多（参看《东方杂志》十九卷十七至十九号《我国煤铁矿与日本国防及工业之关系》。）最近坊子、淄川、金岭镇三矿，又变作中日合办的了，而且我国的煤铁矿，几乎没甚自办的。所有的，就是一个汉冶萍煤铁厂矿公司。然而当时，欠日债到三千余万元。都以矿石、生铁作抵；预先订定了，用极贱的价抵出；要到公元1960年，才得还清（参看《孤军》一卷三号《呜呼汉冶萍》。）咳！日本压迫我们的军备，是靠什么维持的呢？

但是日本此项要求，后来虽经订立二十五条条约，却未经国会通过，实属“形式不备”。所以国会恢复后，有由国会将该约宣布无效之说。又此条约从订结后，我国政府即宣言其出于强迫，在巴黎和会和华府会议，两次提出抗争，则我国政府也实在未尝承认。此约既然无效，则旅、大租期，当然只有十五年。公元1923年，便已期满。这又是眼前的大问题了。

第四节 共同出兵和中东路

据《中东铁路条约》，俄国在铁路沿线，只能设警而不能驻兵。光绪三十一年，日俄《朴茨毛斯和约附约》，规定："为保护铁路起见，两国对于满洲铁路，每启罗米突，得置守备兵二十五名。"然欧战以前，俄国驻扎哈尔滨的兵，有三万左右；守备中东路本线和从哈尔滨到长春一段铁路，统计有六万左右。战后大半调赴欧洲；留下的分为新旧两党，冲突颇烈。哈尔滨总领事兼中东路督办霍尔哇掩，系旧党守领。为新党所反对，几于不能维持秩序。一九一八年正月初十日，政府命师长高士傧，迫令俄兵解除武装。于是中东路本线和从哈尔滨到长春的一段，都由中国派兵保护。中东铁路的护路权，始行收回。

先是哈尔滨地方，为中东铁路本支线的分歧点。俄国人着意经营，称为东方的莫斯科。然而其时只有俄国人居住。日俄战后，中日订立《满洲善后协约》，把哈尔滨开放为商埠。各国次第设立领事。俄国总领事兼中东铁路督办霍尔哇掩，忽执《中东铁路条约》第六条，"……由该公司一手经理，建造各种房屋，设电线，以供铁路之用"，曲解为俄国在哈尔滨有行政权，要求各国领事认可。日本竭力赞成，而美国、德国，竭力反对。光绪三十四年，霍尔哇掩发布市制，向哈尔滨住民收税。于俄历一月一日实行。中国政府，也饬东三省总督徐世昌，在哈尔滨设立自治局。宣统元年，霍尔哇掩自行进京，与外务部交涉。三月二十二日，外务部尚书梁敦彦，和他订立《东清铁路界内组织自治会豫定协约》十八条。订定："由中外居民，共选议员。更由议员复选执行委员三人；交涉局总办、铁路总办，各派委员一名；会同议会议长，组织执行委员会。"（此项执行委员会，和议会，受交涉局总办、铁路总办的监督）从此以后，哈尔滨铁路附属地的行政权，就入于俄人之手。中东路守备权收回后，中国派吉林督军鲍贵卿为中东铁路督办。一九二〇年三月十一日，为俄国革命三周年纪念，哈尔滨俄国各团体，开会协议，要求承认海参崴临时政府，霍尔哇拖不许。同盟罢工委员会，就要求霍尔哇拖，尽二十四小时内，将行政权交给海参崴临时政府代表。霍尔哇拖不听，俄人遂全体罢工。于是鲍贵卿派兵占据同盟罢工委员会会所。一面解除俄国军警武装，劝霍尔哇拖离开哈尔滨，将政权交给鲍贵卿所派的人员。于是哈尔滨铁路附属地的行政权，亦由中国收回。这一年，九月二十三日，中国停止旧俄使领待遇。旋在哈尔滨设立地方审检厅，高等审检厅；沿路设立地方分庭，以管理俄国和无约国一切诉讼，于十二月一日成立。又在哈尔滨设立东省特别区市政管理局，于1921年二月十二日成立。

从我国取消旧俄使领待遇后，俄国旧党，怕我国要接收道胜银行，就悬法旗以为抵制——其实中国和道胜银行的合同，订明该行股票，只能为华、俄两国人所有。1920年十月初二日，交通部长叶恭绰和道胜银行订立《管理东省铁路续订合同》。订明：中政府暂代俄政府，执行保护、管理及实行各条约合同一切职权，以中国正式承认俄国政府，并彼此商定该路办法后为止。

然而对俄的交涉，还并没彻底解决，却又牵入了一个各国共同的问题。原来当公元1918年二月间，劳农俄国对德国罢兵讲和。于是德、奥势力，弥漫全俄；反对新俄的捷克军，为德、奥武装俘虏所制。于是各国有共同出兵西伯利亚，援助捷克军之议。其时适值段祺瑞复为总理，遂与日本订立所谓《军事协定》——所谓《军事协定》者：一为1918年三月二十五日，驻日公使章宗祥和日本外务大臣本野一郎所交换的《共同防敌公文》；一为1918年五月十六日，陆军委员长靳云鹏，和日本陆军委员斋藤季次郎在北京所结《共同防敌协约》；一为五月十九日，海军委员长沈寿堃和日本海军委员吉田增次郎在北京所结《海军共同防敌协约》。而九月初六日，徐树铮与斋藤季次郎，又结有《陆军共同防敌实施的详细协定》。此项《军事协定》，直到1921年一月二十八日，才由外交部照会日使，互换照会废止——依据《陆军共同防敌的详细协定》：两国进贝加尔、阿穆尔两省的兵，中由日指挥，自满洲里进后贝加尔的兵，日由中指挥。而日本又可派兵一支，从库伦进向贝加尔方面。其后中国并没真正进兵，而日本却进兵甚勇。

先是1917年十二月三十日，日本兵舰，首先开入海参崴。其后英、美、中三国的兵舰，相继都到。而英、日两国，都派兵登陆。一九一八年七月初六日，中、英、法、美、日司令，共同宣言说：海参崴及其附近地方，当临时置于协约国保护之下。其时英、法、意、美诸军队，陆续开到，然都无甚动作。唯日兵挟着俄旧党谢米诺夫，通过贝加尔，占据铁路，在赤塔组织本部。又挟着旧党卡米尔哥夫，在哈巴罗甫喀设立司令部。并分兵向海兰泡、阿穆尔、伊尔库次克。1919年，劳农政府戡定鄂穆次克、伊尔库次克、贝加尔、阿穆尔，沿海等省。协约各国，以俄人既有统一能力，不宜再行干涉。于三月末，先后撤退。唯日兵反增至七万余。四月初四日，日本说海参崴的俄兵，夜袭日本军械所及车站，于初五日，占领海参崴。旋即将沿乌苏里铁路到哈巴罗甫喀，沿黑龙江到尼港和库页岛北部占领，七月初三日，日本官报发表：在贝加尔方面，实行撤兵。尼港及库页岛北部，由日本暂行占领，海参崴及哈巴罗甫喀，仍由日本驻兵。直到1922年十月二十五日，才将西伯利亚的驻兵，完全撤退。协约国出兵西伯利亚的始末，大略如此。

当各国共同出兵西伯利亚时，曾借口军事运输上的关系，由中、俄、英、法、意、美、日，各派代表一名，在海参崴组织委员会（会长用俄人充之），以共同管理西伯利亚及中东铁路。该委员会之下，设技术和军事运输两部。技术部长，系美人斯蒂芬氏；军事运输部长，则系日本星野中将。当时订有条约：“一切组织，以协约国退兵时，失其效力。按本组织所雇的技术员，亦须同时撤退。”——原约“技术部……以驻兵西伯利亚协约诸国技师组织之”，“……并得由诸国国民中，选用助手及稽查员”。日本在北满，本来无甚势力。从《军事协定》缔结以后，派赴西伯利亚的兵，却有好几万，是从中东路出发。在吉、黑两省沿路之地，设置军用电话、邮局、兵站等甚多。贝加尔方面所撤的兵，亦多数驻扎北满。太平洋会议席上，美代表将史蒂芬共管中东路的意见提出，其理由：系说中国管理能力不充足；而中东路为世界交通孔道，不能听凭中国处置。且自共同管理以来，协约国对于该路，投资已多。经我国代表竭力抗议，共管之说，才算未曾实现。然而到底为如下的决议：

各国共同的决议——中国在内。中东铁路的利害关系者，因欲保全该路；对于铁路的职员，加以一层保护。对于职员的选任，应加一层注意。且须竭力注意节俭，以防铁路财产的浪费。本问题的处理，由适当的外交机关从速行之。

中国以外各国的决议……中国对于该路股东，及持有该公司债券者，及对于该公司有债权的外国人，应负债务上的责任；各国对此，有主张的权利。

其实该路完全为中俄两国合办的事业，各国无从插身干预。若说债权、债务的关系，中国固然当负债务人的责任；然而所负的责任，止于如此；管理的权，当然非各国所能参预。各国说中国政府和东三省政府，欠该路运兵之费甚多；旧俄政府，对该路亦有债务。然而战期内各国亦欠该路运费。乃华府会议闭会后，英、美两使，又向我国外交部提出扩张技术部范围的问题。经外交部拒绝，并于四月十六日，照会各公使，重行申明该路的主权。十月二十五日，日本驻扎西伯利亚的兵，完全撤退。协约的撤兵，到此终了。日、美及有关系各国，都照会我国，申明共同管理的条约，于十月三十一日，完全消灭；技术部等人员，亦均实行撤退。然照会中仍提出华府会议议决的两条，说愿意和中国共同处置。而俄国又声言并无将中东铁路交还中国的意思，这项交涉，颇为棘手。

第五节　松黑航权和尼港事件

咸丰八年《爱珲条约》，许俄国人在松花江、黑龙江、乌苏里江通航。光绪七年的《伊犁条约》，又加申明，说：“如何照办之处，应由两国再行商定。”嗣后我国政府，解释两约中的松花江，说：“只限于松花江同黑龙江的会口以下；自此以上，系属我国的内河，不能准外国人通航。”到庚子拳乱，俄人以兵力占据满洲，才自由在松、黑会口以上的松花江内航行。日俄战后，我国与日本订约，开放东三省商埠十一处。因欲趁机开放上流的松花江，许各国通航，以免俄人独占。宣统元年五月，于哈尔滨、三姓、哈拉苏苏三埠，颁布《新税关章程》。各国商人，遵照本章程的，都许通航。俄国援《爱珲条约》反抗，两国派员在哈尔滨交涉，不得要领。旋将交涉移到北京，七月初五日，订立条约。将满洲界内的松花江开放，许各国自由通航。至于黑龙江下流，我国本来也有通航的权利。然俄政府每以多年独任勘濬之费为口实，阻止中国的航行，因而事实上为俄国所独占。欧战后，俄国各船，次第停驶，华商航业，遂相继而起，然屡遭俄匪攻击。于是呈请政府，派兵船保护，黑、吉长官，也同时咨请海军部。政府乃派王崇文为吉黑江防处处长。于1919年六月，派利绥、利捷、江亨、利川四炮舰，经海参崴到尼港。打算溯黑龙江西上，打通从黑龙江口到松花江上游的航路。不意日本也派军舰尾随其后。到尼港，俄国鄂穆斯克政府，忽然出面阻止。而由日本军舰，代彼监视。驻海参崴外交委员刘镜人，援据条约，和俄国辩论，乃得上驶入江。到达达岛，俄国人竟禁止引港，断绝煤粮接济。屡次交涉，乃得驶入庙街。庙街天气严寒，时已将近冻江。各舰俱系浅水，船质脆薄；倘使遇冻，势必毁坏。接济既断，船上的人，也势必冻饿而毙。我国外交部向俄使严重交涉，然后电令各舰开赴伯利。乃未到伯利二十俄里，俄国竟开炮轰击。我舰不得已，退还尼港过冬。一九二〇年三月十八日，尼港俄人，忽然有袭击日本驻军之举。日本硬说我国兵舰，曾帮同俄舰开炮。其实各舰所存弹药，较原发之数，并不减少，是个确实证据。而日本竟将华舰扣留，解除武装，并向外交部提出交涉。后经双方派员会查。则击死日本兵三名，系我舰与白党有约："赤军侵入中国军舰周围一定的界限内，便可射击。"而日兵于天未明时，有一部队侵入此项界限以内，我国以为赤军，致有此误。其赤党有我国江亨舰的炮一尊，则原系借给白党，而为赤党所夺者，此事中国方面，毫无可负的责任。然仍由政府向日本道歉，并且抚恤日兵以三万元的款项。后来日俄大连会议，议定基本协定，关于松花江的航权，亦曾提及。当时因未得中国同意，声明止于成立谅解而止。长春会议，又提及此事件。中国外交部，曾行文日俄，声明涉及中国主权的，不得中国的同意，概不承认（参看下节。）

第六节　中俄的新交涉

从旧俄王室颠覆，劳农政府成立以来，俄国的国情和其在世界上的关系，可谓生一大变化；而中国同俄国的关系，亦可谓生一大变化。

中国从参战以后，对待俄国，始终和协约各国，取同一的态度。俄国劳农政府，曾于1919年七月二十六日和1920年夏间，两次宣言："放弃旧俄政府，在中国以侵略手段取得的土地和一切特权，并放弃庚子赔款，将中东路无条件归还中国。"——据当时外报所载如此。当1920年夏间，此项消息，传到上海时，一般人民，颇表示欢迎。各界联合会迳行通电承认。经政府于四月二十九日，电令各省查禁。这时候，俄国极欲与我国通商，而终迟迟未能开始交涉。唯新疆督军杨增新，于四月间，派员与俄国土耳其斯坦政府，订立《局部通商的试办章程》。依据该章程：中国得设商务兼交涉机关于俄国七河省的威尔尼，俄国得设商务兼交涉机关于伊犁。俄国运来伊犁，及由伊犁运回的货，都照新疆统税和中国关税税则纳税。两国人民诉讼，各归驻在国裁判。把从前无税通商的条约和俄人所享有的领事裁判权取消，颇为条约上开一新纪元。

到八月二十五日，优林乃来北京，声明来京目的：一、以远东共和国代表资格，和中国商议通商条约及经济问题。二、以共和国国民代表资格，和中国国民结亲善关系，与政治问题，绝对无关。我国政府，亦声明只议通商，不涉政治。

于是我国于九月二十三日，停止旧俄使领待遇。天津、汉口俄租界，由交涉员和警察厅接收。俄国的侨民，亦归中国法庭裁判。十月三十日，优林正式往见我国外交总长颜惠庆，申明对于中俄向来的条约，当加以根本的改正。其有背机会均等，而含有侵略意义的，当全然废弃。颜外长提出：一、不宣传过激主义，二、赔偿中国商民所受俄国纸币的损失，三、不虐待西伯利亚华侨等为先决问题。又略表示通商条约，当以新疆所订《局部通商条约》为范围。其后因远东共和国的保护中国人民，中国政府，尚未能十分相信；而公使团对于此事的意见，亦不一致，以致交涉未能开成。唯1921年四月，中国派遣督办呼伦贝尔善后事宜钟毓，和远东共和国代表，在满洲里会议。五月初三日订立《暂行境界交通协定》十二条，规定两国人民互相往来的关系。远东共和国，因欲进议通商问题，然库伦旋于七月中为远东军所占。我国要先收回库伦，远东共和国要先局部通商，仍复停顿。到九月间，日俄大连会议开始。远东政府，要趁机解决通商问题。于是优林于二十八日到北京，和颜外长协议，旋到奉天和张作霖商量。中国乃派李垣为委员长，于十一月十五日，在满洲里和优林等开议。优林等提出：（A）《中俄蒙条约》，依然有效。（B）俄国派兵五百名，长驻库伦。（C）与独立有关的蒙古人，概不追究。（D）中国赔偿俄国出兵库伦的兵费六百万元等条件。又对于中东铁路，要由两国派兵共同保护。都为中国所不能承认，议复中辍。

同时苏俄政府，也表示愿派代表到中国来，中国于九月间表示承认。苏俄代表派克司，于十二月内到北京，然其后迄未开议。到1922年九月间，日俄又在长春开议。九月二十五日，会议又决裂，于是越飞氏以苏俄和远东共和国总代表的资格进京，表示愿开中俄会议，解决一切问题。并请示会议地点。外交部于十月十三日答复，地点可即在北京。越飞亦表示同意。我国要先解决交还库、恰问题，再行开议，越飞不肯。十一月初六日，外交部覆牒，说："若能从速开会，则库、恰问题，即俟至开会后再议亦可。"然越飞屡次称病，致一时不能开议。1919年、1920年俄政府两次宣言，据西报，都说有交还中东路等条件；而当时越飞致外交部的公文，则说并无无条件交还中东路的话。他说："1919年七月二十五日的宣言，名为《国民委员会自治会致中国国民及南北政府宣言》。只决定劳农政府的根本计划，并没有具体的建议和条件。"（但希望中国停止旧俄使领待遇，而俄愿放弃庚子赔款）1920年九月二十七日的通牒，系由当时外交副委员长加拉罕氏签字。则提出具体建议，和议的基本协定，略谓：俄愿放弃前政府与中国所订各条约；将由侵略所得的土地和租界无偿交还中国。但中国须履行：一、不助反革命党，停止其在中国境内的活动。二、解除其武装，于订约时交还俄政府的条件。都没有交还中东路的话。

后来仍以中国援助旧党为口实，向外交部屡次抗议。而赤军且有预备进占中东路的传说。好几年来，大家都说俄国不统一；然而俄国后来竟统一了（远东共和国，亦仍合并于俄了），中国却反不统一。交涉上的形势，中国是很不利的，这个最宜猛省。

第七节　中国和德奥的新交涉

协约国对德和约，中国因其将山东的权利，让与日本，所以未能签字；后来于1919年九月十五日，以布告宣布对德战争状态中止。已见前。《对德和约》中，关于中国的，还有下列几条。

一、德国因拳乱事件所得一切特权赔款，及在中国境内

（除胶州湾外），房屋、码头、兵营、炮台、军需品、船只、军舰、无线电台、公共营造物等，都对中国放弃之——唯北京的公使馆，除天津、汉口、胶州以外的领事馆，不在此限。

二、一九〇一年所掠天文仪器，归还中国。

三、德国在天津、汉口的租界，辟为万国公用。在广州英租界内的德国官产，让与英国。上海法租界内德国医工学校财产，让与中法两国。

四、在华德人被拘禁，遣回；及德侨财产被没收、清理，德国不得有所要求。

此项条款，中国虽没在《和约》签字，德国仍都履行。1920年，德国非正式代表卜尔熙到北京，要求恢复通商。照《对德和约》，德国如不履行赔款义务，联合国应合行经济抵制。中国既没有在《和约》签字，对德行动，本可自由。然中国仍延缓到1921年五月，德政府因英、法出兵压迫，承认赔款之后，方才把通商协约缔结——五月二十日缔结，七月初一日交换。该约的特点，在于取消领事裁判权和关税自由：

第三条：两国人民，互有游历、居住和经营工商业的权利。唯以第三国人民得游历、居住及经营工商业之地为限。其生命财产，均在所在地法庭管辖之下，遵守所在国的法律。其应纳的税捐、租赋，不得超过所在国本国人民所纳之数。

第四条：两国有关税自主权。唯人民所办两国间或他国所产的未制已制货物，其应纳的进口、出口或通过税，不得超过本国人民所纳的税率。

其《对奥和约》，则我国于当年九月初十日签字。其中关于中国的条款，系：

一、放弃义和团事件所得特权、权利及赔款。

二、放弃一九〇二年八月二十九日，《关于中国关税新章的协定》，一九〇五年九月二十七日《关于黄浦江的协定》，一九一二年四月四日，增加的《暂行协定》的特权、权利。

三、在天津的租界和其他在中国境内的公产，一概让与中国——唯外交官领事住房及器具，不在让予之列。

四、中国将天津的奥租界，开为万国公用租界。

五、在华奥人，被拘禁、遣回；及奥船捕获，财产处分等事；奥国不得有所要求。

其中《奥新约》，于1922年三月二十日成立互换，亦和《德约》大致相同。又1915年二月十八日，中国同智利所订的条约，亦没有提及领事裁判权。1918年和瑞士所订条约，大概同《智约》相同。1920年和波斯所订的条约，且订明两国人民各归所在国法庭审理。这个和《中俄的局部通商之约》，都要算中国条约上的新纪元了。

第八节　日本在东北的形势

东北一方面，现在在外交上，已成为各国注目之地；而对日本的关系，尤其是重要中的重要。现在且略述其形势。

日本从战胜俄国以后，获得从长春以下的中东铁路支线，于是有所谓南北满的名词发生。满蒙本来接壤的，于是因南满而发生东蒙的名词。安奉铁路，既系日人经营。而从吉林向东南，亦可达到朝鲜的会宁府。倘使这条铁路，也入于日本人之手，则从朝鲜向东三省，真如蟹之有两螯了。所以日本于前清光绪三十三年，和中国订定吉长铁路借日半款之约。三十四年，订定所借之额为二百五十万元。日本又要把吉长铁路延长到会宁，中国不答应，成为悬案。到宣统元年，订立《间岛协约》。允许吉长铁路，倘然延长到会宁，当照吉长的样子办理，但至何时延长，却应听中国政府斟酌。公元1915年，日本二十一条的要求，其中第二号第七项，要中国把吉长路委任日本管理。后来条约内但允将合同根本改订。1917年十月十三日，中国和满铁会社订立《吉长铁路借款契约》，债额为六百五十万元。期限三十年。在此期限之内，委满铁会社管理。1918年六月十八日，又和日本兴业银行订立《吉会铁路借款预备契约》。由日本垫款一千万元。

公元1913年，赣宁之役，张勋兵入南京，杀害日本商人三人。日本向中国政府提出交涉。同时又提出满蒙五铁道建筑权的要求。到十月初五日（选举正式大总统的前一日），由中国政府承认。所谓满蒙五铁道系：

一、开原到海龙。

二、四平街到洮南。

三、洮南到热河。

四、长春到洮南。

五、海龙到吉林。

1918年九月，中国又和日本订立《满蒙四铁路的借款预备契约》，由日本垫款二千万元。所谓四铁道，便是：

一、由开原、海龙到吉林。

二、由长春到洮南。

三、由洮南到热河。

四、由洮南、热河间的一地点到某海口。

借款期限为四十年。后来新银行团同日本竭力争持，才算把三、四两路放弃（见第八章第三节。）

而又有所谓天图路的争执。延吉县的天宝山，有一个银铜矿，系由日人开采，然而产额并不旺。公元1916年十二月，该矿代表刘绍文，呈请修筑铁路，从天宝山到图们江，计长二百余华里。交通部以与吉会路线有碍，批驳不准。1918年，又有吉林人文禄，和日商饭田延太郎合组公司；股本二百万元，中日各半；期限为三十年，呈请交通部立案。当于三月间，由交通总长曹汝霖批准。后来派员查勘路线，非与吉会线平行，更系两相交叉。而该公司送呈《路线图说》，又与原呈所定路线，完全不同。交通部说“原案当然不能有效”，遂咨由吉林省长，向日代表拒驳，日使函请发给开工执照，亦由交通部驳拒。后来文禄死在北京，这件事也就搁起了。1921年，日本人忽又决定动工。延吉人说该公司并无华股，一面阻其开工，一面电请政府取消原案。于是交通部派员往查，查悉其中确无华股；且天宝山矿，亦已停办年余。而1922年正月，忽有延吉、和龙士绅，电部说该公司实有华股，请部发给开工执照。四月间，日人要实行动工。两县士民，群起阻止；并派人赴京呈诉。当由外交部电致日领，转饬日人停工。一面由交通部派员前往查办。旋因报载日人迳与吉林交涉，又经外交部通告日使："凡未经中央认可的国际契约，一概不能有效。"后来据报载，此项交涉，又移到奉天。正式合同，业于十一月初八日签字。股本改为四百万元，中日各半。中国股东，倘不愿交现款，可由日股东代垫，而由华股东所得利益中扣还。

延吉、珲春、和龙一带，本系中韩接境的地方。据1922年初，吉林督军孙烈臣致中央的电报，这三县的韩人，就有三十万。次多的，便是伊通、桦甸、东宁、宁安、密山、虎林各县。再次之，是奉天的东边道。若合三省统计，韩人应有六七十万。此项韩人，大都归化我国。就使不然，照宣元的《间岛条约》，也应服从我的警权和法权。再不然，迳认为日人，也有一定的办法。然而事实上竟不然。据孙烈臣的电报说："……利用韩民名义得计，则韩民之。如获得土地所有权等皆是。甚至日人假借名义，朦混购地……利用日人名义得计，则日人之。如入籍问题，以日本国籍法相抵制……综言之：韩民、垦民、日民，在南满在非南满，是一是二；一任政策如何，任意舞弄……以韩民视韩民，则我对韩之惯例具存；入籍购地，归我管辖，不患无办法也。以日人视韩民，则我对日之约文犹在，亦不患无办法也。即谓在延边为韩民，在各县为日人，分别办理，亦可说也。若……举数十万……之民，忽韩忽日，忽南忽北，以为攫取领土，侵占主权之计，是可忍，孰不可忍……"这真是个最难处置的问题了。

然而还不止此。日本的压服韩人，实在是所谓“以力服人，非心服也。”所以韩国人反对日本的甚多。所谓“独立党”者，虽经日本人尽力压迫；其逃入华境的，中国方面，也竭力帮着取缔，终不能完全廓清。1920年十月二日，韩国独立党，和其他人等约三百人，从俄国双城子方面，潜入珲春。焚烧日本领事馆，和日本人市街；日人死伤的，各有十余名。日本就进兵珲春，并且派兵到和龙、延吉、汪清、东宁、宁安各县。初九日，日本公使到外交部，要求协同剿办。经我国严词拒绝。日本外务省发表的布告，且谓我国的官兵，混入匪徒之中。后来查无实据；且延边一带，又经我国军肃清。日本乃于1922年三月后，将兵撤退。而于珲春、和龙、延吉、汪清、东宁五县，各置警察。中国迭次交涉，迄不撤退。乃1922年六月二十八日，又有马贼袭击头道沟日本领事分馆，毁去房屋数间。日人死者二名，伤者三名。驻京日使，于三十日、七月初五日，两次提出警告。第二次并说：再有此项事件发生，不能不再行出兵。我国于七月十四日，由大总统下严厉的命令，将吉林督军孙烈臣，交付惩戒。仍责成奉、吉两省，协力剿捕。一面仍和日本交涉，要求其撤退警察。后来毫无效果。按我国的胡匪，在东三省横行，固然无可讳言；然而胡匪往往得日本的接济，也是彰明较著的事实。这个却也要求日本的反省了。

第八章　最近的财政

第一节　民国时代的财政情形

中国目前，最为不了之局，是军队和财政，这是多数人一致的意见。军事的大略，已见以前各章。财政大略情形，现在亦得略为叙述。

中国财政，向来持量入为出主义；所以进款虽少，收支是足以相抵的。即当叔季之世，横征暴敛则有之，却无所谓借债——预借、租调等，还只算是征敛。其恃借债以救急，实在从近代同西洋各国交通后起。然而这不过济一时之急；在大原则上，收支还是相合的。其负担实在超出于财政能力之上，而靠借款以为弥缝，则从甲午、庚子两战役后起。然仍是为应付赔款起见，在内政上，仍持量入为出主义。至一变而为量出为入主义，而又不能整顿收入，乃靠借债以举办内政，则从胜清末叶的办新政起。这时候的危险，在于借口借债以兴利，其实所借的债，能否应付所兴的利的本息，茫无把握。倘使借债甚多，而所兴的利，毫无成效，便要一旦陷于破产的悲境了。至于一国的大柄，倒持在特权阶级手里，他要花钱，便不得不花。而国家的大局如何，前途如何，再无一人肯加以考虑——就有少数的人肯加以考虑，亦属无益。则更无从说起了。我现在先举有清末叶以来，中国财政上扩张的趋势如下：

年次	岁入	岁　出
光绪十一年（概算）	七七〇八六四六六两	七二八六五五三一两
光绪十五年（概算）	八〇七六一九五三两	七三〇七九六二七两
光绪二十年（概算）	八一〇三三五四四两	八〇二七五七〇〇两
光绪二十六年（概算）	八八二〇〇〇〇〇两	一〇一一二〇〇〇〇两
光绪二十九年（概算）	一〇四九二〇〇〇〇两	一三四九二〇〇〇〇两
光绪三十四年（概算）	二三四八〇〇〇〇〇两	二三七〇〇〇〇〇〇两
宣统三年（预算）	二九六九六一七二二两	三〇一九一〇二九六两
一九一六年（预算）	四七九九四六七一〇元	四七一五一九四三六元

以上的数字，全系推测概算，和实际不符，自然在所不免。又公元1913年、1920年，亦有预算；但临时收入（公债）和特别支出（军费），所列太多，不是通常的状况。又此表中特别会计（即交通四政），未经列入。

据此表看来，岁出的骤增，在光绪二十六年以后，然而收入也随之增加。其最显著的，是田赋及关税、盐税、烟酒税。田赋在胜清时，岁入不过三千万两左右，而民国预算，列至八千余万元。关税在前清为二千余万海关两，现为五千余万两。盐税先为一千余万两，现为八千余万元。烟酒税从前不过三四百万元，现在增至四千万元上下。然则中国的收入，原足以应付支出；而现在的闹穷，却是为何呢？（以上参看《努力周报》、《中国财政的出路》及《东方杂志》第十九卷第十二号。）

民国的财政，当临时政府时代，原是很艰窘的。但是此项艰窘，不过是一时的应付不来。到善后大借款告成，而此项艰窘的情形，告一段落。当这时代，中央政府的威信，在形式上还能维持。各省的款项，都能按数解部。中央政府，对于整顿岁收，也颇尽力。1914、1915年间，收支相抵，已可略有赢余。1916年以后，独立的省分，不必说了。就是未独立的省分，款项也大部截留。至1917年督军团之变，而达于极点。于是中央竟没甚进款。而其时正值南北纷争，于是有日本寺内内阁时代，吾国的大借日款。过此以往，就日款也无从借了。于是有一切的小借款，所以要知道吾国近年中央政府的进款，看后文所列的内外债，便可以知道大概的——因为除此以外，几于没甚进款。至于出款，却有许多，还须中央开支，以致积欠甚多，屡次闹成索薪讨饷的风潮。据1922年冬财政部所发表，则：

中央积欠军费	一三四三八〇〇〇〇元
中央积欠政费	六四一一〇〇〇〇元

1923年预算：中央应支军费，每月五百八十八万余元。政费，三百十二万余元。竭力节省，亦须每月四百万元。而国库入款：关余已悉数充作国债本息。盐余亦作国债和国库券基金，及其他专案各款。崇文门税，早经指拨供特种库券的保证。此外所收：只矿税十九万元，印花税五十七万元，烟酒税一百三十一万元，官产二千余元，所得税一万余元。合计二百零八万元。每月二十三万左右。

财政部的计划，说：各省解款，若能按照1916年以前的办法，则中央应付的军政费，自当照支。倘或不能，则除近畿军队，京师军警饷项，及各机关行政费，仍由中央照支外，其他驻外军队，应由陆军部切实核减，或改归驻在省区负担。而关、盐、印花、烟酒、矿产，所得各税，及其他一切中央收入，各省仍必须照解。虽有此说，实际办到如何，却无从逆料。政府于十月八日，召集财政会议；由京内各部署，及各省区军民长官，各派一人，想把全国财政，通盘筹划。然此项会议，1913年1916年，各已举行过一次；究竟效果如何——议而能否实行——也还是个疑问。

第二节　中国的内外债

中国的内债，起于光绪二十四年的昭信股票（债额一万万两，年利五厘，以田赋、盐税为保。）然而其时人民并不知国债为何事。名为募债，而结果由绅富报效，所得无几，实在不成其为债。宣统元年的富签公债，抽签给奖而不还本（定额一千万元，以百分之三十为奖金），只好算是彩票。

末年发爱国公债三千万，年息六厘，以当时部库的入款为保。未几，民军起义。这项债票，共只发出一百六十余万元（后来由民国负担，于1921年偿清。）前清时代的内债如此。

公元1912年的八年军需公债，已见第一章第三节。其后此项公债，发出的不过七百万元。后来政府又发行一种六厘公债，定额二万万元，以全国契税和印花税作抵。此项公债，到公元1914年发出的，还不过四百万元。而1915年帝制运动，发出骤多。到1921年，计算未还的，还有一万三千五百万元。乃用1912年整理公债借换。三、四年公债，正直袁政府全盛之时，所以销数甚佳，结果都溢出定额。1916年则西南起义，全国已入分裂时期。所以竭力推销，始终未满八百万。后来此项债票，用以清理新华银行所发的储蓄票。1918年的两种公债，都用以收买跌价的京钞。1919年的七厘公债，定额五千六百万。后来所消有限，用八年整理公债收回。

皖直战后，靳云鹏组阁。其时京钞之价，已跌至四折左右；而1912年八年公债，亦跌至百分之二十。乃发整理金融公债，以收回京钞。又发整理六厘、七厘公债。以收回1912年八年公债。而1912年八年公债，抵押在银行中，和付政治机关，以代现金的，退不在其内。乃又发1912年八年两整理公债，将其收回。同时定爱国公债，于本年还清。军需公债，和五年公债，七年长期公债，都用未经抵押的关余、盐余、烟酒税作抵；不足，则再加以各路盈余。其三年、四年的公债，以取消的德奥赔款作抵。七年的短期公债，则以延期赔款作抵。公债的信用，到此似可维持。于是政府又发行十年公债三千万。其结果，未能销售，但全部抵押在外。

靳内阁的整理公债，一时颇见成效。但是他项理财政策，全然未能实行。政府仍是靠借短期重利的小款过日子。此项小款，到梁士诒组阁时，总数达一万〇四百万，都是指盐余为保证。而其实盐余并没这许多，于是保证落空。各银行乃有组织盐余借款团，向政府索债之举。其时适值华府会议，通过增加关税，预计关余可以增加，乃有发行盐余借款九千六百万之举。其基金：第一年系用盐余。至关税增加之后，则改以关余为基金。其支配：系本国债权人，得四千九百四十万，外国债权人得三千九百万。余七百六十万，归政府自用。其后除这七百六十万，业经用去；又曾提五十万元，付司法界薪俸外；其余都还封存。奉直战后，又发行八厘公债四千万，以应暂时的政费（参看第五章第四节。）

民国时代的内债，大略如此。还有所谓“额外借票”的一个问题。当1916年之后，政府财政竭蹶，时时靠额外债票以救急。应付本息，概由中、交两行垫付，随后由财部拨还。到1921年年底，财政竭蹶，财部既不能付，两行亦不能垫。先是政府的以关、盐余和烟酒税为公债基金，系交总税务司安格联保管。及是，安登报声明：“此项额外的债票，不能负拨付之责。”于时持有此项债票的人大哗。其时额外债票，发出在外的，计三年、四年和七年短期公债，总数四百三十五万余。乃由财部筹议：此项债票，其作为抵押，而已列入偿还短债案内者勿论。其未经列入短债案内，暨少数业经售出的债票，亦应另筹基金，统交安格联保管，以备支付本息之用（参看第五章第四节。）

公债基金，系1921年四月一日，以明令规定。其数系盐余一千四百万，烟酒税一千万（烟酒税未能足数时，先由交通部于盈余项下，每月垫付五十万元。）关余除抵付外债庚子赔款和三年公债外，其余悉数列入。第一年度（1921年四月初一起，到1922年三月三十一日止）应付本息，总数为二千五百四十六万余；加以基金未成立前，中国银行团垫付公债本息八百五十六万余元。安格联仅收到盐余九百五十九万，交通部代烟酒署垫款三百五十万，关余一千四百十万，加向付西南的关余一百六十五万，尚短六百万元。第二年度，应付二千四百七十二万余。而交部的款，能否照拨，殊无把握；关余经政府陆续指拨；所剩的只有盐余，即能照拨，亦仅足付息。而且关余兑价不定，非到十二月三十一日结账后，不能知究有盈余若干。政府要随时拨充政费，非得外交团允许不可；而要得外交团的允许，非常困难。于是安格联替政府想一法子。“将全部关余，除扣存约计足供外债和庚子赔款之数外，悉数拨充公债基金。倘有不敷，仍得向盐税项下请求协助。如此，则盐余较多，可随时提充政费。”安氏将此项办法，上一说帖于政府。经政府讨论，加以修正，说明此项办法，以本年为限。将来实行二点五附加税时，所有增出的关余，另作别论。现在指定在关税项下所拨的专款，亦仍应照拨。其余悉如安氏原议办理。

此外政府所欠内债，还有几笔较大的，便是十年内务部的赈灾借款，共计四百万元，年息七厘。以厘金及常关一成附税为抵，期限二年。交通部车辆借款，六百万元，年息八厘，以京汉等路盈余为担保。农商部实业有奖债券，起于公元1917年，定额二千万元。分四次发行。1920年发行第一次五百万，后来又发第二次六百万，关余都未能消完。此外便是历次所发的国库券了……

内国公债表

公债名称	原募债额	现负债额	利率	折扣	担保品	起债始期	还本终期	备考
八厘军需公债	七三七一一五〇	二五七一一五〇	八厘	无	暂以钱粮作抵，免厘加税，后改以所加之税作抵。	1912年	1924年	此项公债原分五次还清，自三次还本四百万元后归入整理公债案。改定自1921年起，分四年抽完。
1914年内国公债	二四九二六一一〇	一三九三九〇九五	六厘	九四	京汉路第四次抵押，余款后改用德奥赔款作保。	1914年	1925年	
1915年内国公债	二五八二九九六五	九二八二八五〇	六厘	九〇	全国未经抵押常关税款、张家口等征收局及山西厘金，后改用德奥赔款。	1915年	1923年	

公债名称	原募债额	现负债额	利率	折扣	担保品	起债始期	还本终期	备考
1916年内国公债	二〇〇〇〇〇〇〇	一八七五七五九〇	六厘	九五	全国烟酒公卖岁入	1916年	1928年	此项公债原定自1917年起分三年还清，自第一次抽还后归入整理公债案内，改定自1926年起分三年抽完。
1918年短期公债	四八〇〇〇〇〇〇	九六〇〇〇〇	六厘	无	关税，后改用延期短款。	1918年	1922年	
1918年六厘公债	四五〇〇〇〇〇〇	四五〇〇〇〇〇〇	六厘	无	五十里外常关收入	1918年	1937年	
整理金融公债	六〇〇〇〇〇〇〇	五〇〇〇〇〇〇〇	六厘	无	关余	1920年	1926年	
整理六厘公债	五四三九二〇〇〇	五一六七二六一七	六厘	无	未经抵押的常海关余不足，则以盐余及烟酒税为抵。	1921年	1930年	以四折买回1912年公债
整理七厘公债	一三六〇〇〇〇〇	二二九二〇〇〇〇	七厘	无	同上	1921年	1930年	以四折买回1919年公债
十年八厘公债	三〇〇〇〇〇〇〇	三〇〇〇〇〇〇〇	八厘	九折	邮政余款、印花税、津浦货捐、京师税款。	1921年	1931年	是项公债未曾发行而经财政部全数抵押在外
1912年整理公债	二五六〇〇〇〇〇	二五六〇〇〇〇〇	六厘	无	烟酒税付息，盐余及烟酒税还本。	1932年	1936年	以四折买回抵押在外的1912年公债
1919年整理公债	八八〇〇〇〇〇	八八〇〇〇〇〇	七厘	无	同上	1921年	1936年	以四折买回抵押在外的1919年公债

公债名称	原募债额	现负债额	利率	折扣	担保品	起债始期	还本终期	备考
盐余国库券	一四〇〇〇〇〇〇	一四〇〇〇〇〇〇	一分五厘	六七八	盐余	自发行之日起	分二十个月还清	1922年正月底发行，每张一万元每月摊还五百元。
盐余公债	九六〇〇〇〇〇〇	九六〇〇〇〇〇〇	八厘	九折	同上	1922年	1929年	
八厘公债	四〇〇〇〇〇〇〇	四〇〇〇〇〇〇〇			庚子赔款展缓期满应付俄国项下			

中国外债，起源于同治五年英伦银行一四三〇〇〇〇镑的借款。从此到光绪十三年，共借外债六次，总数为四〇〇〇〇〇〇〇两。至光绪二十八年，都已偿清。甲午战后五年间，共借外债七次，总数三七〇〇〇〇〇〇〇。《辛丑和约》，赔款至关银四五〇〇〇〇〇〇〇。又规定以金偿还。后来因镑亏无着，又借汇丰银行一〇〇〇〇〇〇镑。后来又有币制实业借款。四国银行团，共付过垫款一〇〇〇〇〇镑（参看第一章第三节。）

所以当有清之末，所欠外债如下表。

庚子赔款	二三八三〇〇〇〇
汇丰银款	八四二〇〇〇
汇丰金款	二五二三〇〇〇
俄法洋款	三三二二〇〇〇
克萨镑款	七七六〇〇〇
瑞记洋款	七〇〇〇〇〇
英德洋款	四四四七五〇〇
续借英德洋款	五〇〇〇〇〇〇

以上各项借款，总数系一七六一一〇〇〇两，只占赔款三分之二。所以说庚子赔款，实在是制中国死命的（以上据经济讨论处《庚子赔款与中国

外债》，见1922年申报星期增刊》。）

民国时代的外债，最早的便是比国的一二五〇〇〇〇镑。次之则六国银行团垫款一二〇〇〇〇〇〇两。此外还有好几笔借款。到1913年善后借款二五〇〇〇〇〇〇镑成立。实收本来只有二一〇〇〇〇〇〇镑。再扣除四国，六国团垫款，和各小借款六〇〇〇〇〇〇镑；各省向银行团所借二八〇〇〇〇〇镑；革命损失赔偿二〇〇〇〇〇〇镑。实收只有一〇〇〇〇〇〇〇镑（参看第一章第三节。）其后政府仍靠借债以为生活。截至1916年七月底，所有外债：

	偿额	一九一六年七月未还债本
第一瑞记借款	三〇〇〇〇〇镑	六〇〇〇〇镑
第二瑞记借款	七五〇〇〇〇镑	三六〇〇〇〇镑
第三瑞记借款	三〇〇〇〇〇镑	二〇〇〇〇〇镑
克利斯浦借款（实收）	五〇〇〇〇〇〇镑	五〇〇〇〇〇〇镑
善后借款	二五〇〇〇〇〇〇镑	二五〇〇〇〇〇〇镑
第一奥款	一二〇〇〇〇〇	一二〇〇〇〇〇
第二奥款	二〇〇〇〇〇〇	二〇〇〇〇〇〇
第三奥款	五〇〇〇〇〇	五〇〇〇〇〇
中英公司借款	三七五〇〇〇	三七五〇〇〇
狄思银行借款	四〇〇〇〇〇	二〇〇〇〇〇
中法实业借款	一〇〇〇〇〇〇〇〇法郎	一〇〇〇〇〇〇〇〇法郎
钦渝铁路垫款	三二一一五五〇〇	三一六三三三〇六

其在1916年七月后所借的，则有：

高公司借款	五〇〇〇〇〇〇日元
芝加哥银行借款	五五〇〇〇〇〇美金

以上都系欧战以前所借（亦据《庚子赔款与中国外债》。）从此以后，便入于专借日债时期了。其中纯粹为政治借款；或名为实业铁路借款，而实为政治借款的，据现在确实的调查，如下表：

济顺高徐四路借款	二〇〇〇〇〇〇〇日元
吉会铁路借款	一〇〇〇〇〇〇〇

参战借款	二〇〇〇〇〇〇〇
泰平公司军械借款	
满蒙四铁路借款	二〇〇〇〇〇〇〇
电信借款	二〇〇〇〇〇〇〇
吉黑金矿森林借款	三〇〇〇〇〇〇〇

此外借款还很多，从1917年到1920年，总额共有五六万万。除上列各款以外，亦大部分流用于政治上。可参看刘彦《欧战期间中日交涉史》第六章第三节。

此外中国所欠外债，可参看《东方杂志》十九卷第五号《整理外债问题》。本书因限于篇幅，不能备举了。

第三节　新银行团的复活

整理中国的财政，在现在的形势，是总不免于借外债的。既然要借外债，则所谓几国银行团的联合把持，和一部分的监督，亦几于是不可免的命运（参看《东方杂志》十九卷十二号《中国财政的出路》，《北京大学月刊》第一卷第九号《外资外债国家破产监督财政》。）原来对中国的银团组织，本来有几分均势的作用，看了前文所叙述，是很容易明白的。从美国退出，而六国变为五国；从欧战以后，德国被排，而五国又变为四国。四国之中，有力借债与中国的，还只一日本。这时候，对中国的均势作用，几乎不能维持了。然而欧战一了，而此项保持均势的政策，立刻就要发生，也是很当然的。

所以欧战一了，立刻就有所谓统一铁路的问题。其办法：系使各国将既得的权利，统通交与中国；由中国另起新债，将旧债偿还。这是因为铁路是维持势力范围最大的利器，所以有此提议。当时英美两国，都唱此议；而英使朱尔典，在北京运动尤力。中国国民，赞成的颇多。交通总长曹汝霖，铁路协会会长梁士诒等，反对颇力。后来此议便暗葬了。旋美国发起新银行团，通告英、法、日三国。1919年五月初十日，四国银行家，在巴黎开议。十一日，订立草合同，规定四方面的权利义务。当时并议定根本原则：

（一）除关于实业事务（铁路在内），已得实在进步者外，现在存在中国的借款合同及取舍权，均归共同分配。

（二）联合办理将来各种借款事务。

六月，日本银行团提议："日本在满蒙有特殊关系，所以日本在满蒙的权利和取舍权，应作为例外，不受本合同的约束。"美银团提出抗议。八月二十七日，日政府声明赞助该国银行团的主张。但将保留区域减为南满与东蒙，英美仍提出抗议。1920年三月初二日，日本通牒美国国务院。说：日人在南满、东蒙所办的事业，和日本本国的安全，有极大的关系。所谓日本在满蒙的特殊利益，便系指此而言。但是日本为对于他国让步起见，特提出新保留案："凡涉及南满、东蒙的借款，在日政府观之，以为对于日本经济及国防，造成严重妨碍者，日政府保留施行的必要方法。"同时亦通牒英国，英美都覆牒拒绝。

但是美国银行团代表拉门德，于此时前赴东京，与日银行团谈判。日银行团乃撤回前此的要求，而承认前此的合同。而拉门德代表美、英、法银团，致函日本银团，如下：

一、南满铁路，与其现有的支路，及铁路附属品的矿产，不在新银行团范围之内。

二、洮热，及接通洮热而达海口的铁路，归入新银行团合同条款之内。

三、吉会、郑家屯、洮南、开原、吉林——经过海龙——吉长、新奉、四平街、郑家屯铁路，皆在新银行团范围之外。

1920年九月二十八日，四国公使，正式照会外交部。说："四国政府，愿辅助依照1919年五月十一日合同执行业务的银行团。希望中国早有统一政府，俾新银行团，得将四国政府赞助中国的意旨，表现诸实际”云云。然当时因中国尚未统一，财政情形又紊乱，所以借款问题，还没开议（本节据路透社所发表的《新银团文件摘要》。）

第四节　最近的关税问题

我国财政，既然如此艰窘，则整顿税收，自然是一件重要的事。整顿赋税的事情，千条万绪，自然不是旦夕可以成功。但是当时，政象如此（南北既不统一；南北政府，又都无实权），连着手整理，也说不上。所希望者，暂时增加收入，得以支持眼前的难局而已。此中最有希望的，厥唯关税。所以当时，说到财政，大家便希望关税的增加。但是我国关税，根本受病，是在协定税率上。但望增加收入，而不能恢复关税的自主权，终无当于现代的所谓关税政策。所可惜者：从前清《辛丑和约》，一直到现在，连续的活动，始终只在增加收入上着眼而已。此事与国家财政，国民经济，关系都很大。所以也得略述其始末。

我国关税，道光二十二年的《中英条约》，本说秉公征收。虽然略含限制的意味，究竟算不得协定。直到咸丰八年，才硬定为值百抽五。然而因货物估价的关系，实在只有值百抽一二。到《辛丑和约》，赔款的负担重了，于是我国要求增加关税。各国乃以裁厘为交换条件。于是有“切实值百抽五”和“裁厘后加至值百抽一二点五”之说（光绪二十八年《英约》第八款：“裁厘后，进口货税，加至值百抽一二点五；出口货税，不逾值百抽七点五；其中的丝斤，不逾值百抽五。”《美约》第四款，《日约》附加第一款，《葡约》第九款略同。各约内订明裁厘后得加出产销场出厂诸税。可参看《东方杂志》十九卷十六号《免厘加税之意见》。）照《英约》，本应于1904年一月一日实行。然而我国政界，因不愿裁厘，而且懒惰之故，并未先期筹备。在外国，则因洋货运入内地，本有内地半税，以代厘金（见前篇第五章第六节。）实际上厘金所病，系属华商；与洋商无大关系（而且通商口岸愈增，则关系愈少），所以也没有提出。直到光绪三十四年，外务部才向各国提议加税。英日两国，说中国于原约并未完全履行，就此又延宕过去。

公元1918年，政府因加入参战，对协约国要求海关税率，实行值百抽五。其结果，将税则修改一次。据熟悉情形的人评论，还不过值百抽三点七一五。其时因欧战未定，货价异常；外交部和各国驻使，都备文声明："俟欧战终结后二年，再行修改。"到华府会议开会，我国又将关税问题提出。于是有九国的《中国关税条约》（英、法、意、荷、比、葡、美、日及中国），其大略：

> 由此次参与华会各国，及将来加入各国，于条约批准后三个月内，派代表组织特别会议，实行1902年六月初五日《中英条约》第八款，1903年十月初八日《中美条约》第四、第五款，《中日条约》附加第一款。

这便是裁厘后加税至百分之一二点五诸款。至于切实值百抽五，则另设：

> 修改税则委员会，将进口货价，重行改正。不待各国批准，于改正公布后两个月，迳自施行。

又：

> 裁厘增税以前，特别会议，得讨论过渡时代办法。此项过渡办法，得对出入口税，征收附加税。奢侈品以百分之五三；此外各品，以百分之二点五为限。

又：

> 边界、水陆各关税率，于特别会议之后，应归一致。其因"交换局部利益，许与关税上的特权"应取消者，特别会议，得秉公调剂之。

这一次的失策，在于并不能争回关税的自由，反于向来的协定之上，更加以一次八国共同的协定——且据该《条约》，凡与中国订有协定关税条约的国，都得加入特别会议，则合向来有协定条约诸国，而为一共同之大协定矣。至于厘金所病，实系中国商人，已如前述。所以裁厘实在是我们自己的事，用不着和人家商量，也用不着人家干预。从前定约时，将裁厘加税，牵合为一问题，致"裁厘亦成对外义务"，本属失策。此项条约，久久未曾实行，本可由我政府声明作废。至于怕外人以此为借口，则应于提议关税之前，自动的先行裁厘。即或未能，提议此项问题之时，仍当将两事劈开：裁厘由我自办，加税另为一事。不应还拘拘实行1902，1903两年的《英美日诸约》。区区厘金四千万元的收入，以近来财政上的挥霍和罗掘，算得什么？然而政府定要有了抵补，方肯议裁，这个就真有些解人难索了。

这一次的《关税条约》，手续系分三步：第一步：修改税则。据专家的预计，收入可增出五分之二。第二步：加二点五附加税，可加出三千余万元。第三步：裁厘后实行值百抽一二点五，可增收至七千万元。财政上的裨益如此。

当时此项条约，各国尚未全数批准；所以特别会议开会之期，尚未能定。而修改税则委员会，则政府派蔡廷幹为委员；于1922年三月三十一日，在上海开会。经修改公布，定于十二月初一日实行。至于裁厘加税问题，亦经政府召集全国关税研究会，在京开会，以为预备。《英约》八款，说："我把厘金裁撤，英允英商运进洋货，运出土货，加完一税，以为抵偿。"此所谓抵偿，系指进口洋货、出口土货而言。而各省自相往来的土货所抽的厘，还不在内。所以又许我征一销场税，以资抵补。但限于销售处征收，而以常关为征收的机关——常关以载在《大清会典户部则例》的为限；但（一）有海关无常关，（二）沿边沿海而非通商口岸，（三）新开口岸，可以增设——这个是说销场税。又说："凡用机器纺制棉纱棉布，完一出厂税；其数，照进口正税加倍。唯所用棉花已征各税，须一并发还。"（即值百抽二五，而发还原料税）《美约》略同。这是说出厂税。《美约》亦说改办销场税，而附件内又许我自抽出产税。所以现在抵补厘金，照约可征出产、销场、出厂三税。除出厂税毋庸另设征收机关外，产销两税，照约系以常关为征收的机关。但是在条约上，我国的义务，只限于不能再征通过税。至于非通过税的他种新税，却没有不可增设的义务。所以此次全国关税研究会之开，在政府一方面，主张留常关，办产、销两税。商人一方面，则主张并废常关，而办营业、所得两税。——其理由：系全国常关，现有四十三所。其下分关分卡，有三百四五十所。通商口岸五十里内，又有常关十九所。留着终不免于扰累。

至于厘卡：则据现在的调查，全国共有七百余处，但此指总局而言，分局及同类的稽征局，并不在内。厘金的无益于国，在于其中饱之多。据各方面的调查，人私橐之数，恐总不止等于归公之数。而其病民，则在于设卡之多。一宗货物，经过一次厘卡，收税即不甚重，而从起运点达到目的地，究须经过几次？能否免于重抽？初无把握。又其征收，并无一定章程。什么是应税的品物？税率如何？全然自为风气，这个最不在理。当时各省有改为统捐的，有改为落地捐的，亦有已改为产销税的，办法亦分歧不一律。总以全行裁去，另创新税为最是。

还有关税的存放，也是一个问题。前清时，关税本存在海关官银号。其资本，颇可在市面流转。宣三赔洋款欠解，各使乃要求外务部，转知税务处，拨存汇丰、德华、道胜三银行。民国以来，尚未回复原来办法。欧战后，德华久经停闭，道胜名存实亡，此项存款，几于为汇丰所独占。不但中国市面，失此巨款流转，而汇丰转享其利为不当；即外国对于汇丰的独擅此利，也有不以为然的。中国倘不想收回，或反致引起他国的互竞。所以这一次关税研究会，对于此问题，亦已议及。有提议由全国商会提倡集资设立银行，以承受存储的，但亦未有定议。

陆路关税减轻，起于咸丰六年的《中俄陆路通商章程》。光绪二十二年，《东清铁道条约》第十条，及《东清铁道条例》第三条，皆规定："中国于铁道两交界地设立税关，由铁道输出入的货物，照海关税率减三分之一征收。运往中国内地的货物，照既纳输入税，减二分之一，征收通过税。"铁路竣工后，中国迄没有设立税关。到光绪三十一年，《中日协约》，中国开放满洲商埠多处。俄国人怕中国在开放之地，设立税关，损及俄商特权，乃要求中国协定北满税关。1944年六月，两国委员，议定《税关章程大纲》。明年正月，吉林交涉局总办，与俄国总领事，订结章程：

一、两国边境各百里，仍为无税区域。

二、由铁路输入之物，照海关税率，减三分之一。

三、输入东三省之物，照海关税率减三分之二课通过税。输入内地之物，照海关税率减二分之一，课通过税。其输入税，则照海关税率征收。

章程定后，于铁路两端（绥芬河、满洲里），各设税务分局；于哈尔滨设总局。

其后日本援照此项章程，公元1913年五月，由日公使伊集院与总税务司安格联，订立《满韩关税减轻协定》。由满洲输出新义州以外，及由新义州以外输入满洲的货物，都照海关税率，减征三分之一；其输入满洲的通过税，照海关税率，减三分之二征收。

至于法在越南，英在缅甸，进出口税亦有照海关税率减十之三四的条约，但系互换局部经济利益的。

1922年一月八日，大总统令："中俄所订条约，暨《陆路通商章程》，已届第四次十年期满……现在俄国正式政府，尚未成立，无从提议。政府为利便两国商务起见，现经决定：在中俄未改订新约以前，所有关于《中俄条约》及《通商章程》内规定之三分减一税法，暨免税区域，免税特品各种办法，自本年四月一日起，应即毋庸继续履行。嗣后俄商由俄国运来货物，及在中国运出洋、土各货，应完进出口税项，均照现行海关进出口税则完纳，以昭公允。"这道命令下后，俄人有不满意的说：中国不应不同他商量。姑无论现在有没有商量的必要；而报载第三次期满时，俄国未得我国同意，即将交界百里内免税的章程取消；有1913年前东海滨省税务监督奉俄政府命令所出布告为凭。此项证据，业经被我国搜得，则替他交涉，更不怕没有理由了。总之税法要适合时势，中国各项税法，几于都是很陈旧而不适于时势的，所以不得不谋改订。《陆路通商章程》，亦是其中之一。倒也不单为增加区区的税入。《满韩国境关税减轻协定》，原是援照俄国之例而来。所以《中俄陆路通商章程》废后，中国虽通告日本，要求将此项协定，亦行废止。日本说：英法在缅越，亦有减税办法。日本对中国，是有最惠国条约的。此项《减税协定》，只能依照《九国关税条约》，由特别会议秉公调剂；不能因《中俄陆路通商章程》废止而受影响。所以当时还是照旧。

图书在版编目（CIP）数据

吕思勉：中国通史：全2册 / 吕思勉著 . — 长春：吉林出版集团股份有限公司，2016.7（2023.4 重印）
（中国学术名著丛书）
ISBN 978-7-5581-0855-6

Ⅰ . ①吕… Ⅱ . ①吕… Ⅲ . ①中国历史 Ⅳ . ① K20

中国版本图书馆 CIP 数据核字（2016）第 159337 号

吕思勉：中国通史：全 2 册

著　　者　吕思勉
出版策划　杜贞霞
责任编辑　齐　琳
封面设计　映象视觉
开　　本　710×1000mm　1/16
字　　数　730 千字
印　　张　51.25
版　　次　2016 年 8 月第 1 版
印　　次　2023 年 4 月第 2 次印刷

出　　版　吉林出版集团股份有限公司
电　　话　总编办：010-63109269
　　　　　发行部：010-63109269
印　　刷　三河市京兰印务有限公司

ISBN 978-7-5581-0855-6　　定价：118.00 元（全 2 册）